LE PAPE DU CONCILE VATICAN II

Par M. l'Abbé Francesco Ricossa

Abbé Francesco Ricossa

LE PAPE DU CONCILE VATICAN II
Jean XXIII

N. D. E.

Cet ouvrage est constitué d'une compilation d'articles publiés par *Sodalitium*.

© Omnia Veritas Limited

www.omnia-veritas.com

Tous droits réservés. Aucune partie de cette publication ne peut être reproduite par quelque moyen que ce soit sans la permission préalable de l'éditeur. Le code de la propriété intellectuelle interdit les copies ou reproductions destinées à une utilisation collective. Toute représentation ou reproduction intégrale ou partielle faite par quelque procédé que ce soit, sans le consentement de l'éditeur, de l'auteur ou de leur ayants cause, est illicite et constitue une contrefaçon sanctionnée par les articles L-335-2 et suivants du Code de la propriété intellectuelle.

PREMIÈRE PARTIE 17

Naissance et enfance 18
Bonomelli et Guindani 19
Du Séminaire Romain à l'ordination 21
(Janvier 1901 - Août 1904) 21
Don Ernesto 22
« Le souvenir le plus vif de toute ma jeunesse sacerdotale » ... 24
Secrétaire de Radini Tedeschi (1904-1914) 25
Le Cardinal Ferrari 31

SECONDE PARTIE 35

Un soldat blessé à la guerre 35
Le modernisme hier et aujourd'hui 36
Roncalli suspect de modernisme 38
Modèles suspects 39
Diocèse suspect 39
Animosité suspecte 40
a) Les frères Scotton 41
b) Le Père Mattiussi 41
c) Saint Pie X 46
Historien et professeur suspect… et suspecté ! 48
Un antimodernisme suspect 52

TROISIÈME PARTIE : DE BERGAME À ROME (1914-1925) 54

Atmosphère viciée à Bergame 54
Le Foyer de l'Étudiant 55
Membre du Parti Populaire Italien 56
("Pipino", i.e. membre du PPI) 56
Marche sur Rome 57
Mgr. Della Chiesa, futur Benoît XV 58
Faisons le point 58

QUATRIÈME PARTIE : UN ŒCUMÉNISTE DANS LES BALKANS (1925-1939) 64

Une nomination imprévue 66
Promoveatur ut amoveatur ? 66
Dom Beauduin 67
L'œcuménisme 73
La Bulgarie et l'église "Orthodoxe" 77

    a) Le mariage du Roi Boris...79
    b) Pas de "prosélytisme". 81
    c) Aidons les hérétiques "orthodoxes" 82
  Dans l'attente d'une promotion...83
  Délégué Apostolique en Turquie 83
  "Un typique homme d'affaires lombard" 84
  Tanre Mubarek olsun 85
  La laïcité de l'État..86
  Du vernis sur le dogme..88
  Rencontres œcuméniques 88
  La question Rose-Croix 90

CINQUIÈME PARTIE : DE LA SECONDE GUERRE MONDIALE À LA NOMINATION À PARIS (1939-1944) 94

  Montini et Roncalli 94
  Le caractère de Roncalli 96
  La rencontre avec les Juifs 97
  Le Sionisme...98
  L'Église et le Sionisme...101
  Roncalli, la Palestine et les organisations sionistes 103
  Nicola Ivanov 105
  Deux homélies sur la fraternité..106
  Appendice 107

SIXIÈME PARTIE : NONCE À PARIS (1944-1953) ; LA POLITIQUE..................... 109

  Le malaise de Mgr. Fietta 109
  "Une vieille baderne" 111
  Le discours de Nouvel an...112
  Mieux vaut un communiste qu'un catholique fanatique......................112
  Les Evêques épurés 113
  La grenouille 114
  Encore et toujours les démocrates-chrétiens...114
  Ajoutons un couvert à la table..116
  Un maçon à la Nonciature 117
  Je t'en prie, reste Maçon ! 119
  Le discours à l'UNESCO 121
  Encore les Juifs...121
  Une première réflexion...122

SEPTIÈME PARTIE : NONCE À PARIS (1944-1953) ; LA RELIGION. 123

- Les vieux amis 124
- Requiem pour un vieil ami 125
- Le progressisme catholique, modernisme rebattu 126
- Le Cardinal Suhard 127
- Roncalli et Suhard 128
- Les prêtres-ouvriers 129
- Roncalli au secours de Suhard 131
- L'excommunication des communistes 132
- Les successeurs de Suhard 133
- La condamnation de la "nouvelle théologie" 133
- Un trou de six mois 134
- Les dernières années (1951-1952) 135
- Le départ 135
- Un dîner, un secrétaire, une barrette 136
- L'opinion d'un collègue 137
- APPENDICE 138

HUITIÈME PARTIE : PATRIARCHE DE VENISE (1953-1958) ; LA PENSÉE RELIGIEUSE 140

- Un discours programmé 140
- Ce qui unit et non ce qui divise 141
- Les péchés de l'Église 143
- Ses idées furent exposées dans de nombreuses conférences. 144
- De Maria satis 146
- Je serais demeuré un bon musulman 147
- Les chrétiens anonymes 148

NEUVIÈME PARTIE : PATRIARCHE DE VENISE (1953-1958) ; L'ACTION POLITIQUE 150

- La question démocrate-chrétienne 150
- Voyons d'un peu plus près les deux blocs non catholiques. 150
- En résumé : 154
- Progressiste ou conservateur ? 155
- La Marseillaise 156
- La question romaine 156
- Festival et Biennale 157
- "Le chrétien doit éviter les accrochages" (1955) 158

L'affaire Dorigo (1956) 160
Le salut au P.S.I. (1957) 163
Un cardinal à la veille du Conclave 164

DIXIÈME PARTIE : LA PRÉPARATION D'UN CONCLAVE (1954-1958) 165

Le dernier Consistoire 165
Une année terriblement pesante 166
Maladie grave, guérison miraculeuse (1954) 167
Entre-temps, à Venise 167
Une élection annoncée...170
L'énigme Bardet 173
Roncalli prépare Montini..175

ONZIÈME PARTIE : LE DÉBUT DU PONTIFICAT DE JEAN XXIII (1958) 178

Le moment opportun (25-28 octobre 1958). 179
Habemus Papam (?)… et même un Secrétaire d'État. 182
Premier radio message 183
Montini Cardinal...185
"Pape de transition"..186
Stratégie de l'aggiornamento 187

DOUZIÈME PARTIE 188

Brève histoire du Saint-Office 188
Jean XXIII et le Saint-Office 191
Au début, cependant, il ne pouvait y avoir affrontement direct. 194
Le mythe du "bon Pape" 200
Jean convoque le Concile… mais l'Esprit Saint n'y est pour rien 208

TREIZIÈME PARTIE : QUEL CONCILE ? 215

Les premières réactions à l'annonce du Concile 217
Une décision imprudente (celle de Jean XXIII) 218
Décisions prudentes (celles de Pie XI et de Pie XII) 220
Quel type de Concile ? 222

QUATORZIÈME PARTIE : LA COMMISSION PRÉPARATOIRE DU CONCILE (1959-60) 225

Le Concile du Pape Jean et celui de la Curie 226
Conclusion récapitulative..239

QUINZIEME PARTIE : LES ŒCUMÉNISTES PRÉPARENT LE CONCILE, EUX AUSSI. 241

Le Concile de Monseigneur Igino Cardinale... 241
...et celui de Hans Küng 242
Paderborn 243
Pie XI condamne, Jean XXIII approuve 244
Mgr Arrighi, "professeur" de protestantisme 245
Le crypto-œcuménisme du confesseur de Pie XII 247
Le petit vieux et la vieille baderne 251

SEIZIEME PARTIE : LE SECRÉTARIAT POUR L'UNITÉ DES CHRÉTIENS.................253

Bea devient cardinal 255
Les espérances des ennemis de l'Église 257
Le projet œcuméniste de Bea et Jaeger (mai-décembre 1959) 259
...et les premières réactions de Jean XXIII 260
La nomination la plus importante du pontificat (14 mars 1960) 263
La "théologie du baptême", fondement du Secrétariat pour l'unité des chrétiens
.... 264
Le travail des Commissions préparatoires 274

DIX-SEPTIEME PARTIE : JEAN XXIII ET LES JUIFS. JULES ISAAC. 277

Christianisme et Judaïsme 277
Une ère nouvelle 279
Dès son élection 280
Confrontation des deux prières 281
Le Vendredi Saint 1959 283
L'acte de consécration au Sacré-Cœur 285
Le "frère" Jules Marx Isaac 287
Mais qui était donc ce Jules Isaac ? 289
La trilogie du "frère" Isaac 292
La manœuvre conjuguée d'Isaac et des B'naï B'rith 294
Qui a préparé l'audience à Jules Isaac ? 297
Isaac reçu par Jean XXIII (13 juin 1960) 300
Ite ad Bea 303
Point d'aboutissement, point de départ 305

DIX-HUITIEME PARTIE : JEAN XXIII ET LES JUIFS..307

SUITE : DE JULES ISAAC A *NOSTRA ÆTATE*..307

Deux allocutions et une bénédiction	307
La réforme du rite du baptême des adultes	309
Suppression du culte du Bienheureux André	310
Le cardinal Bea et Nahum Goldman (26 octobre 1960)	311
Hostilité au "dialogue" de la part des Juifs orthodoxes	313
Jean XXIII demande à Bea un schéma conciliaire sur les Juifs… (1ᵉʳ février 1962)	314
…et le B'naï B'rith en laisse une trace écrite ! (27 février 1962)	315
L'affaire Chaim Wardi enterre le décret sur les Juifs (juin à août 1962)	316
Premières oppositions à l'ouverture aux Juifs : politiques ou religieuses ?	320
L'astuce de Bea	322
Jean XXIII relance le schéma sur les Juifs (13 décembre 1962)	324
Développement des relations judéo-chrétiennes jusqu'à la mort de Jean XXIII (juin 1963)	327
Dans les sous-sols de la synagogue de Strasbourg	331
Responsabilité de Jean XXIII	333
Saint Jean XXIII et Saint Jules Isaac	334

DIX-NEUVIEME PARTIE : JEAN XXIII ET LA MAÇONNERIE 336

Le Grand Orient en Orient (Bulgarie, Grèce, Turquie)	337
Avec les Maçons de la IIIᵉ République	338
L'ordre de Malte sous enquête	341
Ombres maçonniques sur les Conclaves	346
Jean XXIII s'abstient de condamner la Maçonnerie	349
Le revirement de Jean XXIII	351
Les grandes concordances entre Roncalli et la Maçonnerie	353
Les démentis de Mgr Capovilla	358
Maçonnerie et œcuménisme	360

VINGTIEME PARTIE : JEAN XXIII INAUGURE L'ŒCUMÉNISME. 363

Le travail du Secrétariat pour l'union des chrétiens	365
En pleine nuit, dans un hôtel londonien…	366
Le Fr∴ Fischer au Vatican	370
Les conséquences de l'audience accordée à Fischer	372
Rencontres œcuméniques avant Fischer	373
Après Fischer : va-et-vient d'hérétiques au Vatican	375
Les visites œcuméniques font resplendir l'astre de Bea	378
De Gazzada à New-Delhi : les rencontres œcuméniques enterrent l'encyclique *Mortalium animos* et le "non" aux congrès œcuménistes des catholiques	379

BEA DIFFUSE LA NOUVELLE DOCTRINE ŒCUMÉNISTE... 382

VINGT ET UNIÈME PARTIE : "LA LUTTE POUR LE CONCILE DURANT LA PRÉPARATION" ; LES COMMISSIONS PRÉPARATOIRES 385

LE CLIMAT À LA VEILLE DE LA PHASE PRÉPARATOIRE 386
LE RÔLE DU SECRÉTARIAT DE BEA ? 389
LES COMMISSIONS MIXTES ET LES INGÉRENCES DE BEA 390
LE TRAVAIL DES COMMISSIONS PRÉPARATOIRES 393
LES COMMISSIONS MINEURES 394
   La commission sur les évêques 394
   La commission pour les religieux 394
   La commission pour la discipline des sacrements 394
   La commission pour les études et les séminaires 394
   La commission pour les missions 395
   La commission sur l'apostolat des laïcs 395
   La commission pour les églises orientales 396
   Secrétariat pour la presse et les moyens de communication 397
   La commission liturgique 397
   La commission théologique 397
   La nouvelle formule de profession de foi 398
   Le schéma sur le dépôt de la foi 399
   Le schéma sur l'ordre moral 400
   Le schéma sur la chasteté, le mariage, la famille et la virginité 401
   Le schéma sur la Sainte Vierge 402
   Le schéma sur la doctrine sociale de l'Église 402
   Jugement général 403
APPENDICES 404
   Roncalli et le modernisme 404
   Roncalli et la maçonnerie 405
   Roncalli et le B'naï B'rith 405

VINGT-DEUXIEME PARTIE : "LA LUTTE POUR LE CONCILE DURANT LA PRÉPARATION" ; JEAN XXIII ENTRE BEA ET OTTAVIANI 409

PREMIER CONFLIT : LE SCHÉMA SUR LES "SOURCES DE LA RÉVÉLATION" 410
   A) Écriture et Tradition 411
   B) L'interprétation biblique et les genres littéraires 412
SECOND CONFLIT : LE SCHÉMA SUR L'ÉGLISE 415
   A) Nature de l'Église 415

    B) Épiscopat et primat romain 417
    C) Église et État. La liberté religieuse 418
   Les conflits se poursuivent à la Commission centrale 420
   L'enjeu : le magistère de l'Église 424
   Et Jean XXIII ? 426

VINGT-TROISIÈME PARTIE : "LA LUTTE POUR LE CONCILE DURANT LA PRÉPARATION" : LA RÉFORME LITURGIQUE EN VUE 431

   Le mouvement liturgique et ses déviations 431
   La Commission pour la Réforme liturgique (1948) 433
   Le Congrès d'Assise (1956) 440
   Le latin en question.. 445
   L'Église à une bifurcation : la décision revient à Jean XXIII.............. 449

DOCUMENTS 451

   I) Jean XXIII vu par l'abbé Gianni Baget Bozzo 452
   II) Le visage incorrompu de Jean XXIII. Un miracle ?........................ 453
    a) Interview du professeur Baima Bollone 454
    b) Interview de Nazareno Garielli 455
   III) Jules Isaac.. 456

DÉJÀ PUBLIÉS... 459

PREMIÈRE PARTIE

Extrait de *Sodalitium* n° 22 de novembre-décembre 1990.

« Jean XXIII, le Pape du Concile » : c'est le titre d'une récente biographie d'Angelo Giuseppe Roncalli écrite par Peter Hebblethwaite et éditée en Italie par Rusconi en 1989.

L'auteur est jeune (né en 1930) et défini comme "catholique et de formation jésuite". On omet de dire par une discrétion compréhensible, qu'il est non seulement de formation jésuite, mais qu'il était membre de cet ordre, jusqu'à ce qu'il l'abandonnât, avec le sacerdoce, dans les années postconciliaires. Au fond, il est juste qu'un fruit typique de la "nouvelle Pentecôte de l'Église", un parmi les milliers de prêtres qui ont trouvé dans le Concile l'occasion ou la ruine de leur sacerdoce, écrive la biographie de celui qui voulut et commença Vatican II.

Toutefois, que le lecteur ne croie pas qu'il s'agisse d'un livre partisan. C'est au contraire une biographie, sinon officielle, du moins de caractère officieux. L'auteur, certes, a ses idées et ne les cache pas : il suffit de lire ce qu'il écrit sur saint Pie X (qu'il appellera toujours et seulement Pie X). Toutefois, l'on n'a pas affaire à un progressiste en rupture avec l'église conciliaire. Il souhaite la canonisation de Jean XXIII, préoccupation un peu désuète pour les progressistes d'avant-garde. Et surtout, derrière Hebblethwaite (ou à son côté) se trouve Mgr Loris Capovilla qui fut secrétaire de Roncalli à Venise et au Vatican et est actuellement "Evêque" et "Délégué Pontifical pour la Basilique de Lorette". L'auteur écrit : « Je n'aurais jamais pu écrire ce livre sans l'aide précieuse et attentive de Monseigneur Loris Capovilla qui s'est chargé de contrôler l'édition française de mon ouvrage et m'a envoyé une soixantaine de pages chargées de notes, corrections et additifs »[1]. Capovilla travaille en tandem avec le petit neveu de Jean XXIII, Marco Roncalli, journaliste aux mensuels des éditions Paoline. Ils ont publié en collaboration deux livres sur Angelo Roncalli, dont Marco a assuré l'édition italienne.

Je présente, quant à moi, aux lecteurs de *Sodalitium* un résumé de la biographie de Jean XXIII, en soulignant les étapes les plus importantes à la lumière de la crise ecclésiale actuelle. Jusqu'alors, il n'a pas

---

[1] Peter Hebblethwaite. Jean XXIII, le Pape du Concile. Edition italienne aux soins de Marco Roncalli. Ed. Rusconi Milano 1988, p.6. Pour l'Edition française Ed. du Centurion, 1988. Les références données infra sont celles de l'édition française.

manqué d'études historico-critiques sur Montini et Wojtyla, mais il ne me semble pas que, parmi les catholiques fidèles à la tradition, il se soit dit grand-chose sur Roncalli. J'espère contribuer à combler cette lacune qui me paraît grave.

Le soi-disant Patriarche de Constantinople, Athénagoras, (affilié à la Maçonnerie, selon la revue *Chiesa Viva*)[2] compara Jean XXIII à Jean-Baptiste, le précurseur du Messie. Et de fait, il remplit le rôle de « pape de transition », non parce qu'il occupa pour un bref laps de temps la chaire de Pierre, mais parce qu'il prépara le passage des catholiques à une nouvelle religion teilhardienne dont le Messie devait être son ami intime Montini.

Il sera facile au lecteur de constater que les affirmations de Hebblethwaite sont vérifiables et peuvent être confirmées, d'ailleurs, par d'autres œuvres sur le même sujet.

Naissance et enfance

Hebblethwaite écrit :
« Jean XXIII attachait beaucoup d'importance aux dates, aux anniversaires. Jean entre dans l'histoire du salut en 1881. La même année naissent quatre autres enfants, dont les vies croiseront la sienne : Pierre Teilhard de Chardin, jésuite, paléontologue, mystique ; Ernesto Buonaiuti, son compagnon de séminaire qui se verra exclure de l'Église comme "moderniste" ; Alcide de Gasperi qui passera la Deuxième Guerre Mondiale dans le bibliothèque du Vatican, avant de prendre la direction des démocrates-chrétiens ; et Augustin Bea, jésuite lui aussi, qui deviendra le président-fondateur du Secrétariat pour l'Unité des Chrétiens. Angelo Giuseppe Roncalli est un tard venu en cette année féconde : il est né le 25 Novembre »[3].

---

[2] L'inscription d'Athénagoras à la Maçonnerie a été récemment confirmée par une personne qui devrait être compétnente en la matière, le nouveau Grand Maître, Giuliano Di Bernardo : "Furent maçons, le primat de l'Église Anglicane Fisher et le patriarche Athénagoras de l'Église Orthodoxe, avec lesquels le pape Jean XXIII eentrprit une ouverture de diaalogue œcuménique dans un climat de compréhension fraternelle ". (Di Bernardo, Philosophie de la Maçonnerie - Marsilio Editori, p. 146).

[3] Le parallèle entere Jean XXIII et saint Jean-Baptiste a été repris par Karol Wojtyla : "Le Pape Jean a été un grand don de Dieu à l'Église. Non seulement parce que, et ceci suffisait à rendre son souvenir imperissable, il a lié son nom à l'évènement le plus grand et transformateur de notre siècle : la convocation du Concile Œcuménique Vatican II, par lui pressenti, comme il eut à le confesser, comme sous une mystérieuse et irrésistible inspiration de l'Esprit-Saint (…). Il a été un grand don de Dieu parce qu'il a rendu

Ce n'est certes pas la faute de Roncalli s'il est le contemporain de ces quatre personnages, mais H., nous le verrons, ne lie pas leurs destinées par hasard.

Il naît dans une famille catholique et paysanne et son éducation revient avant tout à l'oncle Zaverio, coopérateur salésien, qui "acclame Léon XIII comme le pape-roi" (H. p. 22), et il se forme sur les lectures ignatiennes du Père Du Pont (p. 19).

La spiritualité de Roncalli, toujours restée plutôt traditionnelle, est due, peut-être, à l'influence de la famille et du séminaire de Bergame. Ceci donnera à Roncalli un aspect extérieur inégalablement conservateur. Mais, comme on le verra, il s'agit d'un "conservateur en tout, sauf dans l'essentiel"[4].

Bonomelli et Guindani

La famille, de toute façon, ne formera pas pour longtemps le jeune Roncalli. En 1892, à onze ans, il entra au petit séminaire de Bergame, et il continua son séminaire à Bergame jusqu'en 1901, date à laquelle l'évêque du lieu, Mgr Guindani, pensa lui faire suivre et achever ses études ecclésiastiques à Rome.

C'est donc surtout à Bergame qu'il faut rechercher les premières influences qui marquèrent tellement le caractère de Roncalli qu'il en ressortit beaucoup de contrastes avec la famille (H. pp. 42 et 46).

L'évêque de Bergame était donc à cette époque Mgr Camillo Guindani, "un leader en fait d'action sociale" (H. p. 30). Guindani était l'ancien élève et l'ami de l'évêque de Crémone, Jérémie Bonomelli, l'enfant terrible de l'épiscopat italien. Un de ses pamphlets, "l'Italie et la réalité des choses", fut mis à l'Index en 1889. C'est un plaidoyer pour la réconciliation entre la papauté et le nouvel État italien. Les conciliaristes estiment que le pape devrait sortir de sa nostalgie de l'ancien régime, accepter la perte des États pontificaux comme une libération pour l'Église, et permettre aux catholiques de retrouver leur place dans la vie politique italienne[5].

---

l'Église vivante, auprès de l'homme d'aujourd'hui. Il a été, comme le Baptiste, un précurseur. Il a indiqué les voies du renouvellements dans le grand sillon de la tradition (…). Il a voulu " être voix" (Jean I, 23) pour préparer au Christ un nouvel avent dans l'Église et dans le monde ". (Le 25.XII.1981- Enseignements de Jean Paul II, vol. IV 2/1981, pp. 752-757 - cité par L. Capovilla, dans AA.VV. Comment on s'est rejoint au Concile Vatican II- Ed. Massimo Milano p. 25).

[4] Hebblethwaite, op.cit., p. 13.
[5] Hebblethwaite, op.cit., p. 425.

Hebblethwaite nous informe aussi du fait que « tout le clergé bergamasque n'est pas uni derrière son évêque Guindani » (ibidem).

Il n'y a pas à s'en étonner, si le maître de Guindani était Mgr Bonomelli (1831-1914) ! Evêque de Crémone de 1871 jusqu'à sa mort, Bonomelli abandonna l'intransigeance pour devenir "conciliariste" ; Poulat écrira de façon claire et nette : "libéral"[6]. Il est surtout célèbre pour sa position hostile au pouvoir temporel des Papes et favorable à la conciliation avec l'État libéral. Il diffusait à cet effet des écrits anonymes, dont un fut mis à l'index, comme il a été dit, en 1889. L'évêque s'accusa et se soumit solennellement. Mais il s'agissait d'une soumission purement extérieure :

« Je me suis soumis comme je le devais, mais la vérité est la vérité et se trouve au-dessus du Pape. Ah ! si l'on était jugé selon l'Évangile, et si à Rome on s'était réglé sur la base de ce livre (à l'index, n.d.a.), l'Église catholique ne serait pas réduite à l'état misérable dans lequel elle se trouve ! L'exagération de la nécessité du pouvoir temporel (il eut pour un moment une ombre d'utilité) fut une erreur énorme et a conduit à la ruine du catholicisme en Italie ».

Poulat commente :

« La volonté de conciliation de Bonomelli et de ses amis, leur refus de l'intransigeance dans ce champ d'action, vient de la conviction qu'un autre cours de l'histoire était possible »[7].

« Dans la première décennie des mille neuf cents, quand sous Pie X la lutte politico-antireligieuse revêtit en Italie des aspects dangereux, Bonomelli crut même devoir proposer la forme de séparation entre l'Église et l'État »[8].

Durant la crise du modernisme, le prélat déclara : « Dans mon séminaire, il n'y a pas l'ombre de modernisme, mais il y a beaucoup de modernité »[9]. Faut-il croire Mgr Bonomelli quand il exclut toute trace de modernisme de son séminaire ? Un doute est plus que licite lorsqu'on sait que Bonomelli fut un ami intime de Fogazzaro, le romancier du modernisme, qui lui tient compagnie dans les listes de l'Index des livres prohibés[10].

---

[6] Hebblethwaite, op.cit., p. 31.
[7] Emile Poulat. *Catholicisme, démocratie et socialisme.* Ed. Casterman 1977, p. 313.
[8] Poulat, op. cit., p. 314 note 48.
[9] Giovanni Galbiati, chapitre Bonomelli, sur l'Encyclopédie Treccani - vol. VII, p. 432.
[10] Poulat, op. cit., p. 227 note 35 ; repris par le " Giornale d'Italia " du 7 Juin 1911.

De même sur la théologie morale de Bonomelli, il y aurait de quoi rire :

« Plus je vieillis, écrit-il, plus je pense et me persuade que les théologiens ont accru énormément les péchés mortels, comme si l'enfer avec l'éternité de ses peines était une bagatelle de rien. Elle ferait horreur, la loi humaine qui condamnerait à mort un homme pour une injure grave faite à un homme, et il ne fera pas horreur, l'enseignement de ces théologiens, qui pour un jeûne violé, pour une Messe de jour de fête non entendue etc. etc. condamnent à l'enfer un chrétien ? Certes, ce sont des péchés ; mais on se demande s'il y a une proportion entre ces péchés et la peine épouvantable de l'enfer... »[11].

Ainsi fut Mgr Bonomelli : auteur d'opuscules anonymes contre l'enseignement de l'Église, ami des modernistes, prompt à se rétracter sur parole mais non avec sincérité, hostile à l'enseignement moral de l'Église (et pas seulement des théologiens) qui lui fait horreur. Mgr Guindani fut son élève et ami.

Le jeune séminariste Roncalli était dans la mouvance de Mgr Guindani qui l'envoya à Rome poursuivre ses études et viser ainsi plus haut. Le 4 Janvier 1901, Roncalli arrive à Rome et se rend directement au Séminaire Romain, Place Saint Appolinaire.

Du Séminaire Romain à l'ordination (Janvier 1901 - Août 1904)

Roncalli arrive donc à Rome à l'âge de vingt ans, sur la fin du Pontificat de Léon XIII (☦ 1903) et est ordonné prêtre au début de celui de Saint Pie X. De ces trois années et demie une partie est consacrée au service militaire (1901-1902). D'autre part, les connaissances faites au Séminaire Romain dirigeront la vie de Roncalli vers son destin. Il n'y a pas à s'en étonner : dans les séminaires romains étudiait l'élite intellectuelle du clergé catholique à la veille de la crise moderniste.

C'est à Rome qu'il commence à fréquenter Mgr Radini Tedeschi (dont je parlerai plus loin), et c'est à Rome, en Janvier 1904 qu'il « assiste à une conférence de Marc Sangnier, fondateur du mouvement "Le Sillon", la Démocratie Chrétienne française. Sangnier sera

---

[11] Poulat, op.cit., p.317 ; Encyclopédi Treccani - vol. VII, p. 432.

condamné par Pie X »[12]. Nous verrons sous peu quelle impression Sangnier provoqua chez Roncalli. En ces années-là, il connaît personnellement et au séminaire même, les futurs principaux protagonistes de la crise moderniste.

Un des professeurs de Roncalli fut Mgr Benigni (1862-1934), qui, sous le Pontificat de Saint Pie X, deviendra le fondateur du *Sodalitium Pianum*, et l'adversaire le plus décidé des modernistes. Mais parmi ses confrères séminaristes, il ne manque pas de personnages inquiétants : Buonaiuti (par la suite excommunié), Rossi (qui se fera protestant), Turchi (collaborateur de Buonaiuti).

Don Ernesto

Quels furent les rapports entre Angelo Roncalli et Ernesto Buonaiuti ? De ce Buonaiuti qui

« sera excommunié comme "moderniste" (par Saint Pie X, n.d.a.) puis salué comme un "prophète" (du renouveau conciliaire inauguré par Jean XXIII, n.d.a.) » ?[13]

« Une nouvelle génération d'intellectuels catholiques était en gestation. Au séminaire romain, le plus brillant était Ernesto Buonaiuti. Le hasard les réunit durant le premier semestre d'Angelo de Janvier à Juillet 1901. C'était la coutume de tirer au sort les places à la chapelle ou au réfectoire, ainsi que ses compagnons de promenade. Buonaiuti tira Roncalli : ils se promenèrent donc souvent ensemble à travers Rome (...).

(...) QUAND IL SERA PAPE, IL LUI ARRIVERA DE RECONNAITRE QU'IL A BEAUCOUP APPRIS DE "DON ERNESTO" (ANDREOTTI, p. 66) ; (la déclaration : "J'ai appris beaucoup de don Ernesto" est de Max Ascoli). Mais en confiant à Capovilla ses souvenirs de 1901-1904, il prétend « n'avoir jamais discuté avec lui de questions théologiques, bibliques ou historiques et n'avoir jamais lu aucun de ses ouvrages qui circulaient sous le manteau » (*Dodicesimo Anniversario*, p. 118).

On se demande de quoi ils pouvaient bien parler alors pendant leurs promenades : on imagine mal que Buonaiuti n'ait pas abordé les questions qui le tenaient en haleine[14]. (...) (Buonaiuti) rêvait d'un prêtre

---

[12] Mgr. Geremia Bonomelli, Suivons la raison - L'Église- Conf. IX, en note.
[13] Hebblethwaite, op. cit., p. 58.
[14] Hebblethwaite, op. cit., p. 51.

qui incarnerait « la tradition missionnaire de l'Église dans le monde moderne » et d'une Église qui fût « revivifiée continuellement par la libre circulation des dons charismatiques »[15]. Mais à sa façon plus conventionnelle, ANGELO PARTAGEAIT CETTE FAÇON DE VOIR »[16].

Le 10 Août 1904, Mgr Ceppetelli ordonne prêtre don Angelo Roncalli, dans l'église de Sainte-Marie in Monte Santo, à Rome. Qui connaît la cérémonie d'ordination sait que tout nouvel ordonné choisit un prêtre qui l'assiste durant la fonction sacrée, appelé "prêtre assistant", il est quelque chose de semblable à un parrain et c'est normalement un ami de l'ordinand. Puisque le vice-recteur déclina l'invitation, ce fut « Ernesto Buonaiuti, qui se retrouva à assister Don Nicolas Turchi, à assister aussi don Angelo durant la cérémonie d'ordination »[17]. Cela aura-t-il été un hasard ?

Qu'est ce que ce "beaucoup" que Roncalli admet avoir reçu de "don Ernesto" ?

Seulement peut-être l'amour de la critique que l'on suggérait d'aimer, en suivant « avec transport les derniers résultats de ses découvertes », se mettant au courant "des nouveaux systèmes" sans s'étonner de rien, même si certaines de ses conclusions devaient en ressortir un peu surprenantes ?[18] Peut-être seulement la "largeur de vues" et la mentalité conciliatrice que l'on admira chez le Cardinal Parocchi (+1903)[19].

Non, il y a bien plus, et nous pouvons l'entrevoir en parlant, comme promis, de Marc Sangnier.

---

[15] Visiblement Hebblethwaite ne croit pas beaucoup à la sincérté de Roncalli à propos de l'"innocence" de ses rapports avec Buonaiuti. Nous verrons, par la suite, d'autres cas où la "mémoire" de Roncalli fit défaut, fort opportunément.
[16] Citations de P. Dreyfus - Jean XXIII, Fayard - Paris 1979, p.37.
[17] Hebblethwaite, pp. 50 et 51. La citation d'Andreotti sur Roncalli et Buonaiuti est extraite du livre de Giulio Andreotti : Achaque mort de Pape - Les Papes que j'ai connus - Rizzoli, Milano 1980, p.66.
[18] Hebblethwaite, p.58, qui rapporte la notice de Loris Capovilla, Decimo Anniversario, Ed. Storia e Letteratura, 1973, p. 118. Don Nicolas Turchi (1882-1958), traducteur de Duchesne pour l'Italien, a été identifié par Poulat comme le collaborateur de Buonaiuti dans l'opuscule anonyme de 1908 : "Lettres d'un prêtre moderniste" (cf. Poulat, Histoire, dogme et critique dans la crise moderniste. Castermans 1979, 2°éd., p.68-669).
[19] Cf. Jean XXIII, le journal de l'âme - Ed. Paoline, Milan 1989 - 18-XII-1903.

« Le souvenir le plus vif de toute ma jeunesse sacerdotale »

Le 25 Août 1910, saint Pie X déclara :
« Tout membre du Sillon, comme tel, ne travaille que pour une secte », « le Sillon, l'œil fixé sur une chimère, convoie le socialisme », est « un misérable affluent du grand mouvement d'apostasie organisé pour établir partout une église universelle qui n'aura ni dogmes ni hiérarchie (...) et qui sous prétexte de liberté et de dignité humaines, amènera dans le monde (...) le règne légal de la tromperie ».

Que pense, par contre, Roncalli du Sillon ?[20] A la mort de Marc Sangnier, le nonce Roncalli écrivit à la veuve la lettre suivante éloquente :

Paris, 6 Juin 1950
Madame,
J'ai entendu parler de **Marc Sangnier** pour la première fois à Rome vers 1903 ou 1904, à une réunion de la Jeunesse Catholique.
LE POUVOIR FASCINANT DE SA PAROLE, DE SON ESPRIT, M'AVAIT RAVI, ET JE CONSERVE DE SA PERSONNE ET DE SON ACTIVITE POLITIQUE ET SOCIALE LE SOUVENIR LE PLUS VIF DE TOUTE MA JEUNESSE SACERDOTALE.
Sa noble et grande humilité dans l'acceptation, plus tard en 1910, de l'admonition pourtant très affectueuse et bienveillante (SIC ! n.d.a.) du Saint Pape Pie X donne à mes yeux la mesure de sa vraie grandeur.
Les âmes capables de rester ainsi fidèles et respectueuses comme la sienne, à l'Évangile et à la Sainte Église, sont faites pour les ascèses les plus hautes qui assurent ici-bas la gloire auprès des contemporains et de la postérité, à laquelle Marc Sangnier restera comme un enseignement et un encouragement.
A l'occasion de sa mort, mon esprit s'est trouvé très réconforté en constatant que les voix les plus autorisées à parler au nom de la France officielle, se sont rencontrées, unanimes, pour draper Marc Sangnier comme d'un manteau d'honneur, avec le *Discours sur la Montagne*. On ne pouvait rendre hommage et éloge plus éloquents à la mémoire de cet

---

[20] Journal de l'âme. 18-1-1903. Hebblethwaite, p.50.

insigne Français chez lequel les contemporains ont su apprécier la clarté de l'âme profondément chrétienne et la noble sincérité de cœur »[21].

Il nous faut conclure que « le souvenir le plus vif de toute la jeunesse sacerdotale de Roncalli, ce fut l'enseignement d'une "secte" (...), misérable affluent du grand mouvement d'apostasie » (Saint Pie X).

Secrétaire de Radini Tedeschi (1904-1914)

Revenons au mois d'août 1904. Roncalli est prêtre, S. Pie X est pape depuis un an. Hebblethwaite écrit :

En 1904, Pie X dissout l'Opera dei Congressi. Ce fut un rude coup pour le comte Giovanni Grossoli, son dernier président, et le moment le plus dur dans la vie de son aumônier, Radini Tedeschi (voir Gabriele de Rosa, in « Linee », p. 50). Angelo dira plus tard que ce fut « comme un coup de tonnerre dans un ciel bleu ». La doctrine sociale n'intéressait pas Pie X et il n'avait que mépris pour la démocratie, chrétienne ou non (voir son encyclique *Vehementer*). L'Opera dei Congressi était à ses yeux une expression sociale du « modernisme ». Le principal objectif de son pontificat étant l'éradication du « modernisme », l'Opera dei Congressi devait disparaître. Et avec elle devait s'en aller aussi Radini Tedeschi, un autre « homme de Léon XIII ». L'évêque Guindani, de Bergame, était mort en octobre 1904. Radini Tedeschi fut nommé pour lui succéder »[22].

Le nouvel Evêque de Bergame, « exilé » là selon Hebblethwaite (p. 61), prend alors pour secrétaire personnel don Angelo Roncalli, nomination qui « eut une influence profonde » sur lui de telle sorte qu'il demeurera avec Radini Tedeschi jusqu'à la mort de ce dernier, pour ensuite devenir son biographe et l'appeler toujours, avec fierté et affection « mon Evêque »[23].

---

[21] Entièrement republiée dans *Sodalitium* d'Août-Septembre-Octobre 1984, p.8-20. En lisant la condamnation du Sillon, on croit lire celle de Vatican II !
[22] In *Itinéraires* Nov.1980, n°247, pp. 152-153, qui le cite de : E. Pezet. Chrétiens au service de la cité, de Léon XIII au Sillon et au M.R.P : - Ed. NEL 1965, ainsi que de la revue "L'Âme populaire", année 60, n°571, p.61 Août-Septembre 1980.
[23] H. p.61. Je laisse à l'auteur, ami de Mgr. Capovilla, la responsabilité de ses paroles acerbes contre saint Pie X. Dire que " la doctrine sociale ne l'intéressait pas, " est manifestement faux. Quant à définir Radini Tedeschi " homme de Léon XIII (opposé ainsi à saint Pie X), comment ne pas remarquer que les hommes parfaitement en accord avec Léon XIII, tels que Mgr. Benigni, le seront aussi avec saint Pie X ? De Radini on devrait dire, toutefois, "homme de Rampolla", comme nous le verrons.

Qui est Mgr. Radini Tedeschi ? D'une noble famille de Plaisance, « Monseigneur Radini Tedeschi est un protégé de Rampolla, qui l'a promu aumônier du Cercle de Marie Immaculée. Angelo est attiré naturellement par ce cercle dont Radini Tedeschi est l'âme et l'animateur : « Il y avait ces longues soirées que passait en sa compagnie ce vaillant groupe de romains (...) : nous conversions avec entrain et gaieté ou, plus souvent, étions occupés par la rude besogne qu'il nous encourageait à entreprendre par la voix et par l'exemple, pour le succès de divers projets qu'il dirigeait avec tant de compétence » (Radini, p. 18) »[24].

Radini suit donc la ligne du Cardinal Secrétaire d'État de Léon XIII, Rampolla del Tindaro, le fauteur de la politique dite du « ralliement » des catholiques français à la république maçonnique. Suspecté lui-même d'être membre de la maçonnerie, il ne fut pas élu au Conclave de 1903, grâce au veto de François Joseph d'Autriche. Ce fut alors à saint Pie X d'être élu et il nomma Merry del Val à la place de Radini Tedeschi comme secrétaire d'état.

Le gouvernement épiscopal de Radini Tedeschi commence alors, avec la collaboration de don Angelo Roncalli qui écrit : « Sa brûlante éloquence apostolique, sa détermination, ses innombrables projets et son extraordinaire activité personnelle ont pu donner à beaucoup l'impression, au début, qu'il avait en vue les changements les plus radicaux et qu'il était mû PAR LE SEUL DESIR D'INNOVER » (Radini, p. 32) ». Hebblethwaite commente : « Cette première impression était-elle fausse ? Oui et non. Il (Roncalli) explique : Il s'attachait moins à mener à bien les réformes qu'à maintenir les glorieuses traditions de son diocèse et à les interpréter en harmonie avec les nouvelles conditions et les nouveaux besoins de l'époque » (Radini p. 32).

Telle sera également l'ambition de Roncalli lui-même quand il deviendra pape, plus de quarante ans plus tard, ce qu'il exprimera dans des termes semblables : la revivification de la tradition par l'aggiornamento »[25].

L'évêque de Bergame mérita ensuite la renommée « d'évêque rouge », en appuyant la grève de la ligue des ouvriers à Ranica, en Septembre 1909[26]. Don Roncalli accourut soutenir son évêque, à l'aide

---

[24] Hebblethwaite, op.cit., p.63.
[25] Hebblethwaite, op.cit., p.44, qui cite " Mgr. Giacomo Maria Radino Tedeschi, Evêque de Bergame ", d'Angelo Giuseppe Roncalli, Bergame 1916 réédition par Storia e Letteratura, Rome 1963.
[26] Hebblethwaite, op.cit., p.65. L'auteur cite la biographie de Radini écrite par Roncalli.

d'un article qui parut sur la « Vita diocesana » de novembre 1909, lequel parle d'une « préférence du Christ pour les déshérités, les faibles, les opprimés » (ibid. p. 19). Il annonce ici l'un des thèmes majeurs de la « théologie de la libération » des années 70. Et il prévient l'objection selon laquelle le prêtre se doit d'être un ministre de la paix et de la réconciliation : oui mais pas à n'importe quel prix, pas au prix de l'injustice »[27].

Le fait est que l'épisode de Ranica n'était pas un acte isolé de charité ou de justice de l'Evêque de Bergame ou de son secrétaire, mais qu'il entrait dans une conception plus vaste, celle de ce qui est ainsi nommé « syndicalisme chrétien ». En 1906, Radini « avait fondé l'Office du Travail qui fournissait des conseils aux syndicats de la région de Bergame » (...) et « son siège était dans la Maison du Peuple (Casa del Popolo) où Don Roncalli donnait régulièrement des conférences sur l'histoire de l'Église »[28]. Saint Pie X, par contre, reconnut en ce syndicalisme naissant une grave contrefaçon des corporations prérévolutionnaires louées par Léon XIII. Combattre le « syndicalisme chrétien » sera donc « l'ultime grande bataille du pontificat (de saint Pie X), sans aucun doute l'une des plus importantes »[29], comme l'écrit Poulat. Elle fut engagée, sous l'inspiration de saint Pie X, sur la *Civiltà Cattolica*, avec une série d'articles (des pères Monetti et Chiaudano) publiés du 21 février au 3 octobre 1914 dans lesquels étaient condamnés le « syndicalisme chrétien » (instrument de la lutte des classes), la « justice sociale » (qui confond charité et justice) et la « solidarité », qui loin d'être une vérité, est « un cumul d'aberrations, tant il s'oppose, sur de nombreux points, à l'ordre naturel »[30]. Ces articles préparaient la publication d'un *Motu proprio* de saint Pie X sur ce sujet, tandis qu'était publié un décret qui interdisait aux prêtres italiens de s'inscrire aux syndicats, ou d'y demeurer, ou d'y prendre la parole, « de peur qu'ils paraissent participer aux maux qui souvent dérivent d'une telle institution » (*Acta Apostolicæ Sedis*, 6. VII. 1914, p. 349). Les articles provoquèrent la colère et la crainte des cardinaux Maffi et Mercier, qui les attaquèrent. Mais saint Pie X fit savoir, dans une lettre à Toniolo, que « L'article est digne d'approbation et les réprobations sont

---

[27] La morale catholique ne condamne pas la grève dans tous les cas, et j'ignore si à Ranica en 1909 se trouvaient réunis les conditions, pour en légitimer une. Il reste que ce fut souvent par le biais d'une action sociale mal entendue, que l'on arrive à des positions socialistes.
[28] Hebblethwaite, op.cit., p.78. Aujourd'hui on dirait : "Église des pauvres" et "option préférentielle pour les pauvres".
[29] Hebblethwaite, op.cit., p.79, "Radini" op. cit., p.75.
[30] Cf. Poulat, Intégrisme et catholicisme intégral, Casterman 1969, pp.485-491.

injustifiées ». Au Père Chiaudano, il dit ensuite : « Ils vous font la guerre, n'est-ce-pas ? Tenez ferme. Allez de l'avant, combattez le syndicalisme catholique. Beaucoup crient parce que vous avez mis le doigt sur la plaie... ».

Toutefois Maffi et Mercier obtinrent le renvoi du Motu Proprio redouté ; quelques mois plus tard saint Pie X mourait.

Cet épisode que j'ai retenu comme intéressant, nous introduit à la question des amis de Radini Tedeschi, qui, en conséquence, l'étaient de Roncalli. De fait, il est bien vrai le proverbe qui déclare : « Dis-moi qui tu hantes et je te dirai qui tu es ». Les amis de Mgr Radini sont Mgr Bonomelli, le cardinal Ferrari auquel je consacrerai un petit chapitre plus loin, les cardinaux Maffi et Mercier, dont je dirai aussi quelque chose[31].

Hebblethwaite parlant de l'opposition que don Roncalli faisait à la politique antimoderniste de saint Pie X (dont je parlerai ensuite), affirme que le futur Jean XXIII « n'aurait pas pu s'exprimer, au risque d'encourir la censure romaine, s'il n'avait eu des alliés. Son premier allié était son évêque, Radini Tedeschi. Mais Radini Tedeschi avait un large cercle d'amis, dont le cardinal Désiré Mercier, de Malines - Bruxelles.

Celui-ci était venu à Bergame, le 4 mai 1906, et don Roncalli lui avait fait visiter la ville (*Cronologia*, p. 522). Après avoir enseigné un thomisme revivifié à Louvain pendant près d'un quart de siècle, il avait été subitement promu primat de la Belgique en 1906. Mercier était ouvert à ce que la pensée moderne lui offrait de meilleur, correspondait avec nombre d'intellectuels un peu partout en Europe et apparaissait comme une « chambre de compensation » souterraine pour tous ceux qui estimaient que les seules condamnations n'étaient pas la meilleure réponse au modernisme. Une recherche douteuse appelait une recherche plus sérieuse. Dans une note jointe à la version publiée de sa conférence sur Baronius, don Roncalli cite un discours de Mercier qui confirme sa thèse. Il s'agit d'un extrait du discours « Sur le véritable esprit chrétien » tenu à Louvain le 8 décembre 1907.

En 1908, Wilfrid Ward, l'un de ses correspondants, responsable de *The Dublin Review*, écrit au Duc de Norfolk : « (Le Cardinal Mercier) estime la théologie romaine totalement impossible : toutefois, bien qu'il soit au mieux avec le pape, il ne veut rien laisser transparaître de ce jugement » (*Bishops and Writers*, p. 58) ».

---

[31] Hebblethwaite, op.cit., p.77.

Mercier, semi-kantien en philosophie, père de l'œcuménisme, défini crûment par Mgr Benigni : « connu comme ayant des liens avec tous les traîtres à l'Église »[32] - avait fait de son diocèse le *refugium peccatorum* de tous les prêtres en difficulté pour modernisme[33]. Ce qu'il pensait de saint Pie X transparaît clairement des paroles suivantes, exprimées à l'occasion de la mort du Pape dans une lettre pastorale de 1915, où il parle « d'âmes blessées » et de « petites misères humaines » auxquelles a conduit son pontificat ; et il dénonce « ces chevaliers improvisés de l'orthodoxie » qui pensent que « pour obéir plus humblement au Pape, il fallût braver l'autorité des évêques (...) Brochuriers ou journalistes sans mandat, ils excommuniaient tous ceux qui ne passaient pas de bonne grâce sous les fourches caudines de leur intégrisme. Le malaise commençait à travailler les âmes droites ; les consciences les plus honnêtes souffraient en silence »[34].

Après la mort de saint Pie X, Mercier, parvenu en possession des documents du *Sodalitium Pianum* existant en Belgique, s'en servira pour faire des pressions auprès du nonce Cicognani en vue d'obtenir de Rome sa dissolution. Écrivant à la Secrétairerie d'État, Mgr Gaetano affirme que « Son Éminence (le Cardinal Mercier) désapprouva vivement ce système de dénonciations et déplora que le Saint Père Pie X ait pu soutenir un tel mouvement »[35]. le Cardinal Mercier n'attaque donc pas les seuls « chevaliers improvisés de l'orthodoxie » mais aussi saint Pie X qu'il sait pertinemment bien avoir été avec eux.

Venons-en au Cardinal Maffi (1858-1931), Évêque de Pise. Il suffirait de dire brièvement qu'il fut le « Mercier italien »[36] favorable, avec Rampolla, à la non-confessionnalité des syndicats chrétiens[37], en désaccord avec Pie X par son soutien de la presse catholique dite de pénétration[38], combattant par contre la presse soutenue par saint Pie X[39], appuyant avec Bonomelli la conciliation avec l'État libéral.

---

[32] Sur l'amitié avec Maffi, cf. Hebblethwaite, op.cit., p.87. Pour celle avec Mercier, cf. Hebblethwaite, op.cit., p.76.
[33] Ainsi, le Père Semeria. Poulat, Intégrisme..., p.252.
[34] Hebblethwaite, op.cit., p.93, qui cite "Per Crucem ad Lucem. lettres Pastorales" par les soins du Cardinal Mercier, Bloud & Gay, Paris. La lettre pastorale citée, en date du Carême de l'année 1915, et intitulée : "Pie X et Benoît XV", "est un chef-d'œuvre de litotes qui, à lire entre les lignes, pour une bonne part Pie X" (Hebblethwaite, op.cit., p.564).
[35] Poulat, Intégrisme..., pp. 604-605. Lettre du 7-XII-1921.
[36] Poulat, Intégrisme..., p.330.
[37] Poulat, Intégrisme..., p.407 ; cf. aussi pp.485-489.
[38] Poulat. Intégrisme..., pp.414 et 433, cf. la Disquisitio pour la béatification de Pie X, Typ. polyglotte Vaticane, 1950, pp.53-100.
[39] Poulat, Intégrisme..., p.434.

Lui aussi, inutile de le dire, n'agréait point la campagne antimoderniste de saint Pie X. Hebblethwaite écrit en effet : Un des amis de Radini Tedeschi, le cardinal Maffi, de Pise, qui avait gardé le silence pendant deux ans, tenta d'élever des protestations auprès de Pie X au sujet de la campagne antimoderniste. Il écrit confidentiellement au Cardinal De Lai, le 31 Juillet 1912 : « Ils (la presse de droite) déplorent que le pape ne soit pas aimé et obéi, que la ferveur décline et que les pèlerinages soient moins fréquentés, etc.. mais les responsables sont ceux qui cherchent à imposer l'amour à coups de bâton, qui n'ont que méfiance pour l'enthousiasme sincère qu'ils soupçonnent d'imposture, qui s'attribuent le monopole de l'orthodoxie, etc. mais assez » (*Disquisitio*, p. 96). (...).

« Le cardinal De Lai répondit qu'il ne la montrerait pas au pape pour ménager ses sentiments »[40].

Une autre fois, le Cardinal Merry del Val répliqua assez sèchement au Cardinal Maffi qui acclamait Pie X : « C'est bien d'acclamer le Saint Père. Il serait beaucoup mieux de lui obéir, au moins à peu près »[41].

Si tels étaient les amis de Mgr Radini Tedeschi, on ne s'étonne pas que son biographe, don Angelo Giuseppe Roncalli ait dû écrire : « Progressivement, à la suite de divers incidents, (Radini Tedeschi) en vint à soupçonner qu'il ne jouissait plus, auprès du pape, de l'estime dont il avait été l'objet ces dernières années - il craignait dès lors que Rome accordât davantage foi aux rapports des informateurs qu'aux siens propres, en ce qui concernait l'état et les conditions véritables de son diocèse » (Radini, p. 152).

Roncalli fait allusion aux deux Visites Apostoliques que reçurent le séminaire de Bergame et les autres de Lombardie, en 1908 et 1911, visites accompagnées de la destitution de professeurs philomodernistes, ce qui ne fait certes pas penser à une grande confiance de la part de Rome[42]. Ce que pensait saint Pie X de la façon dont Radini gouvernait le diocèse de Bergame transpire aussi à travers la « *Disquisitio* » (enquête faite pour sa béatification) comme le rapporte Hebblethwaite : « Pie X dénigre *L'Eco di Bergamo*, feuille de choux dont il n'y a pas lieu d'être fier, et explique qu'en dépit de toute l'estime qu'il porte au clergé de Bergame, il y a en lui quantité de bois morts et l'histoire de Duchesne n'a été aussi largement diffusée et appréciée dans aucun autre diocèse » (*Disquisitio*, pp. 112-13). Il s'en prend à l'évêque de Bergame

---

[40] Hebblethwaite, op.cit., p.87.
[41] Poulat, Intégrisme..., p.521. Disquisitio, p.100.
[42] Hebblethwaite, op.cit., p.77 et 83.

à qui il reproche sa « modération »[43]. Saint Pie X et Mgr Radini Tedeschi mourront à quelques jours d'intervalle, en 1914. Le Père Pitocchi, qui fut directeur spirituel du séminariste Roncalli, soutint « que don Roncalli souffrit davantage de la mort de Radini Tedeschi que de celle de Pie X » (Hebblethwaite p. 93). Sans aucun doute !

Le Cardinal Ferrari

Hebblethwaite poursuit : « Le fait est que beaucoup se réjouissaient de voir se terminer un pontificat qui s'était avéré désastreux pour la vie intellectuelle dans l'Église. A un sénateur qui s'étonne des foules impressionnantes de fidèles venues rendre un dernier hommage à la dépouille de Pie X qui repose en grand apparat dans la basilique Saint-Pierre, le cardinal Ferrari confie : « Oui, mais il devra rendre compte devant Dieu de la façon dont il a déçu ses évêques quand ils étaient attaqués » (*Disquisitio*, p. 129)[44].

Cette belle épitaphe devant le cadavre de saint Pie X nous dévoile un côté bien peu « saint » du Cardinal Ferrari que Karol Wojtyla a non validement proclamé Bienheureux en mai 1987. Dans le n° 14 de *Sodalitium* (septembre 1987) j'écrivais (« Attention... aux béatifications ») qu'il s'agissait davantage d'une « décanonisation » de saint Pie X que d'une béatification de Ferrari. En réalité les deux choses sont corrélatives. Je n'avais pas dit toutefois que celui qui ouvrit le procès de canonisation de Ferrari fut précisément Jean XXIII ; lisons ce qu'écrit à ce propos Hebblethwaite, dont la haine accoutumée et offensante envers saint Pie X égale l'amour pour Jean XXIII :

Ferrari est archevêque depuis 1884. Il n'est pas à proprement parler son « directeur spirituel », mais Angelo le consulte sur des décisions importantes. Ferrari n'est pas « moderniste » à la façon de Loisy, mais c'est un « conciliariste » en politique italienne, sous l'influence, notamment, d'Antonio Rosmini (dont l'ouvrage : *Les cinq plaies de l'Église*, d'abord mis à l'Index, fut le bréviaire du catholicisme « libéral » italien). Il est convaincu que l'Église devrait s'adapter pour atteindre la classe ouvrière déchristianisée et il encourage les théologiens, les clercs et les laïcs, à travailler à la réconciliation de la

---

[43] Hebblethwaite, p. 86. "L'eco di Bergamo" est un journal diocésain. Mgr. Duchesne, "bête noire de Pie X", avait fini à l'Index. Dans cette question dont parle saint Pie X dans sa lettre du 10.XII.1911 à l'Evêque de Florence, se trouvait mêlé Roncalli, comme on le verra.

[44] Hebblethwaite, p. 93.

foi et de la connaissance (cf. Carlo Snider, *L'Episcopato del Cardinale Andrea Carlo Ferrari*, vol. I, Neri Pozza, Vicenza 1981).

Roncalli partage toutes ces ambitions et restera fidèle à Ferrari ; le 10 févier 1963, en présence d'un grand nombre de pèlerins de Lombardie, il signera le décret introduisant la cause de béatification du cardinal.

Mais en 1906, il était dangereux d'adhérer aux idées de Ferrari. Pie X ne l'aime pas, il met ses chiens de garde à ses trousses et se permet de lourdes plaisanteries sur l'ennui de ses sermons. « Prêchez, prêchez sans arrêt et vous ne remarquerez même pas que vous ennuyez tout le monde à mourir » (Snider, p. 361).

Pie X, dans sa « simplicité paysanne », pouvait se montrer aussi rustre qu'injuste. L'historien jésuite Domenico Mondrone prétend qu'une étude plus approfondie des relations entre Pie X et Ferrari montrerait « jusqu'à quel point une campagne de calomnies bien orchestrée peut prendre possession de l'esprit d'un saint et affecter son jugement » (*Civiltà Cattolica*, juillet 1981, p. 159[45].

En réalité l'hostilité du Cardinal Ferrari pour saint Pie X était celle de quelqu'un de surveillé face à son inquisiteur. Les deux Visites Apostoliques aux séminaires de Lombardie visaient avant tout Ferrari (qui les appelait « vexations apostoliques »)[46]. On comprend qu'elles ne devaient pas lui plaire, en particulier celles d'un Cardinal Boggiani, compatriote et admirateur de saint Pie V, l'unique Évêque, à ma connaissance, à avoir écrit une lettre pastorale contre don Sturzo. Les rapports de Boggiani n'étaient pas favorables ; Hebblethwaite : « Pendant l'été 1911 les séminaires de Lombardie reçoivent un autre visiteur Apostolique, Tommaso Boggiani O.P. ; il est à Bergame du 3 au 5 juin. Nous ne savons rien du contenu de son rapport secret. Mais son rapport sur Milan et le cardinal Ferrari fut publié en 1974. En voici un extrait : « Pour ce qui est des idées modernistes, ou d'idées apparentées aux thèses modernistes, il est certain qu'elles sont assez répandues dans le clergé, en particulier parmi les jeunes prêtres. Le cardinal ne peut pas ne pas en avoir connaissance, mais il se montre trop tolérant ».

Aussi a t-il accepté d'être le président honoraire d'un congrès des écoles secondaires qui doit se tenir en septembre à Saronno, « en ce

---

[45] Hebblethwaite, p. 67. Voir aussi Poulat. Intégrisme ..., p. 51 note 80. Roncalli dit de Ferrari qu'il fut "un EXEMPLE AUQUEL IL EST CONVAINCU DE DEVOIR BEAUCOUP".
[46] Hebblethwaite, p. 74.

cinquantième anniversaire de notre épopée nationale, année si chère aux Italiens », comme le proclame la lettre d'invitation »[47].

Les accusations de saint Pie X à l'égard de Ferrari étaient principalement les deux suivantes : attaquer la presse intégralement catholique et favoriser la presse aconfessionnelle. « Mon journal [*l'Unità Cattolica*] était systématiquement combattu par les archevêques de Pise [Maffi], Florence et plus encore Milan [Ferrari]. Et je prenais toutefois mes instructions directement auprès du Pape et les exécutais fidèlement, sacrifiant jusqu'à mes idées personnelles », témoigna don Paolo de Töth en 1946 au procès de béatification de saint Pie X[48]

Le rapport Antonelli pour la Canonisation de Pie X, « adoptant, parce que c'était aussi la pensée de Pie X, la thèse des intégristes que « les modernisants étaient dans un certain sens plus dangereux que les modernistes, présentent les mêmes erreurs sous une forme plus subtile et insidieuse » (*Disquisitio*, p. 136) et qu'à Milan, « si on enseigne la saine doctrine, IL Y AVAIT PAR CONTRE BEAUCOUP DE MODERNISME PRATIQUE » (lettre de saint Pie X à Ferrari, du 28. III. 1911. *Disquisitio*, p. 178), le rapport donc entachait l'honneur d'un diocèse, le plus grand d'Italie... ».[49]

Si Ferrari, Radini, Mercier, Roncalli, Maffi, Bonomelli, n'étaient pas modernistes (?), ils étaient cependant « modernisants », plus dangereux que les modernistes eux-mêmes.

Ils combattaient, en paroles, le Modernisme, mais dans les faits ils voulaient éliminer les antimodernistes, comme le prouve involontairement Hebblethwaite : « L'allié de don Roncalli à Milan, le cardinal Ferrari, dénonce, dans une lettre pastorale de 1908, les « antimodernistes », tout aussi déplorables et tout aussi « modernes » (ce mot ayant désormais perdu toute signification) que ceux qu'ils attaquent : « Dans certaines revues et journaux la mise en garde contre le Modernisme ne va pas sans excès. Ces zélotes antimodernistes décèlent partout le Modernisme et s'arrangent même pour jeter la suspicion sur ceux qui en sont très éloignés »[50].

C'est de leur faute si le modernisme est rené de ses cendres et a triomphé, comme le craignait le grand Mgr. Benigni : « Le Modernisme, enfin, a été vaincu par Pie X. Mais c'est le Modernisme

---

[47] Hebblethwaite, p. 83.
[48] Poulat. Intégrisme ..., p. 434. Un bel article sur De Toth fut publié sur "Christianità", revue de l'Alleanza Cattolica, avant que l'"entrisme" la fasse sortir de son orthodoxie...
[49] Poulat. Intégrisme ..., p. 51.
[50] Hebblethwaite, pp. 76-77.

organisé et doctrinal. Reste l'état d'âme moderniste, les modernisants que l'on ne vaincra qu'à force d'instruction théologique plus sérieuse, rappelant sans fin aux catholiques les vérités objectives qui sont les fondements mêmes de l'Église »[51].

Avec un modernisant (au moins) à Rome (Roncalli), comment s'étonner des lors du triomphe du modernisme ?

Dans le prochain numéro nous suivrons les vicissitudes de Roncalli sous le Modernisme. Le Saint Office s'occupa aussi de lui...

---

[51] Correspondance Romaine, 31.XII.1908, n° 314. Cité dans : Poulat, Catholicisme..., p. 254, note 68.

SECONDE PARTIE

Extrait de *Sodalitium* n° 23 de décembre 1990

Dans la première partie nous avons suivi ensemble les étapes principales de la vie d'Angelo Giuseppe Roncalli, depuis la naissance (1881) jusqu'à 1914, année fondamentale à beaucoup d'égards : au mois d'août éclate la première guerre mondiale, meurt Saint Pie X, le grand adversaire des modernistes, et meurt aussi l'Évêque de Bergame, modernisant, dont Roncalli est le secrétaire et disciple.

Un soldat blessé à la guerre

Don Roncalli aussi fut appelé sous les drapeaux le 23 mai 1915, et affecté au service de santé à Bergame ; il quitta l'armée « le 10 décembre 1918, bien que les papiers officiels le déclarant libéré des obligations militaires datent du 28 février et du 15 mars 1919 »[52]. De la « grande guerre » (1915-18) don Roncalli sortit indemne. Il n'en fut pas ainsi d'une autre « guerre », non matérielle mais spirituelle : celle que saint Pie X fit à l'hérésie moderniste tout au long de son pontificat, de 1903 à 1914. Dans cette « guerre » contre le modernisme et les modernistes (le Pape savait bien que les erreurs n'existeraient pas s'il n'y avait pas d'errants pour les professer), Roncalli fut appréhendé par le Cardinal De Lai qui commença, précisément en juin 1914, à suspecter l'orthodoxie du futur Jean XXIII, à tel point que ce dernier « peut faire penser à un soldat qui, sorti indemne d'une guerre longue et ardue, manque d'être blessé à la veille de l'armistice. La tempête du modernisme est en effet tombée. Elle prend fin avec la mort de Pie X » en août, précisément, de la même année. Le successeur, Benoît XV, condamna certes le modernisme mais ne continua pas la poursuite des modernistes ; il ne resta rien d'autre au zélé cardinal De Lai, qu'à remettre le « dossier Roncalli » dans un tiroir des archives vaticanes...

---

[52] Hebblethwaite. *Jean XXIII, le Pape du Concile*. Ed. du Centurion, 1988 ; pp. 96 et 107.

Le modernisme hier et aujourd'hui

Pour le lecteur qui ne serait pas très au fait de l'Histoire de l'Église, je rapporte ce que dit une encyclopédie quelconque (et tout à fait « laïque ») sur le modernisme : « Mouvement de réforme se développant à la fin du XIXe siècle et au début du XXe, ayant comme objectif la conciliation du christianisme avec la pensée moderne[53]. Il fut condamné par l'Encyclique *Pascendi* de Pie X (1907) et combattu par l'intégrisme catholique[54]. Les thèmes essentiels du modernisme furent l'analyse critico-philologique de la Bible et l'étude de la théologie s'inspirant de la philosophie moderne (idéalisme, néo-kantisme, irrationalisme) et de la méthode d'immanence de M. Blondel. Représentants de premier plan : A. Loisy, L. Laberthonnière, E. Le Roy (dont le maître était le philosophe Bergson et son œuvre, *l'Evolution Créatrice* (écrite en 1907, n.d.a.) en France ; G. Tyrrel en Angleterre ; E. Buonaiuti et R. Murri (« père » de la Démocratie Chrétienne, n.d.a.) en Italie »[55].

Hormis Laberthonnière (qui a cependant peuplé l'index des livres prohibés avec toutes ses œuvres), tous furent excommuniés et il suffit de lire l'Encyclique *Pascendi* pour se convaincre que le modernisme fut vraiment « le rassemblement de toutes les hérésies », avec la circonstance aggravante de la trahison : « Les artisans d'erreurs - écrit le Pape - il n'y a pas à les chercher aujourd'hui parmi les ennemis déclarés. Ils se cachent, et c'est un sujet d'appréhension et d'angoisse très vives, dans le sein même et au cœur de l'Église, d'autant plus redoutables qu'ils le sont moins ouvertement »[56].

Certains, démasqués par saint Pie X, furent expulsés même visiblement des « veines mêmes et des entrailles » de l'Église où ils se

---

[53] Hebblethwaite, op. cit., p. 91.

[54] Cf. la proposition moderniste n. 65 (et dernière proposition) condamnée par le décret *Lamentabili* du 3 juillet 1907 : "Le Catholicisme d'aujourd'hui ne pourra s'accorder avec la vraie science s'il ne se transforme en un christianisme adogmatique, c'est-à-dire en un protestantisme latitudinariste et libéral" (DS.3465). Comparer avec l'erreur analogue catholico-libérale condamnée par Pie IX dans le célèbre *Syllabus*, proposition 80 (et dernière proposition) : "Le Pontife romain peut et doit parvenir à des pactes et des conciliations avec le progrès, avec le libéralisme et avec la civilisation moderne" (DS.2980 ; 8 décembre 1864).

[55] Sur l'Intégrisme et le *Sodalitium Pianum*, cf. les œuvres d'Emile Poulat : *Intégrisme et catholicisme intégral*, Casterman 1969 - *Catholicisme, démocratie et socialisme*, Casterman 1977. Voir aussi *Sodalitium* n°4, août, septembre, octobre 1984, pp. 3.7.

[56] La Nuova Enciclopedia Universale Garzanti, Milano 1982, article "modernisme", p.913.

cachaient ; d'autres, plus dissimulés ou encore plus hypocrites, y restèrent cachés attendant leur heure.

Selon Giulio Andreotti, l'erreur de Buonaiuti, ami de Roncalli et d'un parent d'Andreotti lui-même, Don Belvederi, FUT DE N'AVOIR PAS SU ATTENDRE L'EVOLUTION DU TEMPS (Le Concile Vatican II), EN ROMPANT COMME IL LE FIT AVEC L'ÉGLISE. Roncalli, par contre, qui de Buonaiuti avait appris beaucoup de choses », resta dans l'Église pour préparer « l'évolution des temps »[57].

« De l'Église du Syllabus (l'Église catholique, n.d.a.) à l'Église de Vatican II - écrit Émile Poulat - UNE TRANSFORMATION CONSIDÉRABLE a travaillé le catholicisme ; et comme elle s'est ouverte avec le Concile, elle s'accélère sous nos yeux. Certains s'en réjouissent, d'autres s'en effraient MAIS PERSONNE, MAINTENANT, NE LE CONTESTE PLUS »[58].

Encore très récemment l'*Osservatore Romano* lui-même, par exemple, rappelant le souvenir du Cardinal Bevilacqua, ami intime de Montini, préparateur du Concile, de la réforme liturgique et de la liberté religieuse, n'a pas honte d'écrire que « parmi les sources de pensée de l'inoubliable Oratorien il faut placer en premier lieu Bergson »... « un grand homme en lequel Bevilacqua s'est pleinement reconnu »[59] (Le Roy a eu le même sort avec Jean Paul II)[60].

Dommage (pour eux) que l'Église ne soit pas d'accord : « La doctrine bergsonienne de la foi religieuse et du dogme est en net contraste avec l'enseignement de l'Église catholique (V. Immanentisme). Certaines des œuvres principales du philosophe

---

[57] S. Pie X, Encyclique *Pascendi* in "Ecrits doctrinaux" présentés par Jean Daujat. Ed. Téqui, Paris 1975.
[58] G. Andreotti, *A chaque mort de Pape*, Biblioteca Universale, Rizzoli, Milano 1982, p.66. Ce passage de l'actuel chef du gouvernement italien mérite d'être cité en entier : "Le soir précédent (précédant l'élection comme Pape du Patriarche Roncalli, n.d.a), monseigneur Capovilla m'avait téléphoné, me disant que le Patriarche voulait me voir. Mon lien avec lui faisait abstraction de la politique, dérivant de la vieille amitié entre Roncalli et don Giulio Belvederi, dont j'ai raconté les péripéties auprès de la Sacrée Rote. Compagnons d'études au Latran, ils s'étaient rencontrés dans une commune vocation pour les études bibliques selon des formules aujourd'hui couramment pratiquées, mais vues alors comme fortement suspectes de modernisme, au point qu'aussi bien à l'un qu'à l'autre ne fut pas confié cet enseignement pour lequel ils étaient certainement préparés. De ce cénacle fit aussi partie Ernesto Buonaiuti, lequel ne sut toutefois pas attendre l'évolution des temps et rompit bruyamment avec l'Église. Roncalli devenu Pape n'eut pas de difficultés à déclarer que de don Ernesto il avait appris quantité de choses et qu'il priait toujours pour lui".
[59] E. Poulat, *Intégrisme*...op. cit.pp.7-8.
[60] M. Perini, Le Cardinal Giulio Bevilacqua : l'intelligence et le "style", in *L'Osservatore Romano*, 6 mai 1990, p.5.

(*Essai... L'Évolution créatrice, Matière et mémoire*) FURENT MISES A L'INDEX »[61].

Retournant à mon sujet de la vie de Roncalli (que l'on semblerait avoir abandonné) avant de poursuivre, je me dois de parler de ses vicissitudes au temps du modernisme. Seulement alors nous pourrons comprendre ce qu'est « LE PAPE DE L'AGGIORNAMENTO » qui nous a valu l'actuel triomphe du modernisme[62].

Roncalli suspect de modernisme

La Bibliotheca Sanctorum résumant la situation du « serviteur de Dieu Jean XXIII » en 1914, écrit de lui : « injustement soupçonné de modernisme »[63].

Soupçons, donc, il y eut. J'entends ici démontrer qu'ils ne furent pas injustifiés : c'est le but de cet article. Et je chercherai à le prouver en faisant remarquer que :

1) étaient modernistes ou modernisants[64] ses « modèles » dans le sacerdoce ;

2) était suspect le diocèse de Bergame ;

3) était suspecte son animosité contre les antimodernistes. Trois exemples : a) Scotton, b) Mattiussi, c) saint Pie X.

4) il était suspect comme historien et professeur d'histoire ecclésiastique ;

5) sont suspectes, pour ses admirateurs eux-mêmes, ses déclarations d'antimodernisme ;

6) enfin, et cela confirme tous les soupçons, il y a l'activité subséquente de Roncalli, spécialement après l'élection au Pontificat. C'est l'argument des prochains articles.

---

[61] Bergson a été cité de façon élogieuse par Jean Paul II dans un discours aux membres du corps diplomatique auprès du Saint-Siège, le 10 janvier 1987. Cf *Sodalitium*, n°14, p. 14, septembre 1987.

[62] M. F. Scialla, terme "Bergson" dans Enciclopedia Cattolica, II col. 1387. Les livres de Bergson furent mis à l'Index mais on ne put naturellement l'excommunier, vu qu'il n'était pas même baptisé. D'origine israélite, il se rapprocha du "catholicisme" (entendu dans un sens moderniste) mais refusa le baptême.

[63] Encore une confirmation de la liaison modernisme Vatican II-Jean XXIII : parlant du moderniste anglais Tyrrell (auquel l'Église refusa jusqu'à la sépulture ecclésiastique) et de la conception de la papauté, l'historien jésuite Sommavilla commente avec enthousiasme : "Comme précisément le fera, sur l'inspiration du Pape Jean, Vatican II". (G. Sommavilla, La Compagnia di Gesù, Rizzoli, Milano 1985, p.233).

[64] Bibliotheca Sanctorum, premier appendice, Città Nuova Editrice 1987, terme "Jean XXIII" par G. Spinelli O.S.B., colonne 577.

Modèles suspects

Cet argument a été développé dans la première partie[65] ; les amis de Roncalli, ses modèles figurent tous parmi les modernisants, sinon parmi les modernistes : Buonaiuti, Sangnier, Radini Tedeschi, Ferrari, Bonomelli, Mercier[66]...

Dans les années qui vont de 1903 à 1914 (pontificat de saint Pie X), Roncalli est un très jeune prêtre (à partir de 1904) ; ne nous attendons donc pas de sa part à des actions de premier plan, particulièrement importantes, comme le sont celles d'un homme mûr et de rang élevé, mais cherchons l'esprit du futur « bon Pape » dans ses modèles de jeunesse sacerdotale.

Diocèse suspect

Don Roncalli fut le secrétaire et le disciple de l'Évêque de Bergame. Quelle renommée avait le diocèse ? Nous l'avons déjà vu (*Sodalitium* n° 22, pp. 16 et 17).

Deux visites apostoliques (juin 1908 et juin 1911) convainquent l'Évêque d'avoir perdu l'estime de saint Pie X et d'être suspect. Don Giuseppe Moioli, professeur d'Écriture Sainte (Nouveau Testament) au séminaire, est démis de ses fonctions[67].

Le prédécesseur de Roncalli à la chaire d'Histoire Ecclésiastique, don Angelo Pedrinelli, lui aussi ancien élève du Séminaire Romain, eut

---

[65] Il nous faut le répéter. Cf *Sodalitium* n°22, p. 20, et note 50, p. 21. Un autre disciple de saint Pie X, don Cavallanti, écrivit : "Comme l'arianisme, le pélagianisme, le jansénisme, tout en se dissolvant à la suite des condamnations de l'Église, laissèrent derrière eux un sillage d'erreurs, plus subtiles et moins apparentes, connues sous le nom de semi-arianisme, semi-pélagianisme et semi-jansénisme, ainsi en est-il aujourd'hui du modernisme qui, démasqué et frappé à mort, laisse derrière lui en quittant le champ de bataille, d'autres erreurs qui se diffusent en masse comme des germes, et ruinent ou menacent de ruiner quantité de bons catholiques (...) Je répète qu'il y a un semi-modernisme, lequel, s'il n'est pas aussi vilain que son père, le modernisme, cloaque de toutes les hérésies, est cependant plus insidieux". (Conférence du 16-11-1908 reproduite dans "*La critique du libéralisme*" I, (1908-1909) n°421-423, et citée dans "Histoire de l'Église" dirigée par H. Jedin, Vol. IX, p. 563, éd. Jaca Book 1975).

[66] *Sodalitium* n° 22, pp. 13-20.

[67] George Tyrrell (1861-1909), ex-jésuite, "père" du modernisme anglais, soutenant la non éternité de la damnation (suivi en ceci par Rahner, Von Balthasar...et Wojtyla), *suspens* de ses fonctions sacerdotales, *suspens a divinis* et écarté des sacrements même à l'article de la mort, eut cependant du Cardinal Mercier l'invitation à être incardiné dans son diocèse (Cf. Sommavilla, op. cit., p. 233).

la même fin, « victime du climat intellectuel de droite (ou tout simplement catholique ! n.d.a.) qui caractérise la fin du pontificat de Pie X »[68].

Bergame était, en 1906, l'une des cités italiennes les plus influencées par les écrits du moderniste Loisy[69] et du modernisant Duchesne, au point de faire dire à saint Pie X que dans le clergé bergamasque il y avait « quantité de bois mort et l'HISTOIRE de Duchesne n'a été aussi largement diffusée et appréciée dans aucun autre diocèse »[70].

Heureusement, tout le clergé bergamasque n'était pas ainsi ! Sa partie saine était précisément celle qui informait le Saint Siège de l'avance du modernisme dans ce diocèse sous l'autorité de Radini, par exemple le chanoine don Giovanni Mazzoleni, ami du Cardinal De Lai[71].

Le climat de fronde contre saint Pie X est ainsi dénoncé par don Mazzoleni (et pernicieusement résumé par Hebblethwaite) : « Les prêtres lisaient des journaux de « tendance moderniste ». Il (Mazzoleni) avait entendu des remarques déloyales comme : « La « Question Romaine » est définitivement dépassée ». « Le Vatican ne fait qu'avancer en trébuchant, sans savoir ce qu'il fait », et « Un autre pape n'agirait pas de la sorte » (*Disquisitio* p. 172)... Il rapporte aussi que certains cherchent à excuser Pie X en insinuant que ses conseillers agissent sans qu'il engage son autorité : « Tout est de la faute de Merry del Val », fait-on remarquer le plus communément, mais De Lai, le cardinal Vives y Tuto ou les « Jésuites » sont aussi souvent évoqués à titre de boucs émissaires (ibid.) ».

Voilà donc ce qu'était l'esprit dans le séminaire où enseignait Roncalli : une hostilité diffuse à S. Pie X, qui nous permet de passer au troisième élément suspect.

Animosité suspecte

Le « bon Pape », toute douceur envers les errants, ne l'était pas par contre envers les plus zélés défenseurs de l'orthodoxie. Et ceci, dès sa jeunesse sacerdotale.

---

[68] Hebblethwaite, op. cit. p. 17.
[69] E. Poulat, Catholicisme, démocratie et socialisme, Casterman 1977, p.346.
[70] Lettre de Paul Sabatier à Alfred Loisy ; cf. Hebblethwaite, op.cit. p.67.
[71] Hebblethwaite, op.cit. p.86. J'ai déjà rapporté ces mots dans le n°22-p.19 du Bulletin. Repetita juvant.

Encore séminariste il se heurtait régulièrement au curé de Sotto il Monte, don Ignazio Valsecchi, que les éditeurs du journal spirituel de Jean XXIII décrivent comme un « prêtre simple et modeste, mais batailleur » qui « eut de la préférence pour les catholiques intransigeants qui soutenaient des positions radicales dans l'œuvre des congrès. Le clerc Roncalli ne devait pas se trouver à son aise... »[72] Absolument pas ! « Pas possible ! - écrivait notre Roncalli le 27 juillet 1898 - je ne veux jamais accepter de me taire, avec ce curé béni... ».

Devenu prêtre et secrétaire de l'Évêque, ses antipathies « libérales » visèrent un peu plus haut. J'en donne trois exemples.

a) Les frères Scotton

Les prélats Jacopo, Andréa et Gottardo Scotton, de Breganze, dirigeaient le périodique intégralement catholique *La Riscossa*, qui était comme le journal officiel de la ligne *Pro Pontifice et Ecclesia*[73]. Leur journal est encouragé ouvertement par saint Pie X[74]. « Leur fière devise est *FRANGAR, NON FLECTAR* - se laisser briser plutôt que de fléchir sous les vents du changement. Don Roncalli récuse cette attitude et change la devise en *FLECTAR, NON FRANGAR,* (Je plie, mais je ne romps pas) ». Petit, cet épisode, mais combien significatif des tendances d'un homme !

b) Le Père Mattiussi

---

[72] Hebblethwaite, op.cit, pp.77-78. Le Cardinal Raphael Merry del Val, serviteur de Dieu (1865-1930), espagnol, fut secrétaire d'État sous saint Pie X (1903-1914) et par la suite responsable du Saint-Office et Camerlingue de la Sainte Église Romaine. Le Cardinal Gaetano De Lai (1853-1928), originaire de Vicence, créé Cardinal par saint Pie X (1907) et secrétaire de la Consistoriale sous saint Pie X, Benoît XV et Pie XI. Il fut "vraiment l'homme fort du pontificat" de saint Pie X (E. Poulat, Intégrisme...op.cit, p.65) et le grand défenseur du *Sodalitium Pianum* de Mgr. Benigni.
Le Cardinal José Vives y Tuto (1854-1913), capucin espagnol, fut créé Cardinal par Léon XIII en 1899 et préfet de la Congrégation des Religieux par saint Pie X en 1908. Lui aussi était "un des conseillers les plus écoutés de saint Pie X et de Merry del Val (lui-même espagnol) : l'un des trois cardinaux, avec ce dernier et De Lai, en qui le Pape avait mis sa confiance et qu'il consultait dans les cas difficiles, comme le témoignèrent au Procès de canonisation les cardinaux Sili et Gasparri" (E. Poulat, Intégrisme...op.cit. p.587). Attaquer ces trois prélats était donc une façon indirecte mais réelle d'attaquer le Pape lui-même.
[73] Jean XXIII, *Le journal de l'âme*, éd. Storia e Letteratura, Roma 1967 5°éd., p.34 ; voir aussi les pp.43 et 46.
[74] E. Poulat, *Intégrisme*...op. cit. pp. 174. 432. 602.

Le Père Guido Mattiussi, Jésuite (1852-1925) fut un éminent philosophe et théologien thomiste.

Professeur à l'Université Pontificale Grégorienne, il fut choisi par saint Pie X pour répandre le thomisme parmi les Jésuites alors en grande partie disciples de Suarez, dans la conformité au *Motu proprio Doctoris Angelici* (29. VI. 1914), qui prescrivait dans l'enseignement la doctrine de saint Thomas.

Puisqu'on se demandait alors quels étaient les points saillants et spécifiques de cette doctrine, saint Pie X confia au P. Mattiussi la charge d'en établir une liste qui devint celle des « Vingt-quatre thèses de la philosophie de S. Thomas », approuvées par la Sacrée Congrégation des Études le 27 juillet 1914 (Denzinger-Schönmetzer 3601. 3624) et définies par la même Congrégation comme « normes directives sûres » (7 mars 1916).

Le même Père Mattiussi en écrivit un commentaire en 1917, après avoir été l'auteur d'autres œuvres antimodernistes telles que *Le Venin Kantien* (1907) et *Le serment antimoderniste* (1909).

Tant était grande l'estime de saint Pie X pour le P. Mattiussi que le Pape pense à lui pour assainir la Compagnie de Jésus dont le Général, le Père Wernz, et son assistant (et futur général), le Père Ledochowski, étaient « indexés » parce qu'ils protégeaient les jésuites modernisants - au point de vouloir destituer Wernz pour le remplacer par Mattiussi[75]. Malheureusement saint Pie X mourut (le même jour mourut Wernz) sans avoir pu mener à terme son projet.

Voilà ce qu'était le P. Mattiussi pour un Saint, le pape Pie X. Voyons maintenant qui il était pour le futur Jean XXIII.

Je cite amplement l'habituel Hebblethwaite auquel va la responsabilité de ce qu'il écrit à la louange de Roncalli et faisant injure à Mattiussi : « Cet automne 1911, Don Roncalli fait directement l'expérience, à Bergame, de ce que signifie réellement la campagne antimoderniste. Elle est moins agréable sur le seuil de sa propre porte que contemplée dans le calme d'une retraite. La cause des ennuis fut un jésuite connu, le Père Guido Mattiussi, professeur de théologie à la Faculté de Milan, qui était une épine dans le pied du Cardinal Ferrari. Il avait anticipé sur *Pascendi* avec un article publié en 1902-3. *Il veneno Kantiano* (voir Daly, p. 166), où il présentait le thomisme comme le seul véritable antidote au poison d'Emmanuel Kant. Ses deux conférences au séminaire de Bergame semèrent la zizanie dans la ville et dans le diocèse. La presse se fit l'écho des partisans et adversaires.

---

[75] Hebblethwaite, op. cit. pp. 66-67. Cf. L.F. Capovilla, Jean XXIII, Quinze lectures, Rome 1970, p.397.

Radini Tedeschi demanda à Don Roncalli un rapport privé (que l'on trouvera dans *Decimo anniversario*, pp. 57-62). Son étude nous permettra de nuancer davantage notre compréhension de l'attitude de Roncalli face au modernisme.

Il commence par dire : « le bon Père » (sans intention ironique) a fait une mauvaise impression dès le départ. Il a fait insulte à son auditoire en ne préparant pas ses conférences. Elles étaient si désordonnées qu'il ne se souvenait plus de ce qu'il avait dit la fois précédente et qu'il fut même incapable de résumer sa première intervention, à la fin. Mattiussi se fie manifestement à son don d'improvisation. Il avait rassemblé quelques idées dans le bref voyage en train de Milan à Bergame. Pis encore, le ton cassant et polémique dont Mattiussi ne se départit pas était déplaisant. Il ne dit rien de positif sur quiconque. Il s'est donné pour vocation de dénoncer la présence menaçante et voilée du modernisme. Le résultat est une vision aigrie et déformante de la vie. « Il faut proclamer la vérité et toute la vérité, écrit Roncalli, mais je ne comprends pas pourquoi elle devrait s'accompagner des éclairs et du tonnerre du Sinaï plutôt que du calme et de la sérénité qui étaient ceux de Jésus au bord du lac ou sur la montagne ». (*Decimo anniversario*, p. 58). Il admet que cela pourrait simplement relever d'une différence de tempérament.

Toutefois, quelque effort qu'il fasse, « il ne pouvait entrer dans le système » de Mattiussi, « tant était violent le contraste entre son caractère et le mien ».

Mattiussi se montrait « trop absolu et trop unilatéral » dans ses jugements : il en résulta que les étudiants ne saisirent pas comment les principes qu'il « exposait pouvaient s'accorder avec d'autres principes tout aussi vrais et de la plus haute importance pour le catholicisme » (ibid. p. 59). La « chose catholique », Roncalli le sait, consiste à tenir ensemble « les deux bouts de la chaîne » et à laisser place à une tension créative entre vérités complémentaires.

Pour illustrer les positions unilatérales de Mattiussi, il cite la façon dont il traite de l'acte de foi. Suivant en cela Billot dans son *De Ecclesia* (celui-là même dont ses compagnons d'étude à Bergame avaient fait cadeau à Roncalli), Mattiussi prétend que seules « les preuves extérieures » de la mission de Jésus - les miracles et l'accomplissement des prophéties de l'Ancien Testament comptent réellement dans l'acte de foi : « Les preuves internes » - les appels à l'expérience religieuse ou la prière - sont récusées comme « subjectives », elles ne peuvent que conduire à « l'immanentisme » tant redouté, dont se serait fait l'avocat Maurice Blondel, la bête noire de Mattiussi.

Cette façon de rendre compte de l'acte de foi a été qualifiée « d'apologétique du robot » : « L'homme si les circonstances extérieures sont appropriées, est programmé pour croire » (Daly, p. 17). Le croyant devient une *tabula rasa* passive, inerte. Roncalli s'insurge contre cette façon de voir : « s'il faut éliminer de l'acte de foi tout ce que l'on appelle « expérience », alors la théologie se réduit à une sorte de géométrie, la foi devient la conclusion d'une argumentation et le théologien n'est plus qu'un logicien desséché. Ainsi sa « spiritualité » le sauve des excès unilatéraux des antimodernistes, parce qu'elle lui enseigne à vérifier ses idées dans la prière. Il fallait du courage à un professeur d'un séminaire de province, âgé de vingt-neuf ans seulement, pour prendre ainsi position, même dans une note strictement privée, contre des théologiens de l'Establishment aussi puissants que Billot et Mattiussi. Voilà qui montre aussi que Roncalli avait une vision claire des enjeux de la campagne antimoderniste. Il n'avait rien du théologien simplet que certains ont voulu imaginer.

Mais c'est dans sa façon de traiter les personnes que Mattiussi devenait vraiment déplaisant et injuste aux yeux de Roncalli. Il dénonçait Duchesne, s'appesantissant sur les « erreurs de type Loisy que contient son œuvre et qui ont été admises » (*Decimo anniversario*, p. 60).

Mattiussi était mieux informé que Roncalli sur Duchesne. Sa condamnation était imminente. Son *Histoire de l'Église primitive* sera mise à l'index le 12 janvier 1912, quelques mois après. L'allusion de Mattiussi à « un élément du Kantisme chez certain prélat » se voulait, à juste titre, une référence au cardinal Mercier. Mais ses remarques les plus désobligeantes furent pour le Léon XIII des dernières années et pour « les jeunes de la démocratie chrétienne ». Celles-ci ne pouvaient pas être bien reçues dans un diocèse qui avait été le plus socialement engagé de toute l'Italie. Roncalli conclut son rapport en espérant que dans l'avenir Mattiussi adopterait un ton plus modéré, qu'il emploierait mieux ses dons qui étaient réels et qu'ainsi il contribuerait « à la chère et noble cause, la préservation de la doctrine catholique de toute erreur », en accord avec l'esprit de Pie X (ibid. p. 61).

La vérité était toutefois que Mattiussi, loin de faire cavalier seul, était plus proche de l'esprit de Pie X, que Don Roncalli. Les espions de Bergame entreprirent de dénoncer non Mattiussi, mais l'accueil hostile qu'il avait rencontré. Un clerc anonyme, connu par les initiales L.F, écrit au recteur du séminaire de Bergame que les conférences de Mattiussi lui avaient « ouvert les yeux ». Elles avaient porté un coup décisif à Duchesne, aux 600 membres de l'association des prêtres de Bergame (l'Unione) et aux « sympathisants modernistes » en général.

« J'ai compris maintenant, écrit L.F., combien l'intransigeance en matière de principes et d'orthodoxie est juste et nécessaire ». Il conclut : « Nos "dilettanti" ne préparent-ils pas un nouveau drame ? ». (*Decimo anniversario*, pp. 55-6).

Il entendait par là de nouvelles condamnations. Mais L.F. était un personnage mineur.

Plus sérieuse est la lettre de Mazzoleni à De Lai, de la Congrégation Consistoriale. Il rapporte que le président de *L'Unione* a élevé une « protestation véhémente » contre les conférence de Mattiussi. De plus, *L'Eco di Bergamo* a écrit que Mattiussi avait usé d'un « langage excessif en parlant de Léon XIII et de la Démocratie Chrétienne (*Decimo anniversario* p. 56, lettre datée du 28 septembre 1911). L'article va jusqu'à dire que Mattiussi a fait « une impression sinistre » sur les séminaristes. Notre homme de Bergame rapporte en outre que le recteur et les professeurs Roncalli et Biolghini utilisent *l'Histoire ancienne de l'Église* de Duchesne. La pourriture gagne. Les recherches dans une librairie de Bergame révèlent que 26 prêtres ont commandé le prochain volume de Duchesne qui doit paraître en traduction italienne. Le dernier coup de Mazzoleni est pour dire que si l'influence de Duchesne est manifeste, « il sera très difficile d'arriver à la vérité », sans doute parce que ceux qui sont attaqués chercheront à étouffer l'affaire (Ibid. p. 57).

Le rapport de Roncalli est daté du 29 septembre 1911. L'affaire Mattiussi ne tarde pas à soulever des controverses bien au-delà du diocèse de Bergame. *L'Unità Cattolica* de Florence attaque *L'Eco di Bergamo* et Bressan, le secrétaire du pape, envoie une lettre de remerciement à son rédacteur en chef. Bressan écrit aussi à Mattiussi lui-même, le 7 octobre 1911 :

« Le Saint-Père a noté ce que vous avez dit dans votre lettre du 3 courant. Mais indépendamment même de cette lettre, Sa Sainteté était parfaitement informée et approuve totalement ce que vous avez dit au séminaire de Bergame - elle est très heureuse que vous ayez mis le doigt sur la plaie. Personne n'osera vous demander une rétraction, même pas s'agissant de l'» opportunité » ou non de ce que vous avez dit. La vérité a le droit d'être prêchée toujours et en tout lieu. Ceci vaut aussi pour les commentaires de *L'Eco* à propos de vos remarques sur la démocratie. Vous pouvez donc être tranquille et rester assuré que tous, quand ils auront pris le temps d'y réfléchir, seront honteux de tout ce tapage et - nous l'espérons - en tireront une leçon. Sa Sainteté vous bénit, etc. » (*Utopia*, pp. 409.10).

Pie X intervient lui-même le 10 décembre 1911, avec une lettre personnelle à l'archevêque de Florence, Mistrangelo. Il lui écrit parce que *L'Unità Cattolica*, le journal préféré du pape, paraît dans son diocèse. Pie X dénigre *L'Eco di Bergamo*, feuille de chou dont il n'y a pas lieu d'être fier, et explique qu'en dépit de toute l'estime qu'il porte au clergé de Bergame, « il y a en lui quantité de bois mort et *l'Histoire* de Duchesne n'a été aussi largement diffusée et appréciée dans aucun autre diocèse ». (*Disquisitio*, pp. 112.13). Il s'en prend à l'évêque de Bergame à qui il reproche sa « modération »[76].

c) Saint Pie X

Si telle était l'adversité spontanée de don Roncalli envers les collaborateurs et les hommes de confiance de saint Pie X, ne nous étonnons pas dès lors si envers ce dernier les sentiments ne seront pas bienveillants.

Les appréciations cependant, seront plus voilées. Bien plus, superficiellement don Roncalli ne peut dire que du bien du Pape régnant, comme le Patriarche Roncalli, puis Jean XXIII, ne pourra que faire l'éloge du Bienheureux et ensuite du Saint Pontife. Les critiques, il faut les lire entre les lignes, mal camouflées qu'elles sont sous des louanges conventionnellement ecclésiastiques. A lire derrière les apparences, Giulio Andreotti nous y invite lui-même lorsqu'il raconte une entrevue qu'il eut avec Roncalli déjà Patriarche de Venise.

« Je m'en allai avec lui au patriarcat ; il voulut que, en attente du déjeuner, je m'arrêtasse un instant dans la chambre qui avait été celle de Pie X et qu'il avait fait reconstruire avec le vieux mobilier du Pape Sarto. Constatant l'affection avec laquelle lui, étiqueté par les soupçonneuses persécutions modernistes, s'exprimait en faveur de Pie X, je me permis de lui demander une interprétation authentique.

Il me conseilla de me faire donner en lecture par la Congrégation des Rites les actes du procès canonique de béatification dans lesquels on était allé certainement en profondeur sur le sujet. Ce que je fis quelques années après, me trouvant en face de documents de grand intérêt »[77].

---

[76] Cf : - Sommavilla S.J., op. cit. p.225 ; - Histoire de l'Église, dirigée par H. Jedin, éd. Jaca Book, Milano 1973, Vol. IX p.576 ; - G. Cassiani Ingoni, Vie du P.W.Ledochowski, Rome 1945, pp.71 et 73 ; - Disquisitio circa quasdam objectiones...(procès de canonisation de saint Pie X) pp. 10-11.

[77] Hebblethwaite, op. cit. pp.83-86 avec d'amples citations tirées de "Dixième anniversaire de la mort du Pape Jean" par Louis F. Capovilla, éd. Storia e Letteratura, 1973. L'épisode se conclut ainsi : "Le Cardinal Ferrari s'arrange pour fair partir le Père Mattiussi, S.J., de Milan. Le Vatican y voit une nouvelle preuve du manque d'orthodoxie de Ferrari. La récompense de Mattiussi sera la chaire de Billot, à l'Université Grégorienne" (Hebblethwaite, op. cit, p.87).

Le lecteur non averti ne saisit pas l'accent malicieux contenu dans l'invitation, de Roncalli à Andreotti, à consulter les actes du procès de canonisation (il s'agit de la célèbre *Disquisitio*) ; mais qui m'a lu patiemment jusqu'à présent, retrouvera racontés dans la célèbre *Disquisitio* les faits que je viens de rapporter et l'hostilité qui existait entre saint Pie X et les amis de Roncalli.

A bon entendeur, salut...

Plus explicite est, comme de coutume, Hebblethwaite. « Le 18 novembre 1908 il a l'occasion de rencontrer Pie X et peut se rendre compte par lui-même à quel point la campagne antimoderniste obsède le pape. L'événement aurait dû être une source de joie. Radini Tedeschi conduisait une délégation de Bergame pour congratuler Pie X à l'occasion du cinquantième anniversaire de son ordination sacerdotale. Don Roncalli portait le plateau contenant leurs offrandes : 25.100 lires en pièces d'or. Il n'oubliera jamais l'impression que le pape fit sur lui :

« Après les compliments d'usage, Pie X parla avec une telle angoisse des dangers de l'époque que nous vivions et des pièges insidieux du Mauvais pour avoir raison de la foi authentique des catholiques, qu'il en oublia complètement de nous remercier pour notre offrande. (Letture, pp. 272-273).

Quand Roncalli écrit ces mots il est pape et Pie X a été canonisé. Ses remarques sur l'ingratitude du pontife n'en prennent que plus de poids : « Certainement saint, mais pas pleinement parfait en ce qu'il se laissait envahir par l'inquiétude et se montrait si angoissé (ibid.) »[78].

Roncalli comptait certainement saint Pie X parmi les « prophètes de malheur » qu'il dénonça dans son discours d'ouverture du Concile[79]. On ne s'étonne pas dès lors que, comme j'en ai déjà traité, le P. Pitocchi alors directeur spirituel de Roncalli ait rapporté que ce dernier « souffrit davantage de la mort de Radini Tedeschi que de celle de Pie X »[80],

---

[78] G. Andreotti, op. cit. pp.64-70 : "soupçonneuses persécutions modernistes", l'auteur entend naturellement les "persécutions" menées par saint Pie X contre les Modernitstes, auxquelles Roncalli échappa de très peu... Jean XXIII fut impressionné par la lecture de la *disquisitio* en en faisant l'annotation sur sa copie personnelle qui est aujourd'hui propriété de Giancarlo Zizola, un parmi tant de prêtres qui ont abandonné le Sacerdoce pour devenir vaticanistes ; il reçut cette copie en don des mains de Mgr Capovilla, l'ex-secrétaire et confident de Jean XXIII : Cf. Hebblethwaite, op. cit. pp. 68.

[79] Hebblethwaite, op. cit. p.78 - qui cite L. Capovilla, Jean XXIII, Quinze lectures, Rome 1970.

[80] J'anticipe la citation de ce discours que j'aurai l'occasion de commenter, en invitant maintenant à le confronter à une citation extraite de la première Encyclique de saint Pie X. Voici les textes : Jean XXIII : Allocution "*Gaudet Mater Ecclesia*" du 11 octobre 1962 : "Dans l'exercice quotidien de notre ministère pastoral il nous faut souvent entendre, à notre grande tristesse, ceux qui bien qu'enflammés de zèle n'ont pas

morts à deux jours d'intervalle. Bien plus, dans son journal spirituel, *le Journal de l'âme*, Roncalli ne fait pas la plus petite allusion à la mort du Pape Saint ! Le meilleur mépris est le silence...

Historien et professeur suspect... et suspecté !

---

beaucoup de jugement ou de sens de l'équilibre. Pour eux le monde moderne n'est que trahison et ruines. Ils prétendent que cette époque est bien pire que les précédentes - et l'histoire est pourtant la grande maîtresse de cette vie. Ils se conduisent comme si l'ère des précédents conciles œucuméniques avait vu le triomphe parfait de l'idée et de la cause chrétiennes et comme si la liberté religieuse n'avait jamais été comprise dans le passé. Nous nous sentons obligé de dire notre désaccord avec ces prophètes de malheur qui ne font qu'annoncer des catastrophes - comme si la fin du monde était imminente. Et pourtant aujourd'hui la Providence nous guide vers un nouvel ordre des relations humaines qui, grâce à l'effort humain dont il dépasse toutefois largement les espérances, nous vaudra la réalisation d'espérances encore plus grandes et dont nous n'osons même pas rêver ; de cette façon, les oppositions humaines elles-mêmes peuvent conduire au bien même de l'Église".
Saint Pie X : Encyclique "*E Supremi Apostolatus*" du 4 octobre 1903 : En outre, et pour passer sous silence bien d'autres raisons, nous éprouvions une sorte de terreur à considérer les conditions funestes de l'humanité à l'heure présente. Peut-on ignorer la maladie si profonde et si grave qui travaille, en ce moment bien plus que par le passé, la société humaine, et qui, s'aggravant de jour en jour et la rongeant jusqu'aux moelles, l'entraîne à sa ruine ? Cette maladie, Vénérables Frères , vous la connaissez, c'est, à l'égard de Dieu, l'abandon et l'apostasie ; et rien sans nul doute qui mène plus sûrement à la ruine ? Selon cette parole du prophète : *Voici que ceux qui s'éloignent de vous périront* (Ps. LXXII, 26). *De nos jours, il n'est que trop vrai, les nations ont frémi et les peuples ont médité des projets insensés* (Ps.III, 1) contre leur Créateur ; et presque commun est devenu ce cri de ses ennemis : *Retirez-vous de nous* (Job.XXI, 14). De là des habitudes de vie, tant privée que publique, où nul compte n'est tenu de sa souveraineté. Bien plus, il n'est effort ni artifice que l'on ne mette en œuvre pour abolir entièrement son souvenir et jusqu'à présent sa notion.
Qui pèse ces choses a droit de craindre qu'une telle perversion des esprits ne soit le commencement des maux annoncés par la fin des temps, et , comme leur prise de contact avec la terre, et que véritablement le fils de perdition dont parle l'Apôtre (II Thess.II,5) n'ait déjà fait son avènement parmi nous. Si grande est l'audace et si grande la rage avec lesquelles on se rue partout à l'attaque de la religion, on bat en brèche les dogmes de la foi, on tend d'un effort obstiné à anéantir tout rapport de l'homme avec la Divinité ! En revanche, et c'est là, au dire même de l'Apôtre (Sagesse XI, 24) le caractère propre de l'Antéchrist, l'homme qui, avec une témérité sans nom, a usurpé la place du Créateur en s'élevant au-dessus de tout ce qui porte le nom de Dieu. C'est à tel point que, impuissant à éteindre complètement en soi la notion de Dieu, il secoue cependant le joug de sa majesté, et se dédie à lui-même le monde visible en guise de temple, où il prétend recevoir les adorations de ses semblables. Il siège dans le temple de Dieu, où il se montre comme s'il était Dieu lui-même II Thess. II, 2)".

Au séminaire de Bergame, Don Roncalli fut professeur d'histoire ecclésiastique. « A la cour de Pie X, écrit avec acrimonie Hebblethwaite, cette vision de l'histoire (par Roncalli) n'était toutefois pas à la mode, ni même comprise »[81].

Certes, ce n'était pas la préférence que Roncalli avait pour Baronius qui eût mécontenté saint Pie X, mais celle pour Duchesne.

Mgr. Louis Duchesne (1843-1922) fut indubitablement, *materialiter*, un historien de valeur : Mgr. Benigni, historien lui aussi et fondateur du *Sodalitium pianum*, que l'on ne peut soupçonner de sympathie pour le modernisme, le reconnaissait volontiers.

Ce fut un grand historien, nous l'avons dit, mais seulement *materialiter*. Par contre il ne fut pas un grand historien catholique. Du véritable historien il lui manquait le *formaliter*, à savoir la vision surnaturelle et chrétienne de l'histoire[82] unie à un esprit de respect pour la tradition ainsi que, *salva veritate*, pour les traditions ecclésiastiques[83].

Cet « esprit » s'emparait de l'historien, jusqu'à la négation des faits, comme il advint, par exemple, à propos des célèbres questions de « l'homicide rituel » dont Mgr. Benigni affirmait l'existence tandis qu'elle était violement niée par Mgr. Duchesne[84].

La carrière académico-ecclésiastique de Duchesne se poursuivit cependant à pleines voiles jusqu'à la publication de son livre : *Histoire ancienne de l'Église*, qui se conclut par sa mise à l'Index.

« L'affaire Duchesne, par son *Histoire ancienne de l'Église*, est due à l'initiative du Cardinal De Lai (Révérend Alberto Serafini, chanoine de Saint Pierre, in *Romana Beatificationis et Canonizationis servi Dei Raphaelis Merry del Val*, Typis polyglottis vaticanis, 1957, p. 148).

Elle fut lancée, en août 1910, par une longue campagne de *l'Unità Cattolica* (Florence), sur l'instigation de saint Pie X lui-même (...). Mgr Maccarrone confirme ces faits et impute au cardinal Billot « le rôle principal de dénonciateur »[85]. Ce furent donc un saint (Pie X) et un très

---

[81] Hebblethwaite, op. cit. p. 93.
[82] Hebblethwaite, op. cit. p. 72.
[83] Cf. Don Prosper Guéranger, *Le sens chrétien de l'histoire*. Ed. Il Falco, Milano.
[84] Pie IV Profession de Foi Tridentine :" très fermement j'admets et j'embrasse les traditions apostoliques et ecclésiastiques et les autres observances et constitutions de cette même Église". Saint Pie X. Encyclique *Pascendi* : "Il y aura toujours pour les catholiques l'autorité du second Synode de Nicée, lequel condamne ceux qui osent... suivant les hérétiques scélérats, mépriser les traditions ecclésiastiques et inventer n'importe quelle nouveauté, ou préméditer avec malice et astuce d'abattre quelque tradition légitime de l'Église catholique".
[85] "L'assassinat d'un enfant de Kiev par un juif (en 1913) avait fait rebondir la polémique antisémite dans la presse européenne. Crime rituel ou crime de droit commun ?..." (Poulat. Intégrisme... op. cit. pp. 362-364). En réalité il ne s'agit pas

grand théologien (le cardinal Billot) à qui il revient d'avoir démasqué Duchesne et inspiré les condamnations portées par le Cardinal De Lai, à peine publiée l'édition italienne (traduite par les modernistes Buonaiuti et Turchi) en 1911 (E. Poulat, *Catholicisme*...op. cit. pp. 219-220).

Cette édition fut immédiatement interdite dans les séminaires italiens, par une circulaire du Cardinal De Lai (1er septembre 1911) car sa lecture était jugée extrêmement dangereuse et même mortelle, soit à cause des réticences calculées et continues (...), particulièrement en ce qui concernait le surnaturel, soit pour la façon dont l'auteur parle des martyrs, des Pères de l'Église et des controverses dogmatiques (*Acta Apostolicæ Sedis*, 1911, pp. 568-569). Merry del Val félicitera en octobre le directeur de la *Civiltà Cattolica*, au nom de Pie X, pour la critique qu'il avait faite de cette œuvre. Et le 22 janvier 1912, les trois volumes publiés figurent au catalogue de l'Index sans distinction d'édition"[86]. Duchesne se soumit... à la manière de Bonomelli et de tant d'autres, c'est-à-dire seulement en paroles[87].

En réalité, tant avant qu'après les condamnations de 1911 et 1912, le Duchesne intime (et caché) était bien pire que le Duchesne officiel... et démasqué. Déjà en 1889 lorsqu'il était Directeur de l'Ecole Française à Rome, dans une lettre du 2 mars adressée au meneur moderniste le Baron Von Hügel, Duchesne compare l'Église catholique à l'enfer dantesque où se trouve écrit : « Abandonnez toute espérance ô vous qui entrez »[88]. Si tels étaient ses sentiments avant la condamnation de 1911, imaginons-nous quels étaient les suivants !

Poulat nous en donne une illustration, par un florilège de lettres de Duchesne : « Vous n'imaginez pas à quel point les têtes sont montées. *L'ignis ardens* (Pie X) est déchaîné. Les hypothèses les plus insensées sont les mieux fondées » (6.9.1911). « Les exaltés triomphent et s'exaltent de plus en plus... Dieu sait comment cela finira. Peut-être avec un autre pape, mais quand ? » (24.10.1911). « Le Pape est si retors, si habitué à entretenir les gens en sécurité jusqu'au moment où il leur

---

d'antisémitisme ou de philosémitisme, mais de faits historiques qui, de par eux-mêmes ne devraient pas avoir d'idéologies ! De plus, l'infaillibilité de l'Église y est indirectement engagée, à cause de la canonisation de quelques victimes de ces homicides : Saint Siméon de Trente, saint Dominguito del Val, saint Richard de Pontoise, bienheureux Sébastien da Porto Buffole etc. Voir aussi les articles de la *Civiltà cattolica*. Série XV, Vol V, fasc. 1022 du 10-1-1893 et fasc. 1025 du 23-1-1893.

[86] E. Poulat, *Catholicisme*...op. cit. p.247. Cf. M. Maccarrone, *Mgr. Duchesne et son temps*. Paris, de Boccard, et Rome, Ecole Française, 1974, pp.401-494.

[87] E. Poulat. *Catholicisme*...op. cit. pp. 219-220.

[88] Le premier point de cette question dans *Sodalitium* n°22-p.13.

donnera le croc-en-jambe... Le cas, cela est sûr, est, depuis longtemps pathologique... Si cela continue, on finira bien par s'en apercevoir. Il n'est pas naturel que l'Église soit indéfiniment sabotée par son chef » (6.1.1912).

« Le clergé italien et la curie elle-même ont de plus en plus l'air de croire qu'ils sont en présence d'une aventure, d'une invasion du Vatican par une troupe d'irréguliers » (6.1.1914). Parlant de sa mise à l'Index, il utilise même le terme de « fêlure » (3.2.1914), qui est synonyme de schisme[89].

Et bien, le jeune Roncalli (29 ans), professeur d'histoire ecclésiastique, se rangea du côté de Duchesne ! Et ce, même après la première condamnation de celui-ci le 1er septembre 1911 ! Alors qu'il était interdit dans les séminaires italiens, Roncalli le fait utiliser par ses élèves ! Je rappelle les dates (à partir du livre d'Hebblethwaite) :

• 1er septembre 1911 : L'œuvre de Duchesne est prohibée dans les séminaires italiens.
• Automne 1911 Deux conférences du P. Mattiussi au séminaire de Bergame. Le Père attaque Duchesne. L'évêque de Bergame demande à don Roncalli un rapport privé sur les conférences du P. Mattiussi.
• Septembre 1911 Article de Roncalli (non signé) sur *La Vita Diocesana* (Note sur Duchesne) et un autre article sur *L'Eco di Bergamo* contre Mattiussi.
• 28 Septembre 1911 Don Mazzoleni écrit au cardinal De Lai que Roncalli utilisa *l'Histoire ancienne de l'Église* de Duchesne.
• 29 septembre 1911 Rapport privé de Roncalli à l'Évêque, déjà cité, dans lequel est attaqué Mattiussi et défendu Duchesne.
• 7 octobre et 10 décembre 1911 Saint Pie X prend le parti du P. Mattiussi contre *L'Eco di Bergamo* (ou contre don Roncalli qui y avait écrit) et Duchesne.

Le cardinal De Lai profite alors d'une visite de don Roncalli à Rome, en compagnie du recteur et de l'économe du séminaire, le 1er juin 1914, pour inviter verbalement Roncalli à la prudence dans l'enseignement. Le 2 juin Roncalli, « abasourdi », écrit au Cardinal en protestant de sa fidélité. Hebblethwaite écrit là encore : Le 12 juin 1914, De Lai lui répondit par une lettre apparemment amicale : « Je suis désolé que vous ayez été si troublé par la recommandation que je vous ai faite. Il ne s'agissait pas d'un reproche, mais d'un avertissement salutaire ».

Mais il révèle ensuite la véritable cause de son mécontentement : « Selon les informations qui me sont parvenues, je sais que vous avez

---

[89] E. Poulat. *Catholicisme...*op. cit. p. 163.

été un lecteur de Duchesne et d'autres auteurs sans retenue dans leurs critiques, et qu'en certaines occasions vous vous êtes senti vous-même attiré par le courant de pensée qui tend à nier toute valeur à la tradition et toute autorité au passé - ce courant est dangereux et il conduit à des conséquences fatales, etc. »[90].

Un antimodernisme suspect

« Roncalli ne trouve pas la réponse facile. Il fait plusieurs brouillons avec de nombreuses corrections - tous conservés. Le 27 juin il poste enfin la lettre.

« Je ne crois pas que l'information vienne de quelqu'un qui me connaît », commence-t-il.

Il se dit prêt à récuser toutes les accusations sous la foi du serment. En particulier : « Je n'ai jamais lu plus de 15 à 20 pages - et même là, très rapidement, - du premier volume de l'*Histoire ancienne de l'Église* de Duchesne (2ᵉ édition) [Paris, 1906]. Je n'ai jamais vu les deux autres volumes. Je n'ai donc pas lu une seule ligne de l'*Histoire* de Duchesne traduite par Turchi, que je n'ai jamais eue entre les mains, qui n'a jamais figuré dans ma bibliothèque. Je connais un peu le prélat français, mais je n'ai jamais été de son côté, même quand il a introduit des corrections destinées à rassurer sur son orthodoxie. Les idées de Turchi, dont j'ai été pendant quelques mois le condisciple au séminaire romain, me sont familières, mais il ne s'est jamais fié à moi. Je me souviens avoir plus d'une fois fait part à mes élèves séminaristes de mes sentiments d'antipathie et de méfiance à son égard »[91].

Que penser de ces affirmations, avec serment (!), de Roncalli ? Son « hagiographe » lui-même, Hebblethwaite, est obligé d'écrire : « (...) Mais maintenant qu'il a le dos au mur, Roncalli efface ces souvenirs de sa mémoire » ou... vulgairement parlant... raconte des sornettes !

L'affaire s'arrêta là. Don Roncalli était alors un petit poisson dans la *mare magnum* du modernisme, et la mort de saint Pie X deux mois plus tard, mit fin à toute lutte Antimoderniste sérieuse. La Grande Guerre ensuite, avec ses calamités, accélérera dans le sens maçonnique le cours de l'histoire, par l'écroulement de la monarchie catholique de

---

[90] E. Poulat. *Intégrisme*...op. cit. p. 602 ; Lettre à Georges Goyau.
[91] Hebblethwaite, op. cit. pp.89-90. Cf. pour la question : Mgr L. Capovilla. Dixième anniversaire de la mort du Pape Jean. Ed. di Storia e Letteratura, 1973 - pp. 65 et 62 ; voir aussi l'op. cit. de Mgr. Macarrone.

Charles Ier et la naissance de la Société des Nations[92], voulue par le président américain Wilson, et qui deviendra l'O.N.U., dont Jean XXIII fera l'éloge dans *Pacem in terris*.

---

[92] La stratégie maçonnique durant la guerre 14-18 pour la création de la Société des nations en vue d'un futur état mondial est décrite par Léon de Poncins dans le livre : *SDN, super-état maçonnique*, Ed. Beauchesne. Paris 1936, qui publie les documents du Congrès des Nations alliées et neutres du 28 au 30 juin 1917. En l'honneur de votre Cœur très pur et en remerciement des grâces de la Très Auguste Trinité pour les excellentes prérogatives à Vous confiées, ô très sainte Marie, je récite humblement trois JE VOUS SALUE MARIE, implorant de votre maternelle piété le bon conseil pour accomplir la Volonté de Dieu et me mériter la grâce... si celle-ci est un moyen pour mon salut éternel. En Vous consacrant pleinement mon cœur, je me confie à Votre bon conseil et je Vous supplie de m'accorder votre très sainte bénédiction.

TROISIÈME PARTIE :
de Bergame à Rome
(1914-1925)

Extrait de la revue *Sodalitium* n° 24 de mars-avril 1991

Atmosphère viciée à Bergame

Le 10 décembre 1918, comme nous l'avons vu, le sergent Roncalli quittait l'uniforme et reprenait les vêtements de don Roncalli.

Depuis 1914, cependant, beaucoup de choses avaient changé. Mgr Radini Tedeschi était mort (il avait écrit sa biographie en 1916), Roncalli retournait dans son diocèse, mais il n'était plus le secrétaire influent et omniprésent de l'évêque. Déjà en 1914, Radini décédé, l'ex-secrétaire, inquiet de la nouvelle situation avait interrompu la retraite prêchée par l'évêque de Bobbio, Mgr Marelli, pour se précipiter à Milan et s'entretenir avec le Cardinal Ferrari de la "nouvelle situation"[93].

Le Cardinal le réconforta, nous ne savons pas avec quels arguments ; assurément, pour tous les deux, la mort de saint Pie X avait signifié la fin de toute préoccupation !

Ceci étant, le nouvel évêque de Bergame, précisément ce Mgr Luigi Maria Marelli, déplacé de Bobbio à Bergame en 1915, ne rassurait pas Roncalli. "Prélat très digne", certes, « mais avec une vision différente des hommes et des choses... son attention était tournée davantage vers l'éducation chrétienne du peuple que vers les problèmes sociaux et les questions politiques » : ainsi nous le décrit un "hagiographe" de Jean XXIII[94]. Don Roncalli « n'approuve pas sans réserves son évêque. Luigi Marelli est bon et animé des meilleures intentions, mais "il ne comprend pas certaines situations et n'a pas le courage de poser les actes qui lui feraient tant d'honneur ; il s'égare et renonce"[95]. Ces réflexions datent de février 1919. Deux mois plus tard, Roncalli dit de Marelli qu'"il a peur", qu'il "se méfie de toute nouveauté" »[96].

---

[93] Hebblethwaite, op.cit. p. 95.
[94] Paolo Tanzella s.c.j. Papa Giovanni, Ed. Dehoniane Andria, 1973, p. 76.
[95] Jean XXIII, Memorie e appunti 1919, in Humanitas n°6, juin 1973, p. 432.
[96] Hebblethwaite, op. cit. p. 112.

Et pourtant, le pauvre évêque lui laisse la chaire au séminaire (alors qu'en 1914 il hésitait), et le nomme directeur spirituel de ce même séminaire (9 juin 1919) malgré l'activité qu'il a déjà comme directeur du "Foyer de l'Étudiant". Mais celui qui écrit « Les honneurs, les distinctions, même dans le monde ecclésiastique, sont *vanitas vanitatum* »[97], et qui dit renoncer « au phantasme que mon amour-propre pourrait me présenter en fait d'honneurs, de postes etc… » [98] nous apparaît visiblement mal à l'aise de ne plus jouir du même prestige qu'auparavant, au point que les hagiographes de sa jeunesse écrivent tout simplement qu'en cette période, il fut (le pauvre !) « mis à l'écart par le nouvel évêque »[99].

En somme, la ville de Bergame est devenue trop petite pour l'ambitieux ex-secrétaire de l'aristocrate Radini Tedeschi, et son regard se tourne désormais vers Milan et Rome.

Le Foyer de l'Étudiant

Si avec Mgr Marelli, il se sent mis à l'écart, il n'en est pas de même avec l'archevêque de Milan, Ferrari, dont il reçoit conseils et encouragements.

La charge de directeur du « Foyer de l'Étudiant » (Casa dello Studente) à Bergame, le rapproche de la jeunesse au moment où à Milan on pense créer une Université Catholique (février 1919) sur le modèle de Louvain. Le modèle d'école qu'impose Roncalli est de type libéral, comme on peut le déduire des critiques qu'il adresse à l'enseignement des jésuites : « Tout dans l'atmosphère me semble excessif et sombre. Le ton même des devoirs présentés par les étudiants me semble exagérément agressif ; toujours le fouet à la main, toujours l'esprit d'Élie, très peu celui du Sacré-Cœur. Si certains de nos adversaires avaient été présents, je doute fort qu'ils en soient sortis convaincus ou attirés vers nous. Voilà qui ne me paraît guère être la perfection »[100].

Ainsi, Élie n'est pas un Saint ? Sans doute n'était-il pas aux côtés de Jésus à la Transfiguration (Matt. XVII, 3 ; Mc. IX, 3 ; Lc. IX, 30) ? Et Saint Jean-Baptiste, précurseur du Seigneur, n'était donc pas un autre Élie (Matt. XVII, 11-13) ? Et le Christ Lui-même n'usa-t-il pas en

---

[97] Jean XXIII, *Journal de l'âme*, op. cit., année 1919.
[98] Jean XXIII, *Journal de l'âme*, op. cit. 27/9 - 3/10/1914.
[99] Giovanni Spinelli. Article : Jean XXIII, in Bibliotheca Sanctorum, Prima Appendice, Città editrice, Rome 1987, col. 577.
[100] Jean XXIII, Memorie…op.cit . p.451.

quelque sorte du fouet des paroles contre les pharisiens et d'un fouet de cordes contre les marchands du temple ? Le Sacré-Cœur que présentait aux jeunes gens le Professeur Roncalli était en réalité une image de lui-même, Roncalli : non un chrétien, mais un démocrate chrétien.

Membre du Parti Populaire Italien ("Pipino", i.e. membre du PPI)

En effet, don Roncalli était de toute évidence un pipino c'est-à-dire un sympathisant du parti populaire fondé par le prêtre de Caltagirone, don Sturzo, dans l'immédiat après-guerre (1919). Bien plus, écrit Hebblethwaite, il en fut « dès le début un sympathisant enthousiaste »[101].

Sympathie « naturelle » parce que sa famille espérait y gagner avec la « réforme agraire » prônée par le nouveau parti[102] chez lequel, à l'époque de sa première audience avec Benoît XV (novembre 1919), Roncalli vit « la revendication de l'esprit chrétien dans la chose publique »[103]. *Popolare* de la première heure (élections du 16/11/1919) notre Roncalli le fut aussi de la dernière, recommandant, dans des lettres du 24 février et du 4 avril 1924, à sa famille le vote démocrate-chrétien aux dernières élections (6/4/1924) permises par le gouvernement de Mussolini[104]. Mais désormais le PPI, qui avait pu voir le jour dans le climat du précédent pontificat (Benoît XV), n'avait plus d'avenir (pour le moment !) après que don Sturzo eut été contraint de démissionner (1923) à l'époque où Pie XI préparait le concordat avec Mussolini.

Pour ne point ennuyer le lecteur, je le renvoie dans ce même *Sodalitium*, à l'article dédié à Frassati[105] ; nous y soulignons plusieurs fois l'incompatibilité entre la doctrine catholique et la doctrine

---

[101] Hebblethwaite, op. cit . p.132.
[102] Hebblethwaite, op. cit . p.109.
[103] Jean XXIII, Memorie…op. cit . p.470.
[104] Jean XXIII, Lettres à la famille, aux soins d'Emmanuel et Marco Roncalli, éd. Rusconi Milan 1989.
[105] Pier Giorgio Frassati fut proclamé vénérable en octobre 1987 et bienheureux en mai 1990 par Jean Paul II après la "réintroduction" de sa cause faite en juin 1978 par Paul VI. Pourtant à ce sujet l'Église, en la personne de Pie XII, s'est déjà prononcée : non seulement elle a décidé l'abandon du dossier en juin 1944 mais elle a encore émis un jugement négatif décisif en janvier 1945. Ce dernier jugement fut porté principalement pour deux motifs : l'absence de vertus héroïques et la présence de défauts incompatibles avec la sainteté, entre autres, le fait d'avoir été un pipino, un militant du fameux P.P.I. dont la doctrine fut condamnée par saint Pie X en décembre 1903.

démocrate-chrétienne du parti de don Sturzo et de Gasperi, doctrine qui était contraire à celle du *Motu Proprio Sin dalla Prima* de saint Pie X (18/12/1903) et qui fut aussitôt condamnée par l'élite de l'épiscopat italien (lettre pastorale de l'archevêque de Gênes, du 5/8/1920). Aussi bien Gramsci que don Sturzo reconnaissaient en outre que la D.C. reprenait le programme du moderniste don Murri, excommunié par saint Pie X. L'attitude politique de Roncalli, par conséquent, ne fait que confirmer son philo-modernisme...

Mais il y a plus. Si le mouvement "populaire" de don Roncalli s'acheva en 1924, l'Église en subit encore aujourd'hui les conséquences.

C'est en effet l'idée commune démocrate-chrétienne qui rapprochera, pour unir ensuite en une intime amitié, Roncalli et Montini.

En 1924, « le Vatican abandonne les *Popolari*.... Roncalli rencontre pour la première fois Jean-Baptiste Montini, le futur Paul VI. Le père de J.B. Montini, Giorgio, était rédacteur en chef d'*Il Cittadino di Brescia* et député du PPI... Tout ce milieu, plus cultivé et plus raffiné que tout ce que Roncalli avait pu connaître jusqu'alors, est massivement antifasciste. Montini se sent des affinités avec Roncalli, va le voir et l'invite à parler à ses étudiants.

Ce fut leur premier vrai contact. Au cours des trente années suivantes, ils deviendront de bons amis »[106]. Cette amitié ouvrira à Montini, en 1963, la route de l'occupation du Siège Pontifical...

Marche sur Rome

L'analyse des sympathies politiques de Roncalli de 1919 à 1924, nous a déjà préparés au changement de scénario ; après Bergame, Rome. En effet, entre-temps, le 16 décembre 1920 très exactement, le Cardinal hollandais Van Rossum, Préfet de la Congrégation de la Propaganda Fide (Missions), avait proposé don Roncalli à la présidence du Conseil central de la Propaganda Fide pour l'Italie, avec comme objectif la réorganisation des œuvres missionnaires dans les diocèses italiens. Roncalli demande conseil à son nouveau père spirituel, le Cardinal Ferrari, miné par le cancer. « La volonté de Dieu est plus que

---

[106] Hebblethwaite, op.cit , pp.128-9.

manifeste, le pape "rouge" (le Préfet de la Propaganda) est l'écho du pape "blanc" ; ceci vient de Dieu... »[107].

La réponse de l'archevêque de Milan (qui n'émet plus, à l'égard des papes "blancs", "rouges" ou d'autres couleurs les réserves rancunières qu'il montrait quelques années auparavant, sous un pape saint) incite Roncalli à partir pour Rome où il débarque le 17 janvier de l'année suivante.

Il deviendra Président du Conseil central romain de la Pia Opera "Propaganda Fide" (12/11/1921), sera reçu une nouvelle fois en audience par Benoît XV (28/3/1921) et nommé "Monsignore" (avril de la même année). Il ne délaissera pas complètement l'enseignement, donnant quelques cours de Patrologie au Latran.

A ce stade, le lecteur se demandera comment il est possible qu'un professeur de séminaire suspect de modernisme et destiné à connaître la même fin que ses prédécesseurs en 1914 (à savoir être destitué de sa charge), se retrouve installé à la Curie Romaine en 1921.

Certes il s'était fait connaître en organisant le Sixième Congrès Eucharistique National à Bergame en septembre 1920 et en se présentant à tout bout de champ comme l'héritier moral et spirituel du défunt Radini Tedeschi.

Mais justement, en 1914, c'était précisément sa collaboration avec Mgr Radini qui ne lui attirait pas les sympathies des collaborateurs de saint Pie X.

Mais, comme je l'ai écrit au début de cet article, depuis 1914, beaucoup de choses se trouvaient changées. Si à Bergame il n'y avait plus Radini, à Rome ne se trouvaient plus saint Pie X et son Secrétaire d'État Merry del Val, mais Benoît XV et le Cardinal Gasparri.

Sans ce changement décisif, ni Roncalli de Bergame ni Montini de Brescia, n'auraient pu venir à Rome, presque en même temps, pour s'infiltrer peu à peu dans les organes vitaux de l'Église.

Mgr. Della Chiesa, futur Benoît XV
Faisons le point

Ordonné prêtre le 29 mai 1920, Jean-Baptiste Montini se rend à Rome où il est reçu en audience par Benoît XV. Il retourne à Rome le 10 novembre de la même année afin d'y poursuivre des études

---

[107] Hebblethwaite, op.cit. p.119.

universitaires et trouver bien vite une place à occuper à la Curie[108]. Le 16 décembre, Roncalli est nommé, comme nous l'avons vu, à la *Propaganda Fide*, et arrive à Rome le 17 janvier. C'est à Rome que les deux âmes jumelles se rencontrent. Tous deux furent reçus en audience par Benoît XV en 1920.

Or, notre habituel Hebblethwaite écrit : « Roncalli a eu des audiences avec tous les papes du XXe siècle. C'est Benoît XV qu'il trouva le plus sympathique » (Hebblethwaite, op. cit. p. 114) . On ne pouvait en dire autant d'une rencontre advenue dans le passé avec saint Pie X[109]. Tâchons de découvrir les motifs de cette sympathie, après la précédente antipathie.

Giacomo Della Chiesa, futur Benoît XV, naquit à Gênes de noble famille en 1854. Entré dans les Ordres Sacrés, il devint de 1901 à 1907 le "collaborateur préféré"[110] du secrétaire d'État de Léon XIII, le Cardinal Rampolla del Tindaro, dont j'ai déjà parlé dans la première partie[111], en rappelant que Mgr Radini Tedeschi était un "homme de Rampolla"[112]. Voici un premier point de contact, une ascendance spirituelle commune, entre Roncalli et Della Chiesa.

En 1907, saint Pie X le nomma évêque de Bologne pour succéder à un autre prélat philo-libéral, le Cardinal Svampa[113]. Sur la Chaire de Saint Pétronius, Mgr Della Chiesa suivit les traces de son prédécesseur dont les idées alimentèrent une polémique avec la presse intégriste soutenue par saint Pie X. Si don De Töth attaquait l'évêque de Bologne (ainsi que ceux de Pise, Milan, Bergame etc…) dans les colonnes de *L'Unità Cattolicà*[114], le Prélat répondait en se plaignant au Vatican que « les Évêques et les meilleurs Prêtres ont une pénible impression en voyant les condamnations du Saint-Siège arriver après les critiques et les censures de *L'Unità Cattolicà* » et il proposait ironiquement pour son directeur le poste de "consulteur général de l'Index"[115]. Mais, alors que saint Pie X reprochait à De Töth son manque de respect, Mgr Della

---

[108] Jean-Baptiste Montini Paul VI, Lettere a Casa (1915-1943), Ed. Rusconi Milano 1987 - pp. 49, 51, 54.
[109] Hebblethwaite, op. cit., p. 114.
[110] Cf. *Sodalitium* n°23 - p. 15.
[111] Poulat, Intégrisme…op. cit., p. 331.
[112] Cf. *Sodalitium* n°22 - p. 16.
[113] Cf. *Sodalitum* n°22 – p. 21 note 21.
[114] Le Cardinal Svampa était ami de l'historien moderniste Lanzoni, qui lui dédia un de ses ouvrages sur S. Petronio. Le Cardinal Svampa étant décédé, le Cardinal Della Chiesa envoya pour ce même livre un télégramme de félicitations à Lanzoni qui, à Rome, était au cœur du problème. Cf. Lorenzo Bedeschi, *Lineamenti dell'Antimodernismo*. Il caso Lanzoni, Ed. Guanda. Parma 1970 - p.16.
[115] Poulat, Intégrisme…op. cit. p. 434.

Chiesa ne voulut pas tirer leçon de cette identité de vues entre les intégristes et saint Pie X, et que lui-même dénonçait.

On comprend dès lors comment, jusqu'à 1914, fut renvoyée son élévation au Cardinalat, qui pourtant était traditionnellement accordée aux évêques de Bologne. Dans une note écrite en 1913, en vue d'un prochain conclave, Mgr Benigni examinait les cardinaux de l'époque ainsi que vingt-cinq prélats candidats à la pourpre. Parmi eux, dix seront effectivement désignés l'année suivante. « Parmi les quatre noms écartés, on en note un : celui de Della Chiesa, archevêque de Bologne depuis 1907, l'élu du conclave suivant. Qu'il fût pour les intégristes l'indésirable de la part duquel il y avait tout à craindre, n'explique pas cette omission. Benigni devait avoir alors une bonne raison pour juger exclue à ce moment-là l'élévation à la pourpre de celui qui était appelé : l'homme éliminé par Merry del Val (Lettre du Marquis Filippo Crispolti à sa femme, Rome, 3 septembre 1914, dans : *Vita Sociale*, février 1967 p. 231) »[116]. Cas analogue à celui de Montini qui, évêque de Milan, ne fut pas créé Cardinal par Pie XII. Avec la différence que saint Pie X créa Della Chiesa Cardinal, dans son dernier consistoire, le 25 mai 1914. L'allocution que tint saint Pie X à cette occasion est peut-être le texte le plus percutant du Saint, au point d'avoir été défini comme son testament[117] : il mériterait d'être relu et republié. « J'ai parlé clairement et, en épousant la cause des intégristes, j'ai expressément mis l'accent sur la foi intégrale », dira Pie X au baron Von Pastor, reçu en audience privée le 30 mai. Et le lendemain, Pastor notera dans son journal : « L'allocution du 27 mai est un avertissement clair à tous les évêques qui se sont prononcés contre la tendance intégriste... »[118], et nombre d'entre eux, comme Della Chiesa, étaient présents, écoutant le Pape, sans docilité et avec impatience.

Le désir qu'avait la majorité du Sacré-Collège, de changer d'orientation, s'exprima avec un conclave où furent en lice deux candidats de la même tendance, Maffi et Della Chiesa. Della Chiesa qui sortit vainqueur, prit le nom de Benoît, en l'honneur du dernier évêque de Bologne élu Pape, et portant le même nom (l'hypothèse d'Hebblethwaite se référant au "saint" de Fogazzaro qui s'appelait lui aussi Benoît, me semble exagérée)[119]. Cette élection est définie par

---

[116] Poulat, Intégrisme...op. cit. p. 433.
[117] Poulat, Intégrisme...op. cit. p. 329-331.
[118] Poulat, Intégrisme...op. cit. p. 455-457.
[119] Hebblethwaite, op. cit. p. 93-94.

Hebblethwaite comme "une insulte à la mémoire de Pie X"[120]. Si on ne peut parler d'insulte, certes il s'agit d'un changement d'orientation important, tragique même avec le recul : « **L'élection de Benoît XV** - commentait favorablement un contemporain - **a donné une nouvelle orientation à l'Église** »[121].

Tant de faits petits et grands le confirment. Pour revenir à notre sujet, « l'élection de Benoît XV contribuera à consoler Roncalli de la mort de Radini Tedeschi. Della Chiesa avait une grande estime pour Radini Tedeschi et l'avait jugé "digne de devenir Pape" » (Hebblethwaite, op. cit. p. 94). Roncalli ne se trompait pas.

Avec sa première encyclique (*Ad Beatissimi*, 1/11/1914) le nouveau Pape condamne à son tour le modernisme, "son esprit et ses tendances" tandis que, quoi qu'on en dise, il ne condamne et ne cite même pas l'intégrisme. Il va de soi que, catholiques, nous adhérons pleinement au magistère de Benoît XV comme à celui de saint Pie X. Mais l'invitation à éviter les discordes entre catholiques, et à ne pas ajouter d'autres dénominations à ce terme fut considérée implicitement comme « l'acte de mort de cet intégrisme "turbulent" » (Cardinal Mercier)[122]. D'un point de vue de Magistère officiel, il s'agit d'une calomnie ; pratiquement et historiquement, ce fut la vérité. Un mémoire contre l'intégrisme, écrit par Mgr Mignot, évêque d'Albi en octobre 1914, trouve audience auprès du secrétariat d'État, autrement dit auprès du Cardinal Gasparri. La chose témoigne en faveur de ce dernier, puisque Mignot était "l'Érasme du modernisme" et « soutint à la limite du possible ceux qui, comme Loisy, lui semblaient préparer l'avenir »[123]. Comment donner crédit à une taupe du modernisme, fut-il évêque ? En outre, **Gasparri, suspect lui aussi de contacts maçonniques**[124], manifesta son hostilité à saint Pie X, non seulement en demandant et obtenant la dissolution du *Sodalitium Pianum* le 25 novembre 1921, mais en témoignant franchement contre lui (qui l'avait créé Cardinal) au procès de béatification de 1928[125]. La nomination de Gasparri (après Ferrata) au Secrétariat d'État en lieu et place de Merry del Val est donc un autre signe du nouveau climat sous Benoît XV. De façon générale,

---

[120] P. Imbart de la Tour, *La Neutralité pontificale*, Revue Bleue, 22 mai-5 juin 1915, pp. 197-203, in Poulat, op. cit. p. 546.
[121] Hebblethwaite, op. cit. p. 94.
[122] Poulat, op. cit. p. 600.
[123] Poulat, op. cit. p. 515-520.
[124] G. Vannoni, Massoneria, Fascismo e Chiesa Cattolica, Ed. Laterza Bari 1979 – pp. 168–9.
[125] Poulat, op. cit. p. 521.

les hommes loués par saint Pie X sont oubliés sous Benoît XV, et vice-versa. Voyons en quelques exemples.

« Pie X n'avait pas hésité à supprimer la subvention accordée par Léon XIII à Bessarion, revue d'érudits d'inspiration œcuménique, dirigée par Mgr. Niccolo Marini que Benoît XV fera Cardinal et préfet de la nouvelle Congrégation orientale »[126].

La revue *Roma* qui défendait les idées intégristes en Hollande est supprimée[127]. Plus grave encore : le père Anizan, destitué par saint Pie X de son poste de supérieur général des frères de Saint Vincent de Paul, avait abandonné l'ordre avec 250 confrères ; Benoît XV leur permit, en 1918, de fonder une nouvelle congrégation, les Fils de la Charité. Cet état de choses est décrit de façon enthousiaste par un philo-moderniste (le père Genocchi) dans une lettre à un protestant moderniste (Sabatier), datée du 28 décembre 1914 : « Nous voyons déjà quelques bons effets de la sagesse du nouveau Pape, qui ne veut surtout rien conserver de cet aspect d'iconoclaste du précédent pontificat. On respire mieux : les intellectuels se rendent compte déjà que leur titre d'intellectuels ne sera plus une mauvaise référence. Mgr Duchesne n'est plus la bête noire de naguère. Don Lanzoni, notre hagiographe de Faenza, a été fait prélat. D'autres victimes du fanatisme et de la folie (*requiescant* le Cardinal Vives et le père Pio de Langogne !) ont été réhabilitées ou vont l'être (...). Voyez aussi les paroles charitables que le Pape a toujours pour les non-catholiques... »[128].

Voilà le climat de réhabilitation dont profite Roncalli lui-même ! Et puisqu'on a cité don Lanzoni, je rappelle qu'il fut le négateur de l'authenticité johannique du quatrième Évangile et le démolisseur volontaire des traditions ecclésiastiques ; tombé en disgrâce sous saint Pie X et fait "monseigneur" par son successeur, il reçut les louanges officielles de Jean XXIII (Chirographe du 10/5/1963 sur l'œuvre et les mérites de don Francesco Lanzoni), lequel Jean XXIII confessa avoir été son imitateur dans les études historiques.

« En confrontant le langage roncallien de 1963 avec celui de la Curie des années 1908-10, il est impossible ne pas remarquer le contraste criant survenu en l'espace d'un demi-siècle. On est confronté à deux jugements diamétralement opposés, issus du même sommet hiérarchique et sur la personne et sur l'activité scientifique de ce même

---

[126] Poulat, op. cit. p. 66.
[127] Poulat, op. cit. p. 247.
[128] Poulat, op. cit. p. 601.

don Lanzoni même, lui que déjà Benoît XV avait inutilement tenté de réhabiliter, après la disparition de Pie X »[129].

Pour éclairer davantage le lecteur, précisons que par la suite, Lanzoni lui-même révéla dans son journal (noté en 1957) avoir subi une crise, « laquelle consista dans la perte de Dieu, c'est-à-dire dans l'absence de foi pendant la période qui va de 1896 à 1922 » ![130] Et durant cette période il écrivait sur des sujets de religion, inspirait Roncalli et devenait prélat...

La politique de Benoît XV fut prévoyante en ce qu'elle chercha la paix et tenta d'éviter l'écroulement complet de l'Empire autrichien durant la première guerre mondiale, ce en quoi elle fut empêchée par la maçonnerie internationale. Elle fut moins prévoyante d'avoir « vidé les coffres du Vatican, entre autres pour apporter une aide "humanitaire" à la Russie soviétique »[131]. Quant à l'après-guerre, certains soutiennent que Benoît XV approuva la lettre pastorale contre le Partito Popolare de don Sturzo[132] ; mais d'autres révèlent qu'il ne s'opposa pas à la naissance et l'existence d'un parti politique fondé par des catholiques démocrates, chose qui aurait été impossible sous saint Pie X[133]. Benoît XV meurt le 22 janvier 1922 et « pour la première fois depuis 1870, les drapeaux des édifices gouvernementaux sont mis en berne »[134].

Pour conclure ce long mais, à mon avis, nécessaire excursus sur Della Chiesa, devenu par la suite Benoît XV, je veux renouveler mon entière soumission à ce pape catholique. J'ai mis en évidence ses défaillances humaines et des tendances qui expliquent le changement opéré avec la mort de saint Pie X. Une chose est, en effet, l'immuable enseignement papal, et une autre, la ligne politique et pratique, sujette aux changements, des différents pontificats. Connaissant la suite de l'Histoire contemporaine, nous pouvons dire avec certitude que, le Conclave de 1914, a ouvert (inconsciemment) aux ennemis de l'Église, les portes, barricadées par le dernier Pape saint.

---

[129] Bedeschi, op. cit. pp. 2-3.
[130] Bedeschi, op. cit. p. 125.
[131] Hebblethwaite, op. cit. pp.106 et 123.
[132] Innocenti, Dottrina Sociale della Chiesa - IIa parte, Istituto Padano di Arti Grafiche. Rovigo 1980 – p. 155.
[133] Hebblethwaite, op. cit. p. 123.
[134] Hebblethwaite, ibidem.

QUATRIÈME PARTIE :
un œcuméniste dans les Balkans
(1925-1939)

Extrait de la revue *Sodalitium* n° 25 de juin-juillet 1991.

A la mort de Benoît XV, Mgr. Roncalli se trouve donc à Rome en qualité de président national de l'Œuvre Pontificale pour la Propagation de la Foi. L'élection de Pie XI, le 6 février 1922, ne causa aucun changement notable dans sa situation. Roncalli connaissait bien déjà Mgr. Achille Ratti bibliothécaire de l'Ambrosiana à Milan, à l'époque où Roncalli la fréquentait pour ses études d'histoire. Par ailleurs Pie XI se promettant d'amplifier et d'intensifier l'effort missionnaire, Mgr. Roncalli occupe le poste idéal. Enfin le choix du Cardinal Gasparri[135] comme Secrétaire d'État est l'indice d'une continuité entre le pontificat de Benoît XV et celui de Pie XI. Le tournant politique lui-même, caractérisé par la démission forcée de Don Sturzo (1923), préludant à la réconciliation avec l'État italien et à la "politique des concordats" voulue par Pie XI, ne saurait nous tromper. Ce fut en effet au Cardinal Gasparri de donner en 1919 le feu vert à Don Sturzo, et ce fut le même Cardinal Gasparri qui l'élimina en 1923 : « Ce n'est pas un revirement de position », explique Spadolini, « mais plutôt une adaptation pragmatique et réaliste... »[136]. Roncalli lui-même y trouvera son compte en devenant (contrairement à Montini) un fervent partisan de la Conciliation[137] dans laquelle « il voyait la réalisation des

---

[135] Sur les agissements du Cardinal Gasparri sous Benoît XV, cf. *Sodalitium*, n. 24 p. 11,13, note 31. Quant aux rapports de Gasparri avec la Franc-maçonnerie, on pourra compléter ce qu'on a déjà dit par une allusion peut-être voilée de G. Spadolini dans "Le Cardinal Gasparri et la question romaine" (avec des extraits des mémoires inédites). Le Monnier, Florence, 1972, p.54.

[136] Spadolini, op. cit. pp. 51-4. L'auteur fait remarquer (p. 51) que la "confessionnalité" du parti démocrate-chrétien de don Sturzo était "inconcevable à l'époque du pape Sarto".

[137] Notre jugement sur la conciliation entre l'État et l'Église en 1929 a été donné dans un article de don Curzio Nitoglia "Le pouvoir temporel des Papes et les concordats de 1929 et de 1984", *Sodalitium* n°19, éd. Italienne, pp.19-23. On lira avec intérêt mais avec précaution l'ouvrage de Vannoni "Massoneria, Fascismo e Chiesa Cattolica", Laterza, 1979, où la question est traitée au chapitre IX.

rêves de ses conseillers : Giuseppe Toniolo, l'évêque Geremia Bonomelli et le Cardinal Ferrari »[138].

Les Cardinaux qui suivaient la ligne de conduite de saint Pie X et qui au conclave avaient attribué 17 suffrages à Merry del Val (d'autres avaient sans doute voté pour le pieux et très digne Cardinal La Fontaine, qui en obtint 23) eurent vite fait de comprendre que le Cardinal Gasparri était l'ennemi à battre[139]. Lorsqu'ils se rendirent compte que personne n'obtiendrait les 36 votes nécessaires pour l'élection, les Cardinaux De Lai et Merry del Val auraient opté pour le Cardinal Ratti à condition qu'il ne confirme pas Gasparri (lui-même candidat des "progressistes" avec 24 suffrages) dans ses fonctions de Secrétaire d'État[140]. Le futur Pie XI, selon ce qu'il rapporta lui-même à Gasparri, non seulement n'accepta pas, mais déclara qu'il avait justement l'intention de le confirmer dans la charge. Le Cardinal De Lai n'eut plus qu'à espérer qu'une intervention de la Providence remédiât « au choix désastreux du Pontife (Pie XI) en rappelant à Elle le désigné (Gasparri) »[141].

Dans ses mémoires Gasparri avait noté : « Les choses se sont passées quelque peu différemment, car le Saint Père prit le Cardinal Gasparri comme son Secrétaire d'État, alors que la Divine Providence rappelait à Elle non pas le Secrétaire, mais le Cardinal prophète (De Lai) et, peu après, le Cardinal Merry del Val, son associé » (p. 269). Spadolini commente ainsi la chose : « Il y a ici toute la satisfaction de Gasparri pour avoir inséré dans le mémento (des morts) les deux rivaux, pour les avoir, pratiquement, enterrés en même temps » (p. 275).

Le lecteur ne doit pas penser que nous nous égarons en racontant les rivalités peu édifiantes des Cardinaux : il s'agissait ni plus ni moins d'arrêter ou non l'infiltration de l'ennemi dans l'Église, comme ne le démontre que trop bien ce qui va suivre[142].

---

[138] Hebblethwaite, "Jean XXIII, Le pape du Concile", Ed. Le Centurion. 1988, p.153.
[139] Hebblethwaite op. cit. p.124. Les notices sont tirées du journal du Cardinal Gustavo Piffl, évêque de Vienne.
[140] Hebblethwaite op. cit. p.124-5. Spadolini op. cit. pp.249-75.
[141] Spadolini op. cit. p. 275 – (7*) p. 269 – (7**) p. 275.
[142] Certains aspects historiquement négatifs du pontificat sont en effet à attribuer au Cardinal Gasparri, tels la condamnation de l'Action Française ("condamnable mais non à condamner", selon saint Pie X, pour ne pas favoriser les catholiques démocratiques), l'approbation des Associations Diocésaines en France (pour remédier, selon l'expression de Gasparri, à "la plus grave erreur" de saint Pie X, à savoir : "la condamnation des Associations Cultuelles" qui avait amené à la rupture avec le gouvernement), l'abandon des "Cristeros" entre les mains du gouvernement maçonnique mexicain, nonobstant le massacre prévisible et advenu de ces défenseurs de la Foi…cf. Spadolini, op. cit. pp. 10-1.

Pourtant, Roncalli n'était pas encore un protagoniste sur la scène de l'histoire, mais une simple comparse : il suivait les événements plutôt qu'il ne les créait. Dans cette ambiance pratiquement inchangée, où Gasparri succédait à Gasparri, il partageait son temps entre la Propagation de la Foi et le Latran lorsque, à l'improviste...

Une nomination imprévue

« Le 3 mars 1925, à l'improviste, arrive la nomination à l'Archevêché titulaire d'Æropolis, avec la fonction de Visiteur Apostolique en Bulgarie. Le 19 mars, en l'église de Saint Charles au Corso, Roncalli fut sacré par le Cardinal Tacci, secrétaire de la Congrégation pour l'Église Orientale, de laquelle dépendait le peu de catholiques se trouvant en Bulgarie »[143]. Le Cardinal Gasparri lui en avait déjà parlé le 17 février, en précisant que l'idée venait du même Cardinal Tacci, que Pie XI l'approuvait chaleureusement et que si la nomination en Bulgarie constituait bien un "petit tour au Purgatoire", il en sortirait bientôt pour un siège plus confortable en Argentine, avec en plus tous les avantages provenant de sa nouvelle qualité de membre du Corps Diplomatique du Vatican[144]. Il va en fait rester au "Purgatoire" pendant dix ans, et ne verra jamais l'Argentine.

Promoveatur ut amoveatur ?

Avant de poursuivre la narration, au moment où notre personnage entre en plein dans sa carrière, on doit se demander : s'agit-il d'une promotion ou d'une punition ?

« Il est clair d'une part qu'il s'agit bien d'une promotion »[145] : il devient évêque, voire archevêque, et il entre en diplomatie. Mais la nomination est inattendue : Roncalli n'a jamais été diplomate et il n'a jamais dépendu des Églises Orientales. Il doit s'éloigner de Rome. S'agirait-il d'un *promoveatur ut amoveatur* (l'aurait-on promu pour s'en débarrasser ?) comme ce sera le cas plus tard pour Montini, transféré de Rome à Milan ?

---

[143] Giovanni Spinelli, Rubrique : "Giovanni XXIII", in Bibliotheca Sanctorum, Prima appendice, Città Nuova Ed, Roma 1987, col.578.
[144] Hebblethwaite op. cit. pp.132-3.
[145] Hebblethwaite op. cit. p.134.

Roncalli lui-même accueille la nomination avec consternation. Il avoue : après la rencontre avec Gasparri « pendant la nuit j'ai versé maintes larmes »[146]. La Bulgarie est éloignée et il n'y a que 62.000 catholiques... Malgré la promotion « on ne peut donc pas entièrement éloigner la suspicion qu'il n'ait été victime d'un complot ou d'une quelconque manœuvre secrète. **Dom Lambert Beauduin O.S.B., l'un de ses meilleurs amis**, qui deviendra professeur de théologie fondamentale à l'Institut Saint Anselme de Rome, avait l'habitude de répéter que « Roncalli avait été levé de son enseignement au Latran car suspect de modernisme » (M. Trevor, Pope John, Macmillan, Londres 1967, p. 132). Cette théorie a joui d'un large crédit »[147]. Hebblethwaite lui-même, qui nous fournit cette information ne la donne pas pour sûre : l'enseignement au Latran n'ayant duré que peu de temps et les temps ayant beaucoup changé depuis l'époque où le Cardinal De Lai avait suspecté de modernisme don Roncalli, alors professeur au séminaire de Bergame. Il se peut que Dom Beauduin ait confondu les deux périodes d'enseignement bien distinctes, comme il est tout aussi possible que "notre héros" ait récidivé. Quoiqu'il en soit, « d'autres amis lui montrent leur soutien » en expliquant que « la mission de Roncalli en Bulgarie pouvait ainsi assurer un résultat très positif »[148] : un résultat œcuménique. Parmi ces "amis" se trouvait Montini qui non seulement lui adressa une lettre de félicitations le 2 mars[149], mais qui eut même une conversation avec lui « la veille de son départ de Rome pour Bergame »[150]. Le caractère, le passé, les idées, les relations : tout prédisposait Roncalli à devenir un œcuméniste ; il ne lui manquait que l'occasion de se manifester et un champ d'application : « à Sofia... continuellement en contact avec le monde orthodoxe... "il découvrit" les premiers horizons de sa vocation œcuménique »[151].

Dom Beauduin

---

[146] Hebblethwaite op. cit. p.133. "Cinquantesimo anniversario", L. Capovilla, Ed. Storia e Letteratura, Roma 1987, p. 33.
[147] Hebblethwaite op. cit. p.135.
[148] Hebblethwaite op. cit. p.136.
[149] Isitituto Paolo VI. "Giovanni e Paolo. Due Papi. Saggio di corrispondenza (1925-62)" aux soins de L. Capovilla, Ed Studium 1982, pp. 25-7.
[150] Hebblethwaite op. cit. p.136. A Fappani-Molinari, "Lettre de Montini, 9 avril 1925. Le jeune Montini", Marietti Turin 1979.
[151] Spinelli op. cit. col.578.

Mgr. Roncalli quitte son pays natal le 23 avril 1925 et arrive à Sofia après deux jours de voyage sur l'"Orient Express". Le 22 mars 1925 déjà, son ami Dom Lambert Beauduin lui avait présenté « un confrère bénédictin, dom Constantin Bosschaerts, qui le suivra à Sofia en tant que secrétaire provisoire » ; telle était l'amitié entre Dom Beauduin et le nouveau Visiteur Apostolique. Cette amitié mérite d'être approfondie : « elle dura de 1924 jusqu'à la mort de Dom Beauduin en 1960, et exerça toujours un grande influence sur Roncalli »[152].

J'ai déjà parlé de Dom Beauduin dans mon article "L'hérésie anti-liturgique depuis les Jansénistes, jusqu'à Jean XXIII (1668-1960)" : trois siècles de gestation des réformes conciliaires (*Sodalitium* n°11, pp.8-16). J'y reprenais en partie les informations données par M. l'abbé Didier Bonneterre[153] dans son livre "Le mouvement liturgique" (Ed. Fideliter, 1980). A son tour, il tenait ses informations sur Beauduin d'un ouvrage du P. Bouyer : "Dom Lambert Beauduin, un homme d'église" (Castermann 1964).

Beauduin naît en 1873 en Belgique. Prêtre séculier à Liège, « il avait fait partie des Aumôniers du Travail, une communauté de pères spirituels qui s'occupaient des ouvriers »[154]. Entré chez les bénédictins du Mont César, il y prononça les vœux de religion en 1907 et garda de son ancien ministère une vision plus activiste que contemplative de la liturgie dont le but ne serait pas tant l'adoration de Dieu, mais bien plutôt l'instruction du peuple. Au cours du Congrès des associations catholiques, il avait exposé ses principes lesquels, portés aux extrêmes conséquences, auraient conduit (et en effet conduisirent) au néo-protestantisme liturgique de la "nouvelle messe". A cette occasion, il avait été encouragé par le Cardinal Mercier, celui-là même qui "jugeait impossible la théologie romaine" et que Mgr. Benigni stigmatisait avec raison de cette façon : « il est bien connu comme étant lié à tous les

---

[152] Hebblethwaite op. cit. pp.135-6.
[153] Le livre de l'abbé Bonneterre réunit les articles qu'il publia enre 1978 et 1979 dans la revue de la Fraternité Saint Pie X *Fideliter*. Il est très intéressant lorsqu'il parle des précurseurs de ce "mouvement liturgique" qui déboucha sur la réforme liturgique de Vatican II ; les principes exposés sont bons, même si les conclusions sont réticentes pour cause d'"orthodoxie" lefebvrienne (ar ex. concernant les réformes de Jean XXIII). Le succès de cette première œuvre obnubila-t-il l'auteur ? Quoiqu'il en soit, une deuxième série d'articles sur saint Pie X ("Hommage à Saint Pie X". *Fideliter* n° 21-5, mai 1981-février 1982) fut désastreuse pour la réputation du Pape en question, et n'est intéressante que pour vérifier jusqu'à quel point le libéralisme et le progressisme s'étaient infiltrés dans la Fraternité. Aucune réédition n'a heureusement réuni en un seul volume ces articles contre le catholicisme intégral et les collaborateurs de saint Pie X.
[154] "Histoire de l'Église" dirigée par Hubert Jedin. Jaca Book, 1880, vol. X/I –p.237.

traîtres de l'Église »¹⁵⁵. Je rappelle que Roncalli, dès 1906, connaissait et estimait Mgr. Mercier. Beauduin et Roncalli vont ainsi bras dessus, bras dessous avant même de faire connaissance. Jusqu'à la première guerre mondiale, notre moine propage son principe fondamental, à savoir : « faire de la liturgie avant tout un moyen d'apostolat ; plier la liturgie aux exigences (?) de l'apostolat. Là se trouve le point du drame »¹⁵⁶. Mais on peut toujours faire pire. En 1915 les allemands envahissent la Belgique. « Homme de confiance du Cardinal Mercier, dom Lambert Beauduin joue un rôle capital dans la résistance belge à l'envahisseur allemand. Non seulement il rédige de sa propre main la célèbre lettre pastorale du Cardinal Mercier, mais il se charge aussi de sa diffusion... »¹⁵⁷. Aloïs Simon fait remarquer que Mercier appelle les belges à une « union sacrée », à « une cohésion des forces politiques, appartenant à toute idéologie, pour assurer la défense de la Patrie », et cela, « non seulement pendant la durée du conflit ; il s'agissait bien de la vision sur la gestion de la société telle qu'elle aurait dû d'après lui se développer au lendemain de la guerre »¹⁵⁸.

Le duo Mercier-Beauduin passe ensuite de l'œcuménisme politique à l'œcuménisme religieux. Les péripéties de la guerre obligent Beauduin « à se réfugier en Angleterre. Là, fait capital, il se lie d'amitié à bon nombre de personnalités de l'anglicanisme ». La guerre de 14-18 une fois terminée, Beauduin met à profit ses connaissances parmi les hérétiques. Entre 1921 et 1925 (les dates sont à remarquer : il devient l'ami de Roncalli en 1924), Dom Beauduin participe aux "Conversations de Malines", qui, bien qu'informelles, étaient de véritables rencontres œcuméniques entre le Cardinal Mercier et Lord Halifax (appartenant à la haute église Anglicane). « Dom Beauduin, théologien du Cardinal Mercier, avait préparé pour ces conversations un rapport sur « l'Église Anglicane unie mais non pas réabsorbée » où il révélait ses conceptions plus que douteuses sur l'œcuménisme »¹⁵⁹. Le même Père Bouyer (un pasteur luthérien converti (?) par dom Beauduin, dont il se considérait le fils et le disciple)¹⁶⁰ écrit que ce rapport "contenait de graves erreurs" : traiter l'"église anglicane" de la

---

¹⁵⁵ *Sodalitium* n°22, pp.16-7, voir aussi n°23, p18, note 16.
¹⁵⁶ Bonneterre op. cit. dans le texte, p. 34.
¹⁵⁷ Bonneterre op. cit. p.36.
¹⁵⁸ Aloïs Simon, "L'influence de l'Église sur la vie politique dans l'entre deux-guerres". Dans *Res Publica*, revue de l'Institut Belge de Sciences Politiques, vol. IV, 1962-4, pp.387 ss. Cité par P. M. Bourguignon dans "Actualité de *Mortalium Animos*", dans *Didasco* (périodique bimestriel antilibéral), n°51, janv./fév. 1989, p.4-5.
¹⁵⁹ Bonneterre op. cit p.38.
¹⁶⁰ Bonneterre op. cit p.85.

même manière qu'un Patriarcat oriental, en en maintenant la liturgie et la discipline (protestantes) et y absorber l'Église Catholique en Angleterre moyennant la destitution de ses évêques ! Les "Conversations de Malines" furent interrompues en 1926 par une intervention de Pie XI, et les anglicans, qui s'en souvinrent toujours avec nostalgie, opposaient le duo belge et sa méthode œcuménique à celle du Pape Ratti[161]. Beauduin toutefois ne renonce pas et, en 1925 (lorsque Roncalli va en Bulgarie), il s'engage dans le chemin de l'œcuménisme avec les "Orthodoxes", en fondant un "Monastère de l'Union" à Amay-sur-Meuse d'abord, et ensuite à Chevetogne, où les moines adoptèrent la liturgie orientale « pour que le Catholicisme ne puisse plus être confondu avec le latinisme »[162]. Parmi les moyens on compte : « Attention portée sur le rapprochement entre les orthodoxes et les anglicans ; une large hospitalité accordée à tous ceux qui, catholiques ou pas, s'intéressent à la question... Dom Beauduin en vient même à prendre en considération la possibilité de nouveaux développements dans l'Église, même dans le domaine de la doctrine, permettant aux non-catholiques de mieux comprendre, et donc d'accepter plus facilement, la présentation officielle de sa doctrine ; présentation qui est indubitablement exacte en soi, mais qui pourrait encore être incomplète ou insuffisante » (Louis Bouyer. "Dom Lambert Beauduin, un homme d'Église". Castermann, 1964, pp. 133-5). Un bulletin du monastère répandait ces idées : *Irénikon*. **Roncalli en était lecteur passionné,** comme le démontre Hebblethwaite : « La première lettre de Roncalli sur l'œcuménisme cite justement *Irénikon*. Remarquable aussi le fait que cette lettre est adressée à une laïque, Adélaïde Coari, et non pas à un confrère dans le sacerdoce. Roncalli s'intéresse passablement à ladite personne, au point d'envoyer une lettre de recommandation en sa faveur au Père Enrico Rosa, jésuite de

---

[161] Déclaration des "évêques" anglicans à la conférence de Lambeth (1930) : « Depuis la mort du Cardinal Mercier, les Conversations sont interdites, et il est fait interdiction aux catholiques romains de prendre part à une quelconque conférence sur l'unité. Le comité se déclare convaincu de la valeur de telles conversations conduites avec franchise et regrette qu'à cause de l'intervention du Pape toute rencontre de ce genre soit désormais interdite et que les catholiques romains se soient vus interdire la participation aux discussions. Ce regret... est partagé par de nombreux membres de l'Église romaine. Ils regrettent pareillement que dans l'encyclique (*Mortalium Animos* de 1929) soit proposée la méthode de l'absorption complète, excluant celle présentée par les Conversations (de Malines) comme, par exemple, dans... "L'Église anglicane unie mais pas absorbée" ». Cité par Sonya A. Quitslund : "Beauduin. A prophet vindicated". New York, 1973-p.76 ; et par Didasco, op. cit. p.2.
[162] Louis Bouyer. "Dom Lambert Beauduin, un homme d'Église". Castermann, 1964- pp.133-5.

la *Civiltà Cattolica* ("Gran Sacerdote", p. 142). En présentant Mlle Coari à Rosa, il précise que la demoiselle s'occupe de la formation des instituteurs à Milan, qu'il s'agit d'une de ces personnes qu'on ne peut pas facilement étiqueter en telle ou telle autre organisation catholique et qu'elle est enfin « une belle énergie qui se nourrit d'une piété très solide, de laquelle une direction sacerdotale intelligente et prudente saurait tirer le plus grand bien ». Il ajoute ensuite que le pape Pie XI, qui en avait fait la connaissance à Milan, « la connaît et - *juxta modum* - l'apprécie et l'encourage » (ibidem). Les réserves exprimées par le *juxta modum* (dans une certaine limite) de Pie XI s'expliquent assurément par le fait que Mlle Coari s'intéresse à toute nouveauté - aux mouvements des femmes, bibliques et œcuméniques - et encore plus par le fait qu'elle se préoccupe du sort d'Ernesto Buonaiuti, ancien camarade de séminaire de Roncalli, maintenant trois fois excommunié.

Le 9 mai 1927 Roncalli écrit à Mlle Coari : « Je me réjouis beaucoup que vous vous intéressiez à l'union des Églises et que, surtout, vous appréciiez l'esprit de charité qui anime le bulletin belge *Irénikon* (Roncalli écrit "Irenicon"). Nous partageons donc les mêmes pensées. Sur ce point, à savoir, traiter avec les Orthodoxes, les catholiques ont encore à parcourir un long chemin. Ils devraient sans doute se mettre à l'école de notre saint père Pie XI, qui insiste sur ce critère d'apostolat. Ah, savoir comprendre et savoir compatir ! Quelle grande chose ! Il y a un mois, j'eus à Constantinople une entrevue intéressante avec le patriarche œcuménique Basile III, le successeur de Photius et de Michel Cérulaire. Oh comme les temps ont changé ! Mais il est demandé à la charité des catholiques de faire approcher l'heure du retour des frères à l'unité du bercail. Comprenez-vous ? A la charité : beaucoup plus qu'aux discussions scientifiques. A la charité expliquée exactement, selon l'éloge de saint Paul (I Cor. 13, 4) » ("Douzième anniversaire", p. 49).

Il faudra ensuite beaucoup de temps à Roncalli pour se débarrasser de cette idée de "retour", jugée offensante par les frères séparés. Il est maintenant important de chercher à comprendre ce que Roncalli veut dire par "primauté de la charité", là où on a souvent voulu voir une attitude anti-intellectuelle, méprisant la théologie. Beauduin avait développé l'idée de la primauté de la charité dans un numéro d'*Irénikon* (juin-juillet 1928, p. 226 ss.). Son article était un hommage au Cardinal Mercier, l'un des "héros" de Roncalli. Pour Beauduin, Mercier avait découvert sa vocation œcuménique simplement en réfléchissant sur ce que signifiait être un évêque catholique : il est avant tout le responsable de son diocèse, mais il partage aussi, en tant que membre du collège épiscopal, la "charge de toutes les Églises". Il ne peut donc pas demeurer indifférent face au scandale suscité par les divisions des chrétiens. Sa préoccupation portait tout particulièrement sur l'Église orthodoxe, et il comprit bientôt qu'il aurait été inutile d'essayer de persuader les chrétiens orthodoxes par des arguments apologétiques de type scolastique. Seule la "primauté de la charité" aurait consenti des progrès. « Ce qu'il nous faut » - écrit Beauduin - « c'est une apologétique vivante qui ne demande pas d'autre miracle que l'amour ».

« On ne peut pas dire - argue Beauduin - que Mercier ait été un anti-intellectuel. Bien au contraire, dans tous les secteurs où il est intervenu, il a toujours souligné la nécessité d'une compétence professionnelle. Il était au courant de tout ce qu'il y avait de mieux dans la pensée moderne et il avait en horreur tout esprit de clocher » (ibidem, p. 229). **L'influence de Mercier et de Beauduin se manifestera dans le pontificat de Roncalli.** Dans les années 20 cette même influence lui inspirait **une approche de l'œcuménisme** qui, à l'époque, n'allait pas tellement de soi au Vatican. L'œcuménisme catholique fut pendant une cinquantaine d'années une sorte de courant souterrain. Roncalli lui témoignait sa sympathie, car il correspondait entre autres à ses expériences en Orient[163].

Laissons à Hebblethwaite son enthousiasme pour la "primauté de la charité" qui n'a rien à voir avec la pensée de saint Paul, pour qui la charité présuppose la foi droite, et qui en revanche a beaucoup d'affinités avec les idées d'une association œcuméniste protestante qui, en 1925 justement, se dénommait "Life and Action" (Vie et Action) car elle recherchait l'union non pas au plan de la doctrine comme "Faith and Order" (Foi et Discipline), l'autre branche du mouvement œcuméniste : mais bien au plan pratique de la "pseudo"charité.

Mgr. Roncalli, on l'a vu, se couvrait de l'autorité de Pie XI pour faire de la propagande à *Irénikon*, Dom Beauduin pour en faire à l'œcuménisme... On est en 1927. Le 6 janvier 1928 l'Encyclique *Mortalium Animos* (dont on reparlera plus loin) condamne l'œcuménisme. Dom Beauduin est contraint de donner sa démission de Prieur du Monastère d'Amay. En 1929 il est convoqué à Rome : « On laissa entendre à Dom Beauduin qu'il ferait mieux de ne plus avoir de rapports avec Amay et de se retirer dans un monastère éloigné : ce fut l'exil à Encalcat »[164]. L'intervention de Rome ne doit pas nous étonner :

---

[163] Hebblethwaite op. cit pp.142-3.
[164] Bonneterre, op. cit p.41. Remarquons que Mercier était mort en 1926. Bonneterre l'appelle "protecteur sans doute inconscient de Dom Beauduin". On a vu au contraire combien il était conscient de ce qu'il faisait !

les premiers fruits du "Monastère de l'Union" fondé par Beauduin s'étaient montrés : certains des moines catholiques apostasièrent pour entrer parmi les "Orthodoxes" ![165]

Le Pape a parlé : la méthode de Beauduin est erronée. Roncalli, une fois monté au Siège de Pierre, dira : « La méthode de Dom Lambert Beauduin est la bonne »[166]. Beauduin, en 1958, le savait : « s'ils élisaient Roncalli (à la papauté), tout serait sauvé : il serait capable de convoquer un Concile et de consacrer l'œcuménisme... »[167].

L'œcuménisme

Avant de voir le Visiteur Apostolique concrètement à l'ouvrage à Sofia, il nous faut brièvement expliquer en quoi consiste l'œcuménisme qu'il propageait et vivait. Aujourd'hui, tout le monde en a plus ou moins entendu parler, depuis que "Vatican II" l'a consacré par son décret De Œcumenismo : Unitatis Redintegratio (20-11-1964). Mais l'œcuménisme n'est pas né avec le Concile : le Concile n'a fait rien d'autre que de l'adopter. L'œcuménisme est né parmi les protestants, lesquels ont ressenti la nécessité d'une certaine unité depuis l'effritement de leur "réforme" en quelques 800 "églises" différentes. Un grand nombre de sectes protestantes s'allièrent ainsi, entre la fin du XIX^è siècle et le commencement du XX^è siècle, en diverses "unions fédérales", tandis que les "anglocatholiques" (anglicans de la Haute Église) théorisèrent une Église à trois nefs : la catholique, l'anglicane et l'orthodoxe. Au XX^è siècle, enfin, commencèrent de véritables conférences œcuméniques, que l'on dénommait panchrétiennes : Edimbourg (1910), Stockholm (1925 : Vie et Action), Lausanne (1927 : Foi et Discipline)... jusqu'à ce que les deux courants (Vie et Action, Foi et Discipline) fusionnent en 1947 pour former le Concile Mondial des Églises, ou Concile Œcuménique d'Amsterdam, lequel fonda à son tour le célèbre Conseil Œcuménique des Églises (COE) avec siège à Genève, auquel Paul VI rendit visite le 10 juin 1969. Si telle est l'origine, quelle en sera la doctrine ? Je cède ici la parole au Père Jésuite Maurizio Gordillo qui, dans l'Enciclopedia Cattolica ("Cité du Vatican", 1949)

---

[165] Bouyer op. cit. pp.135-6 et 180-1.
[166] P. Maurizio Gordillo S.J., Enciclopedia Cattolica, rubrique : Ecumenismo, col. 64-6, vol. V, Città del Vaticano 1949.
[167] "Deux modernistes témoins de leur temps : le Père Yves Congar et le Père Chenu" dans Fort dans la Foi n°53 avril 1978-p.287.

décrit l'œcuménisme protestant d'abord, sa version "catholique" ensuite.

« Au sens propre - écrit le Père Gordillo - l'œcuménisme est la théorie la plus récente inventée par les mouvements interconfessionnaux, plus particulièrement protestants, pour parvenir à l'union des Églises Chrétiennes... L'œcuménisme présuppose comme base propre l'égalité de toutes les Églises face à la question de l'union.

Et cela sous le triple aspect psychologique, historique et eschatologique :

a) psychologiquement toutes les Églises doivent se reconnaître comme étant également coupables de la séparation et, au lieu de se rejeter la faute l'une sur l'autre, se demander réciproquement pardon ;

b) historiquement, depuis la séparation, aucune Église ne peut se considérer comme étant l'unique et totale Église du Christ, mais seulement une partie de cette unique Église : par conséquent, aucune d'entre elles ne pourra s'arroger le droit d'obliger les autres à revenir à elle, mais toutes doivent ressentir l'obligation de se réunir, afin de reconstituer l'Église Une et Sainte fondée par le Sauveur ;

c) eschatologiquement l'Église future résultant de l'union ne pourra être identique à aucune des Églises qui existent maintenant. **La Sainte Église Œcuménique qui surgira de cette nouvelle Pentecôte dépassera de la même manière chacune des confessions chrétiennes.** On voit d'emblée que de telles théories sont contraires à la foi catholique ». (P. Maurizio Gordillo S.J., Enciclopedia Cattolica, rubrique : Ecumenismo, col.64-6, vol.V, Città del Vaticano 1949).

On voit aussi d'emblée que ces théories ont été reprises, avec de subtiles et prudentes nuances, par le "Concile Vatican II".

Le Père Gordillo poursuit : « Pour les catholiques les voies de l'œcuménisme dans son sens primitif sont fermées, particulièrement depuis que le Pape Pie XI dans son Encyclique *Mortalium Animos* (6-1-1928) et Pie XII dans *Orientalis Ecclesiæ* (1944) ont rappelé la conception authentique de l'unité de l'Église, et ont tracé la méthode à suivre pour promouvoir le retour des dissidents. Dans *Orientalis Ecclesiæ*, Pie XII écrit : "Une telle théorie qui ne pose comme fondement du consensus unanime des fidèles que les points de doctrine sur lesquels toutes ou la plupart des communautés s'honorant du nom de chrétiennes se trouvent d'accord, ne conduit pas au retour très désiré des fils errants à l'unité juste et sincère en Jésus Christ, contrairement à cette autre, qui accueille toute vérité révélée par Dieu sans en excepter ou diminuer aucune ".

On peut ajouter que le 5 juin 1948 la Sainte Congrégation du Saint Office, en rappelant les prescriptions canoniques interdisant les réunions mixtes, affirme que de telles prescriptions "doivent surtout être observées lorsqu'il s'agit de ces conventions qu'on appelle œcuméniques, auxquelles les catholiques, qu'ils soient laïques ou clercs, ne peuvent aucunement prendre part sans avoir d'abord obtenu l'autorisation du Saint Siège". Ces prescriptions ont été confirmées par l'"Instruction du Saint Office" du 20 décembre 1949 concernant le "Mouvement œcuménique". Certains catholiques toutefois, partisans du mouvement unioniste, favorisent l'œcuménisme, non pas entendu au sens protestant, mais comme une tactique visant à rechercher les points de contact avec les chrétiens dissidents qui, selon certains, auraient des leçons à donner aux catholiques. Tout cela semble pour le moins inopportun, car l'usage d'un terme impliquant dans le sens courant des théories anticatholiques, prête à confusion.

En 1934, le hiéromoine Alexis van der Menschbrugge, dans son article "Danger du formalisme" (*Œcumenica*, I, 1934, p.312-28), et Oscar Bauhofer dans son livre "Einheit und Glauben" (Einsiedeln, 1935), montrent une propension ouverte en faveur de l'œcuménisme. Y adhèrent **l'Abbé P. Couturier** par ses articles dans *Revue Apologétique* (1937) et le **P. M.J. Congar** dans le livre publié à Paris en 1937 : "Chrétiens désunis. Principes d'un œcuménisme catholique".

Une telle tentative est toutefois de nature à soulever de graves réserves. Si pour les catholiques en effet l'œcuménisme signifie ce que les dissidents entendirent en forgeant le mot, il comporte l'admission des Églises séparées et protestantes dans le sein de la véritable Église, ainsi que l'affirmation que l'Église Catholique ne possède pas actuellement en elle la plénitude essentielle. Le P. Congar peut difficilement se soustraire à la nécessité d'admettre au moins en partie les postulats assignés à l'œcuménisme, à savoir : non seulement que les séparés individuellement de bonne foi sont membres de la véritable et unique Église, mais aussi que leurs Églises sont en possession d'un tel nombre d'éléments de la véritable Église, que les dissidents se sauvent dans leur Église. Par ce fait, ces dernières peuvent ne pas être considérées comme étant entièrement séparées de la seule Église fondée par Jésus Christ pour le salut des âmes. Quant à l'Église Catholique, il est clair que tout en ne manquant de rien d'essentiel, un certain degré de perfection lui fait défaut. On rétablit ainsi un certain équilibre et égalité : bien que de façon et à un degré différents, nous allons tous vers l'union pour intégrer ce qui manque à chaque Église. Il faut bien avouer que même cet usage de l'œcuménisme a rencontré une méfiance presque générale auprès des catholiques »[168].

Plus que de méfiance il faudrait parler de condamnation ! Comme Dom Beauduin, ainsi l'œcuméniste Père Congar connut ses problèmes. Si l'Encyclique *Mortalium Animos* avait frappé Dom Beauduin sans le nommer, *Humani Generis* fit de même contre le "faux irénisme" de Congar. « A ce moment là, il fut l'objet de diverses censures : interdiction de mettre sur le marché sa traduction de "L'Unité dans l'Église" de Möhler ; arrêt de son enseignement au Saulchoir, suivi de la nomination en 1954 à Jérusalem et, un semestre plus tard, à Strasbourg ; résidence obligée à Cambridge en 1955, avec **interdiction de prêcher, de confesser et de rendre visite aux couvents dominicains anglais** »[169]. Et pourtant, qui ne voit que les formules de l'"œcuménisme catholique" décrites par le P. Gordillo et condamnées par Pie XII sont celles-là mêmes qu'a approuvées le "Concile Vatican II" ?[170]. Comment s'en étonner, d'ailleurs, si Jean XXIII appela au Concile en qualité d'expert justement Congar ? L'œcuménisme, condamné par l'Église dans sa doctrine et dans sa méthode (réunions œcuméniques, c'est-à-dire interconfessionnelles), constitua au contraire l'activité principale de Mgr. Roncalli dans les Balkans. Suivons ses traces...

---

[168] Cf. l'idée de "communion imparfaite" (*Unitatis Redintegratio*, n°3) entre l'Église Catholique et les sectes non catholiques, ainsi que l'affirmation que ces dernières sont aussi des moyens de "salut" (ib., n°3).

[169] D'autres princes catholiques ont apostasié pour une couronne terrestre et passagère. Citons par exemple : la Maison de Bavière pour le trône grec, celle de Hohenzollern-Sigmaringen pour le trône roumain, celle de Saxe, justement pour le trône bulgare. Aucune d'entre elles ne règne actuellement. S'ils avaient suivi le conseil que Léon XIII avait donné à Ferdinand de Bulgarie, c'est-à-dire d'abdiquer plutôt que de faire "une offense à l'Église, si scandaleuse de la part d'un prince catholique" (cf. Enciclopedia Treccani, t. XV-p.5), ils auraient au moins sauvé la couronne éternelle dans le Ciel. Signalons que Paul VI non seulement n'a pas excommunié Henri de Laborde de Monpezat, qui se fit luthérien pour épouser la future reine du Danemark, mais qu'il le reçut avec toutes les honneurs en audience privée. Puissance de "Vatican II", qui transforme tous les maux en biens et les biens en maux...

[170] Dans le canon de la Messe, en effet, l'on prie *"pro Ecclesia tua Sancta Catholica... una cum famulo tuo Papa nostro N., et Antistite nostro N., et omnibus orthodoxis atque catholicæ et apostolicæ fidei cultoribus"*. Signalons en passant l'incohérence (et pire) qui consiste à nommer des personnages qui profèrent habituellement l'hérésie, et qui pour cela ne peuvent pas posséder l'Autorité, *in primis* parmi les "orthodoxes qui professent la foi catholique et apostolique"...

La Bulgarie et l'église "Orthodoxe"

Mgr. Roncalli, en arrivant en Bulgarie, ne trouve pas une situation facile. Le Pays, jadis évangélisé par Rome, était tombé sous l'influence des gréco-schismatiques et de l'Empire Byzantin d'abord, et sous la tyrannie turque ensuite. Les russes en firent une principauté tributaire des turcs mais régie par un prince chrétien (1878). En 1877 Ferdinand de Saxe Cobourg et Gotha est élu Prince de Bulgarie. Ferdinand est catholique, élevé à Vienne, marié à une Bourbon-Parme : son fils et héritier, Boris, naît en 1894 et est baptisé avec le rite catholique. Mais le Tzar de Russie, Nicolas II, menace Ferdinand de ne pas le reconnaître s'il ne fait pas baptiser son fils Boris dans la "religion" orthodoxe. Ferdinand se rend alors à Rome (1896) pour obtenir l'impossible autorisation du Pape (Léon XIII) à l'apostasie de son fils. L'audience avec le Pape se termine de façon dramatique : Ferdinand (qui deviendra Roi en 1908) fera rebaptiser Boris dans l'"orthodoxie", et sera excommunié par le Pape. La "raison d'État" imposait à Ferdinand d'éduquer son héritier au trône dans l'"orthodoxie", attendu que la presque totalité du pays suivait la dite religion[171].

Roncalli devint ainsi le premier diplomate (bien qu'officieux) du Saint-Siège auprès d'une cour apostate du catholicisme et d'un pays qui fait de sa propre église "orthodoxe" le ciment de l'unité nationale, vis à vis même de Constantinople, de laquelle l'église bulgare avait fait schisme. Il est donc tout à fait compréhensible que dans de telles conditions un diplomate doive nécessairement se mouvoir avec prudence et patience, mais il y a des limites à tout, limites que Roncalli dépassa. En guise d'exemple, on citera trois épisodes : a) Le mariage du Roi Boris. b) Le prosélytisme. c) Les secours aux "orthodoxes".

Ici, il est tout d'abord nécessaire que le lecteur ait des idées claires concernant l'Église dite "orthodoxe", qui se sépara de Rome sous le Patriarche Michel Cérulaire, en 1054, après un premier schisme provoqué au IXe siècle par l'usurpateur Photius. Beaucoup de catholiques en effet, même parmi les fidèles de la tradition hostiles par conséquent à l'œcuménisme envers les protestants, sont particulièrement condescendants à l'égard des "orthodoxes". Ils sont attirés par la beauté de la liturgie, le culte commun de la Sainte Vierge, des Saints, des images, un certain traditionalisme "orthodoxe", la validité de leurs sacrements... Tous ces biens ne sont pourtant qu'un souvenir de leur ancienne union à l'unique Église de Jésus Christ,

---

[171] Hebblethwaite op. cit. p.142.

l'Église Catholique ! Après la rupture définitive de 1054 (les unions réalisées par les Conciles de Lyon en 1274 et de Florence en 1442 ne furent malheureusement que passagères) les divergences disciplinaires, mais aussi dogmatiques, ne firent que se multiplier, suite entre autres au parti pris antiromain des orientaux dissidents.

En 1895, le "Patriarche" de Constantinople faisait la liste de dix "erreurs latines" (c'est-à-dire catholiques) :

1) la procession du Saint Esprit du Père et du Fils (Filioque).

2) L'addition du Filioque dans le Symbole.

3) Le Baptême par aspersion ou par infusion.

4) Les azymes comme matière eucharistique.

5) L'Épiclèse ou invocation du Saint Esprit, considérée comme nécessaire par les "orthodoxes" pour opérer la consécration au cours de la Messe.

6) La Communion sous une seule espèce.

7) Le Purgatoire,

8) Les Indulgences et la rétribution immédiate avant le Jugement Dernier.

9) Le Primat de Rome.

10) L'infaillibilité pontificale.

On pourrait ajouter, de notre côté la permission donnée par les "orthodoxes" au divorce. Le lecteur pourra facilement constater que ces divergences ne sont pas seulement d'ordre disciplinaire (comme le seraient pour nous les points 2 et 6, lesquels sont toutefois considérés comme doctrinaux par les "orthodoxes") mais aussi et surtout dogmatique (particulièrement les points 1, 7, 8, 9 et 10). Les "orthodoxes" ne sont donc pas seulement (!) schismatiques, mais aussi hérétiques ; et si avant 1054, par opposition aux autres orientaux hérétiques (Nestoriens ou Monophysites), ils méritaient le nom d'orthodoxes, ils ne peuvent plus s'honorer de ce nom qui n'appartient qu'aux catholiques[172]. Ils ne sont en effet pas orthodoxes (c'est-à-dire

---

[172] Le "Concile Vatican II" et la législation post-conciliaire ont entièrement démoli la législation catholique du mariage mixte, en substituant à la "très sévère interdiction" du can. 1060 un encouragement de Jean Paul II à de telles unions. Pour lui, les familles à religion mixte "doivent accomplir la tâche difficile de devenir artisanes d'unité" (16-06-1985) et "d'affirmer la dimension œcuménique que possède nécessairement la famille" (06-12-1981) (cf. G. Celier : "La dimension œcuménique de la réforme liturgique". *Fideliter*, 1987-pp.71-80). Et même si le nouveau code s'arrête à mi-chemin ("canons" 1124-9) les conférences épiscopales d'un grand nombre de pays, avec l'autorisation du canon 1126, contredisent le droit divin lui-même en prévoyant l'éducation non catholique des enfants (cf. G. Celier, op. cit. pp.78-80, où il est question des Conférences Episcopales du Congo et de l'Allemagne).

professant la vraie foi) mais hétérodoxes ; c'est donc à raison que, suivant en cela l'Encyclopédie Catholique, nous écrivons, à leur égard, le mot orthodoxe avec des signes typographiques. Après cette indispensable précision, suivons l'"apprentissage œcuménique" de Mgr. Roncalli en Bulgarie, par lequel il apprendra « les règles fondamentales de l'œcuménisme, très mal vu au Vatican », la première de ces règles étant celle qui « prévoit qu'il n'est pas possible d'espérer entamer un dialogue avec des condamnations »[173].

a) Le mariage du Roi Boris.

Le Roi de Bulgarie, on l'a vu, était né catholique mais, dès l'âge de deux ans, avait été éduqué dans la religion "orthodoxe". En 1930 on envisage le mariage du Roi, qui a alors trente cinq ans, avec Jeanne de Savoie, la fille de Victor Emmanuel III. Les deux fiancés professant deux religions différentes, une dispense du Saint Siège était nécessaire pour pouvoir célébrer les noces. Au représentant du Pape, notre Roncalli, revenait évidemment la charge de conduire les tractations.

Le canon 1060 interdit en effet "très sévèrement" de tels mariages mixtes qui, de plus, « s'ils constituent un danger pour la foi du conjoint catholique et des enfants, sont interdits par la loi divine elle-même ». Un tel danger que le conjoint catholique ou ses enfants perdent la foi pour embrasser la foi acatholique, peut être écarté en faisant promettre par écrit à l'acatholique qu'il ne tentera pas de "convertir" le catholique et qu'il fera baptiser et éduquer dans l'Église Catholique tous les enfants qui naîtront (can. 1061), en interdisant en outre que les noces soient célébrées ou répétées devant un ministre acatholique (can. 1063)[174].

De Sofia parviennent les promesses, et le Vatican octroie la dispense pour le mariage royal qui est célébré à Assise le 25 octobre 1930 selon le rite catholique. L'illusion ne dure pas longtemps. Roncalli a à peine le temps de rentrer en Bulgarie : le 31 du même mois le couple royal répète la cérémonie nuptiale à Sofia, selon le rite "orthodoxe", encourant ainsi l'excommunication *latæ sententiæ* (can 2319 § 1). Pie XI, tout comme Léon XIII par le passé, s'indigne : « La veille de Noël, il dénonce le couple royal qui s'était d'abord engagé solennellement, et ensuite n'a pas tenu parole. (...) Roncalli, Visiteur Apostolique à Sofia, a droit à sa part de reproches à cause des événements ». Hebblethwaite

---

[173] Hebblethwaite op. cit. pp.158-60.
[174] Padre Paolo Tanzella s.c.j. "Papa Giovanni". Ed. Dehoniane, Andria 1973 – pp.108,115.

souligne la différence entre les réactions de Pie XI et celles du futur Jean XXIII (évidemment à l'avantage de ce dernier) : « Le cancan fait autour de ce mariage bulgare met en évidence les deux caractères diamétralement opposés de Roncalli et de Pie XI. Tandis que le pape donne libre cours à son indignation et dramatise la situation, son visiteur apostolique maintient un calme parfait, tout en recherchant une solution diplomatique et en minimisant les dures déclarations du pontife ». En réalité, Pie XI agit en homme de Foi qui voit un sacrement foulé aux pieds, l'Église injuriée et les âmes des enfants de la Reine en danger ; Roncalli par contre agit en homme du monde, iréniste et œcuménique. Le Roi Boris est satisfait, et le 26 septembre 1931 il consent à accepter une représentation officielle du Saint-Siège, ce qui fait de Roncalli un Délégué Apostolique. Mais « Pie XI reprend sa polémique contre le couple royal - je cite Hebblethwaite ! - au mois de mars de 1933, à l'occasion de la naissance de la première fille de Boris et Jeanne », qui fut baptisée selon le rite "orthodoxe" ; le canon 2319 prévoit pour cela une autre excommunication (§3). Le Pape « dénonce de nouveau tous ceux qui ont violé la sainteté du mariage catholique », et Roncalli offre à la Reine « un magnifique missel, pour lui démontrer que l'irritation du pape ne la concerne pas ». Et l'excommunication ? Si la Reine subissait peut-être contre sa volonté, que dire du Roi ? « En son cœur, Mgr. Roncalli ne se sentait pas de condamner entièrement le Roi Boris » ; depuis la toute première rencontre (25-4-1925), pas « un seul mot de l'incident entre le Tzar Ferdinand et Léon XIII, pas la moindre allusion à la situation religieuse du Roi »[175]. Pour « un lecteur expérimenté d'Irénikon »[176] comme l'était Roncalli, il était en effet facile d'avoir « l'impression que Pie XI faisait la situation plus grave qu'elle ne l'était » et il était sans doute plus facile de "verser" toujours et seulement « de l'huile sur les blessures ». « A Rome », au contraire, on jugeait Roncalli naïf, homme inapte à la situation. On le jugea, on le dit à haute voix, quelqu'un même l'écrivit ». D'aucuns racontent même, sans fondement paraît-il, qu'il y eut une audience de Pie XI au cours de laquelle Roncalli aurait dû rester à genoux pendant trois bons quarts d'heures...[177] Mais le lecteur estimera peut-être que le diplomate devait faire contre mauvaise fortune bon cœur face au Roi dont il était l'hôte

---

[175] Padre Tanzella, op. cit p.116.
[176] Breviarium Romanum, lectio V, ad Matutinum. Evidemment, dans sa réforme liturgique, que la Fraternité de Mgr. Lefebvre a adoptée, Jean XXIII a supprimé l'éloge ecclésiastique à saint Casimir, directement opposé à la "liberté religieuse".
[177] Padre Tanzella op. cit. p.117.

(soumis lui-même à la "raison d'État"). Voyons alors le comportement de Roncalli face à des personnages moins en vue...

b) Pas de "prosélytisme".

Le Père Tanzella rapporte le cas du journaliste bulgare Etienne Karadgiov. "Orthodoxe", il s'était présenté à Mgr. Roncalli pour être aidé à poursuivre ses études. Karadgiov nous dit : « Il m'accueillit avec beaucoup de bonté, m'écouta attentivement, et me dit : "très bien, mais on ne doit pas heurter la susceptibilité des orthodoxes. Ils ne doivent pas penser que nous autres les catholiques nous venons ici dans le but de faire du prosélytisme, de vouloir attirer la jeunesse. Les orthodoxes sont nos frères, et nous voulons vivre en harmonie avec eux. Nous nous trouvons dans ce pays pour montrer notre amitié à ce peuple et l'aider. Si tu veux donc étudier en Italie, tu dois d'abord demander l'autorisation à l'Église orthodoxe à laquelle tu appartiens". J'écrivis, et la réponse fut négative. Mgr. Roncalli jugea opportun de m'envoyer en Italie par l'intermédiaire de l'œuvre Pro Oriente qu'il avait lui-même fondée avec Mgr. Francesco Galloni. L'œuvre avait pour but de financer le séjour en Italie des jeunes catholiques bulgares désirant acquérir des diplômes en ce pays. Moi, j'étais orthodoxe, et Mgr. Roncalli, qui de par sa position ne figurait pas comme fondateur de l'œuvre, fit pour moi une exception. "Un jour viendra, où les diverses Églises seront unies ; ce n'est qu'en s'unissant pour combattre les maux du monde, me dit-il, qu'elles pourront espérer gagner".

J'ai ensuite étudié en Italie, où j'eus comme camarades d'études et d'internat les parlementaire Bettiol et Fanfani. Mgr. Roncalli suivait de loin mes études, comme si j'avais été son propre fils. Lorsque je parvins à la dernière année, il m'écrivit : "Si tu reviens en Bulgarie avec le diplôme d'une université catholique, comment vas-tu faire pour trouver un emploi ? Tes concitoyens sont presque tous orthodoxes, et ils ne vont pas avoir une grande sympathie pour toi. Je te conseille par conséquent de te présenter dans une Université laïque". Il écrit au Père Gemelli, recteur de l'Université catholique de Milan, et je passai à Pavie où j'obtins le diplôme.

Entre-temps, j'avais décidé de devenir catholique. Je lui fis part de ma décision, et il me dit : "Mon fils, ne sois pas pressé. Réfléchis. Tu auras toujours le temps de te convertir Nous ne sommes pas venus en Bulgarie pour faire du prosélytisme" »[178].

Le Père Tanzella rapporte cet épisode comme s'il s'agissait de nouveaux fioretti de St. François. Des fioretti, certes, mais au contraire, dans lesquels la dernière recommandation du Christ : « Allez, enseignez toutes les nations... » n'est pas considérée comme valide. "Il y a toujours le temps" pour entrer dans l'Église, vivre en grâce de Dieu, quitter le schisme et l'hérésie... car un successeur des Apôtres n'est pas envoyé dans le monde "pour faire du prosélytisme" (c'est-à-dire pour convertir), mais pour laisser les âmes dans les ténèbres de l'erreur : voici le nouveau credo œcuméniste de Mgr. Roncalli.

c) Aidons les hérétiques "orthodoxes"

Ouvrons le Bréviaire Romain au 4 mars, fête de saint Casimir Roi de Pologne, là où les lectures de matines nous racontent la vie du saint, et lisons : « Il s'appliqua de toutes ses forces à promouvoir la Foi Catholique et abolir le schisme des Rutènes ; pour cela, saint Casimir induisit son père à promulguer une loi interdisant aux schismatiques de construire de nouvelles églises ou de restaurer les anciennes (églises) délabrées »[179]. Le schisme des Rutènes n'était rien d'autre que celui des soi-disant "orthodoxes". Un chef d'État, un saint par dessus le marché, laisse leurs églises s'écrouler. Un évêque, notre Roncalli, les fait reconstruire. Lisons encore ce qu'écrit l'admiratif P. Tanzella : après le tremblement de terre de 1928, Roncalli « ... accourut parmi les victimes, s'engagea pour obtenir des secours immédiats, distribua l'argent qu'il avait sur lui, rendit visite aux blessés et apporta à chacun une parole de réconfort, avec la plus grande sollicitude, tant envers les catholiques qu'envers les orthodoxes. Son attitude fut encore plus remarquée et appréciée lorsque, ayant réussi à obtenir une forte somme d'argent pour la reconstruction des églises détruites par le tremblement de terre, il l'employa au profit tant des églises catholiques que des églises orthodoxes, comme si toutes avaient appartenu à sa juridiction. Quant à ceux qui la lui reprochaient, il avait coutume de répondre : "Toutes sont des maisons de Dieu. Les orthodoxes aussi sont nos frères" »[180]. Roncalli fut l'objet de reproches, non tant pour avoir secouru des

---

[178] Giovanni XXIII, "Il giornale dell'anima". Ed. Storia e Letteratura, Roma 1967- p.231.
[179] Hebblethwaite op. cit. p.148. Qui cite d'autres lamentations de Roncalli dans son journal du 28 avril au 4 mai 1930.
[180] Hebblethwaite op. cit. p.135.

nécessiteux, même s'ils étaient "orthodoxes", ce qui est conforme à l'Évangile, mais pour les avoir aidés en tant qu'"orthodoxes", à reconstruire leurs lieux de culte schismatique. N'importe quel manuel de Théologie morale préconciliaire aurait précisé que l'évêque Roncalli, suite à une telle action, était tenu de se confesser avant de célébrer la Sainte Messe. Quant à nous, puisque les comportements de saint Casimir et de Mgr. Roncalli sont incompatibles, nous attendons la "décanonisation" (impossible) du premier, ou la condamnation (souhaitable) du second.

Dans l'attente d'une promotion

Entre-temps, le séjour de Mgr. Roncalli dans le "purgatoire" bulgare se prolongeait un peu trop, même pour quelqu'un de "très humble" comme lui, loin de tout "carriérisme" (?). Peu de temps après son arrivée (1926), il se plaint : « Voilà vingt mois que je suis évêque. Comme prévu, mon ministère devait m'apporter des tribulations. Et pourtant - chose singulière - ces tribulations ne me viennent pas des bulgares pour lesquels je travaille, mais des organes centraux de l'administration ecclésiastique »[181]. Trois ans plus tard, en 1929, Roncalli « traverse une crise qui lui cause diverses impressions : celle d'avoir été oublié et abandonné, un sens de frustration face à ses plans pour l'Église bulgare, en fait irréalisables, et enfin l'impression désagréable d'être parvenu à un point mort de sa carrière »[182].

En 1929 justement il espère une promotion à l'évêché de Milan, espoir vite déçu (Hebblethwaite op.cit., p. 148. Qui cite d'autres lamentations de Roncalli dans son journal du 28 avril au 4 mai 1930). Après l'encyclique antiœcuménique *Mortalium Animos* (1928) et les incidents dus au mariage du Roi (1930-33), Mgr. Roncalli n'est plus tout à fait à l'aise, et tout le monde aurait préféré qu'il quitte la Bulgarie. La nouvelle nomination, cette promotion si inattendue, date du 24 novembre 1934. Nommé en Grèce et Turquie, il partira le 4 janvier 1935.

Délégué Apostolique en Turquie

---

[181] Padre Tanzella op. cit. p.125.
[182] Hebblethwaite op. cit. p.161.

En arrivant en Turquie, Mgr. Roncalli se trouve dans la délicate situation de représentant du Vatican auprès d'une nation qui ne reconnaît aucune religion. L'ancienne Byzance, qui avait pris le nom de Constantinople en devenant la capitale de l'Empire d'Orient, s'était séparée de l'unité de l'Église en 857 une première fois, et une deuxième fois, pratiquement définitive, en 1054. Elle fut conquise en 1453 par les Turcs, qui en firent la capitale de l'Empire Ottoman ; celui-ci ne devait s'écrouler qu'à la suite de la défaite subie à la première guerre mondiale, faisant place à une République Turque "nationaliste, populiste, laïque et révolutionnaire" (1923) dirigée par Mustafa Kemal, dit Ataturk (le père des Turcs). État laïc par conséquent, dont la population à forte majorité musulmane ne comptait qu'une minorité chrétienne, bien que schismatique, où les catholiques n'étaient que 35.000 environ. Le prédécesseur, Mgr. Margotti, « contrairement à Mgr. Roncalli, n'était pas un homme capable d'avaler des couleuvres avec le sourire »[183], raison pour laquelle il s'était mis à dos le monde entier, « le clergé comme le gouvernement d'Ataturk »[184]. Certes, parfois c'est une preuve de vertu que d'avaler des affronts avec le sourire, tout particulièrement pour les diplomates. Mais Roncalli le fit avec un tel zèle qu'il dépassa comme d'habitude toute mesure.

"Un typique homme d'affaires lombard"

Aussitôt se présenta la première occasion de rendre heureux les ennemis de l'Église avec son sourire à toute épreuve. La laïcisation proclamée par Ataturk comprenait entre autres l'habillement : après avoir occidentalisé les turcs, il fallait maintenant laïciser les religieux. « Les habits et les signes distinctifs religieux sont abolis par une loi entrant en vigueur le 13 juin 1935 ». L'intention profanatrice, au delà de la coupe des habits, était évidente. « Certains instituts de sœurs exprimèrent leur deuil au cours de cérémonies réparatrices, fermèrent ensuite face au scandale et quittèrent la Turquie. Les prêtres âgés firent d'ardentes prédications contre le honteux empiétement de l'État laïc et persécuteur. Le patriarche orthodoxe menaça de se retirer dans un exil dédaigneux, enfermé dans son palais ».

Et notre Évêque ? « Roncalli ne fait pas une tragédie de la nouvelle loi » et commente : « Quelle importance que nous portions la soutane

---

[183] Hebblethwaite op. cit. pp.166-7.
[184] Padre Tanzella op. cit. pp.126-7.

ou des pantalons lorsque nous proclamons la parole de Dieu ». Et voilà l'affront avalé. Mais voilà aussi la joie excessive que Roncalli éprouve à avaler des affronts : le jour même de l'entrée en vigueur de la loi, il ordonne aux prêtres de se réunir à l'église. « A la fin des offices l'on put assister à la plus étrange procession de la vie du pape Jean. Le délégué apostolique, et à la suite des prêtres âgés bien embarrassés ainsi que tout le clergé quittèrent l'église en habit civil.

Monseigneur garda pour lui le col blanc, en tant que chef et représentant de l'Église catholique en Turquie. Les chefs étaient en effet exemptés de la loi générale, mais Mgr. Roncalli s'en tint à cet unique signe distinctif, afin d'encourager ses prêtres au sacrifice et obliger les religieuses à revêtir l'habit de la charité du Christ au lieu de leur habit monastique.

Chrétiens et musulmans, deux rangées de peuple, assistèrent à l'extraordinaire procession, désarmés par le sourire du Délégué Apostolique qui avançait avec désinvolture, comme s'il avait toujours porté la veste et les pantalons. Parmi les premiers du défilé se trouvait le secrétaire de Mgr. Roncalli, don Angelo dell'Acqua, futur Cardinal. Don Angelo avait déjà reçu la nouvelle de son transfert à Rome et aurait ainsi pu s'abstenir de la manifestation et quitter le pays avant la fête historique, avant que le décret n'entre en vigueur. Mais le délégué ne le voulut pas ainsi. Son Éminence pensait que cela aurait pu froisser le gouvernement turc. Il voulut donc que je reste et que je me fasse confectionner un habit civil comme tous les autres prêtres. Un matin il me fit envoyer un tailleur qui prit mes mesures et choisit lui-même l'étoffe : la meilleure. Je n'ai jamais possédé un habit de tant de prix, si beau et robuste. J'en fis présent à mon père qui le porta pendant de nombreuses années, et il semblait toujours neuf ».

Ce fut ainsi que, sans aucune nécessité, car la loi elle-même l'en exemptait, Mgr. Roncalli se fit immortaliser par le photographe « habillé de façon sobre, avec l'air d'un typique homme d'affaires lombard ».

Tanre Mubarek olsun

Hebblethwaite poursuit sa narration : « au commencement de 1936 Roncalli décide d'introduire quelques paroles turques dans la liturgie. A partir du 12 janvier 1936 les "louanges divines" (Dieu soit béni, béni soit son saint nom... etc.) dans la cathédrale du Saint Esprit doivent être proclamées en turc. La même chose est recommandée aux autres églises. Il s'agit d'un changement minime, qui témoigne toutefois de son désir que l'Église soit présente au milieu du peuple turc. Pourtant, comme le démontrera son pontificat, tout changement initial peut avoir une importance dépassant amplement ses effets immédiats (comme par exemple le fait d'ajouter le nom de saint Joseph dans le canon de la Messe signifiera que son texte n'est ni immuable ni intouchable). En 1936, de tels "changements" ne sont pas appréciés par tout le monde : "Lorsqu'on récita *Tanre Mubarek olsun* (Dieu soit béni), beaucoup de personnes, mécontentes, abandonnèrent l'église (...) ; moi (au contraire), je suis satisfait. Dimanche on a eu l'Évangile en turc en présence de l'ambassadeur de France ; aujourd'hui les litanies en turc en présence de l'ambassadeur d'Italie (...). L'Église Catholique respecte tout le monde. Le délégué apostolique est un évêque pour tout le monde, et cherche à être fidèle à l'Évangile, qui ne reconnaît aucun monopole national, qui n'est pas fossilisé, et qui regarde vers le futur" (Trevor, p. 169).

D'après lui, ces innovations linguistiques sont un moyen pour rendre l'Église plus authentiquement "catholique". Mais à Rome il est dénoncé justement pour cela. Au cours de sa retraite au mois d'octobre 1936 il écrit : "Je ne mérite rien, et ne souffre d'aucune impatience. Mais je souffre beaucoup de constater la distance entre ma façon de voir la situation sur place, et certaines formes d'appréciation des mêmes choses à Rome : c'est ma seule vraie croix" (GdA, 13-16.10. 1936) »[185].

En réalité j'ai de la peine à voir dans quelle mesure l'Évangile, le Pater et les "louanges divines" en turc auraient pu attirer les catholiques qui, n'étant pas des musulmans, n'étaient ni de souche ni de langue turque : les plaintes ne se firent en effet pas attendre. Avec l'innovation on ne cherchait donc pas l'approbation des fidèles, mais celle du gouvernement. Le P. Tanzella écrit justement que « l'acceptation de l'habit civil et l'introduction de la langue nationale dans les églises catholiques attirèrent sur le Délégué Apostolique la sympathie du gouvernement. Même si son titre n'était pas officiellement reconnu (...) sa personne était connue et l'homme était estimé tant par le gouvernement que par le président Ataturk lui-même »[186].

La laïcité de l'État

---

[185] Hebbelthwaite op. cit. p.171.
[186] Padre Tanzella op. cit. p.128.

La liturgie en turc lui ouvrit en effet les portes du gouvernement et l'année suivante «...il fut reçu par le sous-secrétaire aux affaires étrangères Numan Rifat Menemengioglu (4 janvier). Le colloque nous est rapporté comme suit : "Je me trouve à Ankara pour mon ministère - nous dit Mgr. Roncalli - et suis heureux de pouvoir manifester mon hommage aux autorités de la Turquie". "Moi aussi je suis heureux de cette rencontre - réplique Menemengioglu - heureux de pouvoir faire votre connaissance. Je peux vous dire que le gouvernement turc éprouve le plus profond respect pour vous et pour l'illustre tradition que vous représentez". "Je vous remercie, - ajoute Mgr. Roncalli - et j'espère que les autorités turques pourront à leur tour constater la sincérité des catholiques dans leur respect des lois du Pays, même si parfois elles leur déplaisent. L'habit que je porte en est une preuve. L'Église se félicite du progrès de la Turquie et de trouver dans sa constitution certains des principes fondamentaux du christianisme, même si l'esprit areligieux qui les anime, la trouve évidemment en désaccord". "Nous vous garantissons la plus ample liberté de ministère - reprend le Sous-secrétaire - en tout ce qui ne contredit pas nos lois ou ne s'y oppose. Nous n'aimons pas nous servir de titres qui impliqueraient de quelque manière que ce soit la reconnaissance d'une quelconque activité religieuse, bien que le respect pour une telle activité soit absolu. La laïcité de l'État est notre principe fondamental : la garantie de notre liberté". "L'Église se gardera bien de diminuer ou mettre en discussion une telle laïcité, conclut Mgr. Roncalli. Je suis optimiste. En toute chose, je cherche à développer plutôt ce qui unit que ce qui divise. Étant d'accord sur les principes naturels, nous pouvons faire un bout de chemin ensemble. Il vaut mieux avoir confiance. Pour ma part, j'ai déjà introduit la langue turque dans l'Église..." Cette conversation tranquille, exprimée en un subtil langage diplomatique, éveille la sympathie réciproque des deux interlocuteurs, qui se retrouveront tous les deux à Paris, l'un en qualité de nonce, l'autre comme ambassadeur. A Paris, les deux pourront s'exprimer plus librement, et se manifester ces sentiments qu'à Ankara ils avaient dû taire ou sous-entendre.

Le colloque d'Ankara est important, car on y discerne déjà le signe des temps nouveaux que Jean XXIII proclamera depuis la Chaire de Pierre et que le Concile Œcuménique Vatican II proclamera dans sa constitution sur l'Église face au monde »[187].

"La laïcité de l'État est l'un de nos principes fondamentaux". A ces mots, Roncalli répond que "l'Église se gardera bien de diminuer ou de

---

[187] Padre Tanzella op. cit. pp.132-3.

mettre en discussion une telle laïcité" ! Ce sont des paroles très graves, que la diplomatie elle-même ne peut justifier dans la bouche de celui qui représentait le Pontife Pie XI, lequel avait solennellement enseigné que « la peste qui infecte la société, (...) la peste de notre temps, c'est le laïcisme, ses erreurs et ses attentats impies » (Encyclique *Quas Primas* sur la Royauté sociale de Jésus-Christ, 11-12-1925). **Face à de telles affirmations on peut légitimement se demander si en 1937 Mgr. Roncalli était encore catholique.**

Du vernis sur le dogme...

...certes pas pour le faire resplendir davantage, mais pour l'effacer. Que le lecteur ne soit pas étonné si nous attribuons un tel geste à Mgr. Roncalli : celui qui envoie aux oubliettes les encycliques du Pape (*Mortalium Animos* contre l'œcuménisme, *Quas primas* contre le laïcisme) ne se fait pas de scrupules. Le geste "prophétique" (mais de faux prophète) fut fait sur l'ordre même du Délégué Apostolique. Tout le monde sait que nous les catholiques, contrairement aux "orthodoxes", nous croyons que dans la Sainte Trinité le Saint Esprit procède du Père et du Fils, et non du Père seul (*Qui ex Patre Filioque procedit*). Combien de fois ne l'avons nous pas chanté à la Messe, dans le Credo, ou au Salut du Très Saint Sacrement, dans le *Tantum Ergo* (*procedenti ab Utroque*). A Lyon, à l'occasion du Concile d'union avec les orientaux, les Pères firent même chanter trois fois le *Filioque* dans le Credo ! Le P. Spinelli écrit qu'au contraire... « la vocation pastorale et œcuménique de Roncalli se manifestait de plus en plus par des gestes particulièrement significatifs, tel l'effacement du *Filioque* qui avait été écrit à grandes lettres sur la façade de la délégation apostolique, en signe de polémique ouverte avec les orthodoxes »[188].

Les ratures œcuméniques se poursuivront avec le Concile.

Rencontres œcuméniques

« En outre, (...) il rencontre certaines personnalités haut-placées dans la hiérarchie orthodoxe, ouvrant ainsi la voie à ces contacts fraternels entre l'Orient et l'Occident (non ! Entre hérétiques et catholiques ! N.d.a.), qui constitueront la principale préoccupation de

---

[188] Spinelli op. cit. col.579.

son pontificat ». « Il fut même le premier dignitaire de l'Église Catholique à visiter le célèbre monastère orthodoxe du Mont Athos en Grèce. Cette visite fut tout autre chose aussi qu'une simple visite touristique. Ses yeux regardaient déjà la diversité des Églises chrétiennes dans une perspective œcuménique » (Tanzella 52). Les rencontres avec les membres de la hiérarchie "orthodoxe", déjà commencées en Bulgarie, se multiplient : le 25 mars 1927 il a une entrevue avec le "patriarche" œcuménique Basile III, en 1936 « il est présent aux funérailles du patriarche œcuménique Photius II, et présente ses congratulations à son successeur Benjamin I », le 27 mai 1939 il se rend au Fanar (le siège du "patriarche" à Constantinople) auprès du même Benjamin I, et les deux se donnent un "chaleureuse" accolade. « Dans la tradition orthodoxe, le "baiser de paix", l'accolade, a une valeur hautement symbolique. Après une si longue période d'inimitié, le "baiser de paix" entre Benjamin I et le représentant du Pape, Roncalli, préfigure l'accolade qu'échangèrent en janvier 1964 à Jérusalem les Patriarches frères, Aténagoras et Paul VI (...). Cet heureux résultat - évidemment, je cite Hebblethwaite - est représentatif des conséquences de la méthode œcuménique de Roncalli, telle qu'elle a été décrite par le révérend Austin Oakley, représentant personnel de l'archevêque de Cantorbéry (en réalité, non pas évêque, mais laïc protestant ! N.d.a.) auprès du patriarche œcuménique, le premier anglican qu'il lui fut donné de connaître. Roncalli pense aux longues échéances. On ne peut espérer abattre les murs élevés entre les chrétiens par leurs divisions (sic !), mais, affirme Roncalli, "je cherche à enlever quelques briques par ci par là". Il applique ainsi, et dans le même contexte, la maxime *gutta cavat lapidem*, la goutte d'eau creuse le rocher » (cf. M. Trevor, Pope John. Macmillan, Londres, 1967, p. 177).

Peu de temps auparavant, le 10 février 1939, Pie XI était décédé. « Le Délégué Apostolique célébra les obsèques à Istanbul, ne réservant au rite latin que les cinq dernières absoutes solennelles au cercueil, et représentant ainsi le Pape disparu comme si celui-ci avait lui aussi été œcuméniste »[189].

Outre la Turquie, Roncalli devait aussi s'occuper de la Grèce, pays à la sévère législation anticatholique voulue par le clergé "orthodoxe" : interdiction de "prosélytisme", interdiction de résidence pour les prêtres étrangers, obligation de célébrer les mariages mixtes devant un ministre "orthodoxe"... La venue en Grèce de Roncalli, qui devait préparer un *"modus vivendi"* avec le gouvernement, irrita l'antipapisme des grecs,

---

[189] Hebblethwaite op.cit. p. 181.

lesquels « sollicitèrent une rencontre avec les **anglicans** de Londres ; (...) de ces réunions d'Athènes sortit la reconnaissance de la validité des Ordres Sacrés de l'église Anglicane, contre laquelle Léon XIII s'était déjà prononcé.

Tant les Anglicans que les Orthodoxes s'attendaient à une réaction négative du Délégué, ne serait-ce qu'à travers un rappel de la sentence du grand pape Léon ». Ils n'avaient pas tenu compte de l'extraordinaire capacité d'avaler les couleuvres que possédait Roncalli ! « Monseigneur (Roncalli), qui n'intervenait pas officiellement dans la question des mariages mixtes, si ce n'est pour nuancer les positions belliqueuses de certains (catholiques. N.d.a.) criant à l'empiétement de l'État et à la persécution, ne fut pas pris au dépourvu. Il dit : "je ne me plains pas du fait que les frères séparés aient fait le premier pas vers l'unité".

Londres anglicane et Athènes orthodoxe se regardèrent étonnées. Décidément : le Délégué de Rome les dépassait » (Tanzella 56). Pas de doute, il les dépassait vraiment, vu que les seules interventions du représentant du pape étaient dirigées contre les catholiques qui protestaient, et non pas contre les hérétiques qui persécutaient et faisaient alliance. Le silence de Roncalli servit-il au moins à obtenir le fameux *"modus vivendi"* avec le gouvernement, qui aurait allégé la persécution ? Que nenni ! Le P. Tanzella lui-même, quelques lignes plus loin, rapporte que le « *modus vivendi*, déjà prêt à Rome, resta à Rome »[190].

Le travail commencé en 1935 échoua ainsi en 1939. Mais les couleuvres avalées par Roncalli auront servi à quelque chose : en réussissant à faire parvenir au chef gréco-orthodoxe Damaskinos, à travers le Vatican, des aides humanitaires destinées aux populations affamées par la guerre, Roncalli mérita d'ajouter le dur athénien à sa collection de barbus orthodoxes "chaleureusement embrassés" (1941) ![191]

La question Rose-Croix

La deuxième guerre mondiale avait éclaté en septembre 1939. Dans un autre épisode nous suivrons l'œuvre de Roncalli au cours de la guerre, œuvre qui eut pour théâtre en grande partie encore Istanbul

---

[190] Padre Tanzella op. cit. pp.138-9.
[191] Padre Tanzella op. cit. pp.143-5.

(jusqu'au 24 décembre 1944). Mais auparavant, par souci d'exactitude, il nous faut encore mentionner **l'initiation présumée de Mgr. Roncalli à la société secrète des Rose-Croix**, initiation qui aurait paraît-il justement eu lieu pendant son séjour en Turquie. Voici ce qu'en dit un auteur catholique particulièrement bien informé sur la Franc-maçonnerie, Giovanni Vannoni, commentant le fait que "avant le nouveau courant instauré sous Jean XXIII" "l'attitude antimaçonnique" était "une habitude bien enracinée dans le monde catholique". Giovanni Vannoni écrit donc : « Sur Angelo Roncalli, cf. Pier Carpi, "*Les prophéties du Pape Jean. L'histoire de l'humanité entre 1935 et 2033*", Rome, 1976. L'auteur, qui s'était déjà fait connaître par une biographie sur Cagliostro (éd. Meb) et une enquête sur "Les Marchands de l'occulte" (éd. Armenia), soutient en ce livre qu'en 1935, étant Délégué Apostolique en Turquie, Roncalli avait été initié dans une société secrète dont il ne mentionne pas le nom. L'auteur toutefois décrit la cérémonie d'initiation (p. 53 ss.), qui laisse supposer qu'il s'agit d'une **franc-maçonnerie templariste**, du type de celle qu'a étudiée Le Forestier. En faisant son entrée dans l'ordre, Roncalli aurait pris le nom de Johannes, le même qu'il prendra pour son pontificat. La source de Pier Carpi serait une personne âgée affiliée aux Rose Croix ("Les Prophéties...", cit. p. 35). L'auteur rapporte aussi que Roncalli aurait participé à une séance quelques semaines après son initiation, toujours en Turquie, dans un temple de l'Ordre (...) ». Pendant cette réunion, Roncalli aurait fait des prophéties. « Une partie de ces prétendues prophéties a été publiée dans le livre, qui se veut une apologie catholique de l'exotérisme johannique (cf. à ce propos : "Lettres inédites de Stanislas de Guaïté", cit. p. 126/9) et du pape Jean XXIII lui-même. L'authenticité de l'ensemble est plus que douteuse, bien que le cas soit d'après nous digne d'être mentionné »[192].

Je partage le jugement de M. Vannoni. L'authenticité est très douteuse, et nombre de traditionalistes ne devraient pas se fier au seul témoignage de Pier Carpi. Car il n'y a que sa parole pour attester l'initiation. Parole de franc-maçon, certes[193], mais toutes les informations sur la Franc-maçonnerie et sur ses membres ne sont pas à prendre comme des vérités indiscutables, comme nous avons eu l'occasion de rappeler dans un article sur le Cardinal Liénart (*Sodalitium*, édition française, n° 19, pp. 32-33). Ne soyons pas étonnés,

---

[192] G. Vannoni op. cit. pp.170, 185-6.
[193] Son nom apparaît dans la célèbre Loge P2 (cf. Emilio Innocenti. "Inimica Vis". Chez l'auteur, Rome, 1990, p. 34). Les "Edizioni Mediterranee" qui ont publié le livre intitulé "Les Prophéties du pape Jean" sont d'ailleurs aussi proches de la Franc-maçonnerie.

par exemple, si un franc-maçon nous dit qu'un tel l'est aussi quand il ne l'est pas, ou que tel autre n'est pas franc-maçon alors qu'il l'est, ou que tel autre encore est franc-maçon et qu'il l'est vraiment... en ajoutant toute sorte de détails faux ou grotesques pour laisser entendre qu'il ne l'est pas ! Voici ce qu'affirme Nina Berberova sur la sincérité des francs-maçons : « Remarquons également que les francs-maçons eux-mêmes, dans leur transmission orale du passé, dans leur correspondance avec les "profanes", et tout particulièrement dans les rares et peu convaincants : "mémoriaux" rédigés souvent négligemment et parfois beaucoup d'années après les faits, ont recouru en des cas exceptionnels à leur droit de faire usage du "mensonge préservateur", qui les dispense du secret (privilège accordé à tout franc-maçon à partir du troisième degré) et qui lui permet de nier, contre toute évidence, un fait réel.

Nous en arrivons donc à la déduction suivante qui est indiscutable : l'avantage du témoignage indirect - mieux encore s'il s'agit de plusieurs témoignages sur celui des Frères eux-mêmes, qui jouissent du privilège propre de toute société secrète, c'est-à-dire celui de nier ce qui fut, en d'autres termes, celui du mensonge légalisé »[194]. De plus, le seul témoin, Pier Carpi justement, offre à ses lecteurs un *curriculum vitae* à laisser perplexe : « collaborateur de *Oggi* (hebdomadaire illustré), *Il Giorno* (quotidien à scandales), *Annabella* (hebdomadaire féminin), *Giallo Mondadori* (romans noirs), *Il Corriere dei Piccoli* (bandes dessinées), et d'autres magazines étrangers. Il est en plus directeur éditorial de la maison Sansoni ; éditeur et directeur de l'édition italienne de Crepy et Horror (bandes dessinées d'épouvante), l'unique revue de l'insolite, et plusieurs séries de livres humoristiques, fantastiques et autres bandes dessinées. Parmi ses livres : *"Magia" ; "Noël noir" ; "Le Magicien" ; "Le mystère de Sherlock Holmes" ; "La mort facile" ; "Le nouveau Satyricon" ; "Quelqu'un l'a-t-il vu ?" ; "Le Journal de Pupa" ; "Les Sociétés secrètes..."* Il est considéré comme l'un des principaux experts d'histoire et philosophie des religions, d'ésotérisme et mystériosophie. Il prépare un roman, *"Les Fils du Serpent"*, une analyse ésotérique de l'Évangile et une biographie de Raspoutine, qu'il tentera de réhabiliter, ainsi qu'il l'a fait ces dernières années avec le comte Cagliostro. Il est républicain » ![195]

---

[194] Nina Berberova "Les Francs-maçons russes du XX^è siècle", Les éditions noir sur blanc. Aetes Sud, 1990, pp.10-1. Traduction de l'original en russe de 1986.
[195] Curriculum extrait de la couverture du livre de Victor Emmanuel de Savoie. "Io, Vittorio Emanuele, principe in esilio". Mémoires éditées par Pier Carpi. Éd. Meb., Turin, 1973. Amis de jadis (ils ont écrit un livre en collaboration), Pier Carpi et le prince Victor Emmanuel se sont disputés récemment (si mes souvenirs sont bons). Victor

On se demande à ce point à quel genre littéraire appartiennent les "révélations" de Pier Carpi sur Jean XXIII : l'histoire, les bandes dessinées, le roman noir ou l'épouvante !

Et alors, pourquoi suivre Vannoni et donner une information si peu fondée ? Parce que **d'autres arguments, bien plus sérieux, permettent d'établir peut-être pas une initiation, mais certainement une collusion entre Roncalli et la Franc-maçonnerie.** On en reparlera...

Emmanuel lui-même est d'ailleurs proche de Giordano Gamberini, ancien Grand Maître de la Maçonnerie, comme l'a indiqué le quotidien milanais "Il Giornale".

CINQUIÈME PARTIE :
de la seconde guerre mondiale à la nomination à Paris (1939-1944)

Extrait de *Sodalitium* n° 26 de décembre 1991.

Dix février 1939 : mort de Pie XI ; le 2 mars Pie XII est élu, le 2 septembre l'Allemagne envahit la Pologne de l'ouest tandis que Staline l'occupe à l'est. Pour défendre l'indépendance polonaise l'Angleterre et la France déclarent la guerre à l'Allemagne : ainsi commence la II^è guerre mondiale. Lorsqu'elle se terminera en 1945, la Pologne se retrouvera en partie annexée, en partie contrôlée par l'Union Soviétique par l'intermédiaire du parti communiste au pouvoir. La grande guerre annoncée à Fatima en 1917 aura pour résultat le plus tangible la diffusion des "erreurs de la Russie" (encore Fatima) dans le monde divisé, à Yalta, entre les USA et l'URSS.

Des territoires sous la juridiction du Délégué Apostolique Mgr Roncalli, l'un, la Grèce, est envahi en 1941 par les armées de l'Axe, l'autre, la Turquie, reste neutre. "Istamboul et Ankara deviennent les repères de l'espionnage international"[196], comme dans tout pays neutre en temps de guerre ; la position de Mgr Roncalli prend donc de l'importance : le voici représentant du Saint Siège au centre d'une intense activité diplomatique.

C'est encore l'occasion pour Roncalli de manifester son caractère irénique et œcuménique, désireux qu'il est de contenter tout le monde.

Montini et Roncalli

Sur ce point les événements de la seconde guerre mondiale mettent en évidence une différence entre les deux grands amis[197] Montini et Roncalli.

Du Vatican Mgr Montini a une ligne politique précise qu'il cherche à faire approuver par Pie XII. Fils d'un député du Partito Popolare (démocrate-chrétien), traducteur et diffuseur, en Italie, des œuvres de Maritain qui annoncent avec joie la fin de l'ancienne Chrétienté et la

---

[196] Padre Tanzella. "Papa Giovanni", edizioni Dehoniane, 1973 p. 140.
[197] Sur leur amitié, voir *Sodalitium* n° 24 p.15.

naissance d'une nouvelle "Chrétienté" pluraliste, libérale et humaniste, Mgr. Montini est clairement hostile au Concordat, qu'il considère comme un compromis avec le Fascisme ; il voit dans les événements de la guerre l'occasion de réaliser ses idéaux. Déjà en 1942, par exemple, les deux prosecrétaires d'état, Tardini et Montini, auront des avis différents à l'occasion d'une défaite italienne : Tardini jugera "barbare et inique" la reddition inconditionnelle imposée par l'ennemi ; au contraire, Montini et De Gasperi (caché au Vatican) soutiendront la reddition inconditionnelle qui signifierait pour l'Italie "n'avoir pas d'autre solution que de se débarrasser de Mussolini, d'abandonner l'Axe et de miser sur une victoire des alliés"[198].

En cette même période, Roncalli, quant à lui, traite avec le Baron Von Lersner pour mettre au point un plan de paix excluant la reddition inconditionnelle non seulement de l'Italie mais aussi de l'Allemagne[199] ; Roncalli, par ailleurs, semble avoir oublié ses sympathies pour les grévistes ou pour la Démocratie chrétienne. L'Italie de Mussolini "en tant que pays organisé et respectueux de la religion est encore celui où l'on est le mieux" (lettre à sa famille, 22/04/1939). "Il faut être reconnaissant à Mussolini [pour le Concordat]" (lettre à sa famille 25/12/1939). Il écrit carrément : "le Général Pétain l'a bien dit hier. Une des causes de la défaite française a été la jouissance sans frein des biens de la terre après la grande guerre. Les Allemands, au contraire, ont commencé par s'imposer restrictions et sacrifices, aussi se sont-ils trouvés prêts et forts. C'est, sous une autre forme, la parabole des vierges sages et des vierges folles" (lettre à sa famille 21/6/1940)[200].

Il serait vain de chercher des phrases semblables sous la plume de l'idéologue Montini, même en la période de plus grand consensus entre le peuple et le régime ; quant à devenir ami de l'ambassadeur allemand Von Papen comme le fit Roncalli, Montini, tout diplomate de carrière qu'il était, n'y aurait pas mieux réussi.

Pourtant lorsqu'en 1943 "le scénario projeté par De Gasperi et Montini se déroula, [Roncalli] ...ne versera aucune larme sur Mussolini et acceptera sans problème le gouvernement Badoglio"[201].

---

[198] Hebblethwaite p. 197.
[199] Hebblethwaite p. 195-196.
[200] Citées par Hebblethwaite p. 181-184-188.
[201] Hebblethwaite p. 214.

Le caractère de Roncalli

On peut donc conclure que, tandis que la politique de Montini est motivée par de profondes convictions intellectuelles, celle de Roncalli est plutôt le résultat d'impulsions caractérielles. Hostile par indolence, tempérament, par ses idées, à un catholicisme intransigeant[202] il cherche à éviter le dur "oui, oui, non, non" des oppositions de parti ; il préfère s'accorder le plus souvent sur la longueur d'ondes de l'interlocuteur, qu'il s'agisse d'un individu isolé (pourvu que non intégriste !), ou du monde moderne en général. Ainsi, lorsque le monde des années 60 se fera de plus en plus laïciste et progressiste, Roncalli ira au-devant par désir de plaire et par affinité élective (mais davantage par désir de plaire). Montini lui aussi par désir de plaire et affinité élective (mais plutôt par affinité élective).

Cette façon d'aller à la rencontre du monde sera présentée comme une pratique de la charité, de l'humilité, de l'art pastoral du "Bon Pape", et sans doute est-ce ainsi que ce dernier se le présentait à lui-même[203]. Mais, étant données les conséquences et les erreurs doctrinales impliquées par ce comportement systématique, [étant donnée peut-être aussi une certaine ambition qui filtre à travers les écrits roncalliens sous les continuelles professions d'humilité[204]], on peut y entrevoir plutôt un

---

[202] Voir *Sodalitium* n° 24 p. 15.

[203] "Mon caractère, enclin à la condescendance plutôt qu'à la critique et au jugement téméraire, à prendre immédiatement le bon côté des personnes et des choses... est assez fréquemment pour moi l'occasion de me trouver dans une situation d'opposition affligeante avec le milieu qui m'entoure. Toute forme de méfiance... toute rupture... sont pour moi cause de tristesse et d'intime souffrance". Giornale dell'Anima p. 304-306.

[204] Par exemple : "Les murmures ne manquent pas autour de moi : *ad majora ad majora*" (Diario 12-18 nov. 1939 G.d.A. 5ᵉ ed. 1967 p. 259). "J'ai trouvé un accueil extrêmement bienveillant et encourageant à Rome, auprès du Saint Père, de la Secrétairerie d'État et de la Congrégation orientale " (ibidem p. 263). "Je laisse à tous la surabondance de la fourberie et de ladite adresse diplomatique et je continue à me contenter de ma bonhomie et de ma simplicité de sentiment, de parole, de manière d'agir" (Diario 8-13 déc 1947 p. 302). "Quelques-uns suivent ma pauvre personne avec admiration, avec sympathie ; mais, grâce à Dieu, je rougis de moi-même, de mes insuffisances... Depuis longtemps, et sans aucune lassitude je fais profession de simplicité..."(ibidem 6-9 avr. 1950 p. 309). "Etre simple, sans prétention aucune, ne me coûte rien" (ibidem 6-12 avr. 1952 p. 312). "Me maintenir humble et modeste ne me coûte pas grand-chose et correspond à mon tempérament natif" (ibidem 15-21 mai 1953 p. 315). "La conviction se répand que j'aurai été un Pape de transition provisoire. Me voici au contraire à la veille déjà de ma quatrième année de pontificat, et j'entrevois un solide programme à réaliser à la face du monde entier qui regarde et attend" (ibidem 10 août 1961 p. 333)...

effet "du désir d'être loué...et de la crainte d'être injurié". Prions d'en être libérés[205].

Bien sûr ces opinions, les miennes, sur le for interne de Jean XXIII sont plus contestables, je m'en rends compte, que les faits externes exposés ci-dessus ; il me paraissait cependant intéressant et utile d'en parler, notre but étant de chercher à mieux comprendre notre personnage et son comportement.

La rencontre avec les Juifs

Etant donné le rôle qu'aura Jean XXIII dans le dialogue avec le communisme et le judaïsme, il n'est pas sans intérêt de parler des premières rencontres de Roncalli avec ces deux réalités.

L'avance progressive des troupes allemandes mit en fuite, en effet, un grand nombre de Juifs ; le chemin de la Palestine passait par la Turquie, pays neutre. Déjà en 1940 Roncalli avait aidé un groupe de ces fugitifs venus de Pologne[206]. En décembre 1941 "le navire Struma quitta le port roumain de Constance...avec une cargaison humaine de 769 réfugiés Juifs"[207] mais il sauta sur une mine. Mgr Roncalli commente : "Nous sommes devant un des plus grands mystères de l'histoire de l'humanité. Pauvres enfants d'Israël. J'entends continuellement leurs gémissements autour de moi. Je les plains et fais de mon mieux pour les aider. Ils sont parents et concitoyens de Jésus"[208]. Mgr Roncalli certes n'est pas le seul clerc catholique à avoir compassion des Juifs en fuite et à leur apporter une aide efficace, mais, comme je l'ai déjà dit, "les Juifs voulant fuir l'Europe occupée par les nazis doivent nécessairement traverser les Balkans et passer par Istamboul".

Dans cette œuvre de sauvetage, Mgr Roncalli collabora avec le roi Boris de Bulgarie, allié de l'Allemagne[209], et avec l'Ambassadeur allemand Von Papen, celui-là même qui fut sauvé de la condamnation à mort par le témoignage de Roncalli au procès de Nuremberg.

---

[205] Extrait des "Litanies de l'humilité" que récitait quotidiennement le Cardinal Merry del Val.
[206] Hebblethwaite p. 192.
[207] Hebblethwaite p. 210.
[208] Hebblethwaite p. 212.
[209] Hebblethwaite p. 210.

Ensemble, Von Papen et Roncalli auraient aidé "24 000 Juifs, leur fournissant vêtements, argent et papiers d'identité"[210].

Au-delà de l'œuvre caritative y eut-il une implication doctrinale ou politique chez Roncalli ? Il serait intéressant, pour répondre à cette question, de mieux étudier sa pensée sur l'émigration juive en Palestine et ses rapports avec les associations juives.

Le Sionisme

La question de l'immigration des Juifs en Palestine est incompréhensible en dehors du Sionisme. Si le but du Sionisme est de "reconstituer en Palestine un état juif", c'est alors l'aspiration commune du judaïsme dès la fin du royaume d'Israël : "exilé par la force de sa propre terre, le peuple lui resta fidèle à travers toutes les dispersions et ne cessa jamais de prier d'y retourner et d'y rétablir sa propre liberté politique"[211]. Les Juifs, interprétant faussement les Ecritures, pensaient que là était le but du Messie : restaurer le Royaume d'Israël et lui soumettre le monde entier. Cette attitude des Juifs est décrite dans les Evangiles. Après la multiplication des pains, la foule veut faire de Jésus son roi (Jean VI, 14) ; Jésus refuse (Jean VI, 15) connaissant bien leur fausse interprétation qui transparaîtra à travers leurs accusations lorsqu'ils le livreront à Pilate (Mc XXXIII, 2). Les Apôtres eux-mêmes, au début, eurent de la peine à se défaire de cette conception (Actes I, 6)[212]. Les Juifs par contre ne s'en sont jamais départis, attendant un Roi Messie restaurateur de l'État d'Israël. Cependant, tandis que les Juifs "orthodoxes" attendent encore aujourd'hui le Messie à venir, beaucoup d'autres Juifs l'identifient au peuple Juif même, et voient dans l'actuel État d'Israël, laïque et socialiste, la réalisation de l'ancien rêve de leurs pères. Et là nous rejoignons le sionisme politique moderne.

Parmi les précurseurs modernes du Sionisme, Elia Artom signale les "Amis de Sion", Edmond Rothschild, "quelques écrivains parmi lesquels Moses Hess (1812-1875) qui s'inspira du risorgimento italien,

---

[210] *La Nuova Enciclopedia Universale Garzanti* 1982-1985 p. 1302 rubrique Sionisme.
[211] Déclaration d'indépendance de l'État d'Israël 15/05/1948. Dans "Quello che c'è da sapere prima di giudicare Israele. Passato e futuro" Furio Colombo. La Biblioteca di Europeo. Supplément à Europeo n° 13, mars 1991, Rizzoli Periodici, p. 19.
[212] L'erreur de cette idée ne consiste pas à affirmer que Jésus est le roi temporel d'Israël et du monde entier (cf. *Sodalitium* n° 21 p. 41), ce qui est vrai ; elle consiste à croire qu'il aurait voulu exercer personnellement et avec des moyens humains cette royauté (secondaire par rapport à la royauté spirituelle) dont la fin serait en outre la domination des Juifs sur les autres peuples.

et enfin Léo Pinsker (1821-1894) ; ceux-ci visèrent à faire renaître le sentiment national des Juifs et à les persuader de la nécessité de reprendre une vie propre sur leur propre terre". Au lecteur qui connait la vie de Karl Marx, le nom de Moses Hess aura sauté aux yeux : le précurseur du Sionisme avec son livre "Rome et Jérusalem, la dernière question nationale" (1862) est ce même Moses Hess qui fit engager Marx au Rheinische Zeitung comme rédacteur en chef (1842) ; qui le retrouva ensuite à Paris au périodique de M. Börnstein "Vorwärts" avec Bakounine, Engels et Heine (1844) ; c'est enfin ce même Moses Hess qui dans cette revue "Vorwärts" (en avant) rédige le "Catéchisme des communistes" qui servira de base à Engels pour son livre "Principes du communisme" et à Marx lui-même pour son célèbre "Manifeste" (1848)[213].

De toutes façons si les premiers établissements juifs en Palestine, déjà en 1882 (colonisation sporadique)[214] sont dus à Pinsker et aux "Amis de Sion", le véritable fondateur du Sionisme moderne est cependant Théodore Herzl (1860-1904),ce juif hongrois qui, suite à l'affaire Dreyfus, théorisa la reconstruction d'un état juif en Palestine ou en Argentine dans son livre "Der Juden staat" (1895). En août 1897 le premier congrès mondial sioniste de Bâle rédige un "Programme" qui prévoit la création de ce futur état dans la seule Palestine. Le mouvement sioniste donne naissance à diverses associations qui visent à en réaliser les plans. Telles sont : l'organisation sioniste (1897), la Jewish Colonial Trust (1899), banque dont le siège est à Londres, le Fond Perpétuel pour Israël ou Queren Quayyemet (1901), le Jewish Territorial Organisation (J.T.O.) (1905), l'Université juive de Jérusalem (1918-25), la Jewish Agency (1922), le Fond de Construction ou Queren ha-yesod (1920) [d'après l'Encyclopédie catholique le Queren Quayyemet ou "Corne de la résurrection" et le Queren ha-yesod ou "Corne de la fondation" étaient deux branches de l'Agence juive, ayant pour tâche l'une de pourvoir en territoires, l'autre de les distribuer aux colons].

Les colons pratiquaient la méthode collectiviste des kibboutzim, "très voisins des Kolkhozes soviétiques". Cette ressemblance entre le modèle soviétique et le modèle sioniste n'est pas fortuite. « A qui la mémoire historique fait défaut, je rappelle qu'Israël est né socialiste. L'URSS, le marxisme-léninisme...ont été une composante fondamentale dans la formation d'Israël. Son fondateur Ben Gourion se

---

[213] Enc. Treccani, vol. 31 p. 864 rubrique Sionismo. L'Encyclopédie Treccani date de 1936, pourtant l'auteur de cette rubrique, Artom, est favorable au sionisme...
[214] *Nuova Enciclopedia Universale Garzanti*, cit. p. 672, rubrique Hess Moses.

rendra de Palestine à Moscou en 1921 ; il en reviendra frappé par le "génie charismatique de Lénine" ».

Cependant, à son arrivée en Palestine, Ben Gourion se heurte à une difficulté : les arabes. Malgré les colonisations entreprisent dès 1882, en Palestine "la population était en 1919, dans sa presque totalité, d'origine arabe"[215]. Ce qui n'empêcha pas le ministre anglais des affaires étrangères Lord Balfour d'écrire, le 2 novembre 1917, au président de la fédération sioniste anglaise Lionel Rotschild : "Le gouvernement de sa majesté voit d'un œil favorable l'établissement en Palestine d'un Foyer national (National Home) pour le peuple judaïque ; il mettra tout en œuvre pour en faciliter l'exécution". C'est la célèbre "Déclaration Balfour" acceptée par les autres pays belligérants, confirmée à la conférence de SanRemo (24/4/1920), incluse dans le traité de paix avec la Turquie (Sèvres,10/8/1920) et introduite enfin par la Société des Nations dans le texte du mandat sur la Palestine confié à la Grande Bretagne (1922) avec la nomination comme haut commissaire du juif Sir Samuel.

A la fin de la première guerre mondiale, avec la destruction de l'Empire Ottoman (qui étendait jusqu'alors sa domination sur la Palestine), la maçonnique Société des Nations confiait donc à l'Angleterre la tâche de rendre possible la création du futur État d'Israël. A l'opposition politique et militaire des arabes, riposta une "petite mais puissante armée clandestine, dite Haghanah"[216].

"Le conflit entre les promesses faites aux Juifs et les revendications des populations d'origine arabe résidant en Palestine ne fut pas sans créer des problèmes à la domination britannique"[217]. Coincés entre deux feux (arabes et juifs) les anglais se débrouillèrent comme ils purent, surtout lorsque les persécutions nazies eurent augmenté la force des revendications juives. Pousser les anglais et l'ONU à prendre une décision, c'est ce à quoi pensa le groupe "Lehi", « plus connu sous

---

[215] Jacques Bordiot. "Le pouvoir occulte fourrier du communisme". Ed. de Chiré, Diffusion de la Pensée française, 1976 p.119-131.
[216] Enc. catholique vol. XI, col. 714-715, rubrique Sionisme.
[217] Enc. catholique, cit., col. 716. Des troupes de juifs palestiniens (la légion juive en 1917) combattirent aux côtés des Anglais tant dans la première que dans la seconde guerre mondiale. Le 28 mai 1945 ce fut la brigade palestinienne des Juifs russes, "Juda la vindicative", qui livra aux soviétiques, dans le village de Judensburg les prisonniers de l'Armée cosaque arrêtés par les Anglais (cette armée cosaque, commandée par le Général Krasnoff était anti-communiste). Il est facile d'imaginer ce qu'il advint des cosaques et de leurs familles tombés entre les mains de Staline...(cfr. "L'armata cosacca tradita. E Londra li consegno al boia". John Bookmaker dans la "Gazzetta Ticinese 5/3/1991 p.14-15. Recension du livre de Pier Arrigo Carnier. "L'Armata cosacca in Italia", 1944-45, Ed. Mursia).

l'appellation de bande Stern : organisation armée qui se rendit responsable d'actes de terrorisme sanguinaires. A la tête de ce Stern fut placé le jeune Yitzhak [Yezernitski, l'actuel Shamir, premier ministre israélien n.d.r.]. "Entre autres exploits célèbres revendiqués par l'organisation"[218], notons : l'assassinat au Caire de Lord Moyne que Churchill avait nommé haut commissaire britannique pour le Moyen Orient, l'attentat à l'hôtel King David de Jérusalem qui fit 91 morts, l'assassinat du médiateur de l'ONU Folke Bernadotte ». Lorsque prit fin "le 14 mai 1948 le mandat du Royaume Uni en Palestine... les leaders juifs proclamèrent immédiatement l'État d'Israël". L'URSS fut la première nation à le reconnaître[219].

Dans son journal intime, à la clôture du 1er congrès sioniste de Bâle, Théodore Herzl écrivit : « "A Bâle j'ai fondé l'état juif. Si aujourd'hui je le disais à haute voix, ce ne seraient partout qu'éclats de rire. D'ici à cinq ans peut-être, en tout cas d'ici à cinquante ans, tout le monde comprendra". A l'échéance exacte des 50 ans naîtra l'État d'Israël »[220].

L'Église et le Sionisme

Herzl ne manqua pas de demander aux gouvernants d'alors de soutenir sa cause, entre autres à Léon XIII. Deux autres sources juives nous mentionnent ensuite une entrevue avec saint Pie X (élu en 1903, alors que Herzl mourut en 1904). Nous avons déjà publié à ce sujet le témoignage de l'écrivain André Chouraqui[221]. Je puis citer maintenant un autre témoignage, celui de Gabriel Levi, professeur titulaire à "La Sapienza", université de Rome : "La naissance du Sionisme politique (tout laïque qu'il ait été) fut mal acceptée sur le plan strictement religieux par l'Église. En réponse au plaidoyer de Théodore Herzl pour la cause sioniste, le Pape Pie X déclara explicitement qu'après avoir refusé le Christ et perdu ensuite le Temple et l'État pour cette faute, les Juifs ne pouvaient compter sur l'Église pour revendiquer le droit à une

---

[218] Mario Barone : « Yitzhak, "l'irriducibile" ». Gazzetta Ticinese 15/3/1991 p. 9.
[219] Igor Man, "Quell'Amarcord a Gerusalemme tra spettri del passato e del futuro", sur "La Stampa", 12/5/1991. Pour les rapports entre Sionisme et psychanalyse freudienne, voir l'article de Paul Johnson dans "Il Giornale", 15/4/1991, p. 5.
[220] Furio Colombo (rédacteur) "Quello che c'è da sapere prima di giudicare Israele. Passato e futuro". Op. cit. p. 38-39.
[221] *Sodalitium* n° 24 p.13. En dépit des fautes d'impression habituelles, le texte est lisible !

renaissance politique"[222]. Comme nous le verrons lorsque nous reviendrons à Roncalli, l'Église s'opposa comme elle put à la colonisation juive de la Palestine imposée par les Anglais.

Lorsque la Palestine fut arrachée aux Turcs, Benoit XV commenta : "En outre lorsque les chrétiens ont repris possession des Lieux Saints, de tout notre cœur nous nous sommes unis à l'exultation générale des bons ; mais notre joie n'était pas exempte de crainte ; crainte exprimée dans l'Allocution consistoriale que nous avons citée, crainte que, suite à un évènement si magnifique et heureux, les Israélites ne se trouvent en Palestine dans une position prépondérante et privilégiée. Si nous en jugeons par l'état actuel des choses, hélas, ce que nous craignions s'est vérifié. On remarque en effet que non seulement la condition des chrétiens en Palestine ne s'est pas améliorée, mais qu'elle a même empiré : la nouvelle organisation civile établie là-bas tend - sinon dans les intentions de ceux qui l'ont promue, du moins certainement dans les faits - à chasser la chrétienté des positions qu'elle a jusqu'alors occupées, pour lui substituer les Juifs" (Alloc. "Ricorderete certamente" au consistoire du 13/6/1921)[223].

Une fois l'État d'Israël devenu réalité, "le Pape Pie XII, préoccupé du sort des lieux saints...a énoncé clairement son anxiété... dans trois lettres encycliques (du 1er mai 1948, du 24 octobre 1948, du 15 avril 1949) et dans l'"Exhortation" du 8 novembre 1949. Malgré les assurances réitérées des Juifs et des Arabes de vouloir respecter les Sanctuaires vénérables, les profanations, les destructions et les menaces dont ils ont été l'objet durant et après le conflit [arabo-israélien de 1948 n.d.r.] montrent à quel point sont fondées les préoccupations du Pape". Ces paroles rapportées par l'Encyclopédie catholique décrivent la situation courant 1953. Aujourd'hui ce ne sont plus les seuls Sanctuaires à être menacés, mais la présence chrétienne elle-même en Israël et au Moyen-Orient[224]. Ce long excursus nous a éloignés, il est vrai, de notre sujet, mais maintenant que nous y revenons, il va nous permettre une meilleure compréhension.

---

[222] Joseph Colombo, rubrique : Herzl Théodore, dans l'"Encyclopédie Treccani", vol. XVIII, p. 483.

[223] Article sur "Repubblica" du 19/2/1991, repris par Furio Colombo dans "Quello che c'è da sapere..." op. cit. p.120. A propos de l'attitude de Vatican II, Levi écrit : "L'Église [conciliaire n.d.r.] a dû faire un effort titanesque pour changer une théorie vieille de plusieurs siècles [vingt, pour être précis !] mais, quoiqu'avec certaines hésitations, ELLE L'A FAIT" (ibidem).

[224] M. Invernizzi e O. Sanguinetti, rédacteurs : "I Papi del nostro secolo", I parte, p. 53, Italia Libri 1991.

Roncalli, la Palestine et les organisations sionistes

La *Jewish Agency* (Agence juive), organisation sioniste dont nous avons déjà parlé, avait des bureaux à Istamboul[225] ; elle prit contact avec Roncalli. "Chaim Barlas, de l'Agence juive de Jérusalem, rencontre Roncalli le 22 janvier 1943. C'est la première d'une longue série d'entrevues qui eurent pour point culminant, l'année suivante, la visite du grand rabbin de Jérusalem, Isaac Herzog". Toujours en janvier 1943 Chaim Barlas demande à Roncalli son intervention auprès du Vatican afin d'obtenir de celui-ci une aide à l'émigration en Palestine et une déclaration publique dans ce sens. Roncalli intercède, mais de la Secrétairerie d'État le Cardinal Maglione déclare y trouver des difficultés "insurmontables". Le Cardinal « ne voit manifestement pas d'un bon œil "le transfert des Juifs en Palestine, problème inséparable de celui des Lieux Saints à la liberté desquels le Saint Siège est si vivement attaché" ...Le 14 mai 1943 le même Maglione écrit à Mgr William Godfrey, délégué apostolique à Londres, pour l'informer que "les catholiques seraient blessés dans leur sentiment religieux et craindraient à juste titre pour leurs droits si la Palestine venait à appartenir exclusivement aux Juifs" ».

La réponse du Cardinal Maglione, qui n'est pourtant que "la position ferme et longuement réfléchie du Vatican", est qualifiée "de décevante, pompeuse, déconcertante... absurde" par le même Hebblethwaite, hagiographe de Jean XXIII. Il ne comprend pas, ne veut pas comprendre, qu'aider l'innocent persécuté est une chose, qu'il soit catholique ou juif, mais qu'il en est une autre d'épouser la cause sioniste ; cette cause est en effet inacceptable pour l'Église du fait de ses origines ; nous l'avons vu plus haut. "Roncalli n'est pas homme à faire sienne une indifférence qui témoigne d'aussi peu de solidarité" poursuit Hebblethwaite ; il signe de nombreux visas de transit pour la Palestine, ce pour quoi Chaim Barlas le remercie le 22 mai 1943[226]. « En février 1944, il [Roncalli] rencontre deux fois Isaac Herzog, le grand rabbin de Jérusalem afin de parler du sort de 55.000 Juifs de la Transtyrie, région sous administration roumaine et constituée des territoires soustraits à l'Union Soviétique en 1941... Cette fois Roncalli réussit à déplacer les montagnes au point de recevoir un témoignage de

---

[225] Cf., par ex., "Il Sabato", n° 13 du 30/3/1991, p. 36-40.
[226] Hebblethwaite, p. 210-212. Les citations des documents officiels sont tirées de "Actes et Documents du Saint-Siège" Libreria Ed. Vaticana, 11 volumes.

gratitude de la part du rabbin Herzog[227]... qui envoie "les bénédictions de Jérusalem et de Sion" à Roncalli et à Ryan [son secrétaire n.d.r.]. Roncalli est profondément ému. Le 23 mars 1944 il peut écrire à Chaim Barlas que tous les problèmes soulevés ont été pris en considération par le Saint Siège et il conclut ainsi sa lettre : "Que Dieu soit avec vous et vous apporte grâce et prospérité. Je suis toujours à votre service et à celui de tous les frères d'Israël". (Actes et documents...Vol. 10 p. 188).

Il fera écho à ces paroles le 17 octobre 1960, lorsqu'il recevra en audience 130 juifs d'Amérique sous la conduite du rabbin Herbert Friedman..."Il y a bien sûr une différence [dit Jean XXIII] entre ceux qui ne reconnaissent que l'Ancien Testament et ceux qui y ajoutent le Nouveau, dans lequel ils voient leur loi et leur guide suprême. Mais cette différence n'abolit pas la fraternité d'une origine commune. Nous sommes tous fils du même Père. Nous venons du Père et au Père nous devons retourner" (Righi. "Le Pape Jean sur les rives du Bosphore". Ed. Messaggero. Padoue 1971, avec une préface de L. Capovilla p. 197) »[228].

Ces paroles de Jean XXIII sont extrêmement graves. Première duperie : la différence entre chrétiens et juifs consisterait dans le fait que les premiers ajoutent le Nouveau Testament à l'Ancien. Erreur par omission étant donné que les juifs, à leur tour, ajoutent à l'Ancien Testament le Talmud, allant jusqu'à le préférer à la loi de Dieu[229]. Seconde tromperie : la différence en question (rien moins que de reconnaître ou de refuser le Christ et Sa divinité) ne suffirait pas à annuler "l'unité radicale d'origine [nous venons du Père], de destin et d'insertion dans le même plan divin [et au Père nous devons retourner]" des hommes de toutes les religions, pour reprendre les mots même de Jean-Paul II[230]. Chrétiens et Juifs seraient-ils fils du même Père ? Au

---

[227] Le rabbin Herzog écrivit entre autres (lettre du 28/02/1944) : "Vous vous placez dans la tradition si profondément humanitaire du Saint-Siège et vous partagez les nobles sentiments de son cœur. Le peuple d'Israël n'oubliera jamais l'aide apportée à ses malheureux frères et sœurs par le Saint-Siège et par ses plus hauts représentants en cette triste époque de notre histoire". (Actes et Documents, vol. 10 p. 161). A confronter avec la déclaration du rabbin Hertzberg déjà rapportée dans notre précédent numéro : "Aucune association juive n'est disposée à pardonner l'Holocauste à l'Église ; cela parait clair" (La Stampa 12/02/1991 et F. Colombo, op. cit., p.125). De Herzog à Hertzberg, voilà achevée "l'éternelle gratitude" envers le Saint-Siège ! !
[228] Hebblethwaite op. cit. p. 216-217.
[229] Cf. Isaïe XXIX, 13 ; Mathieu XV, 1-14. Dr A. Cohen. "Il Talmud". Ed. Laterza 1935 réimprimé en 1939 p.186, Abbé Auguste Rohling. "Le Juif Talmudiste". Réimprimé en 1888 par l'Abbé Maximilien de Lamarque.
[230] Discours à la Curie Romaine sur la rencontre d'Assise 22-/12/1986 cf. *Sodalitium* n° 15 p. 6.

sens impropre en tant que créatures de Dieu, oui. Au sens propre dans la mesure où il s'ensuivrait pour les uns et les autres l'adoption comme fils de Dieu, non, non et encore non ! La Foi en Dieu le Père ne peut subsister sans la Foi en Dieu le Fils : "Si Dieu était votre Père - dit Jésus à celui qui s'écarte de Lui par cette petite différence consistant à ne pas accepter le Nouveau Testament - *vous M'aimeriez aussi, car Je procède et Je viens du Père... Vous avez pour père le diable, et vous voulez satisfaire les désirs de votre père... Celui qui est de Dieu écoute la parole de Dieu, voilà pourquoi vous ne l'écoutez pas : parce que vous n'êtes pas de Dieu*" (Jean, VIII, 33-47). *"Et non potest solvi scriptura !"*

Nicola Ivanov

Les contacts pris par Mgr. Roncalli[231] avec les représentants soviétiques en 1943-44 sont de peu de poids comparés à ceux pris avec les associations juives (et même avec l'Ambassade allemande). Ces

---

[231] Il existe en effet une lettre de Mgr Roncalli, datée du 4 septembre 1943 et envoyée au Secrétaire d'État le Cardinal Maglione, dans laquelle les positions décrites par Hebblethwaite et rapportées par moi s'inversent : c'est alors le Saint-Siège qui favorise l'embarquement pour la Palestine des juifs italiens fugitifs, et c'est Mgr Roncalli qui proteste en écrivant : "Je le confesse, une chose suscite en mon esprit une certaine perplexité : à savoir que le Saint-Siège lui-même achemine les Juifs vers la Palestine, les faisant sortir d'Italie ; ce qui revient en quelque sorte à participer à la reconstruction du royaume juif. Que ce soit leurs compatriotes et amis politiques qui le fassent, cela se comprend. Mais il ne me parait pas de bon goût que la charité simple et sublime du Saint-Siège puisse ainsi laisser croire, même si ce n'est qu'une apparence, qu'elle coopère, au moins initialement et indirectement, à la réalisation du rêve messianique. Mais peut-être n'est-ce là qu'un scrupule personnel qu'il suffit d'avoir confessé pour le voir se dissiper, tant il est certain que la reconstruction du royaume de Juda et d'Israël n'est qu'une utopie" (Actes et Documents, 9, p. 469).
A part les maigres dons prophétiques de Mgr Roncalli (il manque cinq années pour que se réalise "l'utopie") ce texte réaffirme clairement l'objection fondamentale - théologique - à l'état d'Israël ; en cela, ces paroles de Mgr Roncalli, auxquelles je ne peux que souscrire, se rapprochent davantage de celles de saint Pie X que de celles de Pie XII, plus voilées. Comment alors les concilier avec ce qui a été dit auparavant ? "La pratique de Roncalli est certainement meilleure [pour Hebblethwaite, pire pour nous n.d.a.] que sa théologie" (Hebblethwaite p. 216). Et en dépit de ce qu'il a écrit "il continue à aider les Juifs à partir pour la Palestine" (ibidem) et il continue à utiliser les certificats d'émigration délivrés par l'Agence juive de Palestine (ibidem, p. 275-277). Par pure charité, dirait-on, à la lumière de la lettre à la Secrétairerie d'État du 4/09/1943. Par un esprit moins orthodoxe de service vis à vis des "frères d'Israël", selon la lettre à l'Agence juive du 23/03/1944. Peut-on conjecturer une évolution, en quelques mois, de la pensée roncallienne ? *Deus scit.*

entrevues avec le Consul général à Istamboul d'abord, puis avec l'Ambassadeur à Ankara, visaient à échanger des prisonniers de guerre.

L'Ambassadeur allemand auprès du Saint Siège prévint qu'on n'obtiendrait rien des soviétiques : "Le régime soviétique ne s'intéresse pas au sort de ses prisonniers de guerre, les considérant comme des traîtres"[232]. C'était parfaitement vrai, et après 3 mois de pourparlers, on obtint seulement un bon "niet", avec la promesse - relatée par Roncalli - de respecter la liberté de conscience en Russie[233]. Selon Hebblethwaite toutefois, la rencontre ne fut pas vaine : Roncalli "a appris à parler aussi aux Russes et il a trouvé parmi eux des personnes sympathiques..."[234] Mais les suites étaient encore à venir.

Deux homélies sur la fraternité

Cathédrale d'Istamboul, début de la guerre ; Mgr Roncalli prie ainsi : "Nous nous adressons à Vous, Seigneur, pour tous ceux qui vivent sous ce ciel, quelle que soit la race à laquelle ils appartiennent, puisque **nous sommes tous frères sans distinction de religion, de loi, de coutumes, de traditions ou de classe sociale**"[235]. Pentecôte 1944, quelques mois avant son départ pour Istamboul, dans une autre homélie, Roncalli fait ses adieux tandis que la guerre arrive à sa fin. « Embrassant du regard l'assemblée bariolée, et composite qui remplit la Cathédrale, Roncalli poursuit et insiste : nous pouvons tous trouver les meilleures raisons pour souligner les différences de race, de culture, de religion ou d'éducation. Les catholiques, en particulier, aiment se distinguer des "autres" : "frères orthodoxes, protestants, juifs, musulmans, croyants ou non croyants des autres religions". Cette liste reflète très bien la réalité à Istamboul. Donc : "Chers frères, chers enfants, je dois vous dire qu'à la lumière de l'Evangile et du principe catholique, cette logique est fausse. Jésus est venu abattre ces barrières ; il est mort afin de **proclamer la fraternité universelle** ; le point central de son enseignement est la charité, c'est-à-dire l'amour qui lie tous les hommes à Lui-même en tant que premier frère et qui Le lie avec nous au Père" (Righi, p. 259) »[236].

---

[232]
[233]
[234] Hebblethwaite op. cit. p. 208.
[235] Hebblethwaite op. cit. p. 208.
[236] Hebblethwaite op. cit. p. 209.

Un fil unique relie l'homélie de 1940 à celle de 1944 et au discours au rabbin Friedman de 1960, discours déjà cité et commenté. "Abattre les barrières" ("abattre les bastions" dirait Von Balthazar) : c'est ce que fait le Christ lorsqu'il détruit les fausses religions pour en convertir les membres à la Sienne propre. Mais l'homélie de Roncalli présume les barrières confessionnelles encore existantes dépassées "par l'amour". "L'amour" (qu'on suppose ici sans la Foi, puisqu'il est parlé de "croyants" [et même de non croyants] de toutes sortes) unirait tous les hommes au Christ, premier frère, et au Père. Comme nous l'avons vu, cela est faux. Pour être fils adoptif du Père et frère de Jésus-Christ il faut et la Foi et la Grâce sanctifiante. Un "non croyant" n'a ni l'une ni l'autre ; les membres des religions non catholiques non plus (sauf cas d'ignorance invincible connue seulement de Dieu et que l'on ne peut présumer).

La "fraternité universelle entre les hommes" est seulement potentielle ; pour Roncalli elle existerait déjà en acte. L'homélie « plus "visionnaire" ou "utopique" prononcée par Roncalli à Istamboul » (Hebblethwaite)[237] ne fait **pas une description catholique mais maçonnique de la fraternité, fraternité sans "distinction de religion".**

Le 6 décembre 1944 Mgr. Roncalli est nommé nonce en France. Nous nous posons la question une fois de plus : **Mgr. Roncalli était-il (encore) catholique à cette date ?**

APPENDICE

Dans le numéro précédent, à l'occasion de la période "bulgare" de la vie de Mgr. Roncalli, j'ai parlé de son ami Stefano Karadgiov, dont il retardait la conversion au catholicisme afin de ne pas faire de prosélytisme et de ne pas nuire ainsi à l'œcuménisme (n° 25 p. 16-17). Plus tard le même Karadgiov a donné ce témoignage : "J'ai connu des prêtres catholiques qui se refusaient à entrer dans une église orthodoxe même en tant que touristes. Mgr. Roncalli, au contraire, participait toujours aux offices orthodoxes, suscitant en quelques catholiques étonnement et perplexité. Jamais il ne manquait aux grandes cérémonies qui se célébraient dans la principale église orthodoxe de Sofia. Il se mettait dans un coin et suivait dévotement les rites. Les chants orthodoxes surtout lui plaisaient" (Renzo Allegri. "Il Papa che

---

[237] Hebblethwaite op. cit. p. 221.

ha cambiato il mondo. Testimonianze sulla vita privata di Giovanni XXIII". Luigi Reverdito Editeur. Gardolo di Trento.1988 p. 66). "Etonnement et perplexité" c'est peu dire puisqu'il est statué par le Code de droit canonv : "**Il n'est pas licite aux fidèles d'assister ou de prendre part activement de quelque façon que ce soit, aux offices des non-catholiques**" (can. 1258. §1).

"**Celui qui spontanément ou sciemment favorise l'hérésie de quelque façon que ce soit, ou assiste aux offices des hérétiques [communicat in divinis] à l'encontre de ce qui est prescrit au canon 1258, est suspect d'hérésie**" (can. 2316). Un Délégué apostolique suspect d'hérésie : il y a de quoi laisser perplexe un catholique !

SIXIÈME PARTIE :
nonce à Paris (1944-1953) ; la politique.

Extrait de *Sodalitium* n° 27 de mars 1992.

Le 5 décembre 1944 Mgr. Roncalli recevait un télégramme chiffré signé Tardini (Secrétaire de la Sacrée Congrégation pour les Affaires Ecclésiastiques extraordinaires) le nommant nonce en France. Roncalli en fut "surpris et effrayé"[238] ; il ne fut pas le seul ! La nomination était inattendue et transférait notre personnage de l'obscure Turquie à la prestigieuse ville de Paris, dans l'une des six ou sept nonciatures assurant à leur titulaire, à la fin du mandat, le titre de cardinal et lui ouvrant par conséquent la voie menant à la papauté[239].

Le malaise de Mgr. Fietta

En effet, et ce n'était pas la première fois, Roncalli montait en grade par le fait de circonstances rocambolesques.

Le 14 juin 1940 les allemands entraient à Paris. Le 9 juillet "dans la grande salle du Casino (de Vichy) se réunirent environ les deux tiers des sénateurs et des députés français". La motion Laval, donnant pleins pouvoirs au Maréchal Pétain pour promulguer une nouvelle constitution, fut approuvée à 569 voix contre 80. "A dater de ce jour, *de jure* et *de facto*, le maréchal Pétain devenait Chef d'État. A Vichy se trouvaient les représentants de nombreux pays, parmi lesquels l'ambassadeur américain, l'ambassadeur soviétique et le nonce, Mgr. Valerio Valeri"[240]. Mais en 1944 le cours de la guerre change : le 6 juin les Alliés débarquent en Normandie, le 25 août ils entrent à Paris, et le lendemain le Général de Gaulle "descend les Champs Elysées à la tête de ses troupes et se rend à la Cathédrale Notre-Dame pour un *Magnificat* d'action de grâces pour la libération de Paris"[241]. De Gaulle

---

[238] "Giovanni XXIII. Quindici Letture", di Loris F. Capovilla. Ed. Storia e Letteratura. Roma 1970 p. 287.
[239] WILTON WYNN. "Custodi del Regno", Ed. it. Frassinelli 1989, p.19.
[240] GLOMEY BOLTON. "Il Papa". Ed Longanesi 1970, p. 224-225.
[241] HEBBLETHWAITE. "Jean XXIII, le Pape du Concile". Ed. Centurion 1988 p. 224-225.

se trouve ainsi à la tête d'un gouvernement de coalition comprenant les communistes et les "héritiers de la tradition chrétienne-démocrate de Marc Sangnier [condamné en son temps par saint Pie X, n.d.a.], Bidault et Schumann"[242] ; en un mot, les hommes de la Résistance.

Suspecté d'avoir "collaboré avec les Allemands" par le seul fait d'avoir reconnu le gouvernement Pétain, le clergé ne pouvait échapper au climat de l'épuration : "les ministres communistes du cabinet De Gaulle déclarèrent que la moitié au moins des 87 Evêques diocésains de France avaient été pétinistes, et en prirent prétexte pour les éloigner"[243]. A l'épuration de l'épiscopat français[244], et plus encore que les communistes, étaient intéressés "les catholiques de la résistance", autrement dit les démocrates-chrétiens "sillonistes" du MRP, et à leur tête Bidault, le ministre des Affaires Etrangères, qui "avait souvent fait l'éloge des communistes maquisards". A cet effet un premier pas était à franchir : le rappel du Nonce, Valerio Valeri, antérieurement accrédité auprès du gouvernement de Vichy. A noter que dans le même temps l'ambassadeur soviétique auprès de ce même gouvernement de Vichy était, lui, accrédité sans difficultés par le nouveau gouvernement gaulliste...[245]

Déjà le 30 juin 1944, De Gaulle avait été reçu en audience par Pie XII, mais en novembre le Vatican n'avait toujours pas reconnu le nouveau gouvernement et se refusait à rappeler Valeri et à nommer un nouveau Nonce. Mais le 20 décembre la situation se précipite : De Gaulle signe, à Moscou, un traité de paix vicennal avec les russes.

"La fin de l'année approche et la tradition veut que le nonce, à titre de doyen du corps diplomatique, présente les vœux de Nouvel An au chef de l'État. En l'absence du nonce, cet honneur échoit au plus âgé des ambassadeurs présents, en l'occurrence l'ambassadeur russe" Bogomilov. "Pour éviter un contretemps, Pie XII décide de céder et de nommer rapidement un nonce".

Le choix se porte sur l'archevêque Joseph Fietta, nonce en Argentine, averti par télégramme le 2 décembre. "La nomination était assujettie à la possibilité de gagner Paris avant le 1er janvier 1945, de sorte que le message puisse être prononcé devant De Gaulle". Mais Fietta, malade de cœur, ne pouvait prendre l'avion ; contraint à voyager par bateau, il serait arrivé trop tard. Le 4 décembre, par télégramme,

---

[242] BOLTON, op. cit. p. 228.
[243] BOLTON, op. cit. p. 229.
[244] HEBBLETHWAITE, op. cit. p. 231.
[245] BOLTON, op. cit. p.227.

Mgr. Fietta répondait devoir renoncer à la charge pour des raisons de santé. C'est ainsi qu'après Valeri et Fietta, Pie XII nomma Mgr. Roncalli, comme "bouche trou"[246], ce 5 décembre 1944. "C'est par cette nomination que Pie XII ouvrit à Roncalli la voie vers le seuil pontifical". Le cœur de Mgr. Fietta nous a vraiment joué un drôle de tour… !

"Une vieille baderne"

"A Rome, on ne sait pas grand'chose de lui. Un prélat de la Curie répondait à un journaliste lui demandant ce qu'il savait de Roncalli : C'est une vieille baderne". Pour Tardini, bras droit de Pie XII et supérieur de Roncalli, ce dernier est un "bon gros" un "bavard, un indiscret"[247]. Lorsque Roncalli arriva à Rome, "Tardini, son supérieur immédiat ne perdit pas de temps en compliments, ni n'accepta aucun remerciement, déclarant que lui-même n'était pour rien dans cette nomination due à l'intervention directe du Pape"[248]. Pie XII reçut Roncalli cinq minutes en audience.

"Il est difficile de deviner les pensées secrètes de Pie XII, d'expliquer le choix de Roncalli - écrit Wynn - Il n'agit certainement pas sur le conseil de ses collaborateurs de la Secrétairerie d'État. Bien peu de choses, dans le passé de Roncalli à Instambul, le montrait apte à assumer une charge de cette importance. On a émis l'hypothèse que Pie XII, furibond, aurait voulu punir De Gaulle en lui envoyant comme nonce un diplomate de seconde classe". Mon avis néanmoins concorde avec celui d'Hebblethwaite qui ne retient pas cette hypothèse ; il commente : "Pie XII n'était pas irresponsable". Mais il intervenait directement se réservant l'exclusivité des questions importantes et attendant avant toute chose de ses subordonnés une fidèle exécution de ses ordres. "Il disait volontiers : je ne veux pas des collaborateurs mais des exécutants"[249]. De ce point de vue les plus ou moins grandes aptitudes diplomatiques de Roncalli étaient secondaires. Hélas, Pie XII ne se rendit pas compte que Roncalli était tout autre chose que l'ingénu bon gros qu'il laissait paraître extérieurement et pour lequel on le prenait à Rome.

---

[246] WYNN, op. cit. p. 18-19.
[247] HEBBLETHWAITE, op. cit. p. 225.
[248] WYNN, op. cit. p.17.
[249] HEBBLETHWAITE, op. cit. p. 225 qui cite G. NICOLINI "Il Cardinale Domenico Tardini", Messaggero, Padova 1980 p. 183.

Le discours de Nouvel an

Nommé officiellement le 23 décembre, le nouveau Nonce arrive à Paris le 30 du même mois, juste à temps pour présenter les lettres de créance et prononcer le discours : "Messieurs, Président, (…) grâce à votre clairvoyance politique et à votre énergie, ce Pays a recouvré la liberté et la foi en ses destinées…".

Le discours a satisfait de Gaulle et n'a pas heurté l'ambassadeur soviétique. En effet "Roncalli murmure des excuses à Alexander Bogomilov et fait en sorte que son premier échange de civilités diplomatiques soit pour l'ambassade russe"[250].

Mieux vaut un communiste qu'un catholique fanatique

Bogomilov, quoiqu'on en pense, était le représentant de Staline ; Roncalli en devint ami, comme l'attestent, entre autres Renzo Allegri[251] et Alden Hatch lequel commente : « Ceci montre qu'en ce temps-là déjà il cherchait "ce qui unit plutôt que ce qui divise" »[252].

Telle était sa spiritualité : « Lorsqu'il discutait de religion - écrit Allegri - il parlait plus volontiers du paradis que de l'enfer, et voyait en Dieu un père plutôt qu'un juge (…). Même la foi était pour lui un joug suave à proposer avec amour, plutôt qu'une idée à enfoncer à coups de marteau dans la tête des pervers. Il n'hésita pas un jour à déclarer publiquement : "Souvent je me trouve plus à mon aise avec un athée ou un communiste qu'avec certains catholiques fanatiques" ». **En bon catholique libéral, il aimait tout le monde, spécialement les ennemis de Dieu, à l'exception des catholiques, ses frères.**

---

[250] "Souvenirs d'un nonce" de Angelo Giuseppe Roncalli. Ed. Storia e Letteratura. Roma 1963, pp. 5-6. Voir également HEBBLETHWAITE p. 227. ALDEN HATCH. "Giovanni XXIII", Ed. it. Mursia 1967 pp. 123-24. A. LAZZARINI. "Jean XXIII". Mulhouse 1959 pp. 92-93. Remarquons tout de même que Roncalli lut un texte préparé par Valeri !
[251] HEBBLETHWAITE op. cit. p. 227.
[252] RENZO ALLEGRI. "Il Papa che ha cambiato il mondo". Ed. Reverdito. Bolzano 1988, p. 99.

Les Evêques épurés

Le premier problème à résoudre pour le nouveau nonce était celui des Evêques qui, tout comme l'URSS, les USA et le Saint-Siège, avaient reconnu le gouvernement Pétain. Les communistes prétendaient en déposer 43, le démocrate chrétien Bidault, se contentait dans sa bonté de 33[253]. En compensation (sic) il présentait également une liste de prêtres de la résistance, six évêques et 22 prêtres à promouvoir *ad majora*. Telle était la situation en juillet 1944, avant l'arrivée de Roncalli.

Les biographes exaltent d'un commun accord les capacités extraordinaires de notre héros qui, selon eux aurait temporisé dix mois pour obtenir finalement que, de 33, le nombre des évêques considérés comme compromis soit réduit à 3. On cite la boutade triomphante de Roncalli : "A ce trente nous sommes parvenus à ôter le zéro"[254].

Hebblethwaite est plus objectif et mieux informé : « la légende attribue généralement ce succès à l'habileté tactique de Roncalli, qui s'entend à faire traîner les choses. Mais (…) quand il arriva en France en juin 1945, De Gaulle lui déclara qu'il se contenterait de "quatre ou cinq". Quoiqu'il en soit, ce ne fut pas Roncalli le principal personnage dans cette affaire »[255] ; soit qu'il n'ait pas été tenu en grand estime par Pie XII, aux dires de son interlocuteur gouvernemental, Latreille, soit parce que, presque immédiatement, le 23 janvier 1945, Maritain fut nommé ambassadeur de France au Vatican. Tardini n'apprécia pas l'arrivée au Vatican du philosophe "des droits de l'homme" qu'avaient précédé de très mauvais rapports des nonces du Chili et d'Argentine. Mais Roncalli insista en sa faveur. Dès lors "la question des Evêques 'collaborateurs'" lui échappe "en grande partie, et ce - ironie du sort - parce qu'il a réussi à faire accepter Maritain comme ambassadeur auprès du Saint-Siège. De Gaulle et Bidault traitent directement avec le Saint-Siège - en fait avec Tardini - par l'intermédiaire de Maritain".

Pour l'histoire, le 27 juillet 1945 sept prélats doivent donner leur démission : trois Evêques, un auxiliaire, et trois vicaires apostoliques ; puis, au Consistoire de 1946, trois Evêques résidents, Saliège, Petit de Juleville et Roques, sont créés Cardinaux.

Avec le recul, on peut regretter que l'épuration ait été si réduite : en effet dans la liste des Evêques sauvés *in extremis* nous retrouvons l'élite

---

[253] HATCH, op. cit. p. 133.
[254] LAZZARINI op. cit. p.94.
[255] ALLEGRI op. cit. p. 98.

du progressisme et du néo-modernisme, avec les Cardinaux Suhard, Liénart et Feltin dont l'Église se serait bien passée.

La grenouille

C'est le nom d'un célèbre restaurant parisien. Son propriétaire, un certain Roger, ("le meilleur cuisinier de tout Paris")[256] avait été au service du nonce Mgr. Roncalli.

Nonobstant le procès de béatification "ouvert" par Paul VI, notre héros fut toujours un peu gourmand. Tout petit, tandis que la famille réunie au grand complet disait le rosaire, il se glissa un jour en catimini dans la chambre de sa mère pour chiper les figues qui y étaient cachées. Interrogé, il nia le forfait, mais l'indigestion et …ses conséquences, le trahirent[257]. Histoires d'enfants, me direz-vous.

Mais devenu grand, il ne changea guère, si ce n'est qu'à sa table il y avait mieux que des figues sèches. A l'école de Mgr. Radini-Tedeschi, fin gourmet, le jeune Roncalli ne tarda pas à devenir lui-même une bonne fourchette et bien plus tard, une fois nonce à Paris, il devint l'un des diplomates les plus appréciés de la capitale française, en partie grâce à son enthousiasme pour les réunions conviviales et pour les excellents plats servis à sa table"[258]. Nous tenons d'un diplomate qui le connut à Paris, qu'il laissait une forte impression de mondanité, et un souvenir déplaisant : mais ces choses ne s'écrivent pas dans les livres.

Toutefois ce n'est pas tant ce qui était servi à sa table qui nous intéresse mais plutôt les hôtes habituels de Roncalli.

Encore et toujours les démocrates-chrétiens

Comme chacun sait, là où il y a possibilité de faire bonne chair, on rencontre toujours les démocrates-chrétiens.

Ne nous étonnons donc pas de retrouver parmi les commensaux les plus assidus de Roncalli, des hommes du MRP (mouvement républicain populaire), la DC française, dont Bidault et Schumann[259]. Un peu comme en Italie la DC est l'héritière du Partito Popolare (PPI), le MRP l'était du PDP (Parti démocrate populaire) d'avant-guerre, dont étaient

---

[256] HEBBLETHWAITE, op. cit. p. 235.
[257] HATCH, op. cit. p. 127.
[258] ALLEGRI, op. cit. p. 22-24.
[259] WYNN, op. cit. p. 47.

déjà membres Bidault et Schumann[260]. Ce PDP héritier des idées de Lamennais, avait été fondé par Marc Sangnier, président d'honneur du MRP, après sa condamnation solennelle par saint Pie X[261].

Le Nonce Roncalli, qui préfère un athée communiste à un catholique fanatique, ne risque donc pas, en rencontrant Bidault, de fréquenter un catholique fanatique tel qu'il les réprouve. Mais un ami des athées communistes, oui ! Nous avons vu plus haut Bidault faire l'éloge des partisans communistes et exiger la destitution des Evêques : lorsqu'à De Gaulle il en fallait quatre ou cinq, au "catholique" qu'était Bidault il en fallait douze[262]. Remarquons en passant que son collègue italien, le démocrate-chrétien "Servant de Dieu" Alcide De Gasperi ne faisait pas mieux lorsqu'il proclamait le "génie de Joseph Staline", quand il trouvait "quelque chose d'immensément sympathique, quelque chose d'immensément suggestif dans cette tendance universaliste du communisme russe" et lorsqu'il comparait Marx rien moins qu'à Notre-Seigneur Jésus-Christ : "un autre prolétaire, lui aussi, comme Marx, qui, voici deux mille ans, fonda l'Internationale basée sur l'égalité, sur la fraternité universelle, sur la paternité de Dieu"[263].

Mais, encore une fois, nous devons nous interroger : lorsque Angelo Giuseppe Roncalli dégustait les bons petits plats du chef Roger en compagnie des démocrates chrétiens français, était-ce comme se doit de le faire un diplomate qui a des relations avec tout le monde ou bien comme un ami avec ses compagnons de route ? Aucun doute n'est permis. Roncalli lui-même, écrit de Paris le 6 juin 1950 à propos du patriarche des démocrates chrétiens Marc Sangnier : "Je conserve de sa personne et de son activité politique et sociale le souvenir le plus vif de toute ma jeunesse sacerdotale"[264]. Action politique et sociale qui, pour l'Église, n'était qu'un "misérable affluent du grand mouvement d'apostasie" (saint Pie X).

---

[260] LAZZARINI, op. cit. p. 99.
[261] NIELS ARBL. "I Democristiani nel mondo". Paoline 1990. En ce qui concerne la descendance du MRP, de Lamennais (condamné par Grégoire XVI) à Sangnier (condamné par saint Pie X) voyez les pages 75-80. Sur le MRP pp. 157-167. De nos jours les héritiers de Sangnier en France forment le CDS (Centre des démocrates socialistes) nouveau sigle du MRP.
[262] Lettre Apost. "Notre charge apostolique", du 25 août 1910. Texte reproduit intégralement dans *Sodalitium* ed. italienne, n. 4, p. 8.
[263] HEBBLETHWAITE, op. cit. p. 230. Sur l'intransigeance de Bidault voir également : ANDREOTTI, "A ogni morte di papa", Rizzoli 1982 p. 67.
[264] Cf. Lettre de Giovanni Mensi de Münich, publiée dans "Il Giornale" du 28 août 1991 p. 23. Le texte est extrait de : A. DE GASPERI, "Discorsi politici", présentés par T. Bozza. Cinque Lune 1969 pp.1-20. Le discours du futur Bienheureux Alcide fut prononcé à Rome le 23 juillet 1944.

Ajoutons un couvert à la table...

Plus d'un, même. Il faut faire de la place aux autres amis de Mgr. Roncalli. Je ne parle pas des autres représentants du progressisme "catholique", comme l'historien Daniel Rops, ou les écrivains Claudel et Mauriac (ce dernier protesta vivement lorsque le Saint-Office mit à l'Index les œuvres de Gide en 1951)[265]. Tous amis et commensaux de Roncalli, ils peuvent cependant figurer dans la catégorie précédente. En fait, le Nonce ne manque pas d'amis même hors du monde "catholique". Commençons par les hommes politiques.

Un de ses commensaux est Léon Blum (1872-1950), le juif socialiste qui, en 1934, avait fait l'alliance entre socialistes et communistes, parvenus au pouvoir en 1936 sous le nom de Front Populaire[266].

Plus encore qu'un commensal est son ami Vincent Auriol (1884-1966), ministre des finances du premier gouvernement du Front Populaire, premier président de la Quatrième République (1947-1954), "athée et socialiste"[267]. L'amitié entre le président Auriol et le futur Jean XXIII a beaucoup de points communs avec l'amitié plus récente entre Jean-Paul II et Sandro Pertini, lui aussi président, mais surtout ouvertement athée et socialiste[268]. Le fait que Roncalli et Vincent Auriol se soient retrouvés à Venise pour une rencontre dépourvue désormais de motifs professionnels, confirme leur amitié.

Venons-en pour finir au "grand ami de Mgr. Roncalli"[269] qui n'est autre qu'Edouard Herriot (1872-1957) ; ancien maire de Lyon, ancien Président du Conseil (1924-25, 1932) et du Parti Radical-Socialiste (1919-1957). Ce dernier s'était toujours montré "anticlérical notoire"[270] qui "pousse à ses ultimes conséquences le principe de laïcité de l'État"[271]. A ce grand prêtre du laïcisme maçonnique de la 3è république, Roncalli dit un jour : "Il n'y a rien qui nous divise si ce n'est les opinions politiques. Ne vous semble-t-il pas, qu'en somme, ce sont des choses peu importantes ?"[272]. La politique de Herriot (comme celle

---

[265] Je ne reprends pas ici le texte intégral de la lettre déjà reproduite dans *Sodalitium* n. 22 p. 16.
[266] HEBBLETHWAITE, op. cit. pp. 244-250. ALDEN HATCH, op. cit. p.128.
[267] BOLTON, op. cit. p. 240.
[268] ALLEGRI, op. cit. p. 101.
[269] Cf. *Sodalitium* ed. ital. n. 22 p. 24.
[270] HATCH, op. cit. p.128.
[271] ALLEGRI, op. cit. p.100.
[272] Enciclopedia Treccani, vol. XVIII p. 476. Herriot voulut par exemple, la pleine application des lois sur l'expulsion de toutes les congrégations religieuses, lois qui commençaient à être appliquées avec trop de relâchement.

d'Auriol) consistait encore à nier la royauté sociale du Christ et les droits de l'Église et impliquait l'athéisme d'état. En somme... choses de peu d'importance pour un homme comme Roncalli, habitué à considérer davantage ce qui unit que ce qui divise.

Rien d'étonnant à ce que, face à un adversaire aussi condescendant, Herriot ait déclaré : "Si tous les Evêques étaient comme Roncalli, jamais il n'y aurait eu d'anticléricalisme en France"[273]. Evidemment, la guerre se termine dès que l'un des partis accepte la reddition inconditionnelle !

Roncalli se félicita un jour de n'avoir aucun ennemi, mais seulement des amis dans le monde politique français[274]. Il ne se rendait pas compte qu'il avait réussi là où, par la force des choses, Notre Seigneur n'avait pas réussi (Jo. XVII, 14), non plus que saint Paul ["Si je voulais plaire aux hommes je ne serais pas serviteur du Christ" (Gal. I, 10) non plus que tous les bons chrétiens ("S'ils m'ont persécuté, ils vous persécuteront aussi" (Jo. XV, 20)].

Un maçon à la Nonciature

Faites place, il y a d'autres convives...

Yves Marie Antoine Marsaudon, né en 1899, neveu de Mgr. Le Cam qui fut collaborateur du Cardinal Rampolla, raconte avoir été pris sur les genoux par le Pape Léon XIII[275] lorsqu'il avait quatre ans. Devenu grand (!) il ne quitta pas les milieux catholiques : en 1946 il fut nommé Ministre Plénipotentiaire du Souverain Ordre de Malte à Paris.

Laissons Marsaudon raconter lui-même : "Ce fut au cours de l'année 1947 que nous eûmes le très grand honneur d'être présenté à Mgr. Roncalli" qui était, depuis peu, également à Paris[276].

Personne n'ignore que l'Ordre de Malte dépend du Saint-Siège ; il n'y a donc rien d'étonnant à ce que le représentant de l'un rende visite à l'autre. Mais... le Baron Marsaudon était aussi... de longue date (1926) frère maçon de la Grande Loge de France, et depuis 1932 Maître Vénérable du 33ᵉ degré de la Loge "La République" !

Marsaudon poursuit : "L'accueil du Nonce Apostolique, qui n'ignorait rien de notre appartenance à la Franc-maçonnerie, fut

---

[273] LAZZARINI, op. cit. p. 108. ALLEGRI, p. 100 confond ici Herriot avec Auriol.
[274] LAZZARINI, op. cit. p. 99.
[275] YVES MARSAUDON. "L'œcuménisme vu par un Franc-maçon de Tradition". Ed. Vitiano, Paris 1964 p.53.
[276] MARSAUDON, op. cit. p. 43.

empreint de la plus grande affabilité"[277]. Et cette première visite du vénérable ne fut pas la dernière. "Au cours de nos nombreux entretiens, d'abord pendant les réceptions annuelles de la Nonciature, lors de l'anniversaire du couronnement du Pape Régnant, puis à notre Résidence de Bellevue, le 24 juin fête de Saint Jean, patron de l'Ordre Souverain, à ses déjeuners intimes, enfin et surtout dans le silence de son Cabinet, il nous fut donné d'avoir, avec le Nonce, des entretiens de plus en plus vivants, car ils débordèrent rapidement le cadre de l'Ordre Souverain"[278].

Et de quoi parlaient le Vénérable Marsaudon et l'Excellentissime Roncalli ?

"Des problèmes de l'Ordre" de Malte, suscités par le Cardinal Canali qui voulait le purger des maçons qui s'y étaient infiltrés. Mais également « de nos modestes conceptions des rapports entre l'Église et la Franc-maçonnerie, en plein évolution depuis déjà 10 ans. Puis des problèmes spirituels proprement dits ; enfin nous fûmes amenés à parler du rapprochement entre les différentes Églises chrétiennes.

Une fois accordée, nous n'oserons pas dire son amitié, disons plutôt sa protection, sa compréhension, le Nonce ne nous les retira jamais. Nous pûmes ainsi aborder des questions assez délicates touchant à certaines disciplines Romaines [lesquelles ?] et même au dogme ; non pas aux définitions adoptées une fois pour toute par les premiers Conciles et même - de ce point de vue son silence était voulu - depuis Vatican I, pour ce qui concernait en particulier l'infaillibilité pontificale, mais à celles "qu'il sentait dans l'air".

C'est ainsi qu'un jour nous lui posâmes hardiment la question qui nous brûlait les lèvres et dont nous sentions toute l'importance du point de vue des possibilités œcuméniques : "Excellence, que faut-il penser des bruits qui courent relativement à la promulgation d'un nouveau dogme Marial ?"

Encouragé par son mutisme et son air interrogateur, nous poursuivîmes : "Oui, l'Assomption de la Sainte Vierge !" Nous avons pris note avec précision de la réponse qu'il nous fit :

"Mon petit Marsaudon, revenez toujours aux sources lorsque vous avez la moindre préoccupation, le plus léger doute. Que voyons-nous dans l'Evangile ? La Mère de Jésus passe, presque inaperçue, pas toujours bien traitée par son Fils. Rappelez-vous : "Qui est ma Mère et qui sont mes Frères... ?" puis étendant la main sur les disciples, Il dit : "Voici ma Mère et mes Frères, car quiconque fait la volonté de mon

---

[277] MARSAUDON, op. cit. p. 44.
[278] MARSAUDON, op. cit. pp.45-46.

Père, qui est dans les Cieux, est mon frère, ou ma sœur, ou ma mère…" et la dure réponse aux Noces de Cana : "Femme, qu'attends-tu de moi ?…" "Puis c'est la Mère douloureuse, mais très humaine, au pied de la Croix…".

Subitement, mais à Rome on l'avait deviné déjà, le dogme sur l'Assomption fut promulgué par Pie XII ». Ils ne parleront plus de l'Assomption. Non pas que Roncalli ne fut dévot de la Sainte Vierge, précise Marsaudon, mais « sa prudence était grande devant tante nouveauté dogmatique. Il pensait perpétuellement "aux autres" et à l'effet que pouvait produire sur les chrétiens séparés telle ou telle innovation ».

Donc aux dires de Marsaudon, Mgr. Roncalli était opposé à la définition du dogme de l'Assomption pour des motifs œcuméniques. La véracité des assertions du Grand Maître est confirmée par un épisode analogue sur lequel nous reviendrons. Par une lettre datée de 1964, Roncalli, alors Patriarche de Venise, refusera de souscrire à une pétition en faveur de l'institution de la fête de Marie Reine ; il alléguera les mêmes motifs que ceux, précédemment exposés à Marsaudon, et qui lui avaient fait prendre position contre la promulgation du dogme de l'Assomption[279].

Je t'en prie, reste Maçon !

Les rapports Marsaudon (∴) - **Roncalli** (∴ ?) se poursuivirent à Venise (où Marsaudon fut reçu évidemment "avec la plus grande bonté")[280] puis à Rome.

Une autre déclaration de Marsaudon est rapportée dans deux livres, l'un de Leone Braschi[281] et l'autre du Padre Rosario Esposito[282] ; je la transcris mot à mot. Esposito écrit : « En date du 25 septembre 1964 le journal *Juvénal* publiait le texte d'une interview de Jean André Faucher avec le baron Yves Marsaudon, auteur de nombreuses œuvres sur la Franc-Maçonnerie. Il [Marsaudon] avait occupé longtemps la charge de ministre de l'Ordre Souverain militaire de Malte ; il avait été également ministre d'État du Conseil Suprême de Rite Ecossais pour la France. Le texte de l'interview a été republié par Marsaudon lui-même dans le

---

[279] HEBBLETHWAITE, op. cit. pp. 276-277.
[280] MARSAUDON, op. cit. p. 47.
[281] LEONE BRASCHI. "La Massoneria e la Chiesa Cattolica". Nardini ed. 1984 p. 80.
[282] ROSARIO F. ESPOSITO. "Le grandi concordanze tra Chiesa e Massoneria". Nardini ed. 1987 pp. 390-391.

volume intitulé "De l'initiation maçonnique à l'orthodoxie chrétienne" (Paris, Dervy, 1965, pp. 135-136). Il nous parait opportun de reprendre les passages les plus importants, et les plus propres à éclairer la pensée du pape Jean, tant à l'époque où il était nonce à Paris que lorsqu'il eut accédé à la Chaire de Pierre :

- J.A.F. : Vous avez bien connu le Pape Jean ?

- Marsaudon : J'étais très lié avec Mgr. Roncalli, Nonce apostolique à Paris. Il m'a reçu plusieurs fois à la Nonciature, et, en diverses occasions, il est venu à mon domicile de Bellevue, en Seine-et-Oise. Lorsque j'ai été nommé Ministre de l'Ordre de Malte, j'ai exprimé au Nonce les perplexités étant donné mon appartenance à la Franc-Maçonnerie. Mgr. Roncalli m'a conseillé formellement de rester dans la Maçonnerie.

- J.A.F. : L'avez-vous revu après son accession à la tiare ?

- Marsaudon : Oui, il m'a reçu à Castelgandolfo en ma qualité de Ministre émérite de l'Ordre de Malte, et il m'a donné sa bénédiction, me renouvelant ses encouragements pour une œuvre de rapprochement entre les Églises, et même entre l'Église et la Franc-maçonnerie traditionnelle (c'est-à-dire : régulière).

- J.A.F. : Dans quel esprit a-t-il suivi les deux premières sessions du Concile ?

- Marsaudon : Avec beaucoup d'espoir et beaucoup de conviction. Les confidences que j'avais reçues du bon Pape Jean ne me permettaient pas de mettre en doute sa sincérité. En fait la seconde session du Concile s'est terminée dans un esprit profondément œcuménique. L'espoir fut immense au sein de l'univers catholique. Mis à part quelques pharisiens inabordables, les croyants manifestaient une joie immense ».

Nous pourrions citer encore longuement Marsaudon. Mais pour quoi faire ? Ce que nous avons dit jusqu'ici se passe de tout autre commentaire. Ou bien Marsaudon a menti (mais personne à ma connaissance ne l'a jamais désavoué), ou bien Mgr. Roncalli, nonce apostolique à Paris était, *volens nolens*, un traître à l'Église, partisan qu'il était de cette maçonnerie foudroyée par l'excommunication papale et mise par Léon XIII au nombre de ces "sectes réprouvées qui font si évidemment revivre... l'esprit de révolte, l'incorrigible perfidie et la ruse du démon" (Encyclique *Humanum Genus* 20.IV.1884).

Le discours à l'UNESCO

Mais le sujet n'est pas épuisé. Personne n'ignore (voir pour mémoire le Père Esposito)[283] l'ascendance maçonnique de la S.D.N. devenue par la suite l'ONU (Organisation des Nations Unies) dont l'UNESCO (Organisation éducative, scientifique et culturelle) est une branche. Roncalli, nommé observateur officiel du Vatican à l'UNESCO en 1951, y prend la parole le 11 juillet de cette même année. L'UNESCO, à son avis, "est un grand feu étincelant dont les flammes ne cessent de s'étendre, allumant les enthousiasmes… pour la justice, la liberté et la paix chez tous les peuples de la terre sans distinction de race, de langue et de religion"[284]. Puis, à l'occasion d'une messe pour les catholiques employés à l'UNESCO, il expose "les règles fondamentales du dialogue avec les non-croyants et les croyants des autres religions…".

Encore les Juifs

Nous en parlons ici en raison de la parenté entre les deux sujets… Mars 1950 : aux Algériens (alors français) Roncalli « parle encore des Juifs comme des "fils de la promesse" (Rom. IX, 8) » (…) « Le fondement d'un dialogue théologique sérieux est la contemplation du peuple d'Israël "à la lumière d'Abraham, le grand patriarche de tous les croyants" »[285].

Roncalli oublie (?) que les Juifs d'aujourd'hui ne sont pas croyants, mais incrédules, et ne sont plus héritiers de la promesse.

Par contre, pour lui, non seulement le refus du Christ n'a pas d'incidence sur l'élection des Juifs, mais, de surcroît, ces derniers feraient partie du Corps Mystique du Christ (qui est l'Église !). Voici, en effet, ce que rapporte Wynn : Roncalli "se trouva face à toute l'horreur de l'Holocauste, quand, à Paris, où il était Nonce apostolique, il assista à la projection d'un film qui montrait les amoncellements de cadavres de Juifs à Buchenwald et à Auschwitz. Il pleura à cet atroce spectacle et s'écria : Comment est-ce possible ? Le corps mystique du Christ ! Comment est-ce possible ? Le Corps mystique du Crist !".

---

[283] ESPOSITO, op. cit. pp.169-221. Voir également : LEON DE PONCINS. "S.D.N., Super-État maçonnique", Beauchesne Paris 1936.
[284] HATCH, op. cit. pp. 132-133. HEBBLETHWAITE, op. cit. p. 258.
[285] HEBBLETHWAITE, op. cit. p. 258.

Ces années-là l'encyclique *Mystici Corporis* de Pie XII rappelait que le Corps Mystique du Christ se confond avec l'(unique) Église catholique… On comprend dès lors non seulement l'intérêt porté par Roncalli aux œuvres de Simone Weil mais son admiration pour celle où l'écrivain juive, après avoir expliqué comment elle croit à l'Evangile, affirme qu'il est nécessaire de rester sur le seuil de l'Église sans y entrer. Pas de problème : Simone Weil est déjà dans l'Église… sans le savoir… sans le vouloir non plus.

Une première réflexion

Arrêtons-nous un instant. Nous avons suivi Angelo Roncalli jusqu'ici : jeune prêtre modernisant en Italie, pionnier de l'œcuménisme dans les Balkans, compagnon de route des politiciens de gauche en France, mais, surtout, inquiétant personnage lié par un double fil à la Maçonnerie…

Après les relations politiques du Nonce à Paris, il nous reste à voir ses relations plus strictement ecclésiastiques. Quelles relations il eut avec la hiérarchie gallicane ; quelles positions il adopta face au phénomène des prêtres ouvriers ; comment il réagit à l'excommunication des communistes ; enfin, comment se comporta Angelo Giuseppe Roncalli, dans la patrie de la théologie progressiste, de la "nouvelle théologie".

Cela nous le verrons ensemble, en accompagnant notre personnage jusqu'à son accession au Cardinalat, puis au siège patriarcal de Venise.

SEPTIÈME PARTIE :
nonce à Paris (1944-1953) ; la religion.

Extrait de *Sodalitium* n° 28 de mai-juin 1992.

Peter Hebblethwaite, l'auteur de "Jean XXIII. Le Pape du Concile", se trouvait lui aussi en France, pendant les années 50, ces années décisives qui ont préparé Vatican II. Voici comment, jeune étudiant jésuite, il décrit l'atmosphère qui régnait alors au séminaire de Chantilly, et l'opinion que les séminaristes avaient du Nonce, Angelo Giuseppe Roncalli, également à Paris ces années là : « Nous autres jeunes étions assez rigoristes et ouvriéristes (…). Nous pensions au contraste entre la richesse de la nonciature et la pauvreté du curé de Creil qui avait peine à se nourrir et vivait dans un taudis. Tout ce qui venait du Saint-Siège - définition de l'Assomption, interdiction des prêtres-ouvriers, *Humani Generis* et les sanctions contre des théologiens (dont mes professeurs) qu'elle avait entraînées - montrait, à notre avis, que l'Église de France n'avait rien à attendre de Rome, si ce n'est des entraves. Aussi son représentant en France ne suscitait-il qu'indifférence, méfiance ou raillerie de la part de tous ceux que j'estimais. D'où l'article courageux de Robert Rouquette dans *Etudes* après la mort du pape Jean : "Le mystère Roncalli" (…). Il disait carrément qu'à Paris on n'avait rien soupçonné des qualités de ce Roncalli, qualités dont il allait faire preuve comme Pape. Pour certains Français, l'élection de Roncalli fut une grande déception ; on lui aurait évidemment préféré de loin Jean Baptiste Montini qui n'était pas cardinal à l'époque et ne pouvait donc être un candidat sérieux en 1958 »[286].

Cette citation en dit long sur l'état d'esprit non seulement des séminaristes, mais également de leurs professeurs dans la France de cette époque.

Elle ne nous aide cependant pas à comprendre qui était réellement ce Mgr. Roncalli, Nonce du Pape dans un pays en révolte religieuse contre Rome. La haine envers le Saint-Siège aveuglait à ce point les progressistes français qu'ils ne voyaient en Roncalli rien d'autre que le représentant du Pape haï et craint qu'était Pie XII. Comme nous l'avons montré dans le numéro précédent, les francs-maçons, par contre,

---

[286] Hebblethwaite, *Jean XXIII, le Pape du Concile*. Ed. Le Centurion 1988, pp. 5.6.

avaient reconnu leur homme en la personne du Nonce. Le montreur en sait plus long que ses marionnettes...

Avec l'esprit d'escalier, cherchons à découvrir en Roncalli ce mystère (d'iniquité) voilé aux yeux des jésuites de Chantilly.

Les vieux amis

Si, aux yeux des Français, la charge pontificale de Roncalli le mettait dans le camp de l'ennemi et en masquait la véritable personnalité, pour un vieil ami il en allait tout autrement. Nous faisons allusion à cet ami de longue date, le moine œcuméniste Dom Lambert Beauduin, dont nous avons déjà beaucoup parlé[287]. Ils se connaissaient depuis longtemps, depuis la lointaine année 1924 ! Avec une certaine malice le vieux Dom Beauduin ira jusqu'à se vanter de connaître, lui, le "mystère Roncalli". A la mort de Pie XII, en 1958, il confiera : "S'ils élisaient Roncalli, tout serait sauvé ; il serait capable de convoquer un Concile et de consacrer l'œcuménisme".

Après un silence, le moine belge poursuivait : "J'ai confiance, nous avons notre chance ; les Cardinaux, pour la plupart ne savent pas ce qu'ils ont à faire. Ils sont capables de voter pour lui"[288]. Si pour certains, des Cardinaux même, le modernisme de Jean XXIII fut une surprise, il n'en était pas ainsi pour qui le connaissait bien comme Beauduin.

Le fait d'avoir fait carrière, tandis que lui Beauduin était tombé en disgrâce, n'avait pas changé Roncalli. Cela ne faisait aucun doute.

Beauduin s'en rendit bien compte lorsqu'il lui rendit visite à Paris.

Le Père Bouyer écrit : « Quand Mgr Roncalli avait été bombardé Nonce à Paris, d'une façon passablement inattendue, (Dom Beauduin) était allé lui rendre visite, non sans se demander si Joseph (Roncalli), l'anneau au doigt et sa robe purpurine sur le dos, pourrait encore reconnaître son frère humilié. Il ne resta pas longtemps sur ce doute. A peine sa carte était-elle passée qu'il entendit de l'antichambre la voix bien connue : "Lamberto ! ...Venga ! Venga !" Un instant plus tard, il expérimentait une de ces chaleureuses embrassades qui deviendraient célèbres. Et avant de savoir ce qui lui arrivait il entendait le Nonce lui dire : "Tiens ! Assieds-toi là et raconte-nous tes aventures". Poussé amicalement, il gravissait à reculons un degré et se trouvait installé sur

---

[287] *Sodalitium* n° 25, pp. 10-11.
[288] Dans D. Bonneterre, *Le mouvement liturgique*. Fideliter 1980, pp. 112-113. Extrait de L. Bouyer, Dom Lambert Beauduin, un homme d'Église. Castermann 1964, pp. 180-181.

le siège particulièrement auguste. Son interlocuteur ayant pris place sur une chaise en face de lui, et riant à perdre haleine, il (Dom Beauduin) commençait donc le récit de ses tribulations romaines... en réalisant peu à peu qu'il le faisait du haut du trône papal qui décore obligatoirement la demeure de tous les légats... Ils n'imaginaient pas alors ce que cette situation bouffonne pourrait prendre, après coup, de symbolique ».

En effet, durant le concile, ce même **Jean XXIII descendra du trône papal pour y faire monter tous ces théologiens condamnés par son prédécesseur.** Le trône papal occupé par une personne désapprouvée par les Papes (en l'occurrence par Pie XI) : Voilà qui est vraiment symbolique de nos jours, il faut le reconnaître !

Requiem pour un vieil ami

Mais si l'œcuméniste Dom Beauduin était un vieil ami, que dire du chef, défroqué et excommunié, des modernistes, Ernesto Buonaiuti l'ancien compagnon de séminaire qui l'avait assisté à sa première messe[289] : un très vieil ami. Au cours d'une première maladie le Cardinal Gasparri avait donné à Buonaiuti une absolution hâtive, sans aucune rétractation préalable du malade, provoquant la juste indignation du Saint-Office. Mais le 26 avril 1946, alors que Roncalli est à Paris, Buonaiuti meurt en Italie sans sacrements ni repentir. Quelles furent les réactions de son ami le Cardinal ? Il relève la minute précise du décès, le désir qu'aurait exprimé le mourant de faire ouvrir les fenêtres pour écouter le son des cloches de Pâques ; puis il commente, avec des mots "compatissants, affectueux même" : « Il est donc mort à soixante-cinq ans ; *sine luce et sine cruce*. Ses admirateurs ont écrit de lui qu'il a été un esprit profondément et intensément religieux, attaché au christianisme par toutes les fibres de son être, lié par des liens infrangibles à l'Église catholique qu'il aime. Naturellement il n'y a pas eu de prêtre pour bénir son corps ; et aucune église ne l'a accueilli pour ses funérailles. Il a écrit dans son testament spirituel, entre le 18 et le 19 mars 1946 : "J'ai commis des erreurs. Mais je ne puis rien trouver dans la substance de mon enseignement qu'il me faille rétracter ou désavouer". *Dominus parcat illi* »[290].

Et Hebblethwaite commente : « Jean a toujours donné à Buonaiuti son titre sacerdotal : il reste Don Ernesto. Des historiens catholiques

---

[289] *Sodalitium* n°22 p. 15.
[290] Hebblethwaite, *Jean XXIII, le Pape du Concile*. Ed. Le Centurion 1987, p. 522.

réécrivent déjà l'histoire du modernisme et il est déjà possible de présenter Buonaiuti comme un "prophète du renouveau" (voir Bedeschi Lorenzo, Buonaiuti, Il Concordato e la Chiesa, 1970). Jean aurait bien accueilli cette façon de voir. Ses derniers mots sur Buonaiuti sont une absolution ». Certes, pas une condamnation.

Le progressisme catholique, modernisme rebattu

Si Buonaiuti est mort, le modernisme ne l'est pas pour autant. Saint Pie X l'avait condamné avec l'Encyclique *Pascendi* ; il avait tenté d'en débusquer les fauteurs qui cachaient hypocritement leur adhésion à l'hérésie. Car le modernisme est une hérésie qui veut ronger l'Église de l'intérieur.

La mort de saint Pie X (1914) et la première guerre mondiale avaient détourné l'attention d'un ennemi qui fut considéré un peu rapidement comme mort et enterré. En fait, entre les deux guerres, le modernisme et ses fauteurs plus ou moins conscients, relèvent prudemment la tête.

L'objectif reste le même : "moderniser l'Église, la mettre à jour, l'adapter au progrès et à la civilisation moderne" (80e proposition condamnée par le Syllabus de Pie IX. Denz. S. 2980).

Ne pouvant se présenter ouvertement comme tels, les modernistes mirent au second plan les questions dogmatiques, et tentèrent de faire passer leurs idées au moyen de la pastorale. L'homme moderne est loin de l'Église. Il faut sauver les âmes. Pour les sauver, il faut donc convertir l'Église au monde moderne.

Divers "mouvements" sont ainsi créés et s'infiltrent (dans l'Église) : le mouvement liturgique, le mouvement biblique, le mouvement œcuménique... Dans le domaine social l'avancée progressive du marxisme, victorieux entre les deux guerres mondiales, crée un climat propice à la naissance du mouvement des prêtres-ouvriers. Les animateurs de ces mouvements suivent une tactique prudente pour changer l'Église.

Ils demandent de petites réformes pastorales "pour le bien des fidèles". D'autres réformes suivront évidemment et ainsi de suite... Ils ne le demandent pas directement. Ils font appel aux épiscopats les plus progressistes pour faire le siège de Rome, pour la harceler de demandes, lui arracher des concessions.

Le désordre causé par la guerre, par toute guerre et par la seconde guerre mondiale en particulier, favorisait leurs plans. Après, rien ne serait plus comme avant.

L'aide désirée pour la réalisation progressive de leurs rêves, les progressistes la trouvèrent dans l'épiscopat français, et plus spécialement en la personne du Cardinal Emmanuel Célestin Suhard.

Le Cardinal Suhard

Il figurait sur la liste des évêques à éliminer ; et pourtant il sera le chef de file du progressisme épiscopal. Transféré du siège épiscopal de Lisieux au siège archiépiscopal de Paris, le Cardinal, sans être "Primat des Gaules", gouverne toutefois le diocèse le plus important de France. Dans la même capitale, en ces années-là, réside le nonce Roncalli. Dans le domaine liturgique, Suhard est le porte parole du C.P.L. (Commission de pastorale liturgique) qui demande la messe vespérale, l'usage de la langue vernaculaire dans l'administration des Sacrements, la réforme de la loi du jeûne eucharistique. Pour le moment...[291]

Dans le domaine exégétique, le Cardinal Suhard sollicite ce que les historiens ont appelé la "suppression de l'opposition à la méthode historique dans la science biblique"[292] ; il obtiendra la réponse de la Commission biblique le 16 janvier 1948 (Denz. S. 3862-3864). Son intention est d'abattre les obstacles posés par les décrets de la Commission Biblique durant la période antimoderniste (1905-1909 ; Denz. S. 3373, 3394 ss., 3512 ss.).

Dans le domaine social, c'est le Cardinal Suhard en personne qui a approuvé, protégé et patronné le mouvement des prêtres-ouvriers dont nous parlerons avec plus de détails un peu plus loin.

Alors que, dans cette "nouvelle théologie" qui fait justement fureur à Lyon et à Paris, Pie XII voit la renaissance du modernisme, le Cardinal Suhard écrit une lettre pastorale ("Essor ou déclin de l'Église") pour dénoncer le péril... de l'intégrisme ! Ce mouvement pour la défense de l'intégrité de la Foi promu, béni, protégé et financé par saint Pie X, objet de l'éloge des évêques de Côme (Archi) et d'Arezzo (Volpi) dans leurs lettres pastorales, mouvement haï par les modernistes de toutes origines et désormais dissout avec la mort du saint Pape... ce mouvement est mis par le Cardinal Suhard sur le même plan que le modernisme, "réunion de toutes les hérésies", pour être ensuite dénoncé comme le danger principal de notre époque !

---

[291] Bonneterre, *Le mouvement liturgique* op. cit. pp. 73-74.
[292] Storia della Chiesa dirigée par H. Jedin. Jaca Book 1975, vol. X/1, pp. 221-225.

Evidemment la lettre ne plut pas à Pie XII : c'était "le manifeste de la nouvelle Église qui émerge"...[293]

La dernière lettre pastorale de Suhard, "Le prêtre dans la cité", publiée un mois avant sa mort survenue le 30 mai 1949, est en quelque sorte "son testament" : "c'est un véritable travail de renoncement intellectuel, qu'appelle la christianisation de ce monde nouveau. Il nous faudra longtemps, peut-être, pour nous déshabituer, de certaines méthodes de "chrétienté médiévale"[294]. Courage, cher Cardinal, c'est maintenant chose faite. Vous étiez vraiment un prophète de la "nouvelle Église qui émerge".

Roncalli et Suhard

Après tout ce qui a été dit sur Suhard, c'est à bon droit qu'Hebblethwaite considère comme important d'étudier les rapports entre lui et Roncalli.

Hebblethwaite donne deux versions : celle de Mgr. Capovilla, futur secrétaire de Roncalli à Venise et au Vatican, et celle du journaliste jésuite Robert Rouquette.

Pour le premier, "les relations entre le cardinal Suhard et le représentant du Pape ont toujours été cordiales et aimantes". Pour Rouquette "le Cardinal Suhard le craignait : il sortait sombre et inquiet de ses entretiens avec le Nonce"[295]. A nous, Mgr Capovilla parait plus fiable que le Père Rouquette. Mais, en admettant même que le jésuite ait eu raison, cette crainte serait à attribuer au "complexe anti-romain" de Suhard : Roncalli, bon gré mal gré, représentait Rome et c'est à lui que revenait d'annoncer au prélat parisien ce qu'Hebblethwaite appelle les "mauvaises nouvelles", autrement dit les réprimandes papales. Quoiqu'il en soit, lorsqu'en 1949 Suhard meurt, Roncalli n'en hérite pas seulement un rochet ; "Qu'a-t-il hérité d'autre ?" se demande Hebblethwaite, et il répond : on peut dire que Suhard résume en sa personne l'état d'esprit du catholicisme français à cette époque. Il est ouvert au monde moderne, prêt à se laisser interpeller par lui. Il croit en la nécessité d'un dialogue entre les communistes et les autres hommes de bonne volonté. Il sait que ce dialogue ne pourra pas s'entamer à coups d'anathèmes. Il veut un renouveau de l'Église à tous les niveaux,

---

[293] Cfr Bonneterre, Saint Pie X et l'intégrisme, dans Fideliter n° 24, p. 62 (Très mauvais article, comme nous l'avons déjà exposé dans *Sodalitium* n° 25, p. 23 note 19).
[294] Hebblethwaite, op. cit. p. 246.
[295] Cité par Hebblethwaite, p. 250.

un laïcat revivifié, actif, et un sacerdoce adapté à la vie industrielle moderne. Tous ces facteurs influenceront Roncalli... Mais on retrouvera maintes institutions de Suhard dans le pontificat du pape Jean"[296].

De cette symbiose Roncalli-Suhard, Roncalli lui-même se porte garant et témoigne : "Presque cinq ans de contacts spirituels ont scellé une fraternité de sentiments qu'aucune ombre, pas même la plus légère, ne vint jamais troubler. Je le comprenais et il me comprenait" (lettre à Mgr Pierre Brot, évêque auxiliaire du cardinal Suhard).

Les prêtres-ouvriers

Cette totale syntonie de sentiments reconnue par Roncalli lui-même, n'est pas exclue de ce qui fut l'œuvre principale du Cardinal : le mouvement des prêtres-ouvriers.

Mgr Suhard, Evêque de Bayeux (1928) constate que dans les grandes usines de Caen "le Christ est inconnu"[297]. Lorsqu'en 1948, il vient fêter à Paris son 50ᵉ anniversaire de sacerdoce, son impression est la même en ce qui concerne la capitale : "Quand je parcours les banlieues aux usines mortes, ou les rues illuminées du centre, quand je vois cette foule, tour à tour raffinée et misérable, mon cœur se serre jusqu'à la douleur"[298]. Sans doute, depuis la Révolution, la France (et le reste du monde) ne cesse de se déchristianiser. C'est un fait établi, il saute aux yeux : selon l'expression de Pie XII, le monde moderne est "hors du bercail du Christ" (Encyclique *Humani Generis*). En 1929 déjà, Suhard en conclut que la France ainsi que les anciens pays catholiques sont "territoire de mission". On perçoit là déjà une exagération, un rigorisme qui n'est pas étranger au progressisme ; la France était encore, malgré tout, un pays de baptisés. Si on considère le phénomène de déchristianisation, non pas à travers les jugements de l'Église mais à travers ceux des sociologues alors en vogue, comme Le Bras[299], l'analyse devient d'autant plus périlleuse. Des ouvrages tels que ceux de l'Abbé Boulard (*Problèmes missionnaires de la France rurale*) ou de l'Abbé Godin (*France, pays de mission ?*) suivent la même ligne sociologique. Pendant la guerre Henri Godin (classe 1906) et Yvan Daniel adressèrent au Cardinal Suhard un rapport pour exposer

---

[296] Cité par Hebblethwaite, p. 248.
[297] Cité par Hebblethwaite, p. 251.
[298] Cité par Hebblethwaite, p. 240.
[299] Cité par Hebblethwaite, p. 249.

leurs thèses. Thèses tout à fait concordantes avec celles de Suhard lui-même.

La "déchristianisation" analysée d'un point de vue sociologique (de façon purement naturelle) et exagérée pour les besoins de la cause, devenait comme toujours entre leurs mains, un pic pour abattre des murs... entre l'Église et le Monde.

Von Balthasar voulait "abattre les bastions" ; à Istambul, Roncalli vit l'Esprit faire tomber les barrières...[300]

Il ne faut donc pas s'étonner que l'Abbé Godin ait, lui aussi, décidé d'"abattre la barrière"[301] que l'éducation reçue au séminaire avait mise entre lui et les autres.

L'Église était devenue la maîtresse de la culture et de la respectabilité ; et selon Godin, la culture élevait entre les hommes des barrières encore plus hautes que les diversités de conditions sociales". Bref, une sorte de don Milani français.

Abattre les murs est aussi le passe-temps du Cardinal Suhard : le thème de ses méditations, dit-il en 1948, est toujours le même : "Il y a un mur qui sépare l'Église de la masse. Ce mur, il faut l'abattre à tout prix...". La guerre offre une occasion propice pour se mettre à l'ouvrage. C'est le Père Loew (nom à ne pas oublier...), dominicain, qui donne l'exemple en 1941 en devenant docker à Marseille. Un an plus tard 25 prêtres nommés par Suhard sur le conseil du Père Jean-Marie Leblond, partent travailler en Allemagne dans le "Service de Travail Obligatoire" (STO). "Ce sont les premiers prêtres-ouvriers". Ils ont une foi "amonica" car il leur faut improviser des liturgies dans les lieux les plus inappropriés" ; "le latin et les rites antiques ne parlent pas aux ouvriers"[302] pensent-ils. Revenant des camps de prisonniers ou de la "résistance" ils ont le "complexe du rescapé" qui ne veut pas retrouver la normalité du service paroissial. Ne craignez rien. Mgr Suhard tient toutes prêtes pour eux et la "Mission de France" (1941) et la "Mission de Paris" (1943) où les prêtres, "pionniers d'avant-garde" comme les définit Suhard lui-même, se sentent "suhardiens". Mais si le Cardinal voulait "sauver les âmes de Paris" l'effet n'est pas tel qu'il l'espérait.

Les prêtres-ouvriers, pour mieux convertir les communistes sans doute, se font arrêter par la police durant les manifestations du parti[303] et un de leurs représentants, l'abbé Boulier en fait de belles. A la "Conférence sur la paix" organisée à Varsovie par les communistes

---

[300] Jedin, op. cit., vol. X/2, pp. 555-556.
[301] Hebblethwaite, p. 221.
[302] Glorney Bolton, Il Papa. Longanesi 1970, pp. 233-234.
[303] Hebblethwaite, p. 241.

(notoirement pacifistes) de l'invincible Staline l'imprudent abbé prend la parole et dit : "Si l'on nous demandait à nous qui sommes engagés dans le combat pour la paix, qui est communiste parmi vous ? nous répondrions : tous". Nous sommes en novembre 1948 ! "A Varsovie la salle croule sous les applaudissements. Le plafond faillit aussi s'écrouler sur Suhard à Paris".

Roncalli au secours de Suhard

Revenons maintenant à notre sujet : l'attitude de Mgr Roncalli à l'égard du Cardinal Suhard, de ses méthodes pastorales, et plus spécialement du mouvement des prêtres-ouvriers.

Partons d'un cas significatif, celui justement de l'abbé Boulier.

"Rome - écrit Hebblethwaite - attend de Suhard qu'il fasse quelque chose" ; le Cardinal est mis au pied du mur : ou désavouer, ou être considéré comme responsable...

« Le 5 février 1949, le Cardinal Suhard publie une déclaration solennelle dans laquelle il dénonce "la collaboration habituelle et étroite avec le communisme" ». Une collaboration à titre exceptionnelle est donc possible... or Pie XI a déclaré que "le communisme est intrinsèquement pervers et qu'aucune collaboration avec lui ne saurait être permise" [Encyclique *Divini Redemptoris*, 1937]. Aussi, le 5 mars 1949, *l'Osservatore Romano* précise qu'« il ne faut pas éviter seulement "la collaboration habituelle et étroite". La plus grande vigilance est requise même dans les petites actions où il y a quelque risque d'erreur ».

C'est alors qu'entre en scène notre Roncalli : « (il) intervient si bien par l'intermédiaire de Montini, que *l'Osservatore Romano* du 31 mars 1949 publie un article faisant l'éloge de la Mission de Paris et du Cardinal Suhard "qui en assume toute la responsabilité". Même s'il y a changement de sujet on peut y voir une sorte d'apologie. C'est en "plaçant" des articles dans l'Osservatore Romano que les membres de la Curie se livrent bataille entre eux »[304] ; Mgr. Ottaviani et le Saint-Office d'un côté, Mgr. Montini de l'autre[305] : les deux partis (orthodoxe et hétérodoxe) qui s'affronteront au Concile sont dès lors en place.

Où vont les sympathies de Mgr Roncalli ? Cet épisode nous le révèle. "Il admirait la façon dont la hiérarchie française, en particulier

---

[304] Bolton, op. cit. p. 238.
[305] Hebblethwaite, p. 249.

les archevêques de Paris, avaient organisé progressivement les diverses activités catholiques"[306], écrit Bolton. Il approuve "l'expérience des prêtres-ouvriers"[307] écrit Wynn. "Selon Hatch, "il avait une grande sympathie pour les prêtres-ouvriers"[308].

A Rome on voyait les choses autrement : en 1951 il fut enjoint au Cardinal Suhard d'interrompre le recrutement (ils étaient déjà environ quatre-vingt-dix) et en 1953 le successeur de Roncalli, Marella, les fit rappeler à l'ordre par leurs supérieurs. Plus de quarante refusèrent. Entretemps, durant cette expérience d'une dizaine d'année, "nombreux furent ceux qui se laissèrent gagner à la théorie de la lutte de classes tandis que d'autres ne surent pas sauvegarder intacte leur vie sacerdotale et leur célibat".

L'excommunication des communistes

Nous l'avons déjà dit, le Cardinal Suhard meurt le 30 mai 1949. Un mois plus tard, le 30 juin, Pie XII signe un décret du Saint-Office qui : "frappera la France de consternation et paraîtra désavouer toute la mission de Suhard"[309]. L'excommunication vise les communistes athées, mais la condamnation papale s'étend aussi à qui favorise "en quelque manière" le parti communiste.

Que fait le Nonce ? Mgr Roncalli disparait : « Il choisit ce moment pour faire une longue tournée en province, laissant à d'autres le soin d'interpréter le décret... Pie XII se plaindra plus tard de son absence de Paris en ces instants critiques. Il dira à Mgr. Marella, son successeur à la nonciature : "Surtout ne faîtes pas comme votre prédécesseur qui n'était jamais là" » (Max Bergerre, *Quattro Papi e un giornalista*, Paoline 1978 p. 70). Pendant cette absence diplomatique de Roncalli, les quatre cardinaux français expliquent patiemment ce que ne signifie pas le décret du Saint-Office : "... Il faut bien que l'on sache qu'il y a dans la notion même de capitalisme (...) un matérialisme rejeté par l'enseignement chrétien (...). Nous comprenons bien la souffrance qu'ont pu ressentir les travailleurs devant la condamnation du communisme. Nous savons qu'ils voyaient surtout, en lui, un parti

---

[306] Cfr. Hebblethwaite, p. 242. En 1947 Ottaviani envoya à Suhard un questionnaire sur les prêtres-ouvriers, mettant en évidence les problèmes et les dangers de l'expérience sus-dite.
[307] Bolton, op. cit., p. 237.
[308] Wilton Wynn, Custodi del Regno. Frassinelli 1989, p. 50.
[309] Alden Hatch, Giovanni XXIII. Mursia 1964, p. 132.

agissant et résolu à supprimer les injustices sociales dont ils souffrent et à donner aux ouvriers leur place d'hommes libres, dans la profession comme dans la cité. Aussi sommes-nous très émus de leur peine et avons-nous à cœur de leur ôter la douloureuse impression que l'Église resterait insensible à leurs angoisses et à leurs aspirations". Voilà qui revient à dire avec l'abbé Boulier : "Qui parmi nous sont communistes ? Tous !"

Les successeurs de Suhard

"Mais il (Roncalli) ne néglige pas son travail pendant ses pérégrinations. Il ne quittera pas la France avant d'avoir trouvé un successeur au cardinal Suhard". Il s'agit de Mgr. Feltin ; nommé en août 1949, Feltin est "président de Pax Christi, le mouvement catholique de la paix" alias instrument efficace du communisme. Hebblethwaite nous certifie qu'il inspirera à Jean XXIII la *"Pacem in terris"*.

La condamnation de la "nouvelle théologie"

Ainsi, tandis qu'à Paris on continue à pencher pour les nouveautés, à Rome, on continue à pencher pour la tradition. L'exhortation apostolique *Menti nostræ* sur la sanctification de la vie sacerdotale condamne chez de nombreux prêtres "une certaine avidité de nouveauté qui va se répandant d'une façon toujours plus grave et inquiétante"[310]. A *Menti nostræ* fait suite l'Encyclique *Humani generis* ; "visant certaines opinions erronées qui menacent de bouleverser les fondements de la doctrine catholique" (12.VIII.1950). Toutes ces opinions erronées nous les retrouverons dans Vatican II. Ce qui ne doit pas nous étonner puisque leurs adeptes seront appelés par Jean XXIII à participer en tant qu'"experts" au Concile même !
Les mêmes personnes, Danielou, De Lubac, Von Balthasar, les mêmes doctrines sont tour à tour condamnées par Pie XII, réhabilitées par Jean XXIII, exaltées par Paul VI et Jean-Paul II (avec l'appui du Sacré-Collège).

---

[310] Hebblethwaite, pp. 252-253.

Sans les nommer l'Encyclique condamne "Le Père De Lubac et sa bande" (c'est l'expression même de Von Balthasar : "Nous formions une bande")[311].

Les jésuites De Lubac, Rondet, Bouillard, les dominicains Chenu et Congar, perdent leur poste. Derrière eux se profile l'ombre de Theilhard de Chardin. Leurs erreurs ont déjà fait l'objet d'un certain nombre d'articles dans 'Sodalitium'; aussi éviterons-nous d'en parler ici[312]. Revenons donc à Roncalli : comment réagit-il ?

Un trou de six mois

Que fait Roncalli ? Il est désormais expert : « le 21 août, 10 jours après la publication d'*Humani Generis*, il quitte Paris pour l'Italie d'où il ne reviendra qu'à la mi-octobre. De retour à Paris, il garde un silence inexplicable : il y a un trou de six mois dans ses mémoires, de juillet à décembre 1950 »[313].

Pour combler ce trou, voici un témoignage significatif, celui du Père De Lubac : "le nouveau Pape (Jean XXIII)... avait été mécontent de ce qui s'était passé au temps d'*Humani Generis*[314]. La suite le confirmera. Par ailleurs, le concept de "signes du temps" que Jean XXIII fera sien, ne serait-il pas pris au Père Congar, un des théologiens condamnés ?[315]

Mais, pour le moment, il "ne peut pas grand chose pour les théologiens censurés, sinon leur conseiller la patience, lever les bras au ciel et hausser les épaules"[316]. Comme aux temps du modernisme

---

[311] Hebblethwaite, p. 254.
[312] Renato Farina, Padre De Lubac e la sua banda. Dans "Il Sabato" n. 37, 14 septembre 1991, p. 82.
[313] Sur la "Nouvelle théologie" on peut lire dans *Sodalitium* les articles de :
- Don Ricossa, Vie et pensée de Wojtyla dans *Sodalitium* n. 19 pp. 20-27.
- Don Nitoglia, Le Magistère du Concile Vatican II, n. 20 pp. 18-25.
- Don Nitoglia, Teilhard de Chardin, n. 27 pp. 3-12.
- Don Nitoglia, Henri de Lubac, dans ce même numéro de *Sodalitium* pp. 7 - 14.
On trouve en outre une description de la pensée des nouveaux théologiens dans l'œuvre d'Hebblethwaite, dont cette série d'articles est une recension, p. 255. Le résumé qu'en fait par ailleurs Jedin dans "Storia della Chiesa" est court mais intéressant (vol. X/1, pp. 206-207) : il y met en relief le néo-origénisme des "nouveaux théologiens". Reste toujours valable également la critique faite par le Cardinal Siri dans "Gethsémani. Réflexions sur le mouvement théologique contemporain". Fraternité de la Très Sainte Vierge Marie, Rome 1980.
[314] Hebblethwaite, p. 256.
[315] Cfr. ce même *Sodalitium* p. 15.
[316] Hebblethwaite, p. 256.

l'important est de se cacher et d'attendre des temps meilleurs. Viendra le jour de la revanche.

Les dernières années (1951-1952)

« Pendant la dernière période de sa mission en France, en 1951-1952, estimant les catholiques français querelleurs et ergoteurs [il s'agit des "intégristes" évidemment ! n.d.a.], Roncalli consacre plus de temps à ceux qui se situent "hors" de l'Église. N'ayant pas à se soucier des oukases de Rome, [c'est un moderniste qui écrit en la personne d'Hebblethwaite ! n.d.a.] ils sont mieux placés pour apprécier ses qualités de cœur et sa compréhension. Le président Vincent Auriol, ministre des finances dans le gouvernement du Front Populaire [c'est-à-dire socio-communiste ! n.d.a.] en 1936, le trouve sympathique » [évidemment ! n.d.a.].

Le départ

Entre-temps, le Patriarche de Venise Carlo Agostini, tombe malade, et l'on craint pour sa vie. Montini écrit alors à Roncalli, le 14 novembre 1952, pour lui demander s'il serait disposé à le remplacer, dans l'éventualité de sa mort imminente. Les nouvelles se succèdent ; un autre télégramme de Montini annonce la décision de Pie XII de créer Roncalli Cardinal au Consistoire du 12 janvier 1953. Un cardinal ne reste pas à la nonciature : il ira donc à Venise ou à la Curie. Une autre nouvelle parvient ce jour-là à Roncalli : sa sœur Ancilla se meurt. Nous verrons par la suite quelle épreuve a représenté pour lui cet événement. Après une visite à sa sœur, il revient à Paris. Son élévation à la pourpre cardinalice est désormais officielle. A l'archevêque de Paris Mgr. Feltin, qui va devenir cardinal en même temps que lui, il exprime sa crainte d'être nommé à la Curie romaine. Il n'a jamais aimé la Curie romaine et il le montrera. Le Patriarche de Venise meurt sur ces entrefaites, le 28 décembre ; Roncalli le remplacera. "Il échappe de justesse à la Curie"[317].

---

[317] Hebblethwaite, p. 260.

Un dîner, un secrétaire, une barrette

Notre Roncalli ne peut filer à l'anglaise, s'esquiver sans adieux officiels. Suivons-le toujours.

Proclamé Cardinal au Consistoire du 12 janvier, le Cardinal Roncalli aurait dû recevoir la Barrette cardinalice à Rome. Un ancien privilège attribuait aux Rois de France l'honneur de l'imposer au nonce élu Cardinal au nom du Pape. Les présidents de la république, rien moins que catholiques, "considéraient cette cérémonie comme une affaire de l'Église ne les concernant pas ; ils s'en étaient donc abstenus" mis à part les cas des Cardinaux Maglioni et Cerretti[318].

Après la Séparation de l'Église et de l'État, survenue sous le Pontificat de saint Pie X, les temps n'étaient certes pas favorables à de semblables cérémonies. Mais nous l'avons déjà vu, Roncalli n'était pas un cardinal comme les autres ! "Ce fut Vincent Auriol, le président en personne [socialiste athée] qui sollicita cette faveur. Mgr. Roncalli en fut enchanté". L'imposition eut lieu le 15 janvier. A l'occasion des allocutions officielles Roncalli évoqua un épisode analogue : en 1893 le président Carnot avait assisté son très cher Mgr. Radini-Tedeschi[319]. Pour sa part, Auriol en profita pour faire de la propagande en faveur de la république (maçonnique) française : "vos expériences passées - dit-il au néo cardinal - vous avaient permis d'apprécier l'action de la France dans le monde et vous avaient disposé, de longue date, à comprendre les grandes traditions de tolérance et de justice qui ont toujours été l'honneur de notre nation et qui devaient unir, après la solennelle exhortation de Léon XIII, toutes les familles spirituelles françaises autour de la République"[320]. Embrassades, applaudissements, Légion d'Honneur... Auriol demeura l'ami de Roncalli ; il lui rendit même visite plus tard à Venise, alors qu'aucune charge publique ne l'y obligeait plus. A la Nonciature arrivait le 3 février une délégation du diocèse de Venise, le Vicaire Capitulaire Mgr. Erminio Macacek en tête. Celui-ci "était accompagné d'un jeune prêtre ; sec, pâle de visage, mais deux yeux intelligents, c'était don Loris Capovilla" (Tanzella, Papa Giovanni. Dehoniane 1983, p. 194). Le Père Tanzella que nous citons ici omet de mentionner une dernière caractéristique de don Loris : gauchisant. Roncalli le remarque et il en fera son secrétaire à Venise et au Vatican. Tous deux étaient faits pour s'entendre. Enfin le

---

[318] Tanzella, Papa Giovanni. Dehoniane 1983, p. 194.
[319] Tanzella, op. cit., p. 196. Sur Mgr. Radini voir *Sodalitium* n. 22 pp. 16-17).
[320] Hebblethwaite, p. 261.

5 février 1953, c'est le déjeuner d'adieux aux amis politiques. Roncalli invite le Président de l'Assemblée Nationale, Edouard Herriot[321] ; le Président de l'Union Nationale, Gaston Monnerville ; le Président du Conseil, René Mayer, ainsi que ses prédécesseurs : Bidault, Covin, Pléven, Edgard Faure, André Marie, Robert Schuman, Pinay, Fourcade. "L'atmosphère y fut merveilleusement cordiale, détendue"[322]. A la fin du repas, c'est Herriot en personne qui prit la parole, pour les dernières congratulations. « Le Paris-Presse commentait : "Le Cardinal Roncalli laisse derrière lui en France quantité d'amis et pas un seul ennemi" ». Pour ce qui est des ennemis, nous l'avons déjà dit, Roncalli a fait mieux que le Christ qui en avait beaucoup.

L'opinion d'un collègue

Il s'agit de Carl J. Burckhardt[323] dont voici le curriculum : professeur d'histoire à l'Université de Zurich et à celle de Genève, spécialiste de Voltaire et de Goethe, diplomate, commissaire de la Société des Nations en Pologne (1937), Président du Comité international de la Croix-Rouge (1944), ambassadeur helvétique à Paris (1945-1949). C'est là qu'il fit la connaissance du Nonce apostolique, Mgr. Angelo Roncalli, futur Jean XXIII. Lorsque son collègue diplomate fut élu au Pontificat Suprême en 1958, Burckhardt écrivit à son ami Max Rycher : « Je porte un grand intérêt au Pape. Tout au long de mon séjour à Paris, j'ai eu avec lui de nombreux contacts personnels, et je l'aimais vraiment beaucoup. Il circulait de-ci de-là comme un jeune fonctionnaire d'ambassade, on le rencontrait partout, à commencer par le salon M.R.P. [parti démocrate chrétien français, n.d.r.] de la surprenante madame Abrami (...). Il a une vaste expérience du monde, il aurait pu faire un excellent chef d'industrie, de la tête aux pieds ; il est ce paysan de Bergame, bien intentionné mais rusé. Sa dévotion est solide mais concise, selon son style. Il me semble cependant que son bon sens - précis à court terme, mais plutôt vague à long terme - l'empêche de reconnaître la valeur de certains mystères qui transcendent le temps et sont spécifiquement catholiques. L'aptitude à croire aux miracles, le respect du Sacré, ne sont pas son fait. C'est un déiste et un rationaliste, avec la meilleure tendance à se mettre au service de la justice sociale. Il y adjoint une facilité à tendre largement la main à tous ceux qui, quoique

---

[321] Sur Herriot voir *Sodalitium* n. 27, p.16 ainsi que l'appendice à cet article.
[322] Tanzella, op. cit., pp. 199-200.
[323] *Didasco*, mai-juin 1981, n. 25, pp. 15-17.

de camps totalement opposés, sont animés des mêmes forces (...). Il est bon, ouvert, plein d'humour, très éloigné du chrétien moyen-âgeux ; après être passé par les "philosophes" français, il est parvenu aux mêmes conclusions que les Réformateurs, la passion métaphysique en moins. **Il changera beaucoup de choses ; après lui, l'Église ne sera plus la même** »[324]. Tel est celui qui part pour Venise. J'oubliais : comme l'autre ami et collègue de Mgr. Roncalli, le Baron Marsaudon, l'ambassadeur helvétique était lui aussi haut gradé de la Franc-Maçonnerie (*Didasco*, mai-juin 1981, n. 25, pp. 15-17). Un beau trio, il n'y a pas à dire !

APPENDICE

Dans le précédent numéro j'ai parlé de l'étrange amitié entre Edouard Herriot et Mgr. Roncalli dont, aux dires d'Andreotti, Herriot faisait les "louanges" (Andreotti, *A ogni morte di papa*. Rizzoli 1982, pp. 67-68). Il est possible de trouver de plus amples informations dans deux œuvres de Léon de Poncins : "*Les Forces Secrètes de la Révolution*", Bossard 1928 et "*Christianisme et F∴M∴*", D.P.F. 1975. Léon de Poncins écrit : "Cette immixtion de la Franc-maçonnerie dans les choses du Parlement et sa domination sur le grand nombre des députés et des sénateurs s'est affirmée plus fortement que jamais lors du ministère Herriot, à la suite des élections de 1924" (*Forces Secrètes*, pp. 69).

« En 1924, les élections législatives amenèrent la victoire du Cartel des Gauches et Herriot prit le pouvoir. Voici ce que le Convent du Grand Orient de 1924 disait à son sujet : "Avant de commencer les travaux, voulez-vous me permettre d'envoyer le salut de la F∴M∴ au grand citoyen Herriot qui, quoique n'étant pas F∴M∴, traduit si bien dans la pratique notre pensée maçonnique". Son gouvernement décréta une série de lois socialisantes, préfiguration des lois du front populaire de Léon Blum. Or, peu après, les éditions Spes publièrent sous la signature fictive d'A. G. Michel un livre qui montrait, preuves documentaires à l'appui, que la plupart des lois instaurées par le ministère Herriot avaient été préalablement élaborées dans les loges maçonniques » (*Christianisme...* p. 93).

---

[324] Tiré de Brief Wechsel zwiscen Max Rycher und Carl, J. Burckhardt 1970. Cité dans *Einsicht*, avril 1981, p. 303.

Suit, dans les deux ouvrages cités, la liste des 14 lois du gouvernement Herriot, approuvées quelques mois seulement après que leur proposition ait été décidée dans les réunions maçonniques. Pour ne pas alourdir mon article j'en citerai seulement quelques unes : la décision de supprimer l'Ambassade du Vatican (Bulletin officiel de la Grande Loge de France, janvier 1923, p. 39 ; réalisation, le 24 octobre 1924), l'application des lois contre les congrégations religieuses, l'introduction du régime laïque en Alsace-Lorraine, le monopole de l'enseignement, la reprise des relations avec les Soviets.

Tel est, parmi tous les hommes politiques français, le préféré de Mgr. Roncalli. Cette amitié était d'ailleurs tout à fait réciproque.

Avec Roncalli, le trio Roncalli-Marsaudon-Burckhardt devient quartette. **Un quartette de Vénérables personnages**…

HUITIÈME PARTIE :
Patriarche de Venise (1953-1958) ; la pensée religieuse

Extrait de *Sodalitium* n° 29 de octobre 1992.

"Le 23 février [1953] le Cardinal Roncalli quitta Paris pour Rome où en présence du Sénateur Einaudi, Président de la République, il prêta serment de respecter la Constitution, serment qu'exige le gouvernement italien de tout prélat entrant en possession d'un diocèse national"[325]. Puis, le 26 février, il eut "un entretien prolongé avec Mgr. Montini auquel" il remit "un billet pour le Pape trop malade alors pour le recevoir"[326]. Et c'est précisément à cause de cette maladie de Pie XII que Roncalli ne reçut pas le chapeau de cardinal en cette occasion, mais seulement au mois d'octobre suivant, en même temps que le titre cardinalice de Sainte Prisque sur l'Aventin. Il passa ensuite à Bergame, Sotto il Monte et Praglia, avant de faire son entrée solennelle dans le diocèse vénitien le 15 mars.

Un discours programmé

Ce jour-là à la Basilique de San Marco l'homélie du Patriarche ne fut guère un discours de circonstance. Le thème : l'homme, le prêtre. Roncalli se présente lui-même "humblement" : "...j'ai été doté d'une bonne santé physique et de suffisamment de bon sens pour saisir les choses rapidement et clairement ; je suis aussi naturellement porté à aimer les gens, ce qui me fait être fidèle à la loi de l'Evangile et respectueux de mes propres droits et de ceux des autres. Voilà qui me préserve de faire du mal à quiconque et qui m'encourage à faire du bien à tous [remarquons-le : c'est à cause de l'amour des hommes qu'il se dit fidèle à l'Evangile et non le contraire, comme il serait normal, n.d.a.]. Je suis issu d'une famille modeste et j'ai grandi dans une pauvreté satisfaite et bénie, une pauvreté qui a peu de besoins, qui nous

---

[325] Alden Hatch, Giovanni XXIII, 2ᵉ éd. it. Mursia Milano, p. 143.
[326] Hebblethwaite, *Jean XXIII, le Pape du Concile*. Ed. Le Centurion 1988, p. 262.

éduque aux plus hautes vertus et nous prépare à la grande aventure de la vie"³²⁷.

Après cette "humble" présentation Angelo Giuseppe Roncalli expose aux vénitiens ce qui deviendra son "slogan" favori, la substance de son expérience passée, le principe informateur de ses actes à venir : "La Providence - dit-il - m'a enlevé à mon village natal et m'a conduit sur les routes de l'orient et de l'occident. Elle m'a permis d'approcher des gens de religions et d'idéologies différentes, et d'étudier des problèmes sociaux graves et menaçants. Mais la Providence m'a aussi permis de garder un jugement équilibré et serein. Tout en restant ferme en ce qui concerne les principes du credo catholique et de la morale, j'ai toujours été plus soucieux de ce qui unit que de ce qui sépare et conduit à des différences.

A bon entendeur, salut : le nouveau Patriarche sera un œcuméniste au sens où nous l'a expliqué le Baron de Marsaudon³²⁸.

Ce qui unit et non ce qui divise

En 1937 déjà, rappelons-le, Mgr. Roncalli aurait employé cette expression avec le représentant du gouvernement turc, Numan Rifat Menengioglu : "Je suis optimiste. En toute chose je cherche davantage à développer ce qui unit que ce qui divise"³²⁹. Il s'agit donc pour Mgr. Roncalli d'une phrase emblématique, d'un principe instigateur.

L'expression roncallienne, comme d'autres analogues, fera fortune, deviendra proverbiale. Dans sa première encyclique *Ecclesiam suam*, encyclique consacrée au dialogue, Paul VI écrira : "c'est volontiers que nous faisons nôtre le principe de mettre tout d'abord en évidence ce qui est commun, avant de considérer ce qui divise"³³⁰. **Ce "principe" figurera jusques et y compris dans la règle du Séminaire Saint Pie X d'Ecône, rédigée par Mgr. Lefebvre³³¹.**

Pourquoi s'en soucier d'ailleurs ? Ne s'agit-il pas là d'une innocente règle de bonne convivialité, de courtoisie, d'affabilité, de charité ?

---

[327] Hebblethwaite, op. cit., p. 264-265, qui extrait la citation des "Scritti e Discorsi del Cardinal Angelo Roncalli", Ed. Paoline, Roma 1959-1963, pp. 207-210.
[328] Yves Marsaudon, *L'Œcuménisme vu par un Franc-Maçon de Tradition*, éd. Vitiano Paris 1965, cfr. *Sodalitium* n° 27 p. 16-18.
[329] Paolo Tanzella s.c.j. Papa Giovanni, Ed. Dehoniane Andria, 1973, p. 132.
[330] Par exemple : "Je suis votre frère Joseph", "Aggiornamento", "les hommes de bonne volonté" (pour désigner les athées), "l'Église n'est pas un musée", "les signes des temps", etc.
[331] 6 août 1964, dans "Tutte le encicliche dei Sommi Pontefici", ed. Dall'Oglio, p. 1718.

Telle n'est pas l'opinion de l'Église. Ouvrons les Actes du Siège Apostolique (42 [1950] 142-147) et lisons l'instruction du Saint-Office sur le mouvement œcuménique[332] du 20-22 décembre 1949 : "Ils [les Evêques] veilleront également à ce que sous le faux prétexte selon lequel il faut considérer davantage ce qui unit que ce qui sépare, on ne favorise pas un dangereux indifférentisme". Le contexte est le même : les relations œcuméniques. Les mots sont les mêmes : ce qui unit plus que ce qui divise. Le jugement est opposé : la sentence roncallienne qui pour Paul VI est un "principe", est pour le Saint-Office un "faux prétexte". Et le Cardinal Roncalli se dit "toujours soucieux" de soutenir un principe que le Saint-Office, à peine plus de trois ans auparavant, avait condamné comme "faux prétexte" pour favoriser l'indifférence religieuse !

Le motif intrinsèque de la condamnation du principe roncallien est vite expliqué. Ce principe s'applique "à des gens de religions et d'idéologies différentes". Religions différentes : infidèles, hérétiques, schismatiques. Idéologies différentes : donc athées ou agnostiques, francs-maçons, communistes etc.

Conviendrait-il donc, avec ces derniers, de considérer plutôt ce qui unit que ce qui divise ? **Qu'est-ce qui nous sépare ? La Foi. Qu'est-ce qui nous unit ? Des motifs purement naturels**. De simples valeurs naturelles seraient à prendre davantage en considération que les surnaturelles ? Voilà qui est aberrant. Poussé à ses extrêmes conséquences, le principe roncallien s'avère évidemment erroné. En effet toutes les créatures ont quelque chose qui les unit ; avec le diable même nous avons par exemple un point commun (nous sommes des créatures de Dieu) et quelque chose qui nous sépare et suscite des contrastes (le fait qu'il soit, lui, ennemi de Dieu). Des deux facteurs, lequel est le plus à prendre en considération ? C'est à bon droit par conséquent que le Saint-Office qualifie de "faux prétexte" le principe soutenu par Roncalli. On pourra objecter que ce dernier précise : "abstraction faite de la fermeté des principes du credo catholique et de la morale". Mais cette clause, dont il n'est plus question ensuite, n'enlève rien à la gravité de l'affirmation. Qu'est-ce qui divise en effet, si ce n'est justement les principes du credo catholique et de la morale.

Soit l'on maintient la "fermeté des principes du Credo catholique", et ce qui divise a plus d'importance alors que ce qui unit : voilà le principe roncallien réduit à néant.

---

[332] "Ils considéreront toujours plus ce qui les unit que ce qui les sépare". Réglement des Séminaires Saint Pie X. Directoire n° 10, p. 4.

Soit, à l'inverse, le principe roncallien est valide, "la fermeté des principes du credo et de la morale catholique" n'est pas sauve, parce qu'elle passe au second plan...

Cette clause jouait donc un rôle analogue à celle utilisée par Vatican II pour promulguer la liberté religieuse : tout en déclarant ne rien changer à la doctrine traditionnelle, Vatican II la bouleverse au contraire radicalement. Dans les deux cas il s'agit de dorer la pilule pour le mieux faire déglutir.

Il est à noter enfin qu'hormis dans le système maçonnique, il y a incompatibilité des deux propositions : maintien de la "fermeté des principes du Credo catholique" et principe appliqué à des non catholiques de "regarder plutôt ce qui unit que ce qui divise".

En effet comme l'écrit le Grand Maître Di Bernardo, **le fondement de ce système est la tolérance.** Celle-ci « consiste en "une attitude qui, tout en repoussant par principe un mode de pensée considéré comme erroné [pour Roncalli, le "maintien ferme des principes du Credo catholique" n.d.a.] le laisse subsister par respect envers la liberté des autres [pour Roncalli toujours, le principe de "considérer davantage ce qui unit", n.d.a.] »[333].

Le franc-maçon "n'est pas indifférent aux autres modes de pensées ; la franc-maçonnerie n'est pas tout et le contraire de tout" mais elle est "par nature, non exclusiviste ou pluraliste"[334]. En ce sens, **le discours du Cardinal Roncalli peut être qualifié de "maçonnique"** quoiqu'il en soit de la présumée initiation dans les loges du cardinal en question.

Les péchés de l'Église

---

[333] Il est à remarquer que l'Instruction du Saint Office "De motione œcumenica" de 1949 est considérée comme "un premier encouragement, réservé et prudent, en faveur de la recherche de l'unité des chrétiens (...) en dépit de ses réserves, ce texte avait semblé positif au Père Congar" (Jean Chelini, *L'Église sous Pie XII*, Fayard 1989, vol. II, p. 106).
La chose parut d'autant plus surprenante qu'un document du Saint-Office de l'année précédente se montrait bien plus sévère sur cette question. "L'adoucissement", intervenu moins d'un an plus tard, est attribué à l'influence du Père Agostino Bea s.j. arrivé entre-temps au Saint-Office (cfr. Stjepan Schmid, Agostino Bea, il cardinale dell'unità, Città Nuova 1987, p. 252).
Evidemment, l'instruction du Saint-Office fait partie du magistère de Pie XII ; elle est par conséquent conforme à la saine doctrine. La preuve en est la condamnation du "faux prétexte" roncallien !
[334] Cfr. La filosofia della massoneria, don Curzio Nitoglia, dans *Sodalitium* n° 25, pp. 3-8.

Ouvert aux "autres" (autres religions, autres idéologies) le Patriarche le fut en matière de religion et de politique ; de religion, avec l'œcuménisme ; de politique, avec "l'ouverture à gauche". L'action politique du Cardinal devant faire l'objet du prochain article, nous dédions celui-ci à l'action œcuménique.[335]

Ce n'est pas une nouveauté : œcuméniste, Roncalli l'était déjà de longue date (années vingt). Venise, "Porte de l'Orient", est pour lui le prétexte à de multiples déclarations œcuméniques ; à vrai dire, des Croisades à la bataille de Lépante, l'histoire de la Serenissima n'est guère œcuménique... Mais ce ne sont pas là des thèmes qui passionnent Roncalli ; son programme est tout autre.

« Roncalli souhaite que "ce splendide mouvement vers l'unité chrétienne" ait la place qui lui revient dans l'enseignement, dans la prédication et dans la catéchèse catholique. Il reprend à cette fin une idée qui lui a été inspirée par dom Lambert Beauduin en 1926[336]. Beauduin propose la création d'un mouvement œcuménique organisé dans l'Église, à l'image de la Propaganda Fide, la congrégation romaine missionnaire. Ceci implique de travailler à deux niveaux : sensibiliser les catholiques aux problèmes par un mouvement à large assise dans les églises locales : et, grâce à un office romain au sein de la Curie, coordonner et conserver la cause œcuménique à l'ordre du jour des préoccupations romaines. C'est, en germe, l'idée du Secrétariat pour l'unité chrétienne »[337].

Ses idées furent exposées dans de nombreuses conférences.

À l'occasion de la semaine de prières pour l'union des chrétiens (18, 20, 23 janvier) Roncalli parla sur le thème suivant : "L'Église catholique et les chrétiens séparés de l'Orient"[338].

Durant ces conférences, à la salle de San Basso à Venise, « comme toujours, il mit l'accent "sur ce qui unit plutôt que sur ce qui divise". Et ses vues larges provoquèrent un malaise dans l'auditoire. Mais il

---

[335] À l'heure actuelle, les gens sont presque tous francs-maçons sans le savoir, puisqu'ils considèrent comme évidents les principes de tolérance et de pluralisme, autrefois apanage des loges.
[336] Sur Beauduin voir : *Sodalitium* n° 25, pp. 10-14 ; et n° 28, p. 21.
[337] Hebblethwaite, op. cit., p. 293.
[338] Hebblethwaite, op. cit., p. 292.

insista : "La route de l'union des différentes Églises est la charité, si peu observée de part et d'autre" ».

« Il poursuivit en revenant sur la nécessité d'étudier la véritable pensée chrétienne dans laquelle on trouverait tant de points de contact. Le dernier soir il conclut avec le cri d'allégresse de Joseph revoyant ses frères qui l'avaient trahi : "Je suis Joseph, votre frère !" - et il ajouta - "Mon cœur est assez grand pour désirer réunir en un seul embrassement tous les hommes du monde". On dit qu'à ces mots la salle demeura figée dans le silence »[339]. C'est que les gens n'avaient pas encore subit trente années de révolution conciliaire.

Trois ans plus tard, le 18 septembre 1957, "Roncalli est invité à donner une conférence pour la septième semaine d'étude de l'Orient chrétien, qui se tient à Palerme, en Sicile" (1692).

Dans le diocèse du Cardinal Ruffini, fidèle à la Tradition, il ne lui fut pas possible de s'afficher comme à Venise. Cependant il ne parvint pas à retenir quelque chose de malsonnant : "La responsabilité de la rupture incombe-t-elle toute entière à nos frères séparés ? Elle leur incombe en partie, mais elle est aussi en grande partie la nôtre". La nôtre, autrement dit celle de l'Église Catholique et de son Pape d'alors, saint Léon IX. Or la thèse qui rend les arbitraires du Pape responsables du schisme fut condamnée par Pie IX (Lettre Apostolique *Ad Apostolicæ*, 22-8-1851 ; Syllabus 8-12-1864, prop. 38, DS 2938).

C'est donc Roncalli qui inaugura l'usage inouï de demander pardon pour les erreurs présumées de l'Église (celles du passé, évidemment) usage qui avec Vatican II et le post-concile, deviendra règle quotidienne. A quel ennemi de l'Église n'a-t-on demandé pardon ? A les écouter, il semblerait que toute l'histoire de l'Église n'ait été qu'une suite d'erreurs et d'injustices incompatibles avec sa sainteté et son indéfectibilité. Bien entendu, les erreurs sont toutes du côté de l'Église du passé pour laquelle Roncalli et successeurs récitent le "*mea culpa*" en frappant la poitrine des autres[340].

Les fautes du passé étant donc rejetées par lui essentiellement sur l'Église ("*in gran parte*") et non sur les schismatiques, Roncalli put, "dans la renaissance moderne des études patristiques" (14292) indiquer la voie de la réconciliation future. Le lecteur sait déjà de quelle renaissance il s'agit : celle de l'école de De Lubac qui se servit de la patristique comme d'un prétexte pour "sauter le désert de la

---

[339] Tanzella, op. cit., p. 213. Hatch, op. cit., p. 163.
[340] Hebblethwaite, op. cit., p. 292.

scholastique"[341], selon le mythe du retour aux sources propre à tous les hérétiques.

De Maria satis

"L'amour" illimité et un peu mièvre de notre Patriarche pour les "frères séparés" et pour "tous les hommes du monde", s'attiédit quelque peu lorsqu'il s'agit de la Sainte Vierge. C'est que, à trop louer la Mère de Dieu, on pourrait compromettre l'œcuménisme !

Nous avons déjà vu la perplexité de Roncalli lors de la proclamation du dogme de l'Assomption (1950) ; il était à ce moment à Paris[342]. Aujourd'hui Roncalli récidive. Voici ce qu'écrit le moderniste Hebblethwaite : « Comme nombre de mariologues sous le Pontificat de Pie XII, il n'est toutefois pas d'avis qu'il ne saurait y avoir d'excès dans les bonnes choses et que *"de Maria numquam satis"* "l'on ne peut trop honorer Marie". On lui cherche des titres nouveaux, extravagants ». Roncalli refuse poliment de signer une pétition pour l'institution d'une nouvelle fête, celle de la *Regalitas Mariæ*, la Royauté de Marie : « Au Secrétariat du pieux mouvement international "*Pro Regalitate Mariæ*" [...]. Je vous prie de pardonner mon silence qui traduit mon indécision jusqu'à ce jour et ma crainte qu'une telle fête puisse porter un grave préjudice à l'action apostolique déjà entreprise en vue de refaire l'unité de l'Église catholique dans le monde. Jésus, agonisant, a dit à Jean : "Voici ta mère". Voilà qui suffit à la foi et à la liturgie [...]. Tout le reste est sans doute, et même sûrement, édifiant et émouvant pour bien des âmes dévotes et pieuses : mais pour beaucoup d'autres, bien plus nombreuses, et même bien disposées envers l'Église catholique, c'est un sujet d'irritation et - selon une expression moderne - un contre-témoignage [...]. Je me contente donc de dire : *Salve Regina mater misericordiæ* » (Alberigo, p. 489, lettre datée du 22.4.1954, reprise dans '*Gran Sacerdote*', pp. 178-179).[343]

« Il ajoute cependant prudemment que si "l'autorité suprême de l'Église" devait décider d'instituer une telle fête il serait parmi les

---

[341] Affirmation de Peter Hentici, de l'Université Grégorienne, citée par Claudio Altarocca dans "Un teologo innammorato. Balthasar e la mistica Adrienne", dans 'La Stampa', 20/10/1991, p. 18.
[342] Sur l'aversion qu'éprouvent les hérétiques pour la théologie et la philosophie scholastique, cfr. Pie IX, 'Syllabus'8/12/1864, prop. 13. Saint Pie X, Encyclique *Pascendi* 8/9/1907. Pie XII, Encyclique *Humani Generis* 12/8/1950, DS 3894.
[343] *Sodalitium*, n° 27, p. 17.

premiers à la célébrer. Voilà qui est "judicieux" puisque six mois plus tard paraît l'encyclique *Ad Cœli Reginam*, instituant la fête de la royauté de Marie, fixée au 30 mai. Mais on se souviendra de l'objection de principe de Roncalli. Il est plutôt exceptionnel de voir un prélat italien s'opposer à une nouvelle fête mariale pour des raisons œcuméniques. La mariologie roncallienne a des limites et le terrain est préparé pour la saine et sobre mariologie du Concile »[344].

De Maria satis : de Marie on n'a que trop parlé…, telle est la "saine et sobre mariologie du Concile".

Je serais demeuré un bon musulman

S'il en était ainsi de l'œcuménisme de Roncalli dans la vie publique, qu'en était-il dans sa vie privée ? En public "il sait bien mettre du vin nouveau dans de vieilles bouteilles"[345], mais en privé, avec les domestiques sans doute, était-il encore plus explicite. En effet… lorsque le Patriarche de Venise se rendit à Rome pour le Conclave, seuls son secrétaire (Mgr. Capovilla) et Guido Gussso, son valet de chambre, l'accompagnaient[346].

Interviewé par Renzo Allegri, Guido Gusso déclara : « J'ai reçu une éducation traditionnelle catholique rigide. On enseignait alors que c'était pécher que de parler avec un protestant ou un juif. Même si cela fait sourire, c'était à l'époque important, grave. Il ne fallait avoir aucun contact avec "ces infidèles". Lorsque je me rendis compte que le cardinal recevait à sa table protestants, juifs, musulmans, sans aucune distinction, je m'en émerveillai. Il s'en rendit compte et, souriant, m'expliqua que tous les hommes sont fils de Dieu, indépendamment de la religion qu'ils professent ; que l'essentiel est d'être honnête et fidèle à sa propre conscience et par conséquent à sa propre foi ».

« À Venise, par contre d'autres personnes étaient scandalisées et critiquaient l'œuvre du cardinal. Il en souffrait mais il ne modifia jamais son comportement. Un jour, comme pour justifier sa conduite, il dit :

---

[344] Hebblethwaite, op. cit., p.277.
[345] Hebblethwaite, op. cit., p. 300.
[346] Allegri, Il Papa che ha cambiato il mondo, Reverdito éditeur 1988, p. 120. Pas toujours, mais s'il y a danger pour la Foi, "c'est péché de parler avec un protestant ou un juif". Il suffit pour s'en rendre compte, de lire l'Apôtre saint Jean : "Si quelqu'un vient à vous et n'apporte pas cette doctrine, ne le recevez pas dans votre maison, et ne le saluez point. Car celui qui le salue participe à ses œuvres mauvaises" (II Jean 10 et 11).

"si j'étais né musulman, je crois que je serais toujours demeuré un bon musulman, fidèle à ma religion" »[347].

Si Guido Gusso ne ment pas, Angelo Roncalli professait **ouvertement l'hérésie de l'indifférentisme religieux** et, ce qui n'est pas moins grave, **faisait perdre la Foi aux âmes simples**.

Les chrétiens anonymes

La vision œcuménique du patriarche ne se limitait donc pas aux "orthodoxes" ou aux protestants : pour lui le musulman tout comme le chrétien, est agréable à Dieu. Mais il y a plus. Nous savons que le jésuite Karl Rahner théorisa "un christianisme anonyme" autrement dit pour les individus que l'on n'appelle pas chrétiens, qui ne croient pas au Christ, mais qui seraient tout de même "chrétiens". Ecoutons parler Mgr. Roncalli à l'hôtel de ville de Venise lors de sa première entrevue avec le conseil municipal : "Je suis heureux de me retrouver parmi des gens actifs, car celui-là seul qui œuvre pour une bonne cause est un authentique chrétien. La seule façon d'être chrétien est d'être bon. Voilà pourquoi je suis heureux d'être ici, même s'il y en a parmi vous qui ne se disent pas chrétiens, mais qui peuvent être reconnus comme tels en raison de leurs bonnes actions"[348].

Est donc chrétien celui qui fait de bonnes actions (même s'il ne croit pas). N'est pas chrétien celui qui n'est pas bon (même s'il est baptisé et croyant). Le christianisme, dans la pensée roncallienne, est ainsi réduit à une simple éthique naturelle ; les bonnes œuvres naturelles sont confondues avec les bonnes œuvres surnaturelles ; **la Foi devient superflue**. Hebblethwaite jubile et commente : « Ainsi Roncalli n'a rien à apprendre au sujet de ces "chrétiens anonymes", comme les appellera plus tard Karl Rahner : tout acte bon relève de la grâce du Christ, même s'Il n'est pas explicitement reconnu comme tel. En pratique cela implique le respect à l'égard de tous ceux qui sont engagés dans l'action politique » (Nous avons déjà parlé de De Gasperi dans *Sodalitium* n° 27, p. 15).

Ces derniers mots d'Hebblethwaite se réfèrent aux politiciens du groupe laïque et davantage encore du groupe marxiste. En effet, ne l'oublions pas, ce sont eux les "chrétiens anonymes" auxquels s'adresse

---

[347] Hebblethwaite, op. cit., p. 271.
[348] Nous avons déjà parlé de De Gasperi dans *Sodalitium* n° 27, p. 15.

Roncalli, lorsqu'il parle au conseil municipal de Venise, conglomérat de tous les partis.

Avec cette considération nous introduisons le sujet du prochain numéro : l'action politique en faveur "de l'ouverture à gauche" menée à Venise par Mgr. Roncalli, en syntonie avec Mgr. Montini, principal fauteur de cette ouverture, d'abord au Vatican puis à Milan.

NEUVIÈME PARTIE :
Patriarche de Venise (1953-1958) ; l'action politique

Extrait de *Sodalitium* n° 32 de mai 1993.

En 1925, à peine consacré évêque, Roncalli avait quitté l'Italie. Depuis, et jusqu'à ce qu'il soit appelé à Venise par le Saint-Siège en 1953, tout son ministère s'était déroulé à l'étranger (Bulgarie, Grèce, Turquie, France). Que de changements en Italie durant ce laps de temps ! Lors de son départ, Victor-Emmanuel régnait, Benito Mussolini était au gouvernement. A son retour, Roncalli trouve un pays vaincu, transformé en république (1946), doté d'une nouvelle constitution (1948), gouverné par une démocratie parlementaire que dominent les partis politiques. Mais, pour le lecteur étranger, peut-être aussi pour quelques lecteurs italiens, il convient d'illustrer la situation politique qui s'était créée en Italie entre l'après-guerre et 1953.

La question démocrate-chrétienne

En Italie comme ailleurs, la fin de la seconde guerre mondiale voit le triomphe de la coalition antifasciste regroupée pour former chez nous le C.L.N. (comité de libération nationale). Mais les partis qui constituent ce front sont multiples et, très vite, des hostilités surgissent entre eux. Le C.L.N. comprend trois blocs distincts : les catholiques libéraux, héritiers du Partito Populare de don Sturzo et de De Gasperi, les partis laïques, et les partis socio-communistes de Nenni et Togliatti.

Voyons d'un peu plus près les deux blocs non catholiques.

D'un côté nous avons le bloc marxiste alliant communistes et socialistes (ces derniers affaiblis par la scission sociale-démocrate). Appuyés par les soviétiques, majoritaires dans plusieurs régions italiennes, ils visent la conquête pacifique ou violente du pouvoir (mais ils sont cependant retenus par les accords de Yalta...).

D'autre part, nous avons le front laïciste, minoritaire, qui bénéficie de solides appuis économiques. Il est représenté par le parti libéral (plutôt conservateur, héritier lointain de Cavour) et par le parti républicain (plutôt progressiste, continuateur des thèses de Mazzini). Ces deux partis, surtout le républicain, sont anticléricaux et proches de la franc-maçonnerie.

Le lien entre marxistes et laïcistes est assuré par le "parti d'action" qui se dit libéral et socialiste. Composé essentiellement d'intellectuels d'élite qui se proclament "conscience laïque" de la nation, il se dissout rapidement en tant que parti tout en conservant cependant une grande influence culturelle "jacobine".

Telles sont les forces politiques non catholiques sorties victorieuses depuis la fin de la guerre, tandis que les vaincues sont regroupées à droite dans le Mouvement Social ou dans les divers partis monarchistes (de tendance libérale). Face à ce regroupement, comment organiser les catholiques ? Là est le problème que dut affronter Pie XII. Les solutions choisies devaient résoudre plusieurs dilemmes :

a) fallait-il, oui ou non, légitimer derechef la Démocratie Chrétienne (D.C.), renée des cendres du Partito Popolare que Pie XI avait abandonné à lui-même durant le fascisme ?

b) en cas de réponse positive à ce premier point, fallait-il favoriser l'unité politique des catholiques autour de la D.C., ou plutôt autoriser l'existence de plusieurs partis catholiques ?

c) si l'on misait tout sur la D.C., pouvait-on permettre (et comment ?) une alliance avec les partis laïcistes ou avec les partis marxistes ?

Nous savons ce qu'il advint de fait. C'est la D.C. qui fut soutenue, on favorisa l'unité politique autour d'elle et on dut supporter qu'elle gouverne avec les partis laïques, tout en interdisant par l'excommunication de 1949 toute ouverture vers les marxistes. Ces choix furent reprochés à Pie XII par maints critiques acerbes, à l'esprit d'escalier et faisant abstraction des circonstances de l'époque. Mais le Pape ne pouvait agir sans tenir compte de la réalité qui s'imposait à lui à ce moment-là, conditionnant les choix. Comme le souligne Jean Chelini[349], historien du pontificat de Pacelli, Pie XII, contrairement à Montini, n'est pas un démocrate-chrétien. Il n'a pas pour but d'agir "en faveur d'un courant politique qui aurait gagné son adhésion, mais dans l'intérêt de l'Église en Italie, pour la sauvegarde de ses droits, la

---

[349] Jean Chelini, "L'Église sous Pie XII" Paris, éd. Fayard 1989. Le livre porte l'Imprimatur de l'Archevêque de Paris.

préservation des valeurs chrétiennes traditionnelles du peuple italien garanties depuis 1929 par le Concordat. De tempérament monarchiste et autoritaire, Pie XII n'est pas tiraillé entre la défense de la royauté (libérale, n.d.r.) et l'avènement de la République ; il est plutôt soucieux de rechercher le régime et la force politique capables de préserver le Concordat et les droits de l'Église ; d'écraser la montée du parti communiste italien en particulier, et de la gauche anticléricale en général"[350]. Quoiqu'il en soit des radio-messages de 1942 et de 1944 sur la Démocratie, Pie XII n'aurait pas dédaigné, pour succéder au fascisme vaincu, un "État Catholique autoritaire, sur le modèle de ceux de l'Autriche de Mgr Seipel et de Dollfuss ou bien de l'Estado Novo salazarien, capables à la fois de créer un nouvel ordre fondé sur la justice et de combattre le communisme, mais assez éloigné de l'idéal et de la tradition démocrate-chrétienne et populaire"[351]. Le concordat stipulé avec l'Espagne du général Franco en 1953 montrera qu'en d'autres circonstances le choix de Pie XII aurait été bien différent de celui qu'il dut faire en Italie[352]. Mais très vite, dès 1943, les événements rendirent cette solution irréalisable. Tandis que les structures de l'État se désagrègent (monarchie, armée...) les hommes de la résistance (C.L.N.) prennent le pouvoir. Et, dans le milieu catholique, ils sont tous démocrates-chrétiens.

Après les élections décisives de 1946 et de 1948 il ne peut rester à Pie XII qu'un objectif : empêcher la montée au pouvoir des socialistes et des communistes ; comme il s'agit d'élections, la chose ne peut se faire qu'au moyen d'un Parti. Or, dans le camp catholique, seuls les démocrates-chrétiens ont la mentalité et la tradition de parti. Aussi Mgr Montini eut-il beau jeu de faire prévaloir dans le choix de Pie XII l'unique parti "des catholiques" (la D.C.) ; ce choix s'opposait à une autre tendance de la Curie, représentée par Mgr Tardini et Mgr Ottaviani, partisans de diviser politiquement les catholiques afin de se réserver, dans l'alternative, une solution de droite[353]. Hélas, la crainte

---

[350] Jean Chelini, op. cit., p. 400. Vol. II "L'Après-guerre 1945-1958".

[351] Jean Chelini, op. cit., p. 409.

[352] Jean Chelini op. cit., p. 440-441. Nous ne voulons pas, ce-disant, affirmer que les régimes de Dollfuss, de Franco et de Salazar aient été l'idéal à la lumière de la doctrine sociale de l'Église, mais seulement que, pour Pie XII, le choix démocratique n'était pas le seul possible, ni même le meilleur lorsque les circonstances permettaient de faire autrement.

[353] Jean Chelini, op. cit, p. 411. Je vous renvoie au livre de l'historien Andrea Ricciardi : « Il "partito romano" nel secondo dopo-guerra (1945-1954) », éd. Morcelliana 1983. Ce volume est entièrement dédié à la tendance hostile à l'unité politique des catholiques autour de la D.C. Sur cette hostilité à la D.C. considérée d'un point de vue plus

d'une victoire électorale socio-communiste contraint l'Église à appuyer la D.C., moyen le plus efficace pour barrer la route aux marxistes. Cependant, souligne Chelini, "la sympathie de Pie XII pour le mouvement démocrate-chrétien n'est que très limitée ; ce sont les événements et les nécessités du temps qui l'ont conduit à lui apporter son appui, avec cependant la crainte que le parti ne soit pas capable d'endiguer la progression marxiste. Très vite il (Pie XII) s'est heurté à De Gasperi qui…jugeait indispensable l'existence d'un grand parti démocrate-chrétien, non confessionnel et indépendant de l'Église"[354]. Pie XII en arriva au point de refuser "de recevoir De Gasperi qui avait demandé une audience à l'occasion du 30ᵉ anniversaire de son mariage et des vœux perpétuels de sa fille Lucia qui s'était faite religieuse. Ils ne devaient d'ailleurs plus jamais se revoir…"[355]. "Même lorsque de Gasperi eut quitté le pouvoir (1953, n.d.r.), les relations ne s'améliorèrent pas sensiblement. Pie XII réagit mal au discours que De Gasperi prononça le 20 mars 1954 devant le Conseil National de la D.C."[356]. En cette occasion De Gasperi confirma que la D.C. n'était pas « "un parti confessionnel, émanation de l'autorité ecclésiale" ; il rappelait son souci constant d'associer au gouvernement des forces d'inspiration autre, seul moyen de consolider la démocratie italienne naissante ; il soulignait que "le croyant agit en tant que citoyen dans l'esprit et dans la lettre de la constitution ; qu'il engage lui-même, sa catégorie, sa classe (sociale), son parti et non l'Église". Pour finir, De Gasperi redéfinissait clairement le rôle des Comités Civiques qui, "malgré leur travail efficace et méritoire de mobilisation, n'ont jamais prétendu à des fonctions de représentation ou de responsabilité politique". Le Pape, très inquiet, ordonna à la *Civiltà Cattolica* d'écrire un article contre De Gasperi, précisant ce qui, à son avis, était la véritable doctrine de l'Église. L'article parut en effet le 3 avril ; mais au lieu d'attaquer directement De Gasperi il s'en prenait à Missiroli, défendant le droit des Comités Civiques et même des paroisses à faire

---

traditionnel, on peut se reporter aux écrits de l'avocat Carlo Francesco D'Agostino qui dénonça ce parti au Saint-Office en 1946.

De nos jours on trouve des articles intéressants sur le problème démocrate-chrétien dans la revue *"Instaurare"* (Via Cadei 12, Udine) revue qui se nourrit cependant de contradictions : en effet ses rédacteurs (comme d'ailleurs D'Agostino) acceptent la liberté religieuse et l'enseignement de Jean-Paul II, qui sont tout à fait conformes à l'erreur démocrate-chrétienne de l'agnosticisme d'État.

[354] Jean Chelini, op. cit., p. 424.
[355] JEAN CHELINI, op. cit., p. 424.
[356] G. MARTINA, "La Chiesa in Italia negli ultimi trent'anni" éd. Studium Roma 1977, p. 36.

de la politique, tout en reconnaissant par ailleurs l'autonomie du parti d'inspiration chrétienne. Toutefois, dans la conclusion, l'auteur, le P. Antonio Messineo, critiquait explicitement De Gasperi d'avoir, dans son discours, souligné davantage l'autonomie du parti que son inspiration chrétienne ; de n'avoir pas rappelé que l'autonomie politique trouve sa limite dans la nécessité d'obéir au magistère ecclésiastique en ce qui regarde les principes moraux et sociaux devant inspirer l'action politique du catholique. Le Pape, qui avait corrigé personnellement l'article, n'accepta qu'à contrecœur le ton choisi par l'auteur, ton à son avis trop bienveillant envers le président du Parti »[357].

En résumé[358] :

1) Alors que Montini et De Gasperi voulaient l'unité politique des catholiques autour de la D.C. pour des motifs idéalistes, Pie XII l'accepta seulement pour conjurer le péril communiste.

2) Pie XII accorda toutefois son appui à la D.C., considérant cela comme une dure nécessité dont il se serait volontiers passée.

3) L'affrontement avec De Gasperi "était inévitable"[359].

En effet De Gasperi et les démocrates-chrétiens étaient pour la laïcité de l'état, l'autonomie politique des catholiques vis à vis de l'Église, la collaboration de principe avec les forces d'inspiration non chrétienne (laïques et mêmes marxistes) ; ils se refusaient par contre à toute collaboration avec la droite, même d'un point de vue purement tactique et anticommuniste.

Tandis que pour l'homme d'état trentin (de la ville de Trente) la collaboration avec les forces laïques était essentielle à la construction du nouvel État, le Saint-Siège répétait qu'une "alliance avec les partis anticléricaux était inadmissible, et que la Démocratie Chrétienne serait considérée comme un parti philo-ennemi si elle continuait dans cette voie".[360]

4) Si Pie XII maintint tout de même un rapport avec la D.C., ce fut bien à contrecœur et il n'est pas exclu qu'à partir de 1952 surtout, il n'ait pas cherché une autre alternative.

---

[357] Cfr. "Il Sabato", 14 septembre 1991, n° 37, p. 12 et suiv. "Quel passato che divide" de PINA BAGLIONI.
[358] G. MARTINA, op. cit., p. 30.
[359] G. MARTINA, op. cit., p. 32.
[360] G. MARTINA, op. cit., p. 34-35.

Cette longue introduction m'a semblé nécessaire pour mieux situer le climat politique où va se trouver plongé le Patriarche Roncalli de retour en Italie en 1953.

Progressiste ou conservateur ?

Nous l'avons vu : à la différence de Mgr Montini, fils d'un journaliste et député du Partito Populare, la politique n'était pas le pain quotidien de Mgr Roncalli.

Cependant, le Patriarche était **profondément, viscéralement hostile à l'intégrisme, c'est-à-dire à une vision intégralement catholique de la société.** Et c'est plutôt du côté du "Sillon", démocrate et progressiste, condamné par saint Pie X, qu'allaient ses sympathies. Peut-on dire alors qu'il était "progressiste" ? Fondamentalement, Roncalli était un historien. Sa passion pour l'histoire nous permet de comprendre l'aspect "conservateur" de sa personnalité, aspect qui impressionna tant de gens et fit croire à beaucoup qu'il se serait opposé aux réformes conciliaires et post-conciliaires s'il avait vécu jusque-là : comment un savant expert de la contre-réforme, clerc dévot selon les canons de la piété tridentine, aurait-il pu se mettre consciemment à la tête d'une révolution clôturant précisément l'ère inaugurée à Trente ?

C'est ce qu'il fit pourtant. Etant donné le pacifisme intellectuel de Roncalli, son libéralisme de fond, son optimisme exagéré, ignorant des vérités concernant la malice de l'homme, l'étude de l'histoire lui façonna une mentalité "historiciste" qui relativise tout. Le passé lui paraît alors sombre. Le présent plus beau, le futur toujours radieux. "Lorsque nous considérons les circonstances de la vie actuelle, dit-il, nous sommes facilement portés à critiquer amèrement les maux et les désordres qui nous entourent, en particulier sous les aspects divers des idées et des faux principes en religion et en philosophie, à critiquer la vie morale décadente et tentatrice"[361]. N'est-ce pas là un jugement négatif porté par tous les Papes ? "Hors du bercail du Christ", cette expression de Pie XII lui-même ne faisait-elle pas allusion à ces temps ? Par contre les Papes ne donnaient-ils pas en exemple la civilisation chrétienne du passé, malgré ses imperfections et ses tempêtes ? Léon XIII et saint Pie X avaient clairement affirmé que la civilisation chrétienne n'était pas à inventer mais à restaurer puisqu'elle existait déjà. Pour Roncalli il n'en est pas ainsi. Et il poursuit : "A l'époque de

---

[361] TANZELLA s.c.J., "Papa Giovanni", éd. Dehoniane Andria 1973, p. 219.

saint Laurent Justinien les choses étaient bien pires"[362]. Roncalli ne dit pas qu'alors les choses, ou certaines choses allaient mal, il dit que, au temps de la chrétienté, les choses étaient pires que maintenant, après deux siècles de révolution antichrétienne et de "nouveau droit". C'est cette conception de l'histoire qui fait de Roncalli un "**progressiste**" ; c'est elle qui, reprise dans le discours d'ouverture du Concile, fera **passer la révolution de Vatican II.**

La Marseillaise

Ici un petit épisode, apparemment insignifiant prend une valeur symbolique. Les biographes de Roncalli, amateurs d'anecdotes[363] racontent comment ce dernier fit jouer la Marseillaise par la fanfare place Saint-Marc pour honorer son hôte français le Cardinal Feltin Archevêque de Paris, alors en visite a Venise. Pour Roncalli il était normal d'identifier la France et son hymne national, fût-ce la Marseillaise. Il ne venait pas à l'esprit du Cardinal, pourtant déjà professeur d'histoire, qu'en France, en Italie, et à Venise, bref dans l'Europe entière, c'est au son de ces refrains que les révolutionnaires fondèrent dans le sang une nouvelle société antichrétienne...

La question romaine

Si l'épisode de la Marseillaise place Saint-Marc nous révèle le point de vue de Roncalli en ce qui concerne la Révolution française, une homélie à la cathédrale à l'occasion du 25ᵉ anniversaire des "Accords du Latran" (11 février 1954) nous éclaire sur ce qu'il pense de la révolution italienne (plus communément dénommée "Risorgimento"). Son discours fit grand bruit : il traduisait en effet une certaine compassion de Mgr Roncalli pour Mussolini à cause de la signature du Concordat qui mettait fin à la "question romaine" ouverte justement avec le "risorgimento" et l'occupation de la Rome papale (et uniquement pour cela). Rappelons que, contrairement à Montini, Roncalli fut toujours favorable au Concordat. En effet autant l'un était viscéralement antifasciste, autant l'autre était foncièrement

---

[362] TANZELLA, op. cit, p. 214. T Az. AIUNI, p.116 ; HATCH, "Giovanni XXIII", 2ᵉ éd. it. Mursia Milano, p.151.
[363] HEBBLETHWAITE, "Jean XXIII, le pape du Concile" Ed. française Le Centurion p. 272.

conciliariste vis à vis du monde non catholique. Notre fidèle Hebblethwaite saisit bien, quoique avec les exagérations habituelles, les anticipations révolutionnaires inhérentes à la pensée du Patriarche : « Comment - se demande-t-il - l'Église en vient-elle à changer d'attitude sur des questions importantes ?

« Le problème posé par les accords du Latran (…) c'est le changement d'esprit radical de l'Église dont ils témoignent. Elle a abandonné ses prétentions à la restauration des États Pontificaux. Mais on peut défendre une cause juste [la Conciliation, n.d.r.] à un mauvais moment [le Fascisme, n.d.r.] et ce qui rend possible le changement c'est la reconnaissance, dans la Foi, que Dieu est toujours mystérieusement à l'œuvre dans le monde. Roncalli explique patiemment : "il était naturel - répétons-le bien, n.d.r. - que les Papes estiment de leur devoir de se défendre eux-mêmes, à quelque prix que ce fût, jusqu'au jour où vint un nouveau signe du ciel qui trouva un écho dans la conscience du Pape et mit ainsi fin à ses prétentions et affirmation justifiées par ailleurs" (Bertoli, p. 19). La réconciliation de l'Église italienne avec la nation italienne devient ainsi le prototype de la réconciliation, de façon plus générale, entre l'Église et le "monde". Tout l'art consiste à "discerner les signes du temps" »[364].

A cette conciliation "avec le progrès, avec le libéralisme et la société moderne" (Pie IX, Syllabus, prop. condamnée n° 70) Roncalli était poussé par la « tentation habituelle [qui] grandissait en lui d'éviter les situations controversées et désagréables ; [comme il l'écrivait lui-même] "tentation de m'abandonner quelque peu à mon tempérament pacifique qui me pousserait à préférer une vie paisible plutôt que les situations risquées et incertaines", ce dont il était toujours plus conscient »[365].

Festival et Biennale

Cet esprit de conciliation se manifesta également dans la vie culturelle et mondaine de Venise. Pour les Patriarches, ses prédécesseurs, le Festival du cinéma et la Biennale de peinture étaient une épine continuellement fichée dans le cœur : ces manifestations étaient peu respectueuses de la morale et de la religion ; saint Pie X,

---

[364] EDWARD E.Y. HALES, "La Rivoluzione di Papa Giovanni" éd. Saggiatore Milano 1968 p. 42 qui cite "Giornale dell'anima" éd 1964 p. 242. Ed. anglaise : "Pope John and his Revolution" 1965.
[365] ALLEGRI, p. 123-124.

alors Patriarche de Venise, avait interdit aux Prêtres la visite de la Biennale. Roncalli "parfaitement à son aise, comme toujours" à l'inauguration du Festival du cinéma, ne s'émut en rien non plus lorsqu'en 1954, pour la Biennale, furent exposés des tableaux au thème religieux, mais traité de façon "quasi blasphématoire". "Généralement dans ce genre de circonstances, Evêques et Cardinaux tonitruaient et condamnaient du haut de leur chaire. Roncalli (…) préféra recourir à la manière douce"[366]. Se contentant d'une petite contrepartie, "il abolit en 1956 l'interdiction de visiter l'exposition, interdiction posée aux prêtres par le Cardinal Sarto et il s'y rendit personnellement". Or, si entre la fin du XIXe et 1956 les temps étaient changés, ce n'était qu'en pire ; il ne faut donc pas s'étonner si "son geste, inouï pour l'époque, fit scandale dans les milieux ecclésiastiques". "Mais Roncalli feignit de ne pas entendre les critiques".

Le résultat, nous le voyons de nos jours avec le niveau de l'art et de la morale…

"Le chrétien doit éviter les accrochages" (1955)

"Le caractère pacifique" de Mgr Roncalli ne pouvait que le pousser à désapprouver en son for intérieur l'anticommu-nisme catégorique de Pie XII. "Il importe de ne pas contrarier Pie XII". Mais dans son cœur le Patriarche vénitien ne suit pas le Souverain Pontife lorsque ce dernier s'oppose de front au communisme. « La propagande électorale ne s'encombre pas de nuances : c'est "Rome ou Moscou". Roncalli n'est pas tout à fait d'accord avec cette façon de voir. Se trouvant à Rome peu avant les élections du 18 avril 1948, il a assisté à un rassemblement de jeunes sur la place Saint-Pierre. Il a été déconcerté d'entendre Carlo Carretto, un jeune responsable de l'Action Catholique, dénoncer les politiciens présents - y compris le Secrétaire du parti démocrate-chrétien, Alcide De Gasperi - comme trop timides et trop faibles dans leur opposition au communisme ». C'est l'avis de Pie XII, nous l'avons vu. Ce n'est pas celui de Roncalli, au dire d'Hebblethwaite qui poursuit : « C'est franchement faire étalage de force musculaire, et les "bérets verts" de l'Action Catholique rappellent ceux qui, avant eux et de façon plus sinistre, ont cherché "la force dans l'unité". Roncalli y voit une perversion de l'Action Catholique : "Ce n'est pas là ce que veut le Seigneur. Le chrétien évite les accrochages et la rhétorique… Il faut

---

[366] HEBBLETHWAITE, op. cit., p. 274.

avancer prudemment. Il y a tout un tissu de relations avec la classe politique qui appelle un respect discret et un sens du devoir. Comme témoins du Christ, notre première tâche n'est pas la lutte mais les semailles du bon grain, non la victoire mais la souffrance" »[367].

Pie XII qui se méfiait de la D.C., préférait s'appuyer sur des mouvements moins liés au Parti et davantage au Saint-Siège : l'Action Catholique du Prof. Gedda avec ses Comités civiques ; le "Mouvement pour un monde meilleur" du Père Lombardi s.j. Ce n'est certes pas notre bulletin qui fera un éloge démesuré de Gedda et de Lombardi ; mais ceux-ci étaient encore trop anticommunistes, combatifs et "pacelliens" pour plaire au pacifiste Mgr Roncalli. Roncalli flaire dans l'intransigeance (contre le communisme du moins) du Père Lombardi le même esprit que dans l'anti-modernisme (beaucoup plus conscient) du Père Mattiussi à l'époque et la réaction du Vieux Patriarche est la même que celle du jeune prêtre de Bergame.

En mai 1955 les Evêques de Vénétie, Mgr Roncalli en tête, suivent les Exercices Spirituels prêchés par le Père Lombardi à la Villa Immacolata di Torreglia Alta (Padova). Comme il le confie dans son journal spirituel à propos du Père Lombardi "Roncalli n'apprécia guère ses "jugements historiques et sa vision unilatérale de l'état du monde moderne… ni son ton pessimiste, agressif, à la franc-tireur, qui jette le trouble dans les esprits…" »[368]. Mgr Roncalli exprimera ses perplexités dans une lettre officielle du 6 novembre 1955 à Mgr Dell'Acqua, substitut à la Secrétairerie d'État.

La "vision unilatérale de l'état du monde moderne" reprochée au Père Lombardi par Mgr Roncalli n'est autre que l'attitude de condamnation et de lutte propre à l'Église catholique jusqu'à Pie XII. Pour le Pape Pacelli, les Evêques italiens, le Patriarche de Venise entre autres, "auraient dû maintenir les comités civiques d'Action Catholique à la hauteur de leur tâche ; ils auraient dû s'assurer que ceux-ci avaient parfaitement compris qu'il n'était permis aux catholiques ni de voter pour les communistes ni de les aider en aucune façon ; que socialisme et communisme sont en substance une seule et même chose, car tous deux fondés sur la même erreur philosophique ; que, si forte qu'en soit

---

[367] HEBBLETHWAITE, op. cit., p. 270. La citation de Roncalli est tirée de "Giovanni XXIII, Quindici letture" de LORIS CAPOVILLA, éd. Storia e Letteratura Roma, 1970, p. 351.
[368] HEBBLETHWAITE op. Cit., p. 285. ANGELO G. RONCALLI, "Il giornale dell'anima", a cura di LORIS CAPOVILLA éd. Storia e Letteratura 1964 ; éd. Paoline 1989. Ces réflexions ne figurent ni dans la traduction anglaise, ni dans la traduction française du journal. "Giovanni XXIII, lettere 1958-1963" éditées par L. CAPOVILLA, p. 142-143.

la tentation, les hommes politiques catholiques devaient s'abstenir de tout pacte ou accord avec les socialistes, propension toujours plus forte des démocrates-chrétiens les plus à gauche. Et l'historien Edward Hales poursuit : Il est peu probable que Roncalli se soit beaucoup préoccupé de ces directives, lui qui fit le maximum pour lier amitié avec des personnes appartenant à tous les secteurs d'opinion de Venise, et qui, **une fois Pape, révoqua la politique de Pie XII**"[369], politique qui, au dire d'Hales, consistait à travailler contre les autres, alors que, pour Roncalli, il fallait travailler ensemble... Ensemble ? Mais avec qui ? Avec les marxistes évidemment, comme le laissent entendre deux cas fameux dans lesquels fut impliqué notre Roncalli.

L'affaire Dorigo (1956)

Le Cardinal Roncalli favorable à "l'ouverture à gauche" ? Impossible ! Les conservateurs apologistes de Jean XXIII, le "Bon Pape Jean", mais fidèle à la Tradition, ne manquent pas de citer la lettre pastorale du 12 août 1956. Le Patriarche y déplore "l'ouverture à gauche à tout prix" et l'erreur consistant à "se joindre à ceux qui défendent l'idéologie marxiste, négation même du Christianisme et dont les applications ne peuvent s'accorder avec les valeurs de l'Evangile chrétien"[370]. Le texte est clair : comment peut-on sans calomnie accuser Mgr Roncalli de favoriser "l'ouverture à gauche" ventilée dans la D.C. de l'époque ? Pas de chance ! D'autres documents tout aussi clairs expliquent la sortie anti-progressiste de Roncalli ! En effet derrière cette Lettre Pastorale il y a le Saint-Office. Le Cardinal Pizzardo, de la Suprême Congrégation du Saint-Office, avait envoyé le 5 janvier 1956, une lettre "de menace"[371], à propos du directeur de l'hebdomadaire "Il *Popolo Veneto*", Vladimiro Dorigo. "Dorigo est la cible immédiate mais Roncalli est également mis en cause". "*Il Popolo Veneto*" n'est-il pas un hebdomadaire catholique imprimé à Venise ? Le Patriarche de cette ville en a donc la responsabilité. Mais le lecteur se demande peut-être : "qui est donc ce Dorigo ?"

Pour le savoir il nous faut remonter à 1954, année où Montini fut destitué de ses fonctions au Vatican. Subitement "l'ombre" de Pie XII, pro-secrétaire d'État se voit éloigné de Rome et "promu" à Milan. Mais

---

[369] EDWARD E.Y. HALES, op. cit., p. 42-43.
[370] ANGELO G. RONCALLI, "Scritti e Discorsi" Paoline Roma 1959-1963 vol. II, p. 420-421.
[371] HEBBLETHWAITE, op. cit., p. 287.

sans le chapeau cardinalice. De nombreuses hypothèses ont été avancées, et le sont encore, sur les motifs de cet "exil". Pour certains Mgr Montini fut impliqué dans la trahison de son secrétaire, le père Alighiero Tondi, espion communiste passé à Berlin-Est avec "sa femme" allemande de l'Est. On le sait de source sûre : Paul VI valida le mariage et Jean-Paul II réintégra le prêtre devenu veuf dans les rangs du clergé ! Selon d'autres, Montini fut éloigné par Pie XII pour avoir protégé Mario Rossi[372], le président des jeunes de l'Action Catholique. En 1952 déjà, la nomination de Gedda comme président général de l'Action Catholique italienne avait provoqué la démission du président du GIAC (les jeunes de l'Action Catholique), Carlo Carretto, passé à gauche. Rossi qui lui succède, ne tarde pas à entrer en conflit lui aussi avec Gedda. "Tandis que Gedda sacrifiait tout à l'unité du mouvement pour défendre "l'interclassismo" de l'Action Catholique avec la paroisse pour pivot (...), Rossi se proposait de suivre le modèle français avec diverses ramifications spécialisées : étudiants, ouvriers etc. (JOC, JEC...). Mais il y avait plus grave : une dissension fondamentale existait entre eux du fait de l'engagement politique à droite de Gedda, à gauche de Rossi (...). L'épisode banal en soi a une signification considérable. Pour la première fois était mise en question, au sommet même du mouvement catholique, l'orientation Pacelli-Gedda, leur engagement politique conservateur, leur anticommunisme le plus souvent négatif, au moins en apparence. Les deux contestataires Carretto et Rossi refusaient une Église de droite (...).

"Anticipant la contestation des années soixante-dix, Rossi se bat pour une Église ouverte à gauche". "Après une enquête" sur ses actes par "la commission cardinalice préposée à l'ACI et composée de Pizzardo, Piazza et Ottaviani, il [Rossi, n.d.r.] donnait lui aussi sa démission en 1954". La ligne de gauche inspirée du progressisme français et chapotée par Montini était provisoirement défaite à Rome. Restait à la réduire également au-dehors... A Venise, Vladimir Dorigo, "un des associés de Mario Rossi" avait "donné sa démission de la GIAC en 1954, en même temps que lui"[373]. La Secrétairie de la D.C. à Venise est pour l'ouverture aux Socialistes, et Dorigo en expose les idées sur "*Il Popolo Veneto*". Il est logique qu'après avoir éliminé Rossi à Rome, le Cardinal Pizzardo veuille éliminer Dorigo à Venise.

---

[372] ANDREA RICCIARDI, "Il potere del Papa da Pio XII a Paolo VI", éd. Laterza Bari 1988, p. 68-75. Y est décrit, dans un cadre plus général, le climat qui contribua à l'éloignement de Montini.
[373] HEBBLETHWAITE, op. cit., p. 287.

Mais Roncalli le défend. « Il trace un portrait sympathique de Dorigo : "Le Docteur Dorigo est un homme jeune et intelligent, d'une vie irréprochable et d'une observance religieuse fervente, qui ne se livre pas à des calculs égoïstes, mais extrêmement ferme, voire obstiné dans ses idées qu'il défend avec une rare habileté dialectique" ». Idées assez bonnes, somme toute, semble écrire Roncalli : il demande seulement "des réformes sociales" avec une ouverture modérée à gauche. De toutes façons, l'Evêque, lui n'y peut rien, puisque "*Il Popolo Veneto*" n'est pas un hebdomadaire diocésain, mais démocrate-chrétien. Le Saint-Office ferait même mieux de rester tranquille et de laisser courir. "Toute intervention directe de l'Autorité ecclésiastique pourrait finir par être connue et provoquer des réactions et des commentaires rien moins que favorables". "Mais, si la menace immédiate qui pesait sur Dorigo est écartée, on continue à faire pression sur Roncalli pour qu'il montre plus de fermeté". Le Cardinal Pizzardo ne fut pas convaincu par la lettre de Roncalli en date du 16 janvier dans laquelle, toujours selon Martina, "il [Roncalli] défendait en réalité Dorigo et son droit à l'autonomie politique ; il y répondit le 24 janvier en confirmant ses réserves" (Martina, Op. Cit., p. 37-38). Cela ne suffit apparemment pas à contenter les Evêques de Vénétie ; beaucoup plus catholiques que Roncalli, et excédés par les "catholiques de gauche" cause de "dégâts dans leur diocèse". Mgr Roncalli ne pouvait plus se taire : il lui fallut écrire la pastorale du 12 août 1956 contre "l'ouverture à gauche à tout prix".

Pour ce qui est de sa sincérité, le lecteur sait désormais à quoi s'en tenir. La lettre pastorale en question ne constitue pas une attaque des progressistes, mais en est paradoxalement une défense astucieuse. Roncalli "savait que, de toutes façons, [les Evêques de Vénétie] étaient sur le point de passer à l'attaque. Son intervention du 12 août 1956 est le lest qu'on jette pour limiter les dégâts"[374] ; …et ne pas condamner Dorigo ! Quelques jours plus tard les Evêques de Vénétie publiaient une lettre pastorale collective dans laquelle non seulement ils renchérissaient sur celle du Patriarche mais, passant outre, condamnaient Dorigo et interdisaient la lecture de son hebdomadaire. « Roncalli ne signa pas ce document. C'est évident, me direz-vous, puisque la lettre lui était adressée ; subterfuge, cependant, destiné à masquer son refus à condamner Dorigo et "*Il Popolo Veneto*" ».

---

[374] MARTINA, op. cit., p. 37-38.

Confronté avec le Cardinal De Lai en 1914 ou avec le Cardinal Pizzardo en 1956, c'est toujours le même Roncalli, "modernistiquement" astucieux.

Le salut au P.S.I. (1957)

Février 1957 : tandis que le Vatican le réprimande par l'intermédiaire de Mgr Dell'Acqua, le quotidien du Parti Communiste Italien "*L'Unità*" "lui rend hommage publiquement pour avoir jeté les bases d'une coopération entre les catholiques et la gauche"[375].

De qui s'agit-il ? De notre ineffable Mgr Roncalli, Patriarche de Venise, évidemment" ! Ce qui lui vaut et les applaudissements des communistes et la réprimande vaticane ? Un seul et même épisode, le message de vœux adressé aux socialistes à l'occasion du XXXe Congrès du parti, sous la présidence de Pietro Nenni (prix Lénine de la paix 1950, reçu à Moscou de Staline en personne).

Le Congrès s'était ouvert à Venise le 1er février 1957. Le lendemain dans une exhortation pour la Chandeleur intitulée "La lumière du Christ dans l'histoire et la vie des peuples" Mgr Roncalli salue de façon inopinée le congrès socialiste. Après avoir fait allusion à un procès en cours à Venise, le Patriarche ajoutait : « une autre réunion de plus vastes proportions, sinon d'égale profondeur, aura lieu ces jours-ci à Venise, avec des représentants de toutes les régions de la Péninsule : il s'agit du congrès du Parti Socialiste Italien.

« Je vous en dis un mot respectueux et serein, en bon vénitien qui fait de l'hospitalité un point d'honneur, selon d'ailleurs le précepte de Saint Paul qui recommande à l'Evêque de se montrer "*hospitalis et benignus*" ; de ce fait vous comprendrez combien j'apprécie l'importance exceptionnelle de cet événement qui est de grande conséquence, semble-t-il, pour la direction future immédiate de notre Pays. Il est certainement inspiré - je me plais à le croire - par le désir de promouvoir cette compréhension mutuelle qui est indispensable pour améliorer les conditions de vie et travailler à la prospérité sociale »[376].

Craignant alors que les Vénitiens ne s'y méprennent et croient leur Patriarche inscrit au P.S.I., Roncalli avance les mains et atteste son "chagrin" à constater que de nombreuses intelligences "honnêtes" et "supérieures" comme celles des socialistes, n'aient pas foi en

---

[375] HEBBLETHWAITE, op. cit., p. 289.
[376] Texte intégral dans LEONE ALGISI, "Giovanni XXIII, Marietti 1959, p. 280-281.

l'Evangile… « Mais ceci étant dit pour rappeler franchement mes positions spirituelles [pour éviter aussi de nouvelles réprimandes de la part du Vatican ? n.d.r.], comme il est d'usage entre gens bien nés [le camarade Nenni a, c'est bien connu, "une âme bien née" n.d.r.] je maintiens dans mon cœur le souhait de bienvenue : que les fils de Venise accueillants et aimables comme à l'accoutumée, contribuent à rendre plus profitable la réunion de ces nombreux frères venus de tous les coins d'Italie, pour une élévation commune vers un idéal de vérité, de bien, de justice et de paix ». **Catholiques et marxistes unis donc pour la construction d'un monde plus juste, vrai et pacifique : c'est là tout le programme de *"Pacem in terris"* et le démantèlement de *"Divinæ Redemptoris"* de Pie XI.**

« Nenni, le chef du Parti Socialiste Italien, répondit avec déférence [je lui faisz confiance !, n.d.r.] à l'hommage du Cardinal Roncalli, et c'est lui qui se rendra à l'ONU pour la commémoration de la plus célèbre encyclique du Pape Jean *"Pacem in terris"* »[377]. L'ancien dirigeant socialiste dut regretter en son for intérieur que Jean XXIII n'ait pas été à la place de Pie XII le 18 avril 1948 : lui et Togliatti auraient certainement gagné les élections et les Italiens, accueillants et cordiaux comme à l'accoutumée, auraient donné généreusement hospitalité à l'Armée Rouge de cet autre grand homme de paix que fut le camarade Joseph Staline.

Un cardinal à la veille du Conclave

Nous avons suivi Mgr Roncalli jusqu'en 1957. C'est l'année suivante qu'aura lieu le Conclave, imminent désormais, comme le faisait présager la longue maladie de Pie XII. Dans le prochain numéro de *Sodalitium* un article sera dédié à la "campagne électorale" de Mgr Roncalli en vue de ce Conclave.

Il suffit de connaître le Patriarche de Venise pour comprendre qu'avec cette apparente bonhomie et ce pacifisme à sens unique ses programmes de gouvernement de l'Église diffèrent foncièrement de ceux de Pie XII. Le parti montinien, privé de son candidat favori exclus du Conclave, finira par reporter toutes ses espérances de réforme et d'"aggiornamento" sur le vieux Patriarche de Venise.

---

[377] TANZELLA, op. cit., p. 223.

DIXIÈME PARTIE :
La préparation d'un conclave
(1954-1958)

Extrait de *Sodalitium* n° 33 de octobre 1993.

Notre lecteur sera peut-être déconcerté par le titre de cette dixième partie. Il est vrai, le Conclave qui se termina par l'élection d'Angelo Giuseppe Roncalli au siège de Pierre, ne dura que quelques jours, du 25 au 28 octobre 1958. Mais il était en voie de préparation depuis 1954 au moins... ce qui nous contraint à étudier pour la troisième fois, mais d'un autre point de vue, la période vénitienne de la carrière de Mgr Roncalli.

Le dernier Consistoire

Le 12 janvier 1953, Pie XII célébrait le dernier consistoire de sa vie : en cette occasion il créait 24 nouveaux cardinaux, dont, nous l'avons vu, Mgr Roncalli qui débutait ainsi son épiscopat vénitien. Pie XII n'avait plus de secrétaire d'État, il avait désormais deux pro-secrétaires : Tardini et Montini. En cette circonstance Pie XII leur offrit à tous deux la pourpre cardinalice. Tardini refusa et ce faisant "il entraîna Montini dans son refus parce que le Pape la lui avait offerte simultanément"[378]. L'historien Chélini écrit : "Mgr Nicoloni considère que Tardini avait suggéré à Montini de refuser comme lui la pourpre, sans aucune arrière-pensée, et que Montini l'avait accepté spontanément. La version contraire continue à circuler à Rome. Tardini en écartant Montini du cardinalat l'écartait en même temps du prochain conclave et lui fermait la porte du pontificat"[379].

Entre le Consistoire et les premiers jours de l'année 1958 treize cardinaux moururent ; le nombre des membres du Sacré Collège sera réduit à 53 (sur 70 disponibles). Des 21 charges cardinalices 13 seulement seront encore occupées par des cardinaux. Les postes de secrétaire d'État, de camerlingue, de cardinal dataire seront encore vacants en 1958...

---

[378] Jean Chélini, *L'Église sous Pie XII*, éd. Fayard 1989, vol. II, p. 519 et note 4.
[379] Chélini, op. cit., p. 509.

Juste au moment du dernier Consistoire, Pie XII fut pris d'une crise excessivement douloureuse de névrite à un bras.

Une année terriblement pesante

Les audiences furent interrompues du 22 janvier au 12 mars ; le public ne fut informé ni des causes ni de la nature de la maladie. Mais depuis quelques mois le Pape souffrait périodiquement de l'estomac, son point faible habituel. Or l'année 1953 fut particulièrement pénible, comme l'indiquent les chiffres dans leur crudité : 492 audiences privées, 3832 audiences de groupe, 2126 audiences de baisements de mains ; enfin à l'occasion d'une centaine d'audiences générales 381.534 pèlerins reçus, sans parler d'une centaine de radio-messages et d'une intense préparation de l'Année Mariale prévue pour 1954, à l'occasion du centenaire de la proclamation du dogme de l'Immaculée Conception. "Pour se prémunir contre les fatigues de cette nouvelle année qui s'annonçait encore plus éprouvante, Pie XII fit appel au professeur Paul Niehans"[380] qui fut adjoint comme médecin généraliste au docteur Riccardo Galeazzi Lisi, médecin principal du Pontife. Le choix ne fut pas heureux : la suite nous le montrera. Le professeur suisse, endocrinologue, proposait une thérapie aussi fantaisiste qu'inefficace à l'aide de cellules prélevées sur des animaux. Quant à Galeazzi Lisi, ophtalmologiste, il se rendra célèbre par un comportement inqualifiable à l'occasion de l'agonie et de la mort du Pape, en vendant aux magazines des photographies clandestines de Pie XII mort ou agonisant… Si l'on pense que par ailleurs les affaires spirituelles du Pape étaient entre les mains du Père Bea, son confesseur, très savant sûrement, mais œcuméniste déchaîné comme il s'est avéré par la suite, on peut dire vraiment que Pie XII était livré corps et âme à de mauvaises mains[381] ; c'est au point même que Carlo Pacelli son neveu en vint à se demander si son oncle n'était pas victime d'une tentative d'empoisonnement[382].

---

[380] Sur le Cardinal Bea, voir la biographie faite par son collaborateur et secrétaire, le Père Steijpan Schmitt S.J. Il s'agit d'un travail très documenté tendant à présenter le cardinal Bea sous un aspect relativement "traditionnel". Pourtant, que Mgr Bugnini, artisan de la réforme liturgique, ait eu libre accès auprès de Pie XII lorsqu'il était malade, c'est à Bea qu'on le doit par exemple, Cfr. *Sodalitium*, n° 11, p. 11,, éd. Italienne ; pas d'éd. française à l'époque ; et Annibale Bugnini, La Riforma liturgica [1948-1975] CLV Edizioni Liturgiche 1983, p. 22).
[381] Antonio Spinosa, Pie XII l'ultimo Papa, Mondadori editore Milano 1992, p. 342.
[382] Chélini, op. cit., p. 513-514 ; Spinosa op. cit., p. 344.

Mais, nous le verrons, le Seigneur se chargera Lui-même de protéger miraculeusement et le corps et l'âme de Pie XII.

Maladie grave, guérison miraculeuse (1954)

Le début et la fin de l'année suivante, l'an 1954, sont marqués par une grave maladie du Pape : entre les deux crises, quelques mois de répit permettront à Pie XII d'accomplir deux actes extrêmement importants : la canonisation de Pie X et l'éloignement de Montini, compensé par sa nomination à l'archevêché de Milan (10 novembre). Du 26 janvier au 16 février, gravement atteint, Pie XII ne peut s'alimenter par les moyens naturels. A l'automne, c'est la rechute et son état est quasi désespéré. Au milieu des souffrances, il trouve sa consolation dans le livre des Exercices de Saint Ignace et la prière *Anima Christi*.

Le 2 décembre Pie XII confie à Mgr Tardini : « Je vous le dis, les autres pourraient penser qu'il s'agit d'hallucinations de malade. Hier matin, j'ai entendu clairement une voix (très clairement) qui disait : "Maintenant vient une vision". En fait rien n'est venu. Ce matin, pendant que j'assistais à la messe, j'ai vu un instant le Seigneur. C'était seulement un instant, mais je l'ai bien vu… »[383]. Pie XII avait pensé que le Seigneur venait le prendre, en réponse à sa prière : *"In hora mortis meæ, voca me"* ("à l'heure de ma mort, appelez-moi")[384]. Jésus l'avait guéri au contraire, accordant à l'Église quatre années encore de sursis.

Pour Pie XII, quatre ans de solitude[385] et de souffrance physique et morale.

Entre-temps, à Venise

"Au Vatican, on était persuadé que le dépérissement organique progressif du Pape l'aurait conduit en peu de temps à la mort"[386]. Au Vatican, mais pas seulement au Vatican…

---

[383] Prière *"Anima Christi"* qui se trouve au début du livre des Exercices Spirituels de Saint Ignace.
[384] Cfr. Chélini, op. cit., p. 521-523.
[385] Antonio Spinosa, op. cit., p. 342-343.
[386] Peter Hebblethwaite, *Jean XXIII, le Pape du Concile*, Editions du Centurion 1988, p. 275.

A Venise on ne se faisait pas d'illusion sur le sort de Pie XII. Quels étaient, à ce sujet, les sentiments de Mgr Roncalli ? Ecoutons Hebblethwaite : « Roncalli fait allusion, pour la première fois, à la santé précaire du Pape dans une lettre adressée à l'ensemble de sa famille, le 3 mars 1954. Après avoir noté "ma santé est toujours excellente, malgré tout mon travail", il poursuit : "La grande préoccupation actuellement est la santé du Saint-Père. A ce qu'il semble, il s'agit de la même maladie que notre sœur Ancilla, c'est-à-dire d'une sténose de l'estomac ou d'une tumeur, comme on dit. Ce qui vous explique qu'il ne peut se nourrir que par des injections ; il n'en aura peut-être que pour quelques mois, comme notre défunte, mais il devra bien finir par céder, comme tout mortel. Je dois au Saint-Père une reconnaissance infinie de m'avoir nommé Patriarche de Venise, plus encore que de m'avoir fait cardinal. Unissez-vous à ma prière pour que le Seigneur nous conserve longtemps encore ce grand Pape. A vrai dire, sa mort me causerait une grande peine : je devrais interrompre pendant près d'un mois le beau travail de ma visite pastorale que je viens de commencer. Mais je ne changerai pas mon programme pour toute cette année (Lettre à la famille, 3.3.1954).

« Un conclave serait malvenu parce qu'il interférerait avec son plan pastoral : la visite de toutes les paroisses, suivie d'un synode de tout le diocèse. Il considère la mort de Pie XII plutôt comme un désagrément que comme une grande perte. Il ne transparaît guère d'émotion dans ce texte, comme si Roncalli sentait que Pie XII avait fait son temps et qu'il ne devait pas s'accrocher immodérément à la vie ».

Cette fois on ne peut vraiment pas accuser Hebblethwaite de forcer l'interprétation de ses sources. Roncalli apparaît bien détaché face à la maladie du Pape : il compare sa propre santé, excellente (il n'a que cinq années de moins) à celle, minée, de Pie XII dont il prophétise la mort (quatre ans à l'avance), se bornant à déplorer la perturbation qui en résulterait dans son programme de travail ! On ne peut même pas attribuer ce détachement à une sérénité toute chrétienne face à la mort. Comme il le rappelle lui-même, à l'occasion de la mort de sa sœur Ancilla, peu de temps auparavant (11 nov. 1953) le chagrin du Cardinal a frisé le doute sur la Foi. Au retour des funérailles, en effet, dans le train qui le ramène à Venise en compagnie de son secrétaire Capovilla, « il fait déjà nuit et Roncalli est d'humeur pensive. Capovilla l'entend murmurer : *"Guai a noi se fosse tutta un'illusione"*. Rythmée par le bruit du train et la pluie qui frappe les vitres, cette mystérieuse remarque "Malheur à nous si tout cela n'était qu'une illusion" se grave dans la mémoire de Capovilla, parce qu'elle "révélait un aspect déconcertant d'authentique humanité chez mon patriarche qui se montrait habituellement si fort et si maître de soi" (IME, p. 53) Que Roncalli ait pensé à la pompe de Venise, aux années gâchées d'Ancilla ou à la vie éternelle elle-même, son doute le rapproche du commun des mortels »[387].

Mais revenons à Pie XII. La prophétie de Roncalli ne s'est pas réalisée, Pie XII n'est pas mort courant 1954 ; le patriarche avance un nouveau pronostic funeste pour 1955 : « Il écrit à Maria que le Pape "tantôt semble à la mort, et tantôt se remet, mais pour retomber ensuite" ». Les rumeurs de la presse « font état d'un nouveau traitement coûteux. Roncalli n'est pas sûr que cela en vaille la peine "Ah, j'ai peu de confiance que le Saint-Père réussisse à guérir, malgré tant de médecins, de médicaments et de dépenses. Sa vie est un miracle, mais les miracles, comme tu le sais, ne durent que peu de temps. Et peut-être avons-nous tort tous ensemble de nous plaindre, ma chère Maria. Arrivés à notre âge, tout ce qui nous est donné est un surplus" »[388].

Bref ces dépenses pour la santé de Pie XII sont un gaspillage. Le vieux Patriarche de Venise, lui, est plus fringant que jamais avec ses 73 ans.

« Le Conclave est imminent - pense-t-il. Et il est en pleine forme : "Parmi les anciens, ici, c'est le Patriarche qui est le plus vigoureux, et les braves gens me regardent avec étonnement". Cela ne s'adresse qu'à Maria. Mais la façon dont il met l'accent sur sa santé physique ne se comprend guère, à moins que ce ne soit un clin d'œil au Collège des Cardinaux. Il n'aspire pas, présomptueusement, à être élu, loin de là, mais le monde peut savoir qu'il est en bonne forme et disponible »[389].

Pourtant, son Conclave, le vigoureux Patriarche devra l'attendre jusqu'à fin 1958. Jusqu'à ce que Pie XII meure. Il est grand temps alors, Roncalli sent qu'il se fait vieux[390]. « Quand Roncalli apprend la

---

[387] Hebblethwaite, op. cit., p. 269. Cité par Loris Capovilla, Ite Missa Est, éditions Messaggero Padova et Grafica ed. Arte, Bergame 1983, p. 53.
[388] Hebblethwaite, op. cit., p. 281.
[389] Hebblethwaite, op. cit., p. 297.
[390] Hebblethwaite, op. cit., p. 298. Que pensait réellement Jean XXIII de son prédécesseur ? Il ne l'aimait guère, tout en prenant soin de ne pas le contrarier (Hebblethwaite p. 274), de ne pas lui déplaire, prenant sa propre servilité pour de la vertu. Le père Innocenzo Colosio O.P. (dans Rassegna di Ascetica e Mistica, Août Septembre 1975, année XXVI, n° 3, p. 244) raconte que Roncalli, alors Nonce à Paris (nous sommes en 1950), quoique opposé (à juste titre) à la nouvelle version du psautier voulu par Pie XII, fit observer qu'il ne fallait pas le dire au Pape, afin de ne pas lui faire de la peine. Roncalli n'était pas d'accord, mais il ne le laissait pas voir... Padre Colosio poursuit : "Jean XXIII ne croyait pas du tout à la sainteté de Pie XII", comme le rapporte un membre tout ce qu'il y a de plus autorisé de la défunte Congrégation du Saint-Office, qui ajoute : lorsque Jean XXIII descendait à la grotte vaticane visiter la tombe de son

nouvelle de la mort du Pape, il note dans son journal : "Sœur mort est venue rapidement et s'est vite acquittée de sa besogne. Trois jours ont suffi. Le jeudi 9 octobre, à 3 h 52 du matin, Pie XII est au Paradis" (Lettres p. 481).

« Mais Pie XII étant en lieu sûr, au Paradis, il ne regarde pas en arrière. Il se préoccupe du bien futur de l'Église et coule son espoir dans une image typique : "l'une de mes phrases favorites m'est un grand réconfort : nous ne sommes pas sur terre comme des gardiens de musée, mais pour cultiver un jardin de vie prospère et préparer un avenir glorieux. La réalité est plus consolante. Le pape est mort, vive le Pape !"

« Il quitte Venise pour toujours par le train de 9 h 40 le 2 octobre 1958, avec les adieux du maire et d'autres notables »[391]. La mort a travaillé vite et bien. A Roncalli maintenant de renouveler la face de la terre.

Mais avant de nous attaquer à l'histoire du Conclave, interrogeons-nous encore : **Roncalli savait-il qu'il serait élu ?** Et vers qui allaient ses sympathies ?

A la première question notre réponse est : **oui, il le savait**. A la seconde : c'est pour Giovanni Battista Montini qu'il penchait.

Une élection annoncée

A son arrivée à Venise en 1953, le Patriarche n'envisage rien d'autre que la mort après la pourpre cardinalice, "l'ultime marque d'honneur pour un ecclésiastique en ce monde"[392]. Mais très vite, les choses changent ; le Pape tombe malade, l'échéance du Conclave approche,

---

prédécesseur, ostensiblement, il disait le *De Profundis*, afin de laisser entendre qu'à son sens Pie XII n'était pas canonisable ; il voulait freiner ainsi le mouvement qui s'esquissait déjà pour la canonisation. C'est le Pape lui-même qui lui expliqua la raison de "cette prière pour le défunt" (ibidem p. 246).

Libre à Jean XXIII de ne pas croire à la sainteté de Pie XII. Mais il est certain que prier… pour manifester publiquement cette opinion n'est faire montre ni de charité ni d'attachement pour le défunt Pape.

[391] Lettere à la Famiglia. éditées par les soins d'Emmanuel et Marco Roncalli, Rusconi 1989, lettre du 22/10/53. Hebblethwaite, op. cit., p. 340.

[392] Cfr. Andrea Lazzarini, Jean XXIII, éd. Salvator Mulhause 1959, p. 132 ; Teresio Bosco, Papa Giovanni, Sei Torino 1983, p. 136 ; Leone Algisi, Giovanni XXIII, Marietti Torino 1959, p. 284-285 ; Gabrielle Carrara, Papa Giovanni, in terra come in cielo, Velar Bergamo 1984, p. 104 ; Renzo Allegri Il Papa che ha cambiato il mondo, Reverdito éd., Gardarolo di Trento 1988, rapporte cette version (p. 163) mais sans y croire (p. 164).

Roncalli lui-même y participera… et au fond, sa santé reste excellente et il tient à nous le faire savoir.

La "légende" nous dépeint en des termes édifiants un Mgr Roncalli absolument ignorant de l'éventualité de son élection ; un Mgr Roncalli qui ne pense qu'à une chose en préparant ses valises pour le Conclave, revenir à Venise, où il laisse d'importants papiers en attente ; son billet de retour est déjà près…[393]

Aucun motif ne permet de récuser les témoignages en ce sens et le Patriarche se disait certain de rentrer bien vite à la maison : mais ce qu'on dit, on ne le pense pas toujours !

La presse elle-même, la veille du Conclave, ignorait encore la candidature de Roncalli. Giulio Andreotti atteste : "Dans aucun journal en ce mois d'octobre 1958 il n'était fait mention d'une candidature de Roncalli. Lorsque son nom, fut mis en avant suite à la conversation d'un cardinal étranger avec l'archevêque Montini, les mieux informés sous-évaluèrent l'hypothèse, ironisant même sur la carrière diplomatique de Roncalli (...)"[394].

Si le profane était dans l'ignorance, par contre d'autres, dont le Cardinal Roncalli, savaient déjà tout depuis longtemps. En parlant avec Roncalli, Gallarati Scotti et Andreotti lui-même s'en rendirent compte. Pour ce qui est de Tommaso Gallarati Scotti, ancien chef de file du modernisme milanais, très ami avec Montini (et aussi avec Roncalli, puisqu'il pouvait se permettre de parler avec lui, notons-le bien.

Lorsque Roncalli parle avec Andreotti, Pie XII est déjà mort, et le Patriarche (pour peu de temps encore) est désormais tout ce qu'il y a de plus clair. "Que (...) ce serait lui le nouveau Pape, je le compris nettement dès le premier matin du Conclave, quelques heures avant le transfert du Cardinal de la Domus Mariæ, via Aurelia, au Vatican. La veille au soir - raconte encore Andreotti - Mgr Capovilla m'avait téléphoné que le Patriarche voulait me voir". L'homme politique italien rappelle alors ses anciens rapports avec Roncalli et l'amitié de ce dernier avec le moderniste Buonaiuti, amitié dont nous avons déjà parlé. Enfin il revient à son colloque avec le Patriarche. C'est ce dernier qui voulut parler du Conclave : « "Vous ne me parlez pas des potins de ces derniers jours" dit Roncalli. "Il est vrai que nous disons tous : pas moi, pas moi. Mais ces flèches du Saint-Esprit doivent bien tomber sur quelqu'un… (...). J'ai reçu un message de félicitations du Général De Gaulle, mais cela ne signifie pas qu'en fait les cardinaux français

---

[393] Giulio Andreotti, *A ogni morte di Papa. I papa che ho conosciuto*, Biblioteca universale Rizzoli 1982, pp. 65-66.
[394] Hebblethwaite, op. cit., p. 297.

voteront en ce sens. Je sais qu'ils voudraient élire Montini et ce serait certainement excellent ; mais il n'est pas possible de passer outre à la tradition qui veut que le choix se fasse parmi les Cardinaux…" » (Hebblethwaite, op. cit., p. 297. Mais Roncalli savait que certains voulaient élire le Cardinal arménien Agagianian qui obtint en effet de nombreux votes. Il démolit alors les arguments en faveur d'une candidature "orientale". Voici le commentaire d'Andreotti : « J'avais écouté avec stupeur, et un certain embarras, cette déclaration ouverte du Patriarche et son allusion, trop claire également, à la candidature d'Agagianian. Je compris alors que **Roncalli était sûr d'être élu par le Conclave**. Et s'il m'était resté quelque doute, il se dissipa lorsqu'il [le Patriarche] me dit en me raccompagnant à la porte : "A bientôt, à Prescilla ou ailleurs". C'est ainsi que je fus en mesure de produire un effet terrible tant à l'ambassade d'Espagne où j'allais prendre mon petit déjeuner, qu'auprès de l'éditeur de ma "Concretezza". Ce soir là à Milan, pour la couverture, je n'envoyais qu'une seule photo, celle d'Angelo Giuseppe Roncalli. A côté de "Paese Sera" qui se vantait d'avoir trente six clichés tout prêts, c'était un beau succès »[395].

Avant l'entrevue avec Andreotti, Mgr Roncalli avait écrit deux lettres, l'une à l'évêque de Bergame, Mgr Giuseppe Piazzi le 23 octobre, l'autre à l'évêque de Faenza Giuseppe Battaglia le 24. Au premier il annonçait "**la nouvelle Pentecôte**" qui allait se faire "dans le renouvellement du chef". Il ajoutait : "peu importe que le nouveau Pape soit ou non originaire de Bergame [comme lui-même ! n.d.r.]". Enfin il lui adressait un clin d'œil : "Vous me suivez, Votre Excellence ?". "Son Excellence a sans doute parfaitement compris" commente Hebblethwaite[396].

Quant à la lettre à l'évêque de Faenza, elle a précisément pour objet de défendre expressément au neveu don Battista Roncalli incardiné dans ce diocèse, de venir à Rome ces jours-là ! Ce serait donner une désagréable impression de népotisme ! Mais après l'élection, clairement annoncée ("Quand vous apprendrez qu'il me faut me rendre aux flèches du Saint-Esprit, exprimées à travers la volonté commune de tous ceux qui sont réunis ici…") le neveu pourra venir à Rome… féliciter l'oncle. Pour l'instant, recommande Roncalli "naturellement, pas un mot de tout ceci à quiconque".

Comment se fait-il que notre Roncalli ait été si sûr de son élection ? Si l'on exclut l'esprit de prophétie (en général, nous l'avons vu, il tombait toujours à côté) on est obligé de penser qu'il avait des

---

[395] Giulio Andreotti, op. cit., p. 72-73.
[396] Hebblethwaite, op. cit., p. 308.

assurances précises en ce sens. Sans doute l'issue positive de sa "campagne électorale" pesa sur ses espérances (ou certitudes). Bien sûr, (à propos de l'honneur du Pontificat) il a écrit dans son journal "*Il giornale dell'anima*", "pouvoir dire [n'avoir] rien fait pour l'attirer, vraiment rien, au contraire, je me suis efforcé soigneusement et consciencieusement de ne fournir, de mon côté, aucun argument en ma faveur"[397]. Lorsqu'on a lu le témoignage d'Andreotti, on demeure stupéfait ; et il y a de quoi se demander si le futur Jean XXIII s'attendait à ce qu'un jour son journal intime soit lu et publié ! Pour sauver la sincérité de son héros, Hebblethwaite précise : "mais lui-même [Roncalli] n'applique ces remarques qu'au conclave proprement dit. Dans la période précédant le conclave, il est aussi actif que quiconque" (Hebblethwaite, op. cit., p. 302). Il est donc possible qu'ayant fait ses calculs, Roncalli se soit rendu compte qu'il avait pour lui de nombreux électeurs, beaucoup de gens le considérant, en pleine connaissance de cause, comme la meilleure préparation au pontificat de Montini, pour l'heure impossible. Mais nous reviendrons sur cet aspect. Il nous faut d'abord parler d'une "prédiction" bien plus ancienne, d'une prédiction mystérieuse.

L'énigme Bardet

Que Roncalli ait été certain d'être élu, Wilton Wynn le dit aussi, mais il admet que pour sa part "il lui est difficile de comprendre pourquoi (...) il [Roncalli] était aussi sûr que le choix se porterait sur lui"[398]. Peut-être y a-t-il une explication…

Août 1954. Un certain Jean-Gaston Bardet écrit au Patriarche Roncalli alors en villégiature dans son village natal de Sotto il Monte. "Non seulement [Bardet] lui prédit qu'il deviendra pape, mais [il] devine aussi le nom qu'il choisira quand il sera élu"[399].

Mgr Roncalli lui répond le 26 août. Il ne croit pas Bardet ; il le considère comme "victime d'une hallucination grave et dangereuse". Cependant la nouvelle lui a porté un coup, car tout en refusant d'ajouter foi à la "prophétie" Roncalli est troublé : « "Pendant quelques semaines, ce me fut un tourment au point que je ne pouvais penser à rien d'autre. Mais parce que votre âme, à ce que je vois, est en grande fermentation, j'ai rassemblé mes esprits dans une fervente prière et j'ai

---

[397] Hebblethwaite, op. cit., p. 302.
[398] Wilton Wynn, Custodi del regno, Frassinelli 1989, p. 22.
[399] Hebblethwaite, op. cit., p. 279.

maintenant le courage de vous faire part ouvertement du doute pénible qui a assailli mon cœur pendant un certain temps".

« Mais Bardet n'est pas disposé à se laisser éconduire aussi facilement. Il vient à Venise où il rencontre Roncalli, lui répète ses prédictions et lui dit, selon Capovilla, que son pontificat sera marqué par des "interventions doctrinales et des réformes disciplinaires". Les prédictions de Bardet tourmentent encore Roncalli en janvier 1955. Il y fait allusion dans une lettre à sa sœur Maria : "Un fou de Français, qui a des révélations et un don de double-vue, a été jusqu'à me dire le nom que je prendrai quand on me choisira comme pape. Des fous, ce sont des fous. Je pense plutôt à mourir. J'ai mon programme de bon travail ici pour cette année et aussi pour l'année prochaine avec le cinquième centenaire de saint Laurent Justinien, qui a été le premier Patriarche de Venise" (Lettres à ma famille, 8.1.1955). Il écarte ainsi sans façons Bardet comme fou. Mais un petit doute lancinant n'en subsiste pas moins ».

Et selon Hebblethwaite, en 1958, Roncalli « n'a toujours pas oublié les curieuses "hallucinations" de Gaston Bardet »[400]. Il sait même désormais que ce sera lui le prochain Pape.

Tout ceci est très curieux. Des fous il y en a beaucoup. Dans les milieux religieux, encore davantage. Et en général les fous aiment à écrire aux personnages importants. Il est donc étonnant que Roncalli, un cardinal, se soit ainsi laissé troubler, qu'il ait reçu finalement dans son patriarcat ce Bardet qu'il considère pourtant comme un "fou". Mais que la prophétie soit tombée juste est bien plus surprenant encore !

On peut raisonnablement supposer la chose suivante : en 1954 Bardet savait que Roncalli serait élu ou du moins qu'il était **désigné par quelque groupe de pression pour succéder à Pie XII et opérer des "réformes" dans l'Église.**

Mais qui était au juste ce Bardet ? Au dire de l'un de mes correspondants, un franc-maçon notoire. Quoiqu'il en soit il était de la tendance ésotérique chrétienne : en font foi les titres de ses œuvres dont on trouve la liste dans une lettre de la veuve Bardet à une revue française "*Lecture et Tradition*"[401], lettre à laquelle fait suite, sur la même page, la réponse d'Etienne Couvert, spécialiste du gnosticisme ; selon ce dernier les livres de Bardet "sont imprégnés de cette gnose que je (Couvert) dénonce dans mes œuvres", son enseignement "est de toute

---

[400] Hebblethwaite, op. cit., p. 297.
[401] *Lecture et Tradition*. Bulletin littéraire contre-révolutionnaire. B.P. 1, 86190 Chiré-en-Montreuil, n° 179 janvier 1992, pp. 21-24. Dans sa lettre Mme Bardet entendait défendre l'orthodoxie de son mari récemment décédé (son dernier livre est de 1989).

évidence contraire à la Foi chrétienne, même s'il a pensé et écrit le contraire…"[402].

Voici donc la voie ouverte aux recherches pour démentir ou confirmer les possibles déductions. Une chose demeure certaine : ce n'est pas la première fois, nous l'avons vu, que le nom de Roncalli peut être rapproché de celui de Franc-maçonnerie ou de milieux qui lui sont proches.

Roncalli prépare Montini

Qu'un plan ait existé ou non pour faire élire Roncalli, il n'en demeure pas moins que ce dernier aurait voulu voir Montini sur le siège de Pierre. Or c'était impossible puisque Pie XII avait refusé à Montini la pourpre cardinalice, l'excluant ainsi du conclave. Mgr Roncalli devait donc lui préparer la voie. Et il en était conscient.

Dans les précédents numéros de *Sodalitium* nous avons déjà parlé de cette vieille amitié entre les deux personnages[403]. Désormais les liens se resserrent. Hebblethwaite écrit : « Montini devient de plus en plus son confident romain. Ils s'écrivent fréquemment. Dans leur correspondance figure une lettre de Roncalli du jour de Pâques 1954, qui ne fut jamais envoyée, dont le brouillon a toutefois été soigneusement conservé. Capovilla pense qu'elle était "trop auto-révélatrice" »[404]. On peut même parler de "dépendance" de l'un vis à vis de l'autre : "durant toute cette période Roncalli devient de plus en plus dépendant de Montini, son ami en haut lieu"[405]. Mais l'ami en haut lieu devra subir quelque mois plus tard la dure épreuve dont nous avons déjà parlé[406]. « En 1954 se produit un événement qui déconcerte Roncalli : son ami Giovanni Battista Montini est subitement démis de ses fonctions à la secrétairerie d'État et envoyé en exil - il est nommé archevêque de Milan. C'est évidemment, un "grand honneur". Mais à parler franchement cette nomination signifie que Montini est mis à la porte de la curie romaine après près de trente ans d'activité en son sein. On ne peut pas non plus dire qu'il va y "acquérir l'expérience pastorale dont il aura besoin pour devenir pape", puisqu'il n'est pas question de le faire cardinal, bien que telle ait été la tradition pour ce siège ancien

---

[402] Cfr. *Sodalitium* n° 24 p. 15 ; n° 25 p. 10 ; n° 26 p. 26.
[403] Hebblethwaite, op. cit., p. 274.
[404] Hebblethwaite, op. cit., p. 276.
[405] *Sodalitium*, n° 32 p. 53.
[406] Hebblethwaite, op. cit., p. 281.

et prestigieux qu'est Milan. Archevêque de Milan, voilà bien une tâche décourageante pour quelqu'un dont la santé est fragile et qui n'a jamais dirigé un diocèse, à plus forte raison un diocèse aussi vaste et complexe. Pourquoi Pie XII a-t-il pris cette décision ? Que signifie tout ceci ?

Roncalli apprend la nouvelle le 3 novembre 1954, à midi lors d'une réunion des cardinaux et archevêques italiens à Pompei. Elle est rendue publique le lendemain, le jour même de la fête de saint Charles Borromée. Capovilla décrit ainsi la réaction de Roncalli : "il est abasourdi (*interdetto*). D'un côté, il se réjouit que Montini succède non seulement à Schuster, mais à saint Ambroise, à saint Charles Borromée et au cardinal Ferrari ; mais d'un autre coté il est triste de le voir quitter Rome et le service immédiat du pape" (Saggio, p. 15). Sur le chemin du retour à Venise, Roncalli s'arrête à Rome et rend visite à Montini. Il est frappé, note Capovilla, "par l'atmosphère de départ, teintée de tristesse, qui planait sur l'appartement" (ibid). Il est bien vrai que la perte de la curie est tout bénéfice pour Milan, mais ce qui laisse Roncalli perplexe c'est qu'il ne comprend pas pourquoi Pie XII, dans sa vieillesse, se prive de son assistant le plus efficace. Il en fait la remarque à Capovilla : "Qui d'autre saura, comme lui, écrire une lettre ou préparer un document ?" (ibid.). Tout cela cache-t-il une intrigue louche ?

La lettre de félicitations de Roncalli laisse transpercer sa surprise. Dès son arrivée à Venise Capovilla a noté que les relations entre ces "deux hommes courtois (…) ne se limitaient pas aux exigences du protocole" et qu'ils "vivaient leur amitié avec prudence et discrétion" (Saggio, p. 14) »[407]. Montini est en disgrâce (partielle), mais Roncalli ne l'abandon-ne pas ; il misera même tout sur lui en 1955 : « en réponse à une question qui lui est posée lors d'une réunion d'universi-taires à l'île San Giorgio, il dit : "Si Montini était cardinal je n'hésiterais pas à voter pour lui au conclave" (p. 282).

« Plus tard deux cousins Giovanni et Candida Roncalli, de Milan, viennent loger chez lui au patriarcat. Il dit : "Voyez ce qui est advenu du petit Angelo, le fils de Battista Roncalli, un paysan : il est devenu patriarche de Venise et cardinal de la Sainte Église Romaine. Il ne lui reste plus qu'à devenir pape, mais cela n'arrivera pas, parce que le prochain pape ce sera votre archevêque" [autrement dit Montini] »[408]. Le Père Tanzella nous le confirme lui aussi : Roncalli était conscient de son rôle de précurseur du "Messie" Montini : « Pour lui le successeur de Pie XII devait être l'archevêque de Milan, Mgr Giovanni Battista Montini. En voici la preuve : en 1956, à Pompei ou ils se trouvaient tous

---

[407] Hebblethwaite, op. cit., p. 282. qui cite Lettres à ma famille, op. cit., p. 40.
[408] Paolo Tanzella s.c.j. Papa Giovanni, ed. Dehoniane 1973, p. 212.

deux, tant le Cardinal Patriarche Roncalli que l'archevêque Montini, pour la conférence épiscopale italienne, Roncalli, avec un geste de profonde humilité insista pour donner la préséance à Montini. Ce dernier lui faisant observer qu'elle lui était due à lui en tant que Cardinal et Patriarche, Roncalli répondit : "L'archevêque de Milan mérite cette attention, puisqu'un jour il sera Pape". Et oui, un jour Montini aussi deviendra pape, le Pape Paul VI, mais d'abord viendra un certain Pape Jean, *Pastor et Nauta*, pasteur et navigant qui poussera l'Église au large, à cet "aggiornamento" que, Patriarche à Venise, il pressentait déjà dans les signes des temps »[409].

La première étape en prévision du pontificat de Montini était donc l'élection de Mgr Roncalli, déjà suffisamment âgé pour laisser rapidement la place. La seconde étape était la nomination cardinalice de Montini. Et tel fut le premier acte de Jean XXIII qui dira : "Montini, le premier fruit de notre pontificat"[410].

Enfin il s'agissait d'ouvrir la voie à cette succession. Et Roncalli sur son lit de mort ira jusqu'à désigner Montini aux cardinaux : "A mon avis mon successeur sera Montini. Les votes du sacré collège se porteront sur lui"[411].

Jean XXIII ne se sera pas limité à "tenir au chaud" la place de Montini. En quelques années de gouvernement il aura réussi déjà à mettre en pratique ce qui était devenu "son slogan et son label", **"l'aggiornamento"**. Nous étions prévenus : tel était son programme. Il nous l'avait fait savoir dès le 8 octobre 1957 (lettre pastorale)[412].

"Après moi le déluge" aurait dit Pie XII à l'ambassadeur de France au Vatican. A la lumière des faits ci-dessus, voilà des paroles qui semblent prophétiques.

---

[409] MALACHI MARTIN, *I Gesuiti*, Sugarco ed. Milano, éd. italienne 1988, p. 312.
[410] HEBBLETHWAITE, *op. cit.*, p. 550.
[411] HEBBLETHWAITE, *op. cit.*, p. 293.
[412] HEBBLETHWAITE, *op. cit.*, p. 301

ONZIÈME PARTIE :
Le début du pontificat de Jean XXIII (1958)

Extrait de *Sodalitium* n° 34 de décembre 1993 - janvier 1994.

"Quant au pape défunt et entré dans la gloire du Ciel, il ne reste qu'à continuer à acclamer : vive le Pape ! qu'à prier afin que son successeur, quel qu'il soit, ne représente pas une solution de continuité, mais un progrès dans la poursuite de l'éternelle jeunesse de l'Église" (Cardinal A. G. Roncalli. Lettre au Directeur du Séminaire de Venise, 17.X.1958. Dans *Scritti e Discorsi*, vol. III, p.713).

"Après moi le déluge". Sur ces paroles attribuées à Pie XII nous avions conclu la dernière partie[413]. Le philosophe **Jean Guitton, (panthéiste et bergsonien)** ami de J. B. Montini, surenchérit : « **Pie XII le savait, il disait de lui-même qu'il était "le dernier Pape", le dernier maillon d'une longue chaîne** »[414].

Pourtant à la fin des années 50, la situation de l'Église semblait tout ce qu'il y a de plus florissante et l'Église en pleine expansion.

Mais Pie XII devait sentir, savoir même, qu'une crise sans précédent se préparait "dans le sein même, dans les entrailles de l'Église", selon la célèbre expression de saint Pie X.

"En effet plus de cent ans avant les années 60, un courant nouveau et révolutionnaire avait pénétré le corps même de l'Église (...). Ce courant se caractérisait par un désir de se libérer des contrôles, un désir d'expérimenter, de sortir de l'exclusivité de l'Église catholique, pour entrer dans la grande masse des hommes. En un mot : libération.

Malgré la diversité d'aspects de ce courant révolutionnaire, il fut rapidement individualisé et reconnu pour ce qu'il était par les papes du XIXe siècle : **un coup direct et mortel en plein cœur du catholicisme.** Les papes le dénoncèrent. (...). Mais toutes les tentatives pour s'en débarrasser ne réussirent qu'à le faire entrer dans la clandestinité. Au début de ce siècle il circulait toujours, silencieux et souterrain. Un instant, dans les premières années qui suivirent la seconde guerre mondiale, il sortit la tête, mais la figure autoritaire de Pie XII le refoula (...). Il reprit presque immédiatement sa **vie souterraine**. Evidemment ce n'était **pas encore le moment opportun**. Mais déjà à l'époque ça

---

[413] *Sodalitium* n° 33, p. 43.
[414] "30 Jours", X[e] année, n° 11, nov. 1992, p. 70.

n'était qu'une question de moment"⁴¹⁵. Ce "moment opportun" se présenta avec l'élection de Jean XXIII. « Lorsque, le 28 octobre 1958, à la mort de Pie XII, Jean XXIII fut élu pape, "**les indices les plus certains des menées des pires ennemis de l'Église, les modernistes**" (Cardinal Billot) étaient plus que flagrantes dans le domaine théologique, mais principalement dans celui de l'exégèse. Nonobstant l'*Humani Generis* (1950), la situation dans les années 1950-1960 demeurait grave »⁴¹⁶. Il ne s'agit pas là du jugement porté par un quelconque niais, mais du jugement d'un exégète célèbre, Mgr. Spadafora, lequel, pour appuyer ses affirmations, cite ensuite un autre philosophe ami de Montini, Jacques Maritain : "Comparé à la fièvre néo-modernistique moderne, le modernisme du temps de Pie X n'était qu'un modeste rhume des foins"⁴¹⁷.

Par ailleurs ce que dit M. Martin des Jésuites vaut pour toute l'Église : "Pie XII était mort et son successeur Jean XXIII fut élu (...). La faction progressiste de la Compagnie ne fut pas sans remarquer le libéralisme de Jean XXIII. De son point de vue, la situation s'était renversée. Le nouveau pape, qui n'était pas romain, qui était bien connu pour ses façons anti-autoritaires, pourrait leur permettre de **sortir de la clandestinité** ; ainsi pensaient les progressistes. Leurs espoirs furent comblés"⁴¹⁸.

Le moment opportun (25-28 octobre 1958).

Officiellement on sait bien peu de choses du conclave dont Jean XXIII sortit élu⁴¹⁹ : rien que les dates publiées. Cinquante et un cardinaux entrèrent au Conclave le 25 octobre 1958 après l'oraison '*de eligendo pontifice*'prononcée par Mgr Bacci ; dix-huit d'entre eux

---

⁴¹⁵ Malachi Martin "Les Jésuites", Sugarco ed., Milan 1988, pp. 247-248. Titre original : The Jesuit. The society of Jesus and betrayal of the Roman Catholic Church. The Linden Press, Simon and Schuster, New York 1987.
⁴¹⁶ Francesco Spadafora. La tradizione contro il Concilio. L'apertura a sinistra del Vaticano II, Pol. Volpe editore, Roma 1989, p. 6.
⁴¹⁷ Jacques Maritain, *Le Paysan de la Garonne*, Desclée Paris 1966, cf. pp. 16-19.
⁴¹⁸ M. Martin, op. cit., p. 236. Même sous Pie XII les condamnations n'étaient pas proportionnées à la gravité du mal, et elles étaient rendues inefficaces par la résistance de nombreux évêques et supérieurs religieux. Cf. *Forts dans la Foi*, avril 1978, n. 52, pp. 285-298, Deux modernistes témoins de leur temps : le Père Yves Congar et le Père Chenu.
⁴¹⁹ Pour le moment je n'entends pas donner une réponse au grave problème de la légitimité de Jean XXIII. Ce n'est qu'à la fin de cette longue étude sur le "Pape du Concile" que je me réserve d'en parler.

étaient italiens, trente sept non italiens, et la majorité requise pour l'élection était de trente quatre voix. Angelo Giuseppe Roncalli fut élu l'après-midi du 28 octobre au onzième scrutin ; il prit le nom de Jean XXIII.

Quelques nouvelles non officielles ont cependant échappé au secret du Conclave. Suivant les versions, Roncalli aurait obtenu trente-six ou trente-huit voix[420]. La "Curie" vota pour Aloisi Masella, Roncalli pour Valeri ; les plus progressistes, Lercaro et Montini (ce dernier n'était pourtant pas cardinal) eurent quelques voix. Mais le véritable concurrent de Roncalli fut le cardinal arménien Agagianian.

A quelle influence doit-on l'élection de Mgr. Roncalli ? Peut-on exclure une influence maçonnique ?

Nous avons déjà fait allusion à cette possibilité[421] à propos de "l'élection annoncée" de Mgr Roncalli. **Sans montrer l'assurance et la hardiesse d'un Pier Carpi[422] selon lequel "Giovanni" serait le nom de loge ésotérique et rosicrucien de Roncalli choisi délibérément par lui, il me semble licite de se poser la question.**

Evidemment cette élection fit très plaisir à son vieil ami maçon, le Baron Marsaudon, comme il l'écrivit lui-même : "Nous eûmes tout d'abord la très grande joie de recevoir dans les 48 heures un accusé de réception à nos respectueuses félicitations. Pour nous c'était une grande émotion, mais pour beaucoup de nos amis ce fut un signe"[423]. Un signe de reconnaissance ? Il faudrait aussi enquêter plus à fond sur les rapports existant entre le chevalier Umberto Ortolani ("affilié à la loge maçonnique P 2, condamné à 19 ans d'emprisonnement pour le crack de la Banque Ambrosienne")[424] et les cardinaux Lercaro et Montini, principaux responsables de la réforme liturgique. Ami de Lercaro auquel il fit ériger un monument à San Petronio à Bologne[425], le franc-

---

[420] Cfr. Giancarlo Zizola, Giovanni XXIII, La fede e la politica, ed. Laterza, Bari 1988, pp. 97-99.
[421] Cfr. *Sodalitium* n° 33, pp. 39.
[422] Sur Pier Carpi nous avons déjà donné notre opinion. Cfr. *Sodalitium* n° 25, pp. 22-23 et 24. La franc-maçonnerie fait un usage abusif du nom et du culte des deux saints Jean, le Baptiste et l'Evangéliste. Voilà qui est bien connu. Mais tous les Jean... ne sont pas francs-maçons pour autant. Roncalli donna ses raisons personnelles pour justifier ce choix, Jean étant le nom de son père et celui du saint patron de Sotto il Monte.
[423] Yves Marsaudon, *L'Œcuménisme vu par un franc-maçon de tradition*, ed. Vitiano Paris 1964, p. 47. Sur Marsaudon et Roncalli cfr. *Sodalitium* n° 27, p. 16-17-18. Sur l'infiltration maçonnique dans l'Ordre de Malte, contrecarrée par le cardinal Canali sous Pie XII puis remise en faveur par Jean XXIII, voir ce même Marsaudon, op. cit., pp. 39-40.
[424] "30 Giorni", n° 5, mai 1992, p. 41.
[425] Peter Hebblethwaite, Jean XXIII, le Pape du Concile, ed. Le Centurion 1988, p. 284.

maçon Ortolani (et ses amis) le fut également de Mgr Montini. N'oublions pas que la Banque Ambrosienne avait son siège dans le diocèse de Montini et qu'après l'élection de ce dernier, les collusions entre finances vaticanes et franc-maçonnerie passent du domaine des "on-dit" à celui de la chronique "noire". Par contre le bruit courut que certaines pressions "ambrosiennes" furent exercées durant le conclave de 1963 qui élut Montini. Or Roncalli, admirateur du Cardinal Lercaro[426], et confident de Mgr Montini[427] dit à ce dernier au téléphone juste après l'élection : "Excellence, je vous tiens le poste au chaud"[428]. Si des pressions furent exercées en 1963, l'avaient-elles déjà été en 1958 ? Pouvons-nous exclure cette possibilité ? *Deus scit*. Une autre rumeur sur le conclave de 1958 doit être signalée. Même les cardinaux les plus fidèles à l'orthodoxie catholique auraient favorisé l'élection de Roncalli. Si cela est vrai, voilà un cas de myopie sévère et une contre-épreuve de l'inanité des moyens (et des expédients) humains.

Il semble avéré que le Cardinal Ottaviani fit converger les votes de la "Curie" du Cardinal Masella au Cardinal Roncalli, et même, que cette tactique avait été déjà décidée avant le Conclave[429], à la *Domus Mariæ* lorsque Roncalli y résidait.

Comment expliquer ce choix, vus les précédents concernant notre personnage ? D'une part Ottaviani désirait un Pape de "transition", âgé et accessible ; il aurait suffi de le bien guider. A ce propos, un fait est significatif : le cardinal Siri, qui n'avait que 52 ans à l'époque et qui était considéré comme le "dauphin" de Pie XII ne fut pas invité à la réunion à la *Domus Mariæ*. Certes il n'aurait pas fait un "Pape de transition" ! Mais comment bien guider le cardinal Roncalli ? Il aurait suffi de lui adjoindre un bon Secrétaire d'État en la personne de Mgr

---

[426] Peter Hebblethwaite, op. cit., p. 274.
[427] C'est ce qu'a déclaré à "30 Giorni" (n° 5, mai 1992, p. 54) le cardinal Silvio Oddi auquel Jean XXIII, en personne, l'avait confié. Et la revue en fait part au lecteur précisément dans un article dédié aux interférences des sectes dans le Conclave.
[428] "30 Giorni", n°5, mai 1992, pp. 52-54, qui cite les cardinaux Oddi et Siri ainsi que le journaliste Cavaterra.
Hebblethwaite, op. cit., pp. 301-302-306, lequel se fonde sur Zizola, Quale Papa, Borla Miano 1977.
Emilio Cavaterra, Il Prefetto del Sant'Officio, le opere e i giorni del cardinale Ottaviani, Mursia 1990 pp. 3-6. Ottaviani est défini comme le "grand électeur" du Pape Jean. Ce n'est pas la seule fois que le cardinal Ottaviani se trouve avoir une position inattendue. Cavaterra, (op. cit., p. 56) lui attribue, entre autres, le rôle de sauveteur de l'Ordre de Malte menacé par les cardinaux Canali et Pizzardo (24/6/1952). Marsaudon, qui déteste le cardinal Canali, est au contraire "ouvert à Ottaviani" (op. cit., p. 53). Je ne veux rien enlever pour autant aux mérites du grand préfet du Saint-Office : "errare humanum est".
[429] Hebblethwaite, op. cit., p. 304.

Domenico Tardini, longtemps collaborateur et contrepoids de Montini en tant que pro-secrétaire d'État de Pie XII.

Mgr Roncalli aurait accepté. Et il aurait même accepté implicitement la condition (sage mais insuffisante) du Cardinal Pizzardo : que Montini ne revienne pas à Rome[430]. Mais si certains cardinaux avaient réellement des vues sur Jean XXIII, celui-ci avait son plan sur eux et pas seulement sur eux, sans aucun doute. Mais nous le verrons par la suite.

Habemus Papam (?)... et même un Secrétaire d'État.

C'est au cardinal Canali, très fidèle à la mémoire de saint Pie X, qu'il revint d'annoncer à la foule l'"*habemus Papam*" à 18,08 heures ce 28 octobre, ainsi que le nom du nouveau pontife, le même que celui du célèbre antipape Baldassare Cossa - Jean XXIII - responsable de la convocation du Concile de Constance qui devait le déposer. Mais cela, les gens ne le savaient pas bien sûr...[431]

Le soir même Jean XXIII convoquait Mgr Tardini et lui offrait, séance tenante selon Capovilla (secrétaire de Jean XXIII), le poste de pro-secrétaire d'État ; d'après Nicolini, biographe de Tardini, c'est le lendemain seulement que cette proposition fut faite. Quoiqu'il en soit Mgr Tardini "fut sincèrement surpris d'être nommé secrétaire d'État et chercha (...) à se dérober"[432] : "Je dis au Saint-Père que je ne voulais pas servir sous ses ordres parce qu'une politique nouvelle appelle des hommes nouveaux ; et je lui rappelai que je m'étais souvent trouvé en désaccord avec lui dans le passé..." Cette réticence de Tardini qui avait pourtant rencontré Roncalli avant le Conclave, laisse entendre qu'il n'y avait entre eux et les cardinaux de la curie aucun accord explicite, aucun

---

[430] Hebblethwaite, op. cit., p. 305.
[431] Les spécialistes s'en aperçurent cependant. "Voilà plus de cinq siècles qu'aucun Pontife n'avait choisi ce nom. Et celui qui le porta, Jean XXIII, fut un antipape (...). Un nom qui rappelle une triste page de l'Église, un nom qui parle de divisions et de désaccords. Le Pape Jean a eu un geste courageux en prenant le nom d'un antipape : Jean XXIII. Son geste fut une sorte de défi à certaines ombres de l'histoire de l'Église. Malgré le nom qu'il prenait, mais justement sous ce nom, il serait le pape de l'union, annulant préjugés et craintes. En remontant ainsi dans le temps il voulait montrer sa volonté de n'être lié à rien de contemporain, d'explicite, de coutumier". Tiré de Paolo Tanzella s.c.j. Papa Giovanni, ed. Dehoniane, Andria 1973, p. 239. Jean XXIII, le nom d'un antipape schismatique ! Un présage ?
[432] Hebblethwaite, op. cit., p. 320. Les paroles de Tardini sont rapportées par le "Cardinal" Baggio, cité par Nicolini, pp. 177-178.

engagement concernant le choix de Tardini, d'autant plus que l'accord eût été illicite. Mais Jean XXIII persévéra dans ce choix qui avait de quoi étonner Tardini étant donné le manque d'harmonie entre les deux hommes. Le pourquoi de cette insistance, c'est Mgr Igino Cardinale, chef du protocole de Jean XXIII, qui nous l'explique : "Le pape Jean n'était pas un homme de la Curie... et ce qu'il en savait, il ne l'appréciait guère. Ses relations avec elle quand il a été en Bulgarie, à Istambul et ailleurs n'ont pas toujours été des meilleures. Il restait l'étranger. Il n'est jamais (ou presque, n.d.a.) allé délibérément à l'encontre de la curie, mais il se sentait libre de prendre des décisions par lui-même..."[433]. Décisions qui allaient dans une tout autre direction !

Par conséquent, au-delà de l'hypothèse d'un plan Ottaviani, le choix de Tardini comme secrétaire d'État[434] a également un sens du point de vue du nouvel élu.

Son plan d'innovation, l'"aggiornamento", n'était pas réalisable sans le consensus ou, au minimum, la non-opposition initiale de la curie romaine : cela, il le savait. Roncalli, le "simplet", le "bon curé de campagne", le "bon pape", n'avait pas intérêt à démentir (trop vite) l'idée que l'on s'était faite de lui.

Premier radio message

Le premier jour après l'élection ne vit pas seulement la nomination (ou confirmation) de Tardini. Jean XXIII prononça également son premier radio message au monde, *Hac trepida hora*. Il y parla des persécutions (communistes) contre l'Église Catholique. Elles sont - dit-il - "en contraste flagrant avec la civilisation moderne et avec les droits de l'homme acquis depuis longtemps"[435]. Convenait-il de louer ainsi la "civilisation moderne" avec laquelle le Pape ne peut venir à compromission et à conciliation ?[436]. Convenait-il de louer ces "droits de l'homme" acquis évidemment par la célèbre déclaration de 1789 ?

---

[433] Hebblethwaite, op. cit., p. 321. Mgr Cardinale était le neveu d'un singulier personnage, don Giuseppe de Luca, qui jouera un rôle important auprès de Jean XXIII en ce qui concerne les rapports avec les communistes de Togliatti. On ne peut pourtant étiqueter facilement comme "progressiste" "l'alphonsien" De Luca, proche du fascisme en son temps. Une chose est certaine : il était "antibourgeois".
[434] Hebblethwaite, op. cit., p. 320. Pro-secrétaire parce qu'il n'était pas cardinal. Par la suite il fut créé cardinal et donc secrétaire d'État.
[435] Encycliques et discours de Sa Sainteté Jean XXIII, ed. Paoline, Roma, 1964, vol. 1, p. 12, cfr. Hebblethwaite, op. cit., p. 322.
[436] Pie IX, *Syllabus*, prop. 70 DS. 2970.

"Mais le Pape Jean - écrit son hagiographe le Père Tanzella - ne pouvait s'en tenir à l'Église persécutée. Ça n'aurait plus été lui s'il n'avait pas répondu au Patriarche de Moscou et au Prélat protestant de Chicago"[437]. En effet, à peine élu il avait reçu **les plus vives félicitations du grand rabbin d'Israël Isaac Herzog, de l'"archevêque" anglican Geoffroy Fischer, et précisément de Paul Robinson, président des Églises fédérées, ainsi que du chef de l'"Église Orthodoxe russe", le Patriarche Alexis.**

Le protestant américain souhaitait que "la papauté [de Jean XXIII] mène à une meilleure entente entre les chrétiens et tous les hommes de bonne volonté" (cf. Tanzella). Le Patriarche Alexis "se disait certain que le nouveau Pape emploierait tous ses efforts, des efforts considérables, pour l'instauration de la paix et contre l'emploi de l'énergie atomique à des fins militaires". Evidemment le schismatique russe n'était que l'écho de "la voix de son maître", le Kremlin, lequel exprima "l'espoir de voir le nouveau chef de l'Église fonder sa propre activité sur le désir unanime de paix stable des peuples de toutes races et dénominations, et le désir de développement de la coopération internationale fondée aux les principes de la coexistence". La propagande soviético-orthodoxe en faveur de la paix avait évidemment pour finalité l'affaiblissement militaire et moral de "l'ennemi". Roncalli répondit donc au protestant et au soviétique, à chacun selon ses aspirations. "Ça n'aurait plus été lui, - répétons-le avec Tanzella - (...) s'il n'avait embrassé dans une même étreinte et l'Église occidentale et l'Église orientale et tous les frères séparés, s'il n'avait laissé entendre dès le début son souci œcuménique". Il est vrai qu'à Robinson il parla de "retour", mais il cita aussi saint Jean (XVII, 11) *"ut unum sit"* **donnant au passage l'interprétation œcuméniste récusée par Pie XI dans *"Mortalium animos"***. Vint ensuite la réponse au Kremlin : "Il termina par un chaleureux appel à la paix et au désarmement". "Le premier radio message du nouveau Pape au monde mérita une appréciation favorable de Radio-Moscou"[438]. "Le texte contient déjà en substance les grandes encycliques sociales" et plus spécialement *Pacem in terris*, ce qui nous fait conclure avec Hebblethwaite que "ce premier discours est, en réalité, un discours-programme. Le Pape Jean y annonce les deux thèmes majeurs qui marqueront son pontificat : l'unité dans la vie de l'Église et la paix dans l'ordre profane".

---

[437] Tanzella, op. cit., pp. 245-248.
[438] Sergio Trasatti, La Croce e la Stella, la Chiesa e i regimi comunisti in Europa dal 1917 ad oggi, Mondadori ed. 1993, p. 165.

Unité, autrement dit **œcuménisme**. Paix, autrement dit pacifisme et **ouverture à gauche**.

Montini Cardinal

Trente octobre 1958, deuxième jour de pontificat. Il fallait nommer de nouveaux cardinaux, il fallait se prononcer ; le dernier consistoire datait de 1953 et il manquait bien dix-sept chapeaux pour atteindre le plafond de soixante-dix fixé par le Pape Sixte V. Jean XXIII, Tardini à ses côtés, dicta les noms des premiers choisis "à commencer par Mgr Montini, archevêque de Milan", comme il l'écrivit lui-même dans son journal[439]. "Le premier fruit de notre pontificat" dira-t-il par la suite. Il n'était pourtant pas sans ignorer que Montini avait perdu la confiance de Pie XII qui l'avait éloigné de Rome et exclu du Conclave en lui refusant la pourpre cardinalice. Les conséquences de cette nomination, nous les subissons encore aujourd'hui.

Les noms de Montini, puis de Tardini en seconde position, furent suivis de vingt et un autres. Le nombre des cardinaux fixé par Sixte-Quint avec la constitution *"Postquam"* du 3 décembre 1586 était dépassé. Ça n'était pas la première fois que Jean XXIII apportait un changement à la tradition : le soir de l'élection il avait refusé le baisement de pieds par les Cardinaux[440].

Ensuite, au consistoire du 15 décembre, vingt-trois nouveaux cardinaux[441] sont créés parmi lesquels il faut noter les noms de König et de Döpfer qui se rendront (tristement) célèbres durant le Concile.

"Le Pape Jean tint un second consistoire en décembre 1959 : huit nouveaux cardinaux furent créés ; enfin un troisième en 1960 porte le nombre des cardinaux à quatre-vingt-cinq. Pie XII avait tenu trois consistoires en l'espace de dix-huit ans, le Pape Jean trois en l'espace de vingt mois. Au dernier, et pour la première fois dans l'histoire, étaient élevés à la pourpre sacrée : un Africain, Mgr Laurean Rugambwa de Bukoba au Tanganika, un Philippien, Mgr Rufino J. Santos, et un Japonais, Mgr Pietro Tatsuo Doi". C'était le début de "l'internationalisation" du Sacré Collège (Et parmi eux, il ne manquait

---

[439] Hebblethwaite, op. cit., p. 322.
[440] Cfr. Tanzella, op. cit., p. 240-241. A ce détail apparemment insignifiant, l'auteur attribue une importance particulière et il commente : "Décidément le Pape Jean ne serait pas un "Pape de transition" (p. 241).
[441] Et parmi eux, il ne manquait pas de très dignes et éminents ecclésiastiques, il faut bien le dire.

pas de très dignes et éminents ecclésiastiques, il faut bien le dire). Mais c'est des nominations européennes que viendra le péril : d'un Bernard Jan Alfrink (28/3/1962) et d'un Bea (14/2/1959), ou d'un Leo Joseph Suenens (19/3/1962), bien dignes de figurer derrière Montini, le "premier fruit", sur la liste des nouveaux cardinaux. Pour en terminer avec ce discours sur le Collège des cardinaux, rappelons une autre décision innovatrice de Jean XXIII, l'élévation de tous les cardinaux à la dignité épiscopale (*Motu proprio Cum gravissima* du 15 avril 1962). Apparemment cette décision conférait au collège un nouveau lustre. En réalité elle en diminuait l'importance, comme le faisait son accroissement excessif. En effet, avant la réforme de 1962, un simple prêtre (et même théoriquement un simple clerc), avait la primauté, s'il était cardinal, sur n'importe quel évêque. Et ce, parce que les cardinaux représentent le clergé de Rome et la curie du Pape. Mais l'esprit "épiscopalien" et antiromain qui soufflait en 1962 ne tolérait plus le rôle prépondérant de Rome dans l'Église.

"Pape de transition"

"Si [les cardinaux], comme une bonne partie de la presse, voyaient en Roncalli un Pape de passage, ils allaient être déçus. En effet, **celui-ci ne devait pas s'avérer Pape de transition, mais plutôt pontife sous la conduite duquel l'Église devait subir une transformation telle qu'elle n'en avait plus connue depuis les jours de la Contre-réforme**"[442].

Wynn écrit : « Ce vieux rusé de Roncalli savait parfaitement ce que les cardinaux avaient en vue avec son élection. Il écrivit par la suite : "Lorsque, le 28 octobre 1958, les Cardinaux de la Sainte Église Romaine me désignèrent, à soixante dix-sept ans, à la suprême responsabilité du gouvernement du troupeau universel de Jésus-Christ, la conviction se répandit que je serais un Pape de transition provisoire" »[443]. "Me voici au contraire à la veille de ma quatrième année de pontificat - poursuit Jean XXIII - et dans la vision d'un **solide programme** à mettre en œuvre à la face du monde entier qui regarde et attend". Cette page de son journal laisse transparaître l'intime satisfaction de n'avoir pas été effectivement un "Pape de transition", mais de laisser dans l'Église une trace durable. Ou bien, de transition,

---

[442] Edward E. Y. Hales, *La rivoluzione di Papa Giovanni*, ed. it., Il saggiatore-Mondadori 1968, pp. 44-45.
[443] Wilton Wynn, Custodi del regno, ed. Frassinelli 1989, p. 22.

oui si l'on veut, mais entre une Église "constantinienne" ou "contre-réformiste" (disons tout simplement, catholique) et une nouvelle église "mise à jour" ("aggiornata"), qui se définit elle-même aujourd'hui comme "conciliaire" (Cardinal Benelli *dixit*). De ce passage Jean XXIII aurait été le Moïse, Paul VI le Josué...[444]

Stratégie de l'aggiornamento

Mais comment réaliser cette transition historique, cette révolution dans l'Église, face aux obstacles paralysants ?

Je ne sais pas si Jean XXIII aura raisonné ainsi et prémédité le futur que nous vivons à l'heure actuelle. Mais de fait, c'est ainsi que les choses se sont passées. **Tout était prêt, nous l'avons vu, pour une révolution néo-moderniste qui faisait pression aux portes de Rome. Mais il fallait quelqu'un pour ouvrir ces portes** (ou ces fenêtres !).

Dans l'Église le Pape peut tout. D'où **le rêve de la révolution : avoir un "Pape" de son côté ; c'était le rêve des maçons Nubius et Volpe au siècle passé ; c'était celui des modernistes, exprimé par le "Saint" de Fogazzaro**[445].

Ce rêve s'est réalisé avec Jean XXIII. Mais il fallait justement éviter qu'il ne s'évanouisse devant la ferme opposition des catholiques.

Il fallait donc :

a) **"endormir la vigilance de la Curie** (spécialement du Saint-Office) en lui donnant, apparemment, un vaste champ d'action : d'où les condamnations sous le Pontificat de Jean XXIII ;

b) créer **le mythe du "Saint"** en lui attirant les sympathies populaires : d'où l'appellation de "bon pape Jean" ;

c) créer **le mythe de l'inspiration prophétique du Concile**, Concile qui aurait permis "au Rhin de se jeter dans le Tibre", en donnant la parole aux évêques et aux experts modernistes et antiromains.

Substantiellement, fin 1958, ces pas étaient déjà faits.

---

[444] Giovanni XXIII, Il giornale dell'anima, ed. Storia e letteratura, 5ᵉ ed., 1967, p. 333 (écrit du 10 août 1961).
[445] Cfr. Crétineau-Joly, *L'Église Romaine face à la Révolution*, réimpression intégrale de la première éd. de 1959, par le Cercle de la Renaissance Française, Paris 1976 ; Mgr Henry Delassus, Il problema dell'ora presente, réimpression anastatique de l'édition de 1907, Ed. Cristianità, Piacenza 1977, vol. 1, pp. 291 et suivantes.

DOUZIÈME PARTIE

Extrait de *Sodalitium* n° 35 de mai 1994.

"Je suis le chef" dit, dans son langage débonnaire et désacralisant, Jean XXIII au Professeur Jules Isaac, "je suis le chef, mais je dois aussi consulter les autres, faire étudier par les bureaux les problèmes soulevés. Ici nous ne sommes pas dans une monarchie absolue"[446]. Cette boutade de Roncalli (une parmi tant d'autres) n'est sans doute pas très conforme aux traités d'ecclésiologie. Elle a cependant l'avantage de nous montrer sur le vif les difficultés réelles que Jean XXIII devait affronter et surmonter pour mettre en œuvre sa **révolution**. Le cas que lui soumettait le Professeur Isaac ce 13 juin 1960 était des plus scabreux : il s'agissait de **renier l'Evangile pour donner raison aux juifs**. Nous en reparlerons par la suite. Mais dès le début, dès les premiers jours qui suivirent le Conclave de 1958, Angelo Giuseppe Roncalli le savait : bien qu'il soit le "chef", il devait tenir compte des "autres" : de la Curie romaine en général, de la Secrétairerie d'État, du Saint-Office... et ainsi de suite jusqu'au bas de l'échelle, jusqu'aux humbles masses catholiques imbues de contre-réforme et de tradition ; il devait les amener à changer, à "aggiornare" ; mais, pour ne pas faire naufrage, sa manœuvre hardie aurait à éviter les heurts. Voilà pourquoi dans le précédent numéro j'ai résumé ainsi la stratégie roncallienne : pour obtenir le consentement de la Curie et du Saint-Office, leur donner une illusoire liberté d'action ; pour obtenir le consentement des fidèles, créer le mythe du "bon Pape" ; pour obtenir le consentement de l'épiscopat, créer le mythe (un autre) de l'inspiration prophétique du Concile. Cette hypothèse peut sembler hasardeuse à certains lecteurs, laissez-moi donc donner les preuves de ce que j'avance.

Brève histoire du Saint-Office

L'histoire du Saint-Office est incluse entre deux dates, 1542 et 1964, et se déroule dans le laps de temps qui va de la réforme luthérienne à la

---

[446] Dans Stjepan Schmidt S. J., Agostino Bea, il Cardinale dell'unità, Città Nuova 1987, p. 354.

réforme montinienne. Il est né contre Luther, et c'est Montini qui y a mis fin.

Pour comprendre vraiment l'importance de **la suppression du Saint-Office** voulue par le Concile, il faut en retracer brièvement l'histoire.

La Curie romaine qui assiste le Pape dans le gouvernement de l'Église universelle est composée des Sacrées Congrégations. "Longtemps - explique l'Annuaire Pontifical - les affaires de l'Église universelle furent traitées par la Chancellerie Apostolique. Mais le nombre toujours croissant et la complexité des questions à examiner firent sentir la nécessité de créer des commissions particulières de Cardinaux pour l'expédition adéquate des questions administratives. La première de ces commissions à caractère stable fut la Sainte Congrégation de l'Inquisition, instituée par le Souverain Pontife Paul III avec la Constitution *Licet* du 21 juin 1542"[447]. Première dans le temps, la Congrégation de la Sainte Inquisition Romaine et Universelle (appelée par la suite Sacrée Congrégation Suprême du Saint-Office) était également première par ordre de dignité. C'est précisément pour cela qu'elle était appelée "Suprême" et à partir du moment où le Grand Inquisiteur, frère Michele Ghisleri, le Cardinal Alexandrin, accéda au Siège de Pierre sous le nom de (saint) Pie V, son Préfet ne fut autre que le Pape en personne, même si de fait le poste était tenu par un Cardinal dit Secrétaire.

Défendre le troupeau des loups même au prix de sa vie est, sans aucun doute, l'un des devoirs inaliénables du Pasteur (Jean, X, 11-16). **L'emploi des moyens coercitifs** est d'autre part une prérogative de toutes les "sociétés parfaites" ; donc, aussi de l'Église (C.J.C. can. 2214 §1 ; cf. Denz. Sch. Index G 4b).

Dès les temps apostoliques, le Pape et les Evêques avaient donc considéré **la lutte contre les hérésies** ainsi que **la condamnation et la répression des hérétiques** comme l'une des charges confiées à leurs soins par Notre-Seigneur. Au XIIIe siècle, contraints par la gravité de la menace que constituait l'hérésie cathare, Innocent III et ses successeurs[448] avaient créé un Tribunal "contre la perversité hérétique"

---

[447] Annuario Pontificio. Cité du Vatican. Typographie Polyglotte Vaticane. Je cite l'édition de 1959, pp. 957 et 962.
[448] En réalité, le passage d'une "inquisition" courante, sous le contrôle des Evêques (qui a toujours existé) à l'"inquisition" médiévale proprement dite fut plutôt long : il va du Concile de Tours de 1163 sous Alexandre III, à la Constitution Excommunicamus de Grégoire IX en 1231 ; et, si l'on considère le sens rigoureux du terme, c'est à ce dernier Pontife que doit être attribuée l'institution de ce tribunal. Mais c'est au IVe Concile du

pour coordonner l'action des Evêques. Il s'agit de ladite "inquisition médiévale" que les Papes confièrent souvent aux ordres mendiants, franciscain et surtout dominicain. Mais à la ferveur du XIII[è] siècle avait succédé le long sommeil de l'exil à Avignon, du grand schisme et de la renaissance, durant lesquels l'ennemi put semer la zizanie. **La zizanie grandit et apparut sous les traits de Luther.**

Face à ce **nouveau péril pour le salut de tant d'âmes**, les organismes préposés à la défense de la Foi et à la lutte contre l'hérésie se révélèrent tout de suite inadéquats. Déjà en 1478[449] l'Espagne, aux prises avec **les conversions feintes des juifs et des musulmans**, avait eu besoin d'une nouvelle Inquisition plus centralisée, aux pouvoirs plus étendus ; le Pape Sixte IV la lui avait accordée. Avec Luther, c'était Rome elle-même et l'Église universelle qui avaient besoin à leur tour d'une nouvelle Inquisition. Deux personnages, saint Ignace et le Cardinal Carafa (futur Pape Paul IV), qui normalement ne s'entendaient guère, s'en rendirent compte ; ils en demandèrent et obtinrent l'institution par le Pape en 1542. Si les guerres de religion et le protestantisme furent épargnés à l'Italie, c'est à l'Inquisition, spécialement sous la conduite énergique de Paul IV et de saint Pie V, que nous le devons. Le déferlement de l'hérésie fut arrêté ; suivit une période de calme relatif avec pour conséquence un relâchement de la vigilance. L'Illuminisme, la naissance des sectes maçonniques, tous les mouvements précurseurs de la Grande Révolution ne trouvèrent pas dans le Saint-Office un sérieux obstacle car, dans toutes les monarchies catholiques, il avait été ou supprimé ou réduit à sa plus simple expression par des Rois sectaires ou mal conseillés. Eux-mêmes seront trahis par ces révolutions qu'ils avaient préparées. La Restauration ne profita pas de l'expérience si chèrement acquise, et le Saint-Office, privé désormais d'un "bras séculier", ne survécut plus que dans la société ecclésiastique[450].

Latran (canon 3), célébré sous Innocent III, que l'on doit l'impulsion décisive vers sa création pour réprimer l'hérésie cathare.
[449] Bulle *Exigit sincere* du Pape Sixte IV.
[450] Pour plus amples informations sur l'histoire de l'Inquisition, on peut consulter les œuvres suivantes :
- N. Eymerich F. Pena. *Le Manuel des Inquisiteurs*, édité par Louis Sala-Molins chez Mouton. Paris - La Haye 1973.
- W. T. Walsch, Characters of the Inquisition, Tan Books. Rockford, Illinois, U.S.A. 1987.
Sur l'inquisition espagnole :
- B. Llorca S. J. Bulario Pontificio de la Inquisición Española, Pontificia Università Gregoriana, Roma 1949.

A l'époque de Jean XXIII, étaient du ressort du Saint-Office : toutes les questions concernant la Foi et les coutumes (can. 247 §1), quelques questions matrimoniales (can. 247 §2), les livres interdits (le fameux **Index** : can. 247 §4) et les délits contre la Foi et l'unité de l'Église (can. 247 §2).

Le Pape en personne en était le Préfet, je le rappelle, et le Cardinal Giuseppe Pizzardo, le Secrétaire ; le Cardinal Alfredo Ottaviani était pro-secrétaire, avant de succéder à Pizzardo[451]. Roncalli ne pouvait pas les ignorer : **le Cardinal Ottaviani avait été son "grand électeur"** et Pizzardo était Secrétaire du Saint-Office, Préfet de la Sacrée Congrégation des Séminaires et des Universités des Etudes, Grand Chancelier de l'Université Pontificale Grégorienne...

D'où la politique dite des "voies parallèles" : d'un côté, le Saint-Office qui a toute liberté d'action ; de l'autre, **Jean XXIII qui se charge personnellement de défaire tout ce que les Cardinaux ont patiemment édifié...**

Jean XXIII et le Saint-Office

"Le Saint-Office fait ce qu'il peut pour dénicher les hérésies dans mes écrits et dans mes projets... mais pour le moment il n'a pas encore réussi !". C'est une boutade de Jean XXIII naturellement, nous assure le Cardinal Suenens, tout satisfait[452]. Boutade symptomatique de ses rapports avec le Saint-Office et la Curie romaine en général, dont il ne pensait pas grand bien, selon le témoignage de Mgr Cardinale auquel j'ai déjà fait allusion.

Les motifs de cette hostilité à peine déguisée sont nombreux et convergents, nous l'avons vu ensemble dans le précédent numéro : le caractère de Roncalli, ses idées libérales et modernisantes, ses expériences de jeunesse. J'invite les lecteurs à relire, à ce propos, les

---

- AA. VV., *Historia de la Inquisición en Espana y America*, B.A.C. - Centro de estudios inquisitoriales, Madrid, 1984.
- J. Morel, *Somme contre le catholicisme libéral*, 1876 T. 2. R. Canosa, *Storia dell'Inquisizione spagnola in Italia*, Sapere 2000, 1992.

Sur l'inquisition romaine :
R. Canosa, *Storia dell'Inquisizione in Italia*, Sapere 2000, en 5 vol., 1986-1990. Avec une excellente bibliographie. Naturellement l'auteur porte sur l'Inquisition un jugement défavorable.

[451] Sur les Cardinaux Ottaviani et Pizzardo cfr. ce qui a été dit déjà dans *Sodalitium*, n. 32 pp. 53-54 et n. 34 p. 54 et p. 58 note 16.

[452] Léon J. Suenens, *Ricordi e speranze*, Paoline 1993.

trois premières parties de cet article sur Jean XXIII, (numéros 22, 23 et 24 de *Sodalitium*). Jeune prêtre ambitieux, Roncalli avait vécu passionnément ces années de lutte antimoderniste voulue par saint Pie X, lutte dans laquelle étaient impliqués son Evêque, dont il était le fidèle secrétaire, un certain nombre de ses amis et lui-même. Les "avertissements salutaires" que lui adressa le Cardinal De Lai demeurèrent fortement imprimés dans son esprit comme un souvenir ennuyeux et irritant. Mgr Lefebvre en témoigne : « Il m'a reçu en audience privée, au moment où, sévèrement critiqué par les évêques français et un certain nombre de cardinaux pour avoir accordé mon soutien à "La Cité catholique" (Dakar, 24 mars 1959), ils m'avaient en quelque sorte déféré devant le jugement du Souverain Pontife. J'ai eu ainsi l'occasion de comprendre son état d'esprit. Jean XXIII m'a conté l'histoire de sa vie pour me donner une leçon, pour me démontrer qu'il ne fallait pas trop afficher des sentiments conservateurs ou, comme cela avait eu le malheur de lui arriver, faire des déclarations qui pouvaient paraître libérales. Il m'a affirmé que cela l'a suivi toute sa vie. Il avait acquis cette certitude après son élection au Souverain Pontificat, en prenant connaissance de son dossier. C'est à cause de cela, m'a-t-il dit, qu'il n'avait jamais été nommé à Rome et s'était toujours trouvé éloigné de la Curie, parce qu'il était jugé comme étant libéral. "Alors faites attention, si vous voulez faire carrière, a-t-il ajouté, ne vous affirmez pas comme cela d'une manière trop tranchée". On pourrait penser qu'il avait été très affecté de se voir ainsi accoler une étiquette de libéral, de moderniste... »[453].

Mgr Capovilla, secrétaire particulier de Jean XXIII, témoigne que ce dernier éprouvait de la répulsion pour la politique antimoderniste voulue par saint Pie X[454]. Ce témoignage concorde avec celui de l'écrivain et journaliste bien connu, Indro Montanelli, qui interviewa Jean XXIII pour *"Il Corriere della sera"* . Dans un article récent commémorant le trentième anniversaire de la mort de Roncalli, Montanelli raconte : « Il me déclara qu'il (Mgr Radini Tedeschi) n'aimait pas du tout la Curie romaine, à tel point qu'une fois il l'avait chargé, lui [Roncalli] qui n'était jamais allé à Rome, de porter les fruits de je ne sais plus quelle souscription au Pape Sarto (saint Pie X, n.d.r.). "Le Saint Pape" dis-je, l'interrompant. "Comment Saint !" s'exclama-

---

[453] Francesco Spadafora, La Tradizione contro il Concilio. L'apertuta a sinistra del Vaticano II, Ed. Pol. Volpe Editore, Roma 1989, p. 28, qui cite "Fideliter", n. 59, sept.-oct. 1987, p. 40 et suiv.

[454] A Melloni, dans : AA.VV. Papa Giovanni, édité par G. Alberigo, Laterza ed. Bari 1987, p. 31.

t-il. J'en restais ébahi. Puis, inconsidérément, j'ajoutai : Saint, ce n'est pas moi qui l'ai fait, c'est vous autres". Le Pape me fut sans doute reconnaissant de cette réplique de cabaret qui dédramatisait par contrecoup la sienne. Il se mit à rire et, me frappant légèrement le bras de la main, il insista : "Bien sûr que c'était un Saint. Mais un Saint un peu anormal parce que c'était un triste. Les Saints ne peuvent pas être tristes : ils ont Dieu...". Silvio Negro, qui en fait d'Église et de Curie en savait plus que les Cardinaux, m'expliqua ensuite le pourquoi de cette antipathie. Le Pape Sarto avait été le plus féroce ennemi des "modernistes", dont il avait même excommunié le plus haut représentant, Buonaiuti ; alors que Radini Tedeschi en avait été le protecteur, ce qui lui avait coûté la pourpre et le chapeau cardinalice. Certes, disait Negro, on ne peut pas affirmer que le Pape Jean ait été moderniste, d'autant plus que désormais l'Église avait ressoudé cette rupture. Mais de cette rupture et des drames qu'elle avait provoqués dans la conscience catholique, quelque chose devait lui être resté en travers de la gorge »[455]. Le texte parle de lui-même et confirme notre thèse : ces dossiers le persécutaient (psychologiquement) depuis cinquante ans ! Il partageait par conséquent cette rancœur tenace propre à tous ceux qu'avaient frappés les sanctions antimodernistes du début du siècle, rancœur qui se manifestait par la réhabilitation des "victimes" de l'époque[456] tandis qu'étaient frappés les "persécuteurs", et par l'effort pour enterrer les institutions-symboles de cette lutte[457]. En premier lieu, évidemment, le Saint-Office.

---

[455] Tiré de "*Il Giornale*", 3 juin 1993, p. 6.
[456] Lire, à ce sujet, la lettre adressée le 31 janvier 1959 par Jean XXIII à l'abbé Angelo Pedrinelli, curé de Carvico. Ancien professeur, comme lui, au séminaire de Bergame, il avait été destitué de sa charge par Mgr Radini parce qu'il était moderniste. (cfr. Hebblethwaite, op. cit. p. 363). Quant à Mgr. Lanzoni, hagiographe moderniste, j'ai déjà parlé de sa réhabilitation officielle et des louanges que fit de lui Jean XXIII dans un chirographe du 10/5/1963 (*Sodalitium* n. 24, p. 17-18) ; pour la réhabilitation de Marc Sangnier, voir *Sodalitium* (n. 22, p. 16). On sait également quelles étaient ses relations avec le chef de file du modernisme lombard, Gallari Scotti avec lequel il entretenait une correspondance. Enfin l'introduction du procès de béatification du Cardinal Ferrari, demandée par lui le 10 février 1963, fut une sorte de décanonisation de saint Pie X qui avait désapprouvé la conduite pastorale de Ferrari à propos du modernisme (cfr. *Osservatore Romano* éd. it., 23/05/1984, et *Si Si No No*, n. 10, août 1984).
[457] Un bel exemple de la littérature de ces "persécutés" remplis de haine pour leurs "persécuteurs" : les lettres de Mgr Duchesne, déjà citées dans le n. 23, p. 16. Un cas frappant : la mésaventure du saint Évêque d'Arezzo, Mgr Volpi, carrément destitué en 1919 (cfr. Angelo Tafi, Il Servo di Dio Mons. Volpi, Arezzo 1981. Chez l'auteur).

Au début, cependant, il ne pouvait y avoir affrontement direct.

Jean XXIII appliqua la tactique des deux voies à laquelle nous avons déjà fait allusion. Andrea Riccardi nous raconte à ce sujet une petite anecdote très instructive : « L'affaire des Camaldules et de leur prieur général, le Père Anselmo Giabbani, même dans son aspect particulier, est significative. Avec l'appui du Père Cordovani et de Mgr Montini, ce religieux avait entrepris, dans les années quarante, une tentative de réforme monastique pour revitaliser sa congrégation[458]. Le voisinage personnel avec Fanfani, sollicité par le substitut lui-même, Dall'Acqua, était considéré comme dangereux par les autres milieux du Vatican (...). Une enquête fut ouverte sur Giabbani et les Camaldules par le Saint-Office. Dans cette affaire il faut suivre deux registres ; d'un côté le travail du Saint-Office qui se poursuivait ; de l'autre les rapports personnels du Pape avec Giabbani ("à peine admis en sa présence - lire : à l'occasion d'une entrevue privée - le pape vint à ma rencontre et, prononçant des paroles de vive condamnation contre les hommes de ce "palazzaccio" [terme péjoratif pour désigner le palais où le Saint-Office avait son siège]... là devant, il m'embrassa chaleureusement"). Quant aux Camaldules, pour rassurer leur général, Jean leur envoya d'abord le Père Philippe, puis son neveu. De fait, quoique l'affaire ait été traitée par deux voies parallèles, le Père Giabbani ne fut pas condamné ; ce qui fut le cas, au contraire, peu après l'élection de Paul VI (c'est tout dire ! n.d.r.) avec sa déposition »[459].

Deux registres, deux voies. Roncalli d'un côté, le "palazzaccio" du Saint-Office de l'autre.

Au début du pontificat de Jean XXIII le Saint-Office et la Curie font du bon travail... sur leur propre voie. A tel point qu'Hebblethwaite, indigné, assure que les Cardinaux Ottaviani et Pizzardo intensifièrent leur activité de "répression"[460]. Si l'on considère la profondeur du mal, la gravité des menaces pour la foi, les mesures "répressives" adoptées

---

[458] N'oublions pas que Riccardi n'est pas seulement enseignant à l'université de Bari ; il est aussi président de la Communauté tristement célèbre de Sant'Egidio, l'un des fruits les plus empoisonnés du post-concile. Ladite communauté est, entre autres, la promotrice des rencontres œcuméniques annuelles qui continuent Assise. Aussi lorsque Riccardi parle de "nuova vitalizzazione" de l'ordre des Camaldules, il faut comprendre l'inverse, c'est à dire la destruction d'une communauté érémitique qui comptait encore, peu de temps auparavant, parmi les plus exemplaires.
[459] A. Riccardi, dans l'op. cit. éditée par G. Alberigo, p. 150.
[460] P. Hebblethwaite, *Jean XXIII. Le Pape du Concile*, éd. du Centurion 1988, p. 359.

alors nous semblent absolument inadéquates ; en réalité, le dernier effort efficace remonte à... 1914, autrement dit au pontificat de saint Pie X. Toutefois, quelque chose fut tenté.

En décembre 1958, le Cardinal Pizzardo, en sa qualité de Préfet de la Congrégation pour les Universités, interdit à l'Université Catholique du Sacré Cœur de Milan de conférer le diplôme *honoris causa* à Jacques Maritain, théoricien de la liberté religieuse et de l'humanisme intégral. En 1965, Paul VI invitera ce même Maritain à la cérémonie de clôture du Concile en tant que représentant de tous les intellectuels catholiques.

Dans le même temps, au Saint-Office, le Cardinal Ottaviani, intervenait contre le livre de don Milani, "Esperienze pastorali", bien que cette œuvre ait obtenu *l'imprimatur* du Cardinal Dalla Costa, Archevêque de Florence ; et, toujours à Florence, il censurait la revue "*Testimonianze*" et en chassait le directeur, le Père Ernesto Balducci[461].

"En juillet 1959, Pizzardo ordonne aux évêques français de mettre fin, une fois pour toutes, à l'expérience des prêtres-ouvriers".

L'élan initial est rapidement freiné. Déjà, "à l'occasion du consistoire secret du 15 décembre 1958" Jean XXIII avait expliqué qu'il avait "créé beaucoup de nouveaux cardinaux pour faire en telle sorte que le poids des charges soit réparti plus équitablement". Que cela ait concerné (aussi) le Cardinal Pizzardo qui cumulait la charge de Préfet de la Congrégation de l'Université et des études et celle de Secrétaire du Saint-Office voilà qui était clair ; et ce le fut encore davantage lorsque Roncalli l'écrivit explicitement au Cardinal[462]. Et comme le Cardinal Pizzardo ne s'en allait pas, Jean XXIII l'obligea à donner "spontanément" sa démission (Cfr. Hebblethwaite, op. cit., p. 452). Je me rappelle que Mgr Lefebvre, alors Archevêque de Dakar et Délégué Apostolique pour toute l'Afrique Française fut contraint lui aussi, dans un premier temps, de choisir entre les deux charges

---

[461] Cfr. Hebblethwaite, op. cit. Don Lorenzo Milani, juif (mal) converti relégué à Barbiana, petite paroisse de montagne, devint, peu après sa mort prématurée, l'un des symboles de la révolte estudiantine de 1968. Pacifiste, il était partisan passionné de la lutte des classes, rebelle à l'autorité (l'obéissance n'est plus une vertu, disait-il). A ce propos on peut consulter : Domenico Magrini, Don Lorenzo Milani, éd. Civiltà, Brescia 1983.
Le Père Balducci était le digne compère et ami de don Milani. Une interview qu'il accorda peu avant sa mort laisse à penser qu'il avait totalement apostasié la foi chrétienne.
Tandis que le Saint-Office frappait un Père Balducci, de son côté, le 5 février 1959, Jean XXIII s'empressait de recevoir en audience, un prêtre du même acabit que ces deux derniers, don Primo Mazzolari ; et il en fait l'éloge, le qualifiant de "trompette du Saint-Esprit dans la plaine du Pô" (cfr. Hebblethwaite, op. cit. p. 359).
[462] Cfr. Hebblethwaite, op. cit., p. 452.

prestigieuses (il laissa la charge de Délégué Apostolique) ; puis on lui enleva l'archidiocèse et il fut envoyé dans le petit diocèse de Tulle (1962) !

Le poste du Cardinal Pizzardo revint ainsi au Cardinal Ottaviani qui fit de son mieux pour en suivre la ligne : le 30 juin 1962 était publié le célèbre *Monitum* condamnant la théologie du jésuite panthéiste Teilhard de Chardin (publiquement "réhabilité" par le "magistère" de Jean Paul II)[463]. Ce pas était lui aussi un compromis entre la "voie" du Saint-Office et celle de Jean XXIII. En témoigne Père Colosio O.P. : « C'est un exemple de sa faiblesse. Déjà à l'époque où il était nonce à Paris il ne faisait pas de mystères à propos de sa cordiale désapprobation des doctrines radicalement évolutionnistes du fameux jésuite Teilhard de Chardin (de toutes façons, il aurait été difficile de faire autrement, l'Encyclique *Humani Generis* de Pie XII étant dirigée principalement contre ce dernier, n.d.a.). Mais une fois élu pape et sollicité de plusieurs côtés de mettre à l'Index ses œuvres - elles aussi à la source, et combien abondante, de la confusion doctrinale qui se répand actuellement - il s'esquiva (se limitant à approuver le *Monitum* du Saint-Office du 30 juin 1962, important quant à son contenu mais pratiquement inefficace) avec la phrase célèbre : "Je suis né pour bénir, pas pour condamner !" ». Et Colosio ajoute : "Mais Jésus, saint Paul, saint Jean l'Evangéliste, de nombreux grands et saints Papes ne se sont pas limités à bénir - tâche trop facile et sympathique - ils exercèrent aussi le juste et grave office qui consiste à condamner et anathémiser !"[464]. La différence de

---

[463] "Certaines œuvres du Père Teilhard de Chardin, publiées pour quelques-unes même après sa mort, ont fait l'objet de louanges, et pas des moindres. Mis à part les arguments pertinents en faveur des sciences positives sur lesquels nous réservons notre jugement, en matière philosophique et théologique il est suffisamment évident que les dites œuvres contiennent des ambiguïtés, et même de graves erreurs qui offensent la doctrine catholique. C'est la raison pour laquelle les Eminents et très Révérends Pères de la Suprême Congrégation du Saint-Office exhortent tous les Ordinaires ainsi que les Supérieurs des Instituts religieux, et les Présidents des Universités à protéger les âmes, particulièrement celles des jeunes, contre les dangers que présentent les œuvres du Père Teilhard de Chardin et de ses disciples" (Monitum du 30/06/1962). En juin 1963, à peine élu, Paul VI fit inviter le plus connu de ces disciples, le Père de Lubac, à faire "un exposé favorable à la pensée du Père Teilhard de Chardin" au VIᵉ Congrès Thomiste International (lettre du P. Boyer au P. de Lubac). Enfin Jean-Paul II fit publiquement l'éloge de Teilhard à l'occasion de son centenaire ("lettre du Cardinal Casaroli, au nom du Saint-Père, au Recteur de l'Institut Catholique de Paris" dans *l'Osservatore Romano*, 10/06/1981) et il en consacra pour ainsi dire la doctrine en offrant la pourpre cardinalice à son disciple, de Lubac toujours. Sur Teilhard, voir l'article de Don Curzio Nitoglia dans *Sodalitium*, n. 27, pp. 3 à 12.

[464] P. Innocenzo Colosio o.p., Discussioni sulla "bontà" del Papa Giovanni XXIII, dans Rassegna di Ascetica e Mistica, août -septembre 1975, n. 3 p. 241.

comportement entre Jean XXIII et le Saint-Office se retrouve aussi dans les questions bibliques. Le 20 juin 1961, un autre *"Monitum "* (avertissement) du Saint-Office, moins connu mais non moins important, mit en garde contre la diffusion des exégèses rationalistes qui portaient atteinte aux vérités de la foi sans tenir compte de l'Encyclique de Pie XII, *Humani Generis*.

La question mérite d'être suivie attentivement. On parle beaucoup aujourd'hui de la "Parole de Dieu" remise à sa juste valeur, dit-on, par Vatican II. Mais croit-on encore à cette Bible qui nous est servie à toutes les sauces, à la façon protestante ? Déjà le modernisme, condamné par saint Pie X, avait suivi le rationalisme des exégètes modernes protestants enlevant toute valeur objective à la Divine Révélation. Peu à peu il releva la tête, on tenta d'introduire dans l'Église le criticisme rationaliste : évolutionnisme "wellhausénien" et système de Gunkel pour l'Ancien Testament ; Formgeschichte pour le Nouveau[465]. La porte par laquelle l'hérésie et le rationalisme cherchaient à s'infiltrer était le prestigieux Institut Biblique Pontifical dont était responsable le Père Bea s.j. créé cardinal par Jean XXIII le 14 décembre 1959. **Sous le pontificat de Jean XXIII le rôle de Bea est capital** et je lui dédierai une longue analyse. Spadafora témoigne : "L'Institut Biblique Pontifical était l'âme de ces déviations" qui avaient l'impudence de se prétendre approuvées par l'encyclique *Divino afflante Spiritu* de Pie XII (1943). "Le mur qui séparait - dirent-ils - les catholiques des protestants et des rationalistes a été désormais abattu, toutes les différences ont été éliminées : il n'y a plus ni juifs, ni protestants, ni rationalistes, mais seulement l'étude de la Bible : une exégèse purement philologico-historique". Ils se sentirent enfin libres vis-à-vis du magistère de l'Église, sûrs qu'ils étaient de trouver davantage de lumières dans leur propre intelligence et dans celle des philosophes existentialistes pour comprendre le sens des Ecritures. C'est ainsi, par exemple, que le Père Lyonnet s.j. de l'Institut Biblique nia, contrairement aux définitions du Concile de Trente, que l'épître aux Romains de saint Paul soit une preuve du dogme sur le péché originel. "Eh bien, l'Institut Biblique Pontifical fit sienne cette innovation, publiquement, dans un article paru sur *"La Civiltà Cattolica"* du 3 septembre 1960... envoyé ensuite en tiré à part aux Evêques d'Italie. La réaction à cette audace se concrétisa dans l'étude extrêmement érudite de Mgr Antonino Romeo de la Sacrée Congrégation des Séminaires et des Universités : L'Encyclique *Divino*

---

[465] Spadafora op. cit., pp. 7 à 9. Le texte du Monitum est reporté à la page 10.

afflante Spiritu et les *Opiniones novæ, in Divinitas* 4 (1960)"[466]. Evidemment il ne s'agit pas seulement d'une polémique académique entre Mgr Romeo et Padre Alonso Schokel s.j., auteur de l'article de "*La Civiltà Cattolica*". Mgr Romeo et son élève Mgr Spadafora, tous deux ex-élèves de l'Institut Biblique Pontifical, l'un, membre de la Sacrée Congrégation pour les Séminaires et les Universités, l'autre, professeur à l'Université Pontificale du Latran, étaient certainement appuyés et soutenus par les Cardinaux Ottaviani (Saint-Office) et Pizzardo (*Ètudes*) sans parler de Mgr Piolanti (Université du Latran) et du Cardinal Ruffini (cfr. l'un de ses articles dans "*L'Osservatore Romano*" de juin 1961). Mais les jésuites de l'Institut Biblique ont aussi leurs appuis. "L'attaque est inspirée par Pizzardo - écrit Hebblethwaite dans son style habituel - et, bien qu'ouvertement dirigée contre les deux jésuites malchanceux du Biblicum (les pères Lyonnet et Zerwick, n.d.a.), elle vise en réalité Bea qui en a été si longtemps le recteur, et derrière lui le pape Jean, assez fou pour écouter des conseillers aussi mal avisés[467].

L'ex-jésuite poursuit : « C'est par hasard que le pape Jean a vent de la campagne anti-Bea, anti-Biblicum. Un exemplaire du fameux article de Mgr Antonio Romeo exposant les monstruosités du Biblicum a été envoyé à tous les 400 évêques d'Italie - sauf à celui de Rome. L'un d'eux mentionna par hasard cet article lors d'une audience avec le pape Jean (...). Le pape Jean est très irrité. Il demande à Capovilla de "téléphoner immédiatement au recteur du Biblicum l'assurant que le pape a pleine confiance en l'orthodoxie du Biblicum". Jean ordonne ensuite à Pizzardo d'envoyer une lettre d'excuses à Bea, où il nie avoir eu connaissance de l'article de Romeo avant sa parution. Pizzardo s'exécute, mais ne modifie en rien sa conduite ». En fait la question ne s'arrêta pas là. D'abord le "Saint-Office mit fin à la polémique soulevée... par la réaction incontrôlée de l'Institut Biblique Pontifical, en se saisissant de la question et en imposant silence aux partis" (Spadafora). Ensuite parut le *Monitum*, comme nous l'avons dit plus haut. Spadafora en fit un commentaire dans un opuscule qu'il diffusa chez les Pères conciliaires. Cette fois encore Jean XXIII n'apprécia

---

[466] Sur le cas Romeo existe une abondante littérature. Hebblethwaite en parle, à sa façon, à la page 452. Mais la relation du disciple et ami de Romeo, Mgr Spadafora, lui aussi exégète célèbre, est par le fait même beaucoup plus intéressante : cfr. Spadafora op. cit. pp. 7 à 9 ; Cavaterra op. cit., pp. 192-193 ; *Si Si No No* (n. 18, 31/10/1986). Le biographe du Cardinal Bea, le Père Schmidt, y fait allusion aux pages 339-340, lorsqu'il parle d'une douloureuse polémique soulevée par une université romaine contre l'Institut Biblique Pontifical accusé de manquer à l'orthodoxie.
[467] Hebblethwaite, op. cit., p. 452.

pas : "Spadafora me chamboule mon Concile !" dit-il à l'évêque Mgr Pelaia qui le rapporta à Spadafora[468]. Ce n'est qu'en juin 1962, après une bataille de deux ans, que le Cardinal Pizzardo réussit à interdire l'enseignement aux deux jésuites rationalistes du Biblicum, Lyonnet et Zerwich[469]. Ce ne fut qu'une victoire à la Pyrrhus, non seulement parce que de brève durée, mais aussi parce que c'était bien peu de chose en regard de ce que venait de faire Jean XXIII. Confondant la foi en l'Ecriture avec le fondamentalisme, Hebblethwaite écrit : « Le principal instrument des "fondamentalistes" est la Commission Biblique... » (à ne pas confondre avec l'Institut Biblique, d'orientation tout autre, comme nous l'avons vu).

« Le 21 mai 1962 le pape Jean décide qu'en voilà assez. Il se prépare à une épreuve de force avec la Commission Biblique. Il adresse un *mémorandum* à Cicognani, secrétaire d'État, où il donne libre cours à son impatience : "L'heure est venue de mettre fin à cette ineptie. Ou bien la Commission biblique s'active, entreprend un travail sérieux et par ses suggestions au Saint-Père contribue utilement à répondre aux exigences du temps présent, ou alors il vaudrait mieux la dissoudre et laisser l'autorité suprême la remplacer, dans le Seigneur, par autre chose" (Lettere, p. 536). C'est le langage le plus dur jamais employé par le pape Jean et c'est la seule fois qu'il profère une menace (...) ». Les choses traînant en longueur, « il lui faut intervenir. "Les réformes doivent commencer par en haut", note-t-il le Jeudi Saint 1962. La dimension œcuménique du concile, qui devient de plus en plus apparente, impose d'ailleurs que l'on dispose des meilleurs exégètes catholiques ["meilleurs" d'un point de vue œcuménique évidemment, n.d.a.]. Sinon les protestants ne pourront prendre le Concile au sérieux. Le féroce *mémorandum* continue : « "... Il serait très consolant pour l'humble serviteur des serviteurs de Dieu si, dans la préparation du concile, il y avait une Commission biblique d'une telle réputation et d'une telle intégrité que nos frères séparés pourraient avoir confiance en elle et la respecter, eux qui, abandonnant l'Église Catholique, se réfugièrent à l'ombre du Livre sacré diversement lu et interprété" (...). Le pape Jean exécutera sa menace. En juin 1962 la Commission

---

[468] Spadafora, op. cit., pp. 9 et 29.
[469] Hebblethwaite, op. cit., p. 459. Que le lecteur ne se préoccupe pas de leur sort temporel : on était désormais dans le climat conciliaire et Lyonnet et Zerwich seront réhabilités par la suite, et même… ! A peine élu, Montini les rappelera à leur poste. Puis Wojtyla louera hautement le Père Lyonnet à l'occasion de la mort de ce dernier survenue en 1986 (Cfr. *Si Si No No*, année XII, n° 18, 31/10/1986 : "L'éloge funèbre du Père Lyonnet s.j. serait-il la sanction de la trahison de l'exégèse catholique").

biblique est pourvue d'un nouveau secrétaire et s'enrichit de "consulteurs" aussi éminents que Rudolf Schnackenburg, Bernard Rigaux et Xavier Léon-Dufour. Mais la "bataille du Biblicum" n'est pas encore définitivement gagnée. Elle atteindra son paroxysme lors de la première session du concile »[470]. La politique des "deux voies et des deux registres" poursuit donc son cours : pour un Lyonnet chassé par le Cardinal Pizzardo, on a un Léon-Dufour promu par Jean XXIII. Mais en 1962 les rapports sont bien plus détériorés qu'ils ne l'étaient en 1959. En effet le Cardinal Tardini est déjà mort, le Concile a déjà été convoqué ; le Cardinal Bea est déjà le conseiller écouté de Jean XXIII... l'heure des règlements de comptes entre les modernistes et la Curie romaine approche.

Comme ils sont loin les temps où le Cardinal Ottaviani pouvait penser être le "grand électeur" du nouveau Pape, et avoir la possibilité d'appliquer les décisions d'*Humani generis* contre les néo-modernistes ! Les illusions prirent fin lorsque Jean XXIII refusa de recevoir le Cardinal en audience (lui, le "bon Pape" !) ou lorsqu'au cours de l'été 1961, Ottaviani, plein d'amertume, en arriva au point de se faire porter malade et, à son tour, de ne pas se présenter au Vatican[471]. Il fut même question de destituer le Cardinal Ottaviani du cardinalat, comme il avait été fait pour le Cardinal Billot à l'époque de l'Action Française : Mgr De Luca, intime de Jean XXIII, l'annonça par avance au Cardinal Parente[472]. La chose ne se réalisera pas sous Jean XXIII, il est vrai : c'est Paul VI qui se chargera de supprimer le Saint-Office et de rendre inutile le titre du vieux cardinal, en excluant du Conclave les cardinaux de plus de 80 ans. Mesure moins dure, plus hypocrite, que celle projetée par le "bon Pape" . Mais pas moins efficace. Le "Palazzacio" était enfin abattu. **La police une fois dissoute, la voie était libre aux voleurs et aux assassins** (spirituels).

Le mythe du "bon Pape"

---

[470] Hebblethwaite, op. cit., pp. 452-453 ; [le dernier membre de la phrase de Jean XXIII ne se trouve pas dans l'édition française]. Mais il faut dire que la Commission Biblique était, elle aussi, quelque peu sabotée par le Cardinal Tisserand qui la dirigeait depuis 1937.
[471] Cavaterra, op. cit., pp. 60 et 68. Et cela bien que l'auteur minimise constamment les divergences entre Ottaviani, Jean XXIII et Paul VI.
[472] A. Riccardi, op. cit., p. 151 et note 63 à la page 171.

La narration des rapports entre notre Jean XXIII et le Saint-Office nous a éloignés, et de beaucoup, de la période que nous sommes en train d'étudier : c'est à dire de la première année du pontificat de Jean XXIII, des premiers mois même. Nous y revenons donc ...

De nos jours, parler mal de Jean XXIII est un peu comme parler mal de Garibaldi : ne s'agit-il pas du "bon Pape" ? Les progressistes l'exaltent, il est en quelque sorte leur prophète, le peuple le considère déjà comme un saint[473], même les traditionalistes admettent en général sa bonté et ses bonnes intentions, se limitant à croire qu'il a été trompé : n'aurait-il pas demandé sur son lit de mort qu'on arrête le Concile ?

La réputation de "bon Pape" contribua puissamment à faire accepter la révolution religieuse inaugurée par Roncalli. De l'élection (28 octobre 1958) jusqu'à l'annonce du Concile (25 janvier 1959) sont passés à peine trois mois ; trois mois qui ont suffi à faire de lui, pour tous, "le bon Pape". Renzo Allegri écrit : "Le 9 octobre 1958, Pie XII mourait. Le monde catholique tout entier pleura cette figure quasi mystique qui, dix-neuf années durant, avait guidé fermement les catholiques. Tous sentaient qu'avec la mort de Pie XII l'Église avait perdu quelque chose d'irremplaçable"[474]. L'impression dura peu, au maximum quelques mois. Le même auteur poursuit : "**Jean XXIII apporta la révolution au Vatican**. Les premiers jours de son pontificat il bouleversa règles et règlements, habitudes et comportements séculaires, chose qu'aucun autre Pape n'avait jamais fait avant lui. **C'était un cyclone révolutionnaire**, il frappait par surprise et d'une façon violente, à couper le souffle et la parole aux champions de l'ordre et aux amateurs de traditions (...). Les boutades spirituelles, les anecdotes divertissantes, les épisodes émouvants rendirent le Pape Jean extrêmement populaire. Les journaux du monde entier relataient journellement ce qu'il disait ou faisait. Le Pape devint un personnage 'à la une'"[475]. "Après Pacelli - écrit aussi Spinoza - il semblait impossible d'offrir au monde un nouveau pontife. Pendant une vingtaine d'années il avait représenté l'essence même de la papauté. Pacelli était le visage de l'Église. (...) Mais rapidement (...) le monde

---

[473] Pas tous, à dire vrai... Un chauffeur de taxi de ma connaissance, originaire des Pouilles, jouant sur le fait que dans son dialecte la lettre "a" se prononce "é", au lieu de "pape de la paix", l'appelait le "pape de la poix". C'est l'exception qui confirme la règle.
[474] Renzo Allegri, Il Papa che ha cambiato il mondo, éd. par Reverdito, Gardolo di Trento 1988, p.161. Telle était la considération que tous, même les laïcs, avaient pour le personnage de Pie XII, jusques et y compris les juifs qui lui sont si hostiles de nos jours.
[475] Allegri op. cit., p. 171 et 185.

eut **non seulement un nouveau pape mais aussi une nouvelle Église**"[476]. **Le contraste** avec le pontificat pacellien, **tant dans la forme que dans la substance**, fut-il voulu par Roncalli ? Limitons-nous ici aux apparences extérieures. Sans aucun doute les caractères sont "diamétralement opposés"[477]. Jean XXIII n'eut par conséquent aucune difficulté à se comporter spontanément de façon différente, conformément à son tempérament... Ce n'est pas cependant sans quelque malice qu'il souligne le changement, en sa propre faveur... Il en est ainsi par exemple dès le 4 novembre 1958, jour de son couronnement. Une seule innovation dans le rite splendide qui dura cinq heures : Jean XXIII prononça une homélie. « ... En développant sa pensée, Jean donne l'impression d'opposer son pontificat, qui vient juste de commencer, à celui de son prédécesseur : il en est qui attendent "surtout d'un Pontife qu'il soit homme d'État expérimenté, diplomate avisé, homme de science universelle, sachant organiser la vie de tous en commun, ou enfin un Pontife à l'esprit ouvert à toutes les formes de progrès de la vie moderne, sans aucune exception". C'est le portrait de Pie XII... »[478], commente Hebblethwaite (ou peut-être sa caricature). Mais « Jean continue : "De fait, le nouveau Pape, au cours des vicissitudes de son existence, peut se comparer au fils de Jacob qui, en présence de ses frères qu'affligent les plus graves épreuves, laisse éclater sa tendresse et ses sanglots et leur dit : 'C'est moi..., Joseph, votre frère'. Joseph (Giuseppe) est le second nom de baptême de Jean. Il descend pour ainsi dire de son trône pour se mettre au même niveau que ses frères (...) Désormais - continue Hebblethwaite - quand des théologiens chercheront à brosser le portrait de leur "pape idéal", ils reviendront à ce texte pour donner consistance à leurs rêves (cfr. Hans Kung *Infaillible*, trad. fr. de H.M. Rochais et J. Evrard, "Quel pourrait être le pape ?", pp. 249 à 255, tout le dernier chapitre) »[479].

Deux jours plus tard, le 6 novembre, Jean XXIII rencontre la presse, qui "se montrera si favorable" à ce pontife[480]. "Aucun Pape n'avait jusqu'alors invité les journalistes à une conférence de presse". Jean XXIII leur adressa un discours qui "semblait improvisé" et donna ensuite sa bénédiction à ceux qui désiraient la recevoir[481]. Le 23

---

[476] Antonio Spinosa, Pie XII. L'ultimo Papa, Mondadori 1992, p. 375.
[477] Spinosa, op. cit., p. 383.
[478] Hebblethwaite, op. cit., pp. 325 et 326.
[479] Hebblethwaite, op. cit., pp. 326 et 327.
[480] Hebblethwaite, op. cit., pp. 327 et 328.
[481] P. Paolo Tanzella, Papa Giovanni, Collegio Missionario S. Cuore, Andria 1973, p. 262.

novembre, il prenait possession de la basilique Saint-Jean-de-Latran. "Tant qu'existèrent les États Pontificaux, la 'prise de possession' était une expression du pouvoir temporel du pape sur la ville de Rome". Naturellement, Jean XXIII ne perdit pas l'occasion d'opposer abusivement pouvoir temporel et spirituel, principauté et sacerdoce, comme il l'avait fait, à l'occasion du couronnement, en mettant en contraste le sérieux du magistère et la bonté de la pastorale : "L'intronisation du nouveau Pontife a perdu le faste du cortège de jadis, mais quelle spiritualité, quel sens profond n'a-t-elle pas acquis ! Ce n'est plus le prince paré des emblèmes de la puissance extérieure, que l'on contemple désormais, mais le prêtre, le père, le *pasteur*"[482]. (Comme si les Papes jusqu'à Pie IX n'avaient pas été avant tout des prêtres, des pères et des pasteurs, tout princes qu'ils étaient !)

L'enthousiasme fut porté à son comble lorsque Jean XXIII se rendit en visite à l'hôpital pédiatrique de l'Enfant Jésus, le jour de Noël, puis aux prisons romaines de *Regina Cœli*, le lendemain. Gestes qui font partie de la tradition de la Contre-réforme, comme le remarque Hebblethwaite lui-même, et que les Papes ne manquaient pas d'accomplir justement lorsque Rome était la capitale de leurs propres États. Mais dans le contexte de l'époque et surtout à la lumière des événements qui suivirent, ces gestes furent considérés comme des innovations. Jean XXIII nota plusieurs fois dans son journal le succès de l'initiative : "Grand calme de mon côté, mais grand étonnement dans la presse romaine, italienne et internationale. (...) La presse italienne et internationale, continue à exalter mes gestes en visitant la prison hier"[483]. Elle n'est pas la seule. Le chef de file des modernistes milanais, Gallarati Scotti, lui aussi ; croyant deviner en Jean XXIII le "Saint" préfiguré dans le roman moderniste homonyme de Fogazzaro mis à l'index par saint Pie X, il en recopia un passage et l'envoya à Jean XXIII : "... je peux (...) conjurer Votre Sainteté de sortir du Vatican..."[484]. A cette sortie timide et pie, combien d'autres ont succédé, de moins timides et de moins pies... !

Evidemment le lecteur pourrait m'accuser d'acrimonie excessive vis-à-vis de notre héros. Visiter les enfants et les prisonniers, voilà de bonnes et saintes œuvres, non ? Et n'est-ce pas bien d'avoir un caractère ouvert, simple, franc et aimable ? Et surtout, Jean XXIII n'a-t-il pas fait preuve d'une grande qualité en aimant tout le monde, y compris ses ennemis ? Assurément, mon examen est un examen critique : ils sont si

---

[482] Hebblethwaite, op. cit., p. 330.
[483] Hebblethwaite, op. cit., p. 335.
[484] Hebblethwaite, op. cit., p. 336.

nombreux déjà (trop ?) ceux qui ont écrit sur lui avant moi, en hagiographes plutôt qu'en historiens impartiaux[485]. Toutefois, même sa renommée de bonté (ou sa bonhomie) a peut-être été exagérée. Oui, il aimait les ennemis... de l'Église ; il aimait beaucoup moins les siens, ou ceux qui ne lui étaient pas sympathiques. Le jeune Roncalli n'avait pas été très compréhensif envers le Père Mattiussi par exemple[486], ou envers le Père Lombardi. Il ne se priva pas d'envoyer quelques piques à la mémoire de Pie XII[487]. Il ne se priva pas non plus de faire des plaisanteries plutôt lourdes sur le Cardinal Ottaviani[488]. Il savait aussi prendre un ton de voix dur, pas très "roncallien". Nous l'avons vu à propos de la Commission Biblique. C'est même ainsi qu'il se comportait avec son propre neveu Jean-Baptiste[489]. Si d'un côté il inaugura les audiences "œcuméniques" au Vatican, et nous verrons cela plus en détail par la suite, il sut par ailleurs, lorsque cela l'arrangeait, refuser un colloque qui lui était demandé[490].

Un cas typique de cet aspect oublié de la personnalité roncallienne : celui de ses rapports avec **Padre Pio** de Pietrelcina, le fameux capucin stigmatisé[491]. "Un saint contre l'autre" : tel est le titre d'un dossier de

---

[485] Non que les hagiographes ne soient des historiens impartiaux, s'ils sont corrects et si le personnage dont ils racontent la vie est véritablement un saint.

[486] Cfr. *Sodalitium*, n. 23, p. 12 à 14.

[487] Cfr. *Sodalitium*, n. 33 , p. 43, note 13.

[488] "Alfredo est un ami très cher. Dommage qu'il soit à moitié aveugle et qu'il ait des mâchoires qui tremblent comme une lagune vénitienne sous le sirocco". Phrase rapportée par Giulio Andreotti, A ogni morte di Papa. I Papi che ho conosciuto, Rizzoli, Milano 1980, p. 70.

[489] Cfr. le ton irrité de la lettre du 2/08/1954 à son neveu qui voulait lui préparer des réjouissances pour son jubilé sacerdotal.

[490] C'est ainsi qu'il refusa audience au président de la Confindustria (association des grosses entreprises italiennes), le 9/07/1962. Evidemment avec l'intention de favoriser le centre-gauche. Cfr. Hebblethwaite, op. cit., p. 404.

[491] Padre Pio de Pietrelcina (1887-1968), prêtre capucin, porta les stigmates 50 années durant de 1918 jusqu'à sa mort ; les plaies disparurent alors mystérieusement. Il eut à subir deux "persécutions" : la première, de 1922 à 1933, à l'instigation de l'Evêque de Manfredonia, et la seconde, de 1960 à 1965, dans l'atmosphère du crac qui bouleversa l'Ordre Capucin, le crac du banquier Giuffré. Les "persécutions" se concrétisèrent sous la forme de sévères limitations dans son ministère sacerdotal. Il serait faux et simpliste de présenter ces épisodes comme une lutte entre conservateurs et progressistes à l'intérieur de l'Église : parmi les partisans de Padre Pio nous trouvons le Cardinal Siri et de nombreux futurs "traditionalistes", mais aussi Montini et Lercaro ; et parmi les adversaires, Jean XXIII mais aussi, constamment, le Saint-Office auquel, il faut le rappeler, revenait officiellement la tâche de passer au crible et de mettre à l'épreuve tous les phénomènes mystiques (ou présumés tels) qui pouvaient survenir dans l'Église. Pour ce qui est de la personne même du Padre Pio, il était fidèle à la Tradition de l'Église et à la liturgie traditionnelle, bien sûr. Padre Pellegrino, son frère en religion, me

l'hebdomadaire *Europeo* du 10 janvier 1992. L'auteur en est Francobaldo Chiocci, journaliste bien informé en la matière puisqu'il s'occupa de l'affaire en 1967, publiant trois volumes de documents qui lui avaient été fournis par l'industriel de Padoue, disciple du Padre Pio, Giuseppe Pagnossin. Les deux "saints" ennemis sont précisément Padre Pio et Jean XXIII. En soi ça ne serait pas la première fois dans l'Église que des "saints" trouveraient à redire entre eux ; mais ici, la seule chose qui nous intéresse est de montrer que Roncalli n'était pas toujours toute douceur...

Premier épisode : nous sommes en 1923. « Le Saint Père [Jean XXIII, n.d.r.] me confia - écrit Mgr Maccari, Archevêque émérite d'Ancône, au **Cardinal Ratzinger** - qu'à l'occasion de son passage à Foggia en tant que directeur national des Œuvres Missionnaires Pontificales, quelqu'un lui proposa de monter à San Giovanni Rotondo où, en dépit des contradictions, la réputation du Capucin "stigmatisé" se répandait déjà ; la "déclaration" du Saint-Office du 31 mai 1923 était toute fraîche. Il ne jugea pas opportun d'accepter (...) »[492].

Deuxième épisode : « Lorsque, plus tard, alors qu'il était devenu Souverain Pontife, - poursuit Mgr Maccari -, on lui signala un long reportage de la *Settimana Incom*, il fut surpris et attristé (l'hebdomadaire racontait, entre autres, que le Pape Jean avait parlé du Padre Pio comme d'un "saint" et que le Padre Pio lui avait même prédit son élection, n.d.a.) »[493]. « Voici la réponse de Jean XXIII à ces inventions inqualifiables. Le 16 août, de Castel Gandolfo, il écrivait de sa main au secrétaire Mgr Loris Capovilla (j'ai sous les yeux la

---

témoigna : Padre Pio conseillait à tous les Pères conciliaires qui venaient le trouver, de faire interrompre Vatican II et la moindre réforme liturgique, si minime soit-elle, le faisait souffrir. Jamais il n'a dit la Messe en italien. Il faut dire cependant qu'il obéit à Paul VI qu'il croyait être l'Autorité. Sur les "persécutions" contre Padre Pio on peut lire les livres, bien documentés, de Francobaldo Chiocci et Luciano Cirri, Padre Pio. Storia di una victima, 3 vol. I libri del No. Roma, 1967 ; et ceux de Giuseppe Pagnossin, Il calvario di Padre Pio, 2 vol., chez l'auteur, Padoue 1978.

[492] Mgr Carlo Maccari, Archevêque émérite d'Ancona-Osimo. Memoriale al Cardinal Ratzinger du 27 novembre 1990. Extraits publiés dans l'"Europeo", n. 1-2-3 du 10 janvier 1992, p. 64. A la page 68 de cet hebdomadaire, Padre Gerardo di Flumeri déclare à ce sujet que Mgr Roncalli n'alla pas voir Padre Pio parce qu'il en avait été dissuadé par Mgr Cesarano. Il conteste donc l'affirmation de Mgr Maccari et déclare : "Certaines affirmations portent aussi atteinte à la mémoire du Pape Jean et le font passer pour un menteur"...

[493] Que n'a-t-on pas fait dire à Padre Pio ! (désormais décédé, il ne peut plus donner de démenti). C'est ainsi qu'il aurait prédit l'élection de Karol Wojtyla, la "rébellion" de Mgr Lefebvre, les missions charismatiques d'innombrables soit-disants fils spirituels... etc.

photocopie de la lettre) : "Il serait bon que vous écriviez de ma part, en privé, à Mgr Andrea Ceserano arch. de Manfredonia, que tout ce qui a été écrit dans *Incom* sur les rapports entre Padre Pio et moi n'est que pure invention. Je n'ai jamais eu aucun rapport avec lui, je ne l'ai jamais vu, ni ne lui ai jamais écrit, il ne m'est jamais passé par l'esprit de lui envoyer des bénédictions ; personne, ni directement ni indirectement, ne m'a jamais rien demandé de tout cela, ni avant le Conclave ni après, jamais. Dès le retour de Mgr Dall'Acqua il faudra voir ce qu'il convient de faire pour arrêter ces inventions qui ne font honneur à personne". Le démenti, quoique mesuré, est d'une clarté sans équivoque et d'une fermeté un peu surprenante pour qui connaît et admire le "bon Pape" ; elle démonte en tous cas toute manœuvre tendant à impliquer la responsabilité du très aimable Pontife dans les jugements sur la personne et les "charismes" particuliers attribués au Padre Pio »[494]. La lettre est qualifiée de "surprenante" parce que nettement en contraste avec la réputation de bonhomie de Roncalli.

Troisième épisode : la Visite Apostolique à San Giovanni Rotondo, décidée le 13 juillet 1960 par le Saint-Office avec l'accord de Jean XXIII et confiée à Mgr Maccari en personne, assisté de don Giovanni Barberini, un prêtre pour le moins "un peu léger". Le 19 juillet, Jean XXIII recevait Mgr Maccari et lui en confiait la charge ; il le reçut ensuite plusieurs fois et suivit l'affaire de près. La Visite Apostolique, décidément négative pour Padre Pio accusé même d'immoralité, se conclut par des mesures disciplinaires à son égard. Toutefois, un fait (qui précède en réalité de peu la visite) la rendit célèbre : l'enregistrement sacrilège des confessions de Padre Pio décidé par Mgr Terenzi, curé du Divin Amour à Rome et réalisé par quelques confrères du Padre Pio (sous la couverture, semble-t-il, de Mgr Parente du Saint-Office ; mais la réserve est de rigueur étant donnée la gravité exceptionnelle du fait). Certains ont même inculpé Jean XXIII de ce sacrilège. Mgr Maccari rapporte : « Il y a beaucoup plus grave : c'est l'invention calomnieuse qui, dix ans après la sainte mort du Pape Jean, fait remonter jusqu'à lui la responsabilité des microphones installés jusque dans le confessionnal de Padre Pio. La notice "injurieuse", on peut la lire dans une courte lettre écrite par S.E. Mgr Capovilla, en date du 6 novembre 1986, à P. Antonio Cairoli (postulateur de la cause de Jean XXIII) : "Le 4 novembre, des amis allemands m'ont rapporté ce qui suit : un religieux dominicain allemand, le Père A. E., rapporteur à

---

[494] L'"Europeo", ibidem, p. 64. La lettre de Jean XXIII a été publiée dans : Giovanni XXIII. Lettere 1958-1963, Ed. Storia e Letteratura, Roma 1978. Cf. C. Maccari, Il Papa, il frate e io. Dans : Il Sabato, 23 février 1991, p. 67.

la Congrégation pour les Causes des saints, a affirmé que Jean XXIII aurait fait placer des microphones (ou toléré que l'on accomplisse ce délit) dans le confessionnal de Padre Pio de Pietrelcina". Indigné, à juste titre, Capovilla ajoute : "L'affirmation stupéfiante est injurieuse et calomnieuse. Je ne me hasarde à faire aucun commentaire ; la peine que j'éprouve pour qui déforme et offense l'innocence de façon aussi insidieuse, n'a d'égale que ma compassion". Pour mon compte je puis ajouter qu'à la fin de la Visite, le "bon Pape" m'avait demandé si j'avais écouté les bobines des microphones et comme je répondais que je m'étais refusé à le faire, il me confia que lui ne l'avait pas fait non plus ». Et Chiocci commente : "Mais le Pape savait. C'est incroyable : les enregistrements sacrilèges (...) le Pape ne voulut pas les écouter, mais ils parvinrent jusqu'à son antichambre. C'est précisément de ce 'démenti' de Mgr Maccari, vers la fin du mémorial, que l'on peut le déduire"[495]. Comme on le voit, le "démenti" de Maccari ne démentit pas la "calomnie" : Jean XXIII "toléra" le sacrilège, puisqu'il était au courant, **il ne punit pas les coupables mais punit par contre la victime.**

Comparativement, le quatrième épisode semble presque insignifiant. Il eut lieu durant la Visite. Le 10 août, cette année là, Padre Pio fêtait ses 50 années de sacerdoce. Deux autres frères, dans le même cas, reçurent ce jour-là le traditionnel télégramme de félicitations du Vatican ; lui, non[496]. On ne voulut pas même lui "envoyer l'autorisation de donner la bénédiction papale, que Pie XII lui avait concédée deux fois de 1957 à 1958, ni la bénédiction apostolique pure et simple. 'L'Osservatore Romano' reçut la consigne de ne pas parler du tout du 50[è] anniversaire de sacerdoce de Padre Pio..."[497].

Je demande pardon au lecteur de m'être ainsi apparemment égaré hors de notre sujet. Il me semble avoir ainsi démontré que **le "bon Pape" n'était pas toujours si "bon"**... et que s'il n'était pas né pour condamner... Teilhard de Chardin, cela ne l'empêchait pas de **condamner Padre Pio !** Mais quoiqu'il en soit, le mythe de la sainteté roncallienne était déjà solidement ancré à la fin de 1958. Or les saints ne sont-ils pas des Prophètes continuellement inspirés par l'Esprit Saint... ?

---

[495] "L'Europeo", ibidem, p. 66.
[496] Chiocci-Cirri, op. cit., vol. 2, pp. 582-583.
[497] Pagnossin, op. cit., vol. 2, p. 94.

Jean convoque le Concile...
mais l'Esprit Saint n'y est pour rien

"Jean XXIII : le Pape du Concile". C'est le titre du livre d'Hebblethwaite que je suis en train de commenter ; c'est aussi le titre de mes modestes articles. En effet, il est impossible de séparer Jean XXIII de Vatican II, ne serait-ce que pour une simple raison : c'est Jean XXIII qui convoqua le Concile, le 25 janvier 1959, un peu moins de trois mois après son élection.

A ce propos deux questions nous viennent à l'esprit : comment Jean XXIII eut-il l'idée de convoquer le Concile ? Dans quel but ? Ce petit chapitre répondra à la première question pour affronter ensuite inévitablement la seconde.

A la première il est apparemment facile de répondre puisque Jean XXIII l'a fait lui-même explicitement : "Prenons, par exemple, l'idée du Concile Œcuménique. Comment est-elle venue ? Comment s'est-elle développée ? D'une façon qui, lorsqu'on en fait le récit, semble invraisemblable, tellement fut soudaine la pensée d'une telle possibilité , suivie, sans plus attendre, de la mise au travail pour sa réalisation. Des questions étudiées au cours d'un entretien particulier avec la Secrétairerie d'État nous montrèrent dans quelles graves angoisses et agitations était plongé le monde actuel. Nous constatâmes, entre autres, qu'on proclame vouloir la paix et la concorde alors que, hélas, bien souvent cela finit par une recrudescence de conflits et de menaces. Que fera l'Église ? La barque mystique du Christ va-t-elle devenir le jouet des flots et se laisser entraîner à la dérive ? N'attend-on pas d'elle, au contraire, non seulement un nouvel avertissement mais encore la lumière d'un grand exemple ? Quelle pourrait être cette lumière ? Notre interlocuteur écoutait dans une attitude de respectueuse attente. Soudain une grande idée surgit en Nous et illumina notre âme. Nous l'accueillîmes avec une indicible confiance dans le Divin Maître ; une parole monta à Nos lèvres, solennelle, impérative : un Concile !" (Allocution aux pèlerins vénitiens, 8 mai 1962)[498]. Il s'exprime encore plus catégoriquement dans son journal spirituel : "Résumé de grandes grâces faites à qui s'estime peu soi-même, mais reçoit les bonnes inspirations et les applique en toute humilité et confiance (...). Seconde grâce. Me faire apparaître comme simples et pouvant être exécutées immédiatement quelques idées nullement compliquées, très simples au

---

[498] Discorsi, messagi, colloqui del Santo Padre Giovanni XXIII. 1958-1963, 5 vol., Tip. Poliglotta Vaticana, 1960-1967, vol. 4, p. 258. Cfr. Hebblethwaite, op. cit. p. 349.

contraire, mais ayant une vaste portée et une grande importance pour l'avenir, et obtenant un succès immédiat. Que de sens dans ces expressions : saisir les bonnes inspirations du Seigneur, pratiquer la simplicité et la confiance. C'est sans y avoir jamais pensé précédemment, que, lors d'un premier colloque avec mon Secrétaire d'État, le 20 janvier 1959, les mots de Concile Œcuménique, de Synode diocésain et de la refonte du Code de Droit Canon, sont venus sur le tapis, et cela contrairement à tout ce que j'aurais pu supposer et imaginer sur ce point. Le premier à être surpris de ma proposition fut moi-même, sans que personne m'en ait jamais parlé auparavant. C'est dire à quel point tout me parut naturel dans son déroulement immédiat et ultérieur"[499].

Dans la version du protagoniste, Jean XXIII, tout est donc clair, tout concorde :

1) La décision de convoquer un Concile fut une "inspiration céleste"[500].

2) Cette inspiration lui vint en parlant avec le Cardinal Tardini, cinq jours seulement avant d'annoncer publiquement le Concile, c'est à dire le 20 janvier.

3) Jamais auparavant il n'avait pensé au Concile ; il fut lui-même surpris de ce qu'il proposait.

4) Personne ne lui en avait jamais parlé antérieurement.

Telle est la version connue de tous et officiellement accréditée, au point que Paul VI « dira, le 29 septembre 1963, en manière d'éloge à Jean XXIII, que le Concile œcuménique a été convoqué et entrepris "par une disposition divine" »[501], et Jean-Paul II lui-même ajoutera : "... son nom est lié à l'événement le plus important et rénovateur de notre siècle : la convocation du Concile Œcuménique Vatican II, dont il eut l'intuition par une sorte d'inspiration mystérieuse et irrésistible du Saint-Esprit, comme il dut le confesser..." (25/11/1981)[502]. Romano

---

[499] GIOVANNI XXIII. Il giornale dell'anima, Edizione di Storia e Letteratura. V^e édition. Rome 1967, pp. 359-360. Texte partiellement rapporté par Hebblethwaite, p. 341. C'est sur ces mots que se termine le journal de Jean XXIII.
[500] Cfr. Giornale dell'anima, op. cit., p. 359, note 1 dans laquelle Loris Capovilla, répète les paroles même du Pape Jean.
[501] Insegnamenti di Paolo VI, Tipografia Poliglotta Vaticana, vol. I, 1963, p. 168. Cité par Capovilla, dans AA.VV., Come si è giunti al Concilio Vaticano II, Massimo, Milano 1988, p. 38.
[502] Insegnamenti di Giovanni Paolo II, Tip. Pol. Vaticana, vol. IV, 2/1981, pp. 752 à 757, cité par Capovilla dans AA.VV. Come si è giunti al Concilio Vaticano II, Massimo, Milano 1988, p. 24.

Amerio, écrivain sérieux, écrit : "Pour Vatican II, il n'y eut pas de consultations préalables sur la nécessité et l'opportunité de le convoquer, la décision étant venue de Jean XXIII, par l'exercice d'un charisme ordinaire ou peut-être fut-il touché d'un charisme extraordinaire" et il ajoute en note : "Le Pape lui-même déclara que l'idée de convoquer le Concile fut une inspiration divine, et Jean-Paul II le confirma dans le discours du 26 novembre 1981 à l'occasion de la commémoration du centenaire de la naissance de Roncalli"[503].

Par conséquent, version officielle et accréditée. Elle n'a qu'un seul défaut : celui d'être **absolument FAUSSE**.

La fausseté des affirmations Roncallo-Montino-Wojtyliennes en la matière est certifiée, documentée et reconnue par tous les historiens qui font de véritables acrobaties pour ne pas traiter Roncalli de menteur. Bien embarrassé, Hebblethwaite écrit : « Le Pape Jean ne peut manifestement pas vouloir signifier qu'il n'aurait jamais prononcé le mot "concile" avant ce 20 janvier 1959, puisque ce serait tout simplement faux »[504]. Le fidèle secrétaire de Jean XXIII, Mgr Capovilla, se rendant compte de la difficulté, cherche à le justifier[505] mais Hebblethwaite, à juste titre, et malgré la collaboration de Capovilla dans la réalisation de son livre, ne paraît pas du tout convaincu : « Capovilla se livre au jeu de la casuistique - écrit-il - quand il explique que, dans le membre de phrase "sans y avoir pensé auparavant", le mot "auparavant" signifie avant d'être devenu pape. C'est ingénieux, mais hors de propos... »[506]. La solution d'Hebblethwaite est un peu meilleure : « Mais là sa mémoire lui joue un tour - écrit-il - (...). On peut seulement conclure que la mémoire de Jean a flanché et que la réorganisation inconsciente de ses souvenirs entend souligner, une nouvelle fois, que l'idée du concile est une "inspiration" au sens défini plus haut ». Un trou de mémoire par conséquent, mais Roncalli n'est pas un naïf. Même si en cette occasion c'était inconscient, (pour Hebblethwaite) il n'en a pas moins toujours "l'habileté d'un vieux renard". Même lorsqu'il oublie. " C'est un vieillard et sa mémoire a parfois flanché (...). Mais cette explication ne suffit pas. Sa mémoire lui

---

[503] Romano Amerio, *Iota unum*. Studio sulle variazioni della Chiesa Cattolica nel secolo XX, Ricciardi ed., Milano-Napoli. 1985, p. 43. Amerio entend souligner le caractère anormal et inopiné de la décision ; il accepte bien la version de deux "papes"... mais le "peut-être" qu'il insère montre qu'il n'y croit pas trop.
[504] Hebblethwaite, op. cit., p. 349.
[505] Voir, par exemple, la note déjà citée à la page 359 du Giornale dell'anima, et l'intervention de Capovilla dans "Come si è giunti al Concilio Vaticano II", op. cit., p. 38.
[506] Hebblethwaite, op. cit., p. 350.

jouait certainement des tours, mais le processus totalement inconscient de relecture de ses souvenirs met en lumière ce qu'il voulait que l'on croit à propos du Concile plutôt que ce qui s'est exactement passé ce 20 janvier 1959"[507]. Certes, en 1962, Jean XXIII était un vieillard. Mais vieux, l'abbé Roncalli ne l'était pas lorsqu'en 1914, mis au "pied du mur" par le Cardinal De Lai, il affirmait faussement, mais sous serment, qu'il n'était pas un disciple de Duchesne ! Pour cette fois là, ne pouvant recourir au gâtisme sénile pour justifier les mensonges d'un jeune homme de 32 ans, Hebblethwaite utilise une autre formule : "effacer les souvenirs de la mémoire"[508]. Le renard perd son pelage mais la malice demeure : en 1962, remémorant les événements survenus trois ans auparavant, Roncalli "effaça" également certains souvenirs de sa mémoire... ! Je n'oserais pas formuler un jugement si sévère, si je ne pouvais me prévaloir de l'autorité d'un historien compétent et de plus insoupçonnable (en tant que progressiste notoire), le Père jésuite Giacomo Martina. Voici comment il décrit à son tour les faits : "Selon le *Giornale dell'anima* et un discours du 8 mai 1962, Jean XXIII aurait conçu le projet (de convoquer un Concile) suite à une inspiration inopinée, née en lui durant un colloque avec le Secrétaire d'État, le Cardinal Tardini, le 20 janvier 1959. L'affirmation autobiographique - qui laisse à penser sur la véridicité du *Giornale dell'anima* et sur le caractère du pape - est cependant contredite par de nombreux témoignages, dont plusieurs remontent au pape même"[509]. Qu'en était-il alors réellement ? Quoiqu'en dise Mgr Capovilla, il serait intéressant de pouvoir vérifier si Roncalli avait déjà pensé à un Concile non seulement avant le 20 janvier 1959, ce qui est certain, mais avant même d'être élu. On trouve un indice, et plus qu'un indice, dans le témoignage de son vieil ami (depuis 1924) **Dom Lambert Beauduin**, pionnier de l'œcuménisme et de la réforme liturgique. A la mort de Pie XII il avait dit à ses intimes : "**S'ils élisent Roncalli, tout est sauvé : il serait capable de convoquer un Concile et de consacrer l'œcuménisme...**"[510]. Que le vieux conspirateur ait parlé à tort et à travers, c'est difficile à imaginer. Comment ne pas penser plutôt qu'il dévoilait une partie des projets élaborés durant de nombreuses années

---

[507] Toutes ces citations sont reprises dans Hebblethwaite, op. cit., pp. 349-450.
[508] Cfr. *Sodalitium*, n. 23, p. 17.
[509] G. Martina, La Chiesa in Italia negli ultimi trent'anni, Studium, Roma 1977, pp. 85-86. Par conséquent, selon Martina, on ne peut même pas se fier au journal privé de Jean XXIII (ce dernier savait qu'il serait publié, évidemment...).
[510] L. Bouyer, *Dom Lambert Beauduin, un homme d'Église*, Castermann. 1964, pp. 180-181, cité par D. Bonneterre, *Le mouvement liturgique*, Fideliter, 1980, p. 112.

avec Roncalli pour la réforme de l'Église. En cette occasion la véritable personnalité de Roncalli n'a rien à voir avec ce que décrivent les modérés ("une personnalité substantiellement conservatrice, entraînée bien au-delà de ses intentions par d'autres et surtout par les exigences réelles des temps ") mais ressemblerait plutôt à celle que décrivent ses admirateurs progressistes : "**L'homme qui, dans le silence et l'obéissance, espérait et préparait depuis si longtemps la réforme de l'Église**, attendant le moment voulu par la Providence (!) pour la réaliser (Falconi, Zizola, Balducci...)"[511].

Ce ne fut donc pas l'Esprit Saint qui inspira le Concile, nous venons de l'établir, mais sans doute **plutôt les modernistes**, et ce, bien avant l'élection. Voyons maintenant le rôle des conservateurs durant l'élection même. Parce qu'un Concile ne devait pas en effet prendre nécessairement le pli que prit Vatican II !

Le Cardinal Ottaviani, l'un des "grands électeurs" de Roncalli, nous l'avons vu, a déclaré au moins deux fois, en 1968 et en 1975, qu'il fut question d'un Concile **durant le conclave**, bien avant l'élection du Patriarche de Venise, lorsqu'il fut clair que ce serait lui l'élu. Les Cardinaux Ottaviani et Ruffini, ainsi que d'autres cardinaux demeurés anonymes, se rendirent, la nuit du 27 octobre 1958 dans la cellule de Mgr Roncalli pour lui proposer un Concile Œcuménique[512]. Selon le Cardinal Ottaviani, le Cardinal Roncalli aurait sur le champ fait sienne l'idée du Concile, ou en tous cas avant même d'être élu.

Le 30 octobre, deux jours après son élection, Jean XXIII parlait à son secrétaire Capovilla de la "nécessité de convoquer un Concile". Le 2 novembre, avant même le couronnement, il déclarait au même Capovilla : "il faut un Concile", et ce, après avoir reçu justement en audience le Cardinal Ruffini et avoir parlé avec lui de la question.

Il en reparle en novembre avec le nouveau Patriarche de Venise, Giovanni Urbani, et avec l'Evêque de Padoue, Girolamo Bortignon, un capucin. "Le 28 novembre la décision est à peu près prise". "La décision du Pape Jean de tenir un Concile se cristallise en décembre 1958". Vers Noël il en parle avec Mgr Cavagna, son confesseur, et quelques autres

---

[511] Martina, op. cit., p. 71. Martina est plutôt critique contre le "Jean du mythe" forgé par les historiographes ultraprogressistes (cfr. pp. 71 à 75). Il est indéniable que ceux-ci passent sur tous les faits qui compliquent leur thèse ou qui semblent même la démentir. Cependant le "conservatorisme" de Jean XXIII était plutôt superficiel.

[512] Hebblethwaite, op. cit. pp. 312-313. Les déclarations du Cardinal Ottaviani furent recueillies par l'hebdomadaire *Epoca* (8/12/1968) et par le diplomate américain Bernard R. Bonnot qui le cite dans son livre (dont le titre est significatif) Pope John XXIII, An Astute Pastoral Leader, Alba House, New York, 1979, p. 13. Encore une fois, le choix du Cardinal Ottaviani ne s'avéra pas heureux.

personnes. « En janvier, sa décision est prise. Cette prise de décision se situe peut-être dans la nuit du 8 janvier 1959. Quoiqu'il en soit, le lendemain matin il rencontre Giovanni Rossi [de la Pro Civitate Christiana] qui a été secrétaire de son héros, le Cardinal Ferrari, quarante ans auparavant. Jean lui dit : "Je dois te dire une chose importante, que tu dois cependant me promettre de garder secrète. Cette nuit, une grande idée m'est venue : celle de faire le Concile" ». Rossi se contient... pas suffisamment toutefois, car il y fera une allusion dans son bulletin, *La Rocca*, le 15 janvier[513].

Il est donc historiquement vérifié que non seulement l'idée du Concile n'est pas venue subitement à l'esprit de Roncalli durant l'entrevue avec le Cardinal Tardini le 20 janvier, mais que Tardini fut même l'un des derniers à le savoir, cinq jours seulement avant qu'il soit annoncé officiellement ! "Constatation des plus significatives et des plus surprenantes, le pape Jean n'en dit rien à Tardini, son secrétaire d'État"[514]. Lorsque, le 20 janvier, Jean XXIII confia à Tardini sa décision d'annoncer la convocation du Concile le dimanche suivant, ajoutant que l'idée lui en était venue seulement la veille (que de mensonges !), ce dernier comprit " qu'il se trouvait face à un fait accompli, une décision déjà prise". Le Cardinal Tardini approuva donc l'idée la qualifiant de "lumineuse et sainte", même si "le prétendu enthousiasme de Tardini n'allait pas sans réserves"[515] comme le laisse entendre Andreotti, mis au courant du projet le 22 janvier par Jean XXIII lequel n'approuve pas les six années de préparation au Concile prévues par son secrétaire d'État[516]. Le Père Martina commente : "Que celui-ci [Tardini] ait eu connaissance du projet le 20 janvier seulement, alors que le Souverain Pontife avait déjà irrévocablement pris sa décision et qu'il avait mis sur le papier une première ébauche du discours aux cardinaux prévu pour le 25 janvier suivant : voilà une preuve singulière de la nature des rapports du pape avec son secrétaire d'État"[517]. Le journaliste anglo-saxon, Wilton Wynn (qui a eu "l'honneur" de dîner avec Jean-Paul II) exprime, de façon plus rude, la même opinion que l'historien jésuite (Martina) et que l'autre journaliste ex-jésuite (Hebblethwaite) : « Le Pape Jean réussissait régulièrement à circonvenir son vieil ennemi Tardini. En sa qualité de secrétaire d'État,

---

[513] Pour toutes ces citations, voir Hebblethwaite, op. cit., pp. 339 à 345. Voir aussi Capovilla dans "Come si è giunti al Concilio Vaticano II" op. cit., pp. 35 à 37.
[514] Hebblethwaite, op. cit., pp. 340-341.
[515] Hebblethwaite, op. cit., p. 351.
[516] Andreotti, op. cit., pp. 77-78. Hebblethwaite, op. cit., p. 351.
[517] Martina, op. cit., p. 86.

Tardini aurait dû être le plus proche collaborateur du pape. Mais Jean n'utilisait pas, dans son travail, les canaux "officiels", préférant recourir à des personnes d'un caractère plus conforme au sien et dans lesquelles il mettait le maximum de confiance »[518]. C'est dire que là encore Jean XXIII pratiquait **la tactique des deux voies.**

Une fois décidé le Concile, de la façon susdite et non comme Jean XXIII, Paul VI et Jean-Paul II l'on fait croire, restait à voir ce que serait ce Concile : **un conciliabule moderniste ou la manifestation du magistère infaillible de l'Église ?** Puisque nous en connaissons déjà l'issue, une véritable tragédie, nous chercherons à comprendre grâce à qui et grâce à quoi nous en sommes arrivés là.

---

[518] Wilton Wynn, Custodi del Regno, Frassinelli 1989, p. 81.

TREIZIÈME PARTIE :
quel Concile ?

Extrait de *Sodalitium* n° 36, juin-juillet 1994

Dimanche 25 janvier 1959, dix heures du matin : une voiture quitte le Vatican ; c'est Jean XXIII qui se rend à la Basilique de Saint-Paul-Hors-Les-Murs. Cinq jours seulement se sont écoulés depuis l'entrevue historique avec son Secrétaire d'État, le Cardinal Tardini. Son entourage le remarque, tout au long du trajet Jean XXIII garde un "silence peu habituel" et les photos prises à son arrivée à Saint-Paul montrent "un visage anxieux et tendu"[519]. A ce moment, rares sont ceux qui peuvent imaginer le véritable motif de l'état d'âme de Roncalli, car bien peu sont au courant de la nouvelle qui va être annoncée au monde : l'ouverture d'un Concile Œcuménique. Pour *l'Osservatore Romano* de la veille le Pape se rend à Saint-Paul pour prier en faveur de l'"Église du silence" opprimée par le communisme. Pour d'autres, il entend seulement compléter la visite des principales Basiliques romaines commencée à Saint-Pierre, Saint-Jean-de-Latran et Sainte-Marie-Majeure où il s'est rendu solennellement. En fait il n'en est rien. Pour ceux qui ignorent la décision prise par Jean XXIII, un seul indice, la date : "le dimanche 25 janvier marquait la clôture de la semaine de prières pour l'unité des chrétiens. Roncalli la célébrait tous les ans depuis son séjour à Istambul"[520]. Le Concile qu'il va annoncer ne sera pas seulement œcuménique, c'est à dire universel et non particulier, il sera aussi œcuméniste...

La fonction prit fin vers treize heures et les dix-sept Cardinaux présents furent convoqués dans la salle capitulaire de l'abbaye bénédictine. Beaucoup parmi eux ignoraient totalement les intentions de Jean XXIII (apparemment ils comptaient peu face à un Andreotti, déjà au courant de tout depuis trois jours). Voilà pourquoi Roncalli "est réellement inquiet : comment vont réagir les cardinaux ?". L'allocution de Jean XXIII se déroula quasiment jusqu'à la fin sans qu'il fît la moindre allusion au Concile. Il déplora "l'abus de la liberté", la "recherche des prétendus biens de la terre", l'action de Satan, "prince des ténèbres, prince de ce monde". Il évoqua la lutte entre les deux cités

---

[519] Peter HEBBLETHWAITE, Jean XXIII. Le Pape du Concile. Ed. Le Centurion 1988, p. 352.
[520] HEBBLETHWAITE, op. cit., p. 351.

et la nécessité de la "résistance de l'Église et des fidèles face aux erreurs". Hebblethwaite écrit : "Ce pessimisme sur l'état présent du monde - qui a sombré dans l'erreur et s'est laissé empoigner par Satan - contredit à ce point les attitudes habituelles du pape Jean qu'il appelle une explication. L'explication la plus simple est que cette allocution avait un but précis : rallier les cardinaux à son projet de concile. Pour y parvenir, il se fait le reflet de la vision des choses qu'il leur connaît"[521].

Ce n'est que vers la fin du discours que Jean XXIII donna aux cardinaux présents la nouvelle fatidique : "Vénérables frères et chers fils, c'est avec un peu de tremblement d'émotion, mais en même temps avec une humble résolution dans Notre détermination, que nous prononçons devant vous le nom d'une double célébration : un synode diocésain pour Rome et un concile œcuménique pour l'Église universelle"[522]. "La conséquence naturelle de ces deux décisions sera la révision du Code de droit canonique, mais ceci prendra du temps. Il [Jean XXIII] a raison : le nouveau Code de droit canonique ne sera promulgué que le 25 janvier 1983, vingt-quatre ans après, jour pour jour"[523].

Voilà qui est fait, la nouvelle est annoncée. Le Concile, inattendu, se fera. Mais... quel genre de Concile ? Une première indication nous est donnée par les mots concluant l'allocution aux cardinaux. Jean XXIII demande à ces derniers de prier pour "un bon début, une bonne continuation et un heureux succès de ces propositions de travail courageux, une lumière, pour l'édification et la joie de tout le peuple chrétien, une invitation aimable et répétée à nos frères des Églises chrétiennes séparées à participer avec nous à ce festin de grâce et de fraternité, auquel tant d'âmes aspirent de tous les points de la terre". A bon entendeur, salut ; le Concile ne sera pas seulement œcuménique mais aussi, répétons-le, **œcuméniste**. La version officielle du discours présente une variante significative des paroles réellement prononcées et rapportées ci-dessus : "une invitation renouvelée aux fidèles des communautés séparées à Nous suivre, eux aussi, aimablement, dans cette recherche d'unité et de grâce, à laquelle tant d'âmes aspirent de tous les point de la terre". "Les modifications ne sont pas anodines", commente Hebblethwaite en signalant les retouches faites pour rendre plus catholique le discours de Jean XXIII. "Les chrétiens séparés ne sont plus appelés frères. On leur reconnaît l'appartenance à des

---

[521] HEBBLETHWAITE, op. cit., p. 351.
[522] HEBBLETHWAITE, op. cit., p. 353.
[523] Discorsi, messaggi, colloqui del Santo Padre Giovanni XXIII. Tipografia Poliglotta Vaticana 1960-1967, vol. I, pp. 129 à 133. HEBBLETHWAITE, op. cit., p. 354.

communautés (ce qui est indéniable), mais non plus à des Églises (mot qui a son poids théologique). Et au lieu de `participer avec nous à ce festin de grâce et de fraternité', ils sont exhortés à chercher l'unité et la grâce, comme s'ils n'en avaient pas la moindre idée"[524].

Le texte corrigé met en évidence les incorrections (doctrinales) du texte à corriger : voilà qui se répétera souvent à partir du Concile... Les deux textes, l'original et le texte revu, mettent par ailleurs en relief la trame de toute la période qui prépare le Concile : d'un côté, le travail prudent mais résolu de Roncalli pour le diriger vers l'œcuménisme ; de l'autre, les tentatives des cardinaux "romains" pour le maintenir dans la ligne de l'orthodoxie.

Les premières réactions à l'annonce du Concile

Dans le précédent numéro de *Sodalitium* nous avions longuement parlé de la version du Concile que Roncalli cherchait à accréditer et que nous pourrions qualifier de **mythique** : version selon laquelle le Concile serait le fruit d'une inspiration tant céleste qu'inattendue de l'Esprit Saint. Et lors du discours d'ouverture du Concile prononcé le 11 octobre 1962, la version qu'il donna des réactions des cardinaux à l'occasion de l'annonce historique du 25 janvier 1959, est conforme à cette légende : "Les âmes de ceux qui étaient présents furent aussitôt frappées comme par un éclair de lumière céleste, les yeux et les visages de tous reflétaient la douce émotion qu'ils ressentaient. Tout de suite, on se mit au travail avec ardeur dans le monde entier et tout le monde commença à attendre avec ferveur la célébration du Concile" (Vatican II, Fides, p. 583). La réalité fut tout autre. Hebblethwaite continue : « C'est peut-être vrai de la réponse au concile à l'échelle du monde. Mais nul "éclair de lumière céleste" n'était décelable chez les cardinaux présents le 25 janvier 1959. Ils ne répondirent, comme Jean le nota à l'époque, que par "**un silence pieux et impressionnant**" ». De ce silence, Jean fut « amèrement déçu. Il le dit sans détours : "Humainement parlant, nous nous attendions à ce que les cardinaux, après avoir écouté notre allocution, nous entoure pour nous exprimer leur approbation et leurs vœux de réussite" »[525].

---

[524] HEBBLETHWAITE, op. cit., p. 354.
[525] HEBBLETHWAITE, op. cit., p. 354. Le texte original du discours est rapporté par GIANCARLO ZIZOLA dans l'Utopia di Papa Giovanni. Cittadella editrice, Assises 1975, p. 322 ; la version officielle, par GIOVANNI CAPRILE S.j., Il Concilio Vaticano II, Ed. Civiltà Cattolica, Roma, Vol. I, parte I, p. 50.

Les cardinaux présents n'étaient pas seuls à être troublés. *L'Osservatore Romano* du lendemain, pris à l'improviste, relégua la nouvelle du concile en page intérieure du journal, sous la forme d'un communiqué de presse de la Secrétairerie d'État[526]. C'est par la radio (!) que l'un des cardinaux les plus représentatifs à l'époque, Giuseppe Siri, archevêque de Gênes, apprit la nouvelle de la convocation du Concile alors qu'il était en visite pastorale dans un village du diocèse de Ligurie. "La nouvelle (...) plongea le prélat dans un silence inquiet. Ce n'est qu'à son retour au palais archiépiscopal que le cardinal manifesta sa surprise et sa préoccupation à ses secrétaires. (...) Sa perplexité avait un motif : la crainte que les tendances théologiques innovatrices surgies dans les milieux français et allemand après la guerre, jointes à toutes les fermentations dans le domaine biblique, mettent à profit l'événement conciliaire pour se développer. Les prises de position de Pie XII, contre les études et les recherches en vue d'une reformulation de la doctrine de la foi et d'un dialogue avec la pensée philosophique contemporaine irrespectueuse envers l'autorité de Rome, avaient pour seul effet de rendre ces instances plus prudentes"[527]. Même des cardinaux progressistes comme Lercaro et Montini furent surpris. Lercaro alla même jusqu'à écrire : "Comment ose-t-il réunir un concile cent ans après le dernier et seulement trois mois après son élection ? Le Pape Jean fait montre d'imprudence et d'impulsivité..."[528].

Une décision imprudente (celle de Jean XXIII)

Le jugement sévère du cardinal Lercaro (pour une fois on peut le partager sans restriction) met en relief une première anomalie de Vatican II ; anomalie qui sera suivie de nombreuses autres. Romano Amerio écrit : "L'annonce de la convocation d'un concile fut pour le monde une surprise totale ; car il y eut inspiration subite, comme le déclara lui-même Jean XXIII. Pour Vatican I au contraire, une enquête

---

[526] HEBBLETHWAITE, op. cit., pp. 355 et 354. Cfr. également CAPRILE, op. cit., p. 51.
[527] Le communiqué, reprenant le discours de Jean-Paul II, affirmait entre autres : "En ce qui concerne la célébration du Concile Œcuménique, dans la pensée du Saint-Père, non seulement il vise à l'édification du peuple chrétien, mais il veut être aussi pour les communautés séparées une invite à la recherche de l'unité à laquelle, de tous les points de la terre, aspirent tant d'âmes aujourd'hui". Cfr. *Osservatore Romano*, 26-27 janvier 1959, éd. it.
[528] BENNY LAI, Il Papa non eletto. Giuseppe Siri cardinale di Santa Romana Chiesa. Laterza ed.. Roma-Bari, 1993, p. 179.

avait été mise en œuvre dès 1864 auprès des cardinaux et ces derniers s'étaient en majorité prononcés pour la convocation. (...) Pour Vatican II il n'y eut pas de consultations préalables sur la nécessité et l'opportunité de le convoquer, la décision étant venue de Jean XXIII par l'exercice d'un charisme ordinaire ou peut-être par l'effet d'un charisme extraordinaire"[529].

Quoiqu'assistés en permanence par l'Esprit Saint et personnellement dotés du charisme de l'infaillibilité, les Souverains Pontifes savent que Dieu ne se sert pas d'eux comme d'un instrument inanimé (comme d'un automate ou, si l'on se réfère à la Bible, comme de l'âne de Balaam), mais comme d'un instrument animé et libre, en respectant les caractéristiques inhérentes à la nature humaine. C'est pourquoi le Pape prépare soigneusement non seulement la proclamation solennelle d'un dogme ou la convocation d'un Concile, mais aussi une simple encyclique et même le plus humble discours. Agir autrement signifierait se poser en prophète et tenter Dieu. Voilà pourquoi, portant un jugement sur l'annonce surprenante du Concile et sur Jean XXIII, le cardinal Lercaro conclut par ces paroles : "Un tel événement va ruiner sa santé déjà ébranlée et il fera s'effondrer tout l'édifice des vertus morales et théologiques qu'on lui prête".

Si on ne veut pas accréditer l'hypothèse d'un Roncalli membre occulte d'une secte anti-chrétienne, décidé à réaliser le Concile révolutionnaire dont rêvaient ces sectes[530] pour détruire l'Église, ou du moins accréditer l'hypothèse plus démontrée d'un Roncalli consciemment moderniste qui convoque le Concile pour réaliser les vœux d'amis comme Dom Beaudouin[531], il reste une explication (qui n'exclue pas les autres) : un homme prudent, loin d'accepter le rôle qu'on lui a assigné de "Pape de transition", veut, avec la convocation impromptue et précipitée d'un Concile, laisser de lui-même, avant de mourir, une trace impérissable dans l'histoire de l'Église. Ce dernier

---

[529] HEBBLETHWAITE, op. cit., p. 356.
[530] ROMANO AMERIO, *Iota unum*. Studio sulle variazioni della Chiesa cattolica nel secolo XX. Ricciardi editore, Milano-Napoli 1985, pp. 42-43. L'auteur fait allusion aux affirmations historiquement fausses de Jean XXIII, Paul VI et Jean-Paul II sur le Concile directement inspiré par l'Esprit- Saint. Cfr. *Sodalitium*, n° 35, pp. 19 à 22.
[531] "Je crois que le culte divin tel que le règlent la liturgie, le cérémonial, le rituel et les préceptes de l'Église romaine, subira prochainement dans un Concile œcuménique une transformation qui, tout en lui rendant la vénérable simplicité de l'âge d'or apostolique, le mettra en harmonie avec l'état nouveau de la conscience et de la civilisation moderne". Citation de l'ex-chanoine Roca, prêtre apostat, extraite de la revue *Forts dans la Foi*, n° 51, nov. 1977.

objectif au moins, Jean XXIII l'a certainement atteint. Mais à quel prix ?

Décisions prudentes (celles de Pie XI et de Pie XII)

L'imprudence (et c'est peu dire) de cette décision impromptue de convoquer un Concile, décision surgie "comme un éclair dans un ciel serein"[532], est d'autant plus grave que l'avis exprimé par les deux prédécesseurs immédiats de Jean XXIII, Pie XI et Pie XII, allaient à l'encontre.

A leur époque, les deux Pontifes avaient étudié la possibilité de convoquer un Concile Œcuménique : Pie XI en 1923 et Pie XII en 1948 ; ils y renoncèrent tous les deux. Il faut en effet se rappeler que le dernier Concile, le premier de Vatican, ne s'était jamais conclu : il avait été suspendu le 18 juillet 1870 devant l'imminence de la guerre, et l'occupation sacrilège de Rome le 20 septembre suivant en avait empêché la reprise. Mais les théologiens conciliaires avaient travaillé activement durant les six années de préparation et pendant le Concile même : de nombreux schémas étaient donc déjà prêts à être soumis au jugement des Pères. La doctrine admirable contenue dans ces schémas est considérée par les théologiens comme étant "proche de la foi" en ce sens que, si le Concile s'était normalement conclu, elle aurait été solennellement définie. Après la crise des deux guerres mondiales, Pie XI et Pie XII songèrent soit à conclure Vatican I, soit à ouvrir un nouveau Concile car avec les temps les conditions avaient changé. Mais à l'inverse de Jean XXIII, Pie XI consulta les Cardinaux. Exposant les raisons défavorables à une décision déjà compromettante et périlleuse en soi[533], l'excellent théologien qu'était le cardinal Billot conclut ainsi son raisonnement : "Je termine avec la raison la plus grave, celle qui me paraît militer de façon absolue pour la négative. **La reprise du Concile est désirée par les pires ennemis de l'Église**, autrement dit par les modernistes, qui s'apprêtent déjà - les indices les plus certains en font foi - à profiter des états généraux de l'Église pour **faire la révolution**, le nouveau '89', objet de leurs rêves et de leurs espérances. Inutile de dire qu'ils n'y parviendront pas, mais nous reverrions les jours si tristes de la fin du pontificat de Léon XIII et du début de celui de Pie X ; nous

---

[532] Cfr. *Sodalitium*, n° 28, p. 21 : "S'ils élisaient Roncalli, tout serait sauvé ; il serait capable de convoquer un Concile et de consacrer l'œcuménisme".
[533] Cfr. STJEPAN SCHMIDT S.J., dans Agostino Bea, il Cardinale dell'unità. Città Nuova ed., Roma 1987, p. 313.

verrions même pire, et ce serait l'anéantissement des heureux fruits de l'Encyclique *Pascendi* qui les avaient réduits au silence". De nombreux autres Cardinaux étaient de cet avis[534]. Pie XI renonça au projet.

L'idée fut reprise par les cardinaux Ruffini et Ottaviani entre 1945 et 1948. A lire les arguments avancés par eux en faveur de la décision de convoquer un Concile, on regrette presque qu'il n'ait pas eu lieu : condamnation des erreurs contemporaines (idéalisme, existentialisme, polygénisme évolutionniste, communisme, minimalisme dogmatique, nouvelle gnose etc.) définition des dogmes mariaux (comme l'Assomption au ciel de la Sainte Vierge), solution à des questions discutées depuis longtemps (comme l'origine de la juridiction des Evêques) ou l'application de la doctrine classique aux plus graves problèmes des temps modernes (guerre, révolution, juste salaire, virginité et état de mariage, onanisme et continence périodique...). Dans l'idée des deux Cardinaux, dont l'orthodoxie et la fidélité à la chaire de Pierre étaient prouvées, nous aurions eu un très beau Concile, et en soi, tout à fait opportun ; voilà ce qu'ils proposèrent à Jean XXIII en 1959 !

A l'époque, Pie XII avait pris au sérieux la proposition ; il avait institué une commission et mis en route une consultation des évêques et des cardinaux. Mais ensuite Pie XII avait fini par se libérer de toute cette affaire. "Il décida qu'un Concile n'était pas nécessaire. Tout ce que pouvait faire un concile, il pouvait le faire mieux lui-même - et plus économiquement. C'est ainsi qu'il définit l'Assomption en 1950 et qu'il condamna les erreurs contemporaines dans son encyclique *Humani generis*"[535]. En effet avec son enseignement étendu, Pie XII assurait au fidèle catholique une véritable "somme" de la doctrine de l'Église en ce qui concerne les problèmes posés par le monde moderne, tout en évitant les écueils d'un Concile signalés précédemment par le Cardinal Billot.

Lorsque Jean XXIII annonça le Concile, il savait qu'"en matière pastorale, œcuménique, juridique, comme dans les relations entre l'État et l'Église, la curie romaine et les Églises locales (celles du nord de l'Europe du moins, n. d. a.) sont aux antipodes"[536]. Il en était déjà ainsi

---

[534] Amerio écrit : « La méfiance entre Concile et Saint-Siège ne date pas d'hier. Pallavicino, historiographe du Concile de Trente, la formule de façon imagée : "Dans le ciel mystique de l'Église, on ne peut imaginer conjonction plus difficile et confrontation d'influence plus dangereuse qu'un Concile général", R. AMERIO, op. cit., p. 42.
[535] CAPRILE, op. cit., vol. V, p. 688. Cfr. vol. I, 1ère part., pp. 3 à 29. Cité par : Mgr. FRANCESCO SPADAFORA, La Tradizione contro il Concilio, Ed. Pol., Volpe Ed., Roma 1989, p. 5.
[536] Cfr. HEBBLETHWAITE, op. cit., p. 344. ; et également CAPRILE, op. cit., vol. I, 1ère p., pp. 15 à 17.

en 1923 lorsque, consulté par Pie XII sur le Concile, le Cardinal Bonzano se dit sérieusement inquiet devant le "danger qu'un certain nombre d'évêques, spécialement des étrangers, tentent d'augmenter leurs propres droits, en opposition avec les prérogatives du primat du Souverain Pontife, sous le prétexte que Rome centralise trop"[537].

Pie XII et Jean XXIII étaient au courant, tant l'un que l'autre, de cette situation et des dangers qui en découlent pour la foi. Mais ils prirent une décision dans deux sens diamétralement opposés. Et ce, selon Hebblethwaite, parce que "ce qui conduisit Pie XII à rejeter l'idée d'un concile confirma Jean dans son jugement qu'il était plus que jamais nécessaire"[538].

Quel type de Concile ?

Le Concile, ce qu'il aurait pu et ce qu'il aurait dû être...

En dépit des observations plus que pertinentes du cardinal Billot et des décisions plus que sages de Pie XI et Pie XII contre la convocation d'un Concile, il est permis de se poser une question : l'issue funeste et hétérodoxe de Vatican II aurait-elle pu, humainement parlant, être évitée. En d'autres termes : un Concile, dans les années soixante de notre siècle, devait-il nécessairement être influencé par l'hérésie moderniste ?

Les cardinaux Ottaviani et Ruffini ne le pensaient pas, eux qui, tout en n'étant pas modernistes insistèrent en faveur du Concile. Pourtant, ils étaient certainement au courant - spécialement Ottaviani étant donné son poste de responsabilité au Saint-Office - du fait que **de nombreux théologiens et même d'épiscopats nationaux tout entiers ne supportaient plus la saine doctrine de l'Église**, fait aggravé par l'aide que à ces derniers prêtaient les pouvoirs mondains et les moyens modernes d'information. S'ils pensaient pouvoir cependant mener à bon port un Concile, avec des fruits salutaires pour l'Église, en dépit des difficultés ci-dessus énumérées, c'est parce qu'ils espéraient pouvoir compter sur des appuis capables de faire pencher la balance... Lesquels ? Avant tout, la Divine Providence, qui guide et assiste

---

[537] HEBBLETHWAITE, op. cit., p. 339.
[538] HEBBLETHWAITE, op. cit., p. 345. Je rappelle au lecteur que c'est dans les milieux les plus roncalliens que le livre d'Hebblethwaite est né, puisqu'en Italie il a été diffusé : je veux parler de l'entourage de Mgr. Capovilla et de Marco Roncalli.

l'Église[539]. Ensuite, humainement parlant, la substantielle intégrité de nombreux évêques. Enfin, le ferme contrôle que la Curie se promettait d'exercer sur le Concile, dès sa préparation. Une seule chose manquait à la réalisation de leur projet : l'appui de Jean XXIII.

Le Pape[540] peut tout. Il est seul à pouvoir convoquer un Concile œcuménique. Sans son approbation, les décisions d'un Concile valent moins que rien. Et durant le Concile lui-même, les décisions prises par les Evêques dépendent en grande partie de l'attitude du Pape. Durant Vatican II, quelques Pères conciliaires se rangeront ouvertement du côté de la Tradition : ce sera la soi-disant minorité. D'autres prendront clairement parti pour l'hérésie. C'est à tord que cette faction sera qualifiée de "majorité conciliaire". En fait elle fit la majorité uniquement parce que de nombreux Pères, représentant, eux, la majorité, s'y unirent lorsqu'ils se rendirent compte que le "Pape" (Jean XXIII d'abord, Paul VI ensuite) était avec les progressistes. Or ils voulaient "être avec le Pape"[541].

Bien que décédé durant le Concile et avant la promulgation de ses documents, **Jean XXIII est certainement le principal responsable du chemin que prit le Concile, à savoir du chemin de la rupture et de la discontinuité avec le précédent magistère infaillible de l'Église.** Cette **affirmation excessivement grave** nécessite bien-entendu une démonstration.

C'est ce que je me propose de faire dans les prochains numéros où sera embrassé pratiquement tout le pontificat de Jean XXIII. Il est en effet impossible de séparer adéquatement ce pontificat du Concile. "L'idée de convoquer un concile remonte (...) aux tout premiers jours

---

[539] Evidemment Dieu assiste encore et assistera toujours son Église : jamais les portes de l'enfer ne prévaudront contre elle. Mais cette assistance n'exclue pas que l'Église puisse traverser des moments extrêmement critiques, ceux-ci pouvant aller même jusqu'à une vacance (formelle) du Siège apostolique, ce qui ne s'oppose pas à sa divine constitution. Le Pape Paul IV, dans sa bulle "*Cum ex apostolatus*" a été même jusqu'à envisager comme possible l'élection d'un hérétique au Siège pontifical, ou bien celle d'un sujet inapte à être vraiment Pape en dépit de toutes les apparences...

[540] Un rappel : nous renvoyons au numéro précédent de *Sodalitium* le point le plus critique de notre travail, autrement dit l'examen de la légitimité de Jean XXIII.

[541] Un exemple significatif parmi tant d'autres est extrait du journal du Cardinal Siri et concerne un théologien, futur cardinal, qui était même assesseur au Saint-Office : "Un fait saillant : l'assesseur du Saint-Office, Mgr. Parente, l'un des plus fougueux adversaires de la collégialité l'an dernier, est passé à présent, sur cette question, du côté des transalpins. Beaucoup en sont demeurés vraiment stupéfaits, et même effrayés. Un bruit court : c'est le Pape en personne (Paul VI) qui l'aurait invité à agir ainsi. Voilà qui expliquerait tout. Et s'il en est ainsi, il est évident que le Pape a fait son choix, et qu'il a voulu un vote massif des Evêques". Cfr. BENNY Lm, op. cit., p. 385.

après son élection. (...) Le concile n'est pas un élément accidentel dans son pontificat, ni une sorte de pensée venue après coup. Elle est coextensive au pontificat dans sa totalité, elle est mise en œuvre comme son but, sa politique, son programme et son contenu"[542]. Les interventions de Jean XXIII au cours de la préparation du Concile d'abord, puis au cours de son déroulement, seront décisives pour ses développements ultérieurs. Mais qu'il s'agisse des relations œcuméniques, de l'ouverture à gauche dans la politique intérieure de l'Italie, du début de *l'ostpolitik* vaticane, des relations inquiétantes avec le judaïsme et la franc-maçonnerie, de l'enseignement officiel, etc., toute la politique du pontificat qui se déroula parallèlement au Concile ou à sa préparation a le même rôle. Pontificat et Concile s'intriquent et se conditionnent mutuellement avec l'intention de mener l'Église à un embrassement mortel avec le monde.

---

[542] HEBBLETHWAITE, op. cit., pp. 339-340.

QUATORZIÈME PARTIE :
la commission préparatoire du Concile (1959-60)

Extrait de *Sodalitium* n° 37 d'octobre 1994

« Puisse l'imminent Concile Vatican II avec le concours du souffle puissant de l'Esprit-Saint disperser les ténèbres de l'erreur pour faire resplendir, toujours plus éclatant sur l'horizon de l'Église, le soleil de vérité, ce soleil qui ne se couche jamais !". C'est avec ces mots que le Père Gabriele M. Roschini o.s.m., Président de la Faculté Théologique Marianum de Rome et consulteur du Saint-Office terminait la présentation de son opuscule, "Silloge degli errori teologici contemporanei. Con appendice sul Magistero Ecclesiastico" [Recueil des erreurs théologiques contemporaines. Avec appendice sur le Magistère Ecclésiastique].

Ce petit livret aux dimensions réduites mais lourd d'intérêt date de 1959 : Jean XXIII venait d'annoncer la célébration d'un Concile Œcuménique. Je l'ai entre les mains et le feuillette avec tristesse : je l'ai acheté pour deux sous, dans un lot avec d'autres œuvres du fameux mariologue bradées par les Pères Servites. La gloire de l'ordre maintenant, ce ne sont plus des personnages tels que le cardinal Lépicier ou le Père Roschini mais des gens comme le Père Turoldo. En effet trente ans ont passés désormais depuis le Concile Vatican II, mais le "souffle de l'Esprit-Saint" n'a pas dissipé en cette occasion les "ténèbres de l'erreur". On peut même dire, comme au jour du Vendredi Saint, "les ténèbres couvrirent toute la terre" (...) "le soleil s'obscurcit" (Luc XXIII, 44, 45 ; cfr. Mt. XXVII, 45 et Marc XV, 33). Roschini, lui, dénonçait le "relativisme de la culture moderne", ceux qui n'identifient pas le Corps Mystique avec la seule Église Romaine, le "faux irénisme" œcuménique, l'exégèse indépendante, l'opposition artificielle entre les Pères d'un côté, la scholastique et la contre-réforme de l'autre, l'évolutionnisme polygéniste et les nouvelles théories sur le péché originel, la confusion entre ordre naturel et ordre surnaturel, la surestimation du "sacerdoce" des fidèles, les actes d'indépendance du Magistère et de la hiérarchie ecclésiastique, la négation de la procréation comme fin première du mariage etc. etc... Et, pensait le bon Père, le Concile du Pape Jean y mettra bon ordre. Et dénonçant dans la foulée les errants avec les erreurs, le religieux Servite citait entre autres, le Père Teilhard de Chardin, le Père Danielou, Karl Barth et le Père Henri de Lubac avec leur néo-origénisme, les disciples de Maurice Blondel, le Père René Laurentin, le philosophe Jean Guitton, les liturgistes Jungmann et Parsch... tous condamnés sinon dans leur personne du moins dans leurs écrits par le magistère de l'Église. Pauvre Père Roschini ! Ces errants, après le Concile, il les a vus honorés et respectés, certains même élevés à la "pourpre cardinalice" ; et leurs erreurs sont devenues l'enseignement officiel de ce Concile qui aurait dû les dissiper.

Le Père Roschini n'était pas seul à espérer que le Concile soit une réédition du "Syllabus contre les principales erreurs de notre temps" ; tous les théologiens dits "romains" à cause de leur orthodoxie solide et de leur fidélité absolue au Pape et à l'Église romaine partageaient cet espoir. "Au cours de la semaine de préparation à Vatican II de l'Université du Latran, le recteur Piolanti avait proposé un Concile qui condamne les erreurs du monde moderne"[543]. Comme Roschini, Piolanti se faisait des illusions, nous le savons maintenant : "Un Concile de condamnation était en désaccord avec la ligne du Pape qui voulait un Concile pastoral".

A vrai dire, les théologiens romains ne sont pas les seuls à croire à un Concile tout différent de celui que nous connaissons. La Curie romaine et l'épiscopat, du moins l'épiscopat italien dont le Pape est le Primat, accueillirent froidement l'idée du Concile ou, du moins, ils se faisaient du Concile une idée bien différente de celle qu'avait Jean XXIII.

Le Concile du Pape Jean et celui de la Curie

Dans le précédent numéro de *Sodalitium*, nous avons revécu déjà la matinée au cours de laquelle Roncalli annonça à quelques cardinaux stupéfaits la convocation du Concile Vatican II. Ecoutons l'historien jésuite, Martina, nous raconter encore une fois la réaction des cardinaux

---

[543] ANDREA RICCARDI, Il potere del Papa da Pio XII a Paolo VI, Laterza Editori, Roma-Bari, 1988, p. 204. C'est Mgr Piolanti qui appela le Père Guérard des Lauriers o.p. à Rome pour enseigner à l'Université Pontificale du Latran. Paul VI éloigna non seulement le Père Guérard (ce en quoi il fut ensuite imité par Mgr Lefebvre !) mais aussi Mgr Piolanti. On raconte qu'un jour où il parlait avec Piolanti, Paul VI lui assura qu'il le nommait tous les jours au "memento" de la Messe. A cette déclaration hypocrite le recteur destitué aurait répondu : "Oui, mais au memento des défunts !".

de curie présents. "Tout le monde connaît **l'attitude réservée sinon défavorable** des cardinaux présents à Saint-Paul le 25 janvier 1959 : l'hypothèse d'un Pape de transition était anéantie. (...) C'est alors que, selon l'historiographie la plus diffusée, **commença le duel entre pape et curie** : le premier tirant dans le sens d'un concile audacieusement **innovateur**, la seconde s'épuisant dans un vain effort pour freiner l'enthousiasme du pape et en **endiguer les initiatives**"[544]. Cette version, peut-être trop simpliste[545], n'a pas l'adhésion pleine et entière de Martina, mais il admet cependant qu'"on ne peut nier un certain obstructionnisme de la part de la curie"[546]. Riccardi écrit même : "dès le départ du Concile, le pape est conscient de la nécessité de clarifier les rapports entre l'assise œcuménique et la curie. A la fin du discours à Saint-Paul", par conséquent le jour même de l'annonce du concile aux cardinaux présents, "le cardinal Canali, bien au courant de la voie choisie par le précédent pontife - c'est le cardinal Confalonieri qui raconte - et partagé entre l'embarras et la curiosité, demande si cette fois encore la préparation en sera confiée au Saint-Office. Le Pape Jean demeura un instant comme interloqué, puis sur un ton tranquille mais résolu, il répondit : c'est le pape qui est le président du concile"[547]. L'épisode est symbolique ; Riccardi le cite plusieurs fois et, après lui, d'autres historiens qui l'interprètent dans le même sens[548]. La question du cardinal Canali n'avait rien de sot ni d'incorrect ; le cardinal Canali né en 1874, avait reçu la pourpre cardinalice en 1935 et servi fidèlement saint Pie X ; il était âgé mais digne de foi. Normalement, le Pape ne peut s'occuper personnellement de tout. Qu'il confie la préparation du Concile au Saint-Office, comme l'avait fait Pie XII eût été normal. Mais (la question elle-même le prouve !) Canali craignait que, cette fois, il n'en soit pas ainsi. Roncalli ne le rassura pas. Bien au contraire. Le Pape

---

[544] GIACOMO MARTINA, La Chiesa in Italia negli ultimi trent'anni, Ed. Studium, Roma 1977, p. 86.
[545] Comme celle qui sera reprise ensuite par GIANCARLO ZIZOLA, par exemple, dans Giovanni XXIII. La fede e la politica, Laterza, Roma-Bari 1988, chap. 9, "Le conflit sur le concile" ; Ou bien par PETER HEBBLETHWAITE au chapitre XV ("La bagarre pour le Concile") de son livre Jean XXIII. Le Pape du Concile, éd. Le Centurion, 1988.
[546] MARTINA, op. Cil., ,p. 87.
[547] ANDREA RICCARDI. Da Giovanni XXIII a Paolo VI, dans : AA. VV., Chiesa e papato nel mondo contemporaneo. [Église et papauté dans le monde contemporain]. Chez G. Alberigo éd. A Riccardi. Laterza. Roma-Bari 1990, p. 200.
[548] Par exemple : A RICCARDI. Il potere del Papa da Pio XII a Paolo VI, op. cit., pp. 179-180 ; G. ZIZOLA, Giovanni XXIII. La fede e la politica, op. cit., p. 108 ; toujours A RICCARDI. Dalla Chiesa di Pio XII alla Chiesa giovannea, dans AA. VV. Giovanni XXIII, chez G. Alberigo, Laterza, Roma-Bari, 1987, p.153. La source en est CARLO CONFALONIERI, Momenti romani, Roma, 1979, p. 86.

ne pouvant s'occuper en personne de la préparation du Concile et n'ayant pas l'intention de confier cette charge au Saint-Office ou à la Curie... **à qui allait-il la confier ? Aux ennemis de l'Église**, comme nous le verrons par la suite.

Les craintes du cardinal Canali (et pas seulement les siennes) eurent le temps de se confirmer tout au long de la période qui s'étend de l'annonce du Concile à la veille de l'inauguration. Alberigo rapporte les interventions incessantes de Roncalli, toujours pour désavouer les cardinaux romains. Il écrit : "Jean XXIII prit très vite conscience de l'inclinaison de la curie romaine à exercer son hégémonie sur la préparation du concile, afin d'en guider le déroulement[549]. Le 30 mai, présentant un bilan des travaux anté-préparatoires, il eut l'occasion de le dire : la préparation du Concile ne sera pas l'œuvre de la curie romaine[550]. Lors de la célèbre entrevue de Pentecôte, le 5 juin, il affirma clairement la distinction entre curie et concile[551], affirmation suggérée manifestement par la présence d'attitudes différentes (en effet, tout de suite après, le cardinal Tardini confia au père Tucci que, la veille, la pape s'était laissé allé à des phrases excessives)[552]. Jean XXIII confirma sa propre attitude le 7 juin suivant lors d'une entrevue avec le directeur même de la *Civiltà Cattolica*, lui confiant qu'il n'était pas possible d'exclure la curie du travail préparatoire et que lui-même se proposait de ne rien faire sans consulter le cardinal secrétaire d'État et vice-versa[553] ; sans doute cette précision peut être mise en relation avec le fait que le *motu proprio Superno Dei nutu* instituant les commissions préparatoires de Vatican II[554] avait été préparé par le cardinal Tardini[555]

---

[549] Comme il est, par ailleurs, absolument normal ! La curie romaine n'est-elle pas la plus proche et intime collaboratrice du Pape ? Mais Alberigo, en bon progressiste, la déteste. En fait de curie romaine, c'est le cardinal Bea, téléguidé à son tour par les associations internationales juives, qui exercera son hégémonie. Et bien sûr, pas à l'avantage de l'Église romaine...

[550] Acta antepreparatoria I, p. 92.

[551] "Le concile œcuménique a sa propre fonction et sa propre organisation, fonction qui ne peut être confondue avec la fonction ordinaire et caractéristique des divers ministères ou congrégations constituant la curie romaine laquelle procède aussi durant le concile selon le cours ordinaire de ses attributions d'administration générale de la Sainte Église. Distinctions précises par conséquent : autre est le gouvernement ordinaire dont s'occupe la curie romaine, autre est le concile" (Discorsi, messagi, collogui del Santo Padre Giovanni XXIII , Roma 1960-1964, vol. II, pp. 392 à 402. Cité dorénavant sous le sigle DMC).

[552] GIOVANNI CAPRILE S.j. Il Concilio Vaticano II. Annuncio e preparazione. I/1, Roma 1959-1960, p. 192.

[553] CAPRILE, op. cit., p. 181.

[554] 5 juin 1960. DMC II, pp. 819 à 823.

[555] CAPRILE, op. cit., p. 174.

(...)". Nous reviendrons sur la détérioration progressive des rapports entre Roncalli et son secrétaire d'État qui en arriva au point de donner sa démission (elle lui fut cependant refusée). Nous nous contenterons ici de signaler que le même Alberigo ira jusqu'à écrire : "Sans doute il est permis de se demander si la convocation formelle du concile intervenue le 25 décembre 1961 n'aurait pas été facilitée par la disparition du cardinal Tardini"[556]. Rien ne changera avec le nouveau (et plus docile) secrétaire d'État, Cicognani, auquel Jean XXIII donnera les mêmes consignes "en ce qui concerne les rapports entre curie et synode œcuménique" ; ces consignes ? "Distinction et accord"[557]. "Enfin, à la veille de l'ouverture du concile, s'adressant directement à la curie, le pape estima opportune une mise en garde, et ce dans des termes typiquement roncalliens : vues l'importance et la délicatesse qui caractérisent un événement aussi essentiel, s'il est une circonstance en laquelle on se doit de mortifier sa fantaisie et veiller à sa propre dignité , c'est bien celle-là"[558]. En suivant Alberigo, nous avons un peu anticipé sur notre discours, mais le but était de faire la preuve d'une continuité, et même d'une ferme volonté dans l'esprit de Jean XXIII de tenir en respect la curie romaine fidèle à la tradition, afin qu'elle ne prenne pas trop fermement en mains le concile, ou même qu'elle n'en empêche pas le déroulement. Alberigo poursuit : "La fermeté du pape Jean apparait également dans la limitation d'une extension *sine die* du temps de préparation ; celle-ci pouvait en effet laisser entendre une certaine confiance de voir disparaître entre temps le vieux pontife et, avec lui, le concile. Par ailleurs il ne faut pas oublier que la durée de la préparation (44 mois) a toujours dépassé celle du concile dans son entier (39 mois !)"[559]. Dans le langage plus direct qui lui est habituel, Hebblethwaite exprime le même concept : c'est à la Pentecôte 1959 que fut organisée par le cardinal Tardini la commission anté-préparatoire, et "bien que Jean ait choisi le soir du dimanche de Pentecôte, le 5 juin 1960, pour annoncer la mise en place des commissions préparatoires proprement dites, elles ne se mirent au travail que le 13 novembre 1960. On soupçonnait le cardinal Domenico Tardini de faire traîner délibérément les préparatifs pour diverses raisons. S'il pensait que Jean

---

[556] G. ALBERIGO, 'Giovanni XXIII e il Vaticano II. dans AA.VV. Papa Giovanni, op. cit., p. 237.
[557] A. RICCARDI, Chiesa e papato, op. cit., pp. 200-201. Cfr. aussi A. RICCARDI, Il potere del Papa, op. cit. p. 205 ; G. ALBERIGO, Papa Giovanni, op. cit. p. 237. Le texte se trouve dans JEAN XXIII, Lettres 1958-1963, éd. par Loris CAPOVILLA. Ed. Storia e letteratura, Roma 1978, p. 539.
[558] DMC IV, p. 745 ; cfr. ALBERIGO, Papa giovanni, op. cit., p. 237.
[559] ALBERIGO, Papa Giovanni, op. cit., p. 221.

n'en aurait plus pour longtemps, il fut la victime d'une ironie divine[560], puisqu'il mourut lui-même le 30 juillet 1960, près de deux ans avant le pape. Même pour une institution qui compte en siècles, cette lenteur était inquiétante avec tant d'hommes âgés autour"[561]. Que Roncalli ait été pressé tandis que Tardini ne l'était pas du tout (pour le premier "deux ou trois ans de bonne préparation" auraient suffi, pour le second au contraire "les temps semblaient trop réduits") est un fait établi, puisque Roncalli en personne le confia au politicien démocrate-chrétien Andreotti le 22 janvier 1959, lorsqu'il anticipa pour lui la nouvelle ultra-secrète de l'annonce prochaine du concile ; et les motifs d'une telle hâte étaient évidents : "Quand on avoisine les quatre-vingts ans, on ne peut adopter des délais trop longs"[562]. Ces paroles d'Alberigo et d'Hebblethwaite ne sont donc pas uniquement des méchancetés : elles ont quelque chose de vrai mais c'est tout à l'honneur de la "curie romaine" vitupérée. Et qu'il y eut ce quelque chose, même le Père Martina, moins catégorique, le confirme lorsqu'il admet : "Un certain obstructionnisme de la curie est de toutes façons indéniable. Ce n'est que le 29 janvier (1959) que l'allocution du 25 janvier fut transmise au sacré collège, et **sur 74 cardinaux** il n'y en eu que **24** (dont Montini) à exprimer par écrit au pape ou au secrétaire d'État adhésions et propositions. Voulant circonvenir la curie ou en triompher, ce à quoi il réussit en partie, le pape décida une consultation de tout l'épiscopat (innovation considérable par rapport à Vatican I pour lequel, au moins dans un premier temps, peu d'évêques avaient été préalablement consultés)"[563]. Parler de concile œcuménique implique de traiter aussi

---

[560] En bon moderniste, Hebblethwaite ne fait intervenir la Divine Providence dans l'histoire que pour assassiner les gens qui lui sont antipathiques ! Et si au contraire Tardini, ce vieux serviteur de l'Église, avait été une des premières victimes du crève-cœur parmi toutes celles qui parsèmeront la nouvelle voie des Jean et des Paul ? Lisons Andreotti : "En 1960 Tardini fit exploser une véritable bombe journalistique en annonçant sa démission pour raisons de santé. Il se développa immédiatement une foule de conjectures sur les véritables motifs de cette décision et sur la forme si insolite avec laquelle elle avait été rendue publique. Personne ne croyait à la maladie et l'on parla de dissensions insolubles avec le Pape : la démission ne fut pas acceptée mais l'année suivante Tardini mourait" (GIULIO ANDREOTTI, A ogni morte di Papa, B.U.R. Rizzoli, Milano, 1982, p. 76).
[561] HEBBLETHWAITE, op. cit., pp. 408-409.
[562] ANDREOTTI, op. cit. p. 78.
[563] MARTINA, op. cit., p. 87. Voici comment un autre historien, le professeur Miccoli, présente la réponse des cardinaux aux sollicitations de Roncalli en faveur du concile projeté : "Jean leur avait fait envoyer le discours (du 25 janvier, n.d.a.), manifestant explicitement le désir de recevoir, de chacun (...) un mot personnel et confiant gui nous assure des dispositions de chacun en particulier et nous offre aimablement toutes les suggestions pour la réalisation de ce triple dessein (c'est à dire réforme du droit canon,

des rapports entre le Pape et les évêques, entre le primat de Pierre et l'autorité du concile. Un vieux problème qui a donné naissance lui aussi à une hérésie qui tire son nom du concile : c'est le conciliarisme[564] selon lequel le concile œcuménique est supérieur au Pape. Voilà pourquoi beaucoup d'évêques "libéraux" invoquèrent ou prophétisèrent un concile qui devait changer l'Église[565] (entre autres Mgr Bonomelli dont les relations avec le jeune Roncalli ont été déjà mentionnées par nous, et dont le nom a le triste privilège de figurer à l'index des livres prohibés). Pendant ce temps les théologiens fidèles à Rome écrivaient tranquillement que "le concile universel est devenu inutile et superflu pour l'Église Catholique"[566], ou, du moins, ils insistaient sur le caractère totalement occasionnel que revêtent les conciles. C'est ainsi qu'en 1908, dans le Dictionnaire de Théologie Catholique, J. Forget écrivait : "Les conciles ne sont pas nécessaires à l'Église (...), la raison théologique et l'histoire l'affirment. L'Église possède dans le primat du Pontife Romain l'organe à la fois ordinaire et essentiel de l'autorité

---

synode romain et concile œcuménique, n.d.a.)". En fait, si l'on excepte quelques rares réponses, comme celle du cardinal Montini, très chaleureuse quoiqu'en des termes très généraux, ces mots sont pour la plupart excessivement brefs, de caractère strictement formel et bureaucratique, clairement minimisants. Les quelques rares à se lancer dans un discours étendu, (Ruffini, Fossati, Urbani), se meuvent tous à l'intérieur d'une conception du rapport Église-monde moderne élaborée par la culture intransigeante du XIXe (intransigeante ? ou simplement catholique ? n.d.a.) : dans le sombre cadre du présent elles envisagent un concile capable tant doctrinalement que disciplinairement, de s'opposer et de résister victorieusement à l'assaut menaçant de l'ennemi". G. MIccoLI, sur le rôle de Roncalli dans l'Église italienne, dans Papa Giovanni, chez G. ALBERIGO, op. cit., p. 195.

[564] Le conciliarisme s'affermit chaque fois que le prestige et l'autorité du Pape s'affaiblit. A la fin du XIIIe siècle et au début du XIVe les luttes entre Boniface VIII et le roi de France Philippe IV le Bel et celles entre Jean XXII et l'empereur Louis de Bavière favorisèrent la théorisation de cette erreur chez Marsilio da Padova et Guglielmo Occam. Le grand schisme d'Occident vit le triomphe du conciliarisme au Concile de Constance (en cela non approuvé par le Pape) et au Concile de Bâle ; il était appuyé par le cardinal Pierre d'Ailly et par Gerson. Cette théorie favorisa le développement de toutes les hérésies jusqu'au protestantisme et, comme nous pouvons le voir à d'autres pages de ce bulletin, le Concile de Trente lui-même, dont le résultat fut tout autre, était invoqué surtout par les irénistes qui voulaient un compromis avec les luthériens. Le conciliarisme fut ensuite le cheval de bataille des gallicans. Démoli par Vatican I, il a repris une nouvelle vigueur avec Vatican II sous le nom de collégialité. L'idée sous-jacente au conciliarisme est que le Christ n'a pas fondé l'Église sous la forme monarchique (avec le Pape pour chef) mais sous une forme aristocratique (avec le collège des évêques) ou démocratique (avec tous les fidèles). Cfr. A. PIOLANTI, rubrique Conciliarisme, Enciclopedia cattolica. Cité du Vatican. 1950.
[565] Cfr. ALBERIGO, Giovanni XXIII, op. cit., pp. 212 et 232.
[566] P. HINSCHIUS en 1883, cité par H. JEDIN, Chiesa della fede Chiesa della storia, Brescia, 1972, p. 66 et par ALBERIGO, op. cit. pp. 212 et 232.

suprême et cet organe a en lui-même puissance et grâce pour décider dans toutes les questions, pour établir des lois universelles, pour répondre à tous les problèmes"[567]. L'Encyclopédie Catholique ne s'exprime pas autrement : "Bien que personne ne puisse nier la convenance et l'utilité des conciles, on n'a pas cependant de preuve suffisante pour en déduire leur origine divine. Avec l'institution du primat, le Christ pourvoie suffisamment à maintenir la pureté de sa doctrine[568]. C'est pour cette raison que Pie XI et Pie XII renoncèrent à l'idée d'un concile[569]. Les choses changèrent avec Jean XXIII qui, dès le début de son pontificat, travailla résolument dans le sens d'une diminution du pouvoir du pape et de la curie, au profit de celui des évêques. "Le pontificat de Jean signe la décadence de l'image de la toute puissance du pape" déclare Riccardi de façon crue, faisant ressortir le contraste de ce pontificat avec la centralisation des questions entre les mains du pape jusqu'à Pie XII[570]. Parlant des premiers mois de pontificat de Roncalli, le prêtre rebelle, Milani, déclara : "En un temps très bref, la papauté avait déjà tenté de restaurer le pouvoir des évêques. Et là réside la première différence entre le pontificat de Jean XXIII et celui de Pie XII. En effet, les évêques, Pie XII les avait privés de toute autorité. (...) La première chose que fit Jean, au contraire, fut de leur donner leur autonomie"[571]. Laissons à Don Milani la responsabilité de ses paroles excessives, mais constatons que de la part de Jean XXIII, "l'attention portée à l'épiscopat est évidente ; un geste minime mais significatif : sa décision de faire consacrer évêques les cardinaux diacres, en établissant la règle (*Cum gravissima*) que tout le collège des cardinaux doit être formé d'évêques. Ou bien quand il veut que les diocèses suburbicaires soient gouvernés par des évêques résidentiels, privant ainsi les cardinaux de curie de ce pouvoir. Mais surtout le Concile est l'expression plus nette de cet engagement de l'Église et des évêques"[572]. Ce que craignaient Pie XI et Pie XII s'est réalisé : les évêques affligés d'un "complexe antiromain" profitèrent de l'occasion qui leur était offerte par Jean XXIII dès la consultation de tout

---

[567] D.T.C., (1908) article "Conciles", col. 669, cité par Alberigo, l.c.
[568] GIUSEPPE DAMIZIA, dans Enciclopedia Cattolica, op. cit., rubrique Concile, col. 167.
[569] *Sodalitium*, n° 36, pp. 13-14.
[570] A. RICCARDI, Il potere del papa, op. cit., p. 178.
[571] Don Milani poursuit : "Et le Cardinal Ottaviani en profita immédiatement pour condamner mon livre". Jean laissait faire, selon la politique des "deux voies" dont nous avons déjà parlé, mais ensuite c'est lui qui orientait les choses vers l'"aggiornamento". La citation de Don Milani se trouve dans Le Pape Jean chez G. h., op. cit., p. 159.
[572] A. RICCARDI, Il potere del Papa, op. cit., pp. 178-179.

l'épiscopat voulue par Roncalli lui-même, comme nous l'avons vu. En effet, "le 15 juin 1959, le secrétaire d'État, Tardini, demandait aux évêques et aux supérieurs généraux d'exposer au Saint-Siège leurs vota : c'était une vaste consultation des futurs protagonistes de Vatican II ; elle était voulue par Jean XXIII mais pas sur un questionnaire exhaustif"[573]. Cette absence de questionnaire revêt une grande importance : c'est Jean XXIII qui ne voulut pas un questionnaire qui aurait canalisé les propositions dans une direction prédéterminée excluant la possibilité de donner une place aux opinions les plus discutables ou même aux hérésies. "Le cardinal Siri, qui s'est toujours montré préoccupé par la politique d'ouverture de Jean XXIII et l'aventure conciliaire, a considéré cette consultation comme un phénomène générateur de confusion : Ce type d'enquête élargit considérablement le domaine dont devait s'occuper le Concile et avalisa indirectement la discutabilité d'un grand nombre de matières... Et, ayant subodoré un certain état d'esprit, il conclue : A partir de ce moment beaucoup ont cru que l'on pouvait discuter à peu près de tout"[574]. A qui attribuer la responsabilité de tout ceci, sinon à Jean XXIII qui a voulu la consultation et son mode de réalisation (sans questionnaire) ?

Il y eut environ 2000 réponses, 77% de l'épiscopat. On entrevoit déjà la rupture entre prélats "du Rhin" (allemands, hollandais, français) et prélats romains. Un exemple, "le cardinal Alfrink, archevêque d'Utrecht, demanda que l'on déclare le gouvernement universel de l'Église confié au collège des évêques guidés par le pape"[575]. C'est la collégialité. Sans aller jusque là, de nombreux évêques nord-américains, canadiens, français, belges et hollandais demandent une moindre dépendance vis à vis de la curie et de Rome, une plus grande internationalisation, et même la déclaration que le pouvoir des évêques vient directement de Dieu et non du Pape. Il "ne leur plait pas d'être considérés comme de simples mandataires de la curie"[576].

---

[573] A. RICCARDI, Chiesa e Papato, op. cit,.,p. 203.

[574] A. RICCARDI, ibidem. La citation de Siri est extraite de G. SIRI, La giovinezza della Chiesa, testimonianze, documenta e studi sul concilio Vaticano II, Pise 1983, pp. 175 à 197.

[575] A. RICCARDI, Il potere del papa, op. cit., p. 202. Les *vota* ont été publiés dans les volumes Acta et documenta Concilio (Ecuménico Vaticano II apparando, Typis polyglottis Vaticanis, 1961. On trouve un examen global des *vota* des évêques des différents pays dans A. RICCARDI, Chiesa e papato, op. cit., pp. 203 à 217. En ce qui concerne les *vota* de l'épiscopat italien, cfr. G. MICCOLI, Papa Giovanni, pp.'95-200 Sul ruolo di Roncalli nella Chiesa italiana, chez G. ALBERIGO, op. cit., pp. 195 à 209.

[576] A. RICCARDI, Chiesa e papato, op. cit, p. 206.

Si les tendances antiromaines et progressistes de certains évêques étaient déjà évidentes à la veille du concile, on n'en doit pas déduire que Rome n'aurait pu y porter remède si elle l'avait voulu. Les réponses de ces évêques étaient en quelque sorte les symptômes d'une maladie, mais Jean XXIII aurait pu compter sur la fidélité d'un grand nombre de prélats qui ne demandaient qu'à défendre et qu'à réaffirmer la doctrine de l'Église et les droits du Pape.

Examinons par exemple les vota exprimés par les évêques italiens en suivant l'étude de Giovanni Miccoli, professeur titulaire d'Histoire de l'Église à l'université de Venise. "Les vota des évêques - écrit-il - furent pour la plupart envoyés à Rome entre la deuxième moitié de 1959 et les premiers mois de 1960. Ils furent formulés par conséquent durant la période initiale du pontificat de Jean XXIII, lorsque les caractéristiques de sa ligne pontificale était encore dans une phase d'explicitation progressive. Ceci explique aussi pourquoi la perception de cette ligne apparait fortement atténuée ou complètement absente dans la majeure partie des textes épiscopaux, qui constituent pour cela un document d'autant plus significatif et intéressant sur les souhaits des évêques et sur l'optique dans laquelle ils voyaient, j'aimerais dire de façon autonome, le concile"[577]. Ici le professeur Miccoli nous dit que la majeure partie des évêques italiens n'avaient pas encore saisi la pensée de Jean XXIII, et imaginaient donc un concile bien différent de celui que préparait Roncalli... Comme le père Roschini, comme le père Piolanti, comme tous les catholiques ignorants de l'aggiornamento, ils imaginaient un concile de condamnation des erreurs contemporaines, tel d'ailleurs que l'avaient été tous les conciles jusqu'alors.

Le plus clairvoyant (et courageux) fut l'archevêque de Trani e Barletta, religieux dominicain, Reginaldo Giuseppe Maria Addazi, qui "se prononça clairement contre l'opportunité de convoquer le concile : à cause de l'absence inévitable des évêques assujétis aux régimes communistes, avec le risque d'aggraver leur sort, un concile n'ayant pas la possibilité d'*agitare argumenta quæ communismum tangunt*[578], à cause de l'inopportunité de retenir tant d'évêques longtemps loin de leur siège dans la situation si perturbée où était le monde ; parce que vain est l'espoir de ramener à l'Église les chrétiens séparés - *non minus*

---

[577] G. MICCOLI, Sul ruolo di Roncalli nella Chiesa italiana, dans Papa Giovanni, chez G. ALBERIGO, op. cit., p. 195.
[578] "S'occuper des problèmes concernant le communisme". Le concile n'en n'a pas soufflé mot, au contraire !

pervicaces quam eorum prædecessores[579] ; à cause enfin de l'extrême difficulté de remédier aux maux sociaux actuels. Cela n'empêche pas cependant cet évêque d'exprimer lui aussi longuement ses vota, tout en offrant un tableau catastrophique des conditions de l'Église dans la société : *Generatim populus christianus non iam audit vocem Ecclesiæ. In Italia, et puto in universo mundo, communismus incessanter progreditur, quia populi communistarum fallaciis credunt, dum bonorum æternorum promissiones spernunt. Cornmunistarum progressiones et incrementa vere sunt expavescenda*[580]. Cette optique désolée et pessimiste (réaliste ! n.d.a.) est en réalité largement répandue dans les documents des évêques : *Nemo est ignarus piEtatis imminutionis, morumque corruptionis populi christiani*[581] ; *magis ac magis (ingravescit) manifestatio et diffusio immoralitatis et neopaganorum vita perversa*[582] ; *angimur de crescente immoralitate gentis nostræ*[583] ; *corruptio ubique crescit*[584] ; *sævit hac ætate, quod omnes norunt, nefarius laicismus, sævit et impius communismus*[585] ; *pestis communismi de die in diem se extendit, maxima cum animarum ruina, quia hæreses omnes complectitur et ad omnia vitia, peccata et delicta viam pandit*[586]. A cette optique fait pendant une poussée clairement défensive qui réclame, de la part du concile, de nouvelles et solennelles condamnations des erreurs modernes, demandant parfois explicitement un complément au Syllabus de Pie IX. Dans 111 cas le communisme est nommé de façon explicite, très souvent en tant

---

[579] "pas moins pervers que leurs prédécesseurs". Et de fait aucun d'entre eux n'est revenu à l'Église, tandis que des millions de catholiques l'ont abandonnée après le concile.

[580] "D'une façon générale le peuple chrétien n'écoute plus la voix de l'Église. En Italie, et je pense dans le monde entier, le communisme progresse incessamment, parce que les peuples croient aux tromperies des communistes alors qu'ils méprisent les promesses des biens éternels. Les progrès et l'accroissement des communistes sont vraiment à craindre".

[581] "Personne n'ignore la diminution de la dévotion et la corruption des mœurs du peuple chrétien", Cardinal Pizzardo, évêque d'Albano.

[582] "La manifestation et la diffusion de l'immoralité ainsi que la vie perverse des néopaïens vont s'aggravant", Mgr Marchesani, évêque de Chiavari.

[583] "L'immoralité croissante de nos gens nous inquiète", Mgr Bosio, évêque de Chieti e Vasto.

[584] "Partout la corruption va croissant", Cardinal Siri, archevêque de Gênes.

[585] "Tout le monde le reconnaît, à l'heure actuelle l'infâme laïcisme se déchaîne, tout comme le communisme impie", Cardinal Marcello Mimmi, évêque de Sabina et Poggio Mirteto, décédé le 6 mars 1961.

[586] "La peste du communisme s'étend de jour en jour, pour la plus grande ruine des âmes, car il inclue toutes les hérésies et ouvre la voie à tous les vices, à tous les péchés, à tous les délits", Mgr Beccaro, évêque de San Miniato.

qu'erreur principale à condamner (seul ou, plus rarement, en même temps que le socialisme), tandis que dans une trentaine de cas les erreurs sont évoquées plus génériquement et globalement ; 65 fois le laïcisme est mentionné et presqu'autant le néomodernisme théologique (pour la couleur locale seulement, il y en a même qui demandent la condamnation de De Lubac et de Teilhard de Chardin, ou, se référant manifestement aux interventions de la *Civiltà Cattolica* de quelques années antérieures, celle de Maritain et de l'humanisme chrétien[587]. Très rare est l'exposé qui s'inscrit en positif[588] (citons Lercaro, d'Avack, Fares, Montini), ou qui affirme de façon explicite qu'il est inutile de répéter les condamnations qui ont déjà été prononcées (Lercaro). A cette poussée défensive correspond la demande de définitions précises, de distinctions nettes qui ne laissent aucune place aux doutes, aux discussions, aux équivoques, à l'intérieur du monde catholique. De là la fréquence avec laquelle sont demandés outre un véritable nouveau Syllabus des erreurs qui reprenne et continue plus ou moins explicitement l'ancien[589], un catéchisme unique pour toute l'Église, *une summa*, ou code, ou catéchisme moral ou social, un synopsis des déclarations des souverains pontifes sur les questions de notre temps (doctrine à observer et erreurs à repousser), ou, enfin, combinant toutes ces exigences, un catéchisme sur la doctrine sociale et sur les erreurs du communisme. (...) L'attitude des évêques italiens vis à vis du problème œcuménique mériterait (...) une analyse particulière.

Un indice de leur faible sensibilité à ce problème peut se trouver dans le fait que les évêques qui demandent de nouvelles définitions dogmatiques pour certaines prérogatives mariales, en particulier la médiation universelle de Marie, sont plus d'une centaine, tandis qu'un très petit nombre subordonne ces nouvelles définitions au problème de l'unité, et une dizaine seulement en nie l'opportunité sous prétexte

---

[587] Le mérite de ces interventions revient à l'évêque de Lodi, Mgr Benedetti, en ce qui concerne la condamnation de De Lubac et de Teilhard, et au cardinal Micara, évêque de Velletri ainsi qu'à Mgr Imberti, archevêque de Vercelli, pour ce qui est de la condamnation de Maritain et de son idée de "nouvelle chrétienté" comme "indice de capitulation de l'Église devant le monde moderne". Cfr. Miccoli, p. 207.

[588] Que le lecteur ne se laisse pas fourvoyer par la terminologie tendancieuse de Miccoli ni par celle de la majorité des auteurs que je cite, lesquels sont presque toujours des partisans enthousiastes de Vatican II. L'historiographie de la partie adverse est malheureusement très rare.

[589] C'était la proposition de Mgr Picchinenna, archevêque d'Acerenza, de Mgr Stoppa, évêque d'Albe, de Mgr Bolognini, évêque de Crémone, de Mgr Torrini, archevêque de Lucca, de Mgr Vendola, évêque de Lucera, de Mgr Chelucci, évêque de Montalcino, de Mgr Gaddi, évêque de Nicosia et du cardinal Ruffini, archevêque de Palerme.

qu'elles augmenteraient les difficultés de récupération des "frères séparés"⁵⁹⁰. Je rappelle que cette dernière position "était celle de Jean (XXIII) qui, encore patriarche, avait exprimé un avis négatif sur la proclamation et la fête liturgique de la royauté de Marie⁵⁹¹, et qu'une fois pape, il avait récidivé, manifestant la même opposition au sujet de la définition dogmatique de la maternité spirituelle de Marie"⁵⁹². Mais si Jean XXIII (de pair avec Montini) préférait plaire aux luthériens plutôt qu'à la Sainte Vierge, de nombreux évêques italiens, au contraire, s'inquiétaient de l'augmentation de la propagande protestante (que diraient-ils aujourd'hui !). Parmi ceux-ci "un certain nombre rappellent que les maux du présent ont leur racine dans la rébellion luthérienne ; d'autres établissent un lien entre protestantisme et communisme, et souhaitent que le nouveau concile soit pour le communisme ce que le concile de Trente a été pour le protestantisme ; d'autres encore déplorent la propagande protestante et la diffusion de la Bible, ou invoquent l'unité de l'Église parce que c'en est assez des sectes protestantes⁵⁹³. Du reste, lorsqu'il est parlé des perspectives de l'unité, les termes employés rappellent généralement les termes traditionnels de retour ou envisagent la conversion pure et simple des dissidents, sans saisir la nouveauté que le discours de Jean présentait déjà ces mois-là sur le sujet. D'autre part la référence fréquente à l'*Humani generis*, tout comme le refus et la condamnation des nouveaux courants théologiques, laissent peu de doutes sur la faible disponibilité d'un grand nombre d'évêques italiens à s'aventurer sur le chemin de l'aggiornamento et de la révision dans ce domaine des rapports entre chrétiens"⁵⁹⁴. En ce qui concerne l'engagement politique, les évêques italiens manifestent de l'irritation contre la Démocratie Chrétienne qui ne voit dans les prêtres que des médiateurs de vote. On "sollicite la requête de nouvelles définitions, d'une nouvelle proclamation, sous une forme plus claire, du droit du magistère ecclésiastique à intervenir dans ces domaines - toute activité humaine, tant privée que publique (..) doit être réglée pour son aspect doctrinal et moral par le magistère infaillible

---

⁵⁹⁰ G. MIccoLi, op. cit., pp. 197-198.
⁵⁹¹ LORIS F. CAPOVILLA, Papa Giovanni XXIII, gran sacerdote, come lo ricordo, Roma 1977, pp. 178.
⁵⁹² GIOVANNI XXIII, Lettere cit., appendice, n° 57, p. 520 ; MICCOLI, op. cit, p. 208.
⁵⁹³ Il s'agit du cardinal Siri, de l'évêque d'Andria, Mgr Brustia, de celui de Pesaro, Mgr Borromeo, de celui de Reggio Emilia, Mgr Socche, de Mgr Saba, évêque de Nicotera et Tropea, de Mgr Bortignon, évêque de Padoue, de Mgr Caminada, évêque de Sant'Agata dei Goti et de Mgr Galabretta, évêque de Noto.
⁵⁹⁴ G. MICCOLI, op. cit.,p. 198. On trouve dans Miccoli une liste incomplète des évêques qui s'opposaient au né-modernisme.

de l'Église - ; et on déplore pour cette raison la place excessive concédée aux laïcs, leurs revendications d'autonomie dans le domaine social et politique, et doutes et méfiance sont exprimés envers la Démocratie Chrétienne devant l'échec de la pleine réalisation de l'État catholique (il en est même qui vont jusqu'à proposer de condamner *illius sectæ politicæ vulgo dictæ Base della Democrazia Cristiana* pour sa conception des relations entre l'État et l'Église, mais il s'agit là d'un autre cas limite)..."[595]. Pour conclure, à la veille du concile, la majorité de l'épiscopat italien remet en avant "termes, tons et propositions qui se réfèrent à un modèle éprouvé", donné par Pie XII et ses prédécesseurs, "et qui traduisent une singulière incompréhension - lorsqu'il ne s'agit pas d'une opposition explicite - vis à vis de la ligne et des positions que Jean ne cesse de suggérer"[596]. Cette conclusion pourrait, je crois, facilement être appliquée à d'autres épiscopats de cette période, à l'épiscopat espagnol par exemple et à de nombreux épiscopats de l'Amérique latine. Jean XXIII aurait pu s'appuyer sur eux pour défendre et illustrer la foi catholique face aux attaques des néomodernistes présents dans l'enceinte conciliaire. Les vota des évêques italiens nous montrent en effet un épiscopat bien différent non seulement de celui que nous avons actuellement mais aussi de celui qui nous sera présenté comme la "majorité" des pères conciliaires. Mais que valent pour Jean XXIII, les avis des évêques italiens, et même du monde entier, même si c'est lui qui les a sollicités ? Rien, au fond. L'avis de Jean-Baptiste Montini, son grand ami, une amitié qui dure depuis 1925, lui suffit et plus qu'il ne faut. Voici ce qu'écrit Jean XXIII au cardinal Montini le 4 avril 1961 : "Je devrais écrire à tous les évêques, archevêques et cardinaux du monde : comme je parle de tous et de chacun dans mon humble prière au Seigneur. Mais pour les entendre tous je me contente d'écrire à l'archevêque de Milan, parce qu'avec lui je les porte tous dans mon cœur, de même qu'il les représente tous pour moi"[597]. Commentaire d'Hebblethwaite : "C'est une confession remarquable : Montini vu comme un évêque représentatif, résumant en sa personne l'épiscopat en son entier"[598]. Ce même Montini, Pie XII ne voulait à aucun prix qu'il devienne pape, nous en avons maintenant la

---

[595] G. MICCOLI, op. cit., p. 198. Il s'agit des évêques Jannucci, de Penne et Pescara, Catarella de piazza Armerina, Cannonero d'Asti, Nicodemo de Bari, Ubaldi di Gubbio, Borromeo de Pesaro, Dorni de Pistoia, Dal Prà de Terni et Narni, Imberti de Vercelli et, contre la "Base" de la D.C., Di Lieto d'Ascoli Satriano et Cerignola.
[596] G. MICCOLI, op. cit., p. 199.
[597] *Giovanni e Paolo, due Papi. Saggio di corrispondenza (1925-1962)*, par LORIS CAPOVILLA, Institut Paul VI - Ed. Studium, Brescia-Roma, 1982, p. 126.
[598] HEBBLETHWAITE, op. cit., p. 380.

preuve documentée après la récente publication de la biographie du cardinal Siri[599].

Conclusion récapitulative

Avant de conclure cet article, au risque de nous répéter, récapitulons et faisons le point, de façon à aider le lecteur désorienté par tant de nouvelles, parfois d'ordre secondaire.

A peine élu (si ce n'est auparavant), le 28 octobre 1958, Angelo Roncalli pense à convoquer un concile. Il est en accord en cela avec certains éléments de la curie (Ottaviani, Ruffini), quoiqu'en désaccord avec eux sur le but du concile : pas de condamnation, dans le sillage de l'encyclique *Humani generis* de Pie XII, mais ouverture aux "frères séparés".

L'annonce du concile, le 25 janvier 1959, inquiète les plus clairvoyants, surprend presque tout le monde ; les cardinaux sont, en majorité, plutôt tièdes.

Les premiers préparatifs du concile sont confiés au cardinal secrétaire d'État, Domenico Tardini, lequel, en la fête de la Pentecôte 1959, est nommé président de la commission anté-préparatoire[600]. Montini n'en fait même pas partie[601]. Les conférences de Tardini et de Capovilla pour expliquer ce que sera le concile commencent[602], et chacun l'imagine à sa façon. Mais Jean XXIII a son projet bien clair et ce n'est pas celui de la curie romaine avec laquelle normalement il eût dû au contraire collaborer ; graduellement les rapports avec Tardini se gâtent, Roncalli voulant laisser s'exprimer les courants les plus progressistes des évêques antiromains et éviter que le futur concile soit contrôlé par la curie. Cette distinction entre gouvernement ordinaire de

---

[599] BENNY LAI, Il Papa non eletto, Laterza, Roma-Bari, 1993, p. 100, note 18 à confronter avec la page 95, note 6. C'est ainsi qu'au conclave où fut élu Montini, un groupe important de cardinaux, guidés par le cardinal Tappouini, proposa l'élection à Siri pour éviter celle de Montini. "Ou vous acceptez - dit Tappouini - ou c'est le désastre" (p. 201, note 5).

[600] Selon le biographe de Tardini, la nomination fut suggérée par le cardinal Ciriaci. HEBBLETHWAITE (op. cit., p. 364) un peu méchamment, mais sans preuve, affirme que Jean XXIII "comprit qu'il valait mieux que Tardini soit impliqué dans la préparation du concile, plutôt que d'exercer sa verve satirique de l'extérieur".

[601] HEBBLETHWAITE, op. cit.,p. 374. Il écrivit cependant à Tardini en faveur de la réforme de la curie : il serait opportun que "la curie abandonne certaines habitudes honorifiques ou ritualistes ou purement juridiques pour donner un exemple de fraternité chrétienne et d'humilité évangélique" (L. c.).

[602] Cfr. HEBBLETHWAITE, op. cit., pp. 369 à 374.

l'Église confié à la curie, et concile "appartenant" à tous les évêques est un point ferme pour Roncalli. C'est pourquoi la commission anté-préparatoire devra consulter les évêques (18 juin 1959) de telle façon qu'ils soient libres de traiter de n'importe quoi : ce sera une sorte de "cahiers de condoléances" qui précédera les "états généraux" de l'Église et... la révolution. Il comporte 2150 réponses (sur 2821 : les 76,4 %) rassemblées en 15 volumes... Toutefois tout l'épiscopat n'est pas rallié à la "nouvelle théologie" et au modernisme. Mais Jean XXIII optera pour le courant symbolisé par Montini qui représente pour lui tout l'épiscopat. Au cours de l'année 1959 se succéderont les quatre premières encycliques de Jean XXIII : *Ad Petri Cathedram* (29/6/59) dont nous avons déjà parlé, *Sacerdotii nostri primordia* (1/8/1959), *Grata recordatio* (26/9/1959) et *Princeps Pastorum* (28/11/1959). Dans tous ces documents en continuité avec la tradition, en particulier les trois derniers, on reconnaît la main du secrétaire d'État Tardini et la trace de la formation dévotionnelle tridentine de Roncalli : on y parle du Curé d'Ars, du Rosaire, des missions... Mais Roncalli n'est pas le "benêt" que croyait Tardini, lorsqu'il était le supérieur du nonce en Turquie... Quand à la Pentecôte[603] de l'année suivante, celle de 1960, on passera de la phase anté-préparatoire à la phase préparatoire du concile, une surprise aura été préparée : le secrétariat pour l'unité des chrétiens, présidé par le cardinal Bea. Avec cette décision mûrie depuis un an déjà, **Jean XXIII a posé les conditions nécessaires et suffisantes pour rompre avec la tradition de l'Église et, si cela n'était impossible par décret divin, pour la détruire en la remettant entre les mains de ses ennemis.** Mais de cela, nous parlerons dans le prochain numéro.

---

[603] Tant avant qu'après l'élection, Roncalli souhaita une "nouvelle Pentecôte" pour le renouvellement de l'Église. Ce n'est donc pas un hasard si Jean XXIII choisit la fête du Saint-Esprit pour marquer les étapes conciliaires (comme si d'une nouvelle Pentecôte devait naître une nouvelle église ?). Cfr. HEBBLETHWAITE, op. cit., pp. 364-365.

QUINZIEME PARTIE :
les œcuménistes préparent le concile, eux aussi.

Extrait de *Sodalitium* n° 38, février-mars 1995

La quatorzième partie de notre article, la précédente, a permis à nos lecteurs de suivre la préparation officielle et institutionnelle du Concile œcuménique ; sous la direction du cardinal secrétaire d'État, Domenico Tardini, la commission anté-préparatoire s'occupait du futur concile avec la rigueur, le sérieux et la correction de la curie romaine. Mais, depuis longtemps, dans un tout autre climat, se préparait **un autre Concile**, celui qui devint ensuite effectivement **Vatican II** ; comme un intrus il évincera celui qu'avait préparé Rome et en prendra la place. Cet article relate la mise en place de cette **habile et tragique substitution**.

Le Concile de Monseigneur Igino Cardinale...

De Mgr Cardinale, nous avons déjà parlé ; il était le neveu d'un ami intime de Jean XXIII, don Giuseppe Luca[604]. Chef du protocole, il appartenait à la "famille pontificale" plutôt qu'à la curie romaine. C'est un homme de Jean XXIII. Et voici que le 18 février 1959 il "a un long entretien avec le directeur de *Frontier*, **Sir John Lawrence, un anglican**". Cet hérétique de noblesse anglo-saxonne, a laissé un journal inédit (*Journal romain*) qui relate ces journées de février-mars 1959 ; ce journal, Hebblethwaite l'a lu et il en a tiré le récit de l'entrevue Lawrence-Cardinale. Il y est question de ce dont parlera le prochain Concile. De quoi donc ? « Cardinale donne hardiment trois exemples de sujets possibles :

1) Le célibat ecclésiastique. Le lien entre prêtrise et célibat pourrait ne pas s'imposer dans toutes les situations. L'exemple des Églises uniates en communion avec Rome montre que le célibat n'est pas absolument nécessaire à la prêtrise. Mais il pourrait être difficile de le faire comprendre dans des pays "latins".

---

[604] Cfr. *Sodalitium*, n° 34, pp. 55 et 58, note 21.

2) La réforme liturgique. Pie XII avait déjà introduit des changements dans la liturgie de la Semaine Sainte, il avait permis les messes du "soir", allégé le jeûne eucharistique. Il faut aller bien plus loin dans cette ligne. Il faudra bien en arriver à l'utilisation de la langue vernaculaire et faire sa véritable place à la Bible dans le culte.

3) Le souci œcuménique. "Le Saint-Père s'intéresse vivement à la réunion et il considère que certaines divisions au sein de la chrétienté se sont faites pour des motifs futiles qui n'ont pris tant d'importance qu'en raison de facteurs historiques. Dans ces cas, le bon sens pourrait faire beaucoup" (Lawrence, pp. 5-7). Voilà comment on voit les choses dans la maison du pape en février 1959. Les pronostics de Cardinale s'avéreront exacts pour deux questions sur trois »[605].

...et celui de Hans Küng

Si Cardinale fait mouche deux fois sur trois, le tristement célèbre Hans Küng donnera dans le mille sept fois sur sept ! Naturellement, il répond avec « allégresse à l'annonce du concile. L'édition allemande de Konzil und Wiedervereiniigung. Erneuerung als Ruf in die Einheit paraît en 1960 (Concile et retour à l'unité, trad. de H.M. Rochais et J. Evrard, Ed. du Cerf, 1961). La même année Küng est nommé professeur de théologie à Tübingen, alors qu'il n'a que trente deux ans. (...) il ose présenter un ordre du jour pour le concile. Il va sans dire que ce n'est pas exactement le programme qu'a en tête la curie romaine. Son livre ne sera traduit en italien qu'en 1965. **Pour Küng, le premier objectif du concile est la réforme de l'Église.** Si cette réforme aboutit, elle conduira à la réunion **sur un pied d'égalité avec les "frères séparés"**. Küng énumère les pas à franchir pour répondre aux requêtes légitimes de la Réforme protestante : la reconnaissance de la Réforme comme événement religieux (irréductible à des facteurs politiques ou psychologiques comme la libido de Martin Luther) ; l'estime et la prise en considération croissante de la Bible dans la théologie et dans le culte ; l'élaboration d'une "liturgie" du peuple, dans la langue du pays, bien évidemment ; une véritable compréhension du "sacerdoce universel" de tous les fidèles ; le dialogue entre l'Église et d'autres cultures ; le dégagement de la papauté de ses liens politiques ; la réforme de la curie romaine et l'abolition de l'Index des livres interdits.

---

[605] PETER HEBBLETHWAITE, Jean XXIII. Le pape du Concile. Ed. du Centurion, 1988, p. 360.

Küng se révèle un prophète clairvoyant : ces sept requêtes se retrouvent toutes, fût-ce sous une forme modifiée, dans les documents définitifs du concile. De plus Küng en appelle astucieusement au pape Jean (...). Küng oppose le pape alerte et vif à la chrétienté endormie : "(...) Les paroles et les actes du pape pourront-ils éveiller ces endormis ?" (Concile et retour à l'unité, pp. 35-36). (...) Il [Jean] ne fera jamais aucune observation publique sur Küng. (...) Le cardinal Frantz Koenig, archevêque de Vienne, (...) préface l'édition allemande et parle du livre comme d'un "heureux présage". Dans son introduction à l'édition française, le cardinal Achille Liénart, de Lille, en souligne l'importance œcuménique (...). On pouvait en conclure raisonnablement que, quoi que fasse la commission préparatoire, Küng avait établi le véritable ordre du jour du concile et dressé le plan de bataille pour sa première session »[606].

Paderborn

Toujours en Allemagne (en effet, bien que de nationalité suisse, Hans Küng était professeur à Tübingen), un autre plan se préparait pour orienter le futur concile vers les chimères du mouvement œcuméniste.

Paderborn : "ville de la RFA (République Fédérale Allemande), Rhénanie, Westphalie Septentrionale, 69000 habitants" selon la *Nuova Enciclopedia Universale Garsanti* de 1985. Pour l'Église catholique, Archidiocèse depuis 1930 ; en 1961 dans tout le territoire diocésain on comptait 9.007.173 habitants, dont seulement 2.155.066 catholiques (cfr. Annuaire Pontifical). Tous les autres étaient protestants ; un facteur de grande importance dans ce que nous allons relater. Aujourd'hui, Paderborn est connue en tant que diocèse du "théologien" psychanalyste Drewermann qui réduit le christianisme à un mythe. Mais en 1580 déjà, l'évêque de Paderborn, Henri de Lauenburg, avait adhéré à la "Confession d'Augsbourg", le credo des luthériens[607]. En 1834, l'archevêque de Cologne et ses suffragants de Münster, Trévire et Paderborn, souscrivirent une convention secrète avec le gouvernement prussien protestant à propos des mariages mixtes entre catholiques et protestants, convention contraire au Bref que le Pape Pie

---

[606] HEBBLETHWAITE, op. cit.,pp. 412-413.
[607] Enciclopedia Cattolica. Città del Vaticano 1952, vol. IX, col. 515, rubrique Paderborn.

VIII avait promulgué sur la question en 1830[608]. Le fait que le diocèse de Paderborn ait été le seul du monde entier à admettre l'usage de distribuer la communion le vendredi saint atteste peut-être une sensibilité au mouvement liturgique[609]. En 1941, Lorenz Jaeger est élu archevêque de Paderborn. Qui aurait dit, à la veille du concile Vatican II que ce n'est pas à Rome mais à Paderborn qu'il se ferait ; qu'il ne serait pas l'œuvre de la Curie mais d'un évêque allemand ? Et pourtant, c'est ainsi ...

Pour s'en convaincre, il suffit de lire l'"Histoire de l'Église" dirigée par Jedin : "à l'initiative de l'archevêque de Paderborn Lorenz Jaeger (1892-1975) et de l'évêque luthérien d'Oldenburg, Wilhem Stählin (1883-1975), dès 1946, en Allemagne, des théologiens des deux confessions se rencontrèrent chaque année pour débattre des doctrines de foi communes ou de celles qui sont élément de division. Avec la participation déterminante du professeur hollandais Jan Willebrands (né en 1909) se constitua, en 1952, la Conférence internationale pour les problèmes œcuméniques dont le travail déboucha sur le Secrétariat pour la promotion de l'unité chrétienne, institué en 1960 par le Pape Jean XXIII et dirigé par le cardinal Agostino Bea (1881-1968). Ce Secrétariat reçut en 1962 le statut officiel de commission conciliaire, en vertu de quoi il eut une part déterminante dans la préparation du Décret sur l'Œcuménisme du Concile Vatican II"[610]. De Paderborn au Concile via Bea et Jean XXIII, la route est directe... Efforçons-nous de la suivre à la trace...

Pie XI condamne, Jean XXIII approuve

Il n'y a pas lieu ici de retracer l'histoire du mouvement œcuménique, histoire qui nous éloignerait trop de notre sujet et que nous avons, en outre, rapidement exposée déjà dans un numéro précédent[611]. Il suffira de rappeler que le mouvement œcuménique est né à la fin du siècle dernier, dans le milieu des sectes protestantes inquiètes des divisions congénitales de leur monde religieux ; il aboutit, avec l'adhésion des

---

[608] JOSEPH LORTZ, Storia della Chiesa, ed. Paoline, Roma, 1982, vol. II, par. 115.4, p. 440-441.
[609] DOMINICUS M. PROMMER O.P, Manuale Théologice Moralis, Herder, Friburgi Brisgoviœ, vol. III, n° 221.
[610] ERWIN ISERLOCH, La storia del movimento oecumenico dans : AA.VV., Storia della Chiesa, diretta da Hubert Jedin, edizione italiana del 1980, Jaca Book, Milano, vol. X/1, p. 411.
[611] *Sodalitium*, n° 25, p. 13.

orthodoxes, au tristement célèbre Conseil Œcuménique des Églises (CEC), fondé à Amsterdam en 1948 par 147 "églises" chrétiennes au moins. L'Église catholique a cependant toujours refusé les invites des œcuménistes à participer à leurs congrès périodiques ou à adhérer au CEC ; il y eut même trois décrets du Saint-Office (4 juillet 1919, 5 juin 1948 et 20 décembre 1949) à interdire aux catholiques de participer aux congrès en question sans autorisation préalable du Saint-Siège. De plus, l'encyclique historique *Mortalium animos* de Pie XI (6 janvier 1928) condamna sévèrement le mouvement œcuménique, dit alors "panchrétien"[612]. Comment est-il possible alors qu'en 1960, avec l'institution du Secrétariat, Jean XXIII ait approuvé ce mouvement œcuménique que son prédécesseur avait condamné ?

Mgr Arrighi, "professeur" de protestantisme

L'encyclique du Pape Pie XI, sans pourtant les briser, plia ces catholiques œcuménistes qui, comme Dom Beauduin, ami personnel de Roncalli, étaient impliqués dans le mouvement. La confusion créée par la deuxième guerre mondiale aidant, ils relevèrent la tête dès les premiers jours de l'après-guerre, spécialement en France et en

---

[612] Le terme "panchrétien" semble devoir être attribué au pasteur vaudois Ugo Janni, directeur de la revue œcuméniste "Foi et vie". Ce personnage mériterait une étude plus attentive (cfr. CESARE MILANESCHI. UGO IAN-NI, Pioniere dell'œcumenismo, Claudiana Torino), de même que son collaborateur catholique, Alessandro Favero (1890-1934). "Ses grands idéaux furent le pacifisme et la réunion des églises chrétiennes", ce en vue de quoi Favero fonda en 1913 (en pleine tempête moderniste) la "Ligue de prière pour l'union des Églises Chrétiennes". Malheureusement pour lui, la même année, son livre sur Mgr Luigi Puecher Passavanti, archevêque anti-infaillibiliste, finit à l'Index. Etrange figure que ce Favero ami des Rosminiens et de don Coiazzi, hagiographe de Pier Giorgio Frassati, qui définira Favero comme quelqu'un de "très docte et saint qui vivait dans le monde avec le vœu de chasteté". Mais en même temps moderniste à la Fogazzaro et disciple du faux mystique polonais Towianski (1799-1878), fervent "catholique", mais niant l'éternité de l'enfer et champion de la transmigration des âmes et de la relativité de tous les dogmes. A propos de Pologne, il serait d'ailleurs intéressant d'approfondir l'influence qu'a eue sur le jeune Karol Wojtyla la pensée de Towianski et celle d'autres "mystiques" polonais comme Mickiewicz (1798-1855) et comme la théosophe Blatvatsky (cfr. ROCCO BUTIGLIONE, La pensée de Karol Wojtyla, Fayard, 1984, p. 36, 40 et 45 ; éd italienne : Il pensiero di Karol Wojtyla, Jaka Book, Milano, 1982) ainsi que l'influence du "mysticisme judaïque" sur ces derniers (cfr. Buttiglione, pp. 40 et 45). Sur Favero, on peut lire, d'Annamaria Sani, Tra modernismo e pacifismo-Il carteggio Favero-Colombo, dans Contributi e documenti di storia religiosa, Quaderni del Centro Studi C. Trabucco. Torino, 1993, n° 19, pp. 39 à 69.

Allemagne. "Après la seconde guerre mondiale surgirent un peu partout des groupes *Una Sancta*, composés de laïcs et de théologiens, centres pour une rencontre féconde entre catholiques et protestants dans la prière et le dialogue"[613]. En France s'y distinguent Paul Couturier (1881-1953) et le Père M. Yves Congar o.p. (classe 1904), ce dernier frappé pourtant par les sanctions vaticanes après l'Encyclique *Humani Generis* de Pie XII (1954). Mais le Père Congar a des appuis..., entre autres Mgr Jean-François Arrighi (un corse), secrétaire du Cardinal Tisserant. Hebblethwaite écrit : « Le pape Jean a connu Arrighi à Paris et l'a en haute estime. La légende voudrait qu'il ait donné des cours de théologie protestante au pape Jean. Ce qui est vrai, c'est qu'ils ont eu de nombreuses conversations sur des questions œcuméniques dans la période préparatoire au concile. Arrighi faisait le lien avec des théologiens français comme Yves-Marie Congar, encore en disgrâce. Congar pensait que l'Église catholique devrait avoir la décence de reconnaître que d'autres défrichaient le champ œcuménique depuis un certain temps. Il écrit : "au moment où il sortit de son demi-absentéisme en matière d'œcuménisme, le Saint-Siège trouvait le champ labouré et ensemencé, couvert d'un blé dru et déjà grand..." (Congar, *Chrétiens en dialogue*, p. LIII) »[614]. Jean XXIII avait à peine eu le temps d'annoncer la convocation d'un Concile que, fort de son amitié avec le pape Roncalli, Arrighi demandait dès février 1959 la constitution à Rome d'un "petit groupe aux amples pouvoirs qui s'occupe des questions œcuméniques"[615] pour ne pas perdre l'occasion offerte par le Concile. Arrighi a bon espoir de réussir dans son entreprise : « un mot-clé chez tous ces œcuménistes catholiques est celui de collégialité » et « On savait le pape Jean partisan de la collégialité (...). L'acte de convocation d'un concile est une extension de ce même principe (...). Le 23 février 1959 Arrighi explique : "Jean XXIII applique réellement le principe de gouvernement collégial et travaille avec ses frères en épiscopat. Contrairement à Pie XII (...) ». Fauteur de la collégialité et de l'œcuménisme : « Il a vraiment le souci de l'unité - dit Arrighi au protestant Lawrence, ce même février 1959 -. **Son point de départ est l'Église orthodoxe, mais quand vous devenez œcuménique, il faut y englober tout le monde**. Il a eu quelque expérience du protestantisme en France. Le pape a utilisé l'expression *la ricerca dell'unità* (la recherche de l'unité) dans une rencontre privée. Cette expression est significative et il semble avoir voulu l'appliquer également à l'Église

---

[613] E. ISERLOCH, Il movimento o'cumenico, op. cit., p. 410.
[614] HEBBLETHWAITE, op. cit., pp. 361-362.
[615] LAWRENCE, Journal Romain, p. 20, cité dans Hebblethwaite p. 362.

catholique romaine (comme si elle n'avait pas encore cette unité qui est l'une des caractéristiques de la véritable Église du Christ ! n.d.a.). Récemment il a convoqué la Congrégation pour les églises orientales et leur a dit : 'Je sais qu'humainement parlant mon plan est impossible, mais Dieu demande l'unité et nous devons faire quelque chose en ce sens'[616]. Donc, en février 1959, Arrighi avait déjà l'idée de quelque chose de semblable au futur "Secrétariat pour l'unité des chrétiens" (dont il deviendra immédiatement membre), et Jean XXIII semblait bien disposé envers la cause œcuménique. Mais ça ne sera pas Arrighi mais le cardinal Bea, confesseur de Pie XII (!), qui réussira dans cette entreprise.

Le crypto-œcuménisme du confesseur de Pie XII

Riedbtihringen (Allemagne), 28 mai 1881 : Agostino Bea naît dans une famille catholique : il est donc de la même année que le futur Jean XXIII[617]. Brièvement, son *curriculum vitæ* : novice chez les Jésuites en 1902, prêtre en 1912, professeur d'Ecriture Sainte en Hollande de 1917 à 1921, puis à Rome de 1924 à 1959, d'abord à la Grégorienne ensuite à l'Institut Biblique Pontifical dont il fut le Recteur de 1930 à 1949. Le Père Bea était surtout connu comme confesseur de Pie XII, fonction qu'il reçut en 1945 et qu'il tint jusqu'à la mort du Pape en 1958[618]. Evidemment cette charge délicate lui permettait d'exercer une certaine influence sur la conscience très délicate du Pape et, par conséquent, sur ses décisions. Enfin, la confiance que lui accordait Pie XII rassurait, s'il en était besoin, sur les convictions du Père Bea et sur sa fidélité à l'Église. Et pourtant...

Et pourtant, avant le pontificat de Jean, un observateur attentif aurait pu remarquer déjà l'appui prudent mais net que Bea accordait tant au "mouvement liturgique" (nous en reparlerons) qu'au "mouvement

---

[616] LAWRENCE, p. 19 ; HEBBLETHWAITE, pp. 362-363.

[617] Certains ont avancé l'hypothèse que Bea aurait été d'origine juive (le nom originaire aurait été Beha ou Behar), mais sans preuves documentaires. La biographie la plus complète est celle de son secrétaire, le Père STJEPAN SCHMIDT S.J., Agostino Bea, il cardinale dell'unità, Città Nuova, Rome, 1987. Il existe un autre document intéressant à son sujet, la commémoration à l'occasion de sa mort que lui dédia la revue du SIDIC (Service international de documentation judéo-chrétienne), via Garibaldi 28, 00153 Rome, numéro spécial de 1969.

[618] Sur les circonstances et les motifs du choix de Bea comme confesseur du Pape, cfr. Schmidt, op. cit., pp. 166-167. Bea succédait à deux autres jésuites de langue allemande, le Père van Laak († 1941) et le Père Merk († 1945).

œcuménique"[619]. Une première et encore vague initiation œcuménique, c'est à son lieu de naissance et à ses premières études qu'il la dut. Lui-même reconnaissait que son diocèse d'origine, celui de Constance à l'époque, était encore marqué par l'esprit libéral de J.H. Wessenberg, longtemps vicaire général du diocèse mais auquel Rome refusa cependant toujours la nomination épiscopale[620]. Bea quitta son pays natal, entièrement catholique, pour suivre ses études supérieures à Constance, "dans une ambiance œcuméniste", disait-il, parce que confessionnellement mixte[621]. Mais ce ne fut que beaucoup plus tard, quand paradoxalement il fut appelé au Saint-Office comme consulteur en mars 1949, que le Père Bea s'occupa directement du mouvement œcuménique. De ce Saint-Office que, plus tard, il contribuera efficacement à détruire, notre personnage pouvait être consulté sur des questions d'exégèse, ou sur ce qui regardait les pays de langue allemande. C'est à son influence que certains attribuent le fait que l'instruction du Saint-Office sur l'œcuménisme de décembre 1949 s'avéra inexplicablement plus possibiliste que celle, à peine antérieure, de 1948 dont elle n'aurait dû être qu'une application pratique[622]. Quoiqu'il en soit, Bea devint immédiatement le point de référence romain discret mais efficace des œcuménistes allemands. Les premiers temps, il n'existait que le susdit "Cercle Jaeger-Staehlin", du nom de l'archevêque de Paderborn, responsable du mouvement œcuménique de la Conférence épiscopale de l'Allemagne Fédérale, et du nom de l'"évêque" luthérien d'Oldenburg.

Au début, le médiateur entre Jaeger et Bea fut Mgr Joseph Hofer, membre lui aussi du Cercle, "prêtre de l'archidiocèse de Paderborn, professeur de théologie pastorale et ensuite, durant 14 ans (de 1954 à 1968), conseiller ecclésiastique à l'ambassade de la République Fédérale Allemande auprès du Saint-Siège. D'une part celui-ci cherchait en Bea suggestions et soutien ; de l'autre il était lui-même pour Bea - comme pour tant d'autres dans les milieux ecclésiastiques de Rome - une aide précieuse pour établir des contacts avec le monde

---

[619] En ce qui concerne son rôle, absolument délétère, dans le domaine liturgique sous le pontificat de Pie XII, cfr. Schmidt, op. cit., pp. 224 à 249 ; sur l'œcuménisme de Bea dans la même période, cfr. Schmidt, oli. cit., p. 250 à 270.
[620] Cfr. SCHMIDT, op. cit., p. 26. Ignaz Heinrich von Wessenberg (1774-1860) illuministe et fébronien, combattit les dévotions privées, réforma la liturgie en introduisant entre autres la langue vulgaire et revendiqua une large autonomie des évêques de Rome. Cela ne vous rappelle-t-il pas quelque chose ?
[621] Cfr. SCHMIDT, op. cit., pp. 33 à 36.
[622] Cfr. SCHMIDT, op. cit., p. 252.

non catholique"[623]. Plus tard Höfer prendra connaissance des "travaux du théologien suisse Hans Küng" selon lequel la doctrine de Luther et celle du Concile de Trente ne seraient pas incompatibles[624] ! Et comme nous le laisse entendre Hebblethwaite - il les appréciera. C'est par l'intermédiaire de ce grand admirateur de Küng que Bea suivit "avec beaucoup d'intérêt et d'espoir" les travaux du "cercle Jaeger-Staehlin" jusqu'à ce qu'il entre en relation directe avec l'archevêque de Paderborn en personne ; il eut alors de "longues conversations" avec lui à l'occasion des visites de Jaeger à Rome. "Le plan de l'archevêque de fonder un Institut œcuménique dans l'archidiocèse intéressait particulièrement Bea qui l'encourageait à le réaliser"[625]. C'est ainsi que du tandem Jaeger-Bea naquit en 1952 l'Institut œcuménique J. Adam Möhler[626]. « De fréquents et féconds contacts s'établirent ensuite entre Bea et les dirigeants de cet Institut (...). En 1957, Bea écrivait au directeur de l'Institut, Eduard Stakemeier : "**Il semblerait que (avec l'Institut) l'Esprit Saint veuille préparer quelque chose que personne n'aurait cru possible il y a quelques décennies**". A la veille du pontificat de Jean XXIII, tout était prêt par conséquent pour le coup de main œcuménique. Il ne manquait que ... Jean XXIII. En attendant il fallait compter avec Pie XII ; bien que malade et sous la mauvaise

---

[623] SCHMIDT, op. cit., p. 253.
[624] HEBBLETHWAITE, op. cit., p. 362.
[625] Pour toutes ces citations, cfr. SCHMIDT, op. cit., pp. 253-254.
[626] Johann Adam Möhler (1796-1838), prêtre, enseignant libre d'histoire ecclésiastique à la Faculté de Théologie catholique de Tübingen (1826-1835) puis, pendant un an seulement, enseignant d'exégèse du Nouveau Testament à l'Université de Munich. Représentant de récole de Tübingen" fondée par Sailer. Mgr Piolanti, dans l'Encyclopédie catholique, en prend d'office la défense, (vol. VIII, col. 1208 à 1211), mais il doit admettre que "certains (Vermeil, Fonk) ont voulu découvrir (dans l'œuvre de Möhler) l'origine de cet immanentisme qui devait féconder par la suite les tendances religieuses condamnées par le Bienheureux Pie X dans le modernisme". Il abandonna la scolastique pour privilégier l'étude positive de l'Ecriture et des Pères. Il parla de "développement du dogme", fut influencé par "une vieille hérédité anti-romaine". Lortz est plus explicite : il fait de Möhler le partisan de théories épiscopalistes, contraires au mouvement infaillibiliste rénové par de Maistre dans *Du Pape*, et il ajoute : "son influence qui s'est exercée jusqu'à nous, vient du fait qu'au lieu de se tenir timidement à l'écart du plus grand courant philosophique du siècle, l'hégélisme, il sut en arriver avec lui à une dialectique vivificatrice (Eschweiler). Son style était tel que sa discussion avec le protestantisme était bien supérieure par sa fécondité (sic) à la polémique et à l'apologétique des horizons réduits existant avant lui (et malheureusement aussi après lui) (re-sic). Il ressentait, en un certain sens, quelque chose des problèmes graves pour lesquels on avait lutté dans la Réforme" (!) (Cfr. Storia della Chiesa, pp. 405, 409, 411, 427, 438, 469). Naturellement Möhler devint le "patron" des œcuménistes, et pas seulement des œcuménistes allemands ; le Père Congar en diffusa le verbe dans de nombreuses publications françaises.

influence de son confesseur (le Bea en question), il n'aurait certainement pas apprécié une présentation trop explicite de l'œcuménisme. Bea le savait, c'est pourquoi je parle de son crypto-œcuménisme, encore suffisamment caché et discret pour n'inquiéter personne. Bea avait, par exemple, des relations amicales avec un mouvement œcuméniste protestant le *Sammlung*. Cependant il savait que son jeu ne devait pas se faire trop à découvert. En effet, "des suggestions et même des demandes lui parvinrent pour faire recevoir en audience privée par le Pape (Pie XII) tel ou tel représentant du mouvement ; mais il répondait qu'il était plus prudent de se contenter de la participation à une audience générale, à un poste d'honneur, et de fait c'est ainsi que cela se fit pour quelques-uns. Lorsque Max Lackmann, (qui faisait partie du mouvement, n.d.a.) publia son étude *La réforme catholique*, Bea ne jugea pas opportun de présenter le livre à Pie XII", sachant bien que le Souverain Pontife ne serait pas dupe.

Mais beaucoup plus importantes étaient les relations que Bea entretenait avec la Conférence catholique pour les questions œcuméniques fondée à Warmond (diocèse de Haarlem en Hollande) par le professeur de philosophie de l'époque, Johannes G. M. Willebrands, qui remplissait également la fonction de secrétaire. Willebrands fera carrière (cardinal !) et aura "l'honneur" de définir **Luther "docteur commun de l'Église"** ! Quant la pauvre Église hollandaise, glorieuse en son temps, le post-concile en démontrera *ad abundantiam* la dérive schismatique... Mais c'est là le futur radieux pour lequel travaillent nos héros. En attendant, la Conférence était le point de rencontre avec "un bon nombre d'œcuménistes de diverses nationalités", des français en particulier. Nous y retrouvons Mgr Arrighi, et le Mgr Höhfer de Paderborn, le dominicain français Christophe Dumont et le moine de Chevetogne (monastère de Dom Beauduin) Pierre Dumont... Le but de la Conférence était de suivre "le travail du Conseil Œcuménique des Églises à Genève"[627] dont le secrétaire général, W.A. Visser't Hooft était de même nationalité que Willebrands. Willebrands faisait la navette entre le Conseil œcuménique des Églises et le Père Bea dont il avait fait la connaissance en 1951, un an avant de fonder sa propre association œcuménique. L'entrevue qui avait eu lieu à l'Institut Pontifical Biblique de Rome avait même précisément pour but de sonder Bea sur le projet de création de la Conférence. La Conférence tout comme l'Institut Möhler avait les encouragements de Bea. De 1952 à 1960, la Conférence se réunit une dizaine de fois : rencontres "durant

---

[627] HEBBLETHWAITE, op. cit., p. 361.

lesquelles furent étudiés les grands thèmes de l'actualité œcuménique"[628]. Bea recevait continuellement Willebrands et préparait le terrain pour la venue à Rome des membres protestants du Conseil Œcuménique des Églises ; celle, par exemple, du futur "évêque" luthérien d'Oldenburg H.H. Harms à l'Institut Biblique Pontifical ; celle de Hans Ruedi Weber au Congrès International pour l'Apostolat des Laïcs, en 1957[629]. Mais, encore une fois, le très prudent Bea ne jugea pas opportun de demander au Pape Pie XII une audience privée pour Harms ; il préféra l'envoyer à son ex-élève, l'archevêque d'Utrecht, notre familier Bernard Alfrink.

Pour conclure, c'est le travail accompli durant une décennie (1949-1959) par les mouvements œcuméniques appuyés par Bea qui aboutit sans aucun doute à Vatican II. Ça n'est pas pour rien que la Conférence de Mgr Willebrands "travailla - comme il le dit lui-même - jusqu'au seuil du Concile" pour se dissoudre ensuite. "En effet, c'est en 1960, tout le monde le sait, que le pape Jean XXIII convoqua un Concile œcuménique de l'Église et institua ce *Secretariatus ad christianorum unitarem fovendam*, auquel il voulut donner pour guide le cardinal Agostino Bea, et qui avait comme but d'introduire dans la préparation du Concile l'intuition œcuménique jaillie de la pensée de ce grand Pape". La Conférence de Willebrands conflua avec le Secrétariat voulu par Jean XXIII, et "les solides études élaborées sur les problèmes œcuméniques les plus importants à partir de 1952 par la Conférence, dans ses assemblées plus ou moins annuelles confluèrent pour aboutir ensuite aux travaux préparatoires du Secrétariat en vue du Concile". Et ce Secrétariat fut l'aboutissement non seulement du mouvement "catholique" de Willebrands, mais aussi du mouvement œcuménique protestant Sammlung du "curé" Hans Christian Asmussen (1898-1968), lequel déclarait à Bea en 1962 : "Maintenant que votre Secrétariat a entrepris ce à quoi je visais, je peux me retirer"[630].

Le petit vieux et la vieille baderne

Mais... "il s'agissait seulement d'une préparation, à laquelle manquait le souffle du Saint-Esprit exhalé sous le pontificat de Jean

---

[628] Cfr. SCHMIDT, op. cit., p. 7 (présentation du livre écrit par Willebrands) et p. 256.
[629] Cfr. SCHMIDT, op. cit., pp. 256-257. Montrant à Harms sa bibliothèque, il lui fit observer qu'il s'agissait là d'"une bonne bibliothèque protestante". Pour la visite de Weber, il lui fallut obtenir la permission du Saint-Office.
[630] SCHMIDT, op. cit., p. 255.

XXIII"[631]. Mais pour le moment, sous Pie XII, le Saint-Esprit, le vrai, souffle encore en sens contraire[632].

Cependant le Pape Pacelli vivait ses derniers instants. Après s'être repris de la crise grave qui l'avait conduit au bord de la tombe en 1954, il succomba à l'improviste le 9 octobre, après trois jours seulement de maladie. Son vieux confesseur (il avait 79 ans) le Père Bea, sérieusement malade à son tour, ne put pas assister Pie XII ; il fut substitué dans cet office par le père Leiber s.j. ; le Pape et son confesseur ne se reverront plus[633]. Bea semblait un homme fini : lorsqu'il sera créé cardinal par Jean XXIII, on parlera de lui comme d'"un vieillard qui désormais ne représente plus rien chez les jésuites"[634]. Le lecteur se rappelle-il que Mgr Roncalli, à peine nommé Nonce à Paris en décembre 1944 avait été traité de "vieille baderne" ?[635] Ces deux vieillards de bientôt quatre-vingts ans se rencontreront cependant et les conséquences de leur rencontre auront une portée d'une incalculable gravité pour l'Église. C'est à leurs relations jusqu'au 5 mai 1960 (date de la création du Secrétariat pour l'unité des chrétiens) que sera dédiée la prochaine partie.

---

[631] SCHMIDT, Op. Cit., p. 270.
[632] En effet, "Willebrands se heurte à bien des incompréhensions et à bien des obstacles. Du point de vue du catholicisme traditionnel le COE n'est pas assez théologique dans sa recherche de l'unité. On interdit à Willebrands d'assister à la réunion du COE à Evanston en 1954, et celui-ci se voit rabrouer par l'archevêque Cyrille Cowderoy de Southwark, Angleterre. HEBBLETHWAITE, op. cit., p. 361.
[633] Cfr. SCHMIDT, op. cit., pp. 309 à 311.
[634] C'est ce que dit un jésuite à Mgr L.F. Capovilla, le secrétaire de Jean XXIII. Cfr. SCHMIDT, op. cit., p. 336, note 1.
[635] Cfr. *Sodalitium*, n° 27, p. 13.

SEIZIEME PARTIE :
le secrétariat pour l'unité des chrétiens.

Extrait de *Sodalitium* n° 39, juin-juillet 1995

Il semble qu'ils ne se connaissaient pas. Au point que, à ce propos, on raconte une anecdote, typiquement roncalienne. Après la mort de Pie XII, le Père Bea "vivait encore plus retiré qu'avant"[636]. Et il écrivait : "Je ne connais pas le nouveau Pape de près et, naturellement, je ne cherche pas à l'approcher. J'ai déjà assez à faire". Parmi ces tâches, justement en cette période de 1958, "la lutte (...) en faveur de l'usage de la langue vulgaire dans la liturgie"... L'année suivante, se produisirent les deux premières rencontres entre le Père Bea et Jean XXIII. « La première rencontre en mars 1959, alors que le Pape reçut en audience le personnel, et donc aussi les consulteurs du Saint-Office. Quand Bea lui fut présenté, le Pape, qui évidemment ne le connaissait pas, se limita à observer : "J'ai lu quelques-unes de vos publications. Continuez bien ainsi". Deux mois après, Bea fut présenté de nouveau au Pape en même temps que les membres de la Commission Pontificale Biblique. Durant la présentation, le Pape demande : "Mais il y a deux Pères Bea ?". Il se souvenait, probablement, de l'avoir rencontré au cours d'une audience au Saint-Office. Entre-temps, en outre, Bea lui avait fait parvenir un avis sur l'usage de la traduction de Pie XII du psautier dans la liturgie, si bien que Jean XXIII fut surpris de trouver son nom dans des contextes si différents. A la question du Pape, Bea répondit promptement : "Non, Saint Père, il n'y en a qu'un, et c'est moi" ». Il semble vraiment un peu gros que Jean XXIII ne connût pas, au moins de nom, le recteur du Biblicum, le confesseur de Pie XII, l'auteur de la traduction du Psautier, traduction qui ne plaisait pas du tout au cardinal Roncalli...[637] Toutefois, on dirait qu'il en fut ainsi. Le fait est que les deux conscrits, venaient

---

[636] STJEPAN SCHMIDT. Agostino Bea. Il Cardinale dell'unità. Città Nuova Editrice, Rome 1987, p. 313. A la page 327 l'épisode est ainsi rapporté, comme il est raconté par le Père Duncker O.P. : « ... le nom de Bea fut prononcé. Le Pape demanda : "L'un de vous s'appelle Bea ?". "Oui, moi, Saint Père", répondit le Père Bea. "Mais comment", répliqua le Pape, "il y a donc deux Bea à Rome ?". "Non, que je sache - répondit le Père - ; depuis tant d'années je suis à Rome, mais je n'ai jamais entendu parler d'un autre Bea". "Alors - s'exclama le Pape - vous êtes donc Bea, c'est vous Bea !". Il est clair que jusqu'au moment de l'audience, le Pape ne connaissait pas encore le Père Bea ».
[637] S. SCHMIDT, op. cit., p. 312.

de mondes différents : l'un italien, l'autre allemand ; diplomate ou Pasteur Roncalli, qui fut toujours tenu éloigné d'une Curie Romaine qu'il n'aimait pas et qui ne l'aimait pas, intellectuel au contraire le Père Bea, qui à Rome résidait en permanence depuis 1924, et connaissait à fond les Congrégations et les Palais Apostoliques.

Il ne semble pas ensuite que ces premières rencontres aient laissé une grande trace chez Jean XXIII. Il avait déjà nommé, le 15 décembre 1958, les nouveaux cardinaux (parmi lesquels Montini) et, surtout, il avait annoncé, le 25 janvier 1959, la convocation d'un Concile Œcuménique ; tout ceci, semble-t-il, sans la moindre influence de Bea, qui se limite à envoyer à ses "amis" certaines de ses "réflexions" sur le Concile "et ses buts œcuméniques" à diffuser "sans toutefois mentionner l'auteur" ![638] Et dans les six mois qui passèrent de mai (date

---

[638] Que Mgr Roncalli n'appréciât pas la nouvelle version des Psaumes élaborée par l'Institut Biblique dirigé par le Père Bea et promulguée par Pie XII, est démontré par le fait que, devenu Jean XXIII, il la mit au rancart et réintroduisit le texte de saint Jérôme. A ce propos le Père Colosio O.P. raconte : « En juillet 1950 je fus invité à déjeuner à Paris par le Nonce Roncalli, qui pendant bien trois heures consécutives me fascina par une très aimable et très intéressante conversation qui m'enthousiasma beaucoup ; enthousiasme ensuite en partie tombé quand je sus qu'il racontait plus ou moins les mêmes choses à tout le monde. Dans ces circonstances le Nonce eut de dures paroles de réprobation pour les Dominicains français qui dans une de leurs publications avaient critiqué de manière acerbe le latin affecté, livresque, bâtard, ni classique ni chrétien, avec lequel l'Institut Biblique avait traduit le Psautier par ordre de Pie XII. "Ils ne devaient pas le faire pour ne pas chagriner le Pape qui tenait tant à cette version...". Avec faiblesse je me suis permis de dire qu'ils avaient très bien fait ; puisque dans les questions philologiques le fait de plaire ou déplaire au Pape n'a rien à voir. Mais le Nonce en fin de compte partageait l'avis des Dominicains ; au point que, une fois Pape, il ordonna de reprendre l'ancien Psautier, en le corrigeant seulement dans les passages les moins heureux et correspondants le moins au texte hébreu. A ce propos, voici le témoignage explicite de Mgr Marcel Lefebvre dans son livre *Un Evêque parle* (Dominique Martin Morin, Ed. Jarzé 1974, p. 169) : "Jean XXIII... n'aimait pas le nouveau psautier. Il l'a dit ouvertement à la Commission centrale avant le Concile. Il nous l'a dit à nous tous qui étions là : - Oh moi, je ne suis pas pour ce nouveau psautier -". Mais s'il avait été moins diplomate, il aurait dû le dire d'abord à Pie XII lui-même. Par de nombreux indices il me semble que son obéissance aux supérieurs avait été trop servile. Ainsi, certes, en ne le contrariant pas, peut-être même quand il aurait été de son devoir de le faire, il jouissait de cette fameuse pax intérieure et extérieure qui avoisine en partie avec la vie tranquille ». En somme, le cas du nouveau Psautier fut l'un de ceux pour lesquels Roncalli, d'après le Père Colosio, appliqua son mot désabusé : "je me plie, mais je ne me casse pas" ! (Cf. PERE INNOCENZO COLOSIO O.P., Discussioni sulla "hontà" del Papa Giovanni XXIII, in Rassegna di Ascetica e Mistica, Août-Septembre 1975, année XXVI, n° 3, pp. 244-245). Il y a cependant une autre version, celle du secrétaire et biographe du cardinal Bea, Stjepan Schmidt S.J., selon lequel "Jean XXIII ne veut pas retourner à l'"ancien psautier" qui, au contraire, "avait confirmé (...) la charge donnée à l'Institut (Biblique) par Pie XII" et l'avait étendu à "une nouvelle

de la seconde rencontre entre Bea et Jean XXIII) à novembre, on n'a pas remarqué d'autres relations entre les deux. Et même, comme nous l'avons vu (*Sodalitium*, n° 37, XIVème partie), trois encycliques avaient déjà été écrites et, justement au cours de ces six mois, la Commission anté-préparatoire au Concile, dirigée par le cardinal Tardini, avait commencé et bien engagé ses travaux. Et il n'y a pas de trace de la contribution de Bea, contrairement au temps du Pape Pacelli, lequel lui confia, par exemple, un rôle important dans son encyclique sur les études bibliques, *Divino afflante Spiritu*. D'autre part la santé du jésuite de soixante-dix neuf ans déclinait visiblement : non seulement il passa à l'hôpital tout le temps de la maladie mortelle de Pie XII et du couronnement de son successeur (il resta au repos pendant un mois), mais il eut aussi une rechute entre avril et septembre 1959. Ce n'est pas pour rien que son biographe intitule le chapitre relatif à cette période : "Lentement vers un tranquille couchant ?"[639]. Malheureusement (pour l'Église, et aussi pour l'âme de Bea) il avait encore neuf ans à vivre... qui n'eurent rien à voir avec un tranquille couchant !

Bea devient cardinal

Le tranquille couchant fut interrompu par une nouvelle inattendue, arrivée "comme un coup de foudre dans un ciel serein" (Bea)[640] : le Père Bea serait cardinal ! Le 12 novembre 1959, Jean XXIII écrivit au Père Bea : "Par cette lettre Nous vous informons qu'au prochain Consistoire Nous vous mettrons au nombre des Cardinaux du Sacré-Collège de la Sainte Église Romaine, pour vous manifester Notre bienveillance et pour récompenser par cette insigne dignité vos mérites pour l'Église..."[641]. Le 15, Jean XXIII obtient l'accord indispensable du Préposé Général de la Compagnie (les jésuites font vœu de refuser toute

---

traduction latine des lectures bibliques de l'Ancien Testament pour le Bréviaire". Le Père Schmidt avance, pour soutenir cette thèse, la correspondance de Bea de 1959 (cf. op. cit., p. 312 et note 22). Mais il reste alors à expliquer pourquoi, de fait, Jean XXIII réintroduisit l'ancien psautier.

[639] Sur les opinions de Bea à propos du Concile tout juste convoqué, voir le Père Schmidt (op. cit., pp. 313-317). Pour Bea on aurait dû résoudre le "problème" des relations entre État et Église (liberté religieuse ?), donner un plus grand rôle à l'épiscopat (collégialité ?), favoriser la cause de l'union (œcuménisme). Mais, à cette époque, il était encore très prudent sur la réalisation de ses espérances.

[640] Cf. S. SCHMIDT, op. cit., pp. 309-318.

[641] S. SCHMIDT, op. cit., p. 322.

dignité, à moins que le Pape ne leur donne ordre de l'accepter) et le lendemain la nouvelle fut communiquée d'abord à l'intéressé (qui reçut la lettre) et ensuite au public. Le Consistoire se réunit le 14 décembre 1959, durant lequel furent créés huit nouveaux cardinaux ; parmi eux, un professeur de l'"Institut Pontifical Biblique", le Père Bea précisément, et deux anciens élèves : Gustavo Testa, bergamasque comme Jean XXIII [que le Père Schmidt, à la page 322, confond avec Mgr Giacomo Testa, qui n'était qu'évêque] et Albert Meyer. Comme tous les cardinaux, Bea reçut le titre d'une église de Rome (la sienne fut celle de Saint Sabbas)[642] et fut inscrit parmi les membres de plusieurs Congrégations : celle des Rites, celle des Séminaires et des Universités, et la Commission Pontificale Biblique. Significativement, bien qu'il en fut consulteur, il ne fut pas inscrit parmi les membres du Saint-Office. Le cardinal Bea lui-même eut "l'impression qu'au Saint-Office on n'en voulait pas"[643]. "En effet, quatre années passèrent avant que Bea, à l'automne 1963, soit compté parmi les membres de ce dicastère".

Mais pourquoi Jean XXIII donna-t-il la pourpre au Père Bea ?

Certains, déjà alors, pensèrent que Jean XXIII voulut confier à Bea "la direction et la coordination des travaux préparatoires du Concile Œcuménique"[644]. Dans l'immédiat, ceux-ci se trompaient, même s'ils furent prophètes (ou bien informés ?) pour le futur...

En réalité, nous l'avons vu, Jean XXIII ne connaissait presque pas le Père Bea et la décision de le créer cardinal a tout l'aspect d'une distinction pour une carrière brillamment conclue ; un peu comme le titre de général qui se concède aux colonels qui partent en retraite. Selon des témoignages dignes de foi (Schmidt, Capovilla) on voulait récompenser par cette nouvelle dignité un membre de la Compagnie de Jésus, proche de Pie XII, en honorant en Bea le Pontife défunt. Une

---

[642] S. SCHMIDT, op. cit., p. 320.

[643] Comme le fait remarquer SCHMIDT (op. cit., p. 333) le cardinal Bea sera responsable d'une "entreprise vraiment historique" : la "restitution" des reliques de Saint Sabbas, conservées à Venise, à l'"Église Orthodoxe" de Jérusalem, c'est-à-dire à une société d'hérétiques et de schismatiques ! Il s'agit donc d'un acte sacrilège et offensant pour Saint Sabbas, imaginé déjà en 1962 (sous Jean XXIII, donc) et réalisé entre mars et octobre 1965 par le Secrétariat pour l'unité des chrétiens, fondé par Jean XXIII et dirigé par Bea. Le 20 octobre, à Venise, les reliques furent transférées dans l'église "orthodoxe" Saint Georges, et de là partirent le 25 octobre pour être installées à Jérusalem le 26. Le don servit aussi, "providentiellement", à faire mieux digérer aux orientaux, catholiques et "orthodoxes", la déclaration conciliaire sur les juifs, *Nostra Ætate*, à laquelle ils s'opposaient farouchement, qui fut approuvée précisément ce 28 octobre (cf. AGOSTINO BEA, L'Ecumenismo nel Concilio, Bompiani éd., Milan 1968, pp. 220-223 et note 6, p. 223).

[644] S. SCHMIDT, op. cit., p. 329.

sorte d'hommage posthume à l'"ancien régime". On pensait ensuite au renouvellement de la Commission Biblique, et Bea, un exégète, était la personne qui convenait. Pas de trace d'un intérêt spécial à Bea en vue de la préparation au Concile, encore aux mains de Tardini. En somme, Bea était considéré un peu comme "un petit vieux qui ne représentait plus rien" et le cardinalat comme "une récompense bien méritée dans le cadre d'une tranquille vieillesse"[645]. Mais Jean XXIII ne tardera pas à s'apercevoir des "qualités" de son petit vieux, "qualités" qui étaient à l'époque bien remarquées dans les cercles œcuménistes, qui se réjouirent à juste titre de la promotion : **"sans Bea le Pape Jean n'aurait probablement pas eu le Concile qu'il souhaitait"**[646]. (Entre autres - soit dit en passant - le cardinalat guérit Bea de toutes ses maladies !).

Les espérances des ennemis de l'Église

Si l'élévation au cardinalat de Bea laissa indifférents les milieux romains (sauf un peu d'inquiétude au Saint-Office, comme nous l'avons vu), elle ne manqua pas de réjouir les allemands et... les israéliens ! "Le président du Congrès Mondial Juif envoyait un télégramme au Préposé Général de l'Ordre, souhaitant que la nomination de Bea contribuerait au renforcement de l'Église, dont la prospérité, en ces temps orageux, tenait à cœur à tous les hommes de bonne volonté" ! « De Suisse on demandait, toujours de la part des juifs, par personne interposée, s'il n'était pas possible que Jean XXIII, en plus de la convocation du Concile, "convoquât en une réunion commune les fidèles de l'Ancien et du Nouveau Testament" »[647]. Il est vraiment étrange que les juifs connurent Bea encore mieux que Jean XXIII et dirigèrent sur lui leurs espérances quand ils affirment que Bea "avant qu'il devînt cardinal n'avait pas eu de contacts avec les juifs et n'avait pas manifesté un intérêt spécial pour le judaïsme postérieur au Christ"[648]. Si nous devions considérer comme bonne cette version, quel fut alors le motif pour lequel les juifs faisaient confiance à ce nouveau pourpré ? Eux-mêmes le disent : "Il y a pourtant, semble-t-il, une manière (...) de voir la

---

[645] Lettre à Bea de 1959 ; cf. S. SCHMIDT, op. cit., p. 327.
[646] S. SCHMIDT, op. cit., p. 336.
[647] PETER HEBBLETHWAITE. Jean XXIII. Le Pape du Concile. Ed. du Centurion, 1988, p. 414.
[648] S. SCHMIDT, op. cit., p. 331. Les préoccupations du Congrès Mondial Juif pour la prospérité de l'Église Catholique sont vraiment touchantes... !

préparation d'Augustin Bea à la découverte du judaïsme. Là, deux éléments sont décisifs : la Bible et l'œcuménisme" (14). Laissons de côté la Bible, et portons toute notre attention sur l'œcuménisme. Les organisations juives savaient que le prudent et discret cardinal était en réalité un œcuméniste, et savaient que **l'œcuménisme travaillait en faveur du judaïsme** ; Mgr Arrighi ne l'avait-il pas dit ? "Quand vous devenez œcuménique, il faut y englober tout le monde"[649]. Même les juifs. "Œcuménique", Bea l'était certainement, et ses amis comptaient sur lui maintenant que le cardinalat lui ouvrait grand les portes : notre vieille connaissance[650], « l'archevêque de Paderborn, écrivait à Bea : "je suis particulièrement heureux (de la nomination), avec référence à la préparation du prochain Concile et à la cause de l'union dans la foi. Or vous pourrez plus efficacement élever la voix pour conseiller et pour contribuer à ce que cette cause avance vers sa réalisation". Une autre personnalité de l'Allemagne Fédérale ajoutait : "Je suis l'un de ceux qui se réjouissent le plus de votre nomination. Depuis longtemps je prie le Seigneur de mettre aux côtés du pape Jean, dans ses efforts en faveur de la réunion de la chrétienté séparée, les bons collaborateurs. Or le Saint-Père a appelé Votre Éminence pour l'aider dans cette œuvre difficile. Nous savons combien cette cause lui tenait à cœur depuis de nombreuses années" » (14). Le même Bea se montra prêt à être comme le représentant en haut lieu des instances œcuménistes, le déclarant, selon Mgr Willebrands, « à Jean XXIII lui-même : "Je me réjouis de l'élection - lui dit Bea - surtout parce que, avec l'autorité et la responsabilité qui me sont confiées, je voudrais œuvrer pour la grande cause de l'union des chrétiens"[651]. Donc, jusqu'au moment de l'élection au cardinalat de Bea, Jean XXIII fut mis par lui-même au courant de ses propensions en faveur de l'œcuménisme ; on ne peut pas dire, donc, qu'il ne fut pas au courant...

D'autre part, les premiers actes publiques du pourtant prudent cardinal ne manquèrent pas de manifester, plus clairement que dans le passé, sa position. Dans la polémique entre l'Université du Latran et l'Institut Biblique, dont nous avons déjà parlé[652], il prit naturellement parti pour l'Institut dont il avait été le recteur, en écrivant "une

---

[649] Sidic (Service international de documentation judéo-chrétienne) Via Garibaldi, 28. Rome. Numéro spécial 1969. L'architecte de *Nostra Ætate*, p. 7.
[650] Cf. Sodalitium, n° 38, p. 61.
[651] Cf. Sodalitium, n° 38, p. 62.
[652] S. SCHMIDT, op. cit., p. 332. Sur le cardinal Bea reposaient aussi les espérances des partisans du "Mouvement de Schönstatt" et des adeptes "du renouveau et de la réforme liturgique" (Cf. S. SCHMIDT, op. cit., p. 331).

énergique" lettre à celui du Latran, « lui faisant remarquer que le Biblicum était un Institut "Pontifical" en tout état de cause »[653]. Il savait pouvoir compter sur Jean XXIII dans cette affaire. De la même manière, il confirma la politique johannique d'ouverture à gauche, dont nous parlerons ensuite, avec une homélie qui fut comprise "par l'opinion publique comme une implicite rectification" à celle dans laquelle le cardinal Ottaviani, au même endroit, deux mois avant, avait violemment dénoncé le président de la république italienne, Gronchi, pour son intention de se rendre à Moscou[654]. Mais sans doute, le projet plus important achevé par le nouveau cardinal avec l'appui indispensable de Jean XXIII, fut la création du Secrétariat pour l'unité des chrétiens...

Le projet œcuméniste de Bea et Jaeger (mai-décembre 1959)...

Comment arriva-t-on à la création du tout nouveau Secrétariat pour l'unité des chrétiens ? "Tout le monde croira (...), jusqu'en 1984, que le plan présenté par Bea au pape dans une lettre du 11 mars 1960 était une émanation spontanée de Paderborn"[655]. Mgr Jaeger aurait eu la brillante idée, aurait envoyé une supplique au Saint-Siège par l'intermédiaire du cardinal Bea, et celui-ci, touché, l'aurait transmise à Jean XXIII accompagnée de sa lettre d'approbation... En réalité, les deux, Jaeger et Bea, pensaient au projet déjà "six mois avant l'annonce de son cardinalat"[656], c'est-à-dire aux environs de mai 1959, et donc bien dix mois avant la lettre de Bea à Jean XXIII ! On comprend maintenant pourquoi à Paderborn "c'est comme si l'annonce du Concile par le pape Jean était attendue depuis longtemps, sinon prévue"[657] ! Un incident arrivé à Rhodes, durant la réunion du Comité Central du Conseil Œcuménique des Églises (août 1959), convainquit les deux prélats allemands de passer à l'action en concrétisant leur projet[658]. Ainsi, le huit novembre 1959, Jaeger écrivit-il à Bea : "Le Vatican devrait (...) créer un bureau d'experts avec en annexe un bureau de presse". Pour l'heure l'archevêque de Paderborn se contentait de peu de chose. Mais,

---

[653] Cf. Sodalitium, n° 35, pp. 14-16.
[654] S. SCHMIDT, op. cit., p. 339, note 21.
[655] Pour tout l'épisode, voir S. SCHMIDT op. cit., pp. 338-339.
[656] P. HEBBLETHWAITE, op. cit., p. 414.
[657] S. SCHMIDT, op. cit., p. 342.
[658] P. HEBBLETHWAITE, op. cit., p. 411.

entre-temps, Bea avait reçu l'annonce de sa nomination cardinalice ! Le 30 novembre il pouvait répondre à son ami, en représentant quelque chose de plus qu'un simple bureau d'experts : "La chose la plus importante - écrivit-il - est certainement que le mouvement œcuménique ait quelqu'un qui le représente à Rome. Dès que les fêtes seront passées, j'en parlerai directement au Saint-Père. Comme à l'époque s'était créée une Commission *pro Russia*, de même maintenant on pourrait en créer une *pro motione œcumenica*". Mais, précisément, comment aurait réagi le "Saint-Père" ?

...et les premières réactions de Jean XXIII

"Nous nous sommes parfaitement compris" annonça triomphant le cardinal Bea à la sortie de l'audience avec Jean XXIII, le 9 janvier 1960, en s'adressant à son secrétaire, le P. Schmidt. Il ne fit pas d'autre confidence[659], mais le collaborateur du vieux jésuite comprit alors que c'était chose faite : "Je pense - écrit le P. Schmidt - qu'à partir de ce moment naquit entre les deux hommes de Dieu une entente et une confiance qui ensuite ne fera que croître et qui assurera au futur Secrétariat un vigoureux appui de la part du Pape, sans lequel il aurait eu un chemin bien moins rapide"[660]. (Encore une fois se vérifie l'adage : "Dis-moi qui tu hantes, je te dirai qui tu es"). Bea sonda le terrain et le trouva propice : il pouvait passer ainsi, fort de la sympathie de Roncalli, à la seconde partie du plan, déjà prévue avant la fatidique audience. En effet, le 1er janvier 1960, le cardinal avait écrit au directeur de l'Institut Johann-Adam Möhler de Paderborn[661], Mgr Stakemeier, pour lui proposer son plan : l'Institut aurait dû envoyer à Bea une instance formelle de création d'une Commission pour le mouvement

---

[659] Le zèle œcuméniste trahit, à cette occasion, le futur cardinal Willebrands et son collaborateur, le Père Christophe Dumont, O.P. Présents à Rhodes comme "journalistes" (l'Église catholique leur interdisait de participer à ces réunions œcuméniques de manière officielle), ils firent des avances... œcuméniques à des théologiens "orthodoxes". Pris sur le fait, ils furent accusés de prosélytisme, et une réunion catholico-orthodoxe qui aurait dû se tenir à Venise fut supprimée par dépit. Nos héros attribuèrent le fait non à l'esprit anticatholique du Conseil Œcuménique des Églises, mais au fait qu'ils agissaient à titre personnel, sans appuis et couvertures dans l'Église. D'où, le désir de la création d'une Commission catholique qui consacrerait officiellement l'œcuménisme et les nommeraient plénipotentiaires catholiques dans les réunions panchrétiennes.
[660] S. SCHMIDT, op. cit., p. 347.
[661] Sur l'Institut J.A. Möhler, cf. Sodalitium, n° 38, p. 63. L'organisation œcuménique avait été créée en 1952 par Mgr Jaeger sur conseil de Bea.

œcuménique ; lui l'aurait appuyé et transmise au Pape ; entre-temps il lui en aurait parlé à la première occasion (probablement il le fit déjà le 9 janvier suivant)[662]. Fort de la compréhension et de l'encouragement de Roncalli, Bea se mit au travail, corrigea le projet de Paderborn et rassura Stakemeier, par une lettre du 20 janvier : **"Le Saint-Père sait que je m'occupe de la question œcuménique, et en est très content"**[663]. Là-dessus aucun doute : Jean XXIII voyait dans le projet-Bea la réalisation de ses propres désirs pour le Concile qu'il avait convoqué. Mais... et la Curie ? Et le Saint-Office ? Et les cardinaux non œcuménistes ? Que diraient-ils ? Bea les connaissait bien. Ils devaient s'apercevoir du danger le plus tard possible. Il revient sur le projet qu'il avait demandé à l'Institut Möhler et le corrige à nouveau. Voilà les astuces du cardinal Bea ("Bea, le jésuite, est jésuitique"[664] écrit, malicieusement, l'ex-jésuite Hebblethwaite) : « J'ai tenu compte - écrit-il - de l'expérience que j'ai acquise au cours des années dans les Congrégations romaines et à leur contact, pour éviter toute chose qui puisse heurter ou susciter des critiques. Ainsi j'ai... omis exprès de déterminer plus précisément les finalités et les charges de la Commission, pour ne pas irriter la susceptibilité des autres organes et créer des difficultés au projet... Après une longue réflexion, j'ai formulé le nom de manière à ne pas employer le terme "œcuménique"[665],

---

[662] « "La question d'une Commission pour le mouvement œcuménique m'a été posée de différents côtés. La meilleure chose sera probablement de les affronter en liaison avec les commissions théologiques (!) conciliaires, mais celles-ci n'ont pas été encore formées. Je profiterai d'une prochaine occasion favorable pour en parler aussi au Saint-Père. Ne serait-il pas utile que précisément l'Institut Möhler, si compétent en la matière, en fit une demande formelle, la motivant explicitement par l'importance de la chose ?". Et il ajoute : "S'il n'en a pas fait le projet, je l'examinerai bien volontiers et, s'il le faut, je le compléterai... Ensuite, il pourra m'envoyer l'original de la demande. J'y ajouterai mon avis et la transmettrai à qui de droit" » (lettre de Bea à Stakemeier, 1er janvier 1960, in SCHMIDT, op. cit., p. 343).

[663] "Certainement que depuis longtemps vous attendez de ravoir votre instance concernant l'institution ici à Rome d'une *Commissio Pontificia de re œcumenica* (je l'appellerai ainsi). J'ai examiné à fond le projet... et j'ai proposé plusieurs changements, ajouts et suppressions. Entre-temps, j'en ai parlé aussi avec Mgr Höfer, qui s'y est intéressé autant que moi... Naturellement, la demande doit être adressée au Saint-Père lui-même, à qui je la ferai parvenir avec mon avis. Le Saint-Père sait que je m'occupe de la question œcuménique et il en est très satisfait" (lettre de Bea à Stakemeier, du 20 janvier 1960, in SCHMIDT, op. cit., p. 343).

[664] R HEBBLETHWAITE, op. cit., p. 417.

[665] Nous avons vu que Bea projetait de l'appeler "commission *pro motione œcumenica*" le 30 novembre 1959, et "Commission Pontificale pour l'œcuménisme" le 20 janvier 1960. Maintenant (28 février) l'intitulé devient "Commission Pontificale pour promouvoir l'unité des chrétiens". Jean XXIII la transformera en un "Secrétariat".

puisque les discussions en relation avec le Conseil [Œcuménique des Églises] ont démontré qu'il avait été compris de différentes manières. Le titre actuel *pro unitate christianorum promovenda* se fonde... sur l'article 381 du Synode Romain de 1960, où il est dit : "*baptismo homo... generali titulo christiani in Mystico Corpore membrum efficitur Christi sacerdotis...*"[666]. Dans la formulation actuelle, le titre évite la question du "retour" et choses semblables » et il ajouta : « ...L'important est que tout soit exprimé de manière à convaincre »[667]. Habilement, Bea évitait de prononcer le mot "œcuménisme", trop manifestement lié à la conception protestante des rapports entre les "chrétiens", mais aussi de parler de "retour des non-catholiques au sein de l'Église", selon la conception catholique classique de ces rapports. "Paderborn n'apporta aucun changement. Jaeger fit sien le projet"[668] réécrit par Bea, en y mettant seulement sa signature et en le renvoyant à Bea le 4 mars, à son nom et à celui de l'Institut Möhler. La demande "spontanée" (!) rappelait le travail accompli jusqu'alors par les œcuménistes (l'Institut Möhler de Paderborn, la Conférence Catholique pour les questions œcuméniques dirigée par Mgr Willebrands, un Centre de Paris, le monastère de Chevetogne en Belgique, l'Association Unitas de Rome...) et souhaitait une coordination de toutes ces activités de la part d'une "Commission Pontificale pour promouvoir l'unité des chrétiens" dont l'institution aurait réjoui les catholiques (!) mais aussi les protestants de bonne volonté. Bea transmit la supplique à Jean XXIII le 11 mars 1960, en l'accompagnant de sa lettre de présentation. Bea y écrivait : "Le mouvement œcuménique, tant parmi les catholiques que les non-catholiques, a pris aujourd'hui de telles dimensions que l'Église ne peut s'en désintéresser (...). La question devient encore plus importante en vue du Concile Œcuménique imminent si heureusement annoncé par Votre Sainteté". Enfin, Bea exprima l'opinion que la Commission aurait eu comme charge aussi celle d'examiner les points de vue "du côté protestant", concernant l'Église et le Concile. "A remarquer - écrit Schmidt - comment, en comparaison avec la supplique, ici l'horizon s'est notablement élargi sur tout le mouvement œcuménique et de manière particulière sur ce que pensent et font les

---

[666] "Par le baptême, l'homme... devient dans le Corps Mystique, à titre général de chrétien, membre du Christ Prêtre".
[667] S. SCHMIDT, op. cit., p. 343.
[668] S. SCHMIDT, op. cit., p. 345 et note 41.

autres chrétiens"⁶⁶⁹. Vraiment, avec Jean XXIII, le cardinal Bea pouvait parler ouvertement...

La nomination la plus importante du pontificat (14 mars 1960)

En effet, « la réaction du Pape à la supplique fut positive et étonnamment rapide. Le Cardinal [Bea] écrivit plus tard : "La supplique fut transmise avec ma lettre du 11 mars. Deux jours plus tard, le Pape me fit savoir son accord de principe et le désir d'en discuter les détails ultérieurs, ce qui arriva en effet durant l'audience que j'eus ce jour-là" ». Jean XXIII "avait tout lu" et "était d'accord". Le 12 mars il consulta à ce sujet le cardinal secrétaire d'État, Tardini. Il semble que Jean XXIII n'ait pas rencontré d'objections, pas même "à la désignation du cardinal Bea à la présidence du nouvel organisme" (Mgr Capovilla). Même, Capovilla témoigne que Tardini aurait observé : "Oui, c'est un homme tranquille qui ne nous créera pas de difficultés". Vraiment, on reste déconcertés en face de l'ingénuité des bons ! La voie étant libre, Jean XXIII convoqua Bea le dimanche 13 mars, et le soir nota : "...Ce matin j'ai reçu *in privatis* le Cardinal Bea à qui j'ai confié la charge de préparer, comme chef nommé par moi, une Commission *pro unione christianorum promovenda*". Enfin, au bas de la lettre du cardinal Bea, Jean XXIII écrivit : "On s'est mis d'accord avec le Cardinal Secrétaire d'État et avec le Cardinal Bea (12-13 mars). Que l'on fasse comme il est proposé. Que le Cardinal Bea soit Président de la Commission Pontificale proposée, qu'il réponde et prenne contact avec l'évêque de Paderborn. On prépare tout. Mais quant à une publication officielle on attend après Pâques, en se conformant aux autres Commissions qui seront nommées sur les différents sujets du Concile... *Ita. Die XIV martii 1960. Jo. XXIII*". Hebblethwaite commente : "*Ita.*, écrit Jean, oui, qu'il en soit ainsi. Réalise-t-il qu'il vient de procéder à la nomination la

---

⁶⁶⁹ S. SCHMIDT, op. cit., pp. 345-346, et note 43 à la page 346. Pour ce qui concerne le cardinal Tardini, il est cependant probable que son approbation du projet de Bea et de Jean XXIII fut plus extérieure qu'intérieure. "Le 16 mars", c'est-à-dire seulement quatre jours après avoir été consulté à ce sujet, il déclara à la presse : "Quand quelqu'un comprend ne plus pouvoir être utile, il s'en va". Une fatigue, celle de Tardini, qui n'était pas seulement physique, selon le commentaire de GIANCARLO ZIZOLA, in : Giovanni XXIII. La fede e la politica, Laterza, Rome-Bari 1988, p. 125. Tardini mourut le 30 juillet 1961.

plus importante de son pontificat ?"⁶⁷⁰. Bea lui-même fait comprendre que Jean XXIII s'en rendait compte : « "Cette rapidité de décision semble indiquer comment le Pape ait essayé peut-être depuis l'annonce du Concile une manière par laquelle concrétiser la finalité œcuménique qu'il avait assignée au Concile et qu'il ait vu dans la proposition de constituer un organisme spécial la voie providentielle à ce but". Le secrétaire particulier de Jean XXIII [Capovilla] nous révèle encore un autre aspect, tout surnaturel [sic], de la rapide décision du Pape, quand il écrit : "Devant la proposition qui répondait concrètement à l'appel contenu dans l'annonce du Concile... le Pape éprouva un grand bonheur, comme s'il avait reçu un nouveau signe du ciel, d'autant plus agréable qu'il provenait d'un Pays où catholiques et protestants avaient déjà commencé à mettre en pratique **la norme évangélique [! ! !] de la tolérance**... Le projet lui était transmis par un cardinal jésuite qu'il appréciait beaucoup" » Cl. Jaeger et Bea n'abusèrent donc pas Jean XXIII, mais lui donnèrent l'opportunité de réaliser le Concile comme lui, et non comme la Curie, le rêvait. Et de fait, quand encore les Commissions théologiques préparatoires au Concile n'étaient pas encore nées, déjà vagissait, dernière née, celle de Bea ! La Commission pour promouvoir l'unité des chrétiens aurait eu, donc, son rôle à jouer dans la préparation du Concile et, par la suite, dans son déroulement, à côté et en concurrence avec les autres Commissions. Mais, à partir de l'audience au cardinal Bea du 13 mars, Jean XXIII garantissait au nouvel organisme la survivance au Concile même : il "précisait penser pour le moment à un organisme au service du Concile. A le rendre organe stable de la Curie romaine, on y penserait plus tard"⁶⁷¹.

La "théologie du baptême", fondement du Secrétariat pour l'unité des chrétiens

Tandis que le cardinal Tardini et la Curie romaine préparaient les Commissions préparatoires au Concile Vatican II, le cardinal Bea, de son côté, sur ordre de Jean XXIII, rédigeait le Statut du nouvel organisme "pour promouvoir l'unité des chrétiens".

Un premier changement, par rapport au projet initial, consista dans le changement du nom même de la nouvelle entité, qui de Commission devenait Secrétariat. « Le changement - écrit le Père Schmidt - fut

---

⁶⁷⁰ P. HEBBLETHWAITE, op. cit., p. 414. C'est en tout cas l'avis d'Hebblethwaite.
⁶⁷¹ S. SCHMIDT, op. cit., pp. 346-347.

entièrement dû à l'initiative personnelle du Pape. Le Cardinal le rapporta dans un article de 1965, intitulé *Le Secrétariat pour l'unité de chrétiens*. Quelques semaines plus tard (après l'audience du 13 mars), après une réunion de la Sacrée Congrégation des Rites tenue en présence du Saint-Père, il m'appela pour me dire qu'il croyait préférable que le nouvel organisme, au lieu de "Commission", s'appelât "Secrétariat" : ainsi, disait-il, il pourrait se mouvoir plus librement dans le domaine plutôt nouveau et insolite qui lui est assigné. Je dois dire que dans cet article le Cardinal a complété pas mal de paroles du Pape. Je me souviens que dans nos conversations il me rapportait ceci : "Les Commissions ont leur tradition. Appelons le nouvel organisme Secrétariat, ainsi vous ne serez liés à aucune tradition, vous serez plus libres" »[672]. De ces paroles, et les faits le démontrèrent, il semble évident que le passage de Commission à Secrétariat ne fut pas un déclassement pour l'organisme œcuménique (comme le soutinrent ensuite les éléments "conservateurs mais **une mesure tactique de Jean XXIII pour donner la voie libre au cardinal Bea et à ses projets révolutionnaires.**

Le travail pour l'élaboration des Statuts du nouvel organisme dura un mois et demi, c'est-à-dire jusqu'au 23 avril 1960. Dans les statuts, "l'indication de la base théologique du nom de la nouvelle Commission est remarquable", appelée par la suite, comme nous l'avons déjà vu, Secrétariat. Commission ou Secrétariat *"ad unitatem christianorum fovendam"*... « En parlant d'unité des chrétiens - écrit encore Schmidt - on fait allusion au canon 87 du Code de Droit Canonique et à l'article

---

[672] S. SCHMIDT, op. cit., p. 348. Le Père STRANSKI, dans un article publié sur le numéro spécial de Sidic déjà cité, affirme la même chose : "En mai, Jean XXIII informa le cardinal qu'il serait préférable d'appeler le nouvel organisme secrétariat plutôt que commission. La décision n'était pas fondée sur l'importance respective des deux organisations. Mais puisque le secrétariat - pensait-il - allait se trouver dans un domaine complètement nouveau et inconnu, et par conséquent exposé à la critique, il était important qu'il soit maintenu indépendant des procédures traditionnelles de la Curie romaine. Celles-ci ne lui seraient probablement d'aucune aide, et pourraient être, au contraire, une entrave à ses activités. C'est précisément cette liberté d'action qui laissait au Secrétariat la porte ouverte pour s'occuper des rapports judéo-catholiques au Concile. Jean XXIII était persuadé que le savant bibliste était l'homme le plus compétent pour prendre en mains la question, et son Secrétariat le seul organisme préparatoire du Concile qui pouvait jouir d'une certaine liberté de manœuvre" (article Deux pionniers. Le Pape Jean XXIII et le cardinal Bea, le Secrétariat et les juifs, op. cit., p. 3). Le Père Stransky est certainement la personne adéquate pour s'occuper des rapports judéo-chrétiens, en tant que prêtre d'un côté, et que juif de l'autre (cf. SAMUELE SCHAERF, I cognomi degli ebrei d'Italia, Ed. Israel, Florence 1925, p. 28).

372 de la "Constitution du premier Synode Romain"[673]. Or, le canon précité dit : "Dans l'Église du Christ, c'est le sacrement de baptême qui fait acquérir à un homme la personnalité chrétienne, qui lui donne tous les droits et lui impose tous les devoirs propres aux chrétiens, sauf si la jouissance des droits est empêchée par une cause". L'article du Synode Romain, au contraire, en s'inspirant de l'encyclique *Mediator Dei* de Pie XII, affirmait : "Avec le baptême, par le titre général de chrétien, l'homme devient membre du Corps Mystique du Christ Prêtre". Ainsi le Cardinal anticipe ici l'une de ses grandes contributions à l'œcuménisme, celle concernant **la "théologie du baptême",** un thème qu'il élabora et proposa au grand public de l'Église comme peut-être personne d'autre »[674]. Je m'excuse auprès du lecteur si à ce point j'insère une digression sur la "théologie du baptême" inventée par le

---

[673] Je rappelle au lecteur que le Synode Romain fut annoncé par Jean XXIII au Concile Vatican II en même temps que la révision du Code de Droit Canonique. Il eut lieu avant le Concile et devait en être une répétition générale. Ses documents, en eux-mêmes valides pour le seul diocèse de Rome, considérés par Jean XXIII lui-même (allocution du 29 juin 1960) comme "un acte préfiguratif et une réalisation anticipée" du Concile, furent promulgués les 25, 26 et 27 janvier 1960. "Dans tous les ordres de la vie de l'Église (...) le Synode proposait une vigoureuse restauration" - écrit Romano Amerio - c'est pourquoi " (...) il n'est personne qui ne voie qu'une telle réintégration massive de la discipline [ancienne] voulue par le Synode fut contredite et démentie par le Concile presque en chaque article. De la sorte, le Synode Romain, qui aurait dit être la préfiguration et la norme du Concile, dégringola en quelques années dans l'Erèbe de l'oubli : c'est vraiment *tamquam non fuerit*, comme s'il n'eût jamais existé. Pour donner un échantillon de cet anéantissement, je ferai remarquer qu'ayant cherché dans des Curies et des archives diocésaines les textes du Synode Romain, je ne les y ai point trouvés, et ai dû les emprunter à des bibliothèques publiques civiles". (Pour l'exposition et le commentaire du Synode Romain voir, précisément, l'ouvrage de ROMANO AMERIO, *Iota Unum*, Nouvelles Editions Latines, Paris 1987, § 31, pp. 53-55). D'après Amerio, le Synode est donc un exemple "de l'aboutissement paradoxal du Concile au regard de sa préparation", c'est-à-dire du comment le Concile trahit et dénatura les attentes de ceux qui l'avaient préparé. Cette interprétation, certainement valable pour les attentes de la Curie romaine, est probablement à corriger pour celles de Jean XXIII qui, pour le moins, ne sont pas cohérentes. Et le même Synode Romain Ier est-il ensuite si univoquement restaurateur, si le cardinal Bea y trouve le fondement de sa théologie œcuménique ? Parfois une seule goutte de venin détruit le meilleur plat...
[674] S. SCHMIDT, op. cit., pp. 347-348. Naturellement, Bea s'appuie tout à fait abusivement sur le Code de Droit Canonique et sur Pie XII. Celui-ci, dans l'encyclique *Mystici Corporis* dément l'interprétation que Bea donne de *Mediator Dei*. Quant au Code (de 1917) Bea ampute le canon 87 de sa dernière partie : "...Néanmoins la jouissance des droits est empêchée par toute cause qui rompt le lien de la communion ecclésiastique, ou par une censure de l'Église" ! Aux hérétiques et aux excommuniés est enlevé tout droit : seuls restent les devoirs. Comme, par exemple, le déserteur est considéré expulsé de l'armée, mais cependant toujours punissable par les autorités militaires (l'hérétique n'est pas membre mais est cependant toujours sujet de l'Église).

cardinal Bea. Il ne me semble pas m'écarter du sujet. Cette théorie, en effet, est à la base de ce Secrétariat pour l'unité des chrétiens approuvé et créé par Jean XXIII. Par cette approbation, il se rendit coresponsable de l'erreur qui fondait doctrinalement cet organisme et qui se retrouve dans les textes conciliaires[675].

Précisons surtout le rôle de cette "théologie du baptême". Elle est mise comme fondement du Secrétariat pour l'unité des chrétiens mais elle n'est pas le fondement des erreurs des œcuménistes. Il s'agit seulement, nous le verrons, d'un de leurs sophismes (un argument faux apparemment vrai) pour porter atteinte à ces points de la doctrine catholique incompatibles avec l'œcuménisme. Elle n'est pas une fin, mais un moyen.

Précisons ensuite le champ d'application de la "théologie du baptême" défendue par Bea : l'ecclésiologie, ou doctrine sur l'Église. **Les œcuménistes ont une idée nouvelle de l'Église** ; la "théologie du baptême" sera un instrument sophistique pour la réaliser. Plus précisément, cette théorie intéresse la question vitale (pour le salut éternel, puisque "hors de l'Église point de salut")[676] de l'appartenance à l'Église.

Présentons ensuite les thèses opposées. Pour les catholiques, tous les non-catholiques, même s'ils sont baptisés validement, ne font pas partie de l'Église. Pour les œcuménistes (Bea, Jean XXIII, Vatican II), les non-catholiques, au moins s'ils sont baptisés, font partie, d'une certaine manière, de l'Église. Les deux thèses, comme on le voit, sont contradictoires.

Voici la doctrine catholique, admirablement résumée par Pie XII : "En réalité, il ne faut compter comme membres de l'Église que ceux qui ont reçu le bain de la régénération et qui, professant la vraie foi, n'ont pas eu le malheur de se séparer d'eux-mêmes de l'ensemble de ce Corps, et n'en ont pas davantage été séparés par l'autorité légitime en

---

[675] La "théologie du baptême" a eu une telle influence que non seulement elle est devenue doctrine conciliaire, mais elle a été soutenue même par certains des catholiques qui s'opposent à Vatican II. Moi-même j'ai entendu de mes propres oreilles un représentant bien connu "sédévacantiste", aujourd'hui décédé, s'appuyer abusivement, comme le cardinal Bea, sur le canon 87 du Code de Droit Canonique pour soutenir que les "Orthodoxes" font eux aussi partie du Corps Mystique du Christ et, par conséquent, de l'Église.

[676] Cf. : St Cyprien, ep. 73 ad Iubaianum, DS. 575 (XVI Concile de Tolède), DS 792 (Innocent III, abjuration imposée aux Vaudois), DS. 802 (Concile du Latran IV), DS. 870 (Boniface VIII), DS. 1191 (Concile de Constance), 1351 (Concile de Florence), DS. 2730 s. (Grégoire XVI), DS. 2865, 2867, 2917, 2998 (Pie IX), 3304 (Léon XIII), 3821 s. (Pie XII, *Mystici Corporis*), DS. 3866 s. (Saint-Office, à l'évêque de Boston).

raison de fautes graves"[677]. Cette doctrine, comme l'admet le Père Schmidt, est un "problème"[678] pour les œcuménistes. Il ne suffit pas d'être baptisés pour faire partie du "Corps Mystique du Christ qui est l'Église" (Pie XII, *Mystici Corporis*, DS. 3809). **Il est nécessaire aussi de professer la vraie foi (la foi catholique)**, de ne pas se séparer de soi-même par l'apostasie, l'hérésie ou le schisme, ou de ne pas avoir été séparés par l'autorité légitime par l'excommunication. Apostats, hérétiques, schismatiques et excommuniés (*vitandi*) ne font pas partie du Corps Mystique du Christ, ne font pas partie de l'Église.

Voyons maintenant le sophisme mis en acte par Bea pour surmonter le "problème". D'abord, quelles sont les "origines de la pensée du cardinal à ce sujet" ?[679]. Le Père Schmidt nous présente deux "maîtres" de Bea : le Monseigneur de Paderborn, Josef Höfer, et "le célèbre pasteur luthérien R. Baumann, qui visita le Père Bea en 1956"[680] Une doctrine d'origine œcuménico-protestante, donc, totalement inconnue à l'Église Catholique. « Le cardinal Willebrands fait remarquer combien les relatives explications du président du Secrétariat constituèrent, à ce moment, une authentique nouveauté : "La pensée du baptême commun et de ses conséquences œcuméniques est devenue, aujourd'hui, notre patrimoine naturel. Alors, les choses étaient bien différentes. Un savant théologien romain - non italien - déclarait publiquement que **les relatives explications de Bea étaient absolument insoutenables**" ». Ce théologien, révèle dans une note le Père Schmidt, était le Père Sébastien Tromp S.J., secrétaire de la Commission théologique dans la phase préparatoire et au Concile, et même, ce qui est encore plus intéressant, théologien inspirateur de Pie XII précisément pour l'encyclique *Mystici Corporis* !

Pour soutenir cette **doctrine insoutenable** Bea prit « comme point de départ différentes déclarations du Pape Jean XXIII, en particulier un passage de l'encyclique-programme *Ad Petri cathedram*, dans laquelle le Pape désignait les autres chrétiens comme des fils et des frères : "Permettez que avec un ardent désir je vous appelle frères et fils (...)" », et aussi le discours à la commission préparatoire du 13 novembre

---

[677] AAS, 35 (1943), 202 s. ; Denz. 2286, Denz : Sch. 3802.
[678] S. SCHMIDT, op. cit., p. 434.
[679] S. Schmidt, op. cit., p. 436.
[680] L.c. ; Baumann « écrit lui avoir continuellement suggéré : "Ne vous adressez pas à nous comme à des païens, des juifs ou des musulmans, mais comme à des personnes baptisées au nom du Dieu Unique en trois Personnes, c'est-à-dire en tenant compte du baptême. (...) Le baptisé est une personne dans l'Église. Ce qui manque à nous non-catholiques doit être expliqué dans le cadre de la communion baptismale déjà existante, sous l'autorité de la Parole de Dieu".

1960[681]. Il en concluait, faisant dire à Pie XII ce qu'il n'avait pas dit : "L'encyclique *Mystici Corporis* nie l'appartenance des hérétiques et des schismatiques au Corps Mystique, qui est l'Église, seulement dans ce sens plénier selon lequel on le dit des catholiques, c'est-à-dire elle nie la pleine participation à la vie que le Christ communique à son Église, et à l'Esprit divin du Christ qui anime et vivifie l'Église... Mais l'encyclique n'exclut pas complètement toute appartenance à l'Église et tout influence de la grâce du Christ. (...) L'Esprit-Saint opère d'une manière spéciale et abondamment aussi en eux, bien que, nous l'avons dit, pas d'une manière aussi pleine que dans les membres visiblement unis à l'Église Catholique"[682]. Cette doctrine a été reçue par Vatican II[683] :

"Avec ceux qui, étant baptisés, portent le beau nom de chrétiens sans professer pourtant intégralement la foi ou sans garder l'unité de la communion sous le Successeur de Pierre, l'Église se sait unie pour de multiples raisons. (...) A cela s'ajoute la communion dans la prière et dans les autres bienfaits spirituels, bien mieux, une véritable union dans l'Esprit Saint, qui, par ses dons et ses grâces, opère en eux aussi son action sanctifiante et dont la force a permis à certains d'entre eux d'aller jusqu'à verser leur sang". (Constitution dogmatique sur l'Église *Lumen Gentium*, n° 15).

"Ceux qui naissent aujourd'hui dans de telles communautés [séparées], et qui vivent de la foi au Christ, ne peuvent être accusés de péché de division, et l'Église Catholique les entoure de respect fraternel et de charité. En effet, ceux qui croient au Christ et qui ont reçu validement le baptême, se trouvent dans une certaine communion, bien qu'imparfaite, avec l'Église Catholique. (...) Justifiés par la foi reçue au baptême, incorporés au Christ, ils portent à juste titre le nom de chrétiens, et les fils de l'Église Catholique les reconnaissent à bon droit comme des frères dans le Seigneur. (...) En conséquence, ces Églises et communautés séparées, bien que nous les croyions souffrir de déficiences, ne sont nullement dépourvues de signification et de valeur

---

[681] Cf. P. HEBBLETHWAITE, Op. cit., p. 421.
[682] Cit. par S. SCHMIDT, op. cit., pp. 435-436. Bea exprima publiquement cette pensée à partir de novembre 1960, à Ferrare, pour ensuite la développer et la répéter constamment durant les années suivantes.
[683] Les citations de Vatican II sont extraites des Documents Conciliaires, Concile Œcuménique Vatican II, vol. I, "L'Église, l'œcuménisme, les églises orientales", Ed. du Centurion, Paris 1965, pp. 51-52 et 198-199. Pour une critique consciencieuse (y compris une censure théologique) de ces erreurs, cf. AA.VV., Lettre à quelques évêques..., Société Saint-Thomas-d'Aquin, Paris 1983, pp. 23-40 et 70/3-70/4 (III Addendum) ; voir aussi (bien que moins précis) : R. AMERIO, op. cit., pp. 453-454.

dans le mystère du salut. L'Esprit du Christ, en effet, ne refuse pas de se servir d'elles comme de moyens de salut, dont la force dérive de la plénitude de grâce et de vérité qui a été confiée à l'Église Catholique". (Décret sur l'œcuménisme, *Unitatis redintegratio*, n° 3).

Dans son style brutal mais direct, Hebblethwaite commente ainsi les sophismes de Bea : "D'une ecclésiologie qui exclut les autres chrétiens on passe à celle qui les englobe ; elle s'appuie sur une ancienne tradition [sic] qui voit dans le baptême le lien commun entre tous ceux qui invoquent le nom du Christ. Elle exclut l'encyclique *Mystici Corporis*, la laisse en rade dans les pages de Denzinger, à titre de curieux monument historique de 1943". Jean XXIII, était mort deux ans avant, n'a pas pu signer ces documents conciliaires. Cependant, en approuvant l'œuvre et la pensée du cardinal Bea, il a approuvé aussi implicitement cesz textes de Vatican II qui ont reçu, comme nous l'avons vu, les thèses du Président du Secrétariat pour l'unité des chrétiens.

Superno Dei Nutu (5 juin 1960) et les Commissions préparatoires

« Le 30 mai 1960 (...) le Pape réunit les cardinaux dans la bibliothèque privée pour les informer sur l'imminente publication des Commissions préparatoires du Concile. Il mentionna aussi l'institution de "certains Secrétariats en premier lieu celui pour l'unité des chrétiens, en ajoutant qu'il pensait que certainement le cardinal Bea aurait dirigé parfaitement le nouvel organisme. Ce fut l'unique nom mentionné dans tout le discours et qui en outre ne figure pas dans le texte officiel publié. Le Pape l'avait donc ajouté spontanément. Signe que la chose lui tenait particulièrement à cœur. Les Commissions conciliaires préparatoires comme d'ailleurs les Secrétariats furent publiés le 5 juin, jour de la Pentecôte, par le *Motu Propri Superno Dei Nutu*. Le lendemain furent publiés les noms des présidents »[684] mais le secrétaire général du Conseil Œcuménique des Églises, Visser't Hooft, avait déjà été informé depuis quelques jours par Mgr Willebrands, chargé exprès par Bea.

Avec le *Motu Proprio Superno Dei Nutu*, commençaient les travaux des Commissions et des Secrétariats pour la préparation prochaine au Concile, l'activité de la Commission Pontificale Anté-préparatoire (instituée, rappelons-le, le 17 mai 1959, fête de la Pentecôte de l'année d'avant) étant terminée.

Les Commissions Préparatoires Pontificales du Concile Œcuménique Vatican II[685] étaient composées de 12 Commissions et 3 Secrétariats : la Commission Centrale, présidée par Jean XXIII lui-

---

[684] S. SCHMIDT, op. cit., p. 349.
[685] Cf. Annuario Pontificio per l'anno 1961, Città del Vaticano, pp. 1105-1127.

même[686], la Commission Théologique (président : cardinal Ottaviani, secrétaire : le Père Tromp), la Commission des Evêques (président : cardinal Mimmi), celle de la Discipline du clergé et du peuple chrétien (président : cardinal Ciriaci), celle des Religieux (président : cardinal Valeri), celle de la Discipline des Sacrements (président : cardinal Aloisi Masella), celle de la Sacrée Liturgie (président : cardinal G. Cicognani, secrétaire : Annibale Bugnini), celle des Etudes et des Séminaires (président : cardinal Pizzardo), celle des Églises Orientales (président : cardinal A. G. Cicognani), celle des Missions (président : cardinal Agagianian), celle de l'Apostolat des Laïcs (président : cardinal Cento), et la Commission Cérémoniale (président : cardinal Tisserant), le secrétariat de la Presse et du Spectacle (président : Monsieur O'Connor), celui pour l'Unité des Chrétiens (président : cardinal Bea, secrétaire : Monseigneur Willebrands) et le secrétariat Administratif (président : cardinal di Jorio).

La longue tirade n'est pas inutile : une analyse attentive est révélatrice. D'un côté, les noms des présidents (tous cardinaux sauf O'Connor et... Jean XXIII) sont normalement ceux "du préfet de la Congrégation romaine (ou dicastère) correspondante", dont "les Commissions étaient pour leur plus grande part sous contrôle de la Curie"[687] et, donc, des "conservateurs". "Voilà qui devint tout à fait évident - commente écœuré Hebblethwaite - quand furent révélés les noms des membres des commissions préparatoires. Ils étaient plus de 800. Il n'est pas facile d'exprimer un jugement d'ensemble sur un groupe aussi important, mais les critiques feront observer qu'ils représentent, pour l'essentiel, l'école romaine, pour qui la théologie est l'exposition et la défense de la vérité connue plutôt qu'une exploration aux frontières de la connaissance" (Qu'auraient-ils dû faire ?). "Mais Montini lui-même est encore exclu des préparatifs (du Concile) à cette date", suprême scandale pour les modernistes ! Mais... un œil vigilant perçoit déjà les signes sinistres de l'infiltration progressiste. "Le cardinal Jean-Baptiste Montini - ajoute avec complaisance Hebblethwaite s'arrangea pour introduire son mentor [et futur cardinal], le Père oratorien Giulio Bevilacqua, dans la Commission liturgique (...)". L'issue de la manœuvre fut positive, et cela ne surprend pas si on

---

[686] Elle comptait 90 membres (parmi lesquels 49 cardinaux, 5 patriarches, 32 évêques et 4 supérieurs religieux), et 26 Conseillers. Le Secrétaire Général était Mgr Pericle Felici. Parmi les membres notons les futurs adversaires, les cardinaux Ottaviani et Bea et, à titre de curiosité, Mgr Lefebvre et Mgr Ngô-Dinh-Thûc, qui par la suite s'opposèrent à Vatican II.
[687] P. HEBBLETHWAITE, op. cit., p.409.

pense que le secrétaire de la Commission est le futur père de la "nouvelle messe", Annibale Bugnini[688] Ensuite, Hebblethwaite se trompe en partie quand il écrit que "**les exclus des commissions préparatoires (...) représentaient l'élite** [des hérétiques, n.d.a.] de cette époque ; n'ont pas été invités les jésuites John Courtney Murray [l'un des pères de la liberté religieuse, n.d.a.], et John L. Mc Kenzie des États-Unis, les frères Karl et Hugo Rahner, bavarois, et encore moins les français Henri de Lubac et Jean Daniélou. Absents aussi les dominicains français Yves-Marie Congar et Marie-Dominique Chenu. En résumé, tous ceux qui avaient été pris pour cible par l'encyclique *Humani Generis* ou qui avaient eu d'autres problèmes avec le Saint-Office, se trouvèrent rigoureusement exclus". Si c'était vrai ! C'aurait été le minimum de la décence de ne pas faire préparer le Concile à ceux qui avait été sévèrement condamnés, quelques années auparavant, par Pie XII. Et au contraire... bien que seulement parmi les consulteurs de la Commission Théologique... pointent déjà les noms de Congar et de Lubac ! Difficile de penser que ce soit le président de la Commission, le cardinal Ottaviani qui les ait nommés. Et alors... qui ? Qui, sinon Jean XXIII, le supérieur direct d'Ottaviani ? **Toutefois, le plus grand danger pour la foi ne se trouvait plus dans la Commission Liturgique ou dans quelque consulteur moderniste de la Commission Théologique, mais plutôt dans le Secrétariat du cardinal Bea. Là, il n'y avait pas que deux ou trois néomodernistes, ils l'étaient pratiquement tous.** En effet, "une bonne partie des consulteurs du nouveau Secrétariat fut choisie parmi les participants à la Conférence Catholique pour les questions œcuméniques" de Mgr Willebrands, qui devint secrétaire... du Secrétariat[689]. Donnant un peu libre cours à son imagination (mais pas trop) Wynn décrit les réactions du cardinal Ottaviani à l'institution du Secrétariat : "Ottaviani se fâcha

---

[688] Pour la vérité, Bugnini était déjà secrétaire de la Commission pour la réforme liturgique instituée par Pie XII le 28 mai 1948, et dirigera toutes les réformes sous Pie XII, Jean XXIII et Paul VI, de 1948 à 1975 ! Cf. ANNIBALE BUGNINI, La riforma liturgica (1948-1975), CLV, Ed. Liturgiche, Rome 1983. Pour un jugement sur les réformes liturgiques précédant Vatican II, sous Pie XII et Jean XXIII, cf. *Sodalitium*, n° 20, pp. 34-53.

[689] S. SCHMIDT, op. cit., p. 351. D'après l'Annuario Pontificio de 1961 (pp. 1226-1227) le Secrétariat comptait, sous la présidence de Bea, 11 membres (6 évêques : Jaeger, Martin, Heenan, Charrière, De Smedt et Nierman, et 5 prêtres : Hofer, Maccarrone, Boyer, Corr et Cunningham) et 15 consulteurs (Volk, Davis, Vodopivec, Bellini, Feiner, Stakemeier, Thijssen, P. Dumont de Chevetogne, C. Dumont, Hamer - futur cardinal -, Baum, Bévenot, Weigel, Tavard et Hanahoe). Comme aides au secrétaire du Secrétariat le futur cardinal Willebrands, le "professeur de protestantisme de Jean XXIII", Arrighi, et le Père Stranski, comme le Père Baum d'origine juive.

tout rouge parce qu'il était convaincu qu'il appartenait au Saint-Office la charge de contrôler toute l'activité" œcuménique, pour se rassurer que les catholiques n'auraient fait aucune concession, en matière doctrinale, dans leur zèle pour la réunification"[690]. Au contraire de Wynn, je ne connais pas les réactions immédiates d'Ottaviani, ou des autres, à l'institution du Secrétariat mais, s'il y en eut, elles étaient plus que motivées. Il se présente comme un corps étranger au sein des Commissions. Celles-ci, nous l'avons vu, imitaient les Congrégations de la Curie romaine. Or, le Secrétariat, à la Curie, n'existait pas, et Bea n'était préfet d'aucun dicastère. Des deux autres Secrétariats, l'un était purement administratif, sans influences doctrinales, l'autre secondaire, le seul à ne pas avoir un cardinal pour le présider. Celui de Bea, au contraire, concernait un thème très délicat relativement à la foi, jusqu'alors de la stricte compétence du Saint-Office. En pratique, deux organismes, la plus prestigieuse et antique Congrégation romaine et le nouveau Secrétariat, devaient s'occuper de la même matière... de deux points de vue contradictoires : combattre les hérétiques et les hérésies, pour l'un, fraterniser avec les mêmes, pour l'autre ! **Alors que le Saint-Office était un peu le symbole de l'Église de toujours, le Secrétariat était l'embryon de la "nouvelle Église conciliaire" en train de naître.**

Jean XXIII, en l'instituant, décrivit d'une manière "très sobre et plutôt générique" la nouvelle entité : "Pour montrer de manière spéciale Notre amour - disait le Pape - et Notre bienveillance envers ceux qui portent le nom de chrétiens, mais sont séparés de ce Siège Apostolique, et pour qu'ils puissent suivre les travaux du Concile et trouver plus facilement la route pour rejoindre cette unité que Jésus-Christ a implorée du Père céleste par une ardente prière, Nous avons institué un Comité (en latin : *cœtus*) particulier ou Secrétariat" [AAS, 52 (1960), 436]. "Cela créera - admet Schmidt - quelque ambiguïté concernant la compétence du Secrétariat à préparer des schémas pour le Concile", par laquelle naîtront, inévitables, les conflits entre Ottaviani et Bea. Mais il s'agit d'une **ambiguïté voulue, comme nous l'avons vu, par Jean XXIII pour faire accepter le Secrétariat, en en diminuant le poids, en apparence, pour ensuite le soutenir de son appui et le faire triompher.**

---

[690] WILTON WYNN, Custodi del Regno, Frassinelli, Milan 1989, pp. 83-84.

Le travail des Commissions préparatoires

Le 9 juin 1960, quatre jours après l'institution des commissions préparatoires par le *Motu Proprio Superno Dei Nutu*, Mgr Felici, secrétaire de la Commission Centrale, soumit aux personnes chargées des travaux "le texte des sujets à étudier, tels qu'ils avaient été choisis ou approuvés par le Souverain Pontife"[691]. Les sujets en question étaient ceux choisis suite à l'enquête de la Commission Anté-préparatoire, dirigée par le cardinal Tardini ; or, les Commissions Préparatoires devaient préparer les schémas que, normalement, les Pères conciliaires auraient dû, par la suite, voter. "Quatre mois plus tard [donc en octobre], ces organismes commençaient officiellement leur activité : Jean XXIII reçut dans Saint-Pierre les 871 personnes impliquées (...). Après deux années de travail, qui prirent fin à la veille du Concile [commencé le 11 octobre 1962] lors de la dissolution de la plupart de ces organes, 75 schémas étaient prêts". Examinés par la Commission Centrale, ils furent réduits à 20. Selon un membre du Secrétariat général, Mgr Carbone, « aucun concile n'avait bénéficié d'une préparation "aussi vaste, menée avec une telle diligence, et si profonde" ».

Je ne peux, dans les limites que je me suis imparties par ce court chapitre, examiner en détail les deux années de travail des commissions. D'autre part, je consacrerai toute mon attention, dans la description des événements de ces deux années de pontificat roncallien au travail réalisé par le Secrétariat de Bea, el ceci à partir de la prochaine partie. Mais il est bon, pour conclure ce chapitre, de donne déjà un jugement d'ensemble sur le travail préparatoire au Concile.

On sait que la première session du Concile Vatican II, celle qui s'est déroulée sous Jean XXIII du 11 octobre au 8 décembre 1962, fut caractérisée par une vraie "révolution", consistant dans le refus de la quasi totalité du travail préparatoire au Concile : "Vatican II - écrit Romano Amerio - a eu un aboutissement tout différent de ce à quoi préludait la préparation du Concile, et même, comme on le verra, les travaux préparatoires furent subitement et entièrement mis de côté"[692]. Ce fait, indiscutable, a mis un peu dans l'ombre les graves déficiences déjà présentes dans le travail préparatoire lui-même. Voici comment Mgr Lefebvre, par exemple, décrit ce travail : "Personnellement ayant

---

[691] RALPH M. WILTGEN S.V.D., *Le Rhin se jette dans le Tibre. Le Concile inconnu*, Editions du Cèdre, Paris 1976, p. 22. L'édition originale est de 1967 (Hawthorn Book Inc., New York) avec imprimatur de l'archevêque local.
[692] R. AMERIO, op. cit., pp. 49-53.

été membre de la commission centrale préconciliaire (...) j'ai pu constater que la préparation du Concile a été très sérieuse et très conforme à la tradition. Il serait heureux que l'on puisse maintenant éditer tous ces schémas préparatoires du Concile, pour constater où était la doctrine de l'Église au jour qui a précédé le Concile"[693]. Malheureusement, les choses ne sont pas exactement ainsi : "des traces de pensées modernisantes sont apparues dans la phase préparatoire", admet Romano Amerio, qui collabora avec l'évêque de Lugano, également membre de la Commission préparatoire centrale. Et il cite le schéma sur la liturgie, celui sur les sacrements, avec des facilités pour l'absolution collective, celui sur l'ordre sacré, avec le projet d'ordonner prêtres des personnes mariées[694], celui sur la discipline du clergé, avec la "mise à la retraite des évêques et des prêtres ayant atteint un âge donné", celui sur la formation des séminaristes, "assimilée le plus possible à la formation des laïcs", celui sur la "réunification des chrétiens" qui reposait "sur une parité partielle implicite entre catholiques et non catholiques", un vœu particulier concernant la soutane, "une position discutable sur les limbes des petits enfants ou même des adultes" et enfin "l'optimisme général qui colore le diagnostic et les pronostics de la Commission centrale préparatoire dans sa minorité", qui au Concile deviendra majorité. Mais, surtout, il y avait déjà le schéma "*de libertate religiosa*" (cardinal Bea), (...) [lequel] présentait en substance la grande nouveauté qui finit par être adoptée, faisant sortir, semble-t-il, la doctrine de la voie commune, canonisée et perpétuellement professée par l'Église Catholique". Ce schéma était le fruit du travail œcuménique du Secrétariat voulu par Bea et Roncalli. Je reviendrai sur lui en illustrant le travail du Secrétariat de 1960 à la mort de Jean XXIII. Mais dès maintenant, je tiens à souligner encore une fois la gravité de la création roncallienne de cet organisme, en l'illustrant par un exemple. Mgr Lefebvre, en tant que témoin oculaire, s'en souvient : « Je dois raconter ici un petit incident arrivé en 1962, quand j'étais membre de la Commission centrale préparatoire du Concile. Nous tenions nos réunions au Vatican, mais la dernière fut dramatique.

---

[693] MGR MARCEL LEFEBVRE, *Un Evêque parle*, Dominique Martin Morin, éd., Jarzé 1974, p. 101.

[694] La doctrine catholique à ce sujet a été admirablement reproposée par le CARDINAL ALFONS STICKLER dans l'article : *El celibato eclesiastico, su historia y sus fundamentos teoldgicos* publié dans la revue Scripta Theologica de la Faculté de Théologie de l'Université de Navarre (janvier-avril 1994, vol. XXVI/1, pp. 13-78). Mais comment concilier la tradition apostolique défendue par l'auteur avec l'autorisation donnée actuellement d'ordonner diacres des personnes mariées même si elles ne se séparent pas de leurs épouses ?

Dans les fascicules donnés à la Commission centrale il y en avait deux sur le même sujet : l'un venait du cardinal Bea, président de la Commission pour l'unité et l'autre du cardinal Ottaviani, président de la Commission théologique. Quand nous les avons lus, quand moi-même j'ai lu les deux schémas, j'ai dit : "c'est très étrange, ce sont deux points de vue sur le même sujet complètement différents, c'est-à-dire la liberté religieuse ou l'attitude de l'Église face aux autres religions". Celui du cardinal Bea était intitulé *De libertate religiosa* ; celui du cardinal Ottaviani *De tolerantia religiosa*. Vous voyez la différence, la profonde différence ?[695] Qu'arrivait-il ? Pour quel motif deux schémas complètement différents sur le même sujet ? Au moment de la réunion, le cardinal Ottaviani se leva et, le désignant du doigt, dit au cardinal Bea : "Eminence, vous n'aviez pas le droit de faire ce schéma, vous n'aviez pas le droit de le faire parce que c'est un schéma théologique et donc du ressort de la Commission de théologie". Et le cardinal Bea se levant dit : "Excusez-moi, j'avais le droit de faire ce schéma en tant que président de la Commission pour l'unité : s'il y a une chose qui concerne l'unité c'est bien la liberté religieuse", et il ajouta tourné vers le cardinal Ottaviani : "Je m'oppose radicalement à ce que vous dites dans votre schéma *De tolerantia religiosa*". (...) Ce fut la dernière séance de la Commission centrale et clairement nous avons pu être avertis, à la veille du Concile, que s'annonçait devant nous, toute la lutte qui se déroulerait durant le Concile. Cela veut dire que **ces choses étaient préparées déjà avant le Concile**. Le cardinal Bea n'a certes pas fait son schéma *de libertate religiosa* sans s'être entendu avec d'autres cardinaux »[696] et, je peux ajouter, avec Jean XXIII. C'est lui qui a soutenu Bea. C'est lui qui a voulu le Secrétariat. Et seulement deux années de travail de cet organisme ont donné comme fruit, entre autres, un schéma opposé à la doctrine de l'Église à présenter au Concile pour être approuvé. Tout ceci sous la responsabilité, devant Dieu et Son Église, d'Angelo Giuseppe Roncalli.

---

[695] Suivant le schéma de Bea, les religions non-catholiques doivent jouir, en tout cas, de la liberté. Suivant celui d'Ottaviani (et selon la doctrine catholique) elles n'ont pas droit à la liberté, mais peuvent, dans certaines circonstances, être tolérées par l'État quand on ne peut faire autrement.
[696] MGR MARCEL LEFEBVRE, Il colpo da maestro di Satana, Il Falco, Milan 1978, pp. 12-15. On ne trouve pas ce récit dans l'édition française ; le même épisode a été relaté par Mgr Lefebvre dans "Un Evêque parle", pp. 101-102.

DIX-SEPTIEME PARTIE :
Jean XXIII et les juifs.
Jules Isaac.

Extrait de *Sodalitium* n° 40, janvier 1996

"L'héritage que je désirerais recueillir maintenant, c'est celui de Jean XXIII". Telles sont les paroles que Jean-Paul II adressait au rabbin Elio Toaff lors de sa visite mémorable à la Synagogue de Rome[697]. Et c'est l'histoire de cet héritage unissant Roncalli à Wojtyla et les unissant tous deux à la Synagogue, que je vais raconter dans cet article.

Christianisme et Judaïsme

"Sur le plan (...) politique et diplomatique, on enregistra aucun progrès dans les rapports entre Israël et le Saint-Siège jusqu'à la mort de Pie XII"[698]. Ce qu'affirme Silvio Ferrari, enseignant de droit ecclésiastique à l'Université de Turin, des relations entre l'état du Vatican et celui d'Israël vieux seulement de dix ans mais héritier du plus antique mouvement sioniste, on peut aussi le dire des religions qui animent les deux entités chrétienne et judaïque, l'Église et la Synagogue. Dans la préface d'un livre bien connu de Jules Isaac sur lequel nous reviendrons, Saul Israël expose ainsi le point de vue des juifs : "Isaac a depuis le début affronté le problème des origines des persécutions antijuives en mettant directement en cause l'antisémitisme chrétien qu'il a toujours considéré comme le lit dans lequel ont convergé durant presque deux mille ans toutes les formes de ressentiment et d'antipathie contre les Juifs. (...) Que l'antisémitisme que nous connaissons depuis environ vingt siècles soit religieux et en particulier chrétien est un fait d'une évidence indiscutable et si l'on voulait appuyer cette affirmation d'une documentation historique précise, on aurait que l'embarras du choix"[699]. Vingt siècles (ou deux

---

[697] ROSARIO ESPOSITO S.S.P., Le grandi concordanze tra Chiesa e Massoneria, Nardi ed., Firenze, 1987, p. 397, qui cite *La Civiltà Cattolica*, 3-V-86, 371.
[698] SILVIO FERRARI, Vaticano e Israele, Sansoni ed., Firenze, 1991, p. 97.
[699] Cf. JULES ISAAC, Verità e mito, (titre de l'édition italienne de *L'enseignement du mépris*) Carraba ed., Roma, 1965, p. 12. Saul Israël précise : "Cet antisémitisme n'est

mille ans) d'hostilité chrétienne contre le judaïsme nous reportent, si je compte bien, à l'origine même du christianisme ; cela revient à dire que **Christianisme et Judaïsme ont toujours été ennemis et le sont encore**. Pour s'en convaincre, il suffit de se reporter aux sources.

Dans les années 52-53 saint Paul, pharisien converti, parlant de ses anciens coreligionnaires, écrivait : ils sont "ceux qui ont mis à mort le Seigneur Jésus et les prophètes, nous ont persécutés, ne plaisent point à Dieu et sont ennemis du genre humain, nous empêchant de prêcher aux nations pour leur salut : de sorte qu'ils comblent sans cesse la mesure de leurs péchés. Mais la colère de Dieu est tombée sur eux pour y demeurer jusqu'à la fin" (I Thess. II, 15-16). A la fin de l'âge apostolique la situation n'avait pas changé et l'apôtre et évangéliste Jean écrivait ; ils "se disent juifs et ne le sont pas ; ils sont la synagogue de Satan" (Ap. II, 9). Cependant dans l'autre camp Jésus était "désigné comme un certain individu, ou sous l'épithète de Balaam (l'antique devin des Nombres, 22) et sous les appellations de fou, de bâtard, et d'un terme bien plus ignominieux encore"[700]. Deux mille ans d'histoire ne pouvaient changer cette situation originelle synthétiquement décrite ici[701], par le simple fait que la divergence ne se fonde pas sur des questions personnelles, mais sur des questions doctrinales et dogmatiques. **Le Christianisme ne pourra jamais accepter le refus de la divinité de Jésus-Christ. Le Judaïsme ne pourra jamais accepter (sans disparaître par le fait même) que l'Église soit le nouvel Israël qui surpasse le précédent**. Josué Jéhouda, parlant de l'expression "judéo-chrétienne" se référant à une civilisation ou à une religion,.écrivait en 1958 : "Elle réunit en une seule expression deux notions inconciliables ; elle veut démontrer qu'il n'y a pas de différence entre le jour et la nuit, ou entre le chaud et le froid, entre le noir et le blanc"[702]. Au dire des juifs eux-mêmes, entre Christianisme et Judaïsme

---

cependant pas raciste car le juif qui se convertit est considéré absolument comme les autres chrétiens. Le racisme est la négation la plus flagrante de l'apostolat chrétien. Le Christianisme s'est appliqué seulement à éliminer le Judaïsme et non les Juifs de race sémite ; les persécutions furent toutes dirigées contre ceux qui persévéraient dans des positions religieuses considérées non seulement comme dépassées mais comme un véritable défi au Christianisme" (ibidem, p. 13).

[700] GIUSEPPE RICCIOTTI, Vità di Cesti Cristo, Mondadori ed., [194] 1974, p. 88.
[701] A celui qui désire en savoir davantage, je conseillerais la lecture des articles de *Sodalitium* que l'abbé Nitoglia a consacrés à la question juive à partir du numéro 27.
[702] JOSUE JEHOUDA. *L'Antisémitisme, miroir du monde*, éd. Synthésis, Genève, 1958. Cité par : LEON DE PONCINS, Il problema dei Giudei in Concilio. Casa ed. The Britons, Londres (mais imprimé à Rome), sine data (mais de 1965), p. 22. L'opuscule de de Poncins a été inséré ensuite avec quelques mises au points et quelques ajouts comme chapitre VI (*Le problème juif devant le Concile*) dans AA.VV. (par les soins

l'inconciliabilité est totale. Le rabbin **Benamozegh** écrivait en 1914 : "La religion chrétienne est une fausse religion soi-disant divine. Pour elle et pour le monde il n'y a pas d'autre voie de salut que retourner à Israël". Le juif Memmi ajoute : "Votre religion est pour les juifs un blasphème et une subversion. Pour nous votre Dieu est le diable, autrement dit la concentration du mal sur la terre". Et Rabi en précise la raison : "elle est trahison et idolâtrie parce qu'elle implique le grand blasphème, la croyance en la divinité d'un homme"[703]. **Deux religions en guerre l'une contre l'autre : telle était précisément la conviction générale à la mort de Pie XII.**

Une ère nouvelle

A l'occasion d'une visite au cardinal Pappalardo, l'archevêque de Palerme, le rabbin-chef Toaff a déclaré aux journalistes qui l'interviewaient "il existe actuellement avec l'Église une entente qui n'a jamais été auparavant" et dont "le mérite revient à Jean XXIII"[704]. L'historien (juif) de l'antisémitisme, Léon Poliakov, après avoir dépeint tout en noir l'attitude de Pie XII envers les Juifs, n'hésite donc pas à écrire qu'en 1958, une ère nouvelle s'inaugure sous le pontificat de son successeur, Jean XXIII"[705]. Dans un livre violemment anti-chrétien, Paul Giniewski écrit : "... un changement plus radical s'opéra en avril (sic) 1958 : le cardinal Angello Roncalli fut élu pape. Les idées et les actes du nouveau Souverain Pontife, Jean XXIII, rendirent possible l'espoir d'une révolution des rapports entre l'Église et les Juifs"[706]. Dans sa rancœur contre l'Église, Hans Küng n'épargne aucun membre de la hiérarchie, à l'exception justement de Jean XXIII : "que la

---

d'Henri Coston), *Infiltrations ennemies dans l'Église, Documents et Témoignages*, La Librairie française, Paris, 1977 ; il a aussi été réimprimé en italien : Il problema degli Ebrei al Concilio, par les soins du Comitato per la difesa della Civiltà Cristiana Carlo Magno. C.P.62-44043 Mirabello (FE).

[703] ELIA BENAMOZEGH, *Israël et l'humanité*, Albin Michel, Paris, 1961 (19147) ; A. MEMMI, *Portrait d'un juif*, Gallimard, Paris, 1962 ; RABI, *Anatomie du judaïsme français*, Editions de Minuit, Paris 1962. Les citations se trouvent dans DE PONCINS, op. cit., p. 24.

[704] Cf. La Repubblica, 4 novembre 1994, p. 14.

[705] AA.VV. sous la direction de LEON POLIAKOV, *Histoire de l'Antisémitisme*, 1945-1993. Seuil, Paris, 1994, p. 327.

[706] PAUL GINIEWSKI, *La Croix des Juifs*, MJR éd., Genève, 1994, p. 329. Préface de Léon Poliakov et du père Jean Dujardin, secrétaire du Comité épiscopal français pour les Relations avec le Judaïsme. Le livre est dédié "à la mémoire de Jules Isaac et de Jean XXIII".

situation pour la papauté romaine ne soit pas du tout déplorable - écrit le théologien suisse jamais excommunié en dépit de ses hérésies - l'Église le doit précisément à Jean XXIII, le premier pape romain à se comporter de manière différente jusques et y compris dans les rapports avec les juifs"[707]. En substance, le jugement du père Schmidt, secrétaire et biographe du cardinal Béa, personnage plus "rassurant" n'est pas lui non plus si éloigné des précédents : "**au début de cette entreprise si importante, de portée millénaire, il n'y a ni grandes organisations ni mouvements de masse ; seulement trois vieillards : Jules Isaac, le pape Jean XXIII et le cardinal Béa**"[708]. Le lecteur connaît déjà, du moins en partie, le rôle de Béa ; mais Jules Isaac, qui est-il ? Avant de m'occuper de lui, permettez-moi de raconter la façon dont il entra dans la vie de Jean XXIII.

Dès son élection

C'est dès l'élection de Roncalli à la papauté que débute l'ouverture aux juifs. Ferrari écrit : "L'élection de Jean XXIII au pontificat en 1958 fut accueillie positivement en Israël où les premières tentatives pour l'ouverture d'un dialogue religieux juif-chrétien prirent forme (...) ; plusieurs fois dans la presse israélienne, des jugements favorables sur le personnage et l'œuvre de Jean XXIII firent leur apparition"[709]. Nous avons déjà vu (*Sodalitium*, n° 34, p. 55) comment le rabbin-chef d'Israël, Isaac Herzog, envoya ses félicitations au nouvel élu ; le rabbin écrivait : "Je nourris l'espoir confiant que les sentiments sincères et nobles envers les valeurs humaines les plus élevées que vous avez manifestés au cours des dures années d'atrocités nazies vous guideront dans votre nouvelle et importante position..."[710]. De son côté Jean XXIII ne manqua pas de répondre aux félicitations du rabbin et du chef d'état israélien, "et l'ambassadeur d'Israël [en Italie, n.d.a.] fut invité à

---

[707] HALAS KUNG, Ebraismo. Rizzoli, Milano, 1993, p. 294.
[708] STJEPAN SCHMIDT S.J., Agostino Bea. Il Cardinale dell'unità. Città Nuova ed., Roma, 1987, p. 351. L'affirmation est absolument inacceptable. Derrière ces trois hommes il n'y avait pas de mouvements de masse, mais une puissante organisation, le B'naï B'rith... comme nous allons le voir.
[709] SILVIO FERRARI, op. cit., pp. 96 et 265, note 238.
[710] PAOLO TANZELLA S C J, Papa Giovanni, éd. Dehoniane, Napoli-Roma-Andria, 1973, p. 245. Roncalli et Herzog avaient fait connaissance personnellement en 1944 (cf. *Sodalitium* n° 26, p. 30). Giniewski affirme que Roncalli avait tenté d'obtenir pour le grand rabbin de Jérusalem, Isaac Halevi Herzog, une entrevue avec Pie XII, mais sans succès (op. cit., p. 329).

assister au couronnement du nouveau pontife"[711]. Ces "ouvertures timides" comme l'écrit Ferrari, mais "premier vrai moment de détente dans les relations avec Israël"[712], ne sont rien encore comparées à la véritable révolution qui débutera quatre mois plus tard seulement avec le changement de la prière pour les juifs de la liturgie du Vendredi Saint...

Confrontation des deux prières

Avant de rappeler le fameux épisode, il me semble opportun de donner quelques précisions car le lecteur, influencé par trente ans de post-concile, peut ne pas se rendre compte de la gravité du sujet en question, ou même, par manque d'information, approuver le geste accompli alors par Jean XXIII...

La foi s'exprime dans la prière (*lex credendi, lex orandi*), aussi trouverons-nous dans la prière juive et dans la prière chrétienne l'âme de chacune de ces religions, même pour ce qui regarde leurs rapports mutuels.

"Dès l'an 80 après Jésus-Christ, tant pour les juifs convertis que pour les chrétiens, cette 19ᵉ bénédiction fut carrément ajoutée - après la 11ᵉ - aux 18 qui composaient la prière juive quotidienne :

> *Que les apostats n'aient aucune espérance et que l'empire de l'orgueil soit déraciné promptement de nos jours ; que les Nazaréens et les Minim périssent en un instant ; qu'ils soient effacés du livre de vie et ne soient pas comptés parmi les justes*"[713]

---

[711] S. FERRARI, op. cit., p. 99. L'auteur ajoute : "quatre ans plus tard, un fonctionnaire du ministère des Affaires religieuses d'Israël participera aux cérémonies inaugurales de Vatican II".
[712] PADRE LAGRANGE O.P., *Le messianisme chez les juifs*, 1909, p. 294 ; cité par don Nitoglia, *Monseigneur Pranaïtis. Le Christ et les chrétiens dans le Talmud*, dans *Sodalitium*, n° 36, pp. 5 et 6. Sur l'évolution de la prière contre les chrétiens, cfr. l'article du Dr ISRAEL SHAHAK, *Lois talmudiques et rabbiniques contre les Nations*, traduit de l'anglais par Jacques Monod et repris dans le livre du général MOUSTAFA TLASS, L'Azyme de Sion, Dar Tlass éd., Damasco, 1990, pp. 353-354.
[713] En 1966, après Vatican II, une nouvelle formule fut adoptée :
"Prions aussi pour les juifs. Que le Seigneur, Notre Dieu, fasse resplendir sur eux son visage afin qu'ils reconnaissent eux aussi le Rédempteur de tous les hommes, Jésus-Christ, notre Seigneur". "Dieu éternel et tout-puissant, toi qui fis alliance avec Abraham et sa descendance, écoute avec bonté les prières de ton Église. Que le peuple racheté en premier puisse parvenir à la plénitude de la rédemption".
Avec l'introduction du nouveau missel en 1969, la prière fut de nouveau modifiée :

La prière que, chaque Vendredi Saint, l'Église catholique élève vers Dieu pour la conversion des juifs est bien différente :

Prions aussi pour les juifs perfides, afin que Dieu notre Seigneur ôte le voile de leurs cœurs et leur donne de connaître, eux aussi, Jésus-Christ notre Seigneur.

Dieu tout-puissant et éternel, qui n'écartez point de votre miséricorde même les juifs perfides, écoutez les prières que nous vous adressons pour ce peuple aveuglé : donnez-leur de connaître la lumière de votre vérité, qui est le Christ, afin qu'ils soient arrachés à leurs ténèbres.

Le lecteur intelligent saisira immédiatement la différence essentielle entre les deux prières. Les juifs ne prient pas pour les chrétiens ; ils demandent à Dieu de détruire les chrétiens, non seulement sur cette terre mais pour l'éternité. Les chrétiens au contraire, malgré l'hostilité théologique qui les sépare de la synagogue, prient pour la conversion des juifs, demandent à Dieu de leur manifester non sa justice mais sa miséricorde, afin qu'ils ne soient pas effacés "du Livre de la vie" mais, au contraire, qu'ils trouvent eux aussi la vraie vie, la vie éternelle qui est Jésus-Christ.

Du reste, cette prière de l'Église exprime la foi de l'Église elle-même : elle en est l'écho fidèle et la meilleure illustration. Mais, comme

---

"Prions pour les juifs à qui Dieu a parlé en premier : qu'ils progressent dans l'amour de son Nom et dans la fidélité de son Alliance". "Dieu éternel et tout-puissant, toi qui a choisi Abraham et sa descendance pour en faire les fils de ta promesse, conduis à la plénitude de la rédemption le premier peuple de l'Alliance, comme ton Église t'en supplie".
Cf. *Les Églises devant le judaïsme*. Documents officiels 1918-1978. par les soins de MARIE-THERESE HOCH et BERNARD DUPUIS. Ed. du Cerf. Paris, 1980, pp. 350-352.
Voici ce qu'écrit a ce propos Mgr Bugnini, l'auteur de toute la réforme liturgique : "Dans le climat œcuménique du Concile certaines expressions des *Orationes Solemnes* du vendredi saint sonnaient plutôt mal désormais. Aussi, pour certaines phrases, la possibilité d'une atténuation fut-elle demandée avec insistance. Il est toujours ennuyeux de devoir toucher à des textes vénérables qui ont, durant des siècles et avec tant d'efficacité, alimenté la piété chrétienne, des textes qui ont le parfum spirituel des âges héroïques de l'Église à ses débuts ; il est malvenu surtout de retoucher des chef-d'œuvre littéraires d'une forme et d'une conception inégalables. Ceci étant, il fut considéré comme un devoir d'affronter cette tâche de façon à ce que dans la prière de l'Église personne ne trouve motif de malaise spirituel. (...) L'oraison 8, pour les juifs (autrefois pour la conversion des juifs) fut entièrement remaniée". [Cf. ANNIBALE BUGNINI, La Riforma Liturgica (1948-1975). CLV Edizioni liturgiche, Roma, 1983, p. 127]. Si l'adage selon lequel on prie comme on croit est vrai, il faut en conclure que la prière radicalement changée par Vatican II est l'expression d'une "foi" elle aussi radicalement altérée.

je l'ai déjà dit, je crains que les 35 années écoulées depuis sa suppression n'aient aussi brouillé les idées des fidèles ; il me semble donc nécessaire d'expliquer la valeur de cette prière solennelle modifiée par Jean XXIII, puis supprimée, et même inversée par Paul VI[714]. Elle exprime simplement la foi de l'Église catholique, telle qu'elle Lui a été confiée par le Christ lui-même. L'aveulement des juifs qui ont refusé le Messie est explicitement enseigné par Jésus (Mc III, 5 ; Mt. XV, 14) et par saint Paul (Rom. XI, 7-10 et 25) qui cite Isaïe et se rappelle certainement la mystérieuse cécité qui le frappa lorsque, encore pharisien, il fut converti par le Christ sur le chemin de Damas, cécité qui ne disparut qu'avec le baptême. Que cette cécité soit due à un voile qui obscurcit la vue des juifs, c'est encore saint Paul qui l'affirme (2 Cor. III, 15). Et c'est en cette cécité que consiste précisément la "perfidie" de qui a refusé le Christ, préférant avoir "le diable pour père" (Jn VIII, 44) plutôt que Dieu : le terme "perfidie" se retrouve tel quel dans les Pères de l'Église, saint Grégoire le Grand par exemple ou saint Ambroise[715]. Une fois rappelée la terrible responsabilité du peuple qui a renié le Christ (cfr. Daniel IX, 26), l'Église montre toute sa miséricorde en priant pour lui, demandant à Dieu le vrai bien des juifs qui consiste, comme pour nous tous, à croire en Jésus-Christ, l'unique Sauveur. Ces observations étaient à mon avis indispensables pour mieux comprendre l'importance du geste accompli par Jean XXIII ce Vendredi Saint 1959.

Le Vendredi Saint 1959

« Tout commença le Vendredi Saint 1959. L'épisode est raconté par le cardinal Béa comme suit : "Ce jour-là, durant la liturgie solennelle, le pape Jean donna l'ordre ça et là d'omettre, dans la prière bien connue pour les juifs, l'adjectif déplaisant de "**perfides**" qui sonne si mal aujourd'hui, mais qui, dans le latin médiéval auquel il remonte signifiait

---

[714] "Quia autem gentilitas colligenda erat, et Judæa pro culpa perfidiæ dispergenda, ipsa quoque descriptio terreni principatus ostendit : quoniam et in romana republica unus præfuisse describitur, et in judææ regno per quartam partem plurimi principabantur" (Saint Grégoire, Homilia 20 in Evang.), cfr. Breviarum Romanum, Pars Hiémalis, Sabbato Quattuor Temporum, lectio prima. "Judæi (...) perfidiam suam prodeunt" (Saint Ambroise, Liber 5 in Cap. 5), cfr. Breviarum Romanum, Pars Verna, Feria VI, Quattuor Temporum Pentecostes, lectio prima ; cfr. également l'Hymne de Pentecôte à Matines : "Falsum profari perfidos".
[715] STJEPAN SCHMIDT, op. cit., pp. 351-352.

simplement "**non croyants**". Ce geste émut l'opinion publique juive et suscita de nombreux espoirs »[716].

Ceux qui exaltent Jean XXIII, Zizola par exemple, ne se contentent pas toujours des termes un peu compassés de Béa, et se laissent aller aux invectives contre la prière de l'Église : "Au moment d'entonner la prière rituelle *Oremus pro perfidis judœis* [Jean XXIII] ne se sentit pas le courage de traiter les Juifs de cette façon et il omit l'adjectif outrageant. Les paroles juifs perfides revenant encore dans le texte, le pape les sauta de nouveau (...) Ce fut la dernière fois que Dieu dût entendre une insulte de ce genre, fourguée comme prière, en admettant que Dieu ait le temps de suivre les rites du Vatican. Il y en eut peu qui le comprirent sur le champ, mais ce qui commençait, ce 27 mars 1959, était une histoire d'amour, absolument nouvelle et inespérée entre l'Église et ses ancêtres les Juifs, après quelques millénaires de haine" Cl. (J'aimerais le dire à Zizola, plus de deux millénaires, voilà qui est impossible ! En effet la séparation avait été consacrée précisément à l'occasion du premier Vendredi Saint de l'histoire, celui où fut crucifié le Seigneur...)

Or s'agit-il vraiment de "haine" ? Et dans quel sens ? Et de la part de qui ? Comment se fait-il que Zizola ne fasse aucune allusion à la prière juive contre les chrétiens ? Est-il possible que la liturgie de l'Église du Christ guidée par l'Esprit-Saint incite à la haine ? Pour un catholique la réponse devrait être évidente : l'Église, infaillible, indéfectible, sainte Epouse du Christ, ne peut s'être trompée (et ce pendant deux mille ans !) dans sa doctrine et dans sa praxis concernant ce peuple qui ne reconnut (et ne reconnaît) pas le Messie. En fait son amour envers tous, même les juifs, se manifeste justement dans sa recherche de la conversion et du salut final de tous, conversion qui présuppose toujours la reconnaissance de notre propre péché, de notre propre "perfidie" envers Dieu.

Jean XXIII ne l'entendait pas ainsi. Loin de là. Nous l'avons vu, "le premier vendredi saint qui suivit son élection au pontificat, le 27 mars 1959, il supprimait d'un trait de plume les termes incriminés, et il le faisait savoir aux paroisses par une circulaire du Vicariat de Rome, en date du 21 mars. (...) Cette mesure fut étendue à l'Église universelle par

---

[716] GIANCARLO ZIZOLA, *Jean XXIII. La fede e la politica*. Laterza ed., Roma-Bari, 1988, p. 212. En réalité Jean XXIII ne célébrait pas le rite, il y assistait seulement, dans la Basilique de Sainte Croix de Jérusalem à Rome (cf. Documentation catholique, n° 1307, 5 juillet 1959, col. 843).

un décret de la Sacrée Congrégation des Rites du 5 juillet 1959[717]. Jean XXIII soulignait l'importance de cette décision à l'occasion d'un autre vendredi saint, celui de 1963. Au cours de la célébration, l'officiant prit par erreur[718] l'ancien texte. Le pape interrompit la cérémonie et donna l'ordre de reprendre les oraisons solennelles depuis le début en suivant le nouveau texte"[719]. Giniewski commente : "Le pape adressait de cette façon à toute la chrétienté un message pascal rempli d'estime pour les Juifs et lourd de signification en un moment de l'année [Vendredi Saint !] qui avait vu le déchaînement de tant de violence antisémite au cours de l'histoire"[720]. Cette décision de Jean XXIII touchant le **"verset interdit"** (ainsi que Giniewski nomme, très à propos, la locution supprimée de *perfidis judæis*) et marquant le début mais aussi la clôture de son pontificat, fut pour les puissantes associations juives qui n'attendaient que celà un signal clair de "voie libre". Comme si ça n'était pas suffisant, quelques mois plus tard, le signal se répétait...

L'acte de consécration au Sacré-Cœur

Le 25 mai 1889, dans l'encyclique *Annum Sacrum*, le Pape Léon XIII désignait le Sacré-Cœur comme nouveau labarum par le signe duquel serait obtenue la victoire, et il consacrait le genre humain à ce même Cœur de Jésus par une prière spécialement composée par lui en

---

[717] En réalité la date du 5 juillet proposée par Hoch et Dupuy (op. cit.) est fausse. En effet le 5 juillet n'est que la date à laquelle fut publié le n° 1307 de la Documentation Catholique rapportant aux colonnes 842 à 844 le texte du décret de la Sainte Congrégation des Rites. Le décret est du mois de juin. De même, la date du 21 mars proposée pour la circulaire du Vicariat de Rome est probablement inexacte, étant donné que le geste de Jean XXIII, accompli le 27 mars, était inattendu.
[718] Giniewski émet l'hypothèse que l'erreur du célébrant, corrigée par Jean XXIII n'était pas involontaire. Quelques jours plus tard *l'Osservatore Romano* aurait démenti l'événement, "malgré le témoignage concordant de milliers de fidèles et de journalistes" (op. cit., pp. 330-331). Le caractère incongru du geste de Jean XXIII n'avait probablement pas échappé à la Curie qui avait cherché, comme en d'autres occasions, à minimiser...
[719] Les Églises devant le Judaïsme, op. cit., pp. 351352 et note 31. Cf. également s. FERRARI, p. 98 qui cite (mais je n'ai pas pu le consulter) ENZO BIANCHI, Israele e la chiesa, dans Cristianesimo nella storia, fév. 1989, pp. 82-83. Enzo Bianchi est président du sIDIC (Service International de Documentation judéo-chrétienne) association fondée en 1965 par des Pères conciliaires pour l'actualisation de la déclaration Nostra Ætate ; et il est aussi collaborateur du quotidien Avvenire.
[720] GINIEWSKI, op. cit., p. 330.

cette occasion[721]. En 1925, avec l'encyclique *Quas Primas*, Pie XI instituait, "contre la peste du laïcisme", la fête liturgique du Christ-Roi et ordonnait que l'acte de consécration au Sacré-Cœur de Jésus composé par son prédécesseur soit publiquement récité, chaque année, le jour de la fête du Christ-Roi, le dernier dimanche d'octobre. A cette occasion, le Pape Ratti modifia légèrement l'oraison de Léon XIII. Là où ce dernier faisait prier seulement pour la conversion des païens, Pie XI ajouta pour les musulmans et les juifs l'invocation que voici :

Soyez le Roi de tous ceux qui sont encore égarés dans les ténèbres de l'idolâtrie ou de l'islamisme, et ne refusez pas de les attirer tous à la lumière de votre royaume. Regardez enfin avec miséricorde les enfants de ce peuple qui fut jadis votre préféré ; que sur eux aussi descende, mais aujourd'hui en baptême de vie et de rédemption, le Sang qu'autrefois ils appelaient sur leurs têtes.

Dans son livre contre "l'antisémitisme chrétien", *Jésus et Israël*, Jules Isaac lui-même présente cette prière de Pie XI comme un exemple de miséricorde envers les juifs. Mais Jean XXIII dépassera tous les espoirs de ces derniers et toutes leurs exigences explicites... Au mois de juillet[722] il supprimera purement et simplement les paroles que je viens de rapporter. "On se souvient qu'au mois de juin dernier - écrivait en cette occasion la *Documentation catholique* - S.S. Jean XXIII a fait supprimer de la prière liturgique du Vendredi saint pour la conversion des juifs les mots perfides et perfidie. Dans le même esprit le passage suivant [déjà reporté ci-dessus, n.d.a.] a été supprimé dans l'acte de consécration du genre humain au Sacré-Cœur de Jésus"[723].

Ces gestes de Jean XXIII montrent que l'heure était venue de viser au "sommet", pour employer les mots même de Jules Isaac. « Lors d'une entrevue de 1962, il [Isaac] expliquait à quel point le geste de Jean XXIII avait suscité en lui l'espérance : "pour la première fois, contrairement à ce que j'avais pensé auparavant, je pris en considération l'idée d'une démarche au "sommet" »[724]. Mais le moment est venu (enfin !) de présenter au lecteur le fameux Jules Isaac...

---

[721] Cf. par ex.P. LUDOVIC MARIE BARRIELLE, C.P.C.R., Le Sacré-Cœur ; notre nouveau labarum, [éd. Saint-Gabriel, Martigny], dans lequel est également reproduite l'encyclique de Pie XI *Miserentissimus Redemptor* qui se réfère explicitement à Annum Sacrum.
[722] 18 juillet 1959, A.A.s. 22 août 1959, p. 543.
[723] *Documentation catholique*, n° 1314, 18 octobre 1959, colonne 1293.
[724] SCHMIDT, op. cit., p. 352, qui cite l'article *Le Vatican et nous* publié par L'Arche, n° 69 octobre 1962, pp. 26-31.

Le "frère" Jules Marx Isaac

Ci-dessous, une nouvelle que n'importe quel lecteur des quotidiens nationaux aurait pu lire le 17 janvier 1994 : "Le 16 janvier 1994, la veille de la cinquième journée de dialogue avec les juifs, instituée par la Conférence épiscopale italienne[725] et fixée le jour précédant la semaine de prière pour l'unité des chrétiens, un olivier a été planté à Rome en souvenir du Pape Jean XXIII et de l'historien Jules Isaac. C'est sous une pluie battante que le nouveau maire de Rome, Rutelli, a planté ce petit arbre dans un espace vert entre le Château Saint-Ange et l'extrémité de la via della Conciliazione, en présence du Président du Sénat Spadolini[726], du Cardinal Cassidy et de Mgr Riva (responsables du dialogue avec les juifs au niveau du Saint-Siège et du diocèse de Rome), du grand rabbin de Rome Elio Toaff, de la Présidente de l'Union des communautés juives d'Italie Tullia Zevi, et de bien d'autres personnes engagées dans le dialogue. Le petit olivier, apporté de Jérusalem, est comme la première annonce des 10 000 arbres qui seront plantés en Israël, au Néguef, en l'honneur de ces deux hommes dont la rencontre, le 13 juin 1960, a eu des conséquences plus importantes qu'on n'osait l'espérer"[727]. Ce Jules Isaac doit être un grand personnage si tant de personnes se sont déplacées pour lui ; et pourtant qui le connaît ? Certainement pas le grand public qui chercherait d'ailleurs en vain à s'informer en consultant ce qu'il y a de plus connu comme encyclopédies, histoires de l'Église, et même biographies de Jean XXIII[728]. Et pourtant, nous l'avons vu, l'influence de cet homme sur les

---

[725] Vous ne le saviez pas ? Voilà cinq ans que la C.E.I. dédie officiellement une journée à la judaïsation des catholiques italiens ; en effet, en cette occasion et là où c'est possible, un rabbin prêche le judaïsme aux fidèles réunis à la paroisse pour assister à la "messe" dominicale...

[726] L'année 1994 n'a pourtant pas porté chance au sénateur Spadolini : il perd d'abord, à son grand regret, cette charge prestigieuse, puis il meurt peu de temps après. Paix à son âme. De tous les politiciens italiens, Spadolini, le "pape du laïcisme", était le plus proche d'Israël, peut-être pour se faire pardonner ses erreurs racistes du temps où il était collaborateur de la revue fasciste *La difesa della razza*. Quel scandale que les funérailles religieuses de ce vieil anticlérical impénitent, dont un "cardinal" ! a fait l'éloge, nous le présentant comme un homme ayant réalisé les paroles de Jésus : "Quiconque est de la vérité, écoute mes paroles" ! Enfin on peut se demander comment un tel homme, plus proche de la maçonnerie que de l'Église, a pu savoir à l'avance qu'au conclave de 1963 c'est G.B. Montini qui serait élu, et qu'il prendrait le nom de Paul VI (Cf. si si NO NO, 31 octobre 1994, n° 18, p. 4).

[727] SIDIC, via del Plebiscito 112, Roma, mai 1994, vol. XXVII, n° 1, Edition française p. 22.

[728] Nulle part on ne parle de Jules Isaac. Pas même dans la biographie de Jean XXIII ...

trente dernières années de l'Église, les années du Concile et du postconcile, est énorme. Pour celui qui ne me croirait pas, voici reproduit un texte officiel qui ne laisse place à aucun doute. Il s'agit d'une lettre du Cardinal Villot, secrétaire d'État de Paul VI, envoyée au cardinal Marty, archevêque de Paris, le 22 décembre 1977 :

Monsieur le Cardinal,

Sa Sainteté le pape Paul VI, informé de l'intention qu'a l'Amitié judéo-chrétienne de France de commémorer, le 6 décembre prochain, en une séance solennelle le centenaire de la naissance de Jules Isaac, voudrait par votre intermédiaire exprimer aux organisateurs et aux participants de cette assemblée ses vœux et l'intérêt qu'il porte à cette commémoration.

Le Saint-Père a en effet bien présents à la mémoire les rapports sincères et fructueux que son vénéré prédécesseur le pape Jean XXIII a entretenus avec Jules Isaac. Il apprécie également les heureuses conséquences que ces rapports ont entraînés pour l'orientation ultérieure des relations de l'Église catholique avec le judaïsme, relations qui ont trouvé une expression ecclésiale dans le n° 4 de la déclaration *Nostra Ætate* du deuxième Concile du Vatican, ainsi qu'en d'autres manifestations qui l'ont précédée ou suivie. Jules Isaac et son œuvre peuvent dès lors apparaître comme une source d'inspiration pour tous ceux qui veulent à bon droit s'employer à promouvoir le respect, l'estime et l'amitié réciproque entre juifs et chrétiens, et même la collaboration au profit des valeurs spirituelles et humaines, à la lumière de leur commun héritage religieux et au-delà de toute discrimination ou conflit, comme fils d'Abraham et croyants en la parole de Dieu. Aussi le Saint-Père vous confie-t-il le soin de transmettre aux participants ses salutations et ses encouragements[729].

C'est de façon encore plus explicite que s'exprime, dans sa présentation de l'édition italienne du livre de Jules Isaac, *Gesù e Israele*, le Père Pierre-Marie de Contenson o.p., Secrétaire de la Commission pour les relations religieuses avec le judaïsme[730]. "Il a pu - écrit d'Isaac le père Contenson - tant par ses livres, par ses lettres, que par ses rencontres personnelles avec des hommes d'Église jusques et y compris le Souverain Pontife lui-même, jouer un rôle initiateur de premier ordre.(...) En ce qui concerne l'efficacité et la véridicité de la cause

---

[729] *Les Églises devant le Judaïsme*, op. cit., pp. 181-182.
[730] JULES ISAAC, *Gesù e Israele*, Nardini ed., Firenze, 1976, pp. 7 à 10. Le volume a été traduit et publié par les soins de l'Amitié judéo-chrétienne de Florence et édité par Nardini, maison d'édition qui, tout en arborant comme symbole un Saint George tuant le dragon, n'en est pas moins notoirement proche de la Franc-maçonnerie.

défendue avec fougue et mesure par l'auteur, il suffit de comparer ses conclusions avec les enseignements de *Nostra Ætate* et des *Orientamenti* pour constater à quel point Jules Isaac avait vu juste et quelle influence il a de fait exercée : ce qu'il proposait [à Jean XXIII] en 1959 a été repris dans ses parties essentielles, proclamé et proposé comme norme en 1965 [par Vatican II] et en 1974 [par la Commission pour les relations religieuses avec le judaïsme] de la part des autorités centrales de l'Église catholique à l'attention de tous les fidèles".

Mais qui était donc ce Jules Isaac ?

Jules Isaac, en fait Jules Marx Isaac comme nous l'apprend l'Encyclopédie Juive[731], nait à Rennes, en France, en 1877. Son deuxième nom, Marx, en dit long sur les sympathies politiques de papa Isaac, officier dans l'armée de Napoléon III malgré ses idées républicaines[732]. Le fils suit les ornières paternelles, non pas dans la carrière militaire, mais pour ce qui regarde les convictions politiques et religieuses. D'origine juive, Jules Isaac n'a cependant aucune religion. Dans la préface à la première édition de son livre *Jésus et Israël* il écrit de lui-même : "Sans doute se demandera-ton à quelle confession appartient l'auteur. La réponse est facile : il n'appartient à aucune". Son interprétation de la Bible est totalement rationaliste, comme celle de Wellhausen et de Loisy[733]. Cette incroyance ne l'empêche pas cependant d'appartenir à plein titre à la grande famille juive, comme l'explique le rabbin Toaff[734] et comme le démontre la façon dont il s'emploie, quasi religieusement, à modifier la théologie catholique sur les juifs. A partir de 1902, Isaac est enseignant d'histoire, spécialisé

---

[731] L. LAZARE, article Isaac Jules Marx, dans l'Encyclopcedia Judaica, IX, col. 10, Jérusalem, 1971.
[732] Cf. EMMANUEL RATIER, *Mystères et secrets du B'naï B'rith*, éd. Facta, Paris, 1993, p. 114. Traduction italienne en préparation par les soins de la Coop. ed. *Sodalitium*.
[733] Cf. JULES ISAAC, Gesù e Israel, op. cit., p. 22. Julius Wellhausen (1844-1918), historien et philosophe protestant, soutint en exégèse la "théorie des sources", théorie de caractère rationaliste. Alfred Loisy (1857-1940), prêtre et exégète modernisme, appliqua à l'exégèse biblique les méthodes de ladite "critique historique". C'est pour cela qu'il fut excommunié par saint Pie X en 1908.
[734] « Les actes, les œuvres, ont plus de valeur que la foi ; si la foi les accompagne, tant mieux (...). Nous, nous disons : "L'homme se sauve par les œuvres ; s'il y a la foi cela vaut mieux, mais s'il n'y a pas la foi et si l'individu se comporte bien, il se sauve également ». Cfr. TOAFF-A. EL-KANN, Essere ebreo, Bompiani ed., Milano, 1994, p. 87.

dans "le problème des origines des superstitions et des préjudices populaires". Il est l'"ami intime et le collaborateur de Charles Péguy depuis le procès Dreyfus"[735], affaire qui, de 1894 à 1906, divise la société française en deux partis et qui provoquera la naissance du sionisme. Les écoliers français des années 30 se le rappellent surtout en tant que co-auteur, avec Malet, d'un manuel d'histoire très diffusé, le "Malet et Isaac" précisément. Mais c'est en 1936 qu'Isaac, nommé par Jean Zay[736] parvient au sommet de sa carrière comme inspecteur général de l'Instruction publique "et haut fonctionnaire d'État dans le gouvernement de Blum"[737]. Le secrétaire du cardinal Béa écrit : "En 1943 il avait perdu sa femme et sa fille dans les camps de concentration. Dès lors il s'était consacré au combat contre l'antisémitisme et, comme professeur d'histoire, il s'était rendu compte du fait que l'enseignement de la doctrine chrétienne donnait souvent lieu à une certaine hostilité vis à vis du peuple juif. D'où son livre intitulé *L'enseignement du mépris*. Ayant l'intention de jouer un rôle positif, il était devenu l'un des présidents honoraires de l'Association Amitiés judéo-chrétiennes"[738]. La tragédie familiale qui frappa le professeur Isaac est certainement émouvante, mais la version que présentent Isaac et, à son tour le père Schmidt paraît contestable. Isaac était engagé sur le front de la lutte politique et religieuse en faveur de son peuple et contre

---

[735] G. ZIZOLA, op. cit., p. 215. Péguy est l'un des maîtres à penser de notre *Communion et Libération*, mais aussi, ce que je n'arrive pas à comprendre, des "traditionalistes" comme on les appelle communément. Même après sa conversion au catholicisme (qui cependant ne déboucha pas sur la pratique des sacrements), Péguy soutenait des thèses inconciliables avec la foi, (entre autres - lui aussi ! - celle du salut de tous les hommes). Un "maître" à éviter soigneusement...

[736] Jean-Elie Zay, d'origine juive, "avocat et homme politique. Né à Orléans en 1904. Assassiné par ses adversaires durant l'occupation (1944). Fut député radical-socialiste du Loiret (élu en 1932, réélu en 1936), ministre de l'éducation nationale, rédacteur de *la France du Centre*", Cf. GYGES, *Les Juifs dans la France d'aujourd'hui*, Documents et témoignages, Paris, 1985, pp. 243-244 (voir aussi p. 64).

[737] Cf. E. RATIER, op. cit. p. 114 et le Père S. SCHMIDT s.j., op. cit., p. 352. Léon Blum (1878-1950), homme politique socialiste d'origine juive. En 1934 il accepta le pacte d'unité d'action avec le Parti communiste et se trouva à la tête du gouvernement de front populaire (1936-37). Il soutint le gouvernement républicain communiste dans la guerre d'Espagne, et fut responsable du massacre de milliers de prêtres, de religieuses et de simples fidèles, tués uniquement parce qu'ils étaient chrétiens. Jules Isaac ne semble avoir versé aucune larme sur leur sort.

[738] S. SCHMIDT, op. cit., p. 352. Notez bien que le père Schmidt, quoique parfaitement documenté, cache au lecteur la vérité sur Jules Isaac, édulcorant au maximum les accusations de ce dernier contre le christianisme.

l'antisémitisme" depuis sa prime jeunesse, comprenons-le bien[739]. Quoiqu'il en soit, en 1941, il commençait ses études spécifiques sur l'"antisémitisme" chrétien qui, à ses dires, "a été beaucoup plus nocif et de plus longue durée" que l'antisémitisme païen, sous le régime duquel "les persécutions n'ont été qu'épisodiques" et même alors "bien souvent les juifs ont bénéficié de la bienveillance des puissants"[740]. Cette année là, Isaac écrivait sa première étude, *Quelques considérations basées sur la lecture des Evangiles*, rédigée en collaboration avec des rabbins et des membres du B'naï B'rith"[741]. Oui, car, ce que personne ne dit, c'est qu'il était membre de la maçonnerie juive connue précisément sous le nom de B'naï B'rith[742]. C'est ce que nous a révélé publiquement Marc Aron, à l'époque président du B'naï B'rith français, dans le discours du 16 novembre 1991 prononcé à l'occasion de la remise de prix ("pour l'action humanitaire") du cardinal Decourtray : "Vient ensuite Jules Isaac - déclara en cette occasion Marc Aron -, un B'naï B'rith"[743]. Isaac n'était donc pas le chevalier romantique qui, seul contre tous, combat pour une noble cause et la fait triompher. Toute son action est au contraire à interpréter à la lumière d'un fait : son affiliation à la loge des B'naï B'rith. Pour la réalisation de sa mission, il se présentait avec une carte de visite fascinante : "Je fais connaître Israël aux chrétiens - disait-il - et Jésus à Israël"[744]. La réalité était bien différente ; sa tâche

---

[739] Ratier (l.c.) nous rapporte cependant un fait curieux : le Maréchal Pétain choisit Isaac, en 1939, "pour être son biographe".
[740] JULES ISAAC, Verità e miro, ed. Carabba, Roma, 1965, pp. 36 et 34. L'Encyclopædia Judaica (l.c.). résume ainsi l'enseignement de Jules Isaac à ce propos : "Dans le même temps il arriva à la conclusion qu'il n'y avait aucune raison de penser que l'antisémitisme est aussi vieux que le judaïsme lui-même. Au contraire, il démontra que l'Église promut un système de dégradation écrasant graduellement les juifs sous une longue série de restrictions, exclusions et humiliations qui furent décrétées par le pouvoir civil soumis à l'influence ecclésiastique. Ce système était basé sur l'enseignement du mépris qui fut l'œuvre essentiellement des Pères de l'Église du IVè siècle de l'ère chrétienne..."
[741] E. RATIER, Op. Cit., p. 115.
[742] Sur cette association, outre le livre de Ratier cité ci-dessus, voir : *Sodalitium*, n° 9 [n° 2, mai-juillet 1985] éd it. (il n'existe pas encore d'édition française), pp. 5 à 21 ; n° 33, pp. 20 à 22 ; n° 35, pp. 46 à 51. Voir également The Ugly Truth About the Anti-Difamation League par les soins des éditeurs de l'EIR (Executive Intelligence Review), Ben Franklin Booksellers, Leesburg, Virginia, USA, 1992.
[743] Les discours du cardinal, du grand rabbin Sirat et de Marc Aron sont rapportés par Ratier, op. cit., pp. 371 à 381 (cf. aussi p. 114). Le cardinal Decourtray, archevêque de Lyon est décédé en 1994. Ses funérailles ont été célébrées avec le concours de nombreux évêques, d'un rabbin et d'un religieux musulman, dans le rite des trois religions !
[744] G. ZIZOLA, op. cit., p. 215.

consistait à "démontrer" que les Evangiles sont historiquement des faux, les Pères de l'Église des calomniateurs, et à obtenir que cette "doctrine" soit sanctionnée par l'Église.

La trilogie du "frère" Isaac

Isaac a écrit à cette fin plusieurs œuvres fondamentales. La plus connue est *Jésus et Israël*[745], commencée en 1943, et achevée en 1946, puis publiée en première édition en 1948 et en seconde édition en 1959[746]. C'est de ce livre que l'écrivain juif affirme : il est "**l'arme de guerre la plus réussie contre un enseignement chrétien particulièrement nocif**"[747]. A cette arme de guerre d'importance fondamentale firent suite de nombreux articles, conférences, opuscules et surtout deux autres textes essentiels : *Genèse de l'antisémitisme* en 1956[748] et *L'enseignement du mépris* en 1962[749]. Le lecteur notera que de ces trois œuvres, deux ont été imprimées sous le pontificat de Jean XXIII et une, la première, réimprimée précisément lorsque Roncalli modifia à l'improviste (?) l'oraison solennelle du Vendredi Saint.

Quelle est la thèse de ses livres ? *Jésus et Israël* **attaque directement l'historicité des quatre évangélistes**. Le livre est composé de 21 arguments, ou thèses, que l'auteur s'efforce de démontrer. Or le dix-neuvième dit explicitement : "Pour établir la responsabilité du peuple juif (...) il faut attribuer à certains textes évangéliques une valeur historique qui est dans ce cas particulièrement contestable ; il faut survoler leurs divergences, leurs invraisemblances ; il faut donner à ces textes une interprétation qui, tout en étant traditionnelle, n'en est pas moins pour cela moins tendancieuse et arbitraire" (p. 309). Notamment : "le Pilate de la tradition évangélique, si curieusement différent du Pilate de l'histoire, est un personnage légendaire, tout aussi légendaire que le cri du peuple juif : *que son sang retombe sur nous et sur nos enfants*" (p. 397). Quant aux Actes des

---

[745] Fasquelle éditeurs, Paris, nouvelle édition 1970.

[746] L'édition italienne, sous le titre *Gesù e Israele*, est seulement de 1976 (Nardini editore, Firenze). Toutes les citations extraites de cette œuvre le sont de l'édition italienne.

[747] RABI, *Anatomie du judaïsme français*, Edition de Minuit, Paris,1962, cité par L. DE PONCINS, op. cit., p. 25.

[748] Edition Calmann-Lévy, Paris.

[749] Fasquelle Editeur, Paris. L'édition italienne, sous le titre de *Verità e Mito*, est de 1965 (Carabba ed., Roma), à la veille de l'approbation du document conciliaire sur les juifs Nostra Ætate.

Apôtres, écrit-il, citant Puech : "A l'heure actuelle on est presque d'accord que ces discours ont été librement compilés par Luc". Et dans quel but Luc aurait-il inventé des faits qui ne se sont jamais produits ? Avec "le souci manifeste de décharger l'autorité romaine et d'attribuer aux Juifs les épreuves les plus importantes subies par le christianisme. De ce point de vue, il n'y a aucune distinction à faire entre les Actes et les Evangiles" (p. 359). Selon Isaac, Jésus n'aurait été qu'un simple homme, de religion juive, tué par les romains pour cause de subversion. Les Evangélistes, les Apôtres et, après eux, les Pères de l'Église auraient porté contre les juifs des "témoignages factieux" par dépit, à cause de la non conversion des juifs au christianisme, et pour gagner les bonnes grâces des romains. La négation de l'historicité des Evangiles (ou, pour parler plus crûment, l'affirmation que **les Evangiles mentent**) est en effet un élément essentiel à la position actuelle du judaïsme. (Le rabbin Henry Siegman nous en donne le pourquoi lorsqu'à propos des relations judéo-chrétiennes, et s'adressant entre autres à des chrétiens, il dit (tenez-vous bien !) : "il n'en demeure pas moins évident que l'Église a encore devant elle une tâche redoutable, car les mythes qu'elle draine sont jusqu'à ce jour inextricablement liés à la connaissance d'un peuple qui a refusé Jésus et continue à le refuser. Et on a beau tourner et retourner la question, les évangiles demeurent une source importante d'antisémitisme")[750]

Dans *Genèse de l'antisémitisme*, Jules Isaac soutient la thèse suivante : **l'antisémitisme nazi est le fruit de l'antisémitisme chrétien**, des Pères de l'Église, en particulier de saint Jean Chrysostome, de saint Agobard, de saint Grégoire le Grand, et de saint Augustin[751]. Enfin, dans *L'enseignement du mépris* (dans l'édition italienne : *Verità e Mito*) synthèse des deux œuvres précédentes, il identifie **l'antijudaïsme chrétien** exprimé dans un enseignement du mépris séculaire[752], avec **l'ennemi à abattre**. Toutes thèses concevables dans un écrivain juif, et de surcroît athée, comme l'était Isaac. **L'inconcevable est que Jean XXIII et ses successeurs aient prêté foi à cet homme et à ses thèses !** Comment est-ce arrivé ? Les écrits d'Isaac n'étaient pas des fins en soi, ils étaient bien plutôt orientés

---

[750] Rabbin Henry Siegman, Dix années de relations judéo-chrétiennes, rapport présenté à la Ve rencontre annuelle, (Jérusalem 1-3 mars 1976) dans *Les Églises devant le judaïsme*, op. cit. p. 408.
[751] Nombreuses citations dans DE PONCINS, Op. Cit., pp. 12 à 19.
[752] Les trois piliers de l'"enseignement du mépris" seraient les thèses chrétiennes traditionnelles "sur la dispersion d'Israël" en tant que "châtiment de la Providence", "sur le judaïsme dégénéré au temps de Jésus" et sur les juifs comme "peuple déicide".

vers l'action. Examinons donc cette action d'Isaac pour faire accepter ses thèses, acceptation qui obtint la promesse de Jean XXIII lors de la rencontre de 1960.

La manœuvre conjuguée d'Isaac et des B'naï B'rith

Le travail commencé par Jules Isaac en 1941 se concrétisa, nous l'avons vu, sous la forme du livre *Jésus et Israël* déjà achevé en 1946, sinon publié. Les 21 arguments, ou thèses, de l'œuvre sont à la base de tous les développements qui se succéderont jusqu'à nos jours[753]. "En 1947, bénéficiant de l'appui de personnalités philosémites telles que le père Daniélou[754], Henri Marrou, l'abbé Viellard, secrétaire de l'épiscopat etc., Jules Isaac rédigea un mémorial en 18 points sur la "réforme nécessaire de l'enseignement chrétien"[755] car "seul l'enseignement est en mesure de défaire ce qu'il a fait et continue de faire". C'est ainsi qu'une Conférence internationale extraordinaire pour combattre l'antisémitisme fut réunie du 30 juillet au 5 août 1947 à **Seelisberg**, en Suisse, par l'International Council of Christians and Jews[756].

"Les 18 points préparés par Isaac furent présentés à la Conférence" qui "réunit une centaines de délégués catholiques, protestants et juifs provenant de 19 pays. La troisième commission (il y en eut cinq), composée exclusivement de chrétiens examina ces points et les discuta ensuite l'un après l'autre avec la délégation juive. Le résultat fut la déclaration dénommée **Les dix points de Seelisberg**. Cette Conférence marque aussi le début de **l'Association internationale des Amitiés judéo-chrétiennes** qui prit comme base les Dix points"[757] et qui eut pour fondateurs, avec Jules Isaac qui en devint président honoraire, le

---

[753] Les 21 arguments se trouvent dans *Jésus et Israël*, op. cit., pp. 457 à 461, et dans *Vérité et mythe*, op. cit., pp. 167 à 172.
[754] Jésuite né en 1905 et décédé dans les circonstances scabreuses bien connues en 1974. Son frère Alain est un ésotériste notoire (cf. MAURICE BLONDET, Gh "Adelphi della Dissoluzione. Ares, Milano, 1994, p. 81). Jean Daniélou, lui, fut impliqué dans les vicissitudes de la "nouvelle théologie" condamnée par Pie XII. Après Vatican II, Paul VI en 1969 le créa cardinal. Il devint par la suite, avec Maritain et d'autres, l'un des représentants du courant modéré" qui se plaignaient des excès post-conciliaires. L'habituel pompier-pyromane...
[755] Les 18 points se trouvent dans *Gesù e Israele*, op. Cit., pp. 401 à 404.
[756] *Les Églises devant le Judaïsme*, op. Cit., p. 19. Les 10 points de Seelisberg sont publiés de la page 19 à la page 22. En italien, ils ont été publiés dans *Gesù e Israele*, op. Cit. pp. 407-408.
[757] Cfr. *Gesù e Israele*, op. cit., p. 407.

Grand Rabbin de France (également affilié aux B'naï B'rith) Jacob Kaplan[758], les israélites Fleg[759] et Algazi, les catholiques Madaule, Marrou et Nantet, les protestants Martin et Lovsky[760]. Le cardinal **Liénart** devint le **protecteur officiel** de l'Amitié, en mémoire sans doute de la **condamnation** de l'association analogue Amis d'Israël décrétée par le Saint-Office le 25 mars 1928[761]. En pratique, le travail

---

[758] Voici, à titre d'exemple, une déclaration du rabbin Kaplan datant de juin 1953, déclaration qui manifeste amplement son "amitié" judéo-chrétienne : "J'attire l'attention des parents israélites sur le danger auquel sont exposés leurs enfants ; aucun enfant juif n'est à l'abri d'un baptême administré en secret ; aucun enfant juif, même baptisé indûment, n'est plus protégé contre le zèle fanatique des prêtres qui l'enlèvent à sa famille pour le conserver dans la foi catholique" (Cf. P. GINIEWSKI, op. cit., p. 186).

[759] Edmond Flegenheimer changea son nom en Fleg. Né en 1874, naturalisé français en 1922, il fut membre du C.C. de l'Alliance Israélite Universelle, Président des Scouts israélites de France et Président du Congrès Mondial Juif (Cf. GYGES, op. cit., p. 187). Il est intéressant de noter que le 4 mars 1940 un livre de cet Edmond Fleg fut mis à l'index des livres interdits ; il s'agit de *L'Enfant prophète ; Jésus raconté par le juif errant*. Les thèses de Fleg et celles d'Isaac sont substantiellement les mêmes. Mais en 1940 Pie XII le condamna ; tandis qu'en 1960 Jean XXIII l'encouragea.

[760] Cf. RATIER, op. cit., p. 120. Le professeur Lovsky, cité par Ratier, est sans doute le spécialiste bien connu de l'antisémitisme, Fadiey (François) Lovsky qui, à en croire ses écrits, semble plus juif que protestant...

[761] Cf. DON C. NITOGLIA, *Le complot judaïco-maconnique contre l'Église Romaine*, dans *Sodalitium* n° 37, p. 36. Voici le texte de la condamnation : « La nature et la fin de l'Association appelée "Amis d'Israël" ayant été soumises au jugement de la Suprême Congrégation du Saint-Office, ainsi qu'un opuscule ayant pour titre *Pax super Israël* édité il y a peu de temps par les dirigeants de l'Association et répandu abondamment pour mieux en faire comprendre les caractères et la méthode, les Eminentissimes Pères préposés à la garde de la foi et des mœurs ont d'abord reconnu le côté louable de cette Association, qui est d'exhorter les fidèles à prier Dieu et à travailler pour la conversion des Israélites au règne du Christ. Il n'est pas étonnant qu'à ses débuts, cette Association n'ayant en vue que cette fin unique, non seulement beaucoup de fidèles et de prêtres, mais encore bon nombre d'évêques et de cardinaux y aient adhéré. L'Église catholique, en effet, a toujours eu coutume de prier pour le peuple juif, qui fut le dépositaire des promesses divines jusqu'à Jésus-Christ, malgré l'aveuglement continuel de ce peuple, bien plus à cause même de cet aveuglement. Avec quelle charité le Siège Apostolique n'a-t-il pas protégé le même peuple contre les vexations injustes ! Parce qu'il réprouve toutes les haines et les animosités entre les peuples, il condamne au plus haut point la haine contre le peuple autrefois choisi par Dieu, cette haine qu'aujourd'hui l'on a coutume de désigner communément par le mot d'antisémitisme". Toutefois, remarquant et considérant que cette Association des "Amis d'Israël" a adopté ensuite une manière d'agir et de penser contraire au sens et à l'esprit de l'Église, à la pensée des Saints Pères et à la Liturgie, les Eminentissimes Pères, après avoir recueilli le vote des consulteurs de l'assemblée plénière du 21 mars 1928, ont décrété que l'Association des "Amis d'Israël" devait être supprimée. Ils l'ont déclarée abolie de fait et ont prescrit que nul, à l'avenir, ne se permette d'écrire ou d'éditer des livres ou des opuscules de nature à favoriser de quelque façon que ce soit pareilles initiatives erronées. Le jeudi suivant, 22

d'infiltration interrompu par le décret de 1928, recommence avec l'espoir de trouver meilleur accueil. Dès 1949 un gros coup est tenté : obtenir l'appui de Pie XII. "Grâce à l'aide du B'naï B'rith, de Vincent Auriol et de Cletta Mayer", Jules Isaac aurait été reçu en audience privée par le Pape le 1ᵉʳ octobre, à Castelgandolfo[762], il lui aurait remis les Dix points de Seelisberg et aurait "attiré l'attention du pape" sur la question de la prière du Vendredi Saint. En fait déjà « le 10 juin 1948, la Sacrée Congrégation des Rites, interrogée sur le sens à attribuer aux mots latins *perfidis* et *perfidia* avait déclaré que dans les versions en langue vulgaire la traduction de ces deux termes par *infidèles* et *infidélité* en matière de foi "n'était pas à rejeter" »[763]. "Infidélité sonnait mieux en effet que "perfidie". Mais ça ne leur suffit pas. Isaac fit remarquer à Pie XII "que l'omission de **la génuflexion** était peut-être plus grave que la traduction erronée (sic) du mot "*perfidis*"[764]. Il se référait à la rubrique liturgique selon laquelle on doit omettre la génuflexion et la prière silencieuse prescrite pour les autres oraisons, lorsque vient le tour de l'oraison pour les juifs. Voici comment Dom Guéranger explique le motif de cette omission : "Aujourd'hui la Saint Église prie même pour les fils des bourreaux de son divin Epoux, mais étant donné que la génuflexion fut utilisée par eux comme signe de

---

du même mois et de la même année, en l'audience accordée à l'assesseur du Saint-Office, le Très Saint-Père Pie XI, Pape par la Divine Providence, a approuvé la décision des Très Eminents Pères et en a ordonné la publication. Donné à Rome, au Palais du Saint-Office, le 25 mars 1928. »

[762] Le fait de l'audience paraît vérifié (cf. RATIER, op. cit., p. 120 ; *Les Églises devant le judaïsme*, op. cit., p. 351 ; ZIZOLA, Op. Cit., p. 216 ; BERNARD DUPUY, *Augustin Béa, cardinal de l'Église catholique et ami du peuple juif* dans Rencontres, n° 10, 1969, p. 33, cité par GINIOWSKI, op. cit., p. 329) ; même si, comme nous l'avons vu, Isaac a déclaré en 1962 que c'est lorsque Jean XXIII changea l'oraison du Vendredi Saint que la pensée lui vint "pour la première fois" de s'adresser au "sommet". Les circonstances (intervention des B'naï B'rith, d'Auriol et de Mayer) sont signalées par LAZARE LANDAU dans *Tribune juive* (17-23 janvier 1986), cité par JEAN MADIRAN, L'accord secret de Rome avec les dirigeants juifs, dans *Itinéraires*, n° III, septembre 1990, p. 3, note 2. Cependant il est possible que sur ce point Landau confonde avec la visite d'Isaac à Jean XXIII.

[763] *Les Églises devant le judaïsme*, op. cit., p. 351, et note 30. Cfr. *Documentation Catholique*, n° 1047 du 17 juillet, col. 937 et n° 1037 du 5 juillet 1959, col. 842. Giniewski (op. cit. p. 329) affirme que la décision de la Congrégation des Rites fut obtenue par Jules Isaac après son entrevue avec Pie XII en 1949. C'est faux de toute évidence puisque le décret date de 1948 ! Cependant on ne peut exclure que la Sacrée Congrégation des Rites ait effectivement cédé à des requêtes provenant de personnages de l'entourage de Jules Isaac ; des ecclésiastiques qui leur étaient favorables auraient servi d'intermédiaire posant à Rome la question de la signification du terme "perfides".

[764] DOM PROSPER GUÉRANGER, L'année liturgique, La Passion et la semaine sainte, Oudin éd., Paris-Poitiers, 1876, p. 553.

dérision envers Lui, à l'heure même d'aujourd'hui elle craint, en renouvelant le geste de l'adoration à propos des juifs, de rappeler le souvenir de cette indignité"[765]. Mais Pie XII n'était pas Jean XXIII ; sur le moment Isaac s'en revint les mains vides. Mais sa demande concernant le *flectamus genua* à l'oraison du Vendredi Saint sera acceptée en 1955 avec le décret de réforme de toute la Semaine Sainte, *Maxima Redemptionis*. Le rôle joué à ce propos, souvent à l'insu de la Congrégation des Rites, par la Commission pour la réforme liturgique mettant à profit la maladie du Pape, Mgr. Bugnini lui-même l'a admis. Enfin nous voici en 1958 ; c'est l'élection de Roncalli, suivie, en janvier 1959, de l'annonce du Concile et, en mars, de la suppression, spontanée, de l'expression "juifs perfides". Isaac comprend que le moment propice est venu. "En 1959, Isaac est en relations suivies avec divers prélats de la Curie romaine, notamment le cardinal Tisserand, le cardinal Ottaviani et surtout le cardinal Béa". A la Sorbonne, le 15 décembre, il dévoile publiquement son objectif : "L'enseignement du mépris a trop duré et il a fait trop de mal ; il n'a donc plus droit à l'existence. Que Dieu veuille qu'il fasse l'objet d'une condamnation solennelle et qu'il soit non seulement condamné mais totalement éliminé, aboli, proscrit, et qu'il disparaisse pour toujours des livres qui se disent chrétiens, des lèvres qui se disent chrétiennes"[766]. L'appel est adressé "aux plus hautes autorités chrétiennes". Restait à se faire écouter...

Qui a préparé l'audience à Jules Isaac ?

L'entrevue historique de Jules Isaac et de Jean XXIII demeura **secrète** à la plupart pendant plusieurs années. En effet, si je ne me trompe, il n'y a trace de l'audience privée concédée à Jules Isaac ni dans *l'Osservatore Romano* ni dans la *Documentation catholique* de cette période. L'événement devint du domaine publique en 1962, lors d'une interview de Jules Isaac en personne avec la revue israélite *l'Arche* et

---

[765] "Durant ses douze ans d'existence (28 juin 1948/8 juillet 1960), la Commission (...) travailla dans le secret le plus absolu. A tel point que la publication, au début de mars 1951, de l'*Ordo Sabbati Sancti instaurati* prit au dépourvu les officiels de la Congrégation des Rites eux-mêmes. La commission jouissait de la pleine confiance du Pape, qui était tenu au courant par Mgr Montini et, plus encore et de façon hebdomadaire par le P. Béa, confesseur de Pie XII. Grâce à cet intermédiaire on put parvenir à des résultats notables dans les périodes mêmes où la maladie du Pape empêchait quiconque de l'approcher" (A. BUGNINI, op. cit., p. 22).
[766] J. ISAAC, Verità e mito, op. cit., p. 38.

l'écrivain Jean Toulat[767]. Puis en 1968 la revue "judéo-chrétienne" *SIDIC* publia un rapport inédit préparé par Jules Isaac lui-même après l'audience que lui avait concédée, Jean XXIII[768]. Sait-on tout désormais sur cette audience ? Pas à proprement parler. C'est à Emmanuel Ratier, par exemple, que nous devons la reconstitution du rôle joué par les B'naï B'rith en cette circonstance.

Voici, par exemple, comment, se fondant sur les déclarations mêmes d'Isaac, le secrétaire du cardinal Béa reconstitue les événements qui amenèrent à l'entrevue :

« Lors d'une entrevue de 1962, il [Jules Isaac] expliquait comment le geste du pape Jean XXIII [le Vendredi Saint 1959, n.d.a.] avait suscité en lui l'espérance : "Pour la première fois, contrairement à ce que j'avais pensé auparavant, j'envisageai une démarche au sommet". Le professeur, qui vivait à Aix-en-Provence, reçut à ce propos un encouragement de l'évêque du lieu, Mgr de Provenchères. En haut fonctionnaire d'État expert, il se prépara de façon très méthodique à cette démarche : "Dès 1959, lors d'une conférence tenue à la Sorbonne, j'adressai un appel au Pape [il s'agit du terrible diktat reporté ci-dessus, n.d.a.]. Les amis me demandèrent de me rendre à Rome en qualité de président honoraire de l'Amitié judéo-chrétienne". Je répondis : "Oui, mais je veux avoir la certitude d'être reçu en audience". La certitude une fois acquise, on m'assura le financement nécessaire. Je préparai textes et documents. Je préparai une documentation et un pro-mémoire. Le tout fut imprimé en français et en italien. Le voyage fut organisé méthodiquement. L'objectif précis était "la révision de l'enseignement chrétien concernant les juifs" ».

Attention, Isaac ne ment pas. Il omet seulement de dire toute la vérité. Qui étaient les "amis" qui lui donnèrent l'assurance d'une audience, qui lui en procurèrent le "financement" et l'envoyèrent en reconnaissance comme président honoraire des judéo-chrétiens ? Ses frères de la Loge franc-maçonne juive des B'naï B'rith" avec l'appui des politiciens socialo-communistes amis de Roncalli. Qu'on lise Ratier, il documente toutes ses affirmations : « "Lorsque nous conçûmes, avec Cletta Mayer (épouse de Daniel Mayer)[769], l'idée d'une

---

[767] JEAN TOULAT, Juifs mes frères, éd. Guy Victor, 1962 ; nouvelle édition : Fayard, Paris, 1972. Traduction italienne : Una visita a Jules Isaac, dans Rassegna mensile di Israele, nov.-dic. 1972, pp. 3 à 13.
[768] SIDIC, (Service International de documentation Judéo-chrétienne), n° 3, 1968, pp. 10 à 12 ; cf. aussi n° 1, 1994, p. 23.
[769] Daniel Mayer, journaliste, député au Parlement français, secrétaire général du Parti Socialiste clandestin (1943-1944), ministre du Travail et de la Santé, membre du

rencontre Jules Isaac-Jean XXIII - écrit Jean-Pierre Bloch, ex-président de la L.I.C.R.A. et du B'naï B'rith[770] - nous fîmes part de notre projet à Vincent Auriol[771]. Lui seul était capable de préparer cet entretien historique. Au cours d'une visite, après lui avoir montré l'intérêt de la visite de Jules Isaac, Vincent Auriol, qui avait gardé des relations suivies avec le nonce du pape, Roncalli devenu Jean XXIII, n'hésita pas, et dans une longue lettre au Saint-Père lui expliqua les raisons de cette demande d'audience. Nous connaissons la suite : Jules Isaac fut longuement reçu par Jean XXIII. Et, après les décisions du Concile qui ont lavé le peuple juif de l'accusation absurde de déicide, si l'on doit souligner l'action de Jules Isaac, il faut rappeler aussi que c'est Vincent Auriol qui prépara le voyage historique de Rome". "La collecte des fonds nécessaires au voyage d'Isaac et à l'établissement du dossier à donner au pape fut organisée par Marcel Bleustein-Blanchet[772], président de Publicis et membre de la L.I.C.R.A. [Ligue contre le racisme et l'antisémitisme, n.d.a.] et du B'naï B'rith". Isaac fut accompagné par Gaston Kahn, président honoraire de la Loge France" et par "Georges Jacob (...), les responsables français du B'naï B'rith", "afin de mieux préparer l'entretien historique. La réussite à l'issue du voyage fut telle que ce voyage représente pour Pierre-Bloch la plus grande fierté de sa vie. Isaac était clairement mandaté par le B'naï B'rith, comme l'a reconnu le Dr Ernst Ludwig Ehrlich, directeur du district 19 du B'naï B'rith, insistant sur le fait que son organisation **souhaitait peser et a pesé de tout son poids sur le déroulement du Concile...** »[773]. Ernst Ehrlich pouvait crier victoire lorsqu'il faisait ces aveux en 1966, à concile conclu ; mais les choses n'étaient pas encore aussi évidentes en 1960, juste avant que Jules Isaac soit reçu au Vatican. Lisons le père Schmidt : « Le professeur [Isaac] était cependant

---

Comité d'honneur du Centre de documentation juive contemporaine, président de la Ligue des Droits de l'Homme, cf. GYGES, op. cit., pp. 79 à 214.

[770] Jean Bloch, dit Pierre Bloch, député, maire de Lyon, vice-président du Comité d'Action de la Résistance, membre de la Commission pour la Médaille de la Résistance et de l'Alliance Israélite Universelle, haut magistrat. Cf. GYGES, op. cit., p. 223.

[771] Auriol, athée et socialiste, ministre dans le Gouvernement Bloch, puis président de la République Française, devint ami personnel de Jean XXIII alors Nonce à Paris (Cf. Sodalitium n° 27, p. 16 et n° 28, p. 27).

[772] Marcel Bleustein (qui par la suite ajouta à son nom celui de Blanchet), directeur général de Publicis et de Régie-Presse (qui regroupe 40 journaux), administrateur de la Telma, conseiller pour le Commerce Extérieur, directeur général pour la publicité du Figaro, fondateur de Radio-Cité, membre du Comité du Fond Social Juif Unifié, membre du Haut Comité d'Etudes et d'Information sur l'alcoolisme. Cf. GYGES, op. cit., p. 169.

[773] E. RATIER, op. cit., pp. 120-121.

parfaitement conscient de la difficulté de l'entreprise. Il écrit : "Il faut comprendre à quel point l'entreprise était difficile et audacieuse. Le problème de l'enseignement catholique était infiniment plus complexe que celui de la liturgie. Considéré sous cet aspect particulier (Israël), il touchait - sinon les données mêmes de la foi et du dogme - au moins une tradition séculaire, millénaire même, remontant aux Pères de l'Église, à saint Jean Chrysostome et à saint Augustin[774]. D'où la nécessité, dans ces conversations romaines, d'unir le maximum de prudence avec le maximum de franchise. Mais je ne me cachais pas qu'il s'agissait là d'une véritable épreuve de force et que j'aurais, à certains moments, à sauter un abîme" »[775].

Isaac reçu par Jean XXIII (13 juin 1960)

Et nous voici arrivés enfin à la célèbre audience. Je rapporte, pour le lecteur de *Sodalitium*, le récit qu'en a fait Isaac lui-même :

---

[774] Isaac n'exclue donc pas que sa proposition touche à la foi et au dogme chrétien. En fait, les thèses de Jules Isaac, substantiellement acceptées par Vatican II et par les documents post-conciliaires, sont contraires à la foi catholique. Avant tout parce qu'elles nient l'historicité des Evangiles, ce qui a été implicitement accepté : « Les Evangiles sont le fruit d'un travail rédactionnel long et compliqué (...). Il n'est donc pas exclu que certaines références hostiles ou peu favorables aux juifs aient comme contexte historique les conflits entre l'Église naissante et la communauté juive. Certaines polémiques sont le reflet des conditions de rapports entre juifs et chrétiens bien postérieures à Jésus. Cette constatation reste capitale si l'on veut dégager le sens de certains textes des Evangiles pour les chrétiens d'aujourd'hui » (Extrait de : Catholiques et juifs : un nouveau regard. Notes de la Commission du Saint-Siège pour les relations avec le judaïsme. Sous le titre original : Notes pour une correcte présentation des juifs et du judaïsme dans la prédication et la catéchèse de l'Église catholique, par les soins de la Commission du Saint-Siège, n° 21 A, du 24 juin 1985. Cf. *Documentation Catholique* n° 1900 [14], 21 juillet 1985, p. 736). Ensuite, et Jules Isaac l'admet explicitement, parce que ses thèses nient l'interprétation qu'ont donnée de la Sainte Ecriture les Pères de l'Église (entre autres et surtout, les deux principaux : saint Augustin, pour l'Église latine, et saint Jean Chrysostome pour l'Église grecque). Or, selon les paroles mêmes de Pie XII (encyclique *Haurietis aquas*), les Pères de l'Église sont "les textes véridiques de la doctrine divinement révélée". Dans l'interprétation de l'Ecriture, le consensus des Pères est, pour l'Église catholique, une garantie de doctrine infaillible, divinement révélée. Donc, même si Isaac s'était limité à (faire) condamner la doctrine des Pères de l'Église (et il ne s'est pas borné à cela, bien au contraire) il aurait déjà condamné (et fait condamner) le dogme catholique.

[775] S. SCHMIDT S.J., op. cit., p. 353.

« Enfin vers 13h15 mon tour arrive. Le pape nous reçoit debout devant la porte qui s'ouvre. M. de Warren[776] fléchit le genou, je m'incline et Jean XXIII me donne tout bonnement la main. Je me présente comme non chrétien, promoteur des Amitiés judéo-chrétiennes en France, et comme un vieil homme très sourd. Nous nous installons à côté du bureau de travail sur trois fauteuils tout proches l'un de l'autre. Je suis à côté du pape qui est vraiment la simplicité même, et cette simplicité fait un contraste saisissant avec le faste du décor et du cérémonial qui précède. Il ne paraît pas si fatigué. C'est un bonhomme tout rond, assez gros, visage aux traits forts et rustiques. Un gros nez, très souriant, volontiers riant, avec un regard clair, un peu malicieux, mais où il y a une évidente bonté qui inspire confiance. Comme prévu, c'est lui qui engage la conversation, vivement, parlant de son culte pour l'Ancien Testament, les Psaumes, les Prophètes, le livre de la Sagesse. Il parle de son nom qu'il a choisi en pensant à la France ; me demande où je suis né, dans quelle région de la France. Et moi je cherche la transition pour l'amener sur le terrain voulu : je lui dis le grand espoir que les mesures prises par lui, si spontanément, ont éveillé dans le cœur du peuple de l'Ancien Testament ; si nous attendons de lui davantage encore, n'est-ce pas lui-même qui en est responsable par sa grande bonté ? Ce qui le fait rire. Alors j'expose ma requête concernant l'enseignement, et d'abord sa base historique. Mais comment, en quelques minutes, faire comprendre ce qu'a été ce ghetto spirituel dans lequel l'Église progressivement a fini par enfermer le vieil Israël - en même temps que dans un ghetto matériel - ? Je dois me borner à un raccourci, aussi bref et frappant que possible. Je montre aux deux extrémités de l'ère chrétienne d'une part un antisémitisme païen, inconsistant et absurde dans ses accusations, d'autre part l'antisémitisme raciste hitlérien le plus virulent, de nos jours non moins inconsistant et absurde. Mais entre les deux, le seul qui ait de la consistance et sur lequel on ait prise, c'est celui qu'a engendré une certaine théologie chrétienne, sous la pression des circonstances, parce que la négation juive était le principal obstacle à la propagande chrétienne dans le monde païen ». J'interromps un instant le récit. A ce moment déjà, Jean XXIII aurait dû mettre l'émissaire des Loges à la porte. D'abord parce que les "Amitiés judéo-chrétiennes" auraient dû être condamnées au même titre que leur sœur jumelle, la société des "Amis d'Israël". Ensuite, parce que les juifs actuels ne sont plus le peuple de l'Ancien Testament, ne serait-ce que parce que l'Ancien

---

[776] Le comte Lionel de Warren était Premier Secrétaire de l'ambassade de France auprès du Saint-Siège (cf. Annuario Pontificio, année 1961, p. 1000).

Testament a été abrogé par le Nouveau. Ensuite un Pape ne peut pas écouter sans frémir les accusations injustes qu'Isaac portait contre ses prédécesseurs et contre l'Église toute entière. Mais surtout, les dernières paroles du vieux socialiste étaient **inacceptables pour un vrai Vicaire du Christ**. Elles se réfèrent, nous l'avons démontré précédemment, aux Evangiles, aux Actes des Apôtres, aux Pères de l'Église dont la "propagande" (!) auprès des païens devait (aux dires d'Isaac) se servir de la calomnie contre les juifs pour gagner les bonnes grâces de ces peuples et pour leur expliquer dans le même temps comment il se faisait que les juifs n'aient pas écouté le Messie. Devant cette **insulte au Saint-Esprit**, véritable auteur des Saintes Ecritures et guide infaillible de l'Église à travers les siècles, Angelo Roncalli aurait dû réagir... Au contraire il laisse Isaac poursuivre : « Ainsi s'est formé ce que j'ai appelé "l'enseignement du mépris" et, comme il s'est exercé pendant des siècles et des siècles, la mentalité chrétienne en a été profondément imprégnée. Il existe aujourd'hui heureusement un contre-courant, purificateur, qui se renforce de jour en jour.

Cependant des enquêtes récentes ont montré que "l'enseignement du mépris subsiste toujours. Entre ces deux tendances contraires, l'opinion catholique est divisée, reste flottante. Voilà pourquoi il est nécessaire qu'une voix s'élève d'en haut, du plus haut, du "sommet" - la voix du chef de l'Église - pour indiquer à tous le bon chemin et condamner solennellement cet "enseignement du mépris", en son essence antichrétien. Pratiquement, comment s'y prendre ? Je présente alors ma note conclusive et la suggestion de créer une Sous-commission annexe chargée d'étudier la question ». L'audace de notre maçon est à son comble ! C'est lui, un athée de surcroît, qui établit que ce qu'a dit et fait l'Église pendant des siècles et des siècles, formant ainsi la mentalité chrétienne... est essentiellement anti-chrétien ! Et le Chef des chrétiens doit donc "condamner solennellement" non pas les ennemis de l'Église mais... ce que l'Église a fait durant "des siècles et des siècles", ainsi que ces catholiques qui de nos jours n'ont pas encore suivi les modernistes dans l'abjuration de "siècles et de siècles" de christianisme. C'est Isaac qui enjoint à Jean XXIII de prendre position : de quel côté êtes-vous ? Avec les siècles de christianisme, ou bien avec mes nouveaux chrétiens des "amitiés judéo-chrétiennes" ? Formez une commission et chargez-la de condamner les récalcitrants ! Que lui répond Jean XXIII ? Isaac nous le raconte lui-même : « Le pape réagit aussitôt en disant : "J'y ai pensé dès le début de l'entretien". A plusieurs reprises au cours de mon bref exposé, il avait manifesté sa compréhension et sa sympathie. (...) Mais l'entretien touche à sa fin, plus de vingt minutes sont passées. Heureusement il y a le Mémoire, le dossier, la Note conclusive [mise au point la nuit précédente, n.d.a.], que je remets et que le pape promet de lire. En disant toute ma gratitude pour l'accueil reçu, je demande si je puis emporter quelque parcelle d'espoir. Il se récrie : "Vous avez droit à plus que de l'espoir". Il ajoute en souriant : "Je suis le Chef, mais il me faut aussi consulter, faire étudier par les bureaux les questions soulevées, ce n'est pas ici la monarchie absolue". Et nous nous quittons sur une nouvelle et bonne poignée de mains »[777]. Lorsque Théodore Herzl, reçu en audience par saint Pie X, lui avait demandé l'appui du Pape pour la constitution d'un état juif (pas nécessairement en Palestine), il s'était heurté à un refus net du Pape avec ces mots : "Il n'est pas possible d'aider un État juif. Les juifs n'ont pas reconnu le Christ, nous ne pouvons pas reconnaître Israël"[778]. Le vieil Herzl demandait beaucoup, beaucoup moins cependant que Jules Isaac à Jean XXIII. Pourtant la réponse de Roncalli que je viens de rapporter fut à l'opposé de celle de saint Pie X. "Compréhension, sympathie" ; pour Isaac c'était "plus qu'un espoir" : en vingt minutes, **Roncalli reniait deux mille ans de tradition catholique**... Qu'on ne s'y trompe pas : sa répartie sur l'Église qui ne serait pas une monarchie absolue n'était pas une façon de s'esquiver pour refuser ensuite gentiment ce que lui demandait le maçon français. Car les "autres" à consulter, les "bureaux chargés d'étudier les questions" ne pouvaient qu'être agréables à Jules Isaac et aux B'naï B'rith...

Ite ad Bea

En effet en cette tragique circonstance, on touche du doigt toute la gravité de l'institution, par Jean XXIII, du Secrétariat pour l'Union des Chrétiens[779]. Je rappelle que le 14 mars 1960 Roncalli avait pris la décision de créer cet organisme pour l'œcuménisme, dirigé par le cardinal Béa, et que le Secrétariat ne fut officiellement constitué que le 5 juin suivant, avec le *Motu Proprio Superno Dei Nutu*. Une semaine était à peine passée qu'arrivait au Vatican le délégué des B'naï B'rith, Jules Isaac. En temps normal, il aurait été adressé au Saint-Office qui avait la compétence de toutes les questions concernant la foi. Mais depuis une semaine il n'en était plus ainsi : il fallait compter avec le Secrétariat de Béa qui, selon une expression de Mgr Capovilla, avait "la

---

[777] Cf. SIDIC, vol. 27, n° 1, 1994, p. 23.
[778] Cf. *Sodalitium*, n° 25, p. 13, qui rapporte une citation d'André Chouraki.
[779] Cf. *Sodalitium*, n° 39, pp. 19 à 32.

confiance et la confidence de Jean XXIII"[780]. Isaac à peine parti, Béa se rendit chez son secrétaire, le Père Schmidt, et lui dit, partagé entre la joie et l'émerveillement : "Figure-toi que le Saint-Père a dit à Jules Isaac de s'adresser à moi" ». Isaac ne perdit pas de temps : le 15 juin, il avait un entretien de plus d'une heure avec Béa. Isaac raconta ensuite à Toulat : « ...il s'est montré parfaitement au courant des problèmes affrontés. Il est en relation avec les catholiques allemands qui font le même travail que nos groupes de l'Amitié judéo-chrétienne". J'ai trouvé en lui une aide providentielle ». Après les vacances d'été, le 14 septembre, le cardinal Béa écrivait à Jean XXIII pour lui exprimer son « désir de traiter "de vive voix" de certaines questions regardant le Secrétariat pour l'unité des chrétiens, dont Votre Sainteté a daigné me confier la présidence. Je désirerais, en particulier, soumettre aussi à Votre Sainteté la question de la compétence en ce qui regarde les relations entre juifs et catholiques, relations au sujet desquelles je suis fréquemment interpellé". Et il fut effectivement reçu en audience le 18 septembre ; en cette occasion, le Pape lui confia formellement la charge concernant les relations avec le peuple élu de l'Ancien Testament »[781]. "Le cardinal fit alors un second pas en avant. Vu que les membres et les consulteurs du Secrétariat avaient été nommés avant la création de la charge regardant les juifs, on procéda à des nominations supplémentaires de spécialistes pour ce secteur"[782]. Je ne sais pas quelles furent les nouvelles nominations. Ce qui est certain c'est que dans l'organe de 1961 il y avait deux experts, d'autant plus experts qu'ils étaient juifs d'origine : le père Tommaso Strasky C.S.P. et le père Gregory Baum, augustinien, auxquels fut adjoint Mgr John Oesterreicher[783]. Giniewsky rapporte par exemple, tout à l'honneur de Jean XXIII, qu'« il fit publier par Mgr Oesterreicher, directeur de l'Institut d'Etudes Judéo-chrétiennes (un des rares prélats allemands à avoir défendu les juifs dans l'Allemagne nazi, et réfugié aux États-Unis en 1938) un texte dans lequel était approuvé "le changement d'attitude, le changement dans la façon d'aborder le problème, le changement d'esprit" de l'Église envers les fils d'Israël, et dans lequel on mettait en garde contre une lecture des Evangiles qui conduit au mépris des juifs »[784]. Giniewsky oublie de dire à ses lecteurs que l'Institut pour les Etudes Judéo-chrétiennes situé à Seton-Hall, South Orange (U.S.A.) et

---

[780] Cf. S. SCHMIDT, op. cit., p. 354.
[781] S. SCHMIDT, op. cit., p. 355.
[782] S. SCHMIDT, op. cit., p. 356.
[783] Cf. Annuario Pontificio, ed 1961, p. 1126, ed. 1963, p. 1074.
[784] P. GINIEWSKY, op. cit., p. 330.

dirigé par Oesterreicher, est une émanation de l'A.D.L., Ligue Antidiffamation... de nos B'naï B'rith bien connus ![785] Autre "découverte" du cardinal Béa : le père Gregory Baum ; Hebblethwaite écrit à son sujet : "Béa découvre, par exemple, l'augustinien canadien Gregory Baum dont la thèse à Fribourg, Suisse, en 1956, *Que tous soient un* [Ut unum sint], avait été suivie d'un travail sur l'antisémitisme des Evangiles"[786]. Selon certains auteurs, Oesterreicher et Baum (allemand émigré au Canada) étaient tous deux non seulement d'origine juive, mais juifs de naissance, convertis par la suite, conversion dont il serait licite de douter étant donnés les faits qui ont suivi[787]. Voilà quels sont les hommes qui prépareront Nostræ Ætate, le document conciliaire sur les juifs.

Point d'aboutissement, point de départ

L'entrevue Jules Isaac - Jean XXIII fut un point d'aboutissement, mais aussi un point de départ. Un aboutissement, disais-je. Sans remonter très loin dans les siècles (et à ce propos je renvoie le lecteur aux articles de l'abbé Nitoglia publiés dans notre revue) il suffit de rappeler encore une fois l'histoire de l'Association Amis d'Israël. « Fondée en 1926, l'association se proposait la modification de la prière *Pro Perfidis Judæis* du Vendredi saint, le rejet de l'accusation de "déicide" et la suppression des cérémonies liturgiques relatives aux accusations d'homicides rituels perpétrés par les juifs. Nonobstant le développement rapide de l'association, à laquelle adhérèrent des personnalités de l'Église et de la culture, elle fut supprimée par un décret du Saint-Office le 25 mars 1928, parce qu'elle n'était pas en accord avec la tradition de l'Église, avec la pensée des Pères et la praxis liturgique »[788]. Qui ne voit que les Associations judéo-chrétiennes

---

[785] Cf. E. RATIER, op. cit., p. 125.
[786] PETER HEBBLETHWAITE, *Jean XXIII. Le pape du Concile.* Ed. Le Centurion, 1988, p. 415. Le livre s'intitule Les juifs et l'Evangile.
[787] Cf. E. RATIER, op. cit., pp. 125-126 ; LÉON DE PONCINS, in AA.vv., *Infiltrations ennemies dans l'Église*, op. cit., pp. 79-80 ; AA.VV., L'azione giudaico-massonica nel Concilio. Texte réservé exclusivement aux Très Révérends Pères Conciliaires, sine loco et data, pp. 2-3 et 11 à 13 ; P. MARCEL MAUCLAIR, *Le déicide est le peuple juif*, sine loco et data, p. 3. Sur le problème des "Marranes" ou crypto-juifs, Cf. DON CURZIO NITOGLIA, *Le problème des Marranes*, in *Sodalitium*, n° 39, pp. 4 à 19.
[788] MGR PIETRO ROSSANO, I Papi, la Chiesa e il mondo delle religioni, in AA.VV., Chiesa e papato nel mondo contemporaneo, par les soins de G. ALBERIGO et de A. RICCARDI, ed. Laterza, Rome-Bari, 1990, p. 500.

fondées en 1948 n'étaient rien d'autre que la réédition, avec les mêmes fins, de l'Association Amis d'Israël fondée en 1926 ? Une seule différence : en 1928, Pie XI condamne comme contraire à la tradition de l'Église et à la pensée des Pères ce qu'à l'inverse, en 1960, Jean XXIII approuve et bénit. La manœuvre avait pleinement abouti, avec la satisfaction accordée à la demande. Mais ça n'était pas suffisant. La "bonté" de Jean XXIII encourageait les associations juives à demander toujours davantage... Jules Isaac lui-même ne l'a-t-il pas déclaré ? L'audience du 13 juin 1960 fut donc aussi le point de départ d'un continuel crescendo de concessions et de mea culpa de la part de ceux qui occupent de fait les hautes charges de l'Église, concessions - et même reniements - qui ne suffisent jamais à ceux qui les réclament ou les exigent. Depuis ce 13 juin, la situation n'a fait qu'empirer. Dans le prochain numéro, nous suivrons le déroulement des événements relatifs aux rapports entre christianisme et judaïsme jusqu'à la mort de Jean XXIII ; certains de ces événements sont connus, d'autres par contre sont encore secrets et enveloppés d'épaisses ténèbres. Prions Dieu que se fasse la lumière dans toutes les intelligences, que **tous comprennent par qui Vatican II nous a été imposé** ; prions Dieu pour obtenir la force de volonté qui nous permette de demeurer fidèles à l'enseignement millénaire de l'Église catholique.

DIX-HUITIEME PARTIE :
Jean XXIII et les juifs.

Suite : de Jules Isaac a *Nostra Ætate*

Extrait de *Sodalitium* n° 41, avril-mai 1996

En sortant du Vatican, le "frère" Jules Marx Isaac était donc retourné à la loge avec "plus qu'un espoir" : Jean XXIII lui avait promis une révision de la doctrine chrétienne sur les rapports entre Église et judaïsme. Il s'agissait maintenant de concrétiser cet engagement solennel. Cet article s'efforcera de suivre pas à pas les développements de cette manœuvre en suivant trois pistes : l'action directe et publique de Jean XXIII, celle du cardinal Béa délégué par lui aux relations judéo-chrétiennes le 18 septembre 1960, et enfin "l'accord secret" conclu en 1962-1963, accord qui trouvera son aboutissement dans la déclaration conciliaire *Nostra ætate*.

Deux allocutions et une bénédiction

Si l'on cherche dans les discours officiels de Jean XXIII la preuve du changement d'attitude décisif du Vatican vis-à-vis du judaïsme, on est en partie déçu. En cinq ans de pontificat, Jean XXIII n'a adressé que deux allocutions à des associations juives, le 18 janvier 1960 au Congrès Mondial Juif et le 17 octobre de la même année à l'association United Jewish Appeal des États-Unis[789]. Habitués au rythme actuel des rencontres judéo-chrétiennes, nous sommes étonnés de tant de discrétion ! Cependant le discours adressé aux 130 juifs de l'United Jewish Appeal sous la conduite du rabbin Herbert Friedman révèle déjà **des erreurs doctrinales importantes** ; mais ayant déjà commenté cette allocution, je ne m'y arrêterai pas davantage[790]. Plus que les

---

[789] Cf. *La Documentation Catholique*, 1960, colonnes 382, 1419-1420. Voir également : Osservatore Romano du 19/10/1960, éd. it.
[790] Dans *Sodalitium* n° 26, p. 29-30. Un petit détail cependant : dans son discours, Jean XXIII se vantait d'avoir sauvé durant la guerre des milliers d'enfants juifs qui voyageaient sur un paquebot roumain. En réalité sa mémoire lui joue encore une fois un vilain tour ; les réfugiés juifs (de tous âges) étaient au nombre de 769, et le paquebot

élaborations théologiques, Jean XXIII aimait les gestes symboliques qui font meilleure impression sur les gens, qui s'impriment plus facilement dans la mémoire et qui ne nécessitent pas une rigoureuse justification doctrinale... C'est ainsi que "le 17 mars 1962, Jean XXIII passait en voiture sur le Lungotevere. A la hauteur de la synagogue il donna l'ordre au chauffeur de s'arrêter et de se garer le long du trottoir : c'était un samedi matin et des groupes de juifs sortaient du temple après la prière. Le pape fit décapoter la voiture et les bénit, ce qu'aucun pape avant lui n'avait jamais fait"[791]. Le geste vaut plus que mille discours ; la bénédiction accordée aux juifs devant la synagogue (de façon peu orthodoxe, car on bénit seulement les fidèles) a été considérée, à raison, par Jean-Paul II lui-même comme une anticipation symbolique de sa propre visite à l'intérieur du Temple israélite : "l'héritage que je désirerais recueillir maintenant, c'est celui du Pape Jean lequel, un jour où il passait par ici - comme l'a rappelé le Grand Rabbin - fit arrêter sa voiture pour bénir la foule des juifs qui sortaient de ce même Temple. Et c'est en cet instant que je voudrais recueillir cet héritage, alors que je me trouve non plus à l'extérieur, mais, grâce à votre générosité, à l'intérieur de la Synagogue de Rome. Après le pontificat de Jean XXIII et le Concile Vatican II, cette rencontre conclut, d'une certaine façon, une longue période sur laquelle il ne faut pas se lasser de réfléchir pour tirer les enseignements opportuns..."[792].

---

sur lequel ils voyageaient ne "finit" pas en lieu sûr mais sauta sur une mine (ibidem p. 5).
[791] GIANCARLO ZIZOLA. Giovanni XXIII. Laterza, Roma-Bari 1988, p. 221.
[792] Il s'agit évidemment du discours de Jean-Paul II à la synagogue de Rome (1986) cité par le Père Rosario Esposito dans Le grandi concordanze Ira Chiesa e Massoneria, ed. Nardini, Firenze 1987, p. 397. Cf. également l'interview du Rabbin Toaff à Francesco Viviano de la Repubblica (4 novembre 1994, p. 14) : "il existe actuellement une entente qui n'a jamais été auparavant (...) le mérite en revient à Jean XXIII qui a été le premier pape à bénir les juifs à la sortie de la synagogue. Je me rappellerai cette scène toute ma vie, dit Toaff... Parmi les plus beaux souvenirs du Rabbin Toaff en Italie il y a l'entrée historique de Jean-Paul II dans la synagogue. Jusqu'à ce que nous soyons à l'intérieur - dit Toaff - cela me paraissait un songe, puis lorsque j'ai vu le pape qui entrait à mes côtés je me suis détendu...". Selon Mgr Loris Capovilla (Giovanni XXIII nel ricordo del segretario Loris F. Capovilla. Entrevue de MARCO RONCALLI, et documents inédits. Ed. San Paolo, Cinisello Balsamo 1994, pp. 34-35) Jean XXIII "se mit debout dans la voiture, retira son chapeau en signe de respect et de solidarité". Il ne précise pas si, oui ou non, il fit le geste de bénédiction attesté par tous les autres commentateurs.

La réforme du rite du baptême des adultes

Avec la réforme du rite du baptême pour les adultes, un autre geste d'ouverture au judaïsme fut réalisé par Jean XXIII. Je n'en avais jamais entendu parler et je dois cette information à un auteur déjà cité dans les paries précédentes de cet article, Paul Giniewsky, auteur juif radicalement antichrétien dont le livre est cependant préfacé par le Père Jean Dujardin, le secrétaire, un peu embarrassé tout de même, du Comité épiscopal français pour les relations avec le judaïsme[793]. A la page 330 de son livre, après avoir énuméré les mérites de Jean XXIII en ce qui concerne les juifs, Giniewsky parle de cette réforme liturgique : "(Jean XXIII) expurgea le cérémonial du baptême en supprimant les formules qui concernaient l'incroyance juive et l'erreur hébraïque". Voici de quoi il s'agit. Le 16 avril 1962, la Sacrée Congrégation des Rites promulguait un décret sur le nouveau rituel du baptême des adultes [AAS, 54, 1962, 315 à 338] dans lequel était pratiquement restauré l'ancien catéchuménat prévoyant un baptême par étapes. Il y a toutefois dans cette réforme une déclaration qui sent l'œcuménisme. Le nouveau rituel supprimait en effet la recommandation de l'ancien (titre II, Chapitre III, numéro 12) où l'on avertissait le ministre du sacrement de "faire connaître et détester la perversité de ses erreurs" à l'hérétique qui se convertissait au catholicisme[794]. Dans le rite même du baptême, le converti devait abjurer et détester les idoles s'il venait du paganisme, la "perfidie mahométane" s'il était musulman, "la perversité hérétique" et les "sectes néfastes" s'il était protestant. Enfin si le néophyte venait du judaïsme, il devait déclarer avoir en horreur la perfidie judaïque et déclarer rejeter la superstition juive[795]. Ces paroles dites par le prêtre qui baptise furent supprimées en vertu du principe précédemment énoncé selon lequel le catéchumène doit être instruit de la religion catholique, mais ne doit pas rejeter ses erreurs précédentes ; **principe qui oublie que la profession de la vérité et la détestation de l'erreur sont corrélatives : l'une exigeant l'autre.** Comment concilier cette décision avec la doctrine catholique selon laquelle, dans la liturgie, il

---

[793] PAUL GINIEWSKY, *La croix des Juifs*, éd. MJR Genève 1994.
[794] Hæretici (...) rite baptizandi sunt ; sed prius errorum suorum pravitatem agnoscant et detestentur...
[795] ...Sacerdos dicat : (...) Horresce Judaicam perfidiam, respue Hebraicam superstitionem.

ne peut y avoir rien de contraire à la foi ou à la morale, rien de nocif pour les âmes ?

Suppression du culte du Bienheureux André

Giniewsky signale une autre initiative de Jean XXIII, peu connue jusqu'à présent. Les lecteurs de *Sodalitium* connaissent déjà le thème de l'"homicide rituel"[796]. Dans trois cas l'Église s'est prononcée par une Bulle de béatification. L'un des trois est celui du bienheureux André de Rinn, martyrisé en 1462, dans le Tyrol. Le Pape Benoît XIV en approuva le culte en 1755 avec la Bulle *Beatus Andreas*. « En 1961 - nous informe Giniewsky qui cite les études d'une religieuse, sœur Maria Despina, publiées en 1971 par la revue *Rencontre* - Jules Isaac avait transmis au cardinal Bea (...) un dossier complet sur l'église de Rinn, où figuraient toujours les statues au type caricatural représentant les colporteurs juifs accusés de l'assassinat d'Andreas (...), où l'on distribuait toujours les tracts revêtus de l'*imprimatur*, relatant le crime. Simon Weisenthal et diverses organisations juives et chrétiennes étaient également intervenues. Ces démarches aboutirent à une lettre secrète du 5 mai 1961 de Jean XXIII au supérieur du couvent de Wilten, et à des mesures : la suppression des statuettes, de la procession annuelle et de la messe à la mémoire d'André, et l'apposition d'une plaque, à l'entrée de l'église, précisant que "le peuple juif n'a rien à voir avec le cas du bienheureux André de Rinn où il ne s'agit que d'une légende" ». Pourtant dans un premier temps, l'épiscopat aurait éludé la demande de Jean XXIII. Quant à la population : « Les fidèles n'avaient pas accepté l'ordre papal en leur cœur, ils se sentaient l'objet d'une brimade obtenue sous la pression des Juifs »[797]. Pouvons-nous donner tort au peuple fidèle ? *Vox populi, vox Dei !*

Citant encore ladite sœur Despina, Giniewsky nous révèle également une autre intervention de Jean XXIII relative à un cas semblable à celui de l'"homicide rituel", la profanation des hosties consacrées. "L'une de ces légendes faisait la prospérité de la petite ville de Deggendorf en Bavière, dont l'église s'ornait de fresques détaillant

---

[796] ABBÉ CURZIO NITOGLIA, L'homicide rituel, dans *Sodalitium* n° 29, pp. 20 à 38.
[797] P. GINIEWSKY, O. Cit., p. 270.

un crime juif imaginaire remontant à 1337. Le pape ordonna en 1960 l'enlèvement des fresques et la suspension du pèlerinage..."[798].

Le cardinal Bea et Nahum Goldman (26 octobre 1960)

Ce que nous avons rapporté jusqu'ici n'est rien cependant en regard du travail infatigable qu'effectua le cardinal Bea, expressément délégué par Jean XXIII, pour lier d'étroits contacts avec le monde juif. Penser seulement que, dans la période s'étendant de 1960 à 1964, le vieux cardinal à la santé branlante eut bien une trentaine de "contacts personnels, avec des particuliers ou avec des groupes représentant diverses organisations juives"[799] donne une idée du phénomène. Le premier de la liste eut lieu vraisemblablement un mois seulement après que Jean XXIII eut confié cette charge au cardinal. "Sans attendre que les Commissions préparatoires [au Concile] et le Secrétariat commencent leur travail[800], le cardinal Bea eut la première entrevue au sommet avec Nahum Goldman, président du Congrès Mondial Juif. L'entrevue se déroula à Rome, à la demande de Bea, le 26 octobre 1960. Je tire de la relation qu'en fait Goldman lui-même les passages les plus significatifs : "Il me dit [Bea] qu'il avait demandé à me voir parce que le Pape avait l'intention de proposer à l'ordre du jour du Concile le problème des relations judéo-chrétiennes et qu'il l'avait chargé de lui préparer la chose. (...) Dès le premier colloque, il montra qu'il comprenait bien l'importance historique et politique des relations chrétiennes-juives ; il me fit part également de sa conviction que, dans ces relations, **un changement radical était nécessaire de la part de l'Église**, même si le processus devait être long et difficile. Pour sa part, bien que prévoyant une violente opposition de la part de ses collègues de la Curie, il ferait tout pour inciter le Concile à une attitude nouvelle et positive. Selon lui, le premier pas devait être le suivant : les organisations juives devaient lui envoyer par l'intermédiaire du Pape un mémorandum demandant que le problème soit proposé à l'ordre du jour

---

[798] P. GINIEWSKY, op. cit., p. 330. Des cas semblables à celui de Deggendorf ne manquent pas en Italie non plus : à Alatri, à Trani, etc... Un jour ou l'autre ils n'échapperont plus aux épurateurs...
[799] STJEPAN SCHMIDT s.j., Agostino Bea, il cardinale dell'unità. Città Nuova, Roma 1987, p. 568. "La liste a été préparée à partir des agendas du Cardinal et de son secrétaire particulier" (ibidem), le Père Schmidt en personne.
[800] STJEPAN SCHMIDT S.j., op. cit., p. 355.

du Concile. Il me pria de m'employer à constituer un front juif unique (...). Il me pria aussi et plus particulièrement d'inciter les organisations juives n'appartenant pas au Congrès Mondial Juif à donner leur appui au mémorandum. Je lui répondis que ce serait difficile, et en particulier, lui dis ma crainte que l'orthodoxie juive ne s'oppose à une telle démarche auprès du Vatican, ce qui rendrait la chose plus difficile encore. De plus, si une violente polémique devait en résulter à l'intérieur du judaïsme, la tentative de rapprochement se résoudrait au détriment des relations réciproques. Quoiqu'il en soit je lui promis de faire l'impossible et de rester en contact avec lui"[801]. Le texte est révélateur. Avant tout, **il s'agit d'une nouveauté, d'un changement radical de la part de l'Église**". De ce "changement" Jean XXIII est le responsable ; il l'a voulu, orientant le Concile vers cette **route de rupture déclarée avec la tradition ecclésiastique**, malgré la "violente opposition", bien prévisible, des cardinaux. C'est Bea qui fut l'instrument de cette volonté de Jean XXIII, Bea qui n'était pas si ignorant sur la question juive que nous le veut faire croire le Sidic (Service international de documentation judéo-chrétienne)[802]. Quant à la tactique proposée, c'est toujours la même, celle qui a fait ses preuves lors de la création du Secrétariat : un mémorandum est envoyé à Jean XXIII ; apparemment spontané il est en fait piloté et sollicité par Roncalli et Bea eux-mêmes. Restent enfin les obstacles de la part des intransigeants des deux camps : les juifs "orthodoxes", et les catholiques... orthodoxes ! Pour ces derniers, ils partaient battus d'avance puisqu'ils avaient contre eux le pouvoir absolu de Jean XXIII

---

[801] NAHUM GOLDMAN, Staatmann ohne Staat. Autobiographie. Köln-Berlin 1970, p. 378 ss. Cité par S. SCHMIDT, op. cit., p. 356. Pour d'autres renseignements sur Goldman (ou, selon certains, Goldmann), cf. ENCYCLOPEDIA JUDAICA, VOI. 7, colonne 723-724 et vol. 17, col. 266. Né en 1895 en Lithuanie, il sera successivement allemand, hongrois, citoyen des USA, israélien et suisse. Il fondera l'Encyclopedia Judaica et le Congrès Mondial Juif. Il mourra en 1982.

[802] Cf. *Sodalitium* n° 39, p. 21. Rappelons-le, ce même Goldman avait envoyé un télégramme au général des Jésuites à l'occasion de l'élévation de Bea au cardinalat (cf. *Sodalitium* n° 39, p. 21)) et le grand rabbin de Rome, Toaff, témoigne qu'il connaissait Bea de longue date : "Lorsque de Venise je me transférai à Rome [en 1951] je me mis à fréquenter pour mes études la bibliothèque de l'Institut biblique pontifical dirigée par monseigneur Augustin Bea, personne d'une exquise gentillesse qui me combla d'attentions. Nos relations se transformèrent bien vite en amitié..." (dans ELIO TOAFF, Perfidi giudei. Fratelli maggiori. Mondadori ed., Milano 1987, p. 215). Toaff poursuit en affirmant que, pour réparer le mal fait aux juifs par les allemands, Bea eut "l'idée de convoquer un Concile œcuménique". Vraiment, une telle ignorance de l'Église est stupéfiante chez une personne aussi cultivée que Toaff (seul le Pape peut convoquer un Concile !).

en personne. Quant à l'orthodoxie juive elle serait plus difficile à convaincre !

Hostilité au "dialogue" de la part des juifs orthodoxes

La preuve en est qu'une année après la rencontre Goldman-Bea, le 18 novembre 1961, le quotidien israélien *Jerusalem Post* écrivait encore : "Du côté juif, on ne fera pas facilement un pas dans le sens d'un rapprochement. La méfiance à l'égard des catholiques est grande surtout chez les juifs orthodoxes, mais sous peu le Comité permanent de la Conférence des rabbins européens consacrera son attention au problème qui a été soulevé [l'envoi au Concile d'observateurs juifs]. Le plus désireux de promouvoir la coopération est le grand rabbin de Rome, le rabbin Toaff, tandis que le grand rabbin du Commonwealth britannique, le rabbin Brodie, a exprimé son opposition à tout contact avec le Concile œcuménique dont le but est de statuer sur des questions doctrinales qui ne concernent que l'Église catholique"[803]. La IIIè Conférence des rabbins européens tenue à Paris du 14 au 16 novembre 1961 sous la présidence du rabbin Brodie ne fut certes pas un chef-d'œuvre d'œcuménisme ! Les rabbins rappelèrent "les conséquences désastreuses des mariages contractés en dehors de la loi judaïque et qui ont pour effet de désagréger la famille juive et de dissoudre nos communautés. La conférence a considéré avec une attention particulière le grave problème des demandes de conversion (...). En tant que gardiens et défenseurs de la Tradition, les rabbins réunis en conférence déclarèrent solennellement que, pour prévenir d'irréparables drames familiaux et préserver l'unité de la communauté, les mariages, divorces ou conversions n'auront de validité et ne pourront être reconnus que s'ils sont conformes, dans tous les détails, aux dispositions de notre code religieux. La Conférence conjure les fidèles de ne pas recourir pour les mariages, les divorces ou les conversions à des ministres du culte réformé, libéral ou de toute autre tendance, qui ne se sentent pas tenus à suivre la tradition authentique du judaïsme tel qu'il est défini par l'Halakha". Tandis qu'avec le Concile les catholiques ouvraient les portes aux mariages mixtes et au courant libéral, les rabbins les fermaient toutes aux innovations contraires à la plus stricte tradition ! Quant à la réponse aux avances des conciliaires, elle était tout aussi

---

[803] Cf. *La Documentation Catholique*, 1961, colonnes 1187-1188.

claire : "En raison de la publication par la presse de déclarations préconisant une participation juive au Concile œcuménique, la Conférence estime devoir rappeler que le judaïsme ne saurait en aucune manière intervenir dans le problème de l'unité chrétienne qui fait l'objet de ce Concile, et qui, par définition, ne peut concerner que les chrétiens. En accord avec l'ensemble du judaïsme, la Conférence a pris acte, avec satisfaction, des modifications récemment introduites par le Pape Jean XXIII dans la liturgie, tendant à supprimer le caractère offensant pour les juifs et la religion juive de certains textes de la liturgie catholique. Ces modifications manifestent à ses yeux la volonté sincère et bien déterminée du Vatican d'éliminer les préjugés et les malentendus"[804]. Le message des rabbins est clair : nous sommes les gardiens de la Tradition judaïque, et nous ne bougeons pas de là ; si les catholiques veulent changer et faire amende honorable, qu'ils le fassent : cela nous va bien ainsi[805].

Jean XXIII demande à Bea un schéma conciliaire sur les juifs... (1er février 1962)

Après cette digression sur l'attitude de l'orthodoxie juive, revenons au travail de Bea. Un grand nombre des trente entrevues enregistrées entre 1960 et 1964 se situent probablement dans le courant de l'année 1961 ; mais de celles-ci il n'est resté aucune trace (du moins je n'en ai trouvé aucune, si l'on exclue l'intervention d'Isaac pour l'affaire Rinn). Mais le 25 décembre 1961, avec la lettre apostolique *Humanæ Salutis* (sur laquelle nous reviendrons), Jean XXIII convoque le Concile Vatican II qui devra commencer le 11 octobre de l'année suivante. Le temps presse... et Bea intensifie ses contacts. Encore une fois, l'ordre vient de Jean XXIII en personne. "Dès avril 1961, le Secrétariat avait terminé les schémas sur quatre thèmes importants : l'appartenance des baptisés non catholiques à l'Église, la structure hiérarchique de l'Église, le sacerdoce de tous les fidèles et la place des laïcs dans l'Église, et enfin les aspects œcuméniques de quelques formules liturgiques". Les schémas furent transmis aux Commissions conciliaires compétentes qui devaient les examiner. Cependant, "à l'audience accordée au cardinal le 1er février 1962 [Jean XXIII] décide que le Secrétariat proposera les schémas sur la liberté religieuse et celui concernant les juifs directement

---

[804] Cf. *La Documentation Catholique*, 1962, colonnes 150 à 152.
[805] S. SCHMIDT, op. cit., p. 374.

à la Commission centrale préparatoire, sans l'intervention d'aucune autre commission"[806]. Jean XXIII a donc voulu les textes conciliaires sur la liberté religieuse (*Dignitatis humanæ*) et sur les juifs (*Nostra Ætate*). Il les a voulus dans leur forme la plus extrême (les schémas du Secrétariat furent plusieurs fois amendés et modérés avant d'être approuvés définitivement), de même qu'en attribuant l'exclusivité de cette matière au Secrétariat de Bea, et en court-circuitant la Commission doctrinale du Cardinal Ottaviani, il a voulu pour eux un traitement de faveur.

...et le B'naï B'rith en laisse une trace écrite ! (27 février 1962)

Peu après, "le 27 février 1962, le Mémorandum que le Cardinal avait demandé [le 26 octobre 1960] à Nahum Goldman fut consigné et présenté par le Dr. Goldman, du Congrès Mondial Juif, et par Label A. Katz, de la B'nai B'rith, au nom de la Conférence Mondiale des Organisations Juives"[807]. Evidemment, dans la préparation de *Nostra*

---

[806] Les rédacteurs anonymes du dossier "réservé exclusivement aux Révérends Peres Conciliaires", et intitulé L'azione giudaico-massonica nel Concilio (sine loco et data), souligne cette attitude des rabbins. Le cardinal Bea, lit-on dans le dossier, prétend que son schéma conciliaire n'a pas une finalité politique mais religieuse. Pourtant "il est vraiment étrange que le Secrétaire pour l'union des chrétiens n'ait pas pris de contacts avec les autorités religieuses du peuple juif telles que par exemple les Grands Rabbins de New York, de Londres ou de Rome, ou bien ceux de Jérusalem et de Tel Aviv qui sont les seules personnalités juridico-religieuses habilitées à établir des contacts de ce genre à un haut niveau. Alors que, par contre, dès le début le cardinal Bea établit des relations avec de hauts dirigeants politiques maçonniques comme Label A. Katz, Président mondial des B'naï B'rith, ordre maçonnique réservé exclusivement aux juifs, avec Nahum Goldman, Président du Conseil National Juif (sic) et avec d'autres hauts fonctionnaires de l'American Jewish Committee" (pp. 16-17). Le texte poursuit en citant les déclarations opposées "au rapprochement spirituel entre juifs et catholiques" du "Conseil Permanent des rabbins d'Europe", du "Conseil rabbinique d'Amérique", des rabbins des USA Feuer et Lelyveld, du Grand Rabbin de Jérusalem, etc.. Il ne faut cependant pas croire à une opposition trop marquée entre rabbins et organisations juives comme le B'naï B'rith ; les tâches étaient seulement différentes : maintenir dans sa pureté la tradition religieuse juive en s'opposant au "dialogue" pour les rabbins, changer la tradition catholique au moyen du "dialogue" pour les B'naï B'rith...

[807] S. SCHMIDT, op. cit., p. 374, note 68. Le texte du Mémorandum est rapporté dans le "Simposio cardinal Agostino Bea (16-19 décembre 1981)", Rome 1983, pp. 96 ss, avec une étude-enquête de la Ligue Anti-Diffamation des B'naï B'rith. Malheureusement je n'ai pas encore pu consulter les actes de cet intéressant Symposium, et prendre ainsi directement connaissance du Mémorandum. Sur Label

Ætate, les "suggestions" élaborées dans les Loges des B'naï B'rith seront prises en compte par Bea et Roncalli qui les avaient sollicitées ! Les prêtres auteurs du texte réservé aux Pères Conciliaires et intitulé *L'Azione giudaico-massonica nel Concilio*, soutiennent que le mémorial "contient intégralement les thèses du décret sur les juifs présenté par le Secrétariat pour l'Union des Chrétiens à l'assemblée plénière du Concile"[808]. En attendant de lire (ou de publier) le Memorandum présenté par le B'naï B'rith à Bea, contentons-nous de l'affirmation du fameux quotidien parisien *Le Monde* : "L'organisation juive internationale B'naï B'rith a manifesté le désir d'établir des relations plus étroites avec l'Église Catholique. Cet Ordre a soumis maintenant à l'Église une déclaration dans laquelle est affirmée la responsabilité de l'humanité entière dans la mort du Christ. Label Katz, président du Conseil International des B'naï B'rith, a déclaré que si cette déclaration est acceptée par le Concile, les communautés juives chercheront les moyens de collaboration avec les autorités de l'Église"[809]. Après l'audience à Jules Isaac et la présentation du Mémorandum Goldman-Katz, il n'est donc pas téméraire d'écrire que **le document *Nostra Ætate* a été inspiré et commissionné par les loges maçonniques du B'naï B'rith.**

L'affaire Chaim Wardi enterre le décret sur les juifs (Juin à Août 1962)

L'affaire du quartette Roncalli-Bea-Goldman-Katz avait donc le vent en poupe. Pour concrétiser leurs desseins, ces trois derniers se rencontraient à Rome, le lundi de Pentecôte qui cette année-là tombait le 11 juin. Le 12 juin, l'agence de Presse Kipa rapportait : "le professeur Nahum Goldman, président du Congrès Mondial Juif a rendu visite, lundi de Pentecôte, au cardinal Agostino Bea, président du Secrétariat préparatoire du Concile (sic) pour l'union des chrétiens. L'entrevue s'est déroulée à la résidence romaine du cardinal et a duré une heure.

Katz (1918-1975), cf. ENCYCLOPEDIA JUDAICA, vol. 10, col. 825-826 et vol. 17, col. 644.
[808] Op. cit., p. 10.
[809] Le Monde, le 19 novembre 1963 ; cité par AA.VV., L'azione giudaico-massonica nel Concilio, op. cit., p. 11.

On ne possède jusqu'ici aucun détail sur l'entretien"[810]. La même agence poursuit avec une autre nouvelle très importante qui dévoile partiellement l'objet des débats entre Bea, Goldman et Katz : "On apprend d'autre part que le Dr Chaim Wardi, jusqu'ici directeur du département des Affaires chrétiennes au ministère israélien des affaires religieuses, s'établira à Rome au mois de juillet. Il aura pour tâche de suivre de près le déroulement du IIe Concile du Vatican et plus particulièrement de s'informer de toutes les questions concernant les juifs qui pourraient être traitées par le Concile. Comme on le sait, le cardinal Bea a récemment déclaré à la presse étrangère, à Rome, que le secrétariat qu'il dirige s'était occupé, au cours de cinq séances, de quelques problèmes touchant le judaïsme"[811]. En effet, depuis décembre 1960 déjà, le cardinal Bea se mettait en quatre pour réaliser, selon ses propres expressions, "le fait qui s'avéra tout simplement déterminant pour l'aspect œcuménique qui prévalut au Concile et qui contribua grandement à ses résultats œcuméniques", autrement dit "la présence d'observateurs venant d'Églises et de Communautés ecclésiales non catholiques"[812]. Avec la bulle de convocation du Concile, *Humanæ salutis* (25 décembre 1961), Jean XXIII annonçait publiquement la décision de faire participer au Concile ces "observateurs" non catholiques. Y aurait-il également des juifs ? Un article du *Jerusalem Post* du 14 janvier 1962 laissait entendre que oui : "certains milieux juifs - écrivait le quotidien israélien dans un article de Geoffrey Wigoder - (plus politiques que religieux) ont envoyé quelques émissaires discrets pour savoir si le Concile ne pourrait pas être le signal d'un certain rapprochement. Le Pape Jean a déjà montré du courage et de l'indépendance d'esprit en faisant supprimer diverses traces d'antisémitisme qui subsistaient dans la liturgie catholique et il est connu pour son attitude ouverte à l'égard des non-catholiques. Bien qu'on ne s'attende pas à ce que les juifs soient invités à prendre part au Concile, la presse a parlé de la possibilité de voir des observateurs juifs y assister ; d'après le Vatican, ces observateurs ne seraient pas des porte-paroles d'organisations déterminées, mais 'des experts de la loi et de la religion juive'(...). Il est à noter que plusieurs membres du Secrétariat (pour l'union des chrétiens) sont des experts des relations judéo-chrétiennes. Notamment Mgr John Oesterreicher, directeur d'un

---

[810] Cité par *La documentation Catholique*, année 1962, col. 1130. La présence de Katz est attestée par *L'azione giudaico-massonica*, p. 10, qui se base sur *La Civilta Cattolica* du 18 juillet 1964.
[811] Cf. *La Documentation Catholique*, année 1962, col. 1130-1131.
[812] S. SCHMIDT, op. cit., p. 377.

institut d'études judéo-chrétiennes aux USA ; l'abbé Leo Rudolph, de l'église de la Dormition du mont Sion, et le P. Demann, Français, qui a commencé une **enquête sur 2000 manuels scolaires en français pour y relever leur enseignement en ce qui concerne les juifs**". Tandis que le Secrétariat travaillait sans interruption à l'opération invitation observateurs", et recueillait l'adhésion d'hérétiques et de schismatiques du monde entier, le gouvernement israélien voulut lui aussi envoyer le sien, toujours avec l'accord de Bea. Pourquoi s'inquiéter ? Le plan semblait avoir pleinement réussi ! En mars, Jean XXIII avait béni les fidèles sortant de la synagogue. Dans les milieux juifs italiens on exultait. Du 29 avril au 1er mai, à Castiglioncello, en Toscane, la Federazione Giovanile Ebraica d'Italia se réunit pour débattre la question de "Vatican et Judaïsme". "L'importante initiative d'inviter les protestants à participer au prochain Concile œcuménique revêt, à mon avis, une profonde signification : la volonté du catholicisme de rouvrir le dialogue avec les non-catholiques en général... Cette ligne de conduite de l'Église romaine peut transformer son attitude à l'égard des juifs en reconsidérant les rapports entre l'Église et le judaïsme. Nous pourrions ainsi assister à l'ouverture d'un dialogue qui ne viserait pas à la conversion des interlocuteurs, mais à clarifier les positions des uns et des autres. Pour instaurer un semblable dialogue, et pour que l'opinion publique le comprenne, il faut que l'Église, naturellement sans changer sa théologie, débarrasse son enseignement de tout ce qu'il contient d'aversion envers les juifs, aversion qui a souvent donné naissance à des formes d'antisémitisme et qui est contingente, extrinsèque, et, qu'il me soit permis de le dire, **antichrétienne**. En d'autres temps, ç'aurait été une folie de demander à l'Église un tel comportement. Aujourd'hui, non. Dès les premières années de son pontificat, Jean XXIII a manifesté une généreuse sensibilité à l'égard du problème juif. On connaît, entre autres, la correction qu'il a fait apporter à la liturgie du Vendredi saint. Cela n'est naturellement qu'un commencement, mais permet d'espérer qu'on continuera sur cette voie..."[813]. Bea, Goldman et Katz avaient pensé que, dans ce climat, l'envoi d'un observateur juif au Concile passerait... inaperçu ! Mais le choix qui fut fait ne pouvait être pire. C'est en vain que Bea voulait faire passer la question juive pour exclusivement religieuse ; nous avons vu le *Jerusalem Post* l'affirmer, l'intérêt porté par les juifs au Concile provenait des milieux politiques

---

[813] Texte italien complet (que je n'ai pas consulté) dans *La Civiltà Cattolica* du 16 juin 1962. Traduction française partielle dans *La Documentation Catholique*, année 1962, col. 1131-1132. Texte italien partiel et modifié (sans en avertir le lecteur) dans ZIZOLA, op. cit., p. 221.

et non des milieux religieux. Et en effet l'observateur choisi par eux n'était pas seulement membre du Conseil Mondial Juif, mais aussi fonctionnaire du gouvernement israélien appartenant au Ministère des Cultes. Bien sûr, pour la circonstance, Wardi avait donné les démissions opportunes du ministère, mais la manœuvre ne trompait personne... Aussi l'annonce de l'arrivée de Wardi souleva-t-elle "une tempête de protestations de la part des États Arabes"[814] qui craignaient une ingérence du gouvernement sioniste dans les travaux conciliaires. Le résultat fut désastreux pour les intérêts juifs. La première conséquence toucha le schéma sur les juifs dont la préparation avait demandé à Bea deux années de labeur : "il tombait à l'eau du jour au lendemain". En effet le 20 juin la Commission centrale préparatoire au Concile devait se réunir. Le cardinal Bea craignait de rencontrer quelques difficultés et il chercha à les prévenir. Il prépara donc un bref rapport sur le schéma De Judæis. Le Père Schmidt rapporte : "Dans ce rapport, le Cardinal mentionne la charge explicitement conférée par le Pape au secrétariat et consistant à s'occuper des nombreux préjugés sur les juifs, répandus même parmi les catholiques, surtout le fait de les considérer comme `déicides'et `maudits de Dieu'. (...) Ensuite, faisant manifestement allusion à la tempête qui se prépare, le Cardinal ajoute : `C'est une tout autre question d'établir si dans les circonstances concrètes il est opportun et prudent de proposer ce décret'et il rappelle les susdites inimitiés entre juifs et arabes, une situation `sur laquelle l'Eminentissime Cardinal Secrétaire pourra fournir de plus amples détails'. Il est clair qu'en préparant son rapport, le Président du Secrétariat, prévoyait déjà ce qui allait arriver...[815] et qu'il prenait ses précautions en se couvrant de l'autorité de Jean XXIII. "L'Eminentissime Cardinal Secrétaire" d'État ne se laissa pas cependant impressionner. « Le procès-verbal de la Commission centrale du 20 juin rapporte sur un ton presque glacial une proposition du Cardinal Secrétaire d'État Amleto Cicognani : "Il a été examiné avec l'Eminentissime Cardinal Bea s'il convenait de présenter à cette Commission centrale et de compter au nombre des Actes du Concile œcuménique le `décret sur les juifs'préparé avec tant de charité par ce même Cardinal. Il nous a paru inopportun... Aussi est-il proposé que le Concile ne tienne pas compte de ce décret et qu'il n'apparaisse pas dans les Actes Conciliaires". Cicognani donnait deux motivations de cette inopportunité : que le décret ne se conformait pas au but du Concile (l'unité des chrétiens ne concernait pas les juifs) ; qu'il pouvait être

---

[814] S. SCHMIDT, op. cit., p. 400.
[815] S. SCHMIDT, op. oit., p. 401.

interprété comme un appui politique à Israël, et provoquer ainsi la réaction des états arabes : "on en entend déjà les rumeurs", ajoutait-il, faisant allusion aux protestations contre l'envoi de Chaim Wardi à Rome en qualité d'observateur. C'est ainsi que "le schéma concernant les relations avec le peuple juif se trouvait absolument radié du programme du Concile"[816]. La défaite fut rendue publique au mois d'août lorsque l'agence de presse Kipa, celle même qui avait annoncé triomphalement le parachutage à Rome de Chaim Wardi, dut annoncer que l'israélien resterait à la maison : « Contrairement à ce qui a été annoncé précédemment, Israël n'enverra pas d'observateurs au Concile. En effet le Dr Chaim Wardi (...) aurait dû suivre les travaux du Concile, et surtout se tenir au courant de toutes les questions qui pourraient avoir trait au judaïsme. Cette décision avait été prise par le gouvernement israélien. A la suite de certaines réactions de pays arabes, le gouvernement israélien est revenu sur sa décision et a déclaré ne pas être en mesure d'envoyer un observateur au Concile. Ainsi - déclare-t-on dans les milieux généralement bien informés - une "situation pénible" sera évitée au Vatican »[817]. Comment soutenir, avec le cardinal Bea, que l'intérêt du schéma sur les juifs était seulement religieux si le *Jerusalem Post* et le gouvernement israélien lui-même laissaient entendre exactement le contraire ?

Premières oppositions à l'ouverture aux juifs : politiques ou religieuses ?

La première opposition manifestée contre le schéma conciliaire sur les juifs fut le fait du Cardinal Cicognani. Bea tint à nous préciser que « le schéma avait été supprimé du programme du Concile "non pour les idées et la doctrine qui y étaient exposées, mais seulement à cause de certaines circonstances politiques malheureuses du moment" ». Son secrétaire et biographe, le père Schmidt, est du même avis : "L'affirmation de R. Kaiser selon laquelle c'est le Saint-Office qui fut l'instigateur de la réaction des Pays arabes est sans fondement", écrit-il[818]. Certes les pays arabes n'avaient pas besoin du Saint-Office pour être incités à une réaction contre Israël ! Le cardinal Bea et le père Schmidt ont-ils cependant raison de soutenir que l'opposition

---

[816] S. SCHMIDT, op. cit., p. 566.
[817] Agence Kipa, 5 août 1962. Cité par *La Documentation Catholique*, 1962, col. 1130.
[818] S. SCHMIDT, op. cit., p. 400, note 178, avec référence au livre de ROBERT KAISER, Inside the Council. The story of Vatican II. Londres 1963, p. 215.

manifestée au schéma sur les juifs n'eut pas de motivations doctrinales, mais seulement des motivations d'opportunité politique ? C'est ce que semble dire le Cardinal Cicognani lui-même... Pourtant il est permis d'en douter. Voici ce que dit le père Schmidt à propos tant de l'importance religieuse du schéma que des oppositions "démesurées" à ce schéma : "tous les documents préparés et soutenus par le Secrétariat ne sont pas sans avoir coûté bien de la peine et procuré bien des angoisses - ceci vaut particulièrement pour le document sur la liberté religieuse. Or le Cardinal ne s'était occupé d'aucun comme de la susdite déclaration [*Nostra ætate*], et plus spécialement de la partie concernant le peuple juif. (...) Aussi, la bataille pour ce document et les vicissitudes dramatiques à travers lesquelles il dut passer se répercutèrent beaucoup plus profondément au plus intime de son être" au point que lui-même déclarait : "si j'avais pu prévoir toutes les difficultés que nous devions rencontrer, je ne sais pas si j'aurais eu le courage de me lancer sur cette voie". Comme le déclara encore Bea, il s'agissait du "problème bimillénaire, aussi vieux que le christianisme lui-même, des relations de l'Église avec le peuple juif" : **question dogmatique et religieuse par excellence**, même si la nécessité impérieuse d'en parler venait d'un motif d'ordre politique, "l'extermination épouvantable de millions de juifs par le régime nazi en Allemagne". Bea rappellera que le Concile ne s'est pas limité "à un décret purement pratique ou à une simple condamnation de l'antisémitisme" ; il a posé le problème et fait reposer sa solution "**sur de profondes bases bibliques**"[819]. Etant donnée l'importance, vitale pour le christianisme, d'une telle matière, comment s'étonner des "difficultés et des obstacles incommensurables qui ont tenté d'empêcher que le Concile se prononce sur cette matière délicate ?"[820]. Rien que des difficultés politiques ? Schmidt lui-même se contredit lorsqu'il rapporte les paroles (déjà citées) que Bea adressait à Goldmann à propos des violentes oppositions qu'il prévoyait de la part de ses collègues de la Curie. Aussi me semble-t-il que, pour une fois, Zizola n'a pas tort lorsque, se référant aux motivations de Cicognani pour supprimer le schéma sur les juifs, il dit : "La rapidité avec laquelle cette motivation politique fut saisie pour écarter le schéma, la disproportion entre la prémisse politique et la conclusion - non le renvoi mais la suppression pure et simple du texte de l'horizon conciliaire - sembleraient plutôt signaler l'existence de difficultés

---

[819] S. SCHMIDT, op. cit., pp. 564-565. Il n'est donc pas vrai que le Concile a traité seulement de "pastorale", et pas de questions dogmatiques qui touchent les données révélées !
[820] S. SCHMIDT, op. cit., p. 566.

internes autres et aussi d'une toute autre taille". A l'appui de ses dires, le Père Schmidt cite deux textes, un de 1948 et l'autre de 1950, préparés par le Cardinal Ottaviani pour le Concile que Pie XII avait pensé convoquer ; dans ces textes les infidèles sont appelés à retourner "à la bergerie de Pierre" et les juifs "à reconnaître dans le Christ leur Messie universel et leur Rédempteur". Il s'agissait là évidemment d'"une vision nettement repensée par le schéma de Bea"[821]. Mis à part Ottaviani (pas particulièrement sensible à la question juive, il manifesta même une certaine sympathie pour Israël d'un point de vue anticommuniste)[822], et mis à part les patriarches de rite oriental (vivant en pays arabes, ils pouvaient être plus sensibles aux motivations politiques), l'opposition vint surtout des laïcs et des prêtres catholiques (en particulier mexicains et français) et, parmi les Pères conciliaires, de Mgr Luigi Carli, alors Evêque de Segni (transféré ensuite à l'archidiocèse de Gaëte) ainsi que de Mgr Marcel Lefebvre et de Mgr Geraldo de Proença Sigaud. Sur ceux-ci la motivation politique n'avait donc pas de prise, et leur opposition concernait le schéma lui-même, plutôt que son opportunité politique (mais ceci n'entre pas véritablement dans notre sujet puisque c'est après la mort de Jean XXIII que le schéma sur les juifs fut discuté au Concile).

L'astuce de Bea

Il existe une autre preuve à l'appui du fait que l'intervention du Cardinal Cicognani ne fut pas dictée uniquement par la crainte d'irriter la diplomatie arabe : c'est la seconde intervention de ce même prélat. "Juste au moment où se produisaient ces faits [la radiation du schéma conciliaire sur les juifs] il [Bea] préparait une étude dont le but était d'introduire plus spécialement les milieux catholiques au cœur du problème. Cette étude intitulée : *Les juifs sont-ils un peuple 'déicide' et 'maudit' de Dieu ?* devait être publiée dans *La Civiltà Cattolica*, la fameuse revue des jésuites italiens qui à l'époque tirait à plus ou moins 16.000 exemplaires. On était arrivé à la deuxième épreuve lorsque le cardinal Secrétaire d'État pria Bea de surseoir à la publication pour ne

---

[821] G. ZIZOLA, op. cit., pp. 222-223.
[822] Cf. EMILIO CAVATERRA. Il prefetto del Sant'Ufficio. Mursia, Milano 1990, pp. 109-110 et 143, où il compare les israéliens au héros biblique Judas Macchabée ! Selon de Poncins (*Le problème des juifs au Concile*. Sine loco et data, p. 9) Ottaviani eut lui aussi une entrevue avec Jules Isaac avant l'audience de Jean XXIII même si cette entrevue n'eut aucune suite.

pas irriter ultérieurement les États arabes"[823]. Ici le problème arabe semble encore davantage une excuse : un article publié sur une revue n'a certes pas la valeur d'un document conciliaire ! Mgr Willebrands a récemment révélé que Bea décida de se soumettre "seulement PIER le moment", par crainte de compromettre les autres schémas auxquels son Secrétaire était en train de travailler, schémas sur l'œcuménisme et sur la liberté religieuse. Puis il trouva une solution astucieuse... « Voici comment le cardinal Willebrands décrit les faits : "L'étude de Bea ne devait pas sortir seulement dans *La Civiltà Cattolica*, mais aussi dans la revue allemande *Stimmen der Zeit* ainsi que dans la revue belge *Nouvelle Revue Théologique* de Louvain. Lorsque la publication dans *La Civiltà Cattolica* fut suspendue, la rédaction de *Stimmen der Zeit* insista pour avoir le texte. Il lui fut répondu qu'il serait mis volontiers à disposition à condition que quelqu'un d'autre signât l'article". C'est ainsi qu'en octobre 1962 (le 11 octobre avait eu lieu l'ouverture du Concile), bien qu'interdit, l'article de Bea parut à la barbe du Cardinal Cicognani sous le nom du Père Ludwig von Hertling (jésuite lui aussi). "Les choses ne s'en tinrent pas là", poursuit Willebrands. Comme par hasard, "l'article fut découvert par un juif de Gênes, Monsieur Raphaël Nahum et celui-ci obtint l'autorisation de le faire traduire en diverses langues et de le répandre. Il le fit traduire en anglais, en français et en italien. A l'automne 1963 il le fit diffuser parmi les Pères Conciliaires dont l'orientation fut ainsi en réalité notablement influencée par la substance du travail du Cardinal". Pourtant Bea ne se contenta pas d'avoir tourné l'interdiction du Cardinal Cicognani en se servant de Hertling et de Nahum ; il voulait agir directement en usant de son nom prestigieux. Aussi "ne se donna-t-il pas pour battu" et, un mois après l'interdiction il se rendait à Londres. Et c'est ainsi qu'au mois d'août, lorsque fut rendue publique la nouvelle que le Dr Wardi avait été renvoyé à la maison, Joël Cang, rédacteur du *Jewish Chronicle* demanda une entrevue au vieux mais pétillant cardinal. Bea, fidèle à son devoir, déclara qu'"il n'entendait pas accorder une entrevue proprement dite"... mais... qu'"il était prêt à expliquer pourquoi et de quelle façon l'Église Catholique était décidée (...) à traiter la question

---

[823] S. SCHMIDT, op. cit., pp. 566-567. L'article du cardinal Bea a été intégralement publié par *La Civiltà Cattolica*, n° 3161 du 6 mars 1981. Mgr PIER CARLO LANDUCCI, membre de l'Académie Romaine de Théologie, réfuta l'article de Bea par un écrit intitulé La vera carità verso il popolo ebreo qui fut publié par la revue génoise de théologie fondée par le cardinal Siri, *Renovatio*, n° 3 [1982] pp. 369 à 373. Le texte de Landucci fut également publié par la revue française *La Pensée Catholique* n° 207 [1983]. La pensée du Cardinal Bea sur les relations "Église-peuple juif" est longuement exposée par S. SCHMIDT, op. cit., pp. 589 à 613.

concernant le peuple juif". Naturellement Bea ne dit pas la vérité. Il ne dit pas que le schéma avait été mis au panier. Il affirma même le contraire, soutenant que "l'incident concernant le renvoi du Dr Wardi" (...) "ne changerait pas le moins du monde l'attitude fondamentale et la politique de l'Église Catholique" ». Quant à "la raison pour laquelle l'Église s'était décidée à parler du problème juif" il raconta que l'Église Catholique ne voulait pas être en reste avec le Conseil Œcuménique des Églises qui venait de condamner l'antisémitisme, cachant par contre que cette décision était intervenue à l'initiative des maçons du B'naï B'rith. Enfin, au cours de l'entrevue-qui-n'en-était-pas-une, il exposa sa thèse sur le "déicide", autrement dit celle d'Isaac, ni plus ni moins, que le Cardinal Cicognani lui avait interdit de divulguer[824].

Jean XXIII relance le schéma sur les juifs (13 décembre 1962)

C'est ainsi que du mois d'août au mois de septembre 1962, supporters et adversaires du décret sur les juifs jouèrent leurs cartes pour faire passer ou au contraire annuler définitivement le schéma et par la même occasion le plan que le B'nai B'rith avait conçu et commencé à mettre en œuvre avec la visite de Jules Isaac à Jean XXIII. Le temps pressait car le 11 octobre Jean XXIII inaugurait (avec un discours célèbre que je commenterai par la suite) la première session du Concile, la seule qu'il devait diriger. Lorsque le 8 octobre de la même année la première période conciliaire prit fin, rien n'était changé pour ce qui concerne le schéma sur les juifs depuis que Cicognani l'avait fait supprimer ; la question juive, celle que Bea avait le plus à cœur, n'avait même pas été traitée au Concile, si l'on exclue l'intervention de l'évêque mexicain de Cuernavaca, Mendez Arceo, pour demander à l'Église un document de réconciliation avec les juifs et la maçonnerie[825] ! Mais c'est le Secrétariat de Bea dans son ensemble qui

---

[824] *La Documentation Catholique* (1962, col. 1132) reprend le résumé de l'entrevue du 10 août 1962 que fit l'agence de presse K.N.A. le 16 août suivant.

[825] L'intervention de Mendez Arceo eut lieu le 6 décembre, deux jours avant la clôture de la session (cf. P. RALPH WILTGEN S.V.D., *Le Rhin se jette dans le Tibre*. Ed. fr. du Cèdre, Paris, 1976, p. 164). Selon *L'azione giudaico-massonica nel Concilio* (p. 2) que nous avons citée plus haut, l'évêque de Cuernavaca était lui aussi d'origine juive, "descendant des sefardi qui tentèrent de judaïser la population de Cotija au Mexique" (p. 9). Sur le phénomène des Marranes cf. ABBÉ CURZIO NITOGLIA dans *Sodalitium* n° 39, p. 4 ss.

se trouvait alors dans une situation extrêmement délicate, et, comme il a été dit déjà, le cardinal devait agir avec "prudence et souplesse"[826]. Puisqu'on ne pouvait plus présenter un schéma séparé, Bea pensa insérer celui qui avait été repoussé dans d'autres schémas comme celui sur l'Église ou celui sur l'œcuménisme ; "pour ce qui regarde le schéma sur les juifs - dit le procès-verbal de la réunion du Secrétariat pour l'unité des chrétiens du 26 octobre, peu après l'ouverture du Concile - Son Eminence [Bea] pense qu'on pourra insérer en un endroit approprié ce qui était dit dans notre schéma"[827]. Quelques jours auparavant, le 19 octobre, Jean XXIII avait donné encore une fois raison au Secrétariat de Bea, en confirmant que la compétence de celui-ci pour présenter des schémas ne se bornait pas à la phase préparatoire désormais conclue mais s'étendait au Concile même[828]. Le moment était venu de reprendre les positions perdues avec la malheureuse "affaire Wardi" ; aussi en décembre Bea pensa-t-il faire appel à Jean XXIII pour pouvoir proposer à nouveau le schéma sur les juifs rejeté en juin. Entre-temps, "le 13 décembre 1962 - écrit Zizola - de retour à leur propres résidences, les Pères conciliaires avaient trouvé un gros volume de 617 pages envoyé par des inconnus. Sur la bande extérieure de la couverture, 'on recommandait respectueusement aux illustres Pères la lecture immédiate de la Préface et de Table des matières'. Le volume lançait une attaque contre de prétendus 'pouvoirs occultes' cherchant à manœuvrer le Concile, pouvoirs eux-mêmes manœuvrés par des forces juives[829]. Le titre du livre était **Complot contre l'Église** et l'auteur un certain **Maurice Pinay**, pseudonyme évidemment"[830].

---

[826] Cf. S. SCHMIDT, op. cit., pp. 611-612.
[827] S. SCHMIDT, op. cit., p. 567.
[828] S. SCHMIDT, op. cit., pp. 452 à 454. Le Secrétariat pour l'union des chrétiens apparaissait comme "un organe préconciliaire, et non comme un organe élu par le Concile. D'où la question : qu'adviendra-t-il des schémas préparés par le Secrétariat ? (...) Il est significatif que, nonobstant l'activité convulsive du moment, le Pape ait fait communiquer par l'intermédiaire du Secrétariat d'État la réponse affirmative : quant à la compétence pour ce qui est des schémas, le Secrétariat était mis sur un pied d'égalité avec les Commissions conciliaires".
[829] Évidemment Zizola cherche à susciter chez le lecteur l'indignation envers les calomnies délirantes du livre en question. Cependant nous avons vu que les interventions au Concile de la loge maçonnique B'naï B'rith ne sont pas une légende mais une réalité, inconnue à la plupart à cette époque, mais admise aujourd'hui tranquillement par les B'naï B'rith eux-mêmes.
[830] G. ZIZOLA, op. cit., p. 225. Cf. également S. SCHMIDT, op. cit. p. 612. Le livre de Maurice Pinay fut imprimé à Rome par le typographe Dario Detti avec une préface datée du 31 août 1962. Dans la préface même il est dit que la préparation du livre a duré 14 mois. De nombreuses traductions en ont été faites, en allemand, en espagnol, en portugais, etc. La traduction espagnole (même si la langue originale de l'écrit est

Contemporainement "une campagne antichrétienne explosait dans l'État d'Israël sous la forme d'un complexe 'antimissionnaire'. La presse toute entière, celle de la gauche comme celle de la droite politique et des milieux juifs les plus orthodoxes, dénonçait les moyens 'scandaleux'employés par les missionnaires pour convertir les Juifs (...). Un projet de loi était présenté dans le but de réduire aux seuls chrétiens les activités des diverses Églises" ; il était soutenu par ce même ministre des Cultes qui avait décidé l'envoi à Rome de Chaim Wardi[831]. En ce mois de décembre 1962, Jean XXIII avait donc en mains tous les éléments pour décider en toute connaissance de cause. C'est alors, comme nous l'avons dit, que Bea "revint à la charge après la conclusion de la première session du Concile" (qui eut lieu le 8 décembre). « Dans la relation officielle avec laquelle en 1963 il présentait en assemblée conciliaire le schéma sur le Comportement des catholiques envers les non-chrétiens et principalement les juifs, [Bea] rapporte à ce sujet : "Au mois de décembre dernier j'ai exposé par écrit toute cette question sur les juifs au Souverain Pontife Jean XXIII d'heureuse mémoire. Et peu de temps après le Pape me signifiait sa pleine approbation". Comme on le voit, le Pape avait mis la même promptitude à répondre qu'à procéder à l'institution du Secrétariat. Sur une feuille sans en-tête datée du 13 décembre, écrite entièrement de sa main, le Pape disait : "Lu avec attention ce rapport du cardinal Bea, tout à fait d'accord sur la gravité et la responsabilité d'une prise de position de Notre part. Le *Sanguis ejus super nos et super filios nostros* n'attribue à aucun croyant en Jésus-Christ la dispense de s'intéresser au problème et à l'apostolat pour le salut de tous les fils d'Abraham comme de tout être vivant sur la terre. *Te ergo quæsumus Tuis famulis subveni, quos prtioso sanguinæ redemisti*. Joannes XXIII PP." »[832]. Ce texte de Jean XXIII est ambivalent. La seconde partie semble orthodoxe et, comme l'écrit le Père Schmidt, "contient certes de quoi troubler le lecteur juif". Mais, explique ce même Schmidt à la suite d'Oesterreicher, "quiconque connaît le pape Jean XXIII comprendra sans équivoque qu'il s'agit d'une expression de sa charité, formulée avec sa simplicité habituelle bien éloignée de toute visée prosélytique". Pour un catholique au contraire, la première partie est absolument

---

justement l'espagnol) fut publiée avec l'Imprimatur de Mgr Juan de Navarrete, Archevêque d'Hermosillo (Mexique), en date du 18 avril 1968. A propos du livre de Maurice Pinay, voir également ABBÉ CURZIO NITOGLIA, Le complot judaïco-maçonnique contre l'Église de Rome, dans *Sodalitium*, n° 37, pp. 28 à 40.
[831] G. ZIZOLA, op. cit., p. 226.
[832] S. SCHMIDT, op. cit., p. 568.

déconcertante, puisque Jean XXIII y reconnaît être "tout à fait d'accord" avec un texte de Bea "lu avec attention", **un texte qui est inconciliable avec la doctrine catholique** ! Aussi Schmidt conclue-t-il à juste titre : "L'important est qu'avec ce simple texte le pape Jean XXIII remettait le problème à l'ordre du jour du Concile, se faisant pour la seconde fois le père spirituel du futur document conciliaire" *Nostra Ætate*.

Développement des relations judéo-chrétiennes jusqu'à la mort de Jean XXIII (juin 1963)

Nous l'avons vu, c'est après la clôture de la première session conciliaire que fut prise cette importante décision de Jean XXIII. Il ne devait plus en présider aucune ; la seconde session, où fut pour la première fois examiné en assemblée le schéma sur les juifs, se déroula sous le pontificat de son successeur Paul VI. Jean XXIII était mort entre-temps, en juin 1963. Il nous reste donc à examiner les derniers six mois de gouvernement de Jean XXIII du point de vue des relations avec le judaïsme. Ce furent des mois d'activité intense pour le cardinal Bea entièrement soutenu et encouragé par Roncalli. Le 16 février 1963 par exemple, Bea avait une nouvelle entrevue à Rome avec le Président des B'nai B'rith, Label Katz, pour modifier à la lumière des nouveaux événements "le plan initial établi en 1962"[833]. Selon plusieurs auteurs, en cette occasion, ou en une autre, Jean XXIII reçut Katz en audience[834]. De toutes les rencontres intervenues ces mois-là, "la plus importante et la plus significative"[835] eut lieu à New York le 31 mars 1963 dans le cadre d'une visite de Bea aux USA, "point culminant de l'activité personnelle du Cardinal" en cette période[836]. Point culminant de son activité parce que "dans cette visite - poursuit Schmidt - sont représentés tous les champs les plus variés de l'activité du Président du Secrétariat pour l'union des chrétiens commentés jusqu'ici : qu'il s'agisse de l'œcuménisme, des relations de l'Église avec le peuple juif,

---

[833] L'azione giudaico-massonica nel Concilio, op. cit., p. 10.
[834] E. RATIER, *Mystères et secrets du B'naï B'rith*, Facta, Paris 1993 ; L'azione giudaico-massonica ne ! Concilio, op. cit., p. 4 : "Ce fut justement son actuel Président [du B'naï B'rith] Label Katz qui se mit en contact avec le Cardinal Bea, et celui-ci l'introduisit ensuite auprès de Sa Sainteté Jean XXIII".
[835] S. SCHMIDT, op. cit., p. 569.
[836] Pour tout le voyage de Bea aux USA, cf. S SCHMIDT, op. cit., pp. 464 à 470 et note 60 p. 464.

du "nouveau thème" du "problème de la rencontre des hommes en tant qu'hommes sous la souveraineté d'un Dieu personnel et, comme conséquence, du problème de l'unité de l'humanité aussi du point de vue simplement humain" ; en clair, ce voyage inclue l'ouverture aux hérétiques, aux juifs et aux maçons. Etant donnée son importance nous allons nous y attarder. Remarquons d'abord avec Schmidt qu'"il existe de tout le voyage un compte rendu confidentiel et qui pour le moment le demeure" ; des faits demeurent donc, qui en 1987 encore, date de la parution du livre de Schmidt, ne pouvaient être révélés ! Contentons-nous de ce qui est du domaine publique (ce qui ne veut pas dire connu de tout le monde, loin de là !). L'origine de la visite serait à rechercher dans les activités de l'"Entrevue Agape". De quoi s'agit-il ? « Bea nous en explique lui-même le concept : "Il s'agit d'une initiative qui entend promouvoir le dépassement d'idées préconçues, de suspicions et de ressentiments de quelque origine qu'ils soient, au moyen de rencontres fraternelles inspirées de respect mutuel fondé à son tour sur la reconnaissance de la dignité de la personne humaine, de ses droits et de ses devoirs, sous la souveraineté d'un Être Suprême Personnel, Dieu, Père prévoyant et bienveillant de tous les hommes" ». On ne pourrait pas mieux décrire l'activité d'une vénérable Loge anglo-saxonne ! Si ce n'est, poursuit Bea, que l'Agape « s'inspire aussi, entre autres, de l'idée exprimée par le pape Jean XXIII dans le radio-message de la vigile du Concile (11/09/1962), c'est-à-dire de l'idée "de la fraternité et de l'amour qui sont des exigences naturelles de l'homme imposées au chrétien comme règle de rapport d'homme à homme et de peuple à peuple" ». C'est à la VII^è Agape tenue à Rome le 14 janvier 1962 que Bea fut invité pour la première fois ; elle était organisée par l'Université d'Etudes Sociales *Pro Deo* dont le président était le père dominicain belge Felix Morlion, figure énigmatique et très intéressante sur laquelle nous reviendrons[837]. A la VII^è Agape participaient des représentants de 17 religions ou confessions religieuses diverses ; thème de la rencontre : "le dépassement des préjugés, de l'incompréhension, des antagonismes nationaux, raciaux, religieux et politiques". "Pour ce qui est des juifs italiens - écrit Toaff - la délégation était composée de moi-même, du président et du vice-président de l'Union des communautés israélites

---

[837] Anticipons pour le lecteur curieux : Morlion, probablement espion de la C.I.A., fut chassé de Rome par le Cardinal Pizzardo en 1960. Sa notoriété est due au rôle qu'il joua pour favoriser l'intervention de Jean XXIII dans l'affrontement opposant USA et URSS lors de la crise de Cuba, intervention qui constitua une étape importante de l'ouverture à gauche de Roncalli ; cf. PETER HEBBLETHWAITE, Jean XXIII, le pape du Concile, éd. Le Centurion, 1988, pp. 490, 519.

italiennes, tandis que les organismes juifs internationaux étaient représentés par l'American Jewish Committee. Dans le discours d'ouverture, le cardinal déclara que la raison d'être de cette rencontre était de rechercher la collaboration de tous les croyants en Dieu (...) citant le pape Jean XXIII (...). C'était là un langage nouveau qui sonnait agréablement à l'oreille des juifs..."[838] "Lorsque, le 13 janvier de l'année suivante, il participe à la VIIIè Agape", Bea, pour la première fois, "parle explicitement de rencontres et de collaboration entre ressortissants de diverses religions sur la base de la foi commune en Dieu et dans le respect réciproque de la liberté religieuse de chacun". Le nombre des religions représentées était monté à 21, de sorte que Bea franchit une étape en parlant pour la première fois en public "du problème de la liberté religieuse". Cette conférence souleva jusque dans la presse romaine une furieuse polémique, car tout le monde s'était rendu compte de la contradiction entre la position de Bea et celle de l'Église catholique[839]. Comment réagit Jean XXIII ? Le Père Schmidt rapporte qu'après la VIIè Agape, il avait envoyé une lettre d'approbation signée du Secrétaire d'État Après la VIIIè il fit pire, en adoptant quelques mois plus tard la position hétérodoxe de Bea sur la liberté religieuse dans la fameuse encyclique *Pacem in terris*. Que Jean XXIII ait approuvé les Agapes de Morlion, l'appui qu'il donna au voyage de Bea aux USA le confirme. Et oui, car (finalement nous y arrivons) c'est l'organisation d'une nouvelle Agape non plus à Rome mais à New York et dont Bea devait être le Président qui fournit l'occasion du voyage. Pour éviter de nouvelles critiques Bea déclara que ça n'était pas en sa qualité de président du Secrétariat pour l'unité des chrétiens qu'il présidait la rencontre, "mais seulement à titre personnel, en tant qu'individu aimant l'homme et l'humanité et désirant promouvoir la fraternité entre tous les hommes"[840]. « La veille du départ pour les États-Unis, Bea est reçu en audience par le pape Jean XXIII. A la fin de l'audience il lui demande sa bénédiction. Surpris dans sa modestie bien connue, le Pape répond embarrassé : "Bénédiction... bénédiction, ça peut se faire : que le Dieu tout-puissant Nous bénisse...". Mais il accompagna le Cardinal de ses prières. En effet, après la mort du Pape,

---

[838] ELIO TOAFP, op. cit., p. 215.
[839] Cf. HEBBLETHWAITE, op. cit., p. 519 ; SCHMIDT, op. cit., p. 468 ; ZIZOLA, op. cit., p. 223. Je reviendrai par la suite sur la question de la liberté religieuse.
[840] En cette occasion Bea ajouta : "Je le fis d'autant plus qu'à l'époque n'existaient pas encore les deux Secrétariats institués plus tard par le Souverain Pontife [Paul VI] pour les contacts avec les religions non chrétiennes et avec les non croyants" ; SCHMIDT, op. cit., p. 468.

nous reçûmes de son fidèle secrétaire, Mgr Loris F. Capovilla, la photocopie d'une feuille de calendrier de bureau, datée du 23 mars, sur laquelle était noté : "Bon travail toujours du très digne Président du secrétariat pour l'unité des chrétiens, le très méritant cardinal Bea qui part maintenant pour l'Amérique où l'attendent des occasions de faire beaucoup de bien. Mon cœur sent le besoin de l'accompagner en union particulière d'esprit et de prière" »[841]. Le voyage dura dix jours, du 27 mars au 5 avril 1963, avec escales à Harvard, Boston, New York, Baltimore et Washington[842].

Pour ce qui concerne notre sujet, deux rencontres sont significatives ; elles eurent lieu toutes deux à New York. Dans la soirée du 31 mars, au siège du Comité Juif Américain[843], Bea rencontra les représentants des organisations juives, une douzaine de personnalités (...) un peu de tous les divers courants". "En cette occasion également l'atmosphère était vraiment excellente et fraternelle"[844], étant donné que Bea ne faisait que répéter les thèses de Jules Isaac : aucune responsabilité dans la mort de Jésus, aucun châtiment divin dans l'exil du peuple élu, aucune réprobation de son peuple par Dieu. Comment n'auraient-ils pas été contents d'entendre un cardinal démentir l'Église, se faisant l'écho des thèses préalablement mises au point par le "frère" Isaac ? Le lendemain 1er avril eut lieu l'Agape qui réunit un millier de personnes parmi lesquelles, outre Bea, le maire de New York, Wagner, le gouverneur Rockefeller, le pasteur H. P. Dusen (protestant), Rabbi Abraham J. Heschel, professeur au Séminaire Théologique Juif, le musulman Zafrulla Khan et le bouddhiste U Thant, tous deux des Nations Unies, et enfin le Père Morlion. Thème (maçonnique) de la rencontre : Civic Unity and Freedom under God, c'est-à-dire Unité Civique et Liberté sous l'autorité de Dieu. La présence de Rabbi Heschel[845] est significative. Heschel admirait Bea au point de dire de

---

[841] S. SCHMIDT, op. cit., p. 469.

[842] Quelques précisions pour le lecteur américain. Bea fut accueilli et soutenu surtout par l'archevêque de Boston, le cardinal Richard Cushing, puis par celui de Baltimore (membre du Secrétariat), Mgr Shehan et enfin par celui de Washington, O'Boyle. A Harvard, Bea rencontra des congrégationalistes et des méthodistes (27-29 mars) et à New York, au Lutheran Center, les représentants du Conseil œcuménique des Églises (31 mars).

[843] S. SCHMIDT, op. cit., p. 569.

[844] S. SCHMIDT, op. cit., p. 466.

[845] Abraham Joshua Heschel (1907-1972), juif polonais hassidim. Théologien et écrivain émigré aux États-Unis où il enseigna au Jewish Theological Seminary. Sur Heschel cf. HANS KONG, Ebraismo, Rizzoli, Milano 1993, pp. 451 à 459 ; ENCYCLOPEDIA JUDAICA, vol. 8, col. 426-427 ; ROY ROSENBERG, L'Ebraismo, storia, pratica, fede. Oscar Mondadori, Milano 1995, pp. 138 à 141.

lui, le canonisant presque : "l'exceptionnelle combinaison de sagesse, de savoir et de sainteté de cet homme vraiment supérieur en ont fait l'une des plus riches sources de consolation à une époque remplie de ténèbres. (...) Son nom demeurera cher au cœur du peuple juif et de tous les hommes de bonne volonté en tant qu'artisan inspiré de la compréhension religieuse ; il restera pour toujours une bénédiction"[846]. Tant d'admiration suppose une profonde connaissance ! Et Schmidt écrit en effet : "A partir de novembre 1961, A.J. Heschel fut reçu à plusieurs reprises par le Cardinal à Rome" et "en tant que collègue scientifique de Bea et d'exégète comme lui, il exerça une influence considérable sur l'élaboration de *Nostra Ætate*"[847]. **Pour la seconde fois nous avons un aveu d'importance capitale : ce document conciliaire que tous les catholiques devraient considérer comme l'œuvre du Saint-Esprit, ce sont les juifs qui l'ont écrit !** Par ailleurs la collaboration d'Heschel et de Bea son "collègue" a été confirmée récemment de source juive. Rabbi Rosenberg écrit : "Dans son expérience de vie, Heschel appliqua les idéaux de ses écrits. Il fut en première ligne aux États-Unis dans la lutte pour les droits civils et comme adversaire publique de la guerre du Vietnam. Il prit aussi une part importante au Vatican comme consultant dans les années soixante, lorsque l'Église catholique développait ses opinions actuelles sur le Judaïsme et les autres religions et sur la façon de les traiter dans l'enseignement de l'Église"[848]. Il n'y a donc aucun doute à avoir sur la véritable origine de l'important document du Concile Vatican II...

Dans les sous-sols de la synagogue de Strasbourg

A son retour des États-Unis, le cardinal Bea trouva Jean XXIII en bien mauvaise santé : il ne lui restait même plus deux mois à vivre. L'étude des rapports entre Angelo Roncalli et les communautés juives devrait donc se conclure avec le voyage du cardinal Bea aux USA. En réalité il reste encore beaucoup de choses à dire. Jusqu'ici nous avons seulement parlé des faits et des événements publics, ou de ceux qui le

---

[846] S. SCHMIDT, op. cit., pp. 839 et 841.
[847] S. SCHMIDT, op. cit., p. 612, note 179.
[848] ROY A. ROSENBERG, L'ebraismo, storia, pratica, fede. Oscar Mondadori, Milano 1995, p. 139 (éd. anglaise : Judaism, History, Practice and Faith. 1990). Il ne faut pas confondre Rabbi Rosenberg avec l'idéologue du nazisme Alfred Rosenberg, condamné à mort à Nuremberg (1946) et auteur du livre violemment anti-chrétien intitulé *Le mythe du XXe siècle*, pas plus qu'avec les époux Rosenberg condamnés à mort aux États-Unis (1953) comme espions soviétiques.

sont devenus par la suite comme la visite de Jules Isaac racontée dans le numéro précédent. Toutefois beaucoup de choses demeurent encore cachées et ce n'est que peu à peu et de manière fragmentée qu'elles viennent à la connaissance d'un nombre restreint de lecteurs attentifs.

C'est seulement dans les années 1986-1987, par exemple, que l'on a pris connaissance de ce que, faisant référence à l'accord plus connu "Rome-Moscou" réalisé lui aussi sous Jean XXIII, Madiran a appelé "l'accord secret de Rome avec les dirigeants juifs"[849]. Madiran se réfère à deux articles de Lazare Landau publiés sur *Tribune Juive*, hebdomadaire publié à Strasbourg et à Paris et dirigé par le rabbin Jacquot Grunewald, Le premier article se trouve dans le n° 903 (17-23 janvier 1986), le second, plus détaillé, dans le n° 1001 (25-31 décembre 1987). Ils seraient à citer en entier... Limitons-nous à une partie du second article : "Par une soirée brumeuse et glaciale de l'hiver 1962-1963 - écrit Landau - je me suis rendu à une invitation extraordinaire du Centre communautaire de la Paix à Strasbourg. Les dirigeants juifs recevaient en secret, au sous-sol, un envoyé du pape. A l'issue du shabbat, nous nous comptions une dizaine pour accueillir un dominicain de blanc vêtu, le R.P. Yves Congar[850], chargé par le cardinal Bea, au nom de Jean XXIII, de nous demander, au seuil du Concile[851], ce que nous attendions de l'Église catholique (...). Les juifs tenus depuis près de vingt siècles en marge de la société chrétienne, souvent traités en subalternes, ennemis et déicides, demandaient leur complète réhabilitation. (...) Le blanc messager (...) s'en revint à Rome porteur d'innombrables (autres) requêtes qui confortaient les nôtres. Après de difficiles débats (...) le concile fit droit à nos vœux. La déclaration *Nostra Ætate* n°4 constitua - le Père Congar et les trois rédacteurs du texte me le confirmèrent - une véritable révolution dans la doctrine de l'Église sur les juifs (...)". Depuis l'époque de la visite secrète du Père Congar en un endroit caché de la synagogue, une nuit d'hiver glaciale, la doctrine de l'Église a connu effectivement une mutation totale". Combien d'autres rencontres dans les sous-sols des synagogues,

---

[849] Cf. *Itinéraires*, automne 1990, n° III, pp. 1 à 20. L'analyse de Madiran mérite d'être lue dans son entier.
[850] Œcuméniste, représentant de la Nouvelle Théologie, il fut frappé par les mesures disciplinaires consécutives à l'encyclique de Pie XII, *Humani generis*. Jean XXIII par contre le nomma "expert" à Vatican II. Jean-Paul II l'a défini comme son maître à *Franchir le seuil de l'espérance*, et l'a nommé "Cardinal" en 1994. Il est mort le 22 juin 1995.
[851] L'épisode se situe donc probablement avant le 11 octobre 1962, date du début du Concile, ou, en tous cas, peu après, lorsque le schéma sur les juifs était encore dans les limbes... pour tout le monde, excepté pour Bea et pour Jean XXIII.

combien d'autres accords secrets pour "changer totalement la doctrine de l'Église" y eut-il ces années-là sous la responsabilité de Jean XXIII ?

Responsabilité de Jean XXIII

Quelle fut donc la responsabilité de Jean XXIII ? Se rendait-il compte de ce qu'il faisait en soutenant et en approuvant le cardinal Bea ? Ou bien était-ce de sa part charité mal comprise ? Ou bien désir de plaire et de faire plaisir ? Les intentions de Jean XXIII nous échappent ; elles ne sont connues que de Dieu qui a déjà rendu son jugement. Les faits, eux, demeurent. Quelles que soient les intentions, on peut se demander comment un authentique successeur de Pierre a pu :

1) Changer la liturgie catholique dans un sens œcuménique, supprimant systématiquement toute référence liturgique (et dévotionnelle) à une doctrine soutenue par l'unanimité des Pères ?

2) Collaborer avec des associations objectivement antichrétiennes et liées à la maçonnerie, et les favoriser ?

3) Approuver la doctrine contenue dans le schéma du cardinal Bea, doctrine plus explicite encore que celle effectivement "promulguée" par Vatican II ensuite dans la Déclaration conciliaire *Nostra Ætate*[852].

Quelque temps après l'approbation définitive de la Déclaration *Nostra ætate*, des **catholiques "traditionalistes"** firent circuler parmi les Pères conciliaires un document de quatre pages portant la signature de 31 associations ; il était intitulé : "Aucun concile ni aucun pape ne peuvent condamner Jésus, l'Église catholique, apostolique et romaine, ses pontifes et les conciles les plus illustres. Or la déclaration sur les juifs comporte implicitement une telle condamnation et, pour cette éminente raison, doit être rejetée". Dans le texte on pouvait lire entre

---

[852] La première version du § 4 de *Nostra ætate*, incluse dans le décret sur l'œcuménisme et présentée dans la seconde session du Concile (19 novembre 1963), la seconde version incluse au n° 32 de la déclaration sur les religions non chrétiennes présentée au début de la troisième session (28-29 septembre 1964), la troisième version approuvée comme n° 4 de Judæis de *Nostra Ætate* le 20 novembre 1964, sont présentées avec la version définitive votée le 28 octobre 1965 dans le livre de MARIE-THERESE HOCH et BERNARD DUPUY, *Les Églises devant le Judaïsme. Documents officiels 1918-1978*, éd. du Cerf, Paris 1980, pp. 321 à 334. Malgré les atténuations et les changements (entre autres la disparition du mot "déicide" du texte conciliaire) le cardinal Bea a pu dire, à juste titre, que son texte a été "fidèlement conservé quant à la substance" (cf. SCHMIDT, op. cit., p. 585).

autres : "Les juifs désirent maintenant pousser l'Église à se condamner tacitement et à se déjuger devant le monde entier. **Il est évident que seul un antipape ou un conciliabule pourrait approuver une déclaration de ce genre**"[853].

Si ça n'est pas Jean XXIII qui la promulgua officiellement, comme nous l'avons démontré, **il l'approuva totalement**. Ce qui pose un problème digne pour le moins d'approfondissements ultérieurs.

Saint Jean XXIII et Saint Jules Isaac

Nous comprenons alors l'enthousiasme d'un Giniewsky. **A une nouvelle doctrine correspond une nouvelle Église**, avec ses nouveaux Saints. Le Concile n'était qu'un début ; comme le dit Jean-Paul II, il est en quelque sorte l'Avent au regard des événements du Troisième Millénaire. Pour cet avenir, on ne peut plus proche désormais, voici ce que propose Giniewsky : "Une Église abolissant la sainteté de saint Jean Chrysostome, à la langue de vipère ; de saint Louis qui préconisait de dialoguer avec les juifs en leur passant l'épée dans le corps ; et remplaçant les saints sataniques, pourfendeurs et homicides, par de nouveaux saints : saint Jules Isaac et saint Jean XXIII. (...) Rien n'interdit d'espérer son avènement, de rêver un autre Jean XXIII qui prendrait pour nom-défi, nom-programme, nom-emblème **Jean XXIV, convoquerait Vatican III et demanderait à l'État d'Israël, pour l'héberger, l'hospitalité de sa capitale unifiée et éternelle**. Les chrétiens aimant les Juifs se réuniraient en concile de Jérusalem. Jean XXIV y proclamerait l'encyclique *Pro Judæis* affirmant haut et clair le lien du peuple juif avec sa terre retrouvée (...). Dans ce Nouvel Evangile Juif le pharisien Jeshua [Jésus] se dresserait contre la puissance romaine

---

[853] Texte cité par HENRI FESQUET dans : *Le journal du Concile*, Robert Morel éd., Forcalquier 1966, p. 988, qui reprend l'un de ses articles paru dans *Le Monde* le 16 octobre 1965. Dans cet article Fesquet affirme que parmi les signataires figuraient les revues *Itinéraires*, *Nouvelles de chrétienté*, et *Verbe* de la Cité Catholique. Les responsables de ces revues démentirent avec dédain (cf. *Itinéraires*, n° 98, décembre 1965, pp. 1 à 32 ; n° 99, janvier 1966, pp. 4 à 14) déclarant que le texte était un "faux" et une "provocation" d'origine progressiste. Dans le n° 95 de juillet-août 1965, pp. 2 à 41, Madiran avait déjà dénoncé les déclarations des progressistes annonçant pour décembre le futur schisme des intégristes qui n'accepteraient pas le Concile. Cependant, je ne pense pas que le texte cité ci-dessus soit un "faux" fabriqué par les progressistes ; tout porte à croire par contre à une action des "traditionalistes" mexicains, à l'origine aussi du livre de "Maurice Pinay". Il n'en demeure pas moins que dès 1965 des voix s'élèvent pour déclarer le Siège vacant.

et mourrait pour la libération de son pays, Israël, et de son peuple, les Juifs. Leur injuste crucifixion, leurs deux millénaires de Passion y seraient déplorés. Serait avoué et désavoué ce qu'on a perpétré à Sainte-Gudule de Bruxelles, à Rinn, à Oberammergau, à Pulkau, à Ségovie, ce qu'on a prêché dans les catéchismes et les livres d'histoire... Tout serait mis en œuvre pour réhabiliter les Juifs calomniés et vilipendés. On dirait clairement qui sont les successeurs des crucificateurs romains et de Pilate. Les Juifs, depuis l'époque romaine, sont le plus ancien des peuples colonisés. Avec Jean XXIV, avec le Concile de Jérusalem, le temps de leur décolonisation serait venu. (...) Est-il utopique, sacrilège de vouloir ce temps nouveau ? Il est nécessaire aux Juifs crucifiés comme aux descendants de leurs crucificateurs. L'espérer est une joie. L'attendre, une grâce. Il est juste, il est pertinent, il est actuel de croire à une telle transformation des rapports d'Israël avec la chrétienté. Jean XXIV ferait peut-être scandale, pour les seules âmes habituées. Quand son œuvre sera accomplie, on s'étonnera qu'il ait fallu tant de siècles pour parvenir de la Passion selon saint Jean à la Passion selon saint Jules Isaac et saint Jean XXIII"[854].

---

[854] PAUL GINIEWSKY, op. cit., pp. 385-386. Certains lecteurs penseront que Giniewsky délire. Qu'ils se rappellent les paroles prononcées par Modigliani en 1962 : "En d'autres temps ç'eut été folie de demander à l'Église un tel comportement. Aujourd'hui non. Jean XXIII a fait preuve d'une généreuse sensibilité...". Impossible "d'enlever la sainteté" à des hommes canonisés par l'Église ? Et pourtant le culte de Saint Simonin, du Bienheureux Andrea de Rinn, du Bienheureux Lorenzino de Marostica ont été supprimés. Sainte Catherine de Sienne et d'autres saints ont été critiqués ; des excuses ont été demandées pour leurs "péchés"... Impossible de canoniser Jules Isaac ? Et pourtant Jean-Paul II a préconisé l'insertion des non catholiques au Martyrologe... Que les romains furent seuls responsables de la crucifixion est déjà doctrine officielle de l'"Église". C'est nous qui sommes les déicides, comme le rappelle le Nouveau Catéchisme de l'Église Catholique. Le Troisième Millénaire nous ramène à Jérusalem, c'est Jean-Paul II qui le dit... Non, hélas, Giniewsky ne délire pas.

DIX-NEUVIEME PARTIE : Jean XXIII et la Maçonnerie

Extrait de *Sodalitium* n° 42, octobre-novembre 1996

Le 18 décembre 1993, l'avocat napolitain Virgilio Gaito était élu Grand Maître du Grand Orient d'Italie, Obédience maçonnique dite de Palazzo Giustiniani. Peu après, le Grand Maître accordait deux entrevues significatives, la première à Fabio Andriola, journaliste de *L'Italia Settimanale*, la seconde à Giovanni Cubeddu, correspondant de *Trenta Giorni*, mensuel, dirigé par Giulio Andreotti, du mouvement Communion et Libération. Lors de ces deux entrevues, Gaito fit une allusion à Jean XXIII. Nous rapportons ici les questions et les réponses ; elles sont similaires, avec de légères différences. Les voici :

Andriola demanda à Gaito : "Croyez-vous qu'il y ait des prêtres dans les loges du Grand Orient, on dit que certains cardinaux ont été des frères..." ?

Le Grand Maître répondit : "Probablement. Moi, je n'en ai pas connaissance. **On dit que Jean XXIII a été initié à la maçonnerie lorsqu'il était nonce à Paris.** Je rapporte ce qui m'a été dit. D'ailleurs **dans ses messages j'ai saisi de nombreux aspects proprement maçonniques**. Lui entendre dire qu'il faut mettre l'accent sur l'homme m'a beaucoup plu"[855].

Cubeddu, à son tour, demanda : "Que dit maintenant le nouveau Grand Maître des rapports brûlants entre Église catholique et maçonnerie ?".

"Vous savez - répondit Gaito - un prélat qui voudrait s'inscrire, nous l'accueillerions à bras ouverts. Le problème est du côté de l'Église et non du nôtre : nous accueillons tous les hommes libres, tous les esprits libres. D'ailleurs, **il semblerait que le Pape Jean XXIII ait été initié à Paris et qu'il ait participé aux travaux des Ateliers à Istamboul**. Lorsque par la suite j'ai entendu les hiérarques ecclésiastiques parler dans leurs homélies de l'homme comme centre de l'univers je me suis senti ému jusqu'aux larmes"[856]. Le Grand Commandeur du Conseil

---

[855] La Loggia è una casa di vetro, Interview de VIRGILO GAITO par FABIO ANDRIOLA, publiée dans L'Italia settimanale du 26 janvier 1994 (n° 3), p. 74.
[856] Giuliano il Teista. Interview de VIRGILIO GAITO par GIOVANNI CUBEDDU, publiée dans Trenta Giorni, n° 2, février 1994, p. 29.

Suprême de la Maçonnerie mexicaine, Carlos Vasquez Rangel, a lui aussi révélé récemment qu'Angelo Roncalli aurait été initié à la Maçonnerie de Paris[857].

Ces entrevues du Grand Maître de la Maçonnerie italienne font autorité et remettent sur le tapis une importante question : quels étaient les rapports entre Jean XXIII et la Maçonnerie ? Et qui plus est : Angelo Giuseppe Roncalli était-il un frère franc-maçon ?

Selon Virgilio Gaito la réponse est la suivante :

Il semble qu'A.G. Roncalli ait fréquenté les loges à Istamboul.

Il semble que ce soit à Paris qu'A. G. Roncalli ait été initié à la Maçonnerie.

De toutes façons, **de l'avis du Grand Maître, et sa compétence en la matière ne fait pas l'ombre d'un doute, de nombreux aspects de la pensée de Jean XXIII sont proprement maçonniques.**

Nous avons déjà exprimé notre avis sur les informations émanant de membres inscrits à la Maçonnerie à propos des "révélations" de Pier Carpi[858]. Bien que Virgilio Gaito fasse plus autorité que Pier Carpi, nous devons le répéter, pour nous, la parole d'un maçon est a priori suspecte. D'ailleurs même Gaito ne donne pas pour certaine l'affiliation de Jean XXIII à la Maçonnerie. Il n'empêche que son témoignage est de poids et qu'on doit par conséquent le passer au crible en contrôlant ses graves affirmations. C'est là le but de ce XIXe article sur "Le Pape du Concile" ; pour ce faire, nous serons contraints de revenir sur le passé de notre personnage...

Le Grand Orient en Orient (Bulgarie, Grèce, Turquie)

La quatrième partie du "Pape du Concile", ("un œcuméniste dans les Balkans : 1925-1939") et la suivante ("de la seconde guerre mondiale à la nomination à Paris : 1939-1944") étaient dédiées précisément à la période passée par Mgr Roncalli dans cette région comme représentant du Saint-Siège, d'abord en Bulgarie, puis en Turquie[859]. Aux dires de

---

[857] « C'est à Paris que les non initiés Angelo Roncalli et Giovanni Montini furent initiés, le même jour, aux augustes mystères de la fraternité. Aussi n'y a-t-il rien d'étrange à ce que beaucoup de choses réalisées dans le second Concile du Vatican par Jean XXIII, soient basées sur les principes et les postulats maçonniques ». Tiré de *Proceso* n° 832, 12/10/1992, cité par C.D.L. Reporter Mai 1995, n° 179, p. 14.

[858] Cf. *Sodalitium*, n° 25, p. 22-23.

[859] Cf. *Sodalitium*, n° 25, p. 9 à 24 et n° 26, pp. 25 à 33.

Pier Carpi c'est en 1935, qu'à peine arrivé à Istamboul, il s'affilia aux Rose-Croix. Selon Gaito il se contenta de fréquenter les Loges sans être initié. Nous ne possédons aucune confirmation explicite de ces informations. Cependant nous pouvons démontrer qu'elles ne sont **pas absolument invraisemblables**. Déjà nous avons parlé de ses relations amicales avec la hiérarchie "orthodoxe" et le gouvernement turc, relations qui allaient bien au-delà des devoirs du diplomate. Or, dans ces deux cas, on peut supposer une **entrée en contact avec le monde maçonnique**. Il est notoire en effet que les confessions anglicanes et "orthodoxe" n'ont pas envers la Maçonnerie les préventions de l'Église catholique. Le "Patriarche" de Constantinople, **Athénagoras**, qui comparait Jean XXIII à saint Jean-Baptiste, était par exemple un **haut dignitaire de la Maçonnerie**[860]. De plus le gouvernement turc ne se contentait pas d'être empreint de laïcisme rigide, il était l'émanation d'une société secrète, les "Jeunes Turcs", société appuyée par la Loge maçonnique de Salonique et composée en grande partie des membres d'une "secte juive (**les Dunmeh**) qui professaient extérieurement l'Islam, tout en maintenant le culte hébraïque dans le secret de leurs maisons"[861]. Ces "amis" pourraient bien avoir fait connaître la Maçonnerie à notre Roncalli. D'ailleurs, le comportement et les discours de Roncalli, reportés dans les numéros précédents de *Sodalitium* cités ci-dessus, indiquent **clairement que, s'il n'était pas initié, Mgr Roncalli avait du moins des "aspects proprement maçonniques"**, pour reprendre l'heureuse expression du Grand Maître.

Avec les Maçons de la III^è République

Aux dires de Gaito et de Vasquez Rangel, c'est à Paris que Roncalli aurait été initié aux secrets des "Fils de la Veuve". A ce qui a été dit déjà dans *Sodalitium*[862] on peut ajouter quelques précisions. Les rapports d'amitié intime entre le Nonce et deux anticléricaux acharnés, le socialiste Vincent Auriol et le radical Edouard Herriot, ne furent pas sans étonner le monde politique parisien pourtant affranchi. Or l'historien de la Maçonnerie Aldo Alessandro Mola précise qu'Auriol

---

[860] Cf. PADRE ROSARIO ESPOSITO S.S.P., Santi e massoni al servizio dell'uomo, Bartogi, Foggia 1992, p. 216.
[861] Cf. MAURIZIO BLONDET, Gli Adelphi della dissoluzione, Ares, Milan 1994, pp. 49 à 51.
[862] Cf. *Sodalitium*, n° 27, pp. 12 à 20 et n° 28, pp. 9 à 24.

et Herriot étaient tous deux membres de la Maçonnerie[863]. L'ambassadeur espagnol à Madrid, Miguel Mateù Pla, fut pratiquement mis à la porte de la nonciature par Mgr Roncalli qui n'avait pas évidemment la même sympathie pour le représentant du général Franco que pour Auriol et Herriot. "En une autre occasion - purement protocolaire - l'ambassadeur d'Espagne (...) fut frappé d'une déclaration faite en sa présence par le nonce Roncalli, sur un ton quasiment confidentiel, à quelques personnalités catholiques. Le nonce exprimait l'amitié qu'il professait pour la personne et l'œuvre du ministre de l'éducation du gouvernement français et l'estime qu'il avait pour lui ; il le considérait comme "molto bravo" [un très bon ministre] - ce sont ses paroles textuelles. Et comme on lui faisait remarquer qu'en France depuis les temps de Combe, tous les ministres de l'Education sont maçons, que son ami en question l'était lui aussi, Mgr Roncalli montra ostensiblement son déplaisir pour l'observation qui venait de lui être faite"[864].

On trouve un autre indice de l'affiliation maçonnique de Roncalli dans son amitié pour **le Baron Marsaudon**, attestée par celui-là-même dans trois de ses livres[865]. J'en ai déjà parlé dans les numéros précédents ; je me contente donc de résumer, en ajoutant seulement quelques nouveaux détails. Marsaudon et le nonce Roncalli firent connaissance en 1947 et se lièrent d'amitié, quoique Marsaudon n'ait pas fait mystère de son affiliation maçonnique. C'est l'appartenance du Baron à l'Ordre de Malte qui fut l'occasion des premiers contacts : Marsaudon demandait à Roncalli son appui pour faire reconnaître l'Ordre dans les pays de l'Amérique Latine. En effet, Marsaudon initié à la Maçonnerie en 1926 par Pierre Valude, Ministre de la Marine Marchande dans le monde profane, avait été envoyé, un an après, par ce dernier, en Amérique du Sud, comme représentant des Compagnies

---

[863] ALDO ALESSANDRO MOLA, Storia della Massoneria italiana dall'Unità alla Republica, Bompiani, Milano, 1976, pp. 548 et 624.

[864] FRAY C. SANTE, De Don Miguel Matèu Pla al schisma, pasando por el Noncio Roncalli, dans Que pasa ?, n° 459, du 14 octobre 1972, cité par TOMAS TELLO, Sombras y penumbras de la figura Roncalli (alias Juan XXIII), chez l'auteur, pp. 21 et 22.

[865] Il s'agit pour être plus précis de : *L'Œcuménisme vu par un Franc-Maçon de Tradition*, Vitiano, Paris, 1964 (avec préface de Charles Riandey, Grand Commandeur du Conseil Suprême de France de Rite Ecossais ancien et accepté, et dédié "à la mémoire d'Angelo Roncalli... Au Père de tous les chrétiens, à l'Ami de tous les hommes, A son Auguste continuateur, S.S. le Pape Paul VI") ; *De l'initiation maçonnique à l'orthodoxie chrétienne*, Dervy, Paris 1965 ; *Souvenirs et réflexions ; un haut dignitaire de la Franc-Maçonnerie de tradition révèle ses secrets*, Vitiano, Paris 1976.

françaises de navigation. Il avait travaillé de 1927 à 1932 pour le gouvernement français et la Maçonnerie (qui ne faisaient qu'une seule et même chose !) et il connaissait très bien les Loges sud-américaines. Revenu en France et parvenu au summum des grades maçonniques grâce à l'appui du grand initié spiritualiste, Oswald Wirth[866], Marsaudon, dans l'après-guerre, avait été nommé Ministre plénipotentiaire en mission spéciale de l'Ordre Militaire Souverain de Malte (O.M.S.M.), par le Grand Maître de l'Ordre de Malte, le frère Ludovico Chigi Albani della Rovere. Naturellement, grâce à ses appuis maçonniques, il avait obtenu du gouvernement français la reconnaissance officielle de la Délégation de l'Ordre en France. Connaissant ses entrées en Amérique du Sud, l'Ordre de Malte avait confié à Marsaudon la charge d'obtenir la même reconnaissance sur ce continent, et c'est ainsi qu'il alla chercher conseil auprès du Nonce Roncalli. Selon le Baron, Mgr Roncalli devint dès lors et pour toujours son "protecteur" et "confident". Au cours de leurs longs entretiens, tant à la nonciature qu'à la résidence de Marsaudon, ils parlèrent tous deux des problèmes de l'Ordre de Malte, "des rapports entre l'Église et la Maçonnerie", "des problèmes spirituels", "du rapprochement des diverses Églises Chrétiennes"[867]. Selon Marsaudon, Roncalli lui aurait dit : "Ce n'est pas la croyance ou la non-croyance en Dieu qui me préoccupe, mais plutôt la vraie conception du Christ, en tant que Jésus-Homme surtout". **Roncalli "ne parlait jamais de l'enfer** ; il parlait plutôt fréquemment d'une vie future qu'il évitait cependant soigneusement de définir. Il ne faut pas oublier qu'il avait passé 10 ans en Orient ; non seulement il avait côtoyé des Patriarches orthodoxes,

---

[866] Oswald Wirth (1865-1943), initié à la Maçonnerie en 1882 (Grande Loge de France) réagit contre l'abandon du symbolisme par de nombreux maçons et se trouva ainsi en syntonie avec un autre maçon spiritualiste bien connu, René Guénon (1886-1951). Cf. ALEC MELLOR, *Dictionnaire de la Franc-Maçonnerie et des Francs-Maçons*, Belfond, Paris 1971-1979, pp. 268 et 318. Wirth fut de son côté secrétaire et disciple préféré de Stanislas de Guaita (1861-1897), fondateur de l'Ordre Cabbalistique des Rose-Croix, occultiste, morphinomane, accusé de satanisme (injustement aux dires d'Introvigne, en dépit de ses livres, dont : *Le temple de Satan, La clé de la magie noire et Essai de sciences maudites*). Par ailleurs de Guaita considérait le célèbre mage cabbaliste Eliphas Levi (pseudonyme de l'ex-abbé Alphonse-Louis Constant) comme le "Maître des Maîtres". Pour la petite histoire : Guaita était très ami avec l'homme de lettres Maurice Barrès, avec lequel il fonda aussi un ordre martiniste. Outre le dictionnaire de Mellor (maçon catholique bien connu), cf. également MASSIMO INTROVIGNE, Il Cappello del Mago - Le chapeau du mage, Sugarco, Milano 1990, pp. 152-154, 187-189, 225.
[867] Cf. MARSAUDON, *L'œcuménisme*..., op. cit., p. 45. Les notes biographiques sur Marsaudon ont toutes été tirées de cet ouvrage, pp. 20 à 44.

mais il n'oubliait pas non plus qu'ils sont les continuateurs des chrétiens les plus proches des Apôtres et qu'ils ont évité avec soin certaines de ces nouveautés accueillies avec enthousiasme (...) dans les milieux catholiques romains"[868]. Parmi ces nouveautés : l'infaillibilité du Pape, sur laquelle il maintenait volontairement le silence, et l'Assomption de Marie que Pie XII s'apprêtait à définir dogmatiquement[869]. A propos de la Maçonnerie, le Nonce "ne dédaigna pas de s'intéresser" aux "modestes conceptions" de Marsaudon sur les "rapports entre l'Église et la Maçonnerie"[870], "il s'efforçait gentiment de comprendre la signification de l'initiation (...) qui n'est en aucune façon incompatible avec la foi, ce dont il était de plus en plus convaincu"[871] au point qu'il conseilla "formellement" au "Baron" "de demeurer dans la Maçonnerie"[872]. Le caractère et les idées de Roncalli tels qu'ils ont été décrits par Marsaudon, correspondent au portrait que fit de lui un autre haut dignitaire maçon et diplomate suisse, son ami aux temps de la nonciature parisienne, Carl J. Burckardt : **"C'est un déiste et un rationaliste (...). Il changera beaucoup de choses ; après lui, l'Église ne sera plus la même"**[873].

En somme tout marchait pour le mieux (du point de vue de Marsaudon) lorsqu'éclata le scandale de l'Ordre de Malte.

L'ordre de Malte sous enquête

Le 14 novembre 1951 mourait à Rome Ludovico Chigi Albani della Rovere, Grand Maître de l'Ordre de Malte. Les chevaliers auraient dû se réunir pour élire le successeur ; ils ne le firent pas. Ils ne le pouvaient pas : Pie XII le leur avait formellement interdit. Le Pape nomma une commission cardinalice chargée de réformer (ou de supprimer) l'Ordre de Malte et, tant que vécut le Pape Pacelli, les chevaliers n'eurent plus de Grand Maître. Tout s'arrangera le 24 juin 1961. A cette date, fête de saint Jean-Baptiste, patron de l'Ordre (et de la Maçonnerie), Jean XXIII

---

[868] Cf. MARSAUDON, *Souvenirs...*, op. cit. : je n'ai pas pu consulter le livre que je cite d'après TELLO, op. cit., p. 7.
[869] Cf. MARSAUDON, *L'Œcuménisme...*, op. cit., pp. 45-46, *Souvenirs...*, chez TELLO, op. cit., p. 7.
[870] MARSAUDON, *L'Œcuménisme...*, op. cit., p. 45.
[871] MARSAUDON, *Souvenirs...*, op. cit., p. 263.
[872] MARSAUDON, *De l'initiation....*, op. cit., pp. 135136, reporté par ROSARIO F. ESPOSITO S.S.P. ; Le grandi concordanze tra Chiesa e Massoneria, Nardini, Florence 1987, pp. 390-391.
[873] Cf. *Sodalitium*, n° 28, p. 28 où la citation de Burckardt est intégralement rapportée.

reçut au Vatican les Chevaliers et à leur grande satisfaction rendit publique le Bref par lequel il supprimait la Commission cardinalice instituée par Pie XII et approuvait les nouvelles constitutions de l'Ordre, l'autorisant à élire un Grand Maître ; c'est frà Angelo de Moiana, cousin de Mgr Mario Nasalli Rocca de Corneliano, "Grand Camérier de Sa Sainteté" qui sera élu, au mois de mai suivant[874].

Mais pourquoi Pie XII, pendant de si nombreuses années, avait-il laissé l'Ordre sans Maître, sous la seule direction d'un Lieutenant général, et sous la surveillance d'une Commission cardinalice ?

Le fait est que les problèmes étaient nombreux : les Chevaliers n'avaient conservé que bien peu, pour ne pas dire rien, de leur caractère d'Ordre religieux et bien rares étaient les membres profès à avoir prononcé leurs vœux. En 1799 déjà, dans la bourrasque de la révolution, un schismatique comme le Tzar de Russie avait été élu Grand Maître (1799-1800), et au siècle passé, avant que soit fondé une branche séparée, le Saint John's Order, lié à la (très maçonnique) monarchie anglaise[875], un certain nombre de Chevaliers anglicans avaient été reçus par le Grand Maître. L'Œcuménisme *ante litteram* de l'Ordre est vanté par le frère Marsaudon lui-même[876]. Mais le plus inquiétant était l'infiltration de la Maçonnerie dans l'Ordre de Malte[877]. Cette infiltration est confirmée par les documents et admise par les maçons

---

[874] Cf. *Documentation catholique*, année 1961, col. 1193 et 1262 (Bref et nouvelles constitutions), col. 1477 (le cardinal Giobbe est nommé patron de l'Ordre), et année 1962, col. 1029 (élection du nouveau Grand Maître).

[875] Cf. PROSPER JARDIN, *Les Chevaliers de Malte. Une perpétuelle croisade*, Librairie Académique Perrin, Paris, 1974, pp. 305 à 308. Il existe également un rameau séparé de confession luthérienne, le Johanniter Orden (cf. pp. 299 à 303).

[876] "Si nous avons insisté un peu sur la question de l'Ordre de Malte, c'est qu'elle est intéressante du point de vue œcuménique. C'est justement parce qu'il est souverain [l'Ordre] qu'il a pu admettre dans son sein des Chevaliers de confession Orthodoxe. Une association roumaine, créée initialement à Paris, est dorénavant installée au siège même du Grand Magistère [à Rome]. Peut-être ne sera-t-il pas non plus inutile de rappeler que le Tsar Paul Ier fut Grand Maître de l'Ordre". Marsaudon, *L'Œcuménisme...*, op. cit., p. 40.

[877] Se considérant elle-même comme une continuation de l'Ordre des Templiers, la Maçonnerie a toujours eu une prédilection pour les Ordres chevaleresques.

eux-mêmes, Marsaudon et Mola par exemple[878]. C'est pourquoi le cardinal Nicola Canali intervint[879].

Mgr Canali en sa qualité de "Grand Prieur Commendataire à Rome du sacré et Souverain Ordre Militaire de Jérusalem dit de Malte avait motif de s'intéresser à l'Ordre. Ses ennemis l'accusaient de vouloir supprimer ou réformer l'Ordre de Malte pour le mettre directement sous le contrôle du Saint-Siège, et en particulier de l'Ordre du Saint-Sépulcre dont il était le Grand Maître[880]. En réalité, l'esprit de foi du Cardinal Canali qui avait contribué au combat anti-moderniste de saint Pie X, était alarmé par les infiltrations maçonniques dont nous venons de faire mention. C'est ce que démontre la "note de l'éditeur" du livre de Marsaudon, *L'Œcuménisme vu par un franc-maçon de Tradition*". "Vivement attaqué sous le Pontificat de Pie XII par le clan intégriste romain - écrit l'éditeur Vitiano à propos de Marsaudon - il remit sa démission de Plénipotentiaire de l'Ordre, mais fut immédiatement promu à la haute dignité de Ministre Émérite qu'il est le seul Chevalier de Malte à posséder actuellement. Le Grand Magistère de Malte dans sa lutte contre le cardinal Canali, n'abandonna jamais le baron de Marsaudon qui, de son côté, s'efforça de continuer à lui rendre service

---

[878] Marsaudon affirme avoir été présenté au Ministre de l'Ordre en France, de Pierredon, par un maçon de haut grade, Chevalier de Malte, et il affirme que le président de l'Association Hospitalière des Œuvres de l'Ordre en France, Justin Godard, ancien ministre de la santé, était lui aussi maçon (*L'Œcuménisme...*, op. cit., p. 44). Mola (op. cit., p. 599, note 4) parle de "pénétration de courants ésotériques et plus spécialement du mesmérisme à l'intérieur de l'Ordre des Chevaliers de Malte", et il renvoie le lecteur à l'œuvre d'ERNLE BRADFORD, Lo scudo e la spada. Storia dei Cavalieri di Malta. Mursia, Milano 1975, pp. 201-203.

[879] "Nicola Canali (1874-1961), ordonné prêtre en 1900, secrétaire et commensal de Merry del Val, auquel il témoigna jusqu'après sa mort une fidélité sans défaillance (s'employant et réussissant à faire ouvrir son procès de béatification), et qui refusa tout poste diplomatique pour demeurer à son service. Substitut de la secrétairerie d'État en 1908, secrétaire de la Congrégation cérémoniale en 1914, assesseur du Saint-Office en 1926 (dont Merry del Val était alors le secrétaire), cardinal-diacre en 1935 et grand pénitencier, grand prieur de l'Ordre de Malte et grand maître de l'Ordre du Saint-Sépulcre, il dirigea sous Pie XII toute l'administration matérielle et financière du Vatican" (EMILE POULAT, *Intégrisme et catholicisme intégral*, Casterman, Tournai 1969, p. 587). Le livre le plus connu sur le cas de l'Ordre de Malte, livre considéré comme "à scandale" par l'historien Andrea Riccardi (Il partito romano, Morcelliana Brescia 1983, p. 61, note 83), est celui de l'écrivain bien connu, mais aussi discuté, ROGER PEYREFITTE (*I cavalieri di Malta*, Florence 1957, dans l'éd. italienne) dans lequel on trouve aussi de nombreuses allusions à la personnalité du cardinal Canali.

[880] Voir les accusations de MARSAUDON dans son livre *L'Œcuménisme...*, op. cit., p. 39, et de JARDIN dans *Les Chevaliers...*, op. cit., p. 313.

sur les plans diplomatique et hospitalier"[881]. C'est donc bien Marsaudon qui fut découvert, et contraint de ce fait à donner sa démission !

Aussi, le récit, contesté, que fait de l'épisode Franco Bellegrandi[882] ne semble pas du tout infondé, et l'affaire s'éclaircit peu à peu. Bellegrandi écrit : "En cette période française, se place un incident, ignoré de la plupart, qui **soulève un instant le voile couvrant l'appartenance présumée de Roncalli à la secte maçonnique.** Une lettre du Cardinal Canali, dure comme la pierre, était parvenue (...) à Son Altesse éminentissime le prince Chigi Albani della Rovere (...) : Pie XII (...) venait d'apprendre (...) que le ministre de l'Ordre de Malte à Paris était maçon. (...) On découvrit que [Marsaudon] avait été fait 'grand croix magistériel' sur la proposition de son prédécesseur [de Pierredon] et, surtout que c'est sur la recommandation du nonce à Paris, Roncalli, qu'il avait été nommé ministre. Le résultat de cette première enquête fut immédiatement référé au Vatican, au Cardinal Canali qui s'exclama : 'Pauvre Roncalli ! Je suis désolé de devoir le mettre dans l'embarras et j'espère que cela ne va pas lui coûter son chapeau de cardinal'... Le Vatican décida avec la plus grande circonspection de faire envoyer par l'Ordre sur le champ, à Paris, une personne de confiance pour démêler jusqu'au bout la délicate affaire. En effet les trois personnes impliquées dans l'histoire devaient être traitées avec égards. Le nonce pour le concours précieux apporté à l'Ordre de Malte dans la conclusion de certaines affaires délicates en Argentine ; le Comte de Pierredon pour les nombreuses années passées à son service, d'abord à Bucarest puis à Paris ; le baron de Marsaudon lui-même pour un travail méritoire accompli en vue d'obtenir la reconnaissance officielle de l'Ordre par le gouvernement français". Un chapelain profès

---

[881] MARSAUDON, L'Œcuménisme..., op. cit., p. 21.

[882] Franco Bellegrandi, ex-Camérier de Cape et d'Epée de Sa Sainteté et collaborateur de L'Osservatore Romano, écrivait en 1977 un livre qui ne fut édité qu'en 1994 et dont la présentation publique à Rome provoqua un certain tapage de la part de la presse nationale, car parmi les participants à la présentation se trouvait le Cardinal Silvio Oddi. Le livre, édité par la E.I.L.E.S. de Rome et intitulé Nichitaroncalli. Controvita di un Papa, soutient un grand nombre des thèses de la série des articles que publie *Sodalitium*. Son principal défaut cependant, à notre avis, consiste dans le style irrévérencieux de l'auteur, et dans le défaut quasi absolu de documentation : Bellegrandi rapporte les ragots (ou les faits dont il fut témoin) de la Cour vaticane à laquelle il appartint, sans discernement entre les informations sérieuses et les cancans sans fondement. C'est pour cette raison également que dans les milieux "traditionalistes" (dans la revue toscane *Controrivoluzione* par exemple) le livre de Bellegrandi a été démoli. Il ne me semble pas toutefois que toutes les affirmations de Franco Bellegrandi soient à considérer comme peu dignes de foi ; elles peuvent être très utiles si elles sont étayées par les vérifications nécessaires.

de l'Ordre, Mgr Rossi Stockalper fut nommé "visiteur magistral" ; il se rendit à Paris et s'informa auprès du Père Joseph Berteloot, jésuite expert en tout ce qui concerne la maçonnerie, et auprès du vicaire général du diocèse, Mgr Maurice Bohan. Tous deux confirmèrent l'affiliation de Marsaudon. "Le visiteur magistral", le cœur serré se traîna alors au numéro 10 de l'avenue du Président Wilson, siège de la nonciature. Il demanda à Roncalli, avec tact, des nouvelles circonstanciées du baron-maçon. Le gros prêtre de Sotto il Monte, entre un sourire et une plaisanterie renvoya le chapelain de l'Ordre de Malte au secrétaire de la nonciature, Mgr Bruno Heim. Ce prêtre, aujourd'hui légat apostolique en Grande Bretagne, acheva de frapper d'étonnement l'envoyé de Rome, par son habit de clergyman et la pipe fumante qu'il tenait entre les dents d'abord, puis par ses affirmations stupéfiantes sur la maçonnerie qu'il définit comme 'une des ultimes forces de conservation sociale qu'il y ait au monde et donc, une force de conservation religieuse', puis enfin par le jugement enthousiaste qu'il porta sur le baron Marsaudon dont le mérite était d'avoir fait comprendre à la nonciature la valeur transcendante de la Maçonnerie. C'était justement pour ce mérite que le nonce à Paris, Angelo Giuseppe Roncalli avait appuyé et avalisé sa nomination comme ministre de l'Ordre de Malte à Paris. Déjà comme assommé de ce revirement, Mgr Stockalper reçut le coup de grâce lorsque, protestant que le canon 2335 du Droit Canon prévoit l'excommunication des affiliés à la Maçonnerie, il s'entendit répondre par son interlocuteur (...) que '**la nonciature de Paris était en train de travailler en grand secret pour réconcilier l'Église et la Maçonnerie**'. C'était en 1950 !"[883]. L'épisode, tel qu'il est raconté par Bellegrandi, est absolument vraisemblable et correspond à ce que nous savons déjà d'autres sources. Mgr Heim, de Bâle, est de couleur monarchique-libérale, favorable par conséquent à une Maçonnerie de style anglo-saxon, force assurée de conservation sociale. Transféré en Autriche après cet incident parisien, il se retrouva en Scandinavie où il était encore lorsqu'à la conférence plénière de la Conférence épiscopale des pays scandinaves et baltiques, les 21 et 23 octobre 1966, les évêques de ces pays décidèrent de ne pas demander l'abjuration aux maçons accueillis dans l'Église, ce qui permettait ainsi la double appartenance à l'Église et à la Maçonnerie. Or, rapporte Mola, cette décision avait été préparée "par le délégué apostolique pour la Scandinavie, Mgr Bruno B. Heim, secrétaire de Jean XXIII quand il était nonce à Paris"[884]. Quel était par ailleurs le climat qui régnait ces

---

[883] F. BELLEGRANDI, Nikitaroncalli, op. cit., pp. 59-61.
[884] A.A. MOLA, op. cit., p. 628.

années-là dans certains milieux catholiques français (et allemands) ? Le religieux jésuite Joseph Berteloot, celui justement auquel le visiteur romain s'était adressé pour informations, était un pionnier de la réconciliation entre l'Église et la Maçonnerie symbolique (dans un but antimatérialiste) depuis 1947 déjà ; il était l'ami intime du maçon Albert Lantoine[885] ; ses ouvrages sur la possibilité d'une réconciliation datent justement des années 1947 à 1952, années de la nonciature Roncalli ! Les contacts entre certains maçons et la nonciature de Paris, la conviction répandue d'une collaboration possible, les idées de Mgr Heim et celles de Mgr Roncalli, leur amitié pour Marsaudon, Herriot, Auriol... **Tout porte à conclure que l'initiation maçonnique à Paris de Mgr Roncalli n'a rien d'invraisemblable**. En tous cas, un fait demeure certain : Pie XII, en désignant une commission chargée de réformer l'Ordre de Malte, approuva les préoccupations du cardinal Canali ; Jean XXIII prit, lui, le contre-pied de la décision de son prédécesseur et rouvrit la voie à l'infiltration maçonnique dans l'Ordre. Dans l'Ordre seulement, ou également dans l'Église ? C'est ce que nous allons voir. Entre-temps, moins de deux mois après l'audience aux chevaliers de Malte, le vieux cardinal Canali mourait ; son antagoniste, Angelo Giuseppe Roncalli n'eut pas la moindre marque de regret[886]...

Ombres maçonniques sur les Conclaves

Transféré à Venise en 1953, le cardinal Roncalli insiste sur son vieux principe "tout ce qu'il y a de plus maçonnique"[887] qu'il faut considérer ce qui unit plutôt que ce qui divise, et continue à fréquenter les frères maçons, Auriol et Marsaudon. En 1958, Pie XII meurt et Roncalli est élu sous le nom de Jean XXIII. Nous avons déjà parlé de **l'étrange certitude qu'avait Roncalli d'être lui-même l'élu du conclave**, certitude alimentée par les inquiétantes prophéties de l'ésotériste Jean-

---

[885] Cf. A.A. MOLA, op. cit., p. 626 ; R. ESPOSITO, *Le grande concordanze...*, op. cit., pp. 119, 388, 409.
[886] Jean XXIII reçut l'Ordre de Malte le 24 juin 1961, Canali mourut le 2 août de la même année. Dans Il 'partito romano'nel secondo dopoguerra (1945-1954), Morcelliana, Brescia 1983, p. 62, n° 83, ANDREA RICCARDI relève quelques lignes de Roncalli qui laissent percevoir le mépris de celui-ci pour Canali : "Jean XXIII écrit au cardinal Testa à propos du rôle de Canali : `le poste occupé à sa façon par le défunt cardinal Canali...'(9-81961, dans JEAN XXIII, Lettere 1958-1963, par les soins de L. F. CAPOVILLA, Rome 1978, p. 307).
[887] Cf. *Sodalitium*, n° 29, pp. 15 à 17.

Gaston Bardet[888]. Nous avons également parlé du rôle joué par la Maçonnerie au conclave de 1963, qui se déroula après la mort de Jean XXIII et se conclut avec l'élection de Paul VI[889]. Sur ce dernier événement quelques précisions sont à donner. Par deux fois au moins, le 'vaticaniste'Benny Lai en a fait une mention explicite[890]. Mais une première et discrète mention en est faite par un personnage certainement bien informé (et à plus d'un titre !), Giulio Andreotti. "Dans les jours précédant immédiatement le conclave - écrit Andreotti - une activité notable se déroula précisément autour des cardinaux Frings et Lercaro qui avaient joué un rôle prééminent [comme chefs de file du front progressiste] dans la première session conciliaire. Entre autres, à la grande surprise des habitants, se tint à Grottaferrata une nombreuse assemblée de cardinaux - italiens et étrangers - sur l'invitation de l'archevêque de Cologne, Frings. L'un des participants me dit, mi sérieux-mi facétieux, que la majorité canonique était déjà atteinte : il ne me spécifia pas quel était le bénéficiaire du choix, je ne le lui demandai pas non plus. Mais à une série d'éléments, je fus confirmé dans ma prévision du succès de Montini"[891]. Andreotti ne nous dit pas quel fut son informateur ; peut-être le maître de maison qu'on oublie de nommer... Ce n'est pas, en effet, dans l'une des nombreuses maisons religieuses de Rome et des alentours qu'eut lieu la réunion mais dans la villa de l'"avocat Umberto Ortolani, qui sera impliqué par la suite dans les histoires de la loge maçonnique P.2 et dans la faillite de la Banque Ambrosienne, et qui était à l'époque 'gentilhomme'de Lercaro ; la villa avait déjà donné l'hospitalité à Frings pour permettre à l'archevêque de Bologne de 'prendre tout son temps pour parler en pleine tranquillité des affaires du Concile'(G. Lercaro, Lettera dal Concilio, 1962-1965, EDB, Bologna 1980, p. III)"[892]. Il se peut que le mini-conclave de Grottaferrata ait désigné le cardinal Lercaro,

---

[888] Cf. *Sodalitium*, n° 33, pp. 39-40.
[889] Cf. *Sodalitium*, n° 34, p. 54.
[890] BENNY LAI, I segreti del Vaticano II da Pio XII a papa Wojtyla, Laterza, Roma-Bari 1984, pp. 82-83 ; Il Papa non eletto. Giuseppe Siri, Cardinale di Santa Romana Chiesa, Latereza, Roma-Bari 1993, p. 202, n° 7.
[891] GIULIO ANDREOTTI, A ogni morte di Papa. I Papi che ho conosciuto, Rizzoli, Milano 1980, p. 106. Le sénateur à vie, Giulio Andreotti, protagoniste de la politique italienne depuis l'après-guerre jusqu'à nos jours, est actuellement en procès pour collusions présumées avec la Mafia et la Maçonnerie ou, plutôt, avec la Mafia par l'intermédiaire de la Maçonnerie. Selon certains accusateurs, c'est lui qui aurait été le véritable chef de la Loge Maçonnique Propagande 2 (P.2). Selon d'autres les contacts avec la Mafia auraient débuté lorsqu'à la demande de Paul VI il intervint pour protéger le financier sicilien (et maçon) Sindona, mort (suicidé ?) en prison.
[892] BENNY LAI, *Il Papa non eletto*, op. cit., p. 202, n° 7.

"l'homme d'Ortolani". Mais à une autre réunion qui eut lieu dans le couvent capucin de Frascati, c'est Montini qui obtint la préférence ; la fine fleur du progressisme était présente avec les cardinaux Liénart, Frings, Suenens, König[893], Alfrink[894]. Jean XXIII aurait approuvé les deux élections : en mars 1963, quelques mois avant sa mort, il confiait au bergamasque Mgr Pietro Sigismondi de la Propagande de la Foi : "Mes valises sont prêtes et je suis tranquille : celui qui viendra après moi mènera à son terme le peu de bien que j'ai fait, le Concile surtout. Il y a Montini, Agagianian et Lercaro"[895]. C'est ainsi que Montini rendit visite à Lercaro, le soir du 18 juin, dans la maison des Oblates régulières bénédictines de Priscilla, via Salaria à Rome, congrégation religieuse fondée par l'oncle d'Andreotti, don Belvederi, et là ils se mirent d'accord sur le nom de Montini[896], qui bien entendu déclara ensuite n'avoir "jamais le moins du monde désiré, et encore moins favorisé notre élection !"[897]. Les réunions pour orienter le Concile et ensuite pour l'imminent Conclave se tinrent donc dans la maison d'un maçon en la personne d'Ortolani lequel jouait déjà un certain rôle au Vatican sous Jean XXIII. Que le rôle d'Ortolani et de la maçonnerie dans l'élection de Paul VI n'ait pas été secondaire, c'est ce qu'a confirmé le prêtre salésien don Pier Giorgio Garrino qui, jusqu'à sa mort tragique survenue en août 1995, remplissait d'importantes fonctions à la Curie de l'archevêché de Turin. Je le sais de source certaine, Garrino soutenait que **l'élection de Paul VI fut favorisée par la Maçonnerie.**

Etant données ces prémisses (conditions de l'élection de Montini, assurance qu'avait Roncalli d'être élu, "prophétie" de Bardet à ce

---

[893] On sait que de nombreuses listes ont circulé, plus ou moins dignes de foi, de prélats inscrits à la Maçonnerie. Parmi les diverses affiliations présumées, l'une est particulièrement étayée, celle de Franziskus König, archevêque de Vienne depuis 1956, créé cardinal par Jean XXIII le 15 décembre 1958. ROBERTO FABIANI, toujours bien informé, affirme sans hésiter ni ménager ses mots que le cardinal König est maçon et il précise qu'il est inscrit à la loge secrète "*Giustizia e Libertà*" de la Maçonnerie de Piazza del Gesù. Cf. ROBERTO FABIANI, *I Massoni in Italia*, L'Espresso 1978, Farigliano, pp. 78 et 130. Quoiqu'il en soit, à la suite de son prédécesseur le cardinal Innitzer, König a été un personnage très actif dans le dialogue avec la Maçonnerie, cf. R. ESPOSITO, Le grandi concordanze..., op. cit. pp. 26, 126, 163 à 167 ; R. ESPOSITO, La riconciliazione tra la Chiesa e la Massoneria, Longo, Ravenna, p. 12. König a été un grand électeur de Karol Wojtyla au dernier Conclave.
[894] BENNY LAI, I segreti..., op. cit., p. 84.
[895] Ibidem, p. 83.
[896] Cf. B. LAI, I segreti..., op. cit., p. 85, B. LAI, Il Papa..., op. cit., p. 202, G. ANDREOTTI, op. cit., p. 106. C'était la veille au soir du Conclave.
[897] PAUL VI, discours du 21 juin 1972, cité dans L'attività della Santa Sede, Tipografia Poliglotta Vaticana 1972, p. 221.

propos), une autre affirmation de Bellegrandi selon laquelle Paul Sella, de la famille bien connue de Biella, aurait su avant le Conclave de 1958 que l'élu devait être Angelo Giuseppe Roncalli, n'est pas du tout invraisemblable. De qui le tenait-il ? "D'une autre haute autorité maçonnique en contact avec le Vatican"[898].

Quoiqu'il en soit, à peine élu, Jean XXIII recevait les plus vives congratulations de son ami, le baron Marsaudon auquel il répondait à son tour ; par la suite Marsaudon écrivit : "pour nous c'était une grande émotion, mais pour beaucoup de nos amis, ce fut un signe"[899]. Voici comment Aldo A. Mola commente le fait non sans un clin d'œil à ceux qui veulent bien comprendre : "C'est grâce au texte de *Mater et Magistra* de ce Mgr Roncalli qui avait choisi pour son Pontificat le nom de Jean, 'celui qui vient dans la lumière du Seigneur', c'est-à-dire le nom de l'apôtre dont l'évangile est ouvert sur l'autel des Loges, de ce Mgr Roncalli qui, même une fois élevé à la Tiare, aurait béni tous les confrères en la personne d'Yves Marsaudon, l'ami des années de la nonciature à Paris, c'est grâce à ce texte, disais-je donc, en y passant des nuits blanches, que Gamberini avait été élevé à la charge de Grand Maître"[900]. A bon entendeur salut...

Jean XXIII s'abstient de condamner la Maçonnerie

Jusqu'ici, revenant sur nos pas, nous avons examiné une nouvelle fois les rapports d'Angelo Roncalli avec la Maçonnerie ou, du moins, avec certains maçons. Une question se pose maintenant ; quelle fut l'attitude de Jean XXIII une fois élu Pape ?

Un premier fait est significatif : **Jean XXIII n'a jamais condamné la Maçonnerie**[901]. La chose est encore plus étrange si l'on pense au fait

---

[898] Cf. BELLEGRANDI, Op. Cit., pp. 61-62.
[899] MARSAUDON, *L'Œcuménisme...*, op. cit., p. 47.
[900] A. A. MOLA, op. cit., pp. 598-599.
[901] On pourrait objecter qu'au synode romain de 1960, à l'article 247, la condamnation de la Maçonnerie a été reprise sur la base du canon 2335 du C.J.C.. Cependant le P. Esposito observe : « Il s'agit d'un acte qui a l'aspect d'un produit de la force d'inertie et qui semble ne correspondre que partiellement à la "mens" du Pape. Le tout est fait de façon automatique, sans même que soit posé le problème du changement des circonstances historiques et des répercussions qu'elles ont eu tant à l'intérieur de l'Église que de la Maçonnerie. D'une façon analogue, en théorie, il n'a pas atténué, c'est certain, la pensée de l'Église vis-à-vis du communisme ; mais sur le plan concret il a accompli des gestes dont la bonté et la fraternité ne nécessitent aucun commentaire - qu'on se rappelle l'audience accordée à Adjoubei, gendre de Khrouchtchev » (P. Esposrro, Santi e Massoni... op. cit., p. 213). Capovilla lui-même, le secrétaire de Jean

que depuis la Bulle *In Eminenti* du 28 avril 1738 par laquelle Clément XII condamnait pour la première fois la Maçonnerie et en excommuniait les adeptes, les Papes produisirent incessamment une "masse énorme de documents de condamnation et d'excommunication" de la Maçonnerie. Selon le Père Esposito, "une statistique appropriée n'a pas encore été faite, mais dans la mesure où il est possible à l'heure actuelle d'avancer un chiffre avec un indice élevé de probabilité, ce *corpus antimassonicum* ne devrait pas être inférieur à 400-450 documents" dont 145 pour le seul Pie IX et plus de 226 pour Léon XIII[902] ! Dans cette "bataille en première ligne" ("*guerra guerreggiata*" pour reprendre l'expression en italien du Père Esposito) entre Église et Maçonnerie, la dernière voix d'un Pape à s'élever contre la secte est celle de Pie XII, le 23 mai 1958 encore, quelques mois seulement avant sa mort. **Puis c'est le néant, ou plutôt une série de documents conciliants** des conférences épiscopales d'abord, puis du "Saint Siège", qui culminent avec l'abrogation de l'excommunication, le 28 novembre 1983[903]. Ignorants des changements de cap opérés par Jean XXIII, les Evêques continuèrent quelque temps à condamner la Maçonnerie, ainsi fit l'épiscopat argentin en 1959, et l'épiscopat du Ruanda Urundi en 1961[904] Contemporainement à la déclaration des évêques du Ruanda, selon laquelle la Maçonnerie est un instrument de Satan, le Père jésuite

---

XXIII, tout en connaissant la prescription du Synode romain, confirma que Jean XXIII ne fit aucune nouvelle condamnation de la Maçonnerie. (Jean XXIII, dans le souvenir du secrétaire Loris Capovilla. Interview de Marco Roncalli avec des documents inédits. Saint Paul, Cinisello Balsamo 1994, pp. 87 à 90 et 117).
[902] R. ESPOSITO, La riconciliazione...., p. 34 et n° 2.
[903] Et ce malgré les prétentions d'Alleanza Cattolica. Le nouveau "Code de droit canon" de 1983 ne nomme même plus la Maçonnerie, et abroge l'excommunication prévue par le canon 2335 du Code de Droit Canon (le seul authentique, celui de 1917). Pour remédier aux réactions des catholiques, le cardinal Ratzinger dut faire une "déclaration sur les associations maçonniques", le 26 novembre 1983, déclaration dans laquelle il est affirmé qu'il est encore interdit de s'inscrire à la Maçonnerie sous peine, pour les transgresseurs, de se trouver en état de péché mortel et de ne pouvoir recevoir l'eucharistie. Certes c'est un pas en arrière par rapport à la décision du prédécesseur de Ratzinger, le cardinal Seper, qui autorisait la double appartenance (à l'Église et à certaines obédiences maçonniques) mais il ne s'agit pas cependant d'excommunication, elle n'est plus prévue par le nouveau droit. C'est la tactique des deux pas en avant pour un pas en arrière... Sur la question cf. DON CURZIO NITOGLIA, Infiltrations judéo-maçonniques dans l'Église romaine dans *Sodalitium*, n° 38, pp. 29 à 42 (spécialement 35-36 : La fausse restauration des années 80).
[904] Cf. La Déclaration collective de l'épiscopat argentin du 20 février 1959 (dans la *Documentation catholique*, col. 483 à 488) et la Lettre pastorale collective des archevêques et évêques du Ruanda-Urundi (dans la *Documentation catholique*, 1961, col. 511 à 532).

Michel Riquet, "avec l'accord des l'autorités ecclésiastiques", tint une conférence dans la loge Volney de Laval, en France, le 18 mars 1961... Pour la première fois, sous Jean XXIII par conséquent, le grand public était mis au courant du dialogue en acte entre plusieurs représentants de la Maçonnerie et plusieurs représentants de l'Église. Le grand revirement était amorcé.

Le revirement de Jean XXIII

Si Jean XXIII a interrompu la chaîne de condamnations et d'excommunications accumulées par tous ses prédécesseurs en se taisant sur la Maçonnerie, on ne peut cependant pas dire qu'il ait été indifférent à ce thème. Selon le consensus unanime des experts, c'est sous son pontificat que commence le revirement et que s'ouvre pour la première fois le dialogue. Donnons la parole aux témoins. Le Grand Maître de la Grande Loge de France, Dupuy, a déclaré que "Jean XXIII et Vatican II ont donné une impulsion formidable au travail de clarification et de désarmement réciproque dans les rapports entre Église et Maçonnerie"[905]. Léon de Poncins, grand ennemi de la Maçonnerie, a écrit : "La campagne de rapprochement entre la Franc-Maçonnerie et l'Église resta cependant à l'état latent sous le pontificat de Pie XII ; manifestement le feu couvait sous la cendre, mais les progressistes qui avaient pris dans l'Église une influence considérable se rendaient compte que leurs efforts n'avaient aucune chance d'aboutir du vivant du pape (...). Avec l'avènement de Jean XXIII (...) il y eut brusquement comme une explosion (...). On avait nettement l'impression d'une campagne internationale, méthodiquement orchestrée..."[906]. Le Grand Maître de la Maçonnerie d'alors, Salvini, déclarait en 1970 : "Jean XXIII a publié récemment un document qui, sur ce thème, se rapproche beaucoup de notre comportement [qui consiste à ne pas demander aux frères de quelle religion ils sont] et en effet *Mater et Magistra* ainsi que *Pacem in Terris* présentent des idées très suggestives sur le rapprochement humain là où existent des différences idéologiques"[907]. Le maçon Volpicelli a déclaré que "deux

---

[905] Cf. J. PLONCARD D'AssAC, *Le secret des francs-maçons*, éd. de Chiré 1979, p. 169.
[906] LÉON DE PONCINS, *Infiltrations ennemies dans l'Église*, Documents et témoignages, Paris 1970, pp. 85-88.
[907] Colloque catholico-maçonnique d'Ariccia du 20/04/1970, in R. EsPosito, La riconciliazione..., op. cit., p. 79.

Pontifes récents sont également appréciés par les deux communautés [Église et Maçonnerie], le Pape Jean et le Pape Wojtyla"[908]. En vrai langage maçonnique le Père Esposito nous assure qu'"en ce qui concerne la communauté ecclésiale, il n'est même pas à démontrer qu'à partir du Pape Jean et du Concile, elle s'est transformée en un chantier de travail où les tailleurs de pierre, les sculpteurs et les artistes de toutes les spécialités, architectes et chapelains, se consacrent à une activité ingrate et méticuleuse dans le but d'**édifier la nouvelle cathédrale du futur**"[909]. Le catholique Alec Mellor, entré en Loge avec la permission du cardinal archevêque de Paris, Mgr Maurice Feltin, écrit : "La phase ultime [du 'cessez-le-feu'] devait être préparée par l'Aggiornamento voulu par Jean XXIII et par Vatican II, puis par Paul VI[910]. Roberto Fabiani écrit : "Ce fut Jean XXIII qui rompit la glace avec une mesure passée complètement sous silence autorisant les protestants convertis au catholicisme et inscrits à la Maçonnerie à demeurer tranquillement dans les loges. Depuis lors les signaux de contact se multiplièrent..."[911]. Le Père jésuite José Antonio Ferrer Benimelli confirme la position possibiliste de Roncalli sur la double appartenance : "Et cela [que la Maçonnerie est une association dans laquelle peuvent avoir place tous les chrétiens] Jean XXIII et Paul VI le comprirent très bien, tout comme le comprit le prédécesseur, dans la même charge, du cardinal Ratzinger, le cardinal Seper, qui en 1972 déjà émit le vœu que soit rendue possible la présence de catholiques à l'intérieur de la Maçonnerie"[912]. Marsaudon affirme la même chose : "**Mgr Roncalli m'a conseillé formellement de rester dans la Maçonnerie.** (...) Il m'a reçu à Castel Gandolfo en ma qualité de Ministre émérite de l'Ordre de Malte, et il m'a donné sa bénédiction, renouvelant son encouragement pour une œuvre de rapprochement entre les Églises, de même qu'entre l'Église et la Maçonnerie de Tradition (c'est à dire : régulière)"[913].

Cette revue, si brève soit-elle, démontre qu'au jugement de ceux qui se sont occupés de la question, **le gouvernement de Jean XXIII a changé l'intransigeance séculaire de l'Église vis-à-vis de la Maçonnerie en une ouverture qui va jusqu'à permettre la double appartenance : à l'Église et à la Maçonnerie.**

---

[908] Débat catholico-maçonnique de Lecce, du 24 février 1979, op. cit., p. 114.
[909] Ibidem, p. 122.
[910] ALEC MELLOR, op. cit. p. 114.
[911] R. FABIANI, op. cit., p. 85.
[912] Article publié dans *El Pais*, Madrid, 10 mars 1985, traduit par Hiram, Roma, avril 1985, et rapporté par R. ESPOSITO, Le grandi concordanze..., op. cit., p. 84.
[913] MARSAUDON, *De l'initiation...*, op. cit., pp. 135-136 ; cité par R. ESPOSITO, Le grandi concordanze..., op. cit., p. 391.

Les grandes concordances entre Roncalli et la Maçonnerie

Depuis 1967 déjà, le Père Esposito est engagé dans le dialogue avec la Maçonnerie. Dans le but de démontrer la licéité et la possibilité de ce dialogue, il a écrit de nombreuses œuvres, dont certaines sont citées dans cet article, Le grandi concordanze tra Chiesa e Massoneria par exemple. En réalité les "concordances" en question n'existent pas entre l'Église et la Maçonnerie, c'est entre cette dernière et Jean XXIII, Paul VI et Jean-Paul II qu'elles existent. Pour confirmer ces concordances, le Père Esposito ne se contente pas de citer les rapports directs de certains hommes d'Église avec des hommes de la Maçonnerie, il cite également les rapports avec des associations ou des principes qui, s'ils ne sont pas explicitement maçons, ont été fondés ou voulus par la Maçonnerie, autrement dit la Société des Nations (puis l'O.N.U.) avec **la Déclaration universelle des droits de l'homme, la Croix Rouge, le Scoutisme et le Rotary Club**. Dans cet article je traiterai des rapports de Jean XXIII avec ces organismes.

I) L'O.N.U. et la Déclaration des droits de l'homme. Le 10 décembre 1948 l'O.N.U. votait une Déclaration des droits de l'homme qui reprenait, de nom et de contenu, celle de la Révolution française, déjà condamnée par le Pape Pie VI. Mais « avec Jean XXIII - écrit Esposito - commence l'époque du dépassement du narcissisme catholique. L'acceptation des règles du dialogue et de l'œcuménisme inaugure la loi de la réciprocité, en ce sens qu'on admet l'existence et la reconnaissance explicite des valeurs propres et de celles d'autrui (...). Dans l'Encyclique *Pacem in terris* (11 avril 1963) le pape Jean faisant explicitement référence à l'O.N.U. et à la Déclaration des droits de l'homme en fait l'éloge : "Le but essentiel de l'Organisation des Nations Unies est de maintenir et de consolider la paix entre les peuples, de favoriser et de développer entre eux des relations amicales fondées sur le principe de l'égalité, du respect réciproque et de la collaboration la plus large dans tous les secteurs de l'activité humaine. (...) Un des actes les plus importants accomplis par l'O.N.U. a été la Déclaration universelle des droits de l'homme approuvée le 10 décembre 1948 par l'Assemblée générale des Nations Unies. (...) Certains points de cette Déclaration ont soulevé des objections et fait l'objet de réserves justifiées. Cependant Nous considérons cette Déclaration comme un pas vers l'établissement d'une organisation juridico-politique de la communauté mondiale" »[914]. Jean XXIII approuve donc substantiellement (même s'il émet des réserves génériques) ce que l'Église a condamné.

II) **Le Scoutisme**. Après avoir démontré l'origine maçonnique du Scoutisme (pp. 297-300) et sa lente assimilation par les catholiques après la mort de Saint Pie X, le Père Esposito rapporte une allocution de Jean XXIII prononcée à l'occasion du pèlerinage international des Scouts catholiques du 13 juin 1962. "Le pontife (...) comme d'habitude mit l'accent sur la recherche des points de concordance entre les divers éléments humains, laissant au second plan, sans même les mentionner, les points de dissension et de rupture". "La beauté de votre jeune et ardent service sera un attrait etc...- dit-il - (...) il contribuera à surmonter toutes les barrières qui subsistent entre les hommes, les aidant tous à se reconnaître fils de Dieu et membres d'une seule et grande famille. C'est là qu'est le succès de votre Mouvement, son honneur et sa gloire". Jean XXIII entendait-il encourager les Scouts catholiques à la conversion de tous les infidèles à l'unique Église du Christ, ou bien, *sicut litteræ sonant*, est-ce qu'il entendait redonner au scoutisme "l'un des aspects les plus authentiques du mouvement" dont sa catholicisation l'avait vidé, autrement dit "celui de la **tolérance interconfessionnelle**" ?[915]

III) **Le Rotary Club**. Prezzolini a écrit : "Les Rotariens sont un peu comme les Boy-scouts une fois devenus vieux et favorisés par le succès..."[916]. Le célèbre écrivain ignorait (sans doute) à quel point il avait raison, du moins pour ce qui regarde l'origine commune des deux associations. Le Père Esposito rappelle en effet l'esprit maçonnique du Rotary (et on pourrait en dire autant des associations similaires) par ces paroles lumineuses : "Le rapport existant entre ces organisations et la Maçonnerie (...) est structural, non seulement à cause de sa fondation, le 23 février 1905, par l'avocat Paul P. Harris, de Chicago, et de trois de ses collègues maçons, mais aussi à cause de l'empreinte idéologique et juridique du Club, lequel prend le meilleur dans le message initiatique pour l'insérer dans la société en le laïcisant, c'est-à-dire en excluant les aspects contraignants et initiatiques, lesquels - en excluant toujours nettement la confessionnalité religieuse - ont un certain caractère sacré quoique laïque". Aussi **la position de l'Église catholique ne pouvait qu'être contraire au Rotary Club.** En Espagne (23 janvier 1929), en Hollande et dans quelques pays de l'Amérique

---

[914] R. ESPOSITO, Le grandi concordanze... op. cit., pp. 251-252.
[915] Ibidem, pp. 313 et 301.
[916] GIUSEPPE PREZZOLINI, Nel circolo dei Rotariani ci sono tutti i `prrmi della classe', article publié dans Il Tempo de Rome, 10 mars 1955.

Latine, les Evêques interdirent tout simplement à tous les catholiques l'inscription au Club. Quant au Saint-Siège, deux documents, du 15 janvier 1929 et du 11 janvier 1951, en interdirent l'inscription aux ecclésiastiques. En ce qui concerne les laïcs, le décret approuvé par Pie XII spécifie : "ils doivent être exhortés à observer ce qui est prescrit au canon 684 du Code de droit canon". Lequel dit : "Que les fidèles (...) se gardent des associations secrètes, condamnées, séditieuses, suspectes, ou qui s'efforcent de se soustraire à la légitime vigilance de l'Église"[917]. Mais là encore intervint "le **revirement du pape Jean**", selon l'expression d'Esposito (p. 344). Pour cette affaire, nous avons la version[918] relativement détaillée d'un protagoniste, l'avocat Omero Ranelletti[919] qui joua un rôle similaire (en plus petit, s'entend !) à celui de son "frère aîné", Jules Isaac. Les condamnations et les soupçons de l'Église étaient une offense cuisante aux rotariens qui ne pouvaient recruter que difficilement chez les catholiques ; des "réconciliations" furent tentées plusieurs fois ; dans toutes les tentatives, Ranelletti eut un rôle. Sans succès en 1929. Sans succès de nouveau en 1949-1950,

---

[917] Un article de la *Civiltà Cattolica* précisera que le qualificatif attribué au Rotary est celui d'association "suspecte".
[918] OMERO RANELLETTI, La Chiesa cattolica e il Rotary Internazionale, dans Realtà Nuova, revue mensuelle du Rotary Club d'Italie, Milan, n° 4, avril 1972. L'auteur en réalisa la mise à jour et la rééedition en 1975. De la dernière édition, je cite : OMERO RANELLETTI, Il Rotary e la Chiesa cattolica, Quaderni de Realtà Nuova, Istituto culturale rotariano, Torino 1991, avec une préface d'Alessandro Ubertone et un article sur l'auteur d'Antonio de Majo.
[919] Né à Celano en 1885, il est mort en 1979 à 94 ans. Ranelletti se déclarait fervent catholique, mais on peut en douter, et pas seulement à cause des hautes charges rotariennes qu'il assumait depuis longtemps, depuis qu'il avait fondé le Club à Rome en 1924. Il fut en effet Chef de Cabinet du Ministère de l'Instruction Publique durant de nombreuses années, et jusqu'en 1920, sous le ministre Ruffini et le gouvernement Nitti. Le sénateur Ruffini, libéral, professeur de droit ecclésiastique, fut partisan tenace de la liberté religieuse, de même que défenseur de la Maçonnerie ; Nitti, libéral lui aussi, est cité comme un affilié par certains auteurs (cf. pour la question débattue, GIANNI VANNONI, Massoneria, Fascismo et Chiesa Cattolica, Laterza, Bari 1979, p. 71. "Une fois abandonné le Ministère - nous informe Ubertone - il s'employa avec le député Andrea Tone à la fondation et direction administrative du journal d'opposition au régime fasciste *Il Mondo* auquel je collaborai, traitant des problèmes de l'école et de la culture, en collaboration loyale avec Giovanni Amendola, Meuccio Ruini, Alberto Cianca et d'autres, jusqu'en 1925 lorsque le journal dut cesser les publications". Or le député Ruini occupait notoirement une haute charge dans la Maçonnerie (cf. MOLA, op. cit., p. 258) ; étaient également maçons : le député Torre (cf. MOLA, op. cit., p. 389), le député Amendola (cf. VANNONI, op. cit., p. 75 et note 25 p. 84 ; de l'avis de Mola c'est probable, cf. p. 492) et même Alberto Cianca comme le laisse entendre Mola (cf. p. 615). Est-il possible que seul au milieu de cette belle clique de maçons et de philo-maçons, Ranelletti ait été un "catholique à toute épreuve" (cf. Ranelletti, p. 87) ?

lorsque le Président international Hodgson, le Gouverneur Lang et le Secrétaire du Rotary de Rome, Gancia, tentèrent de se faire recevoir par Pie XII. "Ils attendirent dans la cour de S. Damaso l'autorisation de monter à la salle des audiences : mais l'attente fut vaine. Les autorités de l'Église, en apprenant leur qualité de rotariens, ne consentirent pas l'audience. La tentative, faite dans l'intérêt et pour le bien du Rotary, n'eut pas de succès"[920]. Pie XII était à peine mort que le nouveau Président Clifford A. Randall, sans perdre de temps, écrivait à Ranelletti : il voulait une audience avec le nouvel élu Jean XXIII ! Ranelletti tâta le terrain auprès du Père Martegani (2 décembre 1958) puis, sûr de lui, s'adressa à Mgr Capovilla, le secrétaire privé de Roncalli à Venise puis au Vatican. Capovilla était un vieil ami (depuis 1945) du président du Rotary de Venise, Ambrosini, lequel, écrivant justement à Capovilla, décrivit Roncalli comme "un Patriarche tellement indulgent et compréhensif vis-à-vis de l'activité rotarienne"[921]. Ranelletti confirme : "Durant son séjour à Venise, le Pape Jean avait eu l'occasion d'approcher plusieurs fois les rotariens de la ville, ce pourquoi il était bien au courant de notre institution"[922]. Voilà comment, tandis que le tout proche archevêque de Milan, le cardinal Schuster, introduisait le Rotary dans la Revue diocésaine milanaise, parmi les "diverses formes ésotériques d'une Maçonnerie unique"[923] et que Rome renouvelait ses condamnations, le Patriarche Roncalli flirtait avec les frères rotariens ! Etrange n'est-ce pas ? Le fait est qu'après un coup de téléphone, Ranelletti et Capovilla se rencontraient le 6 février 1959 ; ils parlèrent pendant une heure. Ranelletti, cela va de soi, fit à Capovilla une "excellente impression" ; il lui raconta les tribulations du passé, les tentatives ratées. Cette fois, il ne devait pas échouer : le 25 février, la secrétairerie de Mgr Nasalli Rocca di Corneliano informa Ranelletti que "le Saint Père recevrait en audience le président Randall le 20 avril". "Je m'en réjouis avec vous", écrivit Capovilla à Ranelletti le 2 mars suivant ! Ranelletti communiqua la bonne nouvelle à Randall, "lui recommandant le maximum de réserve", puis il écrivit à Capovilla : "...dans le module officiel d'audience au Saint-Père (...) j'ai précisé que - en accord avec vous - cette audience est requise pour l'avocat Clifford A. Randall, Président du Rotary International, accompagné de sa femme, Madame Renata, de l'ancien Président International G. P. Lang,

---

[920] O. RANELLETTI, Op. Cit., p. 86.
[921] Ibidem, p. 88. Lettre du 22 décembre 1958 de Lando Ambrosini à Mgr Capovilla.
[922] Ibidem, p. 91.
[923] Rivista diocesana milanese, nov. 1949, pp. 240-241, cité par R. ESPOSITO, Le grandi concordanze..., p. 342.

des Gouverneurs en poste des Rotary d'Italie [Giovanni Di Raimondo et Leo Spaur] ainsi que de moi-même. De cette façon, à l'hommage de dévotion que le Président International s'apprête à présenter à Sa Sainteté au nom de toute la famille rotarienne répartie dans 111 pays du monde, nous joignons l'hommage particulier (...) de notre famille rotarienne italienne"[924]. Evidemment il était paradoxal que la "famille rotarienne" dont les membres catholiques y étaient inscrits contre la volonté du Saint-Siège, soit reçue par Jean XXIII ! C'est ce dont se rendit compte le Camérier Secret Participant de service, lequel dit par deux fois à Ranelletti que l'audience leur était accordée en tant que personnes privées, et non en tant que rotariens. Ce à quoi Ranelletti opposa les accords pris avec Capovilla, et il se présenta "au sourire inégalable de douceur et de bonté" du "Pape Jean" en sa qualité de rotarien, présentant l'hommage "de toute la famille rotarienne du monde" ; sur ce, Jean XXIII "eut une parole de bonté pour chacun, nous réconfortant, pour finir, de sa bénédiction apostolique"[925]. *L'Osservatore Romano* et la *Civiltà Cattolica* ignorèrent l'audience rapportée par tous les autres journaux. Mais dès lors les rotariens avaient vaincu. Toute résistance était désormais écroulée lorsque « le 20 mars 1953, le pape Jean accorda au Rotary une seconde audience. Ce furent les rotariens du 188ᵉ district, celui de Rome, qui se rendirent à l'audience. (...) Le groupe fut placé tout près du trône pontifical. Le Pape Jean leur "adressa des paroles de profonde bonté et leur donna sa bénédiction paternelle, étendue à tous les Rotariens du monde" ». Les délégués du Rotary, Gelati, Caria et Ranelletti, furent présentés "en leurs qualités officielles" cette fois[926]. Pour clore le chapitre, laissons le commentaire au rotarien Ubertone : « Si nous réfléchissons aujourd'hui sur certaines attitudes prises dans les milieux catholiques, sur les accusations faites au Rotary d'être des associations "ouvertement hostiles au catholicisme", et "dont la morale n'est rien moins qu'un travestissement de la morale laïco-maçonnique" et si nous les comparons au rapport existant actuellement entre Rotary et Église ; si nous pensons à l'injonction faite au clergé et aux catholiques de "se tenir loin" du Rotary et que nous observons la présence, en tant que membres du Club, de prêtres et de prélats dont l'un, le Père Frederico Weber S. J. a été gouverneur d'un District, il nous semble que les faits racontés par Ranelletti sont des chroniques d'un autre monde. Et c'est d'un autre monde qu'il s'agissait en effet. Aujourd'hui, où nous

---

[924] O. RANELLETTI, Op. Cit., pp. 89-90.
[925] Ibidem, p. 91.
[926] Ibidem, p. 93, et R. ESPOSITO, Le grandi concordante..., op. cit., p. 346.

assistons à des rencontres œcuméniques à un très haut niveau, il nous semble inconcevable qu'on puisse reprocher au Rotary de "se soustraire au contrôle légitime de l'Église". De même, étant donnée l'ouverture actuelle vis-à-vis de toutes les religions, déclarées "dignes de respect", cette prise de position si sévère envers une association libre qui se proclame pourtant restauratrice de principes hautement moraux dans le domaine des professions et des affaires, d'une association qui a pour unique fin le "bien commun de la société", cette prise de position apparaît tout aussi inconcevable. **Ce sont le Pape Jean et le Concile qui ont marqué la charnière entre les deux époques** »[927].

Les démentis de Mgr Capovilla

Comme nous l'avons vu, **tous les indices convergent** ; Jean XXIII n'a pas fait opposition à la Maçonnerie, il l'a même favorisée ; il en a épousé, du moins en partie, les principes ; il a soutenu la possibilité d'être en même temps catholique et maçon, et cohérent avec cette position, **il a été probablement initié lui-même à la Maçonnerie**. Devant des indices aussi pesants et de surcroît provenant de témoignages de personnes qui fondent là-dessus leur estime pour lui, ne se lèvera-t-il personne pour sa défense ? •

A vrai dire un personnage digne de foi a démenti toute collusion entre la Maçonnerie et Jean XXIII : c'est son fidèle secrétaire, l'archevêque Loris François Capovilla.

A ma connaissance, Capovilla est intervenu à deux reprises : une première fois en 1976, avec deux articles dans *L'Osservatore Romano*, puis, dernièrement, dans un livre-interview avec le neveu de Jean XXIII, Marco Roncalli[928]. En 1976, Capovilla intervenait, indigné, contre le livre de Pier Carpi, "Le profezie di Papa Giovanni" Ecrit par un maçon et édité par une maison d'édition franc-maçonne, les éditions Mediterranee, le livre affirmait, rappelons-le, la **présumée affiliation de Roncalli aux Rose-Croix**, en Turquie. Capovilla démentit carrément, se fondant sur l'Agenda et le registre des Messes du Nonce en Turquie de l'époque. Dans l'interview avec Marco Roncalli, Capovilla revient sur la question (p. 117). Dans son livre, Capovilla

---

[927] Préface du livre de O. RANELLETTI, op. cit., p. 5.
[928] *L'Osservatore Romano* des 15-16 novembre 1976 éd. it. (Une déclaration de S. E. Mgr Capovilla. Fausse et déformant l'œuvre 'Le profezie di Papa Giovanni') ainsi que du 23 décembre 1976. Giovanni XXIII, dans le souvenir de son secrétaire Loris F. Capovilla, op. cit., pp. 87 à 90 et p. 117.

développe quelque peu l'argument s'étendant un peu plus sur les relations de Jean XXIII avec la Maçonnerie. Selon Capovilla, les bruits de "conspirations maçonniques finalisées à la destruction de la tradition et de l'unité de l'Église" sont "des fantaisies pour déclencher des polémiques"[929], sont choses inconcevables (p. 89). "Actuellement" Capovilla exclue des "mélanges" avec la Maçonnerie ; peut-être dans le passé... (p. 88) ! Après quoi il rompt une lance en faveur de la maçonnerie américaine, qui n'est "jamais entrée en conflit avec la religion" (ibidem). Cependant lorsqu'il s'agit de Jean XXIII, le fidèle secrétaire devient circonspect, il se contredit presque lui-même... Il fait allusion en effet à deux épisodes, tous deux de 1962 : un télégramme reçu d'une Loge maçonnique exprimant des vœux pour la guérison de Jean XXIII, et une note de la main même de Jean XXIII, résumant certaines données du *Dictionnaire Apologétique de la Foi Catholique*, concernant les condamnations de la Maçonnerie par les Papes. Pour ce qui est du télégramme, Jean XXIII « de sa main fixa cette consigne à la Secrétairerie d'État : "A des compliments courtois des remerciements sont dus. Mais pas de compromissions verbales avec la Maçonnerie et autres semblables" »[930]. Selon Capovilla il prend là ses distances, mais il me semble qu'il s'agit du contraire : aucun Pape n'avait jamais répondu avec ou sans courtoisie à des lettres ou à des télégrammes de la Maçonnerie ! La seconde information (la liste des condamnations pontificales), en soi insignifiante, prend une signification par l'usage qu'entend éventuellement en faire Roncalli. "Le pape avait-il dans l'esprit une nouvelle condamnation ?", demandaient à Capovilla en 1979 **deux jésuites philo-maçons, Ferrer Benimelli et Caprile**[931]. A l'époque Capovilla se déboutonna quelque peu : "Je ne crois pas qu'il ait eu l'intention de procéder à une nouvelle condamnation - répondit-il - mais il désirait connaître à fond la question. Il pensait certainement au *caute* à rappeler en tous contacts et dans d'éventuelles 'négociations". Donc en 1979 Capovilla présente un Jean XXIII qui ne pense pas à condamner la Maçonnerie, mais qui pense à avoir avec elle bien que précautionneusement (*caute*) des "contacts" et des "pourparlers". En 1994, il corrige le tir, et ce faisant son style devient

---

[929] La preuve en est, poursuit Capovilla, que parmi les "protagonistes de la réforme annoncée par le pape Jean" se trouvaient des personnes irrépréhensibles comme Lercaro, Bugnini, Pellegrino et Bevilacqua ! (op. cit., p. 87).
[930] La note est du 6 décembre 1962 ; c'est moi qui ait mis les caractères en gras. La citation est tirée de *L'Osservatore Romano*, 15-16 nov. 1976, éd. it.
[931] José A. FERRER BENIMELLI - GIOVANNI CAPRILE, Massoneria e chiesa cattolica. Ieri, oggi e domani, Roma 1979, p. 71, cité par RONCALLI-CAPOVILLA, pp. 88-89

obscur : "Je confirme la substance de ce qui est affirmé dans le volume cité", mais... "j'explique le sens de l'adverbe précautionneusement. Courtoisie ne signifiera jamais complaisance. Se rencontrer et dialoguer n'équivaudra jamais à compromissions et atténuations en fait de condamnations de la Maçonnerie telle qu'elle est encore" (p. 89) ; et à la demande, ces négociations ont-elles eu lieu, il répond sèchement : "je n'en ai jamais entendu parler" (ibidem).

La défense de Capovilla est-elle crédible ? Il est licite d'en douter. Non seulement parce que le premier argument (les télégrammes Maçonnerie-Vatican) confirme plutôt l'accusation, et que le second a été diversement interprété par Capovilla lui-même, mais aussi à cause d'omissions révélatrices. En effet, si je ne me trompe, Capovilla n'a jamais apporté un démenti ni aux affirmations des Grands Maîtres Gaito et Rangel, ni aux trois livres du baron Marsaudon, vraiment écrasants pour Angelo Giuseppe Roncalli ! Pourquoi ce silence obstiné ? Pourtant les livres de Marsaudon ont été repris et cités entre autres par le Père Esposito et il est étrange que Capovilla, informé comme il est sur tout ce qui concerne Jean XXIII, n'en ait pas eu connaissance. Le livre un peu grand-guignolesque de Pier Carpi semble avoir servi de fausse tête de turc pour tenter de discréditer un argument beaucoup plus sérieusement fondé, celui de l'affiliation maçonnique de Jean XXIII, un peu comme les falsifications de Taxil à une époque. Quiconque affirmera l'initiation de Roncalli sera taxé de disciple de Pier Carpi, et pour cela tourné en ridicule, comme le sont les partisans de l'origine satanique de la Maçonnerie taxés d'être les épigones de Léo Taxil. Il s'agirait donc d'une de ces opérations maçonniques classiques de dépistage pour cacher le fait qu'il y a anguille sous roche.

Maçonnerie et œcuménisme

Le rapprochement des mots Maçonnerie et œcuménisme, je le tire du livre de Marsaudon : "*L'œcuménisme vu par un Maçon de Tradition*". La devise de l'ami intime de Jean XXIII (extraite du rituel maçonnique) est parfaitement œcuménique : "*Ad dissipata colligenda* : rassembler ce qui est dispersé" (p. 59). On peut dire que **l'œcuménisme est fils légitime de la Maçonnerie**, laquelle unit, dans une tradition supérieure et au service de l'homme, toutes les confessions religieuses... « Nous songeons par exemple - écrit Marsaudon - à la fameuse bulle d'excommunication fulminée par Clément XII contre nos devanciers (...). Aujourd'hui, nous savons quels furent les véritables motifs de sa promulgation. Clément XII refusait, tout simplement à nos devanciers la possibilité de recevoir des adeptes de confessions différentes. De nos jours, notre frère Franklin Roosevelt a réclamé pour tous les hommes la possibilité "d'adorer Dieu suivant leurs principes et leurs convictions". Cela, c'est de la tolérance et c'est aussi de l'œcuménisme ! Nous, Franc-Maçon de tradition, nous nous permettrons de paraphraser et de transposer ce mot d'un homme d'État en l'adaptant aux circonstances : **catholiques, orthodoxes, protestants, israélites, musulmans, hindouistes, bouddhistes, penseurs-libres, libres-croyants ne sont chez nous que des prénoms ; c'est Francs-Maçons le nom de famille** » (p. 126). « Pie IX, Léon XIII même sont désormais, nous n'oserions dire condamnés, mais singulièrement oubliés. Au début de cette étude, nous avons cité le R. P. Lépicier, mort cardinal, et farouche pourfendeur d'hérétiques. Aujourd'hui on parle non seulement de rapprochement, mais, c'est cela la Révolution voulue par Jean XXIII, de liberté de conscience. **Nous ne pensons pas qu'un Franc-Maçon digne de ce nom, et qui s'est lui-même engagé à pratiquer la tolérance, ne puisse se féliciter sans aucune restriction, des résultats, irréversibles, du Concile, quelles qu'en soient les conclusions momentanées.** (...) Il était évident que l'Église la plus dogmatique devait un jour disparaître ou s'adapter et pour s'adapter, revenir aux Sources. Avec tous les chrétiens véritablement sincères nous ne pouvons qu'espérer que Jean XXIII n'a pas vécu, œuvré, prié, souffert, n'est pas mort en vain » (pp. 119-120).

Alors ça n'est peut-être pas par hasard si le premier geste retentissant de Jean XXIII en matière d'œcuménisme ait concerné justement un maçon, **le primat anglican Geoffrey F. Fischer**, "archevêque" de Canterbury, reçu au Vatican le 2 décembre 1960. L'ex-Grand Maître Gamberini écrit : "Initié à la Loge Old Reptonian N° 3725 de la Grande Loge d'Angleterre en 1916", Fischer "remplit en 1939 la charge de Grand Chapelain de cette Grande Loge Mère du monde, charge qui, dans les Maçonneries latino-catholiques est désignée par le terme de charge de Grand Orateur"[932]. Le Père Esposito se demande : "Dans le déclenchement du dialogue Rome-Londres, qui partit justement de Fischer, le fait que (Fischer) ait auparavant milité, et peut-être qu'il ait milité encore activement en Loge exerça-t-il un rôle ?". Certes une rencontre de "deux Papes et de deux hiérarques initiés", pour employer les paroles d'Esposito qui fait allusion à Jean XXIII et Fischer, Paul VI et Athénagoras (et il conviendrait d'ajouter le super-initié Jules

---

[932] GIORDANO GAMBERINI, Mille volti di massoni, Roma, Erasmo, 1975, p. 229, cité par R. ESPOSITO, Santi e massoni... op. cit., p. 214.

Isaac !) : il y a là de quoi nous surprendre !⁹³³ Jean XXIII ignorait-il, que Fischer était non seulement hérétique mais aussi maçon ? Il est difficile de l'admettre étant donné que l'initiation à la Maçonnerie des hiérarchies anglicanes est d'un usage courant[934].

Le prochain article de la série sera donc dédié à l'œcuménisme de Jean XXIII. Une autre façon de parler de son maçonnisme...

---

[933] R. ESPOSITO, Santi e massoni..., op. cit., p. 213.
[934] Esposito cite des études selon lesquelles, en 1955, on comptait bien 17 "évêques" et 500 "prélats" anglicans rien que dans les derniers et plus hauts grades de la Maçonnerie, (op. cit., p. 214).

VINGTIEME PARTIE :
Jean XXIII inaugure l'Œcuménisme.

Extrait de *Sodalitium* n° 43, avril 1997

Geoffrey Francis Fischer est né en 1887, six ans après Jean XXIII. Dixième fils du recteur de High-on-the-Hill, il suivit les ornières paternelles puisqu'"à vingt-sept ans seulement il devenait recteur de la célèbre école théologique de Repton où il avait fait la connaissance de Rosamund Chevalier Forman, fille d'un ancien recteur ; il l'avait épousée et en avait eu six enfants"[935]. Entre-temps et dès 1916, comme nous l'avons déjà rappelé dans le numéro précédent, "il était initié à la Loge Old Reptonian N. 3725 de la Grande Loge d'Angleterre"[936] ; l'école théologique de Repton était évidemment à la fois pépinière de maçons et d'ecclésiastiques, selon l'osmose, habituelle en Angleterre, entre maçonnerie, anglicanisme et monarchie. De Chester dont il fut l'"évêque anglican" de 1932 à 1939, Fischer fut promu à Londres en 1939 pour devenir après 1945 "archevêque" de Cantorbéry et "Primat de toute l'Angleterre". C'est en cette qualité qu'il couronna la Reine Elisabeth II, le 2 juin 1953, en l'abbaye de Westminster. Parallèlement il avait fait carrière aussi parmi les francs-maçons pour devenir en 1939 Grand Chapelain de la Grande Loge Mère du monde. Même chez les anglicans, il était considéré comme professant des "idées libérales (...). Immédiatement après sa nomination au siège de Saint-Augustin [de Cantorbéry] il avait réclamé la fin des discriminations raciales dans tout le Commonwealth et entrepris la réalisation d'un programme œcuménique très courageux pour l'Église anglicane encore très liée aux structures conservatrices". En effet à l'intérieur de l'anglicanisme ont toujours coexisté deux tendances opposées penchant l'une vers le calvinisme et l'autre vers le catholicisme (la "Haute Église"). Au siècle dernier, avec le Mouvement d'Oxford, les tendances philo-catholiques de l'anglicanisme s'accentuèrent au point qu'on parlait d'"anglocatholicisme"[937].

---

[935] GIANCARLO ZIZOLA, Giovanni XXIII. La fede e la politica, Laterza, Roma-Bari, pp. 228 à 231.
[936] P. ROSARIO ESPOSITO, Santi e massoni al servizio dell'uomo, Bastogi, Foggia 1992, p. 214.
[937] J.W.C. WAND, La Chiesa anglicana, Il Saggiatore, Milano 1967, pp. 143-144, 195 à 199. Wand est l'"évêque" anglican de Londres qui succéda à Fischer.

Evidemment les "anglocatholiques" étaient œcuménistes en ce sens qu'ils souhaitaient sinon l'union, du moins un rapprochement entre l'Église anglicane et l'Église catholique romaine ; mais, précisément pour cela, ils s'opposaient à l'œcuménisme vis-à-vis des autres protestants (calvinistes, méthodistes, baptistes etc.) privés d'une structure épiscopale car cet œcuménisme-là signifiait élargir le fossé entre Rome et Cantorbéry et, chose encore plus grave, démontrer à leurs yeux que l'Église anglicane n'était pas (ou n'était plus) une Église catholique (comme ils s'obstinaient à le croire). C'est précisément notre Geoffroy Fischer qui donna le coup de grâce aux anglocatholiques en accentuant démesurément la caractère protestant de l'anglicanisme. "En 1947 une Église avait été fondée dans l'Inde méridionale, Église formée d'un mélange de diocèses anglicans et de missions d'affiliation méthodiste et congrégationaliste". Une partie de l'anglicanisme se fondait ainsi complètement avec le protestantisme le plus extrémiste. En 1948 à la Conférence de Lambeth présidée par Fischer, les opinions se divisèrent sur la question, mais Cantorbéry soutenait l'innovation qui fut ensuite pleinement reconnue en 1955. En 1948 toujours, les anglicans participèrent en masse à la première grande Conférence œcuménique du Conseil Œcuménique des Églises tenue à Amsterdam. Dix ans plus tard, dans le même palais archiépiscopal de Lambeth se déroulait la IXe Conférence des "évêques anglicans" présidée par Fischer (3 juillet-10 août 1958). On y approuvait le contrôle des naissances (condamné en 1908), on était possibiliste sur le divorce et on déclarait ou projetait la pleine communion non seulement avec l'Église de l'Inde méridionale mais avec toutes les Églises calvinistes et méthodistes de l'Inde, de la Birmanie, du Pakistan, de Ceylan, d'Afrique occidentale et de Jérusalem[938]. La réaction d'un grand nombre d'anglocatholiques fut l'effarement. "Les consciences des anglicans, clercs et fidèles - écrivait le rév. Frederic O. Davis, directeur du mensuel *The Dome* - ont été durement mises à l'épreuve depuis 1955" avec la soumission à l'œcuménisme protestant". "Beaucoup d'anglicans, dans toutes les parties du monde, se sont mis à prier avant la conférence de Lambeth de 1958, espérant qu'elle renverserait cette tendance au suicide. Mais il n'en fut rien. L'ensemble de l'épiscopat anglican a donné sa bénédiction à des projets qu'il voyait appelés [sic] à réaliser la 'grande Église à venir'. Aux yeux de la chrétienté d'esprit catholique, une telle doctrine de l'Église était hérétique"[939]. Les anglocatholiques de Davis proposèrent donc au Saint-Siège de créer une

---

[938] Cf. *La Documentation Catholique*, 1959, col. 50-58.
[939] *La Documentation Catholique*, 1960, col. 105-107.

Église anglocatholique de transition vers la pleine union avec Rome, ou d'accepter une union avec un vaste groupe d'anglicans. Après huit mois de tractations, entre 1958 et 1959, la réponse fut négative : la seule voie était celle de la conversion individuelle pure et simple au catholicisme. Davis se convertit et entra au séminaire à Rome. Lors d'une interview à l'hebdomadaire catholique londonien *The Univers*, Davis déclara entre autres : "Il semble vraisemblable que les dirigeants de l'Église anglicane continueront dans le sens de l'œcuménisme protestant. Cette position va devenir intenable pour beaucoup de pasteurs anglicans et beaucoup penseront que le temps est venu d'envisager le retour à Rome. Il y a maintenant dans l'Église anglicane une tendance protestante en matière de réunion et de morale. C'est ainsi qu'on voit des pasteurs essayant de donner un enseignement orthodoxe et dont les efforts sont sapés par leurs supérieurs." Le révérend Davis aurait-il pu imaginer une chose pareille ? Tandis que lui-même abandonnait la communauté anglicane parce qu'elle avait accepté l'hérésie protestante, dans le même temps, en instituant le Secrétariat pour l'union des chrétiens puis en recevant le responsable du virage philoprotestant de l'anglicanisme, Geoffroy Fischer, Jean XXIII cherchait à faire entrer les catholiques dans le courant tourbillonnant du mouvement œcuménique...

Le travail du Secrétariat pour l'union des chrétiens

"Fischer a terminé le colloque en disant qu'il faut considérer sa visite au Saint-Père [Jean XXIII] comme un événement d'une portée historique, mais qu'il y a plus important encore avec la création du Secrétariat pour l'union des chrétiens : sa visite n'est que passagère, tandis que le Secrétariat est une institution permanente qui poursuivra le travail". Telles sont les paroles conclusives, d'importance fondamentale, d'un compte-rendu officiel de la rencontre Bea-Fischer qui eut lieu à Rome chez le cardinal Bea au Collège pontifical brésilien, au sortir de l'audience "pontificale" accordée par Jean XXIII à Fischer[940]. En effet "la Wrencontre historique" dont nous allons parler, était déjà le fruit du travail du Secrétariat institué par Jean XXIII avec le Motu Proprio *Superno Dei nutu* du 5 juin 1960 et présidé par le cardinal Bea[941]. Le 13 juin Jules Marx Isaac était reçu (en secret) :

---

[940] STJEPAN SCHMIDT, Agostino Bea, il cardinale dell'unità, Città Nuova, Roma 1987, p. 368.
[941] Cf. Sodalitium, Le Pape du Concile XVIe partie : Le Secrétariat pour l'unité des chrétiens (n° 39, pp. 19 à 32).

c'était le début du dialogue avec le judaïsme[942] ; le 2 décembre l'entrevue avec le Primat anglican ouvrait officiellement le dialogue au sommet avec le protestantisme et, plus généralement, avec le mouvement œcuménique. Nous avons déjà raconté les préparatifs de l'entrevue avec Isaac ; mais comment naquit l'entrevue avec Fischer ? Un autre anglican reçu par Jean XXIII, l'évêque" de Southwark, parlant de l'audience prochaine à Fischer, déclarait : "les conférences au sommet ne peuvent donner de résultats satisfaisants s'il n'y a pas eu une préparation soignée, et un accord de principe dans les coulisses"[943]. La version officielle parlait, elle, d'une décision spontanée et quasiment improvisée de Fischer. Que se passa-t-il en fait "dans les coulisses" ?

En pleine nuit, dans un hôtel londonien...

Le 2 novembre 1960 "un communiqué officiel de Geoffrey Fischer, l'Archevêque de Cantorbéry d'alors, informait que dans le cadre de son pélerinage en Palestine, outre une visite à Constantinople [au Patriarche Athénagoras, son collègue dans le schisme et dans la maçonnerie, n.d.a.], il [Fischer] avait l'intention de rendre également une 'visite de courtoisie'à Jean XXIII. Deux jours après, ce dernier "manifestement content de cette annonce" disait au cardinal Bea : "L'horizon commence à s'éclaircir, courage"[944]. Si Jean XXIII se réjouissait, le monde catholique était perplexe. "La décision de Fischer - poursuit le Père Schmidt - montra à quel point on était peu préparé à Rome à ce genre de visites" ; il s'agissait, écrivit ensuite Bea "d'un fait nouveau auquel il fallait s'habituer tant psychologiquement que pour ce qui regardait les circonstances extérieures"[945]. Schmidt écrit encore : « Le premier 'incident'regarda la façon dont fut annoncée la visite dans *L'Osservatore Romano*. En tout petits caractères, les plus petits qu'il eût à sa disposition, le journal écrivait : "Les agences de presse et les quotidiens ont donné une large diffusion à l'annonce de la visite au pape Jean XXIII de l'archevêque anglican de Cantorbéry, Geoffroy Fischer. Ayant programmé de faire étape à Rome au retour de son voyage en

---

[942] Cf. *Sodalitium*, nn° 40 et 41.
[943] *Evening Standard*, 1er nov. 1960. Phrases rapportées par le père Tucci dans la *Civiltà Cattolica*, cf. *La Documentation Catholique*, 1960, col. 1568.
[944] S. SCHMIDT, op. cit., p. 366. Pour être plus exact, il semble que le communiqué de Fischer soit daté du 31 octobre et qu'il ait été rapporté par la presse le 2 novembre.
[945] AGOSTINO cardinal BEA, Ecumenismo nel Concilio, Bompiani, Milano 1968, p. 34.

Terre Sainte, le Dr Fischer a exprimé le désir d'être reçu par le Souverain Pontife, tout en prenant la peine de préciser qu'il s'agira d'une visite de courtoisie. Sa Sainteté a fait savoir que le désir a été bien accueilli. L'audience en forme privée aura lieu dans les premiers jours du mois de décembre prochain" »[946]. Le journal du Vatican cherchait manifestement à minimiser la portée de l'événement. C'est surtout au cardinal secrétaire d'État, Domenico Tardini, que Peter Hebblethwaite attribue la tentative de redimensionner la visite et de mettre obstacle aux projets du cardinal Bea (et de Jean XXIII lui-même). Le Père Schmidt, secrétaire de Bea, s'efforce de démentir sur ce point l'ancien jésuite[947], lequel s'appuie pourtant sur le témoignage direct qui lui a été donné par écrit le 22 février 1982 par Robert Hornby, alors attaché de presse de Fischer. L'article du père Roberto Tucci s.j. publié dans *La Civiltà Cattolica* et repris dans *L'Osservatore Romano* semble lui aussi vouloir minimiser la portée de cette visite désormais imminente et démentir les interprétations des œcuménistes (qui avaient cependant

---

[946] S. SCHMIDT, op. cit., pp. 366-367 ; L'Osservatore Romano, éd. it, 2-3 novembre 1960, p. 1.

[947] "Selon le père Hebblethwaite (p. 383) il n'aurait pas été permis au Cardinal [Bea] de voir l'Archevêque [Fischer] ; c'est là une affirmation bien surprenante (p. 383). De même, tout l'échafaudage édifié sur la lutte présumée du cardinal Ottaviani contre notre personnage (pp. 370 et suivantes) paraît sans fondement authentique. Lorsqu'on faisait une allusion au cardinal Bea sur ses relations avec le cardinal Ottaviani, il répondait invariablement : *Nous sommes bons amis*" (S. SCHMIDT, op. cit., p. 368, note 42). Que le père Schmidt soit mieux documenté et plus pondéré que Peter Hebblethwaite, cela ne fait aucun doute ; mais il faut considérer le fait que le secrétaire de Bea cherche à donner de son cardinal une image "officielle" qui élimine ou sous-estime tout aspect polémique, tout aspect de rupture avec le passé. En cela, Schmidt se montre bon disciple de son très astucieux et prudent maître, mais ici il se démentit lui-même en rapportant, aux pp. 385 à 387 un des accrochages entre Ottaviani et Bea racontés, dans un langage assez coloré, par Hebblethwaite et Zizola. Quant à la prudence du cardinal Bea j'y ai fait suffisamment allusion dans les numéros précédents ; je peux ici ajouter un exemple curieux. Il s'agit d'une lettre de réponse du cardinal à l'abbé Luigi Cozzi, curé de Solimbergo (Udine), bien connu partout pour son antijudaïsme prononcé. L'abbé Cozzi, avait écrit au cardinal Bea précisément pour stigmatiser ses relations avec le B'nai B'rith. Voici quelle fut la réponse toute séraphique du cardinal Bea : "Mon Révérend - lui écrivait-il le 10 juillet 1962 - en réponse à votre lettre du 22 juin, un mot seulement pour vous assurer que le problème des juifs et de l'antisémitisme est pris en considération ici au Saint-Siège par les bureaux compétents. La question est trop compliquée pour être développée dans une brève lettre, d'autant plus que des 'Juifs'en général on ne peut pas parler puisqu'ils sont eux-mêmes loin d'être d'accord entre eux. Il ne nous reste qu'à prier pour ces hommes de la race desquels est issu Notre-Seigneur lui-même selon sa nature humaine, ainsi que la Très Sainte Vierge, et même les Apôtres. Avec les plus abondantes bénédictions pour vous et pour votre activité pastorale, je suis votre très dévoué + Agostino cardinal Bea en Notre Seigneur". De l'abbé Cozzi le cardinal Bea aurait pu dire aussi : "Nous sommes bons amis" !

raison quant à la portée de leur succès). En effet dans le communiqué du 31 octobre émanant du *Church Information Office*, le Dr Fischer, annonçant sa future visite à Jean XXIII déclarait que **l'œcuménisme avait pour but la réalisation "d'une unité d'esprit avec les baptistes, les congrégationalistes, les méthodistes, et même avec les catholiques romains"**. « La déclaration du Dr Fischer - rapporte l'article du père Tucci - continuait en faisant allusion également, comme on l'avait déjà fait à Saint-Andrews [où s'était déroulé durant l'été une réunion du Conseil Œcuménique des Églises avec la participation de quelques membres du Secrétariat de Bea][948], à "un changement rapide d'attitude de Rome à l'égard de cet effort pour l'unité spirituelle et pour une compréhension mutuelle", ainsi, lui semblait-il, du côté catholique on était passé "de l'ignorance et de la suspiscion" à "un intérêt croissant plein de sympathie et même, dans certains milieux, à un désir manifeste d'entrer dans l'esprit de ce mouvement". Le Dr Fischer voyait un autre "signe manifeste" de ce changement dans la constitution du nouveau Secrétariat pour l'union des chrétiens où était appelé à collaborer comme secrétaire Mgr Willebrands lui-même, un des observateurs catholiques à Saint-Andrews ». "A la lumière de tout ce qu'il a écrit - concluait le communiqué anglican - l'archevêque désire, dans un esprit de courtoisie et d'amitié entre chrétiens, rendre visite au patriarche œcuménique et au Pape à son retour de Jérusalem". L'article du père Tucci continuait avec un compte-rendu des réactions de la presse internationale, et plus spécialement italienne et anglaise Selon le directeur de *La Civiltà Cattolica* il y avait eu des "exagérations" et des "suppositions gratuites" : « on écrivait qu'il était permis de supposer que la rencontre aurait un "caractère officiel" (*Il Paese*) ; qu'elle se situait dans le cadre d'un mouvement promu par le Pape pour l'unité

---

[948] Il me semble intéressant de rapporter ici un passage du chapitre IX (Evénements dans l'Église catholique) du Rapport du Comité central du Conseil œcuménique des Églises réuni à Saint-Andrews (Ecosse) du 16 au 24 novembre 1960. Faisant référence à l'annonce du Concile et à l'institution du Secrétariat de Bea, le Conseil Œcuménique écrivait : "Le Conseil Œcuménique des Églises considère ces événements comme importants pour différentes raisons. Ils montrent d'abord le chemin qui a été parcouru depuis que le Vatican a fait sa première déclaration officielle sur le mouvement œcuménique en 1928 avec l'encyclique *Mortalium animos*, qui contenait une interprétion absolument négative du mouvement. Il fait peu de doute que, depuis, le Vatican a désormais décidé de prendre une part active aux conversations œcuméniques. (...) Ainsi, comme l'a dit le père Congar, pour la première fois dans l'histoire, l'Église catholique romaine, à l'occasion du Concile œcuménique, entre dans une structure de dialogue. La pleine signification de tout ceci n'apparaîtra clairement que dans les années à venir..." (La Documentation catholique, 1961, col. 111).

des chrétiens" (*Il Messaggero*) ; que l'initiative serait venue du Saint-Père lui-même, lequel aurait fait savoir au Dr Fischer, par l'intermédiaire de Mgr Willebrands, qu'il serait heureux de sa visite (*La Nazione*) ; que la rencontre serait "le fruit d'une sérieuse préparation diplomatique menée surtout par sir Peter Scarlet, représentant britannique auprès du Saint-Siège" (*Il Tempo*) et une étape de ces tractations ». Le père Tucci poursuit : « Tandis qu'au Vatican on observait la plus stricte réserve et que *L'Osservatore Romano*, après son bref communiqué des 2 et 3 novembre ne revenait plus sur ce sujet, le Dr Fischer, par contre, sentait le besoin de fournir quelques précisions (...). Le 5 novembre, parlant à la conférence diocésaine, il dit que, dans le passé, il n'aurait jamais pu envisager une simple visite sans donner lieu à de graves malentendus. Le fait qu'une rencontre de ce genre puisse maintenant avoir lieu est dû à la nouvelle mentalité qui règne dans toutes les Églises et aussi "à l'initiative prise ouvertement par le Pape de faire savoir que l'Église romaine désire de meilleurs rapports" ». Là il faisait clairement allusion à l'institution du Secrétariat. Un journal anglais « *le New Statesman* (5 novembre), affichant une conception très élastique du dogme, ajoutait aussi que "l'unité ne pourra jamais être un fait accompli aussi longtemps que Rome ne se décidera pas à adopter certains changements fondamentaux en matière de doctrine" ! ». A l'encontre de toutes ces interprétations, *La Civiltà Cattolica* s'efforçait de convaincre le lecteur que "la visite a été envisagée dès le début comme un simple geste de courtoisie de l'archevêque de Cantorbéry à l'égard du Saint-Père, dans une audience privée, donc sans caractère officiel" : aucune différence avec ce qu'avaient fait les Papes Léon XIII, Pie XI, Pie XII et Jean XXIII sans susciter un tel tapage[949]. Mais le père Tucci se donnait beaucoup de mal

---

[949] P. ROBERTO TUCCI, La visite de courtoisie du Dr Fischer à S.S. Jean XXIII, dans *La Civiltà Cattolica* du 19 novembre 1960, partiellement reportée par *L'Osservatore Romano* (éd. it.) du 19 novembre. Je cite la version française publiée dans la *Documentation catholique* (D.C.) 1960, colonnes 1566 à 1578. Le père Tucci fait allusion aux audiences solennelles accordées par Léon XIII au Roi Edouard VII et par Pie XI au Roi Georges V, aux audiences privées accordées par Pie XII à la Princesse Margaret et à la Princesse Elisabeth accompagnée de son mari le Duc d'Edimbourg, enfin à celle accordée par Jean XXIII à la Reine-Mère accompagnée de la Princesse Margaret. Mais il est évident que ces visites ne peuvent être comparées à l'audience au Dr Fischer, en ce sens que ce n'est pas en tant que protestants mais en tant que membres de la dynastie régnante qu'étaient reçues ces personnes de la Maison royale. Une référence plus pertinente : celle de l'audience strictement privée accordée par Pie XII au Dr Otto Dibelius, "évêque" luthérien et président du Conseil de l'Evangelische Kirke in Deutschland (voir D.C. 1956, colonnes 413 à 416). Pour ce qui regarde les rencontres œcuméniques de Jean XXIII avant la visite de Fischer, nous en parlerons par la suite.

pour rien : ce qu'il s'efforçait de démentir n'était substantiellement que la réalité ! Fischer lui-même chercha à démolir la supposition « selon laquelle, en marge de la réunion œcuménique de Saint-Andrews, il y aurait eu une sorte de "complot" pour s'entendre secrètement sur cette visite »[950]. En réalité c'est exactement comme Tucci et Fischer s'efforçaient de le nier que les choses s'étaient passées. "La préparation de la visite commença en été - admet maintenant le père Schmidt - alors que Johannes Willebrands se trouvait en Angleterre pour participer, comme observateur, à une réunion de Foi et Constitution [la réunion du Conseil Œcuménique des Églises qui se déroulait à Saint-Andrews, en Ecosse, n.d.a.]. Dans le plus grand secret, à la faveur de la nuit noire, Willebrands et le chanoine John Satterthwaite, secrétaire pour les relations ecclésiastiques de l'Église d'Angleterre, se rencontrèrent dans un hôtel londonien. Cet hôtel où eut lieu l'entrevue, le chanoine lui-même me le montra en 1962. Là Satterthwaite communiqua à Willebrands l'intention de l'archevêque, le Dr Fischer, d'entreprendre un voyage pour la Terre Sainte et Constantinople, et de rendre dans le même contexte une 'visite de courtoisie' au Pape Jean. En octobre arriva la confirmation définitive avec le communiqué que la nouvelle serait rendue publique le 2 novembre [pour être exact, elle le fut le 31 octobre, n.d.a.]"[951]. **En somme, c'est de nuit, dans un hôtel londonien et dans les sous-sols d'une synagogue de Strasbourg[952] que le Concile a été préparé !** L'initiative ne venait donc pas uniquement de Fischer : il y avait accord avec le Secrétariat. Et la visite n'était "privée" et de "courtoisie" qu'en apparence : en réalité elle faisait partie du plan à long terme adopté par Bea et Jean XXIII en vue du Concile Vatican II.

Le fr∴ Fischer au Vatican

Venons-en au jour fatidique de la visite du successeur de Thomas Crammer **au successeur présumé de saint Pierre** : le maçon Geoffrey Francis Fischer reçu par Jean XXIII. Mgr Capovilla, commentant l'événement, écrivit : « J'ai été témoin oculaire de cette rencontre qui s'effectua pour ainsi dire sur la pointe des pieds... Aucun protocole n'était prévu pour ce jour-là. La feuille d'audience portait cette brève

---

[950] R. Tucci, art. cit., col. 1571.
[951] S. SCHMIDT, op. cit., p. 366.
[952] Cf. *Sodalitium*, n° 41, pp. 23-24.

note : "12h15. Dr. Geoffrey Fischer" »[953]. "L'Archevêque, la personnalité la plus importante en Angleterre après la reine" fut reçu presqu'en cachette, sans protocole, "avec l'exclusion complète des 'massmedia'". Jean XXIII s'en lamenta : "Ici tout le monde ne comprend pas ces choses...", mais "cette façon de procéder était dictée, entre autres, par la crainte que le comportement envers l'hôte puisse être interprété comme une reconnaissance de sa dignité d'évêque[954] et de chef de l'Église d'Angleterre, et même de la Communion anglicane. Cet appareil extérieurement réduit frappe davantage encore si l'on pense que c'est dans la Chapelle Sixtine, avec le maximum de solennité, sous les projecteurs de la télévision, avec une cérémonie solennelle de prières, en présence des représentants du Collège cardinalice et du Corps diplomatique que sera reçu, en mars 1966, le successeur du Dr Fischer, le Dr Michael Ramsey"[955]. (De toute évidence, entre 1960 et 1966, l'audience avec Fischer avait porté ses fruits !). Il y avait donc eu des résistances implicites ou explicites à l'entrevue[956], et si les organisateurs eux-mêmes (Bea, Jean XXIII...) n'insistèrent pas pour lui donner un plus grand relief, c'est probablement par crainte d'augmenter ces oppositions. Fischer, qui n'avait pas les mêmes préoccupations, cherchait à tirer de l'événement le maximum d'avantages. « Il faut reconnaître - admet Schmidt - (...) que l'Achevêque lui-même ne facilita pas les choses. La veille de l'audience, à l'église anglicane d'Ognissanti à Rome, il fit une prédication dans laquelle il soulignait le contraste, "résolu ensuite avec la Réforme du XVIᵉ siècle", entre "la conception d'une Église impérialiste et celle plus ancienne et apostolique d'un Commonwealth of Churches" ; l'allusion à l'Église catholique romaine

---

[953] LORIS F. CAPOVILLA, dans L'Osservatore Romano (version it.) du 9 décembre 1985, p. 8.
[954] On le sait, avec la lettre apostolique *Apostolicæ curæ* du 13 septembre 1896, Léon XIII confirmait solennellement les décisions prises précédemment par le Saint-Siège et définissait infailliblement l'invalidité des ordres anglicans. Le Dr Fischer n'était donc ni évêque ni prêtre, rien qu'un hérétique, un maçon et un... docteur !
[955] S. SCHMIDT, op. cit., p. 367.
[956] "De plus, les jours précédents, le pape dût maîtriser diverses tentatives de dissuasion menées auprès de lui par des émissaires du 'pentagone'[les cardinaux conservateurs, n.d.a.]. De dignes et majestueux prélats faisaient retentir les corridors de leurs cris de protestation contre l'initiative du pape. En un mot, l'hérétique ne pouvait pas remettre pied en tant que tel dans la citadelle de la Vérité. Et du moment qu'il y pénétrait, le fait devait être soigneusement effacé et occulté" (GIANCARLO ZIZOLA, Giovanni XXIII. La fede e la politica. Laterza, Roma-Bari 1988, pp. 229-230). Mis à part les hurlements dans les corridors et la partialité de Zizola, c'est plus ou moins ainsi que durent se passer les choses. D'ailleurs, dans sa description de l'audience à Fischer, le récit de Zizola est correct et calqué sur le livre de Schmidt.

était claire »[957]. Il n'est pas jusqu'à Hebblethwaite qui n'ait parlé de la "crudité d'expression anglicane" de Fischer vis-à-vis de l'Église catholique taxée d'impérialisme[958]. Aussi le cardinal "Tardini ne cache guère son hostilité et il met tout en œuvre pour abréger la visite. Bea n'est pas autorisé à assister à l'audience[959]. Tardini avait envoyé un membre relativement jeune de son équipe, Mgr Antonio Samorè, pour surveiller le pape Jean et lui rendre compte". Qu'est-ce que se dirent Jean XXIII et Fischer durant les 55 minutes d'audience ? Si le premier, comme à son habitude, évoqua les liens historiques entre les deux sièges, l'anglais, au contraire, selon son attaché de presse Hornby, aurait avancé une nouvelle fois son idée d'unité de l'Église : non par un retour des dissidents à Rome, mais par une entente collégiale entre "deux Églises" qui "courent parallèlement"[960]. Dans sa conversation avec Bea, Fischer s'informa du Secrétariat, des relations entre anglicans et catholiques ainsi que d'une éventuelle invitation d'observateurs anglicans au Concile"[961]. Quelques jours plus tard, dans un article de sa main paru dans *La Civiltà Cattolica*, le cardinal Bea, vantait l'"extrême importance" de la rencontre au sommet Fischer-Roncalli[962] Il n'avait pas tort, comme nous le verrons.

Les conséquences de l'audience accordée à Fischer

---

[957] S. SCHMIDT, op. cit., p. 367.
[958] P. HEBBLETHWAITE, op. cit., p. 422.
[959] Schmidt démentit ce détail (op. cit., p. 368, note 42 ; voir aussi la note 7 du présent article), en se basant sur le fait que, le jour même de l'audience avec Jean XXIII et tout aussi discrètement, Bea recevait Fischer. Mais Hebblethwaite n'affirme pas qu'il n'y a pas eu entrevue entre Fischer et Bea, il affirme seulement l'absence de Bea à l'audience de Fischer avec Jean XXIII.
[960] P. HEBBLETHWAITE, op. cit., p. 422. Zizola (à la p. 230) et Hebblethwaite (à la p. 423) rapportent les classiques "phrases historiques" ("Bonjour Sainteté, il y a quatre siècles que nous ne nous voyons plus" ; "Sainteté, nous sommes en train de faire l'histoire") qu'eux-mêmes estiment légendaires, comme ils estiment légendaires les anecdotes des conservateurs parlant d'un Jean XXIII retombé en enfance et qui ne se serait même pas rendu compte qu'il recevait un anglican ! Quant à Fischer, il fit une déclaration à son retour à Londres, disant "Nous avons parlé d'Istamboul. Le Pape y a vécu dix ans. (...) Pour le reste nous étions l'un et l'autre intéressés par l'esprit d'unité, l'unité d'esprit parmi les chrétiens frères et parmi tous les hommes du monde entier, et il parle de cette grande question qui préoccupe tous les chrétiens". (*Documentation Catholique*, 1960, col. 1563).
[961] S. SCHMIDT, Op. Cit., p. 368.
[962] S. SCHMIDT, op. cit., p. 368.

Contrairement à la visite du luthérien Dibelius reçu par Pie XII, la visite du Primat anglican ne devait pas rester sans suite. Les principales conséquences sont, à mon avis, au nombre de trois :

1) La "voie libre" aux autres innombrables initiatives similaires.

2) L'impulsion donnée à la doctrine œcuméniste du Secrétariat et l'aval donné à sa position pendant la Commission centrale préparatoire au Concile.

3) Le succès presque parfait des manœuvres pour la participation des acatholiques au Concile en tant qu'"observateurs" ou "hôtes", et l'influence déterminante de cette présence sur le Concile même.

Nous nous réservons d'étudier ces deux derniers points dans les prochains numéros, pour examiner maintenant le premier, non sans avoir cependant parlé au préalable des rencontres œcuméniques antérieures à la visite de Fischer à Jean XXIII.

Rencontres œcuméniques avant Fischer

Déjà bien avant l'audience historique accordée au maçon anglais, Fischer, Jean XXIII avait ouvert largement les portes de son bureau privé aux acatholiques, même ce ne fut qu'avec une extrême réserve. J'ai essayé d'en faire une liste, dont j'ai exclu les Chefs d'États reçus pour des motifs plus politiques que religieux. La personnalité la plus importante fut certainement Mgr Iakovos. Le 17 avril 1959, le quotidien catholique *La Croix* rapportait que « l'archevêque Iakovos, nouveau chef spirituel de l'Église orthodoxe d'Amérique du Nord et d'Amérique du Sud, a révélé qu'il avait été récemment reçu en audience par le Pape Jean XXIII. "C'est - a-t-il dit - la première fois depuis trois cent cinquante ans qu'un prélat orthodoxe effectue une telle visite". L'archevêque Iakovos a précisé que sa visite au Vatican n'avait revêtu aucun caractère officiel ; il a déclaré à ce propos que l'Église orhodoxe grecque avait réagi "très favorablement" au projet de Concile œcuménique, mais qu'elle avait adopté une attitude de prudente expectative »[963]. Il n'est pas inutile de préciser que Iakovos Koukouzis, de Malte, était membre du Comité Central du Conseil Œcuménique des Églises, et par conséquent un élément important du mouvement œcuménique. En outre il "fut reçu par le pape Jean en tant que représentant spécial du patriarche œcuménique Athénagoras. La visite était un effet de l'allusion aux anciens projets conciliaires de

---

[963] *Documentation Catholique*, 1959, col. 702.

Constantinople contenue dans le message de vœux de Noël du pape et dont le relief œcuménique n'était pas passé inaperçu. En effet le patriarche œcuménique avait répondu sans délai par un message daté du 1er janvier 1959 (...). En avril le délégué apostolique en Turquie, Mgr Giacomo Testa, homme de confiance du pape, rendait sa visite au patriarcat de Constantinople"[964]. Cette audience à Mgr Iakovos était d'importance bien sûr, mais elle eut moins de conséquences que celle accordée par la suite à Fischer, du fait de la discrétion absolue dont elle fut entourée ; et même "on n'en trouve pas trace dans les feuilles d'audience de l'antichambre pontificale". Dans l'article du père Tucci paru dans *La Civiltà Cattolica* que nous avons cité plus haut, nous est révélée l'existence d'autres audiences privées, ignorées jusqu'à ce jour ou du moins peu connues : celle accordée par Roncalli dans les premiers mois de son pontificat au Dr Mervyn Stockwood, "évêque" anglican de Southwark peu après son élection ; celle accordée le 4 juin 1959 au chanoine Donald Rea auquel Jean XXIII fit cadeau de son bréviaire[965], et par deux fois une audience accordée à un autre ecclésiastique anglican, Marcus James[966]. Le résultat de ces premières audiences œcuméniques (comme de toutes celles qui ont suivi), nous pouvons le déduire du comportement de l'évêque" Stockwood. Frais sorti de son audience avec Jean XXIII, le Dr Stockwood ne trouva rien de mieux, de retour dans son diocèse, que de persécuter un de ses inférieurs, un certain Rev. A.E. Harris, pasteur de l'Église de Saint-André à Carshalton, le chassant de son église et lui interdisant tout ministère dans le diocèse. Quel était le déli du vieux pasteur anglican ? Célébrer selon le rite de l'Église romaine, et non selon le Common Prayer Book de l'"Église" anglicane. La goutte qui fit déborder le vase ? Une "Messe solennelle avec procession" pour la fête de l'Assomption ! A peine retourné de son entrevue avec le "Pape Roncalli", notre "évêque œcuméniste faisait irruption dans l'église paroissiale le 23 août 1959, annonçant la fermeture de l'église de Saint-André en attendant de pouvoir y réintroduire le rite réformé. Le pauvre Harris, au moment de

---

[964] GIUSEPPE ALBERIGO, L'annuncio del Concilio. Dalle sicurezze dell'arroccamento al faschino della ricerca, dans AA.VV., Storia del Concilio Vaticano II, dirigée par G. ALBERIGO, Peeters/ Il Mulino, Leuven-Bologna 1995, vol. I, pp. 44-45.
[965] L'hebdomadaire catholique *The Tablet* du 5 août 1959 a publié le récit de la visite de Rea à Rome (voir *La Documentation catholique*, 1960, col. 107-109). Selon ALBERIGO (op. cit., p. 46) Rea était "porteur d'une lettre de l'archevêque de Cantorbéry", ce pour quoi sa visite peut être considérée comme "le prélude de la visite de ce même archevêque à Rome".
[966] *Documentation Catholique*, 1960, col. f572, note 14.

quitter son église aurait conclu le discours d'adieu en criant : "Vive le Pape !"⁹⁶⁷. On n'avait pas prévu (et comment aurait-on pu l'imaginer !) que Jean XXIII serait du côté du persécuteur et que l'"évêque" Stockwood serait le précurseur des innombrables évêques catholiques (?) qui, après Vatican II, mirent et mettent encore tout leur zèle à interdire la Messe catholique et à chasser les prêtres qui veulent encore la célébrer !

L'audience au "chanoine" Donald Rea ne manque pas non plus d'intérêt. L'"anglo-catholique" Rea était le président d'une *Confraternity for unity* fondée en 1926 "pour restaurer la communion avec le Saint-Siège". Le monde "anglo-catholique" était troublé par la décision de Frédéric O. Davis d'abandonner l'anglicanisme pour devenir prêtre catholique ; cette décision suscitait une polémique ouverte entre lui et ses ex-coreligionnaires. C'est de cette question que parlèrent Rea et Jean XXIII lequel, démentant Davis, déclara en lui faisant clairement allusion : "Lorsqu'on travaille pour la réunion, il est nécessaire :

1) d'être très doux et humble ;
2) d'être patient et de savoir attendre l'heure de Dieu ;
3) d'insister sur les actes positifs, en laissant de côté momentanément les éléments de divergence, et d'éviter les discussions qui peuvent porter atteinte à la vertu de charité"⁹⁶⁸.

En démentant ainsi Davis Jean XXIII laissait "charitablement" le pauvre Rea dans son hérésie... Cet épisode apparemment insignifiant est en réalité le symbole du revirement roncallien : l'"Église catholique", jusqu'alors hostile à l'œcuménisme protestant, devait entrer dans le grand mouvement œcuménique. L'institution du Secrétariat et l'audience accordée à Fischer ne firent que confirmer cette orientation.

Après Fischer : va-et-vient d'hérétiques au Vatican

La visite de Fischer et, selon Hebblethwaite, la mort du secrétaire d'État, le cardinal Tardini⁹⁶⁹ donna libre cours à un véritable va-et-vient

---

⁹⁶⁷ Sur toute la question voir *La Documentation Catholique*, 1960, col. 109-110.
⁹⁶⁸ *Documentation Catholique*, 1960, col.. 108.
⁹⁶⁹ Hebblethwaite écrit crûment (op. cit., p. 450) : "Débarrassé de Tardini, Bea peut orchestrer des audiences pour tous les responsables d'Églises qui daigneront venir". Je rappelle que le cardinal Tardini mourut le 30 juillet 1961, mais il était depuis longtemps fatigué et malade, et surtout très attristé par le "nouveau cours" des choses. Dans *Il*

d'hérétiques dans le bureau privé de Jean XXIII. Voyons d'abord la liste dressée par le secrétaire de Jean XXIII, Mgr Capovilla :

"Bernard Pawley[970], chanoine de la cathédrale d'Ely (Angleterre) et représentant personnel de l'archevêque de Cantorbéry et de l'archevêque d'York (12 juin 1961) ; le Dr Arthur Lichtenberger, président de l'Église épiscopalienne américaine (15 novembre 1961) ; le Dr Joseph Jackson[971], président de la National Baptist Convention, USA (20 décembre 1961) ; le Dr Archibald C. Craig[972] Modérateur de l'Assemblée générale de l'Église d'Ecosse, [presbytérienne] (28 mars 1962) ; le Dr Mervyn Stockwood[973], évêque anglican de Southwark (Londres) (7 avril 1962) ; le professeur Edmund Schlink DD, enseignant à l'université de Heidelberg [Allemagne], représentant le Conseil de l'Église évangélique d'Allemagne (27 avril 1962) ; le Dr Arthur Morris, évêque anglican de S. Edmundsbury et d'Ipswich (10 mai 1962) ; le métopolite Damaskinos de Volos (Grèce) (17 mai 1962) ; le Dr Joost de Blank, archevêque anglican de Cape Town, Afrique du Sud (20 juin 1962)"[974]. La liste de Capovilla s'arrête avant le Concile, mais elle est incomplète. Elle néglige, par exemple, totalement les représentants des religions non-chrétiennes. Des juifs, j'ai déjà parlé[975] ;

Giornale dell'anima c'est en tant que dérangement apporté à sa tranquillité que Jean XXIII évoque le décès du cardinal Tardini et celui du cardinal Canali : "Hélas, ici non plus, les circonstances n'ont pas correspondu à notre désir de solitude absolue et tranquille. Avec le départ pour les plus hautes sphères de deux cardinaux plus insignes l'un que l'autre, j'ai été accaparé et distrait par de multiples et importantes obligations..." (15 août 1961, note).

[970] Le chanoine Pawley était un bel exemple d'œcuménisme vécu, puisque marié avec une russe orthodoxe (cf. Hebblethwaite, op. cit., p. 563). Le 24 février 1961 le *Church Times* publiait l'information de la nomination de Pawley comme représentant des anglicans à Rome. La nouvelle perturba quelque peu les relations entre Jean XXIII et le Secrétariat de Bea, invité à tenir compte de la hiérarchie catholique anglaise. Le responsable était Fischer qui "avait accéléré les choses sans user des égards nécessaires, sans en donner communication au préalable à Rome, ni demander l'accord sur le choix de la personne" (SCHMIDT, op. cit., p. 368).

[971] Jackson revenait de la IIIe Assemblée du Conseil œcuménique des Églises, tenue à New Delhi (*La Documentation Catholique*, 1962, col. 344).

[972] Craig était accompagné d'Alexandre Mc Lea, recteur du Temple écossais à Rome, et de Stuart Louden (*L'Osservatore Romano*, éd. it., 29 mars 1962, *La Documentation Catholique*, 1962, col. 499).

[973] Chose étrange : de la seconde visite de notre très sympathique persécuteur des rites romains *La Documentation Catholique* ne dit rien. Rien non plus sur *L'Osservatore Romano*. Une ligne seulement du service de presse du Vatican. Et pourtant, selon Zizola (op. cit., 234) 44 "évêques" anglicans accompagnaient Stockwood.

[974] LORIS CAPOVILLA, Natale 1975, Capodanno 1976, opuscule à propos de la pensée de Jean XXIII sur l'œcuménisme, cité par Hebblethwaite, p. 450.

[975] Cf. *Sodalitium*, nn° 40 et 41, 17e et 18e parties.

mais je puis ajouter une information d'importance capitale pour qui connaît le rôle de la loge judéo-maçonnique du B'naï B'rith[976] : « **Le 18 janvier 1960 une délégation de l'organisation internationale juive B'naï B'rith se rendit chez le pape au Vatican pour traiter de la recrudescence de l'antisémitisme, "pour le remercier de l'aide apportée aux juifs persécutés à l'époque de sa délégation en Turquie (1935-1944) et le remercier d'avoir éliminé de la Liturgie du Vendredi Saint l'appellation *perfidus*"** »[977]. Hebblethwaite cite un autre cas significatif : « Le 30 juillet 1962, il reçoit, supérieur du temple shintoïste à Kyoto au Japon, Shizuka Matsubara avec des membres de sa famille. On pourrait n'y voir qu'une de ces scènes exotiques incongrues qui font le charme du Vatican. Jean voit les choses autrement. Le monde entier est maintenant de sa famille. Il note dans son journal : "(...) Le pape aime s'unir à toutes les âmes honnêtes et droites, d'où qu'elles viennent, à quelque nation qu'elles appartiennent, dans un esprit de respect, de compréhension et de paix. Il demande au Seigneur de bénir leur bonne volonté pour que chacun puisse en arriver à le servir, le connaître et l'aimer dans la quête de la fraternité universelle et l'attente de la vie éternelle (...)" »[978]. Pas la moindre allusion à un désir éventuel de conversion de ce pauvre païen... Même en ce qui concerne les baptisés acatholiques, qui pour le moment nous intéressent plus particulièrement, la liste de Capovilla est incomplète. Il manque par exemple le rév. Brooks Hayds, président d'une association baptiste plus nombreuse que celle de Jackson citée plus haut, reçu le 23 octobre 1961[979]. En mai 1962 Jean XXIII reçut également le rév. A. H. Simmons, accompagné de dix autres membres de la Society of Holy Cross, association de "prêtres" anglicans[980]. C'est également dans la plus grande discrétion qu'eut lieu la première rencontre entre Jean XXIII et les "moines" calvinistes, Roger Schutz, prieur de Taizé, et Max Thurian, collaborateur de Schutz, le 13 octobre 1960[981]. Le théologien protestant Roger Schutz s'était installé à Taizé, en Bourgogne, en 1940, réunissant rapidement autour de lui une communauté monastique dédiée à l'œcuménisme avec les catholiques et les "orthodoxes". Taizé

---

[976] Voir EMMANUEL RATIER, *Mystères et Secrets du B'naI B'rith*, Farta, Paris 1993.
[977] J. OSCAR BEOZZO, Il clima esterno, dans Storia del concilio Vaticano II, op. cit., vol. I, p. 418, qui cite A. GILBERT, The Vatican Council and the Jews, Cleveland, New-York, 1969, appendice G, p. 292.
[978] P. HEBBLETHWAITE, op. cit., p. 456, qui cite L. CAPOVILLA, Ite Missa est, Messaggero, Padova e Grafica e Arte, Bergamo 1983, p. 188.
[979] *La Documentation Catholique*, 1962, col. 412-413.
[980] *La Documentation Catholique*, 1962, col. 1024*
[981] Cf *La Documentation Catholique*, 1961, col. 99 à 110 et 1962, col. 1294.

était (et l'est encore) **le modèle de l'Église future rêvée par tant d'œcuménistes, une Église ni catholique, ni orthodoxe, ni protestante, puisqu'elle est en fait un mélange syncrétique des trois religions.** L'influence de Taizé sur Vatican II fut considérable, comme nous le verrons, et la liturgie de la "Messe" réformée par Paul VI en 1969 calque la liturgie en usage à Taizé[982]. L'audience accordée aux "frères" de Taizé était la conséquence logique de la rencontre qui avait eu lieu à Taizé entre une soixantaine de pasteurs protestants et huit archevêques et évêques français, avec l'approbation du pasteur Boegner, président de la Fédération protestante de France et "des hautes autorités romaines" (cardinal Gerlier dixit). Les "hautes autorités romaines" ne pouvaient être que Jean XXIII.

Les visites œcuméniques font resplendir l'astre de Bea

Une première conséquence immédiate de ces visites à Jean XXIII fut le prestige qui retomba sur l'organisateur de ces entrevues inhabituelles pour l'époque, le cardinal Bea, et sur son Secrétariat pour l'union des chrétiens. Il suffit de feuilleter les journaux catholiques de l'époque pour se rendre compte qu'en un rien de temps, **le cardinal Bea**, jusqu'alors peu connu, était devenu en cette période délicate de préparation au Concile **le protagoniste omniprésent et le véritable "chef d'orchestre" de tous les événements.** A l'improviste la "fièvre œcuméniste" s'était déclarée. Vue la conjoncture historique, la question était particulièrement importante : nous nous trouvons en effet dans les trois années (1960-1962) de préparation de Vatican II ; il était d'importance capitale pour les crypto-hérétiques de parvenir à donner au Concile, dès le départ, non pas l'orientation prévue par la Curie romaine et par le Saint-Office, mais celle qu'eux-mêmes désiraient. J'ai déjà abordé ce thème dans la 14ᵉ partie (n° 37 de *Sodalitium*) et dans toutes les suivantes. L'activité de Bea s'exerçait de différentes façons : rencontres œcuméniques (directement ou par l'intermédiaire de membres du Secrétariat, spécialement Willebrands), articles, conférences et entrevues, (dans lesquelles il diffusait ses idées œcuméniques) et enfin de manière plus institutionnelle, dans la préparation des schémas préparatoires et leur discussion en réunion de Commission Centrale Préparatoire présidée par Jean XXIII en

---

[982] ABBÉ DIDIER BONNETERRE, *Le mouvement liturgique*, éd. Fideliter 1980.

personne. En toutes ces occasions des difficultés se firent jour et les premiers affrontements commencèrent avec les vrais catholiques, mais le revirement en faveur de l'œcuménisme protestant amorcé par Jean XXIII fit triompher point par point les vues de Bea.

De Gazzada à New-Delhi : les rencontres œcuméniques enterrent l'encyclique *Mortalium animos* et le "non" aux congrès œcuménistes des catholiques

Pour ce qui est des rencontres œcuméniques de Bea, je ne peux pas les suivre toutes, elles sont trop nombreuses[983] ; la biographie de Bea écrite par le Père Schmidt est exhaustive sur ce thème que j'ai déjà traité en partie[984]. Je me contenterai de parler de quelques cas où se firent jour les premières résistances. Le premier exemple est celui de la "Conférence catholique pour les questions œcuméniques" qui se tint à Gazzada (Milan) du 19 au 23 septembre 1960. C'était la première "sortie" importante de Bea après l'institution du Secrétariat, au mois de mai. Etant donné que pour une large part les conférenciers, tous tenants de l'œcuménisme "catholique", se trouvaient être simultanément des membres du Secrétariat "ce fut la première réunion, quoique non officielle, du Secrétariat"[985]. Selon l'Instruction du Saint-Office Ecclesia Catholica, pour pouvoir participer à la Conférence, Bea devait obtenir la permission du Saint-Siège[986]. Or, à la réponse, positive cependant, de Jean XXIII, Bea se rendit compte que le cardinal

---

[983] A l'époque, les innombrables voyages du vieux cardinal donnaient matière à plaisanterie : "Voyagez avec BEA" disait-on, jouant avec le nom du cardinal et le sigle de la compagnie aérienne britannique.

[984] Voir par exemple *Sodalitium* n° 41, pp. 21 à 24.

[985] S. SCHMIDT, Op. cit. p. 360.

[986] AAS 42, 1950, 142. Cette Instruction tempérait un peu la sévérité du Monitum du 5 juin 1948 (AAS 40, 1948, 257) qui interdisait la participation "aux congrès mixtes catholiques-acatholiques", particulièrement lorsqu'il s'agissait de "congrès dits 'œcuméniques'" (le Monitum se référait à la 1ère assemblée générale du Conseil Œcuménique des Églises qui s'était tenu à Amsterdam justement en 1948). Aussi la stupeur fut-elle générale lorsque, moins de deux années plus tard, parut sur ce thème un nouveau décret maintenant substantiellement l'interdiction, mais plus possibiliste. Le père Schmidt laisse entendre que le changement était dû à l'influence de Bea devenu entre-temps consulteur du Saint-Office (cf. S. SCHMIDT, op. cit. p. 252 ; A. BEA, O. Cit. p. 21-22). Pour appuyer son action œcuménique, Bea citait toujours, faute de mieux, l'Instruction de 1949 mais cette fois Ottaviani la retourna contre lui...

Ottaviani avait exercé de fortes pressions sur Roncalli. "J'approuve que l'éminentissime intervienne à Gazzada - lui écrivait Jeann XXIII - même si c'est pour peu de temps. Un doute naît quant aux proportions que pourrait prendre le Secrétariat face à la Commission centrale et à chacune des commissions catholiques vue l'anxiété déjà manifestée par les frères séparés d'aller vite, de solliciter des contacts qui pourraient distraire les Pères du Concile et amener confusion ou retard dans le travail qui leur revient en propre. Pour l'autorisation des catholiques à assister à des rencontres avec des non-catholiques, consultez le Saint-Office"[987] Evidemment Ottaviani avait fait remarquer à Jean XXIII ce qui aurait dû lui paraître évident : le Secrétariat s'occupant de la même matière que le Saint-Office mais avec une optique opposée, l'affrontement aurait été inévitable et le secrétariat aurait fini, au nom de l'œcuménisme, par tenter de prendre en mains l'entière préparation au Concile confiée jusqu'à ce jour à la Curie. Bea ne se troubla pas pour si peu ; non seulement il se rendit - quoique pour une journée seulement - à Gazzada, mais le lendemain, à Milan au Centre San Fedele (des jésuites), il eut une entrevue avec le secrétaire général du Conseil Œcuménique des Églises, le Dr W.A. Visser't Hooft, et ce dans le plus grand secret.[988] Lors de cette entrevue il fut parlé entre autres "de l'envoi d'observateurs officiels à l'Assemblée du Conseil qui devait avoir lieu à New-Delhi l'année suivante", "on aborda la question de savoir si on inviterait les autres Églises à envoyer des observateurs au Concile" et "on se mit d'accord pour maintenir un dialogue non-officiel avec les théologiens de la Conférence Catholique pour les questions œcuméniques sur le problème de la liberté religieuse"[989]. Le second

---

[987] P. HEBBLETHWAITE, op. cit., p. 419 qui cite Jean XXIII, Lettere, 1958-1963, éditées par les soins de LORIS F. CAPOVILLA chez Storia e Letteratura, Roma 1978, p. 504. Nous avons revu la traduction française d'Hebblethwaite à partir du texte italien original.

[988] « Le Dr Visser't Hooft raconte lui-même qu'il n'en souffla mot ni à ses collègues ni à sa femme, et que le portier de la maison religieuse où l'entrevue eut lieu avait été prévenu de ne pas demander le nom du visiteur. Le secret fut conservé pendant six ans. Après la rencontre, Visser't Hooft dit à Willebrands : "Vraiment cet homme n'a pas seulement lu et étudié l'Ancien Testament, il a fait sienne la sagesse des hommes de l'Ancien Testament" ». « En ce qui concerne le projet de cette entrevue, - précise Schmidt - le Cardinal lui-même racontait avoir demandé auparavant à Jean XXIII s'il considérait comme opportun de prendre contact avec le Conseil Œcuménique des Églises. Le Pape avait donné une réponse indicative de la situation du moment : "La chose ne me paraît pas mûre". "Pour ma part - concluait le Cardinal - j'en concluais donc qu'il fallait faire mûrir la situation" » (S. SCHMIDT, op. cit., p. 361). Un doute demeure : Jean XXIII était-il lui aussi dans le secret de l'entrevue Bea-Visser't Hooft ?

[989] S. SCHMIDT, O. Cit., pp. 370-371.

exemple de rencontre œcuménique de Bea concerne précisément l'Assemblée du Conseil Œcuménique des Églises tenue à New-Delhi (19 novembre-6 décembre 1961). « En ce qui concerne ce pas d'importance fondamentale pour les développements ultérieurs des contacts œcuméniques, les difficultés ne furent pas uniquement de protocole, comme lors de la visite de l'Archevêque de Cantorbéry. "C'était une grande nouveauté - observe le Cardinal [Bea] en commentant le fait - car jusqu'alors les catholiques ne pouvaient participer à ces congrès qu'en qualité de 'journalistes'. Il eut ensuite à surmonter une difficulté plutôt sérieuse..." ». La "difficulté plutôt sérieuse" était le Saint-Office du Cardinal Ottaviani. D'abord celui-ci exigea la liste nominative des "observateurs" que le Secrétariat entendait envoyer à New-Delhi, puis, dans une "lettre solennelle" au cardinal Bea il communiqua qu'on devait "maintenir le principe jusqu'alors en vigueur, autrement dit que les personnalités choisies devaient participer à l'Assemblée en qualité non d'observateurs mais de 'journalistes'". Bea réagit en envoyant à Ottaviani un exposé "dans lequel il faisait valoir la situation nouvellement créée avec l'annonce du Concile et de sa finalité œcuménique incarnée dans l'institution du Secrétariat pour l'union des chrétiens" ainsi que la possibilité d'obtenir l'envoi d'observateurs non-catholiques au Concile, possibilité qui tomberait à l'eau si l'Église n'envoyait pas de son côté des observateurs à la réunion du Conseil Œcuménique des Églises. L'exposé fut envoyé à Jean XXIII "à titre informatif" ; Bea n'insista pas outre mesure avec Roncalli : "Je ne veux pas l'impliquer - dit-il. Il a déjà suffisamment de difficultés sans celle-là". Voici comment le père Schmidt explique les paroles de Bea : "Je pense qu'il faisait allusion aux difficultés que le Pape avait justement avec le titulaire du Saint-Office" Mais cette fois l'intervention de Jean XXIII en faveur de Bea devait être décisive[990], car Ottaviani se rétracta et "en juillet 1961 il fut possible de communiquer officiellement à Genève que cinq observateurs catholiques assisteraient à l'Assemblée" Cet événement fut la "grande nouveauté" de la réunion œcuménique : "C'était un pas d'importance fondamentale pour les développements ultérieurs, en particulier pour la présence future au Concile d'observateurs d'autres confessions chrétiennes". **Dès lors Bea eut la voie libre ; il ne rencontra plus**

---

[990] S. SCHMIDT, op. cit., p. 371, note 53 écrit : "Contrairement à ce qu'affirme R. KAISER (Inside the Council. The story of Vatican II, Londres 1963, p. 42), il ne semble pas qu'il y ait eu intervention du Pape". Mais sans cette intervention la marche arrière d'Ottaviani est inexplicable.

d'obstacles, si ce n'est dans la foi des catholiques qu'il tentait de changer.

Bea diffuse la nouvelle doctrine œcuméniste...

Le voyage de Bea en Angleterre, en août 1962, en est un exemple. Le 5 août il rencontrait Michael Ramsey, le successeur de Fischer qui avait donné sa démission ; Michael Ramsey revenait d'un voyage à Moscou[991]. Entre autres choses, Ramsey et Bea parlèrent "des difficultés inhérentes aux relations avec la hiérarchie catholique anglaise, en particulier du baptême reconféré aux anglicans qui se convertissent à l'Église catholique"[992]. Une fois vaincues, pour le moment du moins, les résistances romaines, Bea devait en effet "convertir les anglais" (catholiques, s'entend) à l'œcuménisme[993]. C'était chose difficile car "le cardinal Bea était *persona non grata* pour la majeure partie des Evêques anglais" à commencer par le cardinal William Godfrey, archevêque de Westminster, "franchement méfiant à l'égard de tout le mouvement œcuménique". Ce jugement sur le cardinal Godfrey est porté par l'archevêque de Liverpool de l'époque, John Carmel Heenan qui avait invité Bea à venir prêcher le verbe œcuméniste en Angleterre, mais qui cependant demeurait lui aussi plutôt hésitant. La visite de Bea est donc une sorte de grand recyclage *ante litteram* du clergé catholique anglais invité à Heythrop, le 7 août 1962, à assister à la conférence de Bea sur le thème : "Le prêtre, ministre de l'unité" ; dans sa conférence **Bea expliquait la nécessité d'abandonner la "mentalité d'autrefois", mentalité qui voyait dans les anglicans, "frères en Jésus-Christ", des "adversaires"**. Bea avait dans sa manche **un atout : l'amour du Pape et l'esprit d'obéissance des catholiques** ; "il arrivait à Heythrop avec une lettre du cardinal Cicognani, Secrétaire d'État, qui transmettait la bénédiction du pape à la conférence". Aussi, même le cardinal Godfrey, "chez qui l'œcuménisme suscitait de graves appréhensions" mais qui était "passionnément fidèle au Saint-Siège, était par voie de conséquence "bien décidé à suivre l'impulsion œcuménique du Pape Jean". Les évêques anglais qui s'étaient essoufflés à expliquer que le concile devait

---

[991] Beaucoup pensèrent que, pour le cardinal Bea aussi, Ramsey avait servi d'intermédiaire dans les rapports avec les soviétiques (cf. HEBBLETHWAITE, op. cit., p. 460).
[992] S. SCHMIDT, op. cit., p. 372.
[993] P. HEBBLETHWAITE, op. cit., pp. 460-461.

être "œcuménique" (c'est à dire universel) mais non "œcuméniste", se virent démentis par Bea qui, selon les paroles de l'archevêque Worlock "vient nous dire que nous nous trompons et que sur ce point ce sont les anglicans qui sont dans le vrai depuis le début". - Et Hebblethwaite commente : "Ce qui s'est passé début août 1962 au Heythrop Collège est important parce que représentatif de ce qui se passe ailleurs à la veille du concile : **on accepte, dans l'obéissance, les explications "libérales" parce que c'est là, pense-t-on ce que veut le Pape Jean**".

Comme le monte l'épisode du Collège d'Heythrop, l'activité de Bea ne se limitait pas aux rencontres œcuméniques ; c'est aussi au moyen de multiples conférences et articles de journaux qu'il diffusait les principes de l'œcuménisme protestant ; nous en trouvons une liste détaillée et des commentaires approfondis dans la biographie de Bea écrite par son secrétaire[994]. Parmi tant d'autres choisissons à titre d'exemple l'article intitulé *Le catholique face au problème de l'union des chrétiens*[995], malicieusement commenté par Hebblethwaite[996]. Le texte reprenait une conférence tenue par le cardinal en territoire "ennemi", à l'Angelicum, le 22 janvier 1961, et en effet ladite conférence "n'eut pas de succès particulier ; mais une fois publiée dans *La Civiltà Cattolica* son influence fut considérable". J'ai choisi cet article-conférence parce que, comme l'écrit le Père Schmidt, "pour la première fois, on y traitait amplement le problème du baptême et de ses conséquences pour l'appartenance à l'Église des autres chrétiens"[997]. Bea appuie ses thèses sur le magistère de Jean XXIII :

1) la distinction entre erreur et errant, qui "sera une des affirmations-clés de Pacem in terris",

2) le fait que les acatholiques sont nos frères (cf. Jean XXIII, enc. *Ad Petri Cathedram*),

---

[994] S. SCHMIDT, op. cit. ; cf. en particulier, tout le chapitre intitulé Sensibilizzare il popolo cristiano alla causa dell'unità (pp. 404 à 450) et la biographie du cardinal Agostino Bea (p. 889 à 922), spécialement aux pp. 897 à 906 pour le thème qui nous intéresse.

[995] *Civiltà Cattolica*, 111 (1961, 1), 113 à 129 ; en anglais : Positions of Catholics regarding Church unity, dans The Ecumenical Council and the Laity, Paulist Press, New-York 1961, pp. 3 à 23 ; en français : Problèmes et voies de l'unité des chrétiens dans *La Documentation Catholique*, (1961), coll. 79 à 94 (ici la troisième partie est différente et la *Documentation Catholique* affirme que le texte qu'elle donne est celui de la conférence de Ferrare de nov. 1960). L'article a été publié également en allemand et en hollandais.

[996] P. HEBBLETHWAITE, op. cit. pp. 420-421.

[997] S. SCHMIDT, op. cit., p. 405. C'était la troisième conférence "oecuménique" de Béa. La première avait eu lieu à Ferrare, chez les pères jésuites de la Casa Cini, le 9 novembre 1960.

3) ce qui signifie que "la grande majorité des frères séparés sont de bonne foi", et par conséquent

4) "s'ils sont validement baptisés, ils sont membres du Corps mystique du Christ".

Bea, écrit Hebblethwaite, « cite le discours du Pape Jean à la Commission préparatoire, le 13 novembre 1960 : Il dit que "tout baptisé doit tenir fermement ce grand point" à savoir que l'Église demeure toujours son Corps Mystique [du Christ], dont Il est la tête, auquel chacun de nous, croyant, se réfère, auquel nous appartenons". La syntaxe est mise à la torture, mais le sens est clair : c'est un pas décisif - d'une ecclésiologie qui exclut les autres chrétiens on passe à celle qui les englobe. (...) **Elle court-circuite l'encyclique *Mystici Corporis*, la laisse en rade dans les pages du Denzinger à titre de curieux monument historique de 1943** »[998]. Après cet article publié dans la Civiltà Cattolica le cardinal Bea multiplia les écrits et les conférences pour **exposer et défendre les nouveautés qui devaient devenir officielles avec Vatican II**. Mais de la part des membres encore pleinement orthodoxes de la hiérarchie, des oppositions étaient inévitables. Ces oppositions dramatiques, se manifestèrent durant la préparation officielle du Concile Vatican II, dans les Commissions préparatoires. C'est à ces événements que seront dédiées les prochains articles ; mais la politique œcuméniste inaugurée par Jean XXIII et le soutien décisif que donna toujours Angelo Giuseppe Roncalli au cardinal Bea, décidèrent par avance du sort du futur concile et de ses tragiques conséquences.

---

[998] P. HEBBLETHWAITE, op. cit., p. 421. En réalité la citation adoptée par Bea n'a pas un sens aussi clair que le prétendent les deux jésuites (Bea et... Hebblethwaite). Dans son discours (cf. *L'Osservatore Romano*, 14-15 novembre 1960 ; *La Documentation Catholique*, 1960, coll. 1480-1481) Jean XXIII attaquait (déjà !) qui a une vision négative et "pessimiste" du monde moderne (!) ; à ceux-là, Jean XXIII objectait que le Christ "n'a pas abandonné le monde qu'il a racheté ; l'Église fondée par lui, une, sainte, catholique et apostolique, demeure encore et pour toujours son Corps mystique". Aussi lorsque tout de suite après Jean XXIII affirme que "tout baptisé" appartient au Corps mystique, la phrase peut être entendue comme le fait Bea (en l'étendant aux non-catholiques) mais aussi en la limitant aux baptisés membres de l'Église une, sainte, catholique et apostolique ! Déjà à la conférence de Ferrare, ne pouvant alléguer pour soutenir sa thèse le discours de Jean XXIII, prononcé peu après, Bea citait abusivement le canon 87 du Code de droit canon et l'encyclique de Pie XII, *Mediator Dei*, feignant d'ignorer la doctrine extrêmement claire, mais opposée à ses erreurs, de *Mystici Corporis*. Quelle est alors la responsabilité de Jean XXIII ? Celle d'avoir connu et avalisé l'interprétation non orthodoxe que donna Bea de son discours du 13 novembre, comme nous le verrons mieux par la suite.

VINGT ET UNIÈME PARTIE :
"la lutte pour le concile durant la preparation" ; les commissions preparatoires

Extrait de *Sodalitium* n° 45, décembre 1997

"La Rome que tu as connue et de laquelle tu as été exilé n'a pas l'air de vouloir changer, comme il semblait que cela dût se faire, pour finir. La première frayeur passée, le cercle des vieux vautours s'est reformé. Et il s'est reformé avec une soif de nouveaux massacres, de nouvelles vengeances. Ce cercle macabre se resserre autour du carum caput [Jean XXIII]. Il s'est reformé, sans aucun doute"[999]. C'est ce qu'écrivait l'abbé Giuseppe De Luca à l'archevêque de Milan, Jean-Baptiste Montini, le 6 août 1959, lorsque le pontificat de leur ami commun, Jean XXIII, en était à ses premiers pas après l'annonce historique d'un futur concile, le 25 janvier de la même année. Les paroles de l'abbé De Luca, qui supposent une syntonie de sentiments dans le futur Paul VI, nous montrent l'état d'âme du cercle d'ecclésiastiques proches de Jean XXIII au moment de la préparation du futur concile œcuménique : une aversion proche de la haine se répandait parmi les novateurs contre les vieux "vautours" du Saint-Office et de la Curie romaine en général. Aversions personnelles peut-être, mais fondées cependant sur une profonde dissension doctrinale. Avant même le concile, sa préparation allait mettre inévitablement à découvert l'opposition latente entre **deux mentalités, deux théologies, et, pourrait-on dire, deux religions différentes et opposées**. Et c'est ce qui se passa.

Dans les précédents numéros de *Sodalitium* j'ai eu l'occasion déjà de traiter de la préparation officielle de Vatican II, tant de la phase antépréparatoire (1959-1960)[1000] que de la phase préparatoire (1960-1962)[1001], et j'ai fait allusion aux premiers heurts qui se produisirent

---

[999] G. DE LUCA et G. B. MONTINI, Carteggio 19301962, édité par P. VIAN, Brescia 1992, p. 232, cité par GIUSEPPE LBERIGO, L'annuncio del concilio. Dalle sicurezze dell'arroccamento al fascino della ricerca, in Storia del concilio Vaticano II, dirigée par G. ALBERIGO, Il Mulino, Bologna 1995, vol. I, p. 38. Il existe une édition française mais nous n'avons pas pu la consulter ; nous traduisons donc à partir de l'édition italienne chaque fois qu'il y a citation.
[1000] *Sodalitium* n° 37, XIVè partie.
[1001] *Sodalitium* n° 39, XVIè partie, pp. 26 à 29.

justement à ce moment-là à propos du schéma sur la liberté religieuse[1002] et du schéma sur les juifs, supprimé temporairement pour ce dernier[1003]. Mais entre-temps sont parus, sous la direction de Giuseppe Alberigo, les deux premiers volumes de *Storia del concilio Vaticano II*[1004] dont le premier[1005] me donne la possibilité d'approfondir ces thèmes que j'ai traités trop superficiellement jusqu'alors. Le troisième chapitre, rien moins que 202 pages (de la p. 177 à la p. 379), est dédié à l'examen du travail de la Commission centrale préparatoire ; l'auteur, Joseph Komonchak, a donné à cette étude un titre significatif que j'ai repris pour cette partie de la biographie roncallienne : La lutte pour le concile durant la préparation ; et c'est bien de cela qu'il s'agit : les heurts entre Pères dans l'aula conciliaire, heurts rapportés par les journalistes du monde entier, ont été anticipés dans la discrétion des réunions des différentes commissions durant la période préparatoire ; véritable anticipation du concile, particulièrement intéressante pour le biographe d'A. G. Roncalli, puisque ce dernier, s'il n'a présidé que la première session de Vatican II, a par contre géré pleinement sa préparation.

Le climat à la veille de la phase préparatoire

Mais d'abord quelle était la situation dans l'Église durant la période comprise entre l'annonce du concile et le début de la phase préparatoire ? Au risque de me répéter (j'en ai parlé souvent, spécialement dans le n° 37) je voudrais signaler au lecteur quelques informations intéressantes trouvées dans *Storia del concilio Vaticano II*. Depuis longtemps s'opposaient **deux partis : celui de ceux qui voulaient demeurer fidèles à la doctrine de l'Église, et celui des réformateurs désireux de se réconcilier avec la mentalité du monde moderne**. Déjà sous Pie XI et Pie XII à l'occasion des vieux projets de concile, ces derniers rêvaient d'une réforme semblable, en partie du moins, à celle qui fut réalisée effectivement avec Vatican II : le cardinal Ehrle souhaitait "un desserrement de l'étau anti-moderniste" ; le

---

[1002] *Sodalitium* n° 39, XVIè partie, p. 30.
[1003] *Sodalitium* n° 41, XVIIIè partie, pp. 15 à 18.
[1004] Voir la note 1. L'œuvre sera publiée en cinq volumes avec la collaboration de 51 auteurs par l'Istituto per le scienze religiose de Bologne ; et elle est déjà éditée en plusieurs langues grâce à la collaboration des maisons d'édition Il Mulino, de Bologne, et Peeters, de Louvain.
[1005] Il cattolicesimo verso una nuovo stagione. L'annuncio e la preparazione (gennaio 1959-settembre 1962).

cardinal Costantini, "une réévaluation de la fonction épiscopale", le "retour des protestants", la "langue vernaculaire dans la liturgie"[1006]. Dans *Storia del concilio Vaticano II*, Fouilloux signale la naissance et l'expansion des **divers "mouvements" (biblique, liturgique, catéchétique, œcuménique) qui seront "consacrés" par Vatican II**, d'une nouvelle "spiritualité conjugale", **d'une "nouvelle théologie"**, signe d'un "malaise" "perceptible" "dès les années trente au sein du catholicisme nord-européen". Et Rome ? Jusqu'à l'année 1950, face à ces mouvements Rome "hésite sérieusement entre la carotte et le bâton" ; à partir de cette date, avec l'encyclique *Humani generis* c'est le "bâton" qui prédomine[1007]. A l'annonce du concile, les cardinaux comme Pizzardo augurent "une reprise de l'encyclique *Humani generis*"[1008] ; les théologiens "romains" remplis d'illusions s'imaginent que le concile, reprenant Vatican I et les condamnations de Pie XII, fera table rase de la **"nouvelle théologie" qui n'est qu'une réédition larvée du modernisme**[1009] Mais un représentant distingué du mouvement œcuménique, dom Beauduin, dont j'ai déjà beaucoup parlé pense que le "diplomate éloquent et mondain" qu'il a connu autrefois en Orient et à Paris, et devenu pour lors Jean XXIII, donnera "sa chance" au mouvement réformateur avec le concile[1010]. Les réponses des dicastères de la curie romaine, des évêques, des nonces et de l'université catholique à la consultation de la commission anté-préparatoire du cardinal Tardini, les fameux *vota*[1011], reflètent elles aussi la division mentionnée ci-dessus entre les évêques et les théologiens. J'ai déjà parlé des *vota* des évêques italiens fidèles dans leur grande majorité à l'enseignement de Pie XII[1012]. Fouilloux qui examine les *vota* provenant du monde entier, distingue entre ceux qui entendent "couronner quatre siècles d'intransigeance" (prédominant en Italie, en Espagne, en Irlande, dans les pays latino-américains hispanophones...) et ceux qui "vont dans le sens de Vatican II"

[1006] ETIENNE FOUILLOUX, La fase ante-preparatoria (1959-1960) ; Il lento avvio dell'uscita dall'inerzia, in Storia del concilio Vaticano II, op. cit., pp. 79-80.
[1007] E. Fouilloux, op. cit., pp. 96-105.
[1008] GIUSEPPE ALBERIGO, L'annuncio del concilio. Dalle sicurezze dell'arroccamento al fascino della ricer-ca, in Storia del concilio Vaticano II, op. cit., p. 36.
[1009] E. Fouilloux, op. cit., p. 110, qui cite Piolanti, Gillon, Mayer, Di Fonzo, Roschini, Philippe de la Trinité.
[1010] E. FouilLoux, op. cit., p. 104. Sur dom Lambert Beauduin, cf. les 4ᵉ et 7ᵉ parties in *Sodalitium* n° 25, pp. 10 à 13 et n° 28, p. 21.
[1011] Elles occupent huit volumes des Acta et documenta concilio Vaticano II apparando.
[1012] Cf. *Sodalitium* n° 37 pp. 22 à 25 (XIVᵉ partie).

(spécialement dans l'"Europe du Nord-Ouest", Allemagne, France, Hollande - avec l'Indonésie - et les églises de rite oriental) ; on trouve moins d'homogénéité dans les *vota* africains, asiatiques, brésiliens et américains des U.S.A. (favorables, quant à ces derniers, à la liberté religieuse). Les supérieurs des ordres religieux eux aussi sont divisés : il existe un "contraste stupéfiant" entre le *votum* du dominicain Browne et celui du franciscain Sepinski (tandis que celui du jésuite Janssens est habilement "jésuitique" ! A un front (conservateur) appartiennent les universités romaines du Latran, de l'Angelicum, de l'Antonianum, du Marianum, du Salesianum, de Saint-Bonaventure, du collège de la Propagande ; à l'autre, les jésuites de l'Institut Biblique (qui augurent, entre autres, une "profonde transformation du discours catholique sur le judaïsme")[1013]. Bref, à cette époque et quoique latents, tous les éléments d'un conflit existaient déjà. Conflit qu'une intervention décisive de Jean XXIII en faveur de l'orthodoxie (probablement encore majoritaire à cette époque) aurait pu éviter, en réprimant les efforts néo-modernistes qui ambitionnaient d'utiliser le concile à leurs propres fins. Mais **un observateur attentif pouvait déjà comprendre où allaient les sympathies de Roncalli.** Continuer Vatican I ? Non, puisque le concile aurait pour nom Vatican II[1014]. Condamner les erreurs néomodernistes ? Non, parce que le concile devait être essentiellement pastoral. Et la preuve en est que Jean XXIII avait accompli "un choix lourd de conséquences" en ne confiant pas la préparation du concile au Saint-Office, comme l'avait fait par contre Pie XII seulement une dizaine d'années auparavant (en 1948), mais de la confier à la congrégation pour les affaires ecclésiastiques ; ce choix laissait paraître la préférence du Pape pour un concile préparé dans un climat et un style différents de ceux traditionnellement doctrinaires et intransigeants du Saint-Office"[1015]. Après les premiers gestes de Jean XXIII, le père Congar rempli de clairvoyance écrivait de lui dans son journal qu'il était un "pape qui menaçait d'abandonner un certain nombre de positions"[1016]. L'institution du Secrétariat pour l'unité des chrétiens, confié au cardinal Béa, pesa davantage encore en ce sens dans la phase suivante, phase

---

[1013] J'ai résumé ici ce qu'écrit Fouilloux de la p. 124 à la p. 164.
[1014] Jean XXIII mentionna sa décision sur son journal le 4 juillet 1959, il la communiqua à Tardini le 14 juillet (qui la communiqua aux présidents de la faculté ecclésiastique trois jours plus tard) et l'annonça publiquement lors d'une allocution à la basilique des XII Apôtres le 7 décembre de la même année. Cf. G. ALBERIGO, op. cit., pp. 66-67). Comme je l'ai rappelé dans les dernières parties, Vatican I n'avait été que suspendu par Pie IX en 1870, et à plusieurs reprises il avait été projeté de le porter à son terme.
[1015] G. ALBERIGO, op. cit., pp. 63-64.
[1016] YVES CONGAR O.P., Mon journal, p. 3, in G. ALBERIGO, O. cit., p. 40.

directement préparatoire du concile. Fouilloux écrit à ce propos : "Cependant il ne faudra pas toutefois oublier que le *votum* n'est pas le seul moyen dont disposent les évêques pour préparer le concile : au moment où ils répondent au cardinal Tardini, de nombreux prélats sont occupés au processus qui aboutira à la création du Secrétariat pour l'unité des chrétiens, processus de toute autre importance que leurs réponses à la consultation anté-préparatoire, si intéressantes soient-elles"[1017]. C'est par le *Motu proprio Superno Dei nutu* du 5 juin 1960, qu'étaient constituées les commissions préparatoires parmi lesquelles figure le secrétariat de Bea.

Le rôle du Secrétariat de Bea ?

Comme leur nom même l'indique, les Commissions préparatoires devaient "préparer" les schémas à soumettre à l'approbation des pères conciliaires. J'ai déjà dressé la liste de ces Commissions préparatoires pontificales du Concile Œcuméniques Vatican II, avec le nom de leurs présidents et secrétaires respectifs (*Sodalitium* n° 39, p. 27, 16ᵉ partie). Initialement au nombre de 10 (la Commission cérémoniale fut ajoutée en novembre) elles étaient coordonnées par une commission centrale que présidait Jean XXIII ; trois secrétariats y étaient adjoints, parmi lesquels celui de Bea. Si les Commissions étaient calquées sur les dicastères de la curie romaine (mise à part la commission sur l'apostolat des laïcs, voulue expressément par Jean XXIII), les Secrétariats étaient une innovation. Deux d'entre eux (moyens de communication et aspects économiques et techniques) n'avaient pas grande importance ; restait le Secrétariat de Bea pour l'œcuménisme. Dès le discours du 25 janvier 1959, au cours duquel Jean XXIII manifesta sa décision de réunir un concile, Roncalli attribua à ce dernier une finalité œcuménique, finalité sur laquelle il insista ensuite dans de nombreux discours. Quel devait être alors le rôle du Secrétariat pour l'œcuménisme dans la préparation d'un concile qui comptait justement entre autres fins l'œcuménisme ? Pourquoi Jean XXIII avait-il préféré l'appeler "Secrétariat", plutôt que "Commission"[1018] : que signifiait cette décision ? un déclassement par rapport aux Commissions, comme le pensait le cardinal Ottaviani, ou bien une volonté de laisser au Secrétariat une plus grande liberté d'action, comme l'avait déclaré Jean XXIII au cardinal Bea ? Le

---

[1017] Op. cit., p. 112. Outre ce que j'ai déjà écrit sur ce sujet (cf. *Sodalitium* nn° 38 et 39) voir, à propos des précurseurs du Secrétariat, G. ALBERIGO, op. cit., pp. 52 et suiv.
[1018] Sur la question et sa portée, cf. *Sodalitium* n° 39, p. 24 et note 37.

Secrétariat pourrait-il faire des schémas ? Devait-il se limiter à informer les non catholiques de la marche du concile et de sa préparation, ou bien devait-il s'occuper de la discipline de l'Église et même de la doctrine que la Commission théologique du cardinal Ottaviani considérait être au contraire son apanage ? Du poids qu'aurait le Secrétariat dans la préparation du concile dépendait pour une bonne part l'orientation du concile même, tout le monde s'en rendait compte... Or, non seulement, grâce à Jean XXIII, Bea réussit à proposer ses propres schémas, mais il chercha même à influencer ceux des autres commissions par le biais des "commissions mixtes". Et c'est précisément cette dernière innovation qui fit exploser les dissensions latentes. Comme nous le verrons, chaque commission comptait parmi ses membres des éléments "conservateurs" et des éléments "progressistes" : la commission théologique, elle-même, citadelle des "conservateurs", comptait des "progressistes" parmi ses membres, tandis que la commission liturgique et le secrétariat de Béa, où dominaient les "progressistes", avaient quelques "conservateurs" dans leurs rangs. Cependant, calquée sur les dicastères de la curie, la grande majorité des commissions était substantiellement fidèle à Rome et les progressistes représentaient une minorité. C'est alors que Bea trouva le moyen d'influencer tout le travail préparatoire à son propre avantage, en mettant à profit l'institution des commissions mixtes qui permettaient à son secrétariat d'interférer dans le travail des autres commissions.

Les Commissions mixtes et les ingérences de Bea

Pour les matières d'intérêt commun l'existence de Commissions mixtes avait été prévue par le secrétaire de la Commission centrale, Pende Felici[1019]. Le cardinal Bea les mit à profit pour tenter de faire passer ses idées dans les schémas des autres Commissions. La commission théologique, présidée par le cardinal Ottaviani et correspondant, dans la curie, au Saint-Office, refusa toute idée même de collaboration avec d'autres Commissions. Son secrétaire, le père Tromp, en expliquait les motifs en février 1961 : la Commission "avait la compétence exclusive en matière doctrinale. (...) Les commissions mixtes étaient faites pour les cas où la même question disciplinaire concernait diverses commissions, mais pas lorsque le thème était

---

[1019] J. KOMONCHAK, op. cit., p. 183.

purement dogmatique"[1020]. Qui plus est, précisait Ottaviani, il devrait revenir à la commission théologique de revoir les schémas des autres Commissions pour ce qui concerne leur contenu théologique. "Tromp ne référa pas publiquement à la commission théologique que c'était pour une autre raison qu'Ottaviani avait repoussé la demande pour la création d'une commission mixte avec le secrétariat pour l'unité des chrétiens : c'était que ce dernier n'était pas une commission. *Manebimus* - avait ajouté le cardinal - *domini in domo nostra*". En réalité le problème n'était pas seulement formel, un problème de compétences, il était aussi doctrinal : "Cette réponse - remarque Komonchak dans la *Storia del concilio* - reflète la colère éprouvée dans la commission théologique contre la propagande (le terme est de Tromp) faite par Bea en faveur de ses opinions sur la condition de membre de l'Église[1021]". La commission d'Ottaviani refusa toute ingérence du secrétariat de Bea, entre autres dans la rédaction des schémas sur les sources de la Révélation et sur l'Église : il s'ensuivit une "lutte ouverte" entre les deux organismes[1022]. Aux propositions de Bea les commissions n'opposèrent pas toutes un refus. La commission pour la discipline des sacrements forma une "commission mixte avec le secrétariat pour l'unité des chrétiens". Il en résulta la décision de proposer quelques changements dans le code de droit canon "pour éviter d'offenser la sensibilité œcuménique" ; le président, le cardinal Masella, espérait contenter ainsi le cardinal Bea. Celui-ci au contraire mit "immédiatement la dissension, se montrant en désaccord sur de nombreux points de moindre importance et sur un très important", "la réforme du canon qui déclarait invalide un mariage mixte célébré *extra formam canonicam*" (par exemple, un catholique qui épouse une protestante devant le pasteur protestant). La commission pour la discipline des sacrements tint bon et refusa la suggestion du secrétariat[1023]. La collaboration avec la commission pour les études et les séminaires, présidée par le cardinal Pizzardo (d'une tout autre orientation !) fut sans conséquence[1024]. La Commission pour les églises orientales, présidée par le cardinal G. Cicognani, aurait dû collaborer davantage avec le secrétariat de Bea, ne serait-ce que parce que Jean

---

[1020] Ibidem, pp. 183-184 et note 27.
[1021] Sur la question, voir *Sodalitium* n° 39, pp. 24 à 26. J'y reviendrai dans le prochain Sodalitium.
[1022] J. KOMONCHAK, p. 291 et suiv.
[1023] Ibidem, pp. 199-200. Le nouveau "code de droit canon" a accédé au désir du secrétariat avec le canon 1127
[1024] Ibidem, p. 201.

XXIII avait confié à cette commission les relations œcuméniques avec les "orthodoxes". Mais "il n'y eut qu'une seule rencontre sans résultat entre la commission pour les églises orientales et le secrétariat pour l'unité des chrétiens. En dépit des requêtes du secrétariat (...) la commission (...) ne prit aucun contact avec les orthodoxes jusqu'au mois de juin 1961 (...). A l'approche du concile et en partie pour satisfaire le désir des orthodoxes, le Pape Jean retira à la commission pour les églises orientales la charge d'instaurer les conversations avec eux et l'assigna au secrétariat pour l'unité des chrétiens"[1025]. Cependant, malgré le médiocre activisme œcuménique de la commission, Bea réussit tout de même à faire passer son *votum* en faveur des privilèges des Patriarches orientaux (dans un but œcuménique et antiromain)[1026]. Bea eut plus de facilités dans ses rapports avec la commission liturgique, dont le secrétaire était Bugnini, futur père de la "nouvelle messe". Ici le secrétariat intervint dans la bataille contre le latin dans la liturgie, bataille qui fut particulièrement violente, comme nous le verrons. Une sous-commission liturgique du secrétariat de Bea demandait en février 1961 un "usage le plus large possible de la langue vulgaire". En avril Bea entrait personnellement en lice : "il faut - déclarait-il - insister fortement contre l'idée que la langue latine est un signe d'unité. Plus qu'un signe d'unité elle est un signe d'uniformité"[1027]. En cela, le *votum* du secrétariat et le projet de la commission liturgique concordaient, contredisant Pie XII qui avait enseigné que "l'usage de la langue latine (...) est un signe clair et noble d'unité" (encyclique *Mediator Dei*). Avec ses "suggestions", le secrétariat de Bea réussit donc à influencer les autres commissions mais en partie seulement, disons-le. Les schémas les plus importants étaient en effet de la compétence de la commission théologique. "Il n'y eut pas de coopération entre la commission théologique et le secrétariat pour l'unité des chrétiens (...)" conclue Komonchak, et, "une fois qu'il eut pris conscience de l'absence totale de sensibilité œcuménique de la part de la commission théologique", le secrétariat "se vit finalement dans l'obligation de réaliser des textes qui représentaient un défi clair et explicite à la prétention de la commission théologique sur l'exclusivité de compétence en matière de doctrine" anticipant de cette façon "le

---

[1025] Ibidem, p. 213 ; voir également pp. 346-347 : "en réalité il y avait eu bien peu de coopération entre le secrétariat pour l'unité des chrétiens et la commission pour les églises orientales tant sur le thème des observateurs que sur tout autre question quelle qu'elle soit".
[1026] Ibidem, p. 216.
[1027] Ibidem, pp. 234-235.

conflit qui devait faire le drame de la première période du concile"[1028]. Et Jean XXIII ? Mécontent de l'attitude de la commission théologique qui refusait les commissions mixtes avec le secrétariat de Bea[1029], il autorisa explicitement le secrétariat à rédiger ses schémas de "défi" à la doctrine traditionnelle, passant "outre à la formulation explicite de *Superno Dei nutu*" en permettant "la préparation de textes sur des thèmes essentiels pour l'œcuménisme". Ça ne sera pas la dernière fois qu'une intervention de Jean XXIII, allant contre les lois par lui-même édictées, favorisera nettement le parti œcuméniste, hypothéquant l'issue finale de Vatican II.

Le travail des commissions préparatoires

Je rappelle brièvement, pour éclaircir les idées du lecteur, ce que devait être le travail des commissions préparatoires. Durant la phase antépréparatoire, dirigée par le cardinal Tardini, c'est sur la base des *vota* des évêques qu'il avait été décidé des thèmes à traiter durant le concile ; la tâche des commissions préparatoires, instituées le 5 juin 1960 mais mises en service le 14 novembre suivant seulement, consistait à préparer les schémas des futurs documents conciliaires que les Pères auraient à approuver. Après avoir été discutés et approuvés par chaque commission, ces documents furent envoyés à la commission centrale (présidée par Jean XXIII) dont les travaux débutèrent en juin 1961 ; au mois de novembre de la même année la commission centrale préparait le règlement du concile, traitait des matières mixtes et amendait les schémas reçus par l'intermédiaire de trois sous-commissions. La période préparatoire prenait ainsi fin en juin 1962 (le 6 août le règlement était promulgué et le 11 octobre commençait le concile proprement dit). Voyons maintenant "la lutte durant la préparation" au sein de chaque commission, en commençant par celles de moindre importance, pour nous arrêter ensuite sur le conflit doctrinal entre la commission théologique d'Ottaviani et le secrétariat pour l'unité de Bea (l'examen du travail de la commission liturgique est renvoyé à un prochain *Sodalitium*).

[1028] Ibidem, pp. 304-305.
[1029] Ibidem, p. 377, et note 631.

Les commissions mineures

La commission sur les évêques

Elle reprit le principe théologique traditionnel selon lequel "alors que l'office des évêques dérive directement de l'institution de Jésus-Christ, la juridiction particulière dont l'évêque jouit dans son propre diocèse, provient du pape comme cause prochaine" ; nous sommes ici bien loin du concile ! Sur la question, disciplinaire, des démissions à présenter une fois révolus les 75 ans d'âge[1030], il y eut un important désaccord. Je ne m'étendrai pas sur les travaux de la commission pour la discipline du clergé[1031].

La commission pour les religieux

Elle entendait suivre la doctrine de Pie XII : lutte contre l'activisme et le naturalisme, condamnation de l'opinion selon laquelle on doit honorer "davantage le mariage que la virginité et le célibat"[1032]. Ici encore, nous sommes loin du concile !

La commission pour la discipline des sacrements

J'ai déjà parlé de l'influence néfaste exercée par Bea qui réussit à former une commission mixte avec la commission pour les religieux. Autre innovation : la proposition du diaconat permanent sans obligation de continence ; cinq membres de la commission se trouvèrent en désaccord avec cette proposition qui est **contraire à la tradition apostolique**[1033].

La commission pour les études et les séminaires

La commission présidée par le cardinal Pizzardo se montra fermement opposée au néo-modernisme. On y dénonçait les erreurs

---

[1030] Ibidem, pp. 192-193.
[1031] Elle entendait réserver au Saint-Siège la question de l'ordination des pasteurs protestants convertis et aux conférences épiscopales celle de l'habit ecclésiatique et de la tonsure. Cf. ibidem, p. 196.
[1032] Ibidem, p. 198.
[1033] Ibidem, p. 199.

modernes : "le communisme athée, le socialisme, le naturalisme, le matérialisme, le laïcisme, le libéralisme, l'étatisme, l'évolutionnisme, l'humanisme exagéré, le rationalisme, le racisme, l'intellectualisme, le volontarisme, l'agnosticisme et le pragmatisme" ; on y exposait "les droits du magistère officiel du pape et des évêques", "règle proche de vérité en matière de foi et de morale" ; on y rappelait l'"assentiment religieux intérieur" dû "également au magistère non infaillible" et on voulait reprendre et même développer les 24 thèses de Saint Thomas (point qui fut "fortement critiqué" en commission centrale !)[1034]

La commission pour les missions

La commission du cardinal Agagianian, refusant les nouvelles idées sur les missions, reprenait l'enseignement du magistère à ce sujet et refusait la "collaboration" avec les autres commissions. On y soulignait l'unicité du rôle du pape dans le soin des missions (ce qui provoqua, à la commission centrale, la colère du cryptoschismatique Maximos IV Saigh). Il y eut bien des "désaccords" (entre Paventi, Buijs et Kowalski d'un côté et Seumois de l'autre) mais les schémas de la commission reprirent tout de même le concept de mission finalisée au salut des âmes et à la plantatio ecclesiæ sous la dépendance de Rome, concept que le code de droit canon avait fait sien, mais qui était "inacceptable pour le concile" selon Seumois et, bien plus encore, selon Congar. En effet par la suite le concile s'attaqua à la conception traditionnelle des missions[1035].

La commission sur l'apostolat des laïcs

"C'est au dernier moment, par désir exprès de Jean XXIII, que cette commission fut ajoutée aux commissions préparatoires" (note autographe du 1er juin 1960). "Probablement parce qu'elle ne correspondait à aucune congrégation romaine, 10% seulement de son personnel provenait de la curie". Cependant, "les théologiens qui, au cours de la dernière décennie, avaient fait les plus grands efforts pour approfondir la théologie du laïcat [dans le sens néo-moderniste, n.d.a.], y brillaient par leur absence : ainsi Congar, Philips, Rahner,

---

[1034] Ibidem, pp. 202-203, notes 97 et 102.
[1035] Ibidem, p. 205-208.

Schillebeeckx, von Balthasar et Chenu"[1036]. Cependant dans le personnel figurait l'un des pères de la liberté religieuse, Pavan. Il y eut de "graves différends" ; dans l'élaboration d'un texte, l'"objet principal de la dispute fut la participation des laïcs aux associations mixtes et neutres pour la justice sociale. Le texte final se déclarait en faveur des défenseurs de cette position, au moins en des endroits et des circonstances déterminés"[1037], ceci à l'encontre de l'un des points forts du pontificat de saint Pie X.

La commission pour les églises orientales

J'ai déjà eu l'occasion de parler de cette commission et de sa faible activité "œcuménique", qui amena Jean XXIII à lui retirer le soin des rapports avec les "orthodoxes" pour le confier exclusivement au secrétariat de Bea. Cette commission confiée au cardinal Gaetano Cicognani, servit indirectement de champ de bataille entre les deux véritables protagonistes (et antagonistes) du concile et de sa préparation : la commission théologique d'Ottaviani et le secrétariat de Bea. Le schéma sur les patriarches orientaux, par exemple, porte les traces des deux positions antithétiques. Une préface du texte, rédigée par "un petit groupe d'experts romains", exposait la doctrine catholique conforme à celle de la commission théologique : "Par droit divin il n'existe que deux niveaux d'autorité juridictionnelle dans l'église, *le pontificatum supremum* et *l'episcopatum subordinatum* (le texte disait également que les évêques reçoivent leur autorité mediante *Romano Pontifice*). Tous les autres grades d'autorité existent seulement *ex institutione ecclesiastica*. Dans cette catégorie entre l'autorité des patriarches, pouvoir supra-épiscopal qui est une participation à l'autorité primatiale du souverain pontife à laquelle il est donc soumis pour tout changement, toute augmentation ou diminution". Le texte même du schéma adoptait par contre les suggestions du "*votum* [lourdement antiromain et philo-oriental] préparé par l'unité des chrétiens" : valorisation de la dignité patriarcale, suppression des patriarcats latins, prééminence des patriarches sur les cardinaux mêmes, élévation des patriarches au cardinalat. D'autres réformes encore : nouveau rites, modification de la discipline des mariages mixtes et de la communication dans les choses sacrées avec les non-catholiques,

---

[1036] Congar et Philips étaient cependant membres de la commission théologique, et Rahner de celle sur les sacrements.
[1037] J. KOMONCHAK, O. Cit., pp. 208-212.

distinction entre qui suscite un schisme et qui naît dans le schisme (considéré comme étant "de bonne foi")[1038].

Secrétariat pour la presse et les moyens de communication

Honneur au mérite du petit organisme de Mgr O'Connor ! "Parmi toutes les commissions préparatoires elle fut la seule" à conclure ses schémas par "des canons (*Si quis dixerit*...) qui censuraient tous ceux qui n'étaient pas d'accord avec les enseignements exposés...". Les canons de condamnation, communs à tous les conciles précédents, furent supprimés par la suite par la commission centrale[1039]. Ce petit épisode en dit long sur la mentalité qui régnait alors.

La commission liturgique

et la bataille au sujet du latin. J'en parlerai, si Dieu le veut, une prochaine fois à propos des réformes liturgiques de Jean XXIII.

La commission théologique

Sa tâche consistait à examiner "les questions regardant l'Ecriture Sainte, la Tradition sacrée, la foi et les mœurs" (*Superno Dei nutu*) et pratiquement elle était le pendant de la Suprême Sacrée congrégation du Saint-Office. De par sa nature elle était donc le bastion de l'orthodoxie catholique même si elle comptait, bien qu'en nette minorité, parmi ses membres de célèbres représentants de la "nouvelle théologie" en la personne d'Yves Congar o.p. et de Henri de Lubac s.j., dont les idées avaient été condamnées par Pie XII dans l'encyclique *Humani generis*. La présence de ces théologiens dans une commission qui "rêvait de conciliariser *Humani generis*"[1040] laisse perplexe : fut-elle due à une pression venue d'en haut (donc dans le cas du cardinal Ottaviani, en tant que président de la commission, de Jean XXIII en personne) ou bien était-ce une idée d'Ottaviani lui-même pour tenir sous contrôle les deux chefs de l'opposition et laisser croire que sa

---

[1038] Ibidem, pp. 213-217.
[1039] Ibidem, p. 218 et note 158.
[1040] CLAUDE BARTHE, Trouvera-t-Il encore la foi sur la terre ?, François-Xavier de Guibert éd., Paris 1996, p. 80.

commission n'était pas 'obscurantiste' comme on le disait ?[1041] Quoiqu'il en soit voilà qui démontre comment, **sous Jean XXIII, il était devenu impossible d'ignorer ou même de censurer les "nouveaux théologiens"**, comme cela se faisait (en douceur) sous Pie XII. Cependant la perspective de la commission demeurait celle d'un concile de condamnation des erreurs modernes, comme à Vatican I[1042] : "les pernicieuses théories modernes" sur l'Ecriture sainte, le "communisme, le laïcisme, l'existentialisme athée, le relativisme moral, le matérialisme, le naturalisme, le libéralisme, le nationalisme exagéré, le modernisme et la maçonnerie"[1043]. En vingt mois de travail la commission produisit huit textes qui expriment la foi de l'Église jusqu'au pontificat de Pie XII (inclus) : une nouvelle formule de profession de foi et sept projets de constitutions conciliaires ; nous traiterons à part ceux sur lesquels furent centrées les attaques hétérodoxes du secrétariat de Bea, c'est-à-dire ceux concernant les sources de la révélation et l'Église ; pour les autres en voici un bref examen.

La nouvelle formule de profession de foi[1044]

Elle exprime "un abrégé utile de la vision de la foi que les leaders de la commission théologique croyaient nécessaire de présenter en réponse à la crise doctrinale qu'ils voyaient autour d'eux". Ottaviani en expliquait l'esprit : combiner la profession de foi tridentine avec le serment anti-moderniste (cité huit fois ainsi que l'encyclique *Pascendi*) mettant surtout l'accent sur les erreurs actuelles (extraites essentiellement de *Humani generis*, citée sept fois). Au credo de Nicée-Constantinople, faisaient suite treize paragraphes dont deux sur le magistère encadrant les autres. A propos du magistère, était rappelée la nécessité d'adhérer aussi au magistère ordinaire universel et aux encycliques. Quant aux erreurs, il est impressionnant de voir condamnées des idées aujourd'hui diffusées partout, pour ne pas dire

---

[1041] Cf. J. KOMONCHAK, op. cit., p. 243, note 245. Parmi les "anti-romains" on peut compter aussi G. Philips et L. Cerfaux (cf. pp. 249-249), C. Colombo, Haring, Delhaye, etc. Des divisions, bien sûr de moindre importance, il y eut même entre les représentants de la même "école romaine", opposant d'un côté le P. Tromp et l'Université grégorienne (jésuites), et de l'autre le Saint-Office et l'Université du Latran (Parente, Piolanti, etc.) ; cf. KOMONCHAK, p. 242 n. 242, p. 245, n. 253, p. 248, etc.
[1042] Ibidem, p. 250.
[1043] Ibidem, p. 244.
[1044] Ibidem, pp. 252-256, dans lesquelles se trouvent toutes les citations que je rapporte sur ce sujet.

approuvées ou favorisées par le concile ou le post-concile, parmi lesquelles "le laïcisme", "le refus de considérer l'Église catholique comme unique véritable église", "les nouvelles théories sur le salut des enfants qui meurent sans baptême", "les allusions aux péchés de l'Église" (dont Jean-Paul II doit nous rebattre les oreilles jusqu'au jubilé de l'an 2000 !), "l'abandon de la doctrine de l'enfer"... L'idée de la commission théologique était de faire approuver cette profession de foi par le Pape avant le concile, ce qui était une façon de l'imposer à tous les pères conciliaires. "Tactiquement" il s'agissait d'une action décisive" qui aurait hypothéqué tout Vatican II ; pour Ottaviani c'était légitime étant donné que la nouvelle profession de foi "ne contenait pas de doctrines encore en discussion", mais des doctrines enseignées par le magistère. Mais là était justement le problème ! **La future majorité conciliaire n'acceptait pas le magistère de l'Église comme définitif et voulait le remettre en discussion.** "Présentée en commission centrale (présidée par Jean XXIII), la nouvelle formule fut sévèrement critiquée précisément pour "sa tentative de conclure de nombreuses questions encore légitimement discutées" en faisant un "recours excessif à l'autorité d'encycliques" que, de toute évidence on voulait enterrer. On refusa surtout avec "indignation" la proposition que la profession de foi soit approuvée avant le concile (22 janvier 1962). Le 11 octobre 1962 encore, dans un article de *L'Osservatore Romano*, le futur cardinal Ciappi disait s'attendre à ce que Vatican II soit inauguré avec la nouvelle profession de foi : **le lendemain, dans son fameux discours d'ouverture du concile contre les "prophètes de malheur", Jean XXIII démentait de la façon la plus sensationnelle les illusions des bons.**

Le schéma sur le dépôt de la foi[1045]

Le but du schéma était de "reprendre et développer l'enseignement de Vatican I ou de confirmer, avec l'autorité suprême du concile, les enseignements de l'encyclique *Pascendi* [contre le modernisme] et plus particulièrement d'*Humani generis*, dont les tentatives d'anéantir la nouvelle théologie étaient demeurées sans effet". En cela les experts de la commission théologique n'avaient pas tort, puisque **Vatican II approuvera les thèses de cette "nouvelle théologie" condamnée par Pie XII !** Parmi ses membres, la sous-commission chargée de s'occuper de ce schéma, comptait justement un des chefs de file de cette "nouvelle

---

[1045] Ibidem, pp. 256-262, comme ci-dessus.

théologie", le futur "cardinal" de Lubac. Mais il était en minorité et se sentait "comme un otage, parfois même comme un prévenu au sein de cette commission". Ce qui explique que l'ami Congar les trouva, lui Janssen et Delhaye "découragés et amers" parce que, et là le commentaire laisse paraître le vieil esprit gallican, "c'est une affaire entre romains", qui ne tiennent pas compte des suggestions de Lubac. Mais par ailleurs, comment faire ? Chargé d'exposer les arguments rationnels sur l'existence de Dieu, de Lubac s'y opposa : "Le concile ne devait pas tenter de tracer, même sur un plan général, les preuves de l'existence de Dieu" (auxquelles, en bon moderniste, de Lubac ne croyait pas). Pour de Lubac Teilhard de Chardin, le jésuite apostat, était un "authentique témoin de Jésus-Christ" ; le schéma avait par contre préparé la condamnation de ses thèses, en reprenant entre autres le monogénisme (tous les hommes descendent d'un premier couple créé par Dieu). A cette doctrine était liée celle du péché originel : un autre jésuite, de l'Institut biblique, le père Lyonnet avait nié que dans l'épître aux Romains V, 12, saint Paul ait parlé du péché originel ; Mgr Spadafora (du Latran) lui rappela que telle était l'interprétation infaillible du Concile de Trente ! Cette thèse de Lyonnet elle aussi aurait dû être condamnée. Conséquence du péché originel : le paradis est fermé aux enfants morts sans baptême. Le schéma réaffirmait cette doctrine contrairement aux théories récentes (1961) de Dander. Et contre de Lubac en personne, le schéma "repoussait les erreurs qui mettaient en discussion la gratuité de l'ordre surnaturel et en niaient la nécessité" et il réaffirmait le concept traditionnel de révélation comme "doctrine" et non comme "expérience". De Lubac comprit que la condamnation le concernait : "mais ses protestations énergiques et celles de Congar", allant jusqu'aux menaces (jamais mises à exécution !) de démissionner de la commission suffirent à faire effacer ce texte du schéma !

Le schéma sur l'ordre moral[1046]

Les tendances dangereuses que Pie XII et le Saint-Office avaient tenté d'extirper n'épargnaient pas non plus le domaine de la théologie morale. Le Pape Pacelli avait parlé des dangers d'une "nouvelle morale" (1952) que le Saint-Office disait être la morale ou éthique "de la situation" (1956). La tendance était à la répudiation du concept d'ordre naturel et de la valeur des normes objectives. Le père Hart (principal

---

[1046] Ibidem, pp. 263-268, comme ci-dessus.

collaborateur de Pie XII dans la rédaction des documents sur la morale), prit en mains les travaux de la commission pour reprendre les grandes lignes du magistère contre les erreurs modernes (Oraison et Teilhard sont expressément cités). Pour ce faire il dut isoler (et il le fit sans ménagements) certains membres ou consulteurs favorables aux doctrines condamnées par le récent magistère : Haring, Janssen, Delhaye, dont les positions étaient "incompatibles" avec celles du reste de la commission !

Le schéma sur la chasteté, le mariage, la famille et la virginité[1047]

Là aussi les théologiens "romains" Hurt et De Lio eurent à lutter pour imposer (dans le schéma seulement !) les thèses du magistère, spécialement de Pie XI et de Pie XII, contre les erreurs modernes : la "dénigration du sexe ou son exaltation mystique, pansexualisme et sexolâtrie, faux féminisme, la séparation sexe-mariage, le racisme et l'eugénisme, le psychologisme, le libertinisme sexuel, le déterminisme biologique, le faux personnalisme dans les matières sexuelles, le sensualisme hédonistique et l'immoralité publique". Les points les plus attaqués étaient : la négation de l'autorité paternelle dans la famille, la négation de la supériorité de la virginité sur le mariage, la question de la surpopulation, et surtout celle des fins du mariage. En effet certains auteurs, prenant la philosophie personnaliste comme modèle, cherchaient à dénier "à la procréation et à l'éducation des enfants" le rôle de fin première du mariage que lui donne la nature ; parmi ces auteurs furent condamnés Hildebrand, Doms, Krempel, Michel, etc. Lorsque Haring, toujours le même, défendit en commission les nouvelles idées personnalistes, Hurt lui rappela très opportunément que sa position "contredisait l'enseignement de l'Église". **Et c'est là que réside la tragédie de Vatican II, là que se fonde son <u>illégitimité</u> : Vatican II s'est permis, comme Haring, de considérer le magistère de l'Église comme l'opinion personnelle des Papes que le concile pouvait librement enterrer, oublier et contredire ! Et aujourd'hui les erreurs du personnalisme sont ouvertement professées par Karol Wojtyla dans ses "encycliques," comme si elles n'avaient jamais été condamnées par Pie XII ![1048]**

[1047] Ibidem, pp. 268-264, comme ci-dessus.
[1048] Sur les positions à propos de Jean-Paul II, cf. *Sodalitium* nn° 36, 37, 38 rubrique "*L'Osservatore Romano*". Le schéma de la commission condamnait, entre autres, quiconque pensait que "la distinction des sexes" était "une dimension de l'image de

Le schéma sur la Sainte Vierge[1049]

Dans les *vota* pour le concile, il y avait eu 280 évêques pour demander la définition solennelle de la médiation universelle de Marie, et 45 pour demander la définition de sa maternité spirituelle. Le schéma proposait donc cette vérité "contre les minimalistes et ceux qui le considéraient comme une entrave à l'unité chrétienne". Entre autres erreurs, on condamnait la négation de la virginité perpétuelle de Marie pendant et après l'Enfantement. Sur la doctrine concernant Marie médiatrice elle-même il y eut conflit en commission centrale : "Les principaux opposants étaient Liénart, Montini, Godfrey, Ritter, Julian et Alter, dont plusieurs firent valoir les difficultés œcuméniques que la déclaration aurait causées". Mais la commission théologique tint ferme : "Passer ce point sous silence [Marie Médiatrice de toutes grâces] serait scandaliser un grand nombre de fidèles, parce ce serait faire preuve d'un certain complexe d'infériorité vis-à-vis du protestantisme" et dans le même temps le fait de "réserver seulement à Jésus-Christ le titre de médiateur serait quasiment **confesser implicitement que l'Église s'était trompée durant plusieurs siècles en matière de foi**" ! Nous savons qu'à une époque Roncalli avait jugé inopportunes les définitions de l'Assomption au ciel de Marie et la fête de sa royauté (toutes deux œuvres de Pie XII)[1050] ; on ne peut donc douter qu'à la commission centrale, il n'ait favorisé les **positions anti-mariales du futur Paul VI**, rendant vaine la demande explicite des 280 évêques dont nous parlions ci-dessus...

Le schéma sur la doctrine sociale de l'Église[1051]

Dans ce schéma les rapports entre état et Église ne devaient pas être traités (cf. le schéma sur l'Église). Dès le début il y eut des dissensions entre experts : "Pavan et Jarlot qui avaient pris part à la préparation de l'encyclique du pape Jean, *Mater et magistra*, se heurtèrent à l'opposition de Tromp et de Gundlach, principal auteur des documents sociaux de Pie XII, exclu par contre de tout rôle effectif dans la préparation de cette récente encyclique". Pavan, futur "cardinal", un des pères de la doctrine (hétérodoxe) sur la liberté religieuse, avait été

Dieu dans l'homme" (op. cit., p. 272), thèse qui est le vrai "cheval de bataille" de Wojtyla !
[1049] J. KOMONCHAK, op. cit., pp. 274-278.
[1050] Cf. *Sodalitium* n° 27, pp. 16-17, et n° 29, p. 18.
[1051] J. KoMONCHAK, op. cit., pp. 278-280.

nommé directement par Jean XXIII[1052]. Ce que pensait Gundlach, cette remarque venant de lui le montre clairement : "L'encyclique *Mater et magistra*, du fait de sa nature plus pastorale, n'est absolument pas un obstacle à ce que, dans la Constitution dogmatique également, soit proposée clairement la doctrine sociale de l'Église sanctionnée par les Souverains Pontifes à partir de Léon XIII, et même, en certains points elle requiert plutôt comme complément une exposition doctrinale fondée sur des principes immuables". La commission produisit deux textes, présentés tardivement en commission centrale, textes fondés sur les lois naturelles et sur l'"enseignement social classique de l'église catholique".

Jugement général

La commission théologique était certainement la plus importante des commissions préparatoires, de même que le Saint-Office était la "suprême" parmi toutes les congrégations de la curie. C'est déjà en son sein qu'eurent lieu les premiers conflits entre défenseurs du magistère (jusqu'à Pie XII inclus) et représentants de la "nouvelle théologie" ; mais ces derniers étaient minoritaires et isolés. Avec la commission centrale, présidée par Jean XXIII en personne, les choses commencèrent à se gâter : "Bien que le président de la Commission théologique [Ottaviani] y répugnât, c'est la Commission centrale, nettement moins homogène dans sa composition, qui avait en toutes matières le dernier mot. L'école romaine y conservait l'avantage, mais elle devait y défendre le terrain au prix de débats parfois tendus"[1053]. Mais si la commission centrale contraignait la commission théologique à mettre de l'eau dans son vin, **le Secrétariat pour l'unité des chrétiens devenait purement et simplement "une espèce de contre-Saint-Office"**[1054]. Le secrétariat et la commission liturgique constituaient **"deux organismes d'esprit hétérogène" par rapport aux autres ; ils étaient porteurs d'un projet de Concile non seulement différent mais opposé et contradictoire avec celui de la commission théologique**, comme nous le verrons dans le prochain numéro qui traitera des schémas sur la Révélation et sur l'Église.

[1052] Ibidem, p. 278, n° 356.
[1053] C. BARTHE, op. cit., p. 89.
[1054] Ibidem, p. 107.

APPENDICES

A mesure que j'écris l'interminable biographie de Roncalli, de nouveaux documents me permettent de compléter ce que j'ai déjà dit dans les numéros précédents. Je remercie l'abbé Donald Sanborn, Olivier Saglio et le Pr Zocco de m'avoir fourni les sources des deux éclaircissements suivants.

Roncalli et le modernisme

(appendice à la 2è partie, publiée dans le n° 23 de *Sodalitium*).

Témoignage du célèbre écrivain, Romano Amerio, expert de l'évêque de Lugano au concile Vatican II et récemment disparu : "Je suis invité à déjeuner chez Mgr Jelmini avec le Nonce à Berne, Mgr Gustavo Testa. Dans la conversation conviviale on vient à parler de Manzoni et de Fogazzaro pour lesquels le Nonce manifeste un vif intérêt. Après le repas, Mgr Jelmini me demande d'emmener le Nonce visiter la Valsolda. Tout au long de la promenade qui nous conduit à la villa d'Oria puis à toutes les églises de la vallée, Mgr Testa me raconte des choses extrêmement intéressantes. Il est compatriote, contemporain, compagnon d'études, ami intime du Pape Jean XXIII qu'il appelle toujours familièrement Jean. (...) Entre autres confidences qu'il me fit à moi, un étranger, et qui me parurent indiscrètes il est un témoignage très particulier de la sympathie de Mgr Testa pour Fogazzaro. En 1903, alors que tous deux étaient clercs, Testa proposa à son ami de rendre visite à Fogazzaro en compagnie de Brizio Casciola. On était dans les années où la pensée religieuse de l'écrivain était vivement contestée et de nombreux ecclésiastiques sympathisants venaient, jusque de l'étranger, lui rendre visite à la villa Oria. Roncalli fut prompt à le dissuader, et voici ses paroles précises : "Tu es fou ? Tu ne comprends pas que nous compromettons notre carrière ?" A peine de retour à Lugano, je m'empressais de noter ici la stupéfiante révélation. (Samedi, 20 juin 1959)" (Romano Amerio, Zibaldone II, éditions du Cantonetto, Lugano 1991, n° 227, p. 37). On ne pourrait mieux résumer la personnalité d'Angelo Giuseppe Roncalli, que ne le fait, involontairement son ami Gustavo Testa. La visite manquée à Fogazzaro se situe en 1903, entre les deux romans *Piccolo mondo moderno* (1901) et *Il Santo* (mis à l'Index en 1905) où le héros, l'ermite Piero représentait justement l'abbé Brizio Casciola, pionnier de l'œcuménisme et de la liberté religieuse, (ami aussi de Buonaiuti, futur prêtre assistant à la première messe de l'abbé Roncalli), dont j'ai parlé dans *Sodalitium* n° 41, p. 55. Ce n'est pas pour des motifs doctrinaux que l'abbé Roncalli dissuada ses amis de la visite à Fogazzaro, mais seulement pour des motifs... de carrière ! Le Sénateur Andreotti a donc bien saisi les différences entre Roncalli et Buonaiuti lorsqu'il a écrit que ce dernier, contrairement à l'autre, "ne sut pas attendre l'évolution des temps et rompit à grand bruit avec l'Église" tandis que **son ami bergamasque devint le "pape" rêvé par Fogazzaro dans *Il Santo***, et ce grâce à sa prudence et, disons-le, à son ambition.

Roncalli et la maçonnerie

(appendice à la 19e partie publiée dans le n° 42 de *Sodalitium*).

Le 26 septembre 1996, M. Olivier Saglio nous a expédié la traduction française d'une longue entrevue que lui a accordée le Père Malachi Martin à New York les 12 et 17 septembre de cette même année. Selon Malachi Martin, tant Giovanni Battista Montini qu'Angelo Giuseppe Roncalli auraient été initiés à la maçonnerie, ce dernier par Vincent Auriol, à Paris. J'ai pu vérifier personnellement les déclarations écrites et signées par Malachi Martin. Le Père Martin, auteur de nombreux ouvrages traduits également en italien, ancien professeur à l'Institut Biblique Pontifical, fut en relation étroite avec Bea de 1958 à 1964, alors qu'il appartenait encore à la Compagnie de Jésus. Il vit actuellement à New York. Comme pour les autres témoignages publiés dans *Sodalitium* n° 42, je ne considère pas les affirmations de Malachi Martin comme une preuve sur l'affiliation maçonnique de Roncalli ; elles méritent cependant d'être ajoutées aux précédentes, augmentant ainsi le nombre des textes à charge...

Roncalli et le B'naï B'rith

(appendice aux 17e et 18e parties publiées dans les n° 40 et 41 de *Sodalitium*).

Je viens seulement de lire maintenant le livre très documenté de Rabbi Arthur Gilbert, *The Vatican Council and the Jews* (The World Publishing Company, Cleveland and New York 1968). Dommage que les deux parties sur les rapports entre Jean XXIII et le Judaïsme aient été déjà écrites. Rabbin 'reconstructionniste', Arthur Gilbert a été directeur du National Department of Inter-Religious Cooperation of the Anti-Defamation League of B'naï B'rith ; donc membre de l'ordre maçonnique notoire réservé exclusivement aux juifs. J'ai rapporté dans le précédent numéro, à la p. 25, ce qu'écrit Beozzo (dans *Storia del concilio Vaticano II*) citant justement le rabbin Gilbert, à propos d'une entrevue entre Jean XXIII et une délégation du B'naï B'rith. Je peux maintenant me référer directement au livre de Gilbert (spécialement aux pp. 34-36, 42 et 292). Le 24 décembre 1959, la veille de Noël, la synagogue de Cologne, en Allemagne, fut barbouillée de croix gammées. Peu après, le phénomène se reproduisit en Allemagne et aux États-Unis provoquant les déclarations habituelles d'appui à la communauté juive de la part du Conseil Mondial des Églises, de l'archevêque "orthodoxe" Iakovos (sur ce dernier cf. *Sodalitium* n° 43, p. 24), du luthérien Dibelius et, parmi les catholiques, des évêques des États-Unis et du cardinal Liénart qui y consacra une lettre pastorale anticipant le document conciliaire *Nostra ætate* (cf. *La Documentation catholique* 1960, colonnes 297 à 302). La Radio vaticane ne s'unit pas au chœur. Alors le B'naï B'rith s'adressa en haut lieu, demandant et obtenant une audience avec Jean XXIII, audience accordée le 18 janvier 1960 (par une étrange coïncidence, la Conférence épiscopale italienne a fixé au 18 janvier, à partir de 1990, la date annuelle de la "Journée de réflexion et d'approfondissement des rapports entre judaïsme et christianisme") pour discuter de la résurgence de l'antisémitisme démontrée par l'épidémie de croix gammées" débutée à la veille de Noël (le phénomène semble s'être répété récemment avec la profanation des pierres provisoires du cimetière juif de Rome, profanation survenue peu après la "messe" célébrée pour Erik Priebke par le prêtre salésien, l'abbé Composta. Dans les quotidiens de Milan et de Rome, *Il Giornale* et *Il Tempo*, une polémique féroce a éclaté entre ceux qui soutiennent que la profanation était une mise en scène et ceux qui répondent indignés par cette hypothèse). Gilbert rapporte les paroles de Jean XXIII adressées à la délégation du B'naï B'rith : "**Vous êtes de l'Ancien Testament et moi du Nouveau Testament, mais j'espère que nous progresserons vers la fraternité de l'humanité ; je prie en ce sens**... Les événements récents m'ont beaucoup attristé et affligé, car non seulement ils violent un droit naturel de l'être humain, mais ils ruinent également la compréhension entre frères devant Dieu" (p. 42).

Dans son livre, Rabbi Gilbert expose les réformes liturgiques voulues par Jean XXIII pour favoriser les juifs et il en fait l'éloge (pp. 30-31), il ne fait pas d'estimation générale des membres des commissions préparatoires, mais il définit certains comme bien connus et appréciés de la communauté juive américaine : John Coutney Murrey (père de la liberté religieuse au Concile), John Mc Kenzie et Jean Daniélou, l'un des pionniers des relations judéo-chrétiennes en France

(p. 46). Mais surtout il donne une appréciation de la création par Jean XXIII du Secrétariat : "Ce fut une **proposition révolutionnaire**", écrit-il (p. 49) en rapportant le discours de la Pentecôte de 1960. En novembre 1961 eurent lieu les contacts entre le représentant de Jean XXIII, Agostino Bea, et ceux de la communauté juive : Nahum Goldmann, pour le Congrès Mondial Juif (WJC) et Label Katz pour le B'naï B'rith (BB) (p. 56). Il y fut décidé d'envoyer un Mémorandum de ces deux associations (p. 57) le 27 février 1962 ; Gilbert cite les paroles suivantes extraites de ce Mémorandum : "En tant que juifs, nous considérons la lutte contre l'antisémitisme comme partie intégrante des aspirations humaines à un monde meilleur. Ce qui est pour nous et ce devrait l'être pour l'Église, une source de profonde affliction, est le fait qu'à quelques rares exceptions près l'agitation et les incidents antisémites se produisent dans les pays européens où le Christianisme a eu la plus forte influence formatrice. Nous osons exprimer la conviction que dans le monde contemporain, partout où l'antisémitisme constitue une menace pour la communauté juive, il est en même temps un défi à l'Église. Si nous nous adressons à l'Église catholique en particulier en ce qui concerne la question juive, c'est parce que dans sa liturgie, dans de nombreuses formules de ses catéchismes et dans certaines pratiques commémoratives, sans parler des manuels de dévotion largement en usage, on trouve des références qui dénigrent les juifs et leur position dans l'histoire. On ne peut malheureusement le nier : les ignorants et les malveillants peuvent mal interpréter ou déformer et mettre à profit ces références pour fomenter la haine des autres et promouvoir des causes en conflit ouvert avec l'enseignement de l'Église sur la fraternité entre les hommes" (p. 57). L'American Jewish Committee envoya deux autres Memoranda, qui reprenaient en détail l'analyse du B'naï B'rith : il convenait de corriger l'enseignement catéchétique de l'Église ("The image of the Jews in Catholic Teachings" du 27 juin 1961) et sa liturgie ("Anti-Jewish Elements in Catholic Liturgy" du 17 novembre 1961) ; Gilbert publie une bonne partie des deux textes (pp. 58-59) nous informant encore sur l'influence de rabbi Hechel et de Jules Isaac ; la réponse de Bea fut d'inclure les *desiderata* des juifs dans le schéma de Judœis préparé par son secrétaire (pp. 59-61). Après l'enterrement provisoire du schéma dû à l'intervention des pays arabes et à l'imprudence de l'israélien Wardi, Jean XXIII le relança, comme nous le savons, l'exemptant de tout contrôle de la commission théologique. Gilbert est enthousiasmé par le début du Concile (p. 67) et surtout par le discours d'ouverture de Jean XXIII (contre les "Prophètes de malheur", cf. pp. 68 à 71). C'est avec enthousiasme aussi que le rabbin Toaff rappela la demande déjà présentée par le mémorandum du BB : "Les juifs espèrent que le Concile prendra des décisions favorisant la paix, la compréhension, la coopération et la tolérance entre les hommes... **Aujourd'hui judaïsme et christianisme sont unis dans une même lutte pour soutenir la liberté religieuse, une des expressions fondamentales de la civilisation**". Toaff exhorta également le Concile à éliminer "toutes les expressions dénigrantes encore présentes dans la liturgie et l'enseignement du catéchisme... Les juifs attendent encore des Pères du Concile la condamnation solennelle et non équivoque de toutes les formes d'antisémitisme..." (p. 71). Le 19 octobre 1962, rappelle Gilbert, Jean XXIII élevait le secrétariat au rang de commission conciliaire, tandis que se dessinait au Concile une majorité que Gilbert appelle, explicitement, "libérale" (pp. 72-73). Au cours de la seconde session du Concile, après la mort de Jean XXIII, Bea put présenter son chapitre sur les juifs "non pas sur notre initiative, mais sur un ordre exprès du Pape Jean XXIII, d'heureuse mémoire" (p. 96). Les jeux étaient faits. Rabbi Gilbert parlant de la mort de Jean XXIII put écrire : "**Certainement, tout au long de l'histoire, aucun Pape n'avait montré envers le judaïsme et le peuple juif une attitude d'amitié si claire et ferme que Jean XXIII**" (p. 85).

VINGT-DEUXIEME PARTIE :
"La lutte pour le concile durant la préparation" ; Jean XXIII entre Bea et Ottaviani

Extrait de *Sodalitium* n° 47 de décembre 1998

Dans cette XXII^è partie, nous poursuivrons la relation de la "lutte pour le concile durant la préparation", lutte entre "les théologiens romains", groupés symboliquement derrière le cardinal Ottaviani (de la Commission théologique), et les "théologiens œcuménistes" représentés par le cardinal Bea (du Secrétariat pour l'Unité des Chrétiens). Nous avions analysé les documents "de moindre importance" ; venons-en maintenant aux principaux schémas préparés par la Commission théologique et combattus par le Secrétariat pour l'Unité des Chrétiens.

Voici comment Joseph Komonchak[1055] expose l'état de la question : "Quoiqu'il en soit, ce rapport généralement glacé [entre la Commission théologique et le Secrétariat] se fit plus froid encore à propos de deux sujets centraux pour la détermination du but du concile, et sur lesquels les deux organismes entrèrent en un **conflit ouvert préfigurant le drame de la première période du concile.** Le premier concernait la réception et la communication de la parole de Dieu, le second la nature et la mission de l'Église. Sur ces importantes questions les deux organismes préparèrent des **textes complètement différents** par des procédés différents ; avec, au fond, des prémisses complètement différentes sur la nature et le but du concile. Jamais à aucun autre moment il ne fut aussi clair que l'histoire de la phase préparatoire n'était

---

[1055] J. KOMONCHAK, *La lotta per il concilio durante la preparazione*, dans *Storia del concilio Vaticano II* dirigée par Giuseppe Alberigo, Peeters/Il Mulino, Leuven/ Bologna 1995, vol. I, p. 291. A l'occasion de la sortie du second volume de la *Storia del concilio Vaticano II* dirigée par Alberigo, *L'Osservatore Romano* du 13 novembre a publié un article très critique, accusant en substance l'œuvre de l'Institut pour les Sciences religieuses de Bologne de partialité en faveur du parti progressiste et de peu de respect pour la curie romaine. Sans aucun doute, et ça n'est pas une nouveauté, l'Institut dirigé par Alberigo, qui partage les positions de Dossetti, présente une histoire du concile d'un point de vue "progressiste". Mais cela n'enlève rien à la valeur historique et documentaire des volumes en question ; il suffit de savoir distinguer entre les idées personnelles des auteurs et l'objectivité des faits qu'ils présentent.

pas seulement une partie de bras de fer institutionnelle, mais également **une lutte sur la définition de la nature et de la mission de l'église dans le monde moderne**".

Premier conflit : le schéma sur les "sources de la Révélation"[1056]

De notoriété publique, c'est surtout **dans les domaines biblique et exégétique** que naquit et que se déchaîna le modernisme du début de ce siècle. Le néo-modernisme suivit le même cheminement. La Commission théologique devait lui barrer la route. Le schéma fut confié à Mgr Garofalo. "Les deux principaux centres d'études bibliques [progressistes] de l'époque, l'Institut Biblique Pontifical et l'*École biblique* de Jérusalem n'étaient pas représentés à la Commisssion théologique et il ne s'y trouvait pas d'exégètes allemands. La sous-commission allait commencer son travail, lorsque Garofalo demanda que E. Vogt et le Père Benoît y soient admis (...) en tant que consulteurs, mais Ottaviani déclara à Tromp que c'était aux cardinaux du Saint-Office à prendre la décision (...). La nomination de Vogt ne parvint que le 1er mars [1961 ; les travaux ayant commencé, eux, en octobre 1960] *comme un signe de la confiance du pape dans l'Institut Biblique* ; quant à Benoît, il ne fut jamais nommé du fait de l'hostilité du Saint-Office à son endroit (...)" (p. 293, n. 400). Le schéma s'orienta donc sur des bases solidement traditionnelles, se fondant sur les *vota* des évêques, sur celui de la Congrégation pour les Séminaires (qui "dénonçait l'abus fait par les catholiques de l'idée de genre littéraire, abus indubitablement influencé par les études protestantes et par la *Formgeschichte* ; ces catholiques mettaient en discussion l'historicité des Evangiles au point de faire craindre un retour au modernisme") (p. 292, n. 397) et sur le *votum* du Saint-Office (qui revenait sur la nécessité de la tradition comme seconde source indispensable à la connaissance des vérités qui ne se trouvent pas dans les écritures", p. 292). C'est sur ces deux points **(historicité des Evangiles et nécessité de la tradition)** qu'eurent lieu les principaux conflits entre la Commission théologique d'Ottaviani et le Secrétariat de Bea.

[1056] *Ib.*, pp. 291-305. Les références aux pages à l'intérieur du paragraphe concernent toutes l'article de Komonchak.

A) Écriture et Tradition

"Dans la dernière moitié des années 50, un débat avait éclaté entre théologiens catholiques sur la question, **délicate d'un point de vue œcuménique**, de la *suffisance matérielle* de l'écriture sainte ; autrement dit il s'agissait de savoir si toute la révélation est en quelque manière contenue dans l'Ecriture Sainte ou si certaines vérités révélées se trouvent seulement dans la tradition. Ce point tournait en partie autour de l'interprétation du décret du Concile de Trente relatif à cette question[1057] ; selon certains théologiens, le concile avait mis fin une fois pour toutes à cette question, tandis que pour d'autres il l'avait laissée ouverte [Geiselmann, Beumer, Congar]" (pp. 293-294). Le schéma de la Commission théologique condamnait ouvertement la thèse de Congar : "L'Ecriture sainte n'est pas la seule source de la Révélation contenue dans le Dépôt de la Foi. En effet, outre la Tradition divine expliquant la Sainte Ecriture, on a aussi la Tradition divine des vérités qui ne sont pas contenues dans l'Ecriture sainte" (p. 294). A ce texte, le Secrétariat de Bea réagit avec huit *vota* élaborés par J. Feiner (une seule dissension, celle de C. Boyer) ; ces *vota* "représentent **une répudiation formelle** de l'esprit et des positions du schéma *De fontibus* de la Commission Théologique" (p. 296). Selon Bea "la question était encore controversée" en dépit du décret du Concile de Trente. Vatican II devait par conséquent éviter de condamner l'opinion selon laquelle toutes les vérités révélées sont contenues dans la seule Ecriture sainte. La Tradition ne devait pas être présentée comme une source indépendante de la Sainte Ecriture, mais "comme un processus vivant par lequel l'Esprit guide l'Église" (p. 296).

Comment le Secrétariat put-il s'occuper d'un texte déjà élaboré par une autre Commission ? C'est évident : il avait, de par son but institutionnel, à "traiter le sujet d'un point de vue œcuménique" (p. 295), et il ne devait pas heurter les protestants pour lesquels existe

---

[1057] "Et comme le synode sait que cette vérité et discipline [du Christ] est contenue dans les livres écrits et dans les traditions non écrites - qui recueillies par les apôtres de la bouche même de Jésus-Christ et des apôtres, sous l'inspiration du Saint-Esprit, transmises pour ainsi dire de la main à la main, sont parvenues jusqu'à nous - suivant l'exemple des pères orthodoxes, avec une égale piété et révérence, il admet et vénère tous les livres, tant de l'ancien que du nouveau Testament (car Dieu est l'auteur de l'un et de l'autre) ainsi que les traditions elles-mêmes concernant la foi et les mœurs, parce qu'il les considère comme dictées oralement par le Christ lui-même ou par le Saint-Esprit, et conservées sans interruption dans l'Église catholique" (Conc. de Trente, 8 avril 1546, session IV, Denz. 783).

seulement l'Ecriture sainte. Dût-il aller jusqu'à démentir le concile de Trente !

B) L'interprétation biblique et les genres littéraires

La Commission théologique avait aussi pour but la condamnation des "opinions erronées ou imprudentes" sur l'historicité des Evangiles, théories "qui étaient diffusées" dans les écoles catholiques (p. 297). De qui il s'agissait, la polémique extrêmement violente qui avait éclaté suite à un article de Mgr Antonino Romeo[1058] dans la revue *Divinitas*, le montrait de façon évidente. J'ai déjà parlé de cet épisode symbolique dans un précédent article[1059] ; j'y reviens maintenant pour ajouter aux témoignages déjà cités de Spadafora et de Schmidt, la présentation des faits par Komonchak, qui les insère dans le cadre de la préparation à Vatican II. Selon Komonchak, Romeo "prit à parti l'Institut Biblique lui-même l'accusant d'avoir abandonné les positions du magistère et de participer pratiquement à ce que l'intransigeance de Romeo voyait comme une vaste campagne pour substituer à la foi de l'Église une nouvelle conception du christianisme inspirée de Teilhard de Chardin et imbue de maçonnerie" (pp. 297-298). En réalité, l'intervention de Romeo ne tombait pas comme un coup de tonnerre dans un ciel serein... Elle entendait répondre - je le rappelle - à un article du père jésuite Alonso Schöchel de l'Institut Biblique (*Dove va l'esegesi cattolica ? [Où va l'exégèse catholique ?]* paru dans *La Civiltà Cattolica* le 3 septembre 1960), et elle réagissait aux erreurs diffusées à pleines mains par des exégètes de cette institution tels que les Pères Lyonnet et Zerwick. "La réponse du Biblique fut immédiate et énergique", avec un article de réplique intitulé *Pontificium Institutum Biblicum et recens libellus R.mi D.ni A. Romeo*.

[1058] Sur Mgr Romeo (1902-1979), cf. la commémoration qu'en a fait Mgr Francesco Spadafora (disciple de Romeo) dans *La Palestra del Clero*, Rovigo, n° 21, année 1979. A propos de la polémique entre Mgr Romeo et l'Institut Biblique Pontifical, Mgr Spadafora écrit : "Elle eut, en 1960, un épilogue favorable : les fauteurs de la nouveauté furent désavoués et éloignés de l'enseignement ; mais en 1962, avec le début du pontificat de Jean-Baptiste Montini, elle refit surface et ce fut pire encore". [Noter le *lapsus calami* de Spadafora : Paolo VI fut élu en 1963]. Enfin, il est intéressant de remarquer que Mgr Romeo était un admirateur de Mgr Benigni et de sa *Storia sociale della Chiesa*, comme il ressort de la rubrique *Antisemitismo* de l'*Enciclopedia Cattolica*, qui est justement de Mgr Romeo.
[1059] *Sodalitium*, n° 35, pp. 14 à 16 (*"Le Pape du Concile"*, XIIᵉ partie : *Le "Bon Pape" prépare le Concile*).

Face aux graves accusations contre-accusations réciproques entre le Biblique et Mgr Romeo (dont la personne mettait en cause l'Université du Latran de Mgr Piolanti et la Congrégation des Séminaires de Mgr Pizzardo), comment réagirent les autorités de l'Église ? Très différemment – il faut le dire - selon qu'on considère le Saint-Office ou Jean XXIII. Pour ce qui est du Saint-Office, il commença par interdire la diffusion des deux articles (celui de Romeo et la réponse du Biblique). La décision, apparemment impartiale, du Saint-Office, était en réalité favorable à Romeo, comme l'observa amèrement le Père Vogt, recteur du Biblique, "L'article de Mgr Romeo a été largement diffusé dès sa publication, sept semaines durant, et en toute liberté. Mais à peine une simple rectification était-elle publiée par nous que la vente des extraits respectifs fut interdite (c'est vrai, pour les deux partis). Mais par la suite d'autres violents articles furent publiés contre nous, et ce sans aucun empêchement. Nous n'avons pas répondu, pour ne pas descendre au même niveau (sic), pour éviter une controverse formelle, pour ne pas nous exposer à une nouvelle interdiction" (p. 298, n. 416). Peu après, "le Saint-Office publiait un texte généralement interprété comme une réponse à la controverse : le *monitum*, du 20 juin 1961 ; ce texte critiquait ceux qui mettent en discussion l'historicité des Saintes Ecritures et rappelait que, dans l'interprétation de la Bible, les catholiques doivent suivre le magistère.

Cinq jours plus tard était annoncée la mise à l'Index du livre de Jean Steinmann, *La vie de Jésus*. La campagne se poursuivit les mois suivants. [Le Cardinal] Ruffini entra publiquement en lice avec un article dans *L'Osservatore Romano* [du 24 août 1961 : *Genere letterari e ipotesi di lavoro nei recenti studi biblici* ; *Genres littéraires et hypothèses de travail dans les études bibliques récentes*], critiquant, d'une manière qui semblait répudier *Divino afflante Spiritu* [dans l'interprétation arbitraire qu'en donnaient les néo-modernistes], la référence aux genres littéraires dans l'interprétation de la Bible..." (p. 299). Les défenseurs de l'orthodoxie cherchèrent aussi à éloigner de l'enseignement les exégètes néo-modernistes dénoncés par Romeo ; en 1962 fut obtenue la destitution des jésuites Lyonnet et Zerwick, mais c'est en vain que le cardinal Ottaviani demanda au cardinal Spellman celle d'un autre exégète dénoncé par Romeo, Myles M. Bourke, du séminaire de New York.

Quel fut le comportement de Jean XXIII face au débat ouvert par l'article de Mgr Romeo ? Nous avons déjà rapporté dans la XIIe partie, les dures paroles de Roncalli contre Romeo et Spadafora. Jean XXIII "avait téléphoné au directeur de *La Civiltà Cattolica* pour l'informer lui et le recteur du Biblique qu'il avait lu l'article de Romeo *'avec déplaisir et dégoût'*. Le 2 mars *L'Osservatore Romano* annonçait qu'E. Vogt, recteur de l'Institut Biblique Pontifical, était nommé à la commission théologique" ; "le même Vogt interpréta le geste du pape comme *'showing that His confidence in the Biblical was unshaken'[une preuve que Sa confiance dans le Biblique demeurait inchangée]*, (lettre à R. Murphy du 25 mars 1961). Tromp nota dans son journal (1-2 février 1961) que ni Ottaviani ni lui ne savaient rien de la nomination et que Felici lui avait expliqué que Vogt avait été nommé **par désir exprès du pape**" (p. 299 et n. 419). Même comportement pour le protégé du cardinal Spellman : "un an après [la demande de destitution par le cardinal Ottaviani] nonobstant les objections du délégué apostolique, de la congrégation pour les séminaires et les universités et du Saint-Office, Bourke fut nommé camérier secret du pape" (p. 300, n. 425). Pourtant, même un personnage proche de Jean XXIII, Mgr Dell'Acqua, admit que ça n'est "pas à tort" que ceux du Biblique étaient **accusés de déviationnisme et d'être à moitié hérétiques** (quoique seulement "sous certains aspects") (n. 426). Mais en 1961 Jean XXIII ne désavouait pas le Roncalli de sa jeunesse : rappelons l'épisode de 1911, lorsque, pour le compte de l'Evêque de Bergame, don Roncalli avait dû faire une relation de la conférence du Père Mattiussi sur la lutte contre le modernisme[1060]. Si pour Romeo, en 1961, il éprouva "du dégoût", pour Mattiussi, en 1911, il avait éprouvé de la "répugnance" ; **la défense de la foi, la dénonciation de l'erreur, la condamnation de ceux qui errent a toujours donné du dégoût et répugné à Angelo Giuseppe Roncalli** !

Et pourtant, **l'objet du litige était d'importance : la véridicité même de l'Ecriture sainte !** Le schéma préparé par la Commission théologique, qui "avait ouvertement pris fait et cause pour un parti dans la controverse publique" (p. 302), autrement dit s'était rangé du côté de Mgr Romeo, "condamne nettement les erreurs qui *quovis de modo et quovis de causa*, nient ou affaiblissent la vérité objective des événement de la vie du Christ (...). A propos de l'enseignement du Christ, le texte condamne les opinions selon lesquelles les paroles attribuées par les évangiles à Jésus-Christ (...) ne seraient pas de lui ou reflèteraient plus la conscience de l'église primitive que l'esprit et les paroles du Christ même" (p. 301)[1061]. Pourtant, face à la gravité de la situation, non

---

[1060] Cf. *"Le Pape du Concile"*, IIe partie : *Roncalli et le modernisme* in *Sodalitium,* n° 23, pp. 10 à 15.

[1061] C'est précisément cette thèse, que le schéma de la Commission théologique condamnait sans demi-mesures, qui fut par contre soutenue par la Commission pour les rapports religieux avec le Judaïsme dans le document intitulé *Sussidi per una corretta*

seulement Jean XXIII ne soutint pas les initiatives de la Commission théologique, mais il permit que le Secrétariat pour l'Unité des Chrétiens présente, dans cette matière également, un "contre-schéma". "... le secrétariat pour l'unité des chrétiens, une fois devenu conscient de l'absence totale de sensibilité œcuménique de la commission théologique, se sentit finalement obligé de réaliser des textes qui représentent **un défi clair et explicite aux prétentions de la commission théologique** à l'exclusivité de compétence sur la doctrine" (p. 304-305). En effet, "la commission théologique considérait que le secrétariat pour l'unité des chrétiens de Bea n'avait aucun droit de rédiger des schémas" (p. 291) ; par les faits, le Secrétariat démontrait qu'il pensait tout autrement.

Second conflit : le schéma sur l'Église[1062]

L'un des buts principaux de Vatican II devait être "l'achèvement de la constitution *De ecclesia* de Vatican I" (p. 305). "Tout comme le *De fontibus*, le texte sur l'Église affrontait des problèmes de grand intérêt œcuménique, mais cette fois encore la commission théologique manœuvra avec une souveraine indépendance vis-à-vis du Secrétariat pour l'Unité des Chrétiens. Toutes les requêtes du Secrétariat pour l'Unité des Chrétiens en vue de la formation d'une commission mixte furent repoussées par Ottaviani et Tromp parce que le Secrétariat pour l'Unité des Chrétiens n'était pas une commission et qu'une commission mixte aurait compromis l'indépendance de la commission théologique" (p. 307). Voyons ensemble les points de plus grande divergence.

A) Nature de l'Église

Ses membres. Le schéma de la Commission théologique reprenait le magistère de Pie XII contre les erreurs contemporaines : "tout dans les premiers paragraphes est orienté de façon à préparer la conclusion du chapitre : l'identification de l'église catholique avec le corps mystique enseignée par Pie XII dans *Mystici Corporis* et *Humani generis*" ;

---

presentazione degli ebrei e dell'ebraismo nella predicazione e nella catechesi della Chiesa cattolica [*Matériel pour une présentation correcte des juifs et du judaïsme dans la prédication et la catéchèse de l'Église catholique*] (24/6/1985) au point IV, 1, a, document loué par Jean-Paul II dans le discours du 31 octobre 1997 (cf. *Sodalitium*, n° 45, p. 61).
[1062] KOMONCHAK, op. cit., pp. 305-321.

"seule 'l'Église'catholique romaine était à bon droit appelée l'Église" (pp. 308-309). Cependant, comme si l'enseignement de Pie XII n'était pas contraignant, mais constituait seulement une opinion personnelle et dépassée, le secrétariat de Bea avait confié à Mgr Jaeger[1063] un "contre-schéma" qui insistait sur le concept de peuple de Dieu et sur les "dimensions invisibles de l'Église qui, selon les protestants, sont négligées par les catholiques" (p. 310). De la diversité du concept d'Église dépend la diversité de position sur qui est et qui n'est pas membre de l'Église[1064]. "Ce thème faisait l'objet d'une grande attention dans les deux organismes préparatoires. Tromp l'inclut dans son *schema compendiosum* sur les fausses interprétations de *Mystici Corporis*, '*in primis in septentrionalibus*'[lui-même était hollandais, et 'connaissait son monde']. Dans le même temps le Secrétariat pour l'Unité des Chrétiens institua une sous-commission pour discuter la question du rapport des baptisés non-catholiques avec l'église : '*membra Ecclesiæ : quo sensu ?*'. La discussion du thème s'ouvrit publiquement lorsque, peu après la création du Secrétariat pour l'Unité des Chrétiens, Bea commença à soutenir qu'en vertu de leur baptême les non-catholiques étaient membres du corps mystique. Dans son journal [à partir du 1ᵉʳ octobre 1960] Tromp prit note des discours dans lesquels Bea avait exposé cette thèse et discuta du problème avec Ottaviani et Parente ; **ces deux derniers recommandèrent la prudence, parce que l'on disait que les observations de Bea étaient proches des opinions du pape Jean.** La question fut chaudement débattue par les deux organismes préparatoires aux sessions plénières de février 1961. (...) Bea fit observer que *Mystici Corporis* était trop générique dans l'expression de sa position et que le langage biblique et patristique aurait été plus utile" (p. 311)... pour contourner et ensevelir l'encyclique du Pape Pacelli ! "Lorsqu'après les réunions de février, Willebrands renouvela à Tromp la requête du secrétariat pour l'unité des chrétiens en vue de l'institution d'une commission mixte avec la commission théologique afin de discuter de ce sujet, Tromp exprima son 'désappointement' pour la 'propagande' que faisait Bea à sa 'théorie extrêmement discutable'tout en sachant que ni Ottaviani ni Tromp ne pouvaient affronter publiquement le sujet avec lui" (p. 312). En mai,

---

[1063] Sur Mgr Jaeger, cf. *"Le Pape du Concile"*, 15ᵉ partie : *"Les œcuménistes préparent eux aussi le Concile"*, in *Sodalitium*, n° 38, pp. 60 et 62-63 ; et 16ᵉ partie : *Le Secrétariat pour l'union des chrétiens*, in *Sodalitium*, n° 39, p. 22-23.

[1064] Sur la question cf. *"Le Pape du Concile"*, 16ᵉ partie *"Le Secrétariat pour l'unité des chrétiens"*, in *Sodalitium*, n° 39, pp. 24 à 26, et *Commentaire sur l'encyclique Ut unum sint*, in *Sodalitium*, n° 41, pp. 33-39.

"Tromp prit directement parti contre la position de Bea et il expliqua qu'admettre que **45% des chrétiens sont réellement membres de l'église aurait rendu difficile la défense du caractère œcuménique des Conciles de Trente et de Vatican I, que cela aurait impliqué une invitation des évêques hérétiques et schismatiques à Vatican II, que cela serait revenu à nier l'unité de l'église et à annuler sa revendication d'infaillibilité**. Pour Tromp, enfin, le point clé en jeu dans la question des membres était l'identification du corps mystique avec l'église catholique romaine" (p. 312), identification affirmée par Pie XII. C'est précisément la préoccupation qu'exprimait le cardinal Ottaviani, répondant au cardinal Bea lors de la réunion de la commission centrale dont Jean XXIII était président : "On ne doit pas retenir tout ce qui est exposé par le cardinal Bea, car certaines de ses affirmations sont quelque peu dangereuses. Je comprends son zèle, le grand zèle qui le caractérise, du fait qu'on [Jean XXIII !] lui a confié le Secrétariat pour les non-catholiques, et aujourd'hui certainement il fera en sorte que dans le concile la porte leur soit plus ouverte, mais nous ne devons pas exagérer, non ne devons pas dire, comme cela a été fait dans une certaine Conférence [de Bea] - et c'est avec stupeur qu'on l'a remarqué - que quiconque vient d'être baptisé, tout en n'étant pas membre de l'Église, devient membre du Corps Mystique sans autre forme de procès. Cette affirmation est dangereuse (...). L'Église catholique et le Corps Mystique s'identifient" (p. 313). Bea, de son côté, contournait l'obstacle constitué par les encycliques de Pie XII en présentant l'Église comme "l'ensemble des moyens pour obtenir la grâce" ; étant donné qu'en dehors de l'Église catholique il existe aussi des moyens de la grâce (par exemple, les sacrements), Bea en concluait que les chrétiens non-catholiques étaient "membres du corps du Christ" et en communion, bien qu'imparfaite, avec l'Église catholique (pp. 312-313). Le discours d'Ottaviani, que nous venons de citer, soulignait que le fait même de créer un organisme comme le Secrétariat, dont le but était d'aller à la rencontre des non-catholiques (hérétiques, schismatiques...) ne pouvait pas ne pas se heurter aux exigences de la défense de la doctrine, exigences qui constituaient la raison d'être de la Commission théologique, du Saint-Office... et de l'Église même !

B) Épiscopat et primat romain

Si le Concile Vatican I avait été réuni pour définir les questions concernant la papauté, celui de Vatican II aurait dû l'être pour poursuivre les travaux de Vatican I, c'est-à-dire pour définir la doctrine sur l'épiscopat. **S'accorder sur la sacramentalité de l'épiscopat ne**

présenta aucune difficulté (p. 316). "Les problèmes surgirent tant au sein de la commission théologique qu'entre la commission théologique et le Secrétariat pour l'Unité des Chrétiens à propos de la question du rôle des évêques dans l'église" et plus exactement lorsqu'il s'agit d'établir "si le pouvoir de juridiction tirait lui aussi son origine de l'ordination ou s'il dérivait au contraire de la délégation papale (...) Tandis que Congar et d'autres proposaient que le concile ne cherche pas à définir le sujet, qui, selon eux, devait encore faire l'objet d'un légitime débat théologique, le chapitre de Schauf [dans le schéma de la commission théologique] défendait **la doctrine, soutenue avec force par Pie XII, selon laquelle les évêques reçoivent leur autorité juridictionnelle du pape**" (p. 314). Tromp, qui avait collaboré avec Pie XII à la rédaction de l'encyclique *Mystici Corporis*, rappelait que c'est Pie XII en personne qui avait voulu que cette doctrine sur l'origine de la juridiction des évêques fut insérée dans l'encyclique. Sur ce point nous assistons aussi à un affrontement : d'un côté la majorité de la Commission théologique (et un membre du secrétariat, Maccarrone) défendent le magistère ordinaire de l'Église rappelé par Pie XII ; de l'autre, la minorité progressiste de la Commission théologique et le Secrétariat de Bea s'opposent à Pie XII et prétendent rediscuter ce que celui-ci avait établi clairement. En phase préparatoire, les progressistes se limitèrent, en cette occasion, à tenter d'éviter une définition dogmatique de la thèse à laquelle ils s'opposaient (cf. p. 315) ; durant le Concile ils réussiront à renverser les positions, en sorte que, sur ce thème également, ***Lumen Gentium* affirmera exactement le contraire de ce que Pie XII avait enseigné** et que le schéma de Schauf voulait confirmer. Je n'en dirai pas plus sur la question, à laquelle *Sodalitium* a déjà dédié une étude exhaustive[1065]. Je ferai seulement remarquer que la question est liée à celle de la **collégialité**, qui deviendra une des plus grandes nouveautés du Concile. En phase préparatoire, c'est le contraire de la collégialité qu'enseigne la Commission théologique, autrement dit que le corps épiscopal "ne pouvait exercer cette [pleine et suprême] autorité que de façon extraordinaire et avec la permission du pape" (pp. 315-316) ; les seules et timides voix en faveur d'un plus grand pouvoir des évêques étant celles d'Hermaniuk et de Betti.

C) Église et État. La liberté religieuse

[1065] ABBÉ FRANCESCO RICOSSA, *Les consécrations épiscopales dans la situation actuelle de l'Église*, Sodalitium, numéro spécial, 1997, Verrua Savoia.

C'est sur ce thème surtout que s'alluma un **très vif débat avant, pendant et après le Concile.** Comme nous l'avons vu de manière plus détaillée[1066], "la question [de la liberté religieuse] avait été sollicitée par **le Conseil œcuménique des églises, qui voyait dans l'enseignement officiel de l'Église un sérieux empêchement au dialogue et à la coopération œcuménique**" (p. 316). Bea se proposait donc de présenter un schéma pour **renverser "l'enseignement officiel de l'église" selon les desiderata du Conseil œcuménique des églises**. La Commission théologique se proposait le but contraire. "La tâche consistant à rédiger le texte de la commission théologique fut assignée à R. Gagnebet. Ce choix fut probablement motivé par le fait que seulement deux années auparavant Gagnebet avait été le principal auteur d'un document préparé par le Saint-Office pour condamner comme erronées une série de propositions qui voulaient résumer les opinions de divers auteurs catholiques - entre autres **Jacques Maritain et John Courtney Murray** - engagés dans une révision de la doctrine moderne classique sur église et état. Il semble que seule la mort de Pie XII ait empêché sa publication" (p. 316 ; voir aussi note 460). Après avoir décrit les thèses du schéma préparatoire (p. 317), Komonchak conclut : "le chapitre de la commission théologique sur église et état était donc une réaffirmation de la doctrine classique que de nombreux catholiques avaient critiquée dès la fin de la seconde guerre mondiale. Il repoussait les arguments communs à un grand nombre d'entre eux : que la 'thèse' classique reflétait un moment du développement politique dépassé par la montée des démocraties pluralistes modernes, lesquelles avaient besoin d'une autre articulation des principes fondamentaux de la liberté et de l'indépendance de l'église. Ce chapitre du schéma *De Ecclesia* aurait réalisé la répudiation de ces opinions, répudiation mise en échec en 1958" (p. 318). De son côté au contraire, le cardinal Bea confia à Mgr De Smedt la tâche de préparer un schéma sur la liberté religieuse : "toute personne avait droit à la liberté religieuse qui gouvernait les actes publics ou privés, et que l'état avait le devoir de reconnaître et de défendre" (p. 319). La nouveauté de la doctrine, **en opposition avec le magistère de l'Église**, fit qu'à l'intérieur même du Secrétariat des voix de dissension et de condamnation s'élevèrent : celles de Charles Boyer s.j. et d'E. Hanahoe, "qui défendaient la position classique" (p. 318). "**Mais le 1er février 1962, le pape Jean déclarait à Bea que ce schéma et celui sur les juifs pouvaient être envoyés par le secrétariat pour l'unité des chrétiens directement à**

[1066] Cf. *"Le Pape du Concile"*, 20ᵉ partie : *Jean XXIII inaugure l'œcuménisme* in *Sodalitium*, n° 43, p. 27.

la commission centrale préparatoire, *nulla alia commissione interveniente*" (p. 318, n. 464), contournant ainsi la Commission théologique.

Les conflits se poursuivent à la Commission centrale[1067]

Jusqu'ici j'ai examiné les points les plus importants (et les plus discutés) des divers schémas élaborés par les Commissions préparatoires à la seule exception de la Commission liturgique, au travail de laquelle je consacrerai la prochaine partie. Les divers schémas devaient cependant être soumis à l'appréciation de la Commission centrale, présidée par Jean XXIII en personne, qui devait les approuver, les revoir, faire les amendements. A la Commission centrale, la polémique à distance va se transformer en face à face.

"Les procès-verbaux des réunions de la commission centrale révèlent que les discussions en son sein furent caractérisées par une grande liberté", ce qui veut dire, pour Komonchak, "que ses membres n'hésitèrent pas le moins du monde à **critiquer ouvertement** (...) les textes préparés par les commissions préparatoires. (...)" (K., p. 324). Pratiquement deux groupes se formèrent dans la commission : le progressiste (Bea, "Alfrink, Döpfner, Frings, Hurley, König, Léger, Liénart, Maximos IV, Montini et Suenens"), qui critiquait les schémas "pour leur caractère négatif et défensif" et "pour la tentative de clore des questions encore légitimement discutées", et le groupe fidèle au magistère romain ("Browne, Lefebvre, Ottaviani, Ruffini, Siri"). Directement confrontés l'un à l'autre, les cardinaux Bea et Ottaviani ne manquèrent pas de manifester publiquement leurs divergences. Sur le schéma *De fontibus revelationis* "Bea critiqua le caractère défensif du schéma et sa position restrictive vis-à-vis du travail des exégètes catholiques" ; il convenait de le refaire avec la collaboration du Biblique et des exégètes... que le schéma voulait condamner ! "Ce schéma de constitution satisfera peu les exégètes d'aujourd'hui...", déclara Bea (S., p. 390). **Ottaviani interrompit trois fois**

[1067] KOMONCHAK, op. cit., pp. 321-335. à partir de ce chapitre je me baserai également sur l'œuvre du secrétaire du cardinal Bea, Stjepan Schmidt, *Agostino Bea, il cardinale dell'unità*, Città Nuova, Roma 1987, pp. 382 à 403 (Cette biographie du cardinal Bea a récemment été rééditée par une autre maison d'édition). Dans le texte, les citations extraites de Komonchak seront indiquées avec la lettre K., celles extraites de Schmidt, avec la lettre S.

l'intervention de Bea : le schéma était "une réponse nécessaire aux exégètes catholiques qui étaient en train de mettre la foi en péril" (K., p. 327). Il en sortit une révision du texte, qui demeurait cependant encore voisin du texte primitif. En mai-juin 1962, lorsqu'il fut question du schéma *De ecclesia*, la Commission théologique montra encore plus de fermeté à défendre son texte. Les points mis en discussion (identité entre Corps Mystique et Église catholique, question des membres de l'Église, de sa structure monarchique, juridiction de l'évêque tenue non de sa consécration mais du pape, etc.) ne pouvaient être mis en doute : "la commission théologique, après de continuelles discussions, est arrivée à des conclusions sur lesquelles elle ne peut en aucune façon revenir" (p. 334)[1068]. Mais Bea n'entendait pas non plus revenir sur ses propres positions, car "dès lors il apparaissait clairement qu'un document sur l'Église aurait occupé une position centrale au Concile. Et il faut dire que le Cardinal soutint à partir de ce moment trois idées qui caractérisent de façon particulière la constitution conciliaire sur l'Église [*Lumen gentium*] : l'importance fondamentale du thème *Église, Peuple de Dieu* ; l'appartenance substantielle à l'Église de tous ceux qui sont baptisés validement ; le concept de *Collège Apostolique* auquel succède le *Collège Episcopal*" (S., p. 384).

Sur le premier point, Bea insistait pour contrecarrer une présentation trop "hiérarchique" de l'Église. Pour ce qui est du second, le schéma de la Commission théologique avait prévu un chapitre intitulé : *"Des membres de l'église militante et de sa nécessité pour le salut"*. "Dans ce schéma était soutenue la doctrine selon laquelle seuls sont 'véritablement' membres de l'Église ceux qui, régénérés par le baptême, professent l'authentique foi catholique, reconnaissent l'autorité de l'Église et ne sont pas séparés du fait d'hérésie, schisme ou graves délits de l'organisme du Corps Mystique du Christ. Tous les autres (et pas seulement les catéchumènes) sont 'ordonnés' à l'Église par un 'désir d'appartenir à l'Église' conscient ou inconscient, c'est-à-dire qu'ils sont mus par un désir conscient d'appartenir à l'Église, ou bien, ne connaissent pas le Christ et l'Église, ils sont diposés de manière générique à accomplir la volonté de Dieu, leur Créateur" (S., p. 385). C'était la doctrine de Pie XII dans *Mystici Corporis* et *Humani generis*. De ces encycliques, Bea refusait la conséquence "c'est-à-dire que les autres chrétiens n'appartiennent à l'Église que 'in voto'. Il attaque à

[1068] En une autre occasion (schéma sur le dépôt de la foi) elle alla jusqu'à déclarer : "Il est clair que la Commission théologique ne peut pas être le moins du monde d'accord avec la majorité de la Commission centrale, et qu'elle laisse la grave responsabilité de cela à la Commission même et aux pères réunis en Synode" (Komonchak, p. 332).

fond cette dernière affirmation. (...) Une telle doctrine offense gravement les autres chrétiens. Et ici le cardinal cite, sans en donner le nom [c'était Peter Brunner], la conférence d'un professeur luthérien de théologie dogmatique ; selon ce dernier aucun chrétien ne peut comprendre comment, avec la doctrine sur les limites de l'Église en tant que Corps Mystique du Christ, Pie XII peut laisser de côté l'efficacité salutaire d'un baptême validement conféré, le considérant pratiquement comme n'existant pas du tout. Il est impossible de comprendre comment le baptême peut être à la fois valide, et en même temps inefficace quant à l'incorporation salutaire au Christ[1069]. Et le professeur conclut : 'N'est-ce pas, dogmatiquement parlant, mépriser un sacrement institué par le Christ ?" (S., p. 385). **Au lieu d'adhérer à ce qu'avait dit Pie XII, Bea préféra suivre la doctrine du luthérien Brunner, qui devint ainsi doctrine "conciliaire" dans deux documents au moins :** *Lumen gentium* **et** *Unitatis redintegratio* **!** c'est en contournant l'obstacle, comme nous l'avons dit, que Bea y parvint : il était "plus prudent - déclara-t-il - d'éviter le terme de 'membres' de l'Église" et "on ne doit pas se limiter au concept de 'Corps Mystique du Christ'". D'autre part, "les éléments pour lesquels l'homme est constitué au sens plein membre de l'Église visible, ne constituent pas un apanage exclusif des catholiques. En effet, beaucoup de non-catholiques, baptisés eux aussi, professent la vrai foi, bien qu'incomplètement. Ils se soumettent à leurs propres pasteurs selon le ministère qui leur semble légitime ..." (S., p. 386)[1070]. Bea en déduit, à l'encontre des paroles explicites de Pie XII, qu'ils "demeurent unis à l'Esprit même qui est l'âme du Corps Mystique du Christ. C'est donc avec raison qu'ils sont appelés **nos frères, bien que séparés, et fils de l'Église, comme les appelle le Saint-Père [Jean XXIII]** dans la constitution [de convocation à Vatican II] *Humanæ salutis."* (*ibidem*). Voilà pour ce qui concerne la démolition du schéma sur l'Église élaboré

[1069] Il est facile de répondre au luthérien Brunner et à l'indéfinissable Bea, que ce n'est pas Pie XII qui déprécie le baptême, mais les protestants en le rendant inefficace quant à l'incorporation au Christ. En effet, de même que l'attachement au péché mortel rend inefficace le baptême quant à son effet de justification et d'infusion de la grâce, l'attachement au schisme et à l'hérésie rend inefficace l'incorporation au Christ et à l'Église dans les adultes. Seul demeure le caractère baptismal : mais ce caractère indélébile est présent aussi dans les damnés que personne n'imagine incorporés au Christ et à l'Église !

[1070] Bea remplace les critères objectifs exprimés par Pie XII pour être membres de l'Église (professer la vraie foi, être soumis aux pasteurs légitimes) par des critères subjectifs (professer une foi quelconque, être soumis à leurs pasteurs) qui constituent exactement les motifs pour lesquels ils ne peuvent appartenir à l'Église (une profession de foi erronée, une soumission à des pasteurs illégitimes).

par la Commission théologique. Mais Bea avait aussi préparé un schéma sur l'œcuménisme où était traitée la même question de l'appartenance à l'Église des non-catholiques. Si ceux-ci sont unis à l'Esprit-Saint, alors "l'Esprit du Christ ne refuse pas de se servir des communautés séparées comme moyen de salut" (S., p. 387) : *extra Ecclesia... salus* !

Venons-en pour finir au troisième point ecclésiologique proposé par Bea à la Commission centrale : **la collégialité**. Le schéma de la profession de foi proposé par la Commission théologique disait : "Il (Jésus-Christ) a donné [l'Église] à paître à saint Pierre, prince des apôtres, et à ses successeurs, les Pontifes Romains". Bea proposa de modifier la formulation de la façon suivante : "...aux Pontifes Romains et aux évêques, successeurs des apôtres" (S., p. 387). Chaque fois que se présentait, dans le schéma sur l'Église, l'expression "à saint Pierre et à ses successeurs", il proposait de lui substituer "à saint Pierre avec les apôtres" (S., p. 388). Naturellement, dans la question connexe "de l'origine de la juridiction des évêques", il s'opposa, pour des motifs œcuméniques, à une définition de la doctrine de Pie XII (p. 392). Par rapport aux schémas proposés par d'autres Commissions, il fut "**la conscience œcuménique** de la Commission centrale préparatoire" (*ibidem*), s'opposant à la doctrine de saint Thomas (S., pp. 390-392), proposant la *communicatio in sacris* avec les "orthodoxes" (S., p. 394), facilitant les mariages mixtes (S., p. 395-96), etc.

Des schémas préparés par le Secrétariat, cinq arrivèrent à la Commission centrale : liberté religieuse, œcuménisme, prière pour l'unité, Parole de Dieu, juifs. Ce dernier, nous l'avons déjà dit, fut (provisoirement) repoussé, tandis que les deux précédents passèrent facilement. Celui sur l'œcuménisme, qui se trouvait " 'en concurrence' avec celui de la Commission doctrinale" et avec un autre de la Commission sur les Églises orientales, obtint 30 oui et 14 oui sous réserve (plus ou moins les mêmes voix que celles obtenues par la "théologique") (S., p. 399).

Nous arrivons enfin au **schéma sur la liberté religieuse**, que le Secrétariat opposait au chapitre sur la "tolérance religieuse"[1071]. "A l'une des dernières séances de la Commission centrale, en juin 1962, un nouveau conflit eut lieu, plus grave, et même un affrontement direct à

[1071] Sur cette question j'ai déjà publié le témoignage de Mgr Lefebvre, membre de la Commission centrale préparatoire ; cf. *"Le Pape du Concile"*, 16ᵉ partie : *Le Secrétariat pour l'union des chrétiens* in *Sodalitium*, n° 39, p. 29.

propos" des deux schémas (S., p. 397). En effet, "les textes de la commission théologique et du secrétariat pour l'unité des chrétiens arrivèrent ensemble à la commission centrale, et provoquèrent **la plus dramatique confrontation** qu'ait jamais vécue cet organisme. (...) Ottaviani attaqua le schéma du secrétariat pour l'unité des chrétiens *utpote quæ sapit fortissime influxum contactuum cum acatholicis* [en tant que fortement influencé par les contacts avec les non-catholiques]. Après avoir illustré cette malheureuse tendance, Ottaviani demanda que seul son texte fut examiné par la commission centrale, ajoutant en observation finale qu'il ne voyait pas comment le secrétariat pour l'unité des chrétiens pouvait avoir la compétence pour proposer un texte sur église et état. Bea, de son côté, nia catégoriquement que le secrétariat ait outrepassé les compétences que lui avait assignées le pape (...). Le texte (...) était une réplique aux critiques fondées de la position de l'église catholique (...)" (K., pp. 319-320) mises en avant par les non catholiques (cf. S., p. 398). Le débat s'ouvrit : "il est facile d'imaginer le climat de tension dans lequel se déroula la longue discussion" (les Actes qui y sont relatifs couvrent 54 pages *in folio)* (S., ibidem). Soumis aux voix, le schéma d'Ottaviani obtint 19 oui, 14 non, 28 oui sous réserve ; celui de Bea, 16 oui, 11 non, 22 oui sous réserve : les membres de la commission étaient divisés tout comme les deux organismes préparatoires". C'est alors que le cardinal Confalonieri, refusant la thèse d'Ottaviani sur la supériorité de la commission théologique (cf. K., n. 468) décida de renvoyer la question à Jean XXIII lequel, suivant les desiderata de Bea (cf. K., p. 319), décida en juillet de créer une Commission mixte spéciale présidée par Ciriaci et comprenant Ottaviani, Bea, Tromp et Willebrands. Mais "la commission papale spéciale ne se réunit jamais" (K., p. 320) : **les "différences fondamentales" étaient trop profondes entre qui acceptait pleinement le magistère des Papes contraire au "nouveau droit" instauré par l'Illuminisme et les Révolutions, et qui, au contraire, à la suite de Maritain et de Courtney Murrey, voulait que le Concile baptise le libéralisme.** Après ce 'match nul' au Concile on n'avait pas à revenir sur ce thème (cf. S., p. 399) : il revint pourtant en scène, **et ce fut le triomphe des libéraux, consacré par** *Dignitatis humanæ.*

L'enjeu : le magistère de l'Église

Komonchak cherche à présenter la Commission théologique comme un organisme tenacement attaché à ses propres opinions théologiques et ce jusqu'au mépris total du point de vue d'autrui. La réalité est tout autre. Plusieurs fois, des abondantes citations que j'ai faites du même Komonchak, est émergé le point central de la discussion entre les deux "partis" dont Ottaviani et Bea étaient en fait les chefs. Pour Ottaviani, la doctrine proposée était indiscutable, parce qu'elle ne faisait que reprendre le magistère de l'Église, spécialement celui des deux derniers Conciles (Trente et Vatican I) et celui du dernier Pape, Pie XII. Il était inconcevable de mettre en discussion le magistère ordinaire du Pape. Et c'était justement ce que voulait le front adverse : **nier toute valeur obligatoire au magistère ordinaire**[1072] : prétendre le contraire signifiait, nous l'avons vu, vouloir "mettre fin à des questions encore légitimement discutées". Et pourtant, douze ans seulement auparavant, dans l'encyclique *Humani generis*, Pie XII écrivait : "il est vrai que les papes laissent généralement aux théologiens la liberté sur les questions disputées entre les docteurs les plus renommés, mais l'histoire enseigne que bien des choses qui furent d'abord laissées à la libre discussion ne peuvent plus désormais supporter aucune discussion. Il ne faut pas estimer non plus que ce qui est proposé dans les encycliques ne demandent pas de soi l'assentiment, puisque les papes n'y exercent pas le pouvoir suprême de leur magistère. A ce qui est enseigné par le magistère ordinaire, s'applique aussi la parole : *Qui vous écoute m'écoute* (Lc 10, 16) ; et la plupart du temps, ce qui est exposé dans les encycliques appartient déjà d'autre part à la doctrine catholique. Si les papes portent expressément dans leurs actes un jugement sur une matière qui était jusque-là controversée, tout le monde comprend que cette matière, dans la pensée et la volonté des Souverains Pontifes, **n'est plus désormais à considérer comme question libre entre les théologiens**" (*Documentation Catholique* Tome 47, 10 sept. 1950, p. 1159, n° 1077 ; DZ, 3885). **Les supérieurs ecclésiastiques devaient donc imposer à leurs sujets la doctrine de cette encyclique de Pie XII sous peine de péché mortel** ("leur en faisant une grave obligation de conscience" Documentation Catholique, *ibidem*, p. 1167) ! Comment Bea et compagnie pouvaient-ils remettre en question ce que Pie XII venait de déclarer soustrait à la libre discussion, et soutenir encore des doctrines que ce même Pontife avait condamnées ? "La lutte durant la préparation" du Concile ne fut donc pas une lutte légitime entre deux écoles théologiques différentes, mais **une lutte terrible**

[1072] Dans la présentation du schéma *De deposito fidei*, la Commission théologique attaquait l'épiscopat hollandais, pour lequel "l'ultime et absolue certitude que nous avons concernant la vérité de la foi est la définition extraordinaire de l'Église". "Ces affirmations ne peuvent être vraies", répétait la Commission théologique (Komonchak, *op. cit.*, p. 331).

entre l'orthodoxie catholique des uns, et le néo-modernisme des autres.

Et Jean XXIII ?[1073]

Le lecteur se demandera peut-être si j'ai oublié Jean XXIII en chemin ? Ne suis-je pas en train d'écrire une biographie du "Pape du Concile" ? Justement. L'analyse du Concile (en l'occurrence de la première session, l'unique qu'ait dirigée Roncalli) et de sa préparation tiennent **le rôle central** dans une vie de Jean XXIII. Un petit chapitre est dédié par Komonchak au rôle de Jean XXIII dans la préparation du Concile. Le jugement de notre auteur est très nuancé. Selon lui, ce n'est qu'avec le discours d'ouverture du Concile, que Jean XXIII prit ouvertement position en faveur du courant innovateur[1074]. Avant ce moment précis, la position de Jean XXIII était, pour Komonchak, obscure et ambiguë. Obscure, car "dans quelle mesure le pape avait suivi de près le travail de la préparation en cours, cela n'est pas clair" ; ambiguë parce que[1075], selon notre auteur, il avait accordé encore trop de place à la Curie et aux théologiens conservateurs, avec pour résultat final un travail préparatoire au Concile, somme toute, encore fidèle à la tradition : "seuls, la commission liturgique et le secrétariat pour l'unité des chrétiens semblent avoir été réellement à la hauteur de la vision du pape", tandis que, dans les autres commissions, il y eut "contraste entre la vision du pape et la réalisation effective" (K., p. 374). Komonchak rappelle que "le pape était entouré de personnes qui ou bien ne comprenaient pas ses intentions ou bien s'y opposèrent activement" (p. 375) ; mais cela n'explique pas non plus l'acquiescement de Jean XXIII aux schémas préparatoires conservateurs (mis à part le *De ordine morali* de la Commission théologique, qu'il "trouva trop rigoureux et négatif", K., p. 376, n. 629). "Il semble qu'il n'ait commencé à prêter une oreille bienveillante aux plaintes et aux craintes [des cardinaux et

---

[1073] Komonchak, op. cit., pp. 373-379.
[1074] En déclarant une fois de plus son désaccord avec les *prophètes de malheur*, il autorisait par avance la sévère critique des textes préparatoires qui allait être formulée de façon dramatique par les pères conciliaires dans la première période. Tout doute sur la position du pape s'évanouit lorsqu'il intervint à l'encontre du règlement conciliaire pour retirer de l'ordre du jour conciliaire le schéma *De fontibus revelationis*, l'une des pierres d'angle de la vision de la commission théologique sur le concile" (Komonchak, op. cit., p. 374).
[1075] "...certaines ambiguïtés demeurent dans les actions du pape lui-même" (ibidem, p. 375).

évêques progressistes] qu'au printemps 1962 lorsqu'il demanda à Suenens de rédiger un plan organique pour une intégration des matériaux de la préparation" (p. 379). Comment expliquer le "mystère" (K., p. 378) des actions apparemment conservatrices de Roncalli ?

Il y a deux réponses possibles, et il n'est pas dit qu'elles s'excluent totalement l'une l'autre. La première est que Jean XXIII ait été moins progressiste que les Suenens, Liénart, Frings, etc. (il n'avait pas de peine !) et qu'il se serait laissé entraîner par ce courant non contre son gré certes, mais plus par ambition, désir de louanges de la part du monde, que par forte conviction doctrinale. **L'autre est qu'il était plus dégourdi, malin, prudent et, en définive, plus efficace, que les modernistes transalpins : la forteresse que représente la Curie (et l'Église) ne pouvait pas être prise de l'extérieur, il fallait la trahir de l'intérieur.**

Quoiqu'il en soit de ces hypothèses, **les faits demeurent, et ils sont à la charge de Jean XXIII, déjà dans cette partie embryonnaire de Concile**. J'ai déjà signalé la façon dont il "insista sur la distinction entre préparation conciliaire et Curie" (K., p. 375). Mais **la responsabilité la plus grave réside dans la création du Secrétariat pour l'Unité des Chrétiens, et dans l'aval donné à ses schémas** : "il créa le Secrétariat pour l'Unité des Chrétiens avec l'idée de réaliser ses espérances œcuméniques conservées jalousement et il soutint l'effort de Bea pour doter cet organisme de grandes responsabilités" (K., p. 375). **Institutionnellement, le Secrétariat poursuivait des finalités contraires à celles du Saint-Office (et de l'Église) ; le conflit était donc inévitable**. La Curie, qui avait dû subir l'institution du Secrétariat, chercha à désamorcer le danger virtuel en soutenant que le Secrétariat n'était pas habilité à rédiger des schémas préparatoires au Concile : il s'agissait d'un "Secrétariat", non d'une "Commission" : l'organisme de Bea était vu seulement comme un "bureau de relations publiques" avec les non-catholiques, sans poids, sans rôle ni portée doctrinale. Cette interprétation qui minimisait les compétences du Secrétariat n'était pas arbitraire comme l'admettent tant Komonchak que le secrétaire de Bea, le Père Schmidt. Voyons ce qu'affirme ce dernier. Je le rappelle, dans un premier temps *Le livre de Schmidt sur le cardinal Bea* (13 mars 1960), le nouvel organisme de Bea devait être une "Commission" (comme les autres) ; pourtant deux semaines plus tard Jean XXIII décidait de le nommer "Secrétariat". Les conservateurs, je le répète, pensèrent à un déclassement ; mais Bea savait qu'il s'agissait d'une **ruse de Jean XXIII pour lui donner une plus grande liberté**

d'action[1076]. Lorsque, le 5 juin 1960, avec le Motu Proprio *Superno Dei nutu,* Jean XXIII institua les Commissions préparatoires, on commença à discuter du rôle de ce "Secrétariat" anomal. Dans le *Motu Proprio* "la description est très succincte et plutôt générique, et créera plus tard quelque ambiguïté en ce qui concerne la compétence du Secrétariat à préparer des schémas pour le Concile" (S., p. 349). Ceux de la Commission théologique n'avaient pas de doute à cet égard : le Père Tromp (de la théologique) déclara au P. Willebrands (du Secrétariat) : "Que voulez-vous ? Vous n'êtes qu'un bureau d'informations" (S., p. 362, n. 18). Bea qui était d'un autre avis, allait démentir Tromp dès le début des travaux préparatoires, au mois de novembre (cf. S., p. 362). En juin 1961, le "bureau d'informations" avait déjà préparé 11 travaux[1077]. Mais, ajoute Schmidt : "Ce travail si important se heurte à un grave problème avec lequel le secrétariat sera constamment confronté durant toute la période préparatoire et qui ne trouvera de solution qu'au début du Concile. Le problème est celui-ci : le Secrétariat est-il habilité à préparer des schémas à présenter au Concile ? La question se corse lorsqu'il ne s'agit pas de schémas d'ordre purement pastoral et pratique, mais de schémas **de nature doctrinale**. Le problème vient de la manière dont cet organisme est présenté dans le Motu Proprio *Superno Dei nutu* qui assigne au Secrétariat comme première tâche d'aider les autres chrétiens à suivre les travaux du Concile. Il est vrai que le document y ajoute une finalité plus générale : celle d'aider les autres chrétiens à trouver plus facilement la voie pour parvenir à l'unité *'que Jésus-Christ a implorée la veille de sa passion'*. Il est cependant facile de voir qu'il y a là une base plutôt fragile pour le plan d'importance que le Secrétariat s'était fixé" (S., p. 364). Ainsi, les objections des conservateurs étaient donc fondées, le P. Schmidt lui-même l'admet ...**Mais Bea bénéficiait, en cachette, de l'appui de Jean XXIII.** C'est ce qu'affirme le futur

---

[1076] *"Le Pape du Concile"*, 16ᵉ partie : *Le Secrétariat pour l'union des chrétiens*, in *Sodalitium*, n° 39, p. 9 ; cf. Schmidt, op. cit., p. 348.

[1077] Les thèmes de ces travaux étaient les suivants : "les relations des baptisés non-catholiques avec l'Église catholique ; comment promouvoir d'une part les conversions d'individus et de l'autre l'unité avec les communautés [non-catholiques] ; la structure hiérarchique de l'Église ; le sacerdoce commun des fidèles et la position des laïcs dans l'Église ; la Parole de Dieu et son importance pour la liturgie ; la doctrine et la vie de l'Église ; les problèmes liturgiques ; le problème des mariages mixtes ; comment prier pour l'union des chrétiens ; le problème œcuménique général et son importance pour l'Église (avec référence particulière au Conseil œcuménique des Églises) ; et pour finir, les questions concernant les juifs" (Schmidt, p. 363).
"S'y ajoutait le document sur la question de l'invitation d'observateurs au Concile. Il y avait donc, en tout, 11 Sous-commissions. Plus tard il viendra s'en ajouter une.

cardinal Willebrands : Bea informait Jean XXIII du détail des plans du Secrétariat, et en il recevait l'approbation "sans se laisser embarrasser par les aspects juridiques" (ivi). Que le fait de n'être qu'un Secrétariat ne fut pas un déclassement, Jean XXIII l'avait répété à Bea lors des audiences des 16 et 17 décembre 1961 : "Le Cardinal Président du Secrétariat – lui avait-il dit - a toutes les facultés que requiert son office, comme n'importe quel autre Préfet de la S. Congrégation, et il ne dépend d'aucun autre Dicastère romain" (pp. 364-365). Lorsque "le 8 mars 1962, Jean XXIII rendit visite au Secrétariat réuni en session plénière" (S., p. 372) Bea soumit à Roncalli les "relations et schémas des décrets qui avaient été préparés" (p. 373) : "ceci suppose clairement en Bea l'assurance que, de l'avis du Pape, le Secrétariat a la compétence pour préparer des schémas en vue du Concile" (S., p. 365). Mais c'est plus tard seulement que fut franchi le pas décisif, je l'ai déjà écrit : "à l'audience accordée au Cardinal [Bea] le 1er février 1962, le Pape décida que le Secrétariat proposerait les schémas sur la liberté religieuse et sur ce qui concerne les juifs directement à la Commission centrale préparatoire, sans l'intervention d'aucune autre Commission [en l'occurrence, la théologique]" (S., p. 374). **Cette décision du 1er février 1962 est extrêmement grave** : non seulement Jean XXIII allait contre la lettre de la loi pour favoriser le Secrétariat (ce qui entre dans le cadre des pouvoirs du Pape) mais **il approuvait deux schémas directement opposés à l'enseignement de l'Église**. C'est donc en vain que le cardinal Ottaviani protesta en séance de commission centrale préparatoire contestant "sèchement" à Bea le droit de présenter un schéma sur la liberté religieuse (cf. pp. 365, 397-398). A la fin de la période préparatoire, les résultats des novateurs "sont donc fortement positifs et dépassent les espoirs les plus audacieux" ; face aux difficultés, "le soutien permanent apporté par le pape Jean au travail du Secrétariat est un motif d'espérance. (...) "Le Pape [observait son secrétaire, Mgr Capovilla] lisait attentivement les nombreuses et fréquents 'billets de travail'envoyés par le Cardinal [Bea] **et il y trouvait une entière conformité avec sa ligne magistérielle et pastorale, dans l'esprit et dans la lettre, pour l'exécution du projet conciliaire.** (...) Et voici pour finir un témoignage de Bea lui-même (...) : **'Tout ce que nous avons fait jusqu'à maintenant, n'aurait certainement pas pu être réalisé sans la bénédiction, le soutien constant, l'aide efficace et les prières de Votre Sainteté**'[Bea à Jean XXIII, mars 1962]. Ce n'est pas là une formule d'usage, nous en avons eu plusieurs preuves, ne serait-ce qu'au cours de ce chapitre. **C'est un signe d'espérance pour le futur**" (S., p. 403). Mais ce qui est espérance pour les novateurs est angoisse pour tous les bons catholiques

... Avec le prochain article qui traitera des travaux de la Commission liturgique nous ne sortirons pas du **triste cadre de la situation.**

VINGT-TROISIÈME PARTIE :
"La lutte pour le concile durant la préparation" : La réforme liturgique en vue

Extrait de *Sodalitium* n° 49 de novembre 1999

Dans la dernière partie (*Sodalitium* n°47) j'avais rapporté le jugement de l'historien Komonchak sur les Commissions préparatoires du Concile Vatican II : *"seule la commission liturgique et le secrétariat pour l'unité des chrétiens semblent avoir été réellement à la hauteur de la vision du pape"*, Jean XXIII pour être clair, **vision profondément innovatrice** (cf. p. 37). Sur le secrétariat du cardinal Bea je me suis déjà longuement étendu : créé par Jean XXIII pour réaliser l'œcuménisme, il se heurtait institutionnellement aux finalités du Saint-Office. Avant de retracer le rôle de la commission liturgique dans la préparation du Concile, il nous reste à comprendre le pourquoi de cette autre anomalie d'une commission 'révolutionnaire' dans le cadre d'une préparation conciliaire encore substantiellement traditionnelle. L'origine de cette anomalie doit être recherchée dans une autre commission, celle pour la réforme liturgique, instituée par Pie XII longtemps auparavant, le 28 mai 1948, à côté de la sacrée Congrégation des Rites, à laquelle institutionnellement aurait dû revenir de s'occuper de liturgie. Entre les deux commissions, celle de 1948 et celle de 1960, existe un lien et c'est le nom du Secrétaire de chacune d'elles : le Père Annibal Bugnini, tristement fameux comme "père" du nouveau missel de 1969 (30 ans déjà !). Aussi, pour comprendre comment le Père Bugnini a dirigé la réforme liturgique depuis 1948, nous faut-il dire quelques mots sur ledit "**mouvement liturgique**"... Un préambule un peu long, il est vrai, mais indispensable à la compréhension de ce qui est arrivé durant le Concile et le post-Concile.

Le mouvement liturgique et ses déviations

J'ai déjà parlé du mouvement liturgique dans un article publié antérieurement dans *Sodalitium* ; le considérant toujours comme substantiellement valide, j'y renvoie le lecteur[1078]. Sur les traces de Gamber[1079] et de Bonneterre[1080], j'en avais illustré l'histoire et les déviations. Au XVIIIe siècle, le domaine liturgique avait subi lui aussi l'influence néfaste de l'Illuminisme et du Jansénisme. Après la Révolution française, c'est l'Abbé de Solesmes, Dom Prosper Guéranger (1805-1875), restaurateur de l'ordre bénédictin en France, qui restaura également la liturgie romaine dans ce pays ; il peut donc être considéreé - selon l'expression de Paul VI lui-même- comme le précurseur du Mouvement liturgique[1081]. Les deux ouvrages les plus fameux de Guéranger résument parfaitement l'ensemble de son œuvre. Avec les trois volumes des *Institutions liturgiques* (1840), il entendait ramener le clergé français à la connaissance et à l'amour de la liturgie romaine, s'attaquant dans le même temps aux principes liturgiques des gallicans et des jansénistes. Avec l'*Année liturgique,* commencée l'année suivante, il découvrait aux fidèles les trésors de la liturgie, leur permettant ainsi de la mieux suivre et d'y participer davantage. C'est durant le Pontificat de saint Pie X (1903-1914), que, parti de la France, ce mouvement de redécouverte de la liturgie devait donner ses meilleurs fruits ; de saint Pie X rappelons le *motu proprio* sur la restauration du chant liturgique 'grégorien'(*Tra le sollecitudini* 1903), l'invitation à la communion fréquente (décret *Sacra Tridentina Synodus* de 1905) et la communion des petits enfants dès l'âge de raison (décret *Quam singulari* de 1910), et enfin la réforme du Bréviaire (bulle *Divino afflatu* de 1911)[1082]. A en croire l'*Institutio generalis* du nouveau missel de Paul VI, la réforme de Vatican II n'aurait fait que mener à terme l'œuvre entreprise par saint Pie X. Un bref examen suffit à démontrer **irréfutablement le contraire : les réformes liturgiques conciliaires sont plutôt débitrices des principes liturgiques de l'Illuminisme et**

[1078] *L'hérésie antiliturgique des Jansénistes à Jean XXIII (1668-1960) : trois siècles de gestation des réformes conciliaires,* dans *Sodalitium* n° 20, mars 1990, pp. 34-53.
[1079] MGR KLAUS GAMBER, *Die Reform der Römischer Liturgie. Vorgeschichte und Problematik.*
[1080] ABBÉ DIDIER BONNETERRE, *Le Mouvement liturgique,* Fideliter, 1980.
[1081] Cf. Lettre de Paul VI à l'Abbé de Solesmes, du 20 janvier 1975 : *"Je constate la solidité et le rayonnement de l'œuvre de Dom Guéranger, en qui le 'Mouvement liturgique' contemporain salue son précurseur"* (tiré de Bonneterre p. 15. Mon résumé sur l'histoire du mouvement liturgique se fondera essentiellement sur le travail de Bonneterre).
[1082] Ces réformes ne furent pas une petite chose, et eurent un grand impact dans la vie quotidienne du clergé et des fidèles. Dans la réforme du Bréviaire, saint Pie X visait à restaurer l'office du temps sans sacrifier celui des saints ; pour ce faire il fallut hélas renoncer à l'ancienne répartition du psautier pour permettre la récitation hebdomadaire intégrale des psaumes.

du **Jansénisme**, de Pasquier Quesnel (condamné par Innocent XI) et de Scipion de Ricci (condamné par Pie VI). Dans son développement historique le 'mouvement liturgique'a donc dévié de son parcours original pour **rejoindre paradoxalement le camp ennemi.** Ces déviations, apparues déjà dans les années 20, s'étaient accentuées au cours des vingt années suivantes, au point que l'archevêque de Fribourg en Brisgau, Conrad Gröber, en 1943, puis Pie XII lui-même dans l'encyclique *Mediator Dei* de 1947, furent amenés **à les condamner et à les dénoncer.**

Ces déviations - très nombreuses – peuvent se résumer à trois : prévalence de l'aspect pastoral et didactique de la liturgie (tout orienté vers le peuple par conséquent) sur celui de l'adoration et du sacrifice orienté vers Dieu, avec une insistance sur l'attention à porter aux besoins de l'homme moderne ; archéologisme, consistant en un pseudo-retour aux sources antiques, qui permettait d'éliminer de la liturgie les apports médiévaux et contre-réformistes, pour 'revenir'à une liturgie présumée primitive ; instance œcuménique, par laquelle, avec Dom Lambert Beauduin déjà, (pourtant frappé en 1929 par l'encyclique *Mortalium animos* de Pie XI) on tendait à adapter la liturgie catholique aux principes des schismatiques orientaux et, plus encore, des protestants.

La subversion liturgique, qui se développa ainsi entre les deux guerres spécialement loin de Rome, tenta après la seconde guerre d'obtenir pleine victoire. Au début, les conditions de cette victoire furent nécessairement **la fausseté, la fourberie et l'hypocrisie.** Les réformateurs devaient feindre l'obéissance aux condamnations de Pie XII, pour continuer dans la pratique comme si ces condamnations n'existaient pas et obtenir par ailleurs des petites réformes en soi légitimes, mais ouvrant la porte à la **réforme générale de la liturgie** dont ils rêvaient. Pour obtenir ce résultat, il fallait présenter les réformes comme une adaptation disciplinaire désormais inéluctable si l'on voulait ramener à l'Église les masses qui s'en éloignaient peu à peu, et les présenter aussi comme un complément des réformes mises en chantier par saint Pie X. Dans le proche entourage de Pie XII, deux hommes profitaient de la confiance du Pape pour pousser les choses dans ce sens : **Mgr Montini et le Père Bea ; et derrière eux, le Père Bugnini.**

La Commission pour la Réforme liturgique (1948)

"Lorsque, le 12 août 1950, Bea fut nommé conseiller" de la Sacrée Congrégation des Rites, *"nombreux sont ceux qui se demandèrent ce qu'avait à voir un exégète dans ce domaine. On chercha une explication en faisant un lien entre cette nomination et l'œuvre de Bea pour le nouveau Psautier latin[1083], mais cela n'apparaissait pas convaincant. En fait il y avait une raison beaucoup plus profonde : Bea, depuis trois ans déjà, était membre de la 'Commission des huit' pour la réforme liturgique qui avait commencé son travail* **'dans les catacombes'**, *comme disait alors le secrétaire de cette Commission,* **Mgr Annibal Bugnini**. *Ceci dit, la question demeure : comment se fait-il que Bea ait été mêlé à ce type de travail ?"*. A ce propos le Père Schmidt, secrétaire de Bea, parle d'un secret qu'il pense pouvoir désormais révéler : *"C'est en effet Bea qui présenta au Pape un exposé rédigé par lui dans lequel il expliquait qu'après les études scientifiques faites dans les dernières décennies, les conditions nécessaires à la mise en route d'une réforme de la sacrée liturgie existaient. Au Pape, l'exposé avait semblé convaincant, aussi l'avait-il transmis au préfet de la Congrégation des Rites, le cardinal Clemente Micara. Tout cela avait incité le Cardinal à se rendre en personne à l'Institut Biblique Pontifical pour discuter avec le Père Bea sur ce qu'il convenait de faire. C'est ainsi que* **Bea, tout en n'étant pas liturgiste de profession, se trouve, de fait, à l'origine de l'actuelle réforme liturgique***"[1084]. Voilà comment fut constitué ce que le P. Schmidt nomme, du nombre original de ses

---

[1083] Cf. *In cotidianis precibus,* du 24 mars 1945, AAS 37 (1945) 65-67. La nouvelle version du Psautier fut un échec parce qu'elle modifiait le texte de prières que tous connaissaient par cœur, et qu'elle posait des difficultés pour la récitation chorale et le chant de l'Office (les jésuites sont peu ferrés en la matière, c'est pourquoi on dit en latin de cuisine, *"non cantant, non rubricant"*). Nous avons déjà vu que Mgr Roncalli, alors Nonce à Paris, n'appréciait pas la réforme, que de fait il jeta aux oubliettes à peine devenu Jean XXIII. Ce qui n'empêcha pas Annibal Bugnini d'écrire : *"Mediator Dei avait été précédée de deux années seulement d'un autre événement d'importance notable pour la réforme liturgique : la nouvelle version latine des psaumes, réalisée sur ordre de Pie XII par l'Institut Biblique Pontifical en 1945. Ce travail, mené à terme avec une volonté tenace par le recteur P. Agostino Bea, futur cardinal, fit mûrir dans l'esprit du Pape l'idée de la réforme de toute la liturgie, dont le psautier ne devait constituer que la première pierre"* (ANNIBALE BUGNINI, *La riforma liturgica (1948-1975),* CLV Edizioni Liturgiche-Roma 1983, p. 19).

[1084] STJEPAN SCHMIDT, *Agostino Bea, il cardinale dell'unità,* Città Nuova, Roma 1987, pp. 147-148. Schmidt n'exclue pas la possibilité que d'autres personnes aient inspiré la création de la Commission pour la réforme liturgique ; Schmidt lui-même cite le P. Antonelli OFM, et Bugnini (*op. cit.,* p. 20) avance les noms du P. Alfonzo OSB et du P. Löw, rédemptoriste.

membres, la *Commission des huit*[1085], autrement dit et plus officiellement, la Commission pour la réforme liturgique. D'après Schmidt les travaux commencèrent en 1947, mais la nomination officielle date du 28 mai 1948. La Commission des huit dura jusqu'au 8 juillet 1960, date à laquelle lui fut substituée la Commission préparatoire au Concile Vatican II, instituée le 6 juin précédent[1086]. Dans cette commission réduite, l'apport du Père Bea fut, d'après le témoignage de Bugnini, *"extrêmement important"* (Schmidt, p. 149). Et nous savons dans quel sens il travaillait, et de quelle habileté et de quelle prudence il fit preuve jusqu'au moment où, ayant gagné la confiance du Pape Pacelli, il en devint le confesseur, en mars 1945[1087]. Ce dernier facteur eut une importance énorme : *"la commission* - écrit encore Bugnini (p. 22) - *jouissait de la pleine confiance du Pape, tenu au courant par Mgr Montini et, plus encore, chaque semaine, par le P. Bea, confesseur de Pie XII. Grâce à quoi on put parvenir à des résultats remarquables même durant les périodes où la maladie du Pape empêchait quiconque de l'approcher"*. *"Il faut reconnaître honnêtement que le travail accompli fut énorme* - écrit Bugnini (p. 22)

[1085] Les huit membres de la Commission étaient... sept : le Cardinal Micara (président), le P. Bugnini CM (secrétaire), Mgr Carinci, le P. Antonelli OFM, le P. Löw CSSR, le P. Albareda OSB et le P. Bea S.J. Le huitième était Mgr Dante, futur cardinal, qui y entra en 1951. En 1953, le Cardinal Micara fut remplacé par le Cardinal G. Cicognani, tant à la tête de la Congrégation des Rites qu'à la présidence de la Commission pour la réforme. En 1960 s'ajoutèrent Mgr Frutaz, don Rovigatti, Mgr D'Amato OSB et le P. Braga CM, intime collaborateur de Bugnini : ceux-ci participèrent seulement à quatre réunions, puisque l'année même la Commission de Pie XII cédait la place à la Commisssion Préparatoire au Concile.

[1086] Il existe une continuité institutionnelle et, en partie doctrinale, entre les diverses "commissions" qui élaborèrent la réforme liturgique de 1948 à 1975 (bien que la dernière réforme de la 'vieille' liturgie soit celle du rite des exorcismes réalisée en cette année 1999). La Commission de Pie XII dura de 1948 à 1960 ; elle fut remplacée par la Commission préparatoire au Concile, en fonction de 1960 à 1962 ; celle-ci se transforma, durant le Concile, en Commission Conciliaire pour la Liturgie ; après le Concile, Paul VI créa le *Consilium ad exequendam Constitutionem de sacra Liturgia* qui, appliquant l'esprit et trahissant souvent la lettre de la Constitution *Sacrosantum Concilium*, réalisa la réforme post-conciliaire. Le 8 mai 1969 fut créée la Sacrée Congrégation pour le Culte divin, qui remplaça la Congrégation des Rites. On remarque un lien constant entre tous ces organismes : la présence d'Annibal Bugnini comme Secrétaire de tous, avec la seule exception de la Commission conciliaire pour la Liturgie, dont il fut temporairement exclu comme nous le verrons dans le prochain numéro, par le président, le Cardinal Larraona qui réussit à le remplacer par le P. Antonelli. En vain, hélas...

[1087] Sur les circonstances du choix de Bea comme confesseur de Pie XII, cf. SCHMIDT, pp. 166-167. Sur le rôle discret de Bea dans le mouvement œcuménique jusqu'à la mort de Pie XII, cf. *Sodalitium* n° 38 (XVe partie), pp. 62-65.

- *"furent révisés pratiquement tous les livres liturgiques"*. Voici comment Schmidt résume et commente *"énorme travail"*, *"résultats remarquables"* (p. 150) : *"**Dans les années 1947-50 la Commission avait élaboré 'tout le plan de la réforme des Calendrier, Missel, Bréviaire, Pontifical, Rituel et Martyrologe***" [Bugnini]. *C'est ainsi qu'avaient vu le jour petit à petit, en 1951, sous forme facultative, la liturgie rénovée de la Veillée Pascale en 1951*[1088] *puis en 1955 la réforme de toute la Semaine Sainte*[1089]*, et finalement un 'décret*

[1088] Décret du 9 février 1951 *Dominicæ Resurrectionis*, A.A.S. 43 (1951) p. 128 sv, qui introduit *ad experimentum* la nouvelle Vigile pascale. Bugnini écrit à la p. 22 : *"Le premier fruit de la Commission fut la restauration de la vigile pascale (1951) (...) fut le signal que finalement la liturgie s'engageait dans la voie de la pastorale"*. Mgr Schmidt ajoute (p. 248) : *"le fameux liturgiste allemand, Wagner, écrit : 'Il m'est certainement permis de supposer que le grand public connaît les deux grands services dont il est redevable au P. Bea (et donc ses mérites) en ce qui concerne le renouvellement liturgique : son rôle de guide dans la préparation de la nouvelle traduction latine du Psautier, avec pour conséquence la mise en route de la discussion de la réforme du Bréviaire, et sa collaboration à la réforme de la Vigile pascale, qui fut le prélude de la réforme liturgique générale' "*. La réforme de la Vigile pascale était même considérée par Bea comme *'un pas plutôt audacieux'* (p. 225), mais faisait l'objet des vœux de tous les modernistes, comme en témoigne le Père Chenu (cité dans *Sodalitium* n° 20, p. 40-41).

[1089] Décret général *Maxima redemptionis* du 16 novembre 1955 dans A.A.S., 47 (1955), 838-847. *"Le renouveau -* a solennellement proclamé Paul VI dans la 'promulgation' du nouveau missel de 1969 - *avait été commencé par Pie XII lui-même avec la restauration de la vigile pascale et de l'Ordo de la Semaine sainte qui constitua la première étape de l'adaptation du missel romain à notre temps"*. La chose était prévue par les 'initiés' dès cette époque : la réforme de la Semaine sainte devait précéder la *réforme définitive du missel romain"* (Bea, cit. par SCHMIDT à la p. 226). En effet, avec la réforme de la Semaine sainte de 1951-1955, était créée une situation plutôt étrange, les rubriques de la Semaine sainte contrastant avec celles du reste du Missel : Ellard écrivait en 1956 : *"dans le rit annexe au décret ad experimentum, la forme de la Messe était différente de celle du Missel Romain, du fait de quelques nouveautés significatives. Un simple coup d'œil à ces innovations et l'on se rend compte que Rome est en train de méditer des modifications à la Messe (...)"* (GERARD ELLARD S. J. : *"La messa in trasformazione*, 1956, éd. it. ; Pont. Istituto Pastorale, éd. Romane-Mame, 1960, p. 39). Ellard et le Père Löw, membres de la commission des huit, relèvent dans la nouvelle Semaine sainte la suppression du psaume *Judica me* au début et du dernier évangile à la fin de la Messe (pp. 35 et 45) et ils remarquent comment, avec le renouvellement des vœux du baptême, *"l'usage de la langue vulgaire a été tranquillement introduit dès le début de cette restauration liturgique et tout aussi tranquillement, bien qu'avec quelques restrictions, étendu ou autorisé à s'étendre"* (p. 45). Deux principes guident ce *"décret révolutionnaire"* (l'allusion, à la p. 39, se rapporte au décret de 1951) : *"a) avoir soin que 'le peuple puisse mieux suivre les cérémonies' et b) que le célébrant ne répète pas ce que font les ministres inférieurs"* (pp. 43-44). Bugnini et Beauduin devaient souligner ces points en 1951. *"Le peuple, l'assemblée entière, plebs tua sancta, une sorte de 'tiers-état' pour ainsi dire, s'unit au*

général 'sur la simplification des rubriques[1090]. D'autre part, avec la Constitution Christus Dominus, Pie XII, outre la réforme du jeûne eucharistique, avait fait à l'Église le grand cadeau de la messe du soir[1091]". Pie XII une fois décédé, Jean XXIII promulgua un nouveau

---

célébrant et au chœur tout le temps activement. (...) Le célébrant ne répète pas ce que font les ministres inférieurs. Lorsque le lecteur lit, le célébrant est assis et écoute ; lorsque le chœur chante, le célébrant est assis et écoute" (p. 45). Certains évêques, auxquels cela ne suffisait pas, se plaignant de la longueur des cérémonies et de l'emploi du latin, Bea répondait : *"Il sera utile que Son Excellence expose les choses en détail et qu'en ce qui concerne le temps à assigner à la Vigile, il formule une demande précise... Il est tout aussi important de signaler les difficultés, y compris celles qui proviennent de l'emploi de la langue latine... Il sera bon de répéter qu'il convient que Rome fasse des concessions, à défaut de quoi, sous la pression des circonstances, le clergé procédera de lui-même à des abréviations et à l'emploi de la langue vulgaire"* (SCHMIDT, p. 226). C'est la tactique habituelle de Bea (pressions sur Rome par les évêques auxquels il a fait la leçon) et par dessus le marché, chantage !

[1090] Décret de la S.C.R. *Cum hac nostra ætate sacerdotes* du 23 mars 1955 (en vigueur dès le 1ᵉʳ janvier 1956). *"Selon le témoignage d'Annibale Bugnini, secrétaire de la Commission chargée de la réforme liturgique, cet organisme, avait, dès ses premières années d'existence 1947-1950 défini tout le plan de la réforme, Bréviaire inclu"*, mais, d'après un témoignage de Bea remontant à 1950, dans son ensemble, la réforme aurait duré 20 ans" (SCHMIDT, pp. 230-231). Les nouvelles rubriques de 1955 étaient donc un fruit de la Commission, mais un fruit transitoire : *"nous sommes dans une période de transition"* écrivait Bea en 1957 (SCHMIDT p. 231). Le décret lui-même (qui attribuait la réforme à la *"Commission spéciale qui s'occupe de la réforme liturgique générale"*) établissait que les nouvelles éditions du Bréviaire ne devaient pas être changées, évidemment parce que la réforme devait, sous bref délai, être à son tour réformée. Le Secrétariat de la S.C. des Rites, Mgr Carinci, expliqua en effet *"que la réforme définitive du Missel et du Bréviaire (tant désirée et si longtemps attendue) n'était pas imminente et qu'il faudrait plusieurs années avant qu'elles ne soient complétées ; aussi les éditions existantes ou futures de ces livres devaient-elles demeurer inchangées"* (O.R., 4 mai 1955). Les motifs de la réforme avancés par le décret sont bien tristes, rien moins que l'activisme du prêtre moderne : *"de nos jours les prêtres, spécialement ceux qui s'occupent des âmes, sont toujours plus chargés de formes nouvelles et variées d'apostolat, de sorte qu'il leur est très difficile de s'adonner à la récitation de l'Office Divin avec la tranquillité d'esprit nécessaire"*. Pius Parsch et B. Capelle (tous deux en 1947) invoquaient la réforme du bréviaire, en donnant pour obstacle sa longueur et l'emploi de la langue latine (ELLARD, p. 25). La réforme du Bréviaire et de la Messe de 1955 était le premier pas dans une certaine direction, celle *"de l'autodémolition* [sic] *de la liturgie romaine"* (BONNETERRE, p. 111). En effet, en 1956 au Congrès d'Assises dont je parle un peu plus loin dans ce même article, le Cardinal Lercaro, père - avec Bugnini - du nouveau missel, tint une *conférence très applaudie* sur *"la simplification des rubriques et la réforme du Bréviaire"* où, aux dires mêmes de Bugnini, étaient déjà anticipés les choix qui devaient mener à la liturgie des heures de Paul VI (Bugnini, p. 25).

[1091] Le Catéchisme dit du concile de Trente (III, c. IV *de Eucharistiæ sacramento*, n. 6) affirme que le jeûne naturel avant la communion a été institué *"salutaliter"* par les Apôtres (usage attesté déjà par Tertullien : *A ma femme*, 2, 5). Saint Thomas explique la haute convenance de cette habitude (III, q. 80, a. 8). La célébration de la Messe le matin est naturellement liée à la loi du jeûne eucharistique de minuit. Durant la dernière guerre des indults furent accordés pour célébrer l'après-midi, après un jeûne de quatre heures, indults qui tombèrent dans l'après-guerre. *"Dans cette situation intervint un laïc catholique allemand, Werner Maurenbrecher (...) lequel entreprit une campagne en faveur de la messe du soir (...) campagne qui gênait presque un certain nombre de curies diocésaines. (...) C'est en Bea que Maurenbrecher a trouvé 'l'interlocuteur le plus important et le plus efficace'. Dès 1954 Maurenbrecher remercie Bea pour l'aide que 'pendant des années' il lui a prodiguée avec ses conseils, dans son travail en faveur de la messe du soir (...). En 1948 M. était parvenu à convaincre d'éminentes personnalités de la vie catholique en Allemagne d'adresser à Pie XII une supplique en faveur de la messe du soir. Il y était expliqué comment la situation, sous de nombreux aspects, était encore semblable à celle de la période de guerre (...) et on y parlait (...) des difficultés de l' 'homme du soir' contemporain. Ce pour quoi était demandée la permission générale de célébrer la messe le soir. A la date du 17 août 1948, la Congrégation du Saint-Office répondait par la négative. Peu après Bea qui, à l'époque de cette réponse négative, n'était pas encore conseiller du Saint- Office, intervenait dans cette question"*, invitant M. à persévérer en se faisant appuyer par des évêques : *"j'ai toujours souligné que l'initiative en question doit être promue par les épiscopats"*. *"En effet une décision positive ne se fit pas trop attendre : le 6 janvier 1953, Pie XII publiait la Constitution Christus Dominus [A.A.S. 45 (1953), pp. 15-32] par laquelle était consentie la célébration des messes du soir le dimanche, et les jours chômés, les premiers vendredis du mois et une fois par semaine. En ce qui concerne l'obligation du jeûne eucharistique, il était établi que l'eau ne 'rompt' pas le jeûne. Pour le reste, on devait s'abstenir d'aliment et de boisson trois heures avant la messe et la communion"* (SCHMIDT, pp. 227-229). Pie XII rappelait cependant que *"la loi du jeûne eucharistique depuis minuit demeurait en vigueur pour tous ceux qui ne se trouvent pas dans des conditions particulières"* (A.A.S., cit. p. 22) et le jeûne limité à trois heures ne valait que pour les messes de l'après-midi. En effet, déclara Bea : *"il s'agissait du retournement d'une tradition vieille d'un millénaire et demi, sinon plus. Vingt ans auparavant une telle concession aurait été impensable"*. Deux instructions du Saint-Office en 1953 et en 1955 [A.A.S.,47 (1955), p. 218] rappelaient les strictes limites de la concession. Bea invitait à la patience : *"l'essentiel est que la machine se soit mise en marche. Tout le reste est question de temps (...). Six mois n'étaient pas encore passés depuis cette dernière lettre que Pie XII publiait, le 19 mars 1957, le Motu Proprio Sacram Communionem [A.A.S. 49, (1957), pp. 117 et sv.] par lequel il autorisait les évêques à permettre la célébration de la messe du soir tous les jours, si un nombre important de fidèles le désiraient. Pour le jeûne eucharistique il établissait la règle des trois heures d'abstention avant la messe pour les aliments solides et d'une heure pour les liquides"*, quoiqu' *"exhortant vivement les prêtres et les fidèles qui sont en mesure de le faire, d'observer, avant la Messe et la sainte Communion, la forme antique et vénérée du jeûne eucharistique"*, tandis que quiconque mettait à profit les nouvelles conditions se devait de *"compenser le bénéfice reçu par des exemples éclatants de vie chrétienne et principalement par des œuvres de pénitence et de charité"* ! Des *"nouvelles de difficultés et même de résistance de la part de certains évêques"* ne manquèrent pas, mais Bea répondait : *"La volonté du Saint-Père est claire maintenant. (...) Il faut laisser passer le temps nécessaire pour que les gens s'habituent et que les choses se développent"* (SCHMIDT, pp. 229-230). Développement que l'on a vu avec Paul VI (21 novembre 1964) qui, à la demande des Pères conciliaires (A.A.S. 1965, p.

code des rubriques en 1960 dont je ferai mention dans le prochain numéro de Sodalitium. *"Aujourd'hui évidemment* – commente Schmidt -, *nous nous sommes habitués, et après les grandes réformes apportées par le Concile Vatican II en matière de liturgie, nous ne nous rendons plus compte de ce qu'a signifié ce pas dans la situation concrète de l'époque. Mais il faut se mettre dans la situation de ce temps".* Ce serait trop m'étendre, avec le risque d'appesantir ces lignes et de m'écarter du sujet, que de commenter longuement ces réformes de la Commission promulguées sous Pie XII et Jean XXIII ; je me borne donc à renvoyer d'une part à ce qui a déjà été écrit sur le sujet dans *Sodalitium*[1092] et d'autre part aux longues notes de cet article. Et je m'en tiendrai à mon thème, m'interrogeant **sur les intentions des membres de la Commission, et sur la signification des réformes.**

Bugnini lui-même explique clairement (p. 22 et note 10) qu'au sein même de la Commission, pourtant ultra-restreinte et secrète[1093], les membres avaient une conception bien différente de ses fonctions et de ses buts : *"tous ne comprirent pas l'importance de la mise en jeu (...) Parmi les membres de la commission **seuls les trois 'initiés'***[Bugnini, Löw, Bea ?] *désiraient vraiment la réforme (...) les autres participaient aux réunions plus par devoir que par conviction (...)".* Parmi ces derniers il faut compter le président même de la commission : *"le cardinal président pensait que* [le travail] *devait durer quelques mois, tout au plus un an. La désillusion commença lorsque le P. Bea, exprimant son avis sur ce point, déclara que (...) il faudrait au moins cinq ans (...) ; une fois évanoui l'espoir d'une réforme-éclair certains s'en désintéressèrent".* Cette citation montre de façon évidente que certains (Bea, Bugnini) voulaient **une révolution liturgique radicale** qui aurait demandé des années de travail ; d'autres, au contraire, pensaient seulement à une réforme de détail rapide qui aurait achevé celle commencée par saint Pie X. Ainsi l'aventure de la Commission pour la réforme liturgique apparaît-elle en partie semblable à celle du Secrétariat pour l'unité des chrétiens et en partie différente. Dans les deux cas, les commissions semblent avoir été créées comme pour doubler les congrégations romaines correspondantes : la Commission

---

186), a réduit le temps de jeûne à une heure (et même au fameux quart d'heure). Fin d'une tradition apostolique...
[1092] F. RICOSSA, *L'hérésie antiliturgique des Jansénistes à Jean XXIII (1668-1960) : trois siècles de gestation des réformes conciliaires*, dans Sodalitium n° 20, mars 1990, pp. 34-53.
[1093] *"En douze ans d'existence... la Commission tint 82 réunions et travailla dans le secret le plus absolu".* Bugnini, *op. cit.*, p. 22.

s'occupera de liturgie comme la Congégation des Rites, le Secrétariat s'occupera de doctrine comme le Saint-Office. Commission et Secrétariat doivent réformer respectivement la liturgie et la doctrine. Mais formellement, la Commission dépend de la Congrégation des Rites (dont le préfet est président de la Commission), alors que le Secrétariat de Bea sera indépendant du Cardinal Ottaviani. Cependant, il est évident que les présidents des diverses commissions liturgiques (cardinaux Micara, Cicognani, Larraona) tout d'abord ignorants de l'activité volcanique du secrétaire Bugnini, ne la soutiendront pas par la suite ; **c'est Bugnini l'âme des réformes**, *"au point que la publication de l'"Ordo Sabbati sancti instaurati" aux premiers jours de mars 1951, frappa de surprise les membres de la Congrégation des Rites eux-mêmes"* (Bugnini, p. 22). Ceci explique comment, lorsque sera convoqué le Concile, les seules Commissions préparatoires novatrices seront la Commission liturgique et le Secrétariat... Mais **sous Pie XII le Concile était encore à venir et les novateurs devaient user de prudence pour éviter que le Pape ne découvre leurs véritables buts...**

Le Congrès d'Assise (1956)

Les novateurs étaient poussés par deux exigences pouvant s'opposer entre elles : d'un côté **ne pas éveiller les soupçons du Pape et de la Curie**, nous l'avons dit ; de l'autre **préparer les mentalités et le terrain**... le Père Bea réussit - nous le verrons – à concilier les deux exigences.

La préparation du terrain et des mentalités s'était faite au moyen d'une propagande efficace. Bugnini (p. 23) cite la série d'articles apparus sur la revue romaine *Ephemerides liturgicæ* dès 1948, créant artificiellement le problème d'une *"réforme liturgique générale"*. Le thème était désormais lieu commun à l'étranger, mais il fallait 'le faire passer' à Rome, en profitant du fait que la revue était *"considérée comme la voix officieuse des milieux liturgiques romains"*. On avait donc cru que l'initiative *"inouïe"* venait *"d'en haut"*, alors qu'en fait il s'agissait d'une "audace" et d'une *"initiative risquée du jeune directeur du périodique"* (Bugnini en personne, me semble-il !). *"Il était impensable... à cette époque, ne serait-ce que de toucher à une rubrique* [n'exagérons rien !] *ou de parler de 'réforme'"*. Les choses n'en étaient plus là en 1956, lors du Congrès d'Assise : toutes les réformes pacelliennes avaient déjà eu lieu. Restait à savoir si ces réformes étaient un point d'arrivée ou un point de départ ? Nous laissons la tâche de répondre à la plume de Bugnini (pp. 24-25), qui se fait lyrique à l'évocation de ce souvenir : *"c'est à Assise que mûrit le second facteur déterminant pour le démarrage de la réforme liturgique. Ce fut (...) l'aurore annonçant le jour resplendissant qui ne connaîtra pas de déclin. Qui aurait dit que trois ans plus tard serait annoncé le plus grand événement ecclésial du siècle, le Concile Vatican II, et qu'alors **les instances d'Assise, et grâce aux hommes mêmes d'Assise, devaient se trouver pleinement réalisées** ? Le premier Congrès international de Pastorale liturgique se déroula dans la ville de saint François du 18 au 21 septembre 1956, pour se conclure à Rome par une audience pontificale, le 22 septembre"*. Participaient au congrès, sous la présidence du Cardinal Cicognani (S.C. des Rites), 5 cardinaux, 80 évêques ou abbés et 1400 prêtres. Le thème même du congrès orientait la liturgie vers l'aspect pastoral... *"Il y eut en faveur de cette orientation deux conférences fondamentales : celle du P. Andrea Jungmann, 'La pastorale, clef de l'histoire liturgique' et celle du P. Agostino Bea, 'La valeur pastorale de la parole de Dieu dans la liturgie'. Les principes exposés se retrouveront ensuite dans la Constitution liturgique"* de Vatican II, *Sacrosantum Concilium*. Cependant, à en croire Komonchak, outre un thème officiel, il en existait un occulte : *"le thème prévu pour le congrès était la pastorale liturgique, mais le **thème occulte**, qui dirigea sa préparation et le contenu de nombreuses relations, fut **l'introduction de la langue vulgaire**"*[1094] dans la liturgie, contrevenant - nous le verrons - à la dernière encyclique de Pie XII sur cette matière, qui datait seulement de l'année précédente ! Le Saint-Siège ne l'ignorait pas : *"conscient que ces mouvements* [contraires au latin] *étaient partout, le cardinal Cicognani* [qui était, rappelons-le, Préfet de la S.C. des Rites, président de la Commission pour la réforme et président du Congrès d'Assise], *tenta à la séance d'ouverture du congrès, de limiter les discussions sur la réalisation des directives papales déjà données sur la liturgie. Sur une page, apparemment ajoutée au dernier moment, il rappela aux participants que dans 'Mediator Dei', Pie XII avait parlé de l'emploi du latin comme d'un 'clair et noble signe d'unité et une réelle sauvegarde efficace contre la corruption de la vraie doctrine'"*. Prenant pour motivation (ou excuse) que la page sur la défense du latin écrite par le Cardinal Cicognani avait été préparée au dernier moment, les traducteurs la *"passèrent sous silence"* (Bugnini, p. 25) et, le second jour du congrès, à l'improviste,

---

[1094] J. KOMONCHAK, *La lotta per il concilio durante la preparazione*, dans *Storia del Concilio Vaticano II*, dirigée par Giuseppe Alberigo, Peeters-Il Mulino, Louvain-Bologne 1995, vol. I, pp. 228-229.

le cardinal quittait Assise sans saluer, laissant la présidence au Cardinal Lercaro. Quelle que soit l'explication de la "fuite" du cardinal[1095], il est certain que les congressistes n'étaient d'accord ni avec lui, ni avec le Pape, et ils le firent savoir : *"à propos du congrès -* écrit Schmidt à la p. 150 *– Joseph Jungmann rapporte un détail significatif. A un certain moment s'était créée une tension entre le cardinal-préfet de la Congrégation des Rites, Son Eminence Gaetano Cicognani, défenseur acharné du latin dans la liturgie, et les orateurs suivants, au point que l'assemblée souligna fortement de ses applaudissements les passages parlant de réformes possibles en la matière. Or, Jungmann déclare avoir su de Johannes Wagner* [liturgiste allemand ami de Bea] *que Bea au dernier moment avait omis tous les passages de sa propre conférence qui auraient pu provoquer des applaudissements et accentuer ultérieurement cette tension. Personnellement, je me rappelle que Bea m'avait parlé des passages en question, par ex. dans la conférence du P. Jungmann, et qu'il n'en était pas content. Il savait trop bien par expérience qu'en de telles circonstances la tension nuit à la cause et que des obstacles de ce genre ne se surmontent que par un travail de persuasion tranquille et graduel".* Ce passage que nous venons de citer est hautement significatif : Bea identifiait sa propre "cause" avec celle des autres ennemis du latin (ennemis donc aussi du magistère de l'Église en la matière, dont deux des encycliques du Pape régnant, Pie XII), mais il était plus prudent : les provocations des liturgistes progressistes auraient nui à la "cause", en mettant en lumière à Rome leur but "occulte", leur sectarisme, leur désobéissance. Il fallait au contraire user de persuasion peu à peu... Tel était le rôle de Bea : c'est lui - selon Martimort - qui *"avait élaboré le projet de ce congrès"*, et c'est lui qui obtint pour lui le privilège de l'audience pontificale et du discours conclusif d'un Pie XII malade, discours que Bea savait d'avance être satisfaisant pour les réformateurs : *"vous en serez contents"*, avait déclaré par avance le cardinal...[1096] *"Pie XII –* écrit Bugnini (p. 25) *- fit un très beau discours qu'étant malade, il ne lut qu'en partie et qui comporte cette exhortation devenue historique : 'le mouvement liturgique est apparu comme un signe des dispositions*

[1095] Bugnini explique que *"le bruit s'est répandu que le Cardinal Cicognani n'aurait pas été très content de l'accueil fait à son intervention sur le latin, et qu'il serait allé en référer au Pape pour l'induire à inclure une observation sévère dans le discours qu'il devait faire aux congressistes le 22 septembre"* alors qu'en fait le cardinal aurait été chassé par les poux infestant la chambre cardinalice de l'évêché d'Assise. Bien sûr, Bugnini rit dans ses moustaches...
[1096] S. SCHMIDT, op. cit., pp. 233-234.

providentielles de Dieu concernant le temps présent, comme un passage de l'Esprit Saint dans son Église". Forts de cet éloge, les réformateurs poursuivirent leur **travail révolutionnaire**. En réalité, la lecture du texte complet du discours[1097] nous donne une image bien différente de l'idée que le Pape Pacelli avait du mouvement liturgique. En effet, après l'éloge du mouvement liturgique rapporté par Bugnini, tout le reste du discours est **dédié à la condamnation des erreurs et des déviations du mouvement en question** ! Enumérons ces erreurs : le mépris des dévotions non liturgiques[1098] ; la volonté d'"orienter l'enseignement religieux et la pastorale dans un sens exclusivement liturgique"[1099] ; "l'erreur sur l'équivalence entre la célébration de cent messes par cent prêtres et celle d'une messe à laquelle assistent dévotement cent prêtres"[1100] ; les erreurs sur la Présence Réelle[1101] concrétisées entre autres par la suppression du tabernacle sur l'autel[1102] et de façon

---

[1097] Pie XII, discours *Vous nous avez demandé* du 22 septembre 1956, AAS 48 (1956), pp. 725 ; Enseignements Pontificaux, La Liturgie, nn° 793-824. *La Doc. Cat.* 1956, n° 1236, col. 1289-1290.

[1098] *"Cette forme de culte* [privé]*, non seulement l'Église la tolère, mais elle la reconnaît pleinement et la recommande, sans toutefois rien enlever à la prééminence du culte liturgique"* (DC, 1956, n° 1236, col. 1289).

[1099] *"Notre encyclique Mediator Dei avait déjà redressé certaines affirmations erronées, qui tendaient soit à orienter l'enseignement religieux et la pastorale dans un sens exclusivement liturgique, soit à susciter des entraves au mouvement liturgique qu'on ne comprenait pas"* (EP, 801 ; DC 1956, n° 1236, col. 1289-1290).

[1100] cf. EP, 804. L'erreur, déjà condamnée dans l'allocution du 2 novembre 1954, suppose que le peuple concélèbre avec le prêtre ; or elle se concrétisait justement lors des congrès liturgiques au cours desquels les prêtres présents ne célébraient pas de messes privées, soutenant qu'il leur suffisait de s'unir à l'intention du célébrant pour consacrer avec lui (cf. EP 808).

[1101] *"A leur avis le contenu essentiel actuel des espèces du pain et du vin est 'le Seigneur au ciel', avec lequel les espèces ont une relation soit-disant réelle et essentielle de contenance et de présence"* (EP, 813 ; DC, année 1956, n° 1236, col. 1294). Dans la pratique, cette théorie menait et mène à la dépréciation de la présence réelle du Seigneur et à la dérision de toute la piété eucharistique post-tridentine, faisant *"sortir, pour ainsi dire, le Christ de l'Eucharistie"* et ne laissant *"dans le tabernacle que des espèces eucharistiques..."* (EP, 815. DC, id. col. 1295). En 1985 la question est revenue à l'actualité sous la forme d'une polémique entre les dits "traditionalistes", avec Dom Gérard qui reprenait la position critiquée par Pie XII, et l'abbé de Nantes qui prenait une position diamétralement opposée. Pour une position correcte entre les deux excès, voir MGR. M.-L. GUÉRARD DES LAURIERS, *La présence réelle du Verbe Incarné dans les Espèces consacrées*, Editions Sainte Jeanne d'Arc, Villegenon 1987 (sur le discours de Pie XII, pp. 89 ss ; sur la polémique Dom Gérard-abbé de Nantes, pp. 122 ss).

[1102] *"Toutefois, plus importante que la concience d'une telle diversité* [entre l'acte du sacrifice ('l'autel') et le culte d'adoration ('le tabernacle')] *est celle de l'unité : c'est un seul et même Seigneur qui est immolé à l'autel et honoré au tabernacle, et qui de là*

générale *"par une estime moindre pour la présence et l'action du Christ dans le tabernacle"*[1103] ; enfin la mise en sourdine de la divinité du Christ[1104]... Comme on le voit, il ne s'agit pas là de détails. Quant à la question de la langue liturgique, *"les participants reçurent un avertissement qui n'encourageait pas les défenseurs de la langue vulgaire : '(...) Il serait néanmoins superflu de rappeler encore une fois que l'Église a de graves motifs de maintenir fermement dans le rite latin l'obligation inconditionnée pour le prêtre célébrant d'employer la langue latine (...)'*[1105]. *Encore une fois les défenseurs du latin pensèrent que dès lors ils avaient un autre texte du pape qui arrangeait définitivement les points discutés".* "*Si sur certains points de la législation ecclésiastique - écrivait par exemple Noirot - on peut admettre qu'une condamnation ne soit pas nécessairement définitive, dans ce cas précis les adjectifs et les adverbes utilisés par le Saint-Père, et qu'un canoniste avait l'obligation de souligner ex professo, montrent nettement que le Saint-Siège, en pleine connaissance de cause et en vue du bien de l'Église, ne peut pas faire de concessions sur ce point".* Et pourtant, *"malgré ces interventions romaines, la discussion ne s'en tint pas là"*[1106].

---

répand ses bénédictions. Si on en était bien convaincu, on éviterait maintes difficultés, on se garderait d'exagérer la signification de l'un au détriment de l'autre et de s'opposer aux décisions du Saint-Siège" (EP, 816 ; DC, id., col.1296). *"Qui adhère de cœur à cette doctrine* [du Concile de Trente] *ne pense pas à formuler des objections contre la présence du tabernacle sur l'autel"* (EP, 816 ; DC id.). Avec la réforme de Vatican II, le tabernacle (et le Seigneur) ont été délogés de la table (ex-autel), selon les vœux du 'mouvement liturgique' dévié.
[1103] EP, 817 ; DC id., Pie XII invite le mouvement liturgique non seulement à *"laisser approcher les fidèles du Seigneur au tabernacle"* en cessant de mettre obstacle à la visite au Très Saint Sacrement, aux quarante heures, à l'adoration perpétuelle, à l'heure sainte, aux processions du Très Saint Sacrement, au transport solennel de la communion aux malades, mais également à s'efforcer de les *"y attirer toujours davantage"* (EP, 818 ; DC id., col. 1297).
[1104] *"L'humanité du Christ a droit aussi au culte de latrie à cause de son union hypostatique avec le Verbe, mais sa divinité est la raison et la source de ce culte. Aussi la divinité du Christ ne peut-elle rester en quelque sorte à la périphérie de la pensée liturgique. Il est normal que l'on aille 'ad Patrem per Christum', puisque le Christ est Médiateur entre Dieu et les hommes. Mais Il n'est pas seulement Médiateur ; Il est aussi, dans la Trinité, égal au Père et au Saint-Esprit"* (EP, 819 ; DC id., col. 1296).
[1105] Cf EP, 821 ; DC id., col. 1298.
[1106] J. KOMONCHAK, op. cit., p. 229 et note 190.

Le latin en question[1107]

Ce n'était pas les défenseurs du latin dans la liturgie de rite latin, mais bien les propagateurs de la langue vulgaire qui désobéissaient aux lois de l'Église, qui étaient rebelles à Son magistère ordinaire. En effet l'Église s'était maintes fois et solennellement prononcée : en 1562 avec le Concile de Trente (Denz.-Sch. 1749, 1759) contre les Protestants, en 1713 avec Clément XI (DS 2486) et en 1794 avec Pie VI (DS 2633 et 2666) contre les Jansénistes ; en 1833 avec Grégoire XVI (EP 136), en 1903 avec saint Pie X (EP 229), le "père" du mouvement liturgique. Pie XII lui-même s'était prononcé à plusieurs reprises. Il l'avait fait solennellement en 1947 dans l'encyclique *Mediator Dei*[1108], dont le mouvement liturgique faisait sa *magna charta*. *"Alors que les tenants de l'introduction du vulgaire multipliaient leurs efforts, débuta ce que l'on a appelé un 'véritable barrage que l'Église entend opposer à toute velléité de liturgie solennelle en langue vulgaire'*[J. Claire]. *Le 29 avril 1955, le Saint-Office promulguait un décret restrictif rappelant quelles étaient les exceptions à la loi générale sur le latin dans la liturgie. A la fin de la même année l'encyclique Musicæ sacræ* [EP 764-766] *confirmait le principe du latin comme langue liturgique (...). On pensait que cette déclaration aurait résolu le problème. En réalité elle ne mit pas le point final à la discussion..."*[1109], et nous avons vu ce qui se passa à Assises et comment l'énième mise en garde de Pie XII n'eut, en cette occasion, aucun effet. Neuf ans plus tard, le 7 mars 1965, Paul VI célébrait la messe en langue vulgaire, ce qui devint la règle générale.

Le livre du P. Schmidt raconte par le menu les appréhensions et les manœuvres de Bea en faveur de la langue vulgaire dans la liturgie (et en faveur des autres réformes), depuis son poste privilégié de confesseur du Pape.

"Maintenant que nous sommes habitués à la liturgie rénovée après Vatican II – explique Schmidt - *se rendre compte de ce qu'était alors la situation dans le rite romain, en ce qui concerne la langue liturgique*

[1107] Sur le latin dans la liturgie, cf. F. RICOSSA *Sodalitium* n° 30-31, éd. fr., pp. 3 à 13.
[1108] *"Or, Nous avons appris avec grande douleur, Vénérables Frères, que cela se produisait, et en des choses non seulement de faible mais aussi de très grave importance ; il en est, en effet, qui, dans la célébration de l'auguste Sacrifice eucharistique, se servent de la langue vugaire (...). L'emploi de la langue latine en usage dans une grande partie de l'Église, est un signe d'unité manifeste et éclatant et une protection efficace contre toute corruption de la doctrine originale."* (enc. *Mediator Dei*, EP 547 ; DC 1948, n° 1010, col. 212).
[1109] KOMONCHAK, op. cit., p. 228.

n'est pas facile. C'est encore plus difficile pour ceux qui n'ont connu rien d'autre que l'actuelle liturgie telle qu'elle est depuis sa rénovation. Des concession étaient accordées, il est vrai. Celle par exemple de faire des lectures en langue vulgaire, après toutefois qu'elles aient été récitées en latin. Il y avait aussi des concessions concernant l'usage des chants populaires, mais pour le reste, la messe était célébrée entièrement en latin, du début à la fin". En 1949, un évêque français, un "pionnier" en la matière, avait obtenu justement la permission, pour son diocèse, de faire lire les lectures en français après la lecture en latin ; mais, alors que l'autorisation était accordée sans conditions par le Saint-Office (où était Bea), la S.C. des Rites l'avait limitée à trois ans. *"Par la suite, peu à peu, tous les évêques français obtinrent la même faculté, en sorte que fut décidée la publication pour toute la France d'un lectionnaire bilingue. Et, Martimort recommanda à l'évêque de Rouen un moyen sûr et certain pour obtenir l'approbation : ne pas s'adresser à la Congrégation des Rites mais au Saint-Office, utilisant pour ce faire les 'bons offices de Bea'. Voilà où en étaient les choses..."* (p. 235).

Il fallait donc procéder *"avec une extrême prudence"*. Aussi Bea choisit-il de travailler là où la situation s'y prêtait le mieux : en Allemagne (où existait un indult) et dans les pays de mission[1110].

En Allemagne, divers abus avaient cours : la *Gemeinschaftmese* (messe dite en latin à voix basse par le prêtre, et lue en allemand à voix haute par un lecteur), la *Betsingmesse* (chants populaires en allemand durant la messe), la *Deutsches Hochamt* (Gloria, Credo, Sanctus et Agnus Dei chantés - paraphrasés - en allemand et non en latin) et le *Deutsche Gregorianik* (grégorien en allemand). Schmidt lui-même ne fait aucune difficulté à reconnaître l'origine de ces pratiques : *"il faut*

[1110] Quel ne fut pas le malaise des progressistes dans les pays de mission après l'Instruction du 1ᵉʳ octobre 1958 sur le latin ! *"En Allemagne -* écrit un correspondant de Bea *- ils peuvent au moins faire appel à un indult. Dans les missions, par contre, nous n'en avons pas, et la règle rigide du latin nous pèse doublement. En outre, en Allemagne, ils vivent depuis trente ans déjà le mouvement liturgique (...). La chose est aggravée du fait que nos pasteurs d'âmes sont habitués à se comporter simplement selon le dicton* Roma locuta causa finita, *au grand dam des âmes, c'est-à-dire avec pour conséquence que les fidèles assistent à la messe de façon mécanique (...). Or s'il ne nous est même pas laissé la possibilité d'initier à la pleine connaissance de la messe par une participation intelligente à la messe basse, nous sommes perdus"*. Un schéma de messe dialoguée était sur le point d'être publié en Inde, et la chose fut bloquée par l'Instruction ! *"Vos plaintes ne m'étonnent pas – répondit Bea - et ce ne sont pas les premières que j'entends. Il est évident que les fidèles, surtout dans les pays de mission, doivent accompagner la messe basse avec des prières en langue vulgaire..."* (SCHMIDT, p. 240). Les progressistes, qui nous reprochent de désobéir, ont été les premiers champions de la désobéissance, comme on peut le voir !

tenir compte du fait qu'en Allemagne le luthéranisme avait beaucoup favorisé la liturgie et les chants populaires en langue vulgaire" (p. 237). Mais les directives de saint Pie X en cette matière étaient claires : elles interdisaient de telles pratiques : c'est pourquoi certains *"en Allemagne soutenaient que cet abus devait être supprimé"*[1111]. Le Cardinal Beltram eut recours à Rome, et obtint un "indult" (24/12/1943) du cardinal secrétaire d'État, Maglione, autorisant les évêques à concéder les deux premiers types de messe, et à déclarer "toléré" le troisième[1112]. La majorité des évêques allemands **profita de la brèche ainsi ouverte, pour l'élargir toujours davantage** (cf. le Directoire pour la messe chantée allemande - de 1950 - de la Conférence Episcopale), mais les réactions ne manquèrent pas, réactions qui s'appuyaient sur les paroles de *Mediator Dei* condamnant les *"abus téméraires"* (1947). En fait, nous explique Schmidt, *"dans certains milieux liturgistes (...) ces usages étaient considérés comme contraires à l'esprit authentique de l'Église et de la liturgie. Ces personnes se croyaient obligées de soutenir avec zèle l'emploi exclusif de la langue latine et du chant grégorien. Non contentes de cela, elles s'employèrent à faire abolir cet indult par le Saint-Siège, faisant courir le bruit qu'une mesure de ce genre était en préparation".* "*Une abolition de l'indult (...) aurait porté gravement ombrage à l'autorité des Evêques"* et aurait causé quelque dommage au mouvement liturgique (p. 237). Ces tendances abolitionnistes se manifestèrent spécialement au congrès de Musique Sacrée tenu à Vienne en octobre 1954 (Ellard, p. 194).

"Derrière les deux façons de voir le problème de la langue et du chant – explique Schmidt (p. 237) - *existaient d'ailleurs* **deux conceptions différentes de la liturgie***. Pour les 'professionnels'de la musique sacrée, celle-ci était en elle-même un culte de Dieu ; les autres, par contre parlaient de 'pastorale liturgique'et voyaient la liturgie en fonction de la pastorale et du soin des âmes"*[1113]. "*Le Congrès d'Assises* - poursuit Schmidt – *était justement l'expression de cette seconde conception. Aussi les liturgistes allemands ne furent-ils pas les seuls évidemment à se sentir menacés par les 'musiciens': les responsables du 'Centre de pastorale liturgique'*[CPL] *de Paris se*

[1111] G. ELLARD, op. cit., p. 190.
[1112] Texte dans *Eph. Lit.* 62 (1948), p. 285-290, et dans ELLARD, p. 191.
[1113] Evidemment Schmidt expose les choses de son point de vue. Dans la liturgie, ses adversaires ne voient pas seulement le culte de Dieu, (niant complètement son rôle didactique), mais surtout le culte de Dieu. Par contre les progressistes se servaient de la pastorale pour mettre sous le boisseau l'aspect latreutique et sacrificiel de la liturgie, réduite à une assemblée de fidèles à la luthérienne. Pour une exposition détaillée des idées de Bea dans le domaine liturgique, cf. Schmidt, *op. cit.*, pp. 243-249.

trouvaient dans la même situation". Or, c'est justement à Paris qu'en 1957 devait avoir lieu le nouveau Congrès de musique sacrée. *"On craignait que ne surgissent des inconvénients analogues à ceux qui s'étaient vérifiés au Congrès tenu précédemment à Vienne et que le Congrès soit utilisé contre le mouvement de liturgie pastorale. Bea était continuellement tenu au courant, on lui demandait conseil et aide. Il était d'avis que le danger n'était pas à exclure et insistait par conséquent pour que l'épiscopat français fasse valoir sa propre autorité. Il suggéra à plusieurs reprises que le délégué de l'épiscopat pour la liturgie vienne à Rome pour traiter du problème avec les responsables du Saint-Office et de la Congrégation des Rites. Martimort nous fait savoir qu'en effet le danger fut conjuré. Les organisateurs du Congrès avaient obtenu des directives précises à ce sujet, et une lettre de mise en garde de la Secrétairerie d'État - obtenue selon Martimort par l'intercession de Bea – demandait qu'au Congrès soient évitées les discussions préjudiciables au mouvement liturgique"* (pp. 237-238).

En fait, ce n'est pas que les 'affreux' 'musiciens' aient répandu à dessein de faux bruits sur une intervention de Rome à propos de la langue liturgique et de l'Indult de 1943. Il y eut réellement trois documents, tous plus sévères les uns que les autres : une Communication du Saint-Office et de la Congrégation des Rites aux Evêques allemands du 29 avril 1955 interdisait l'application de l'Indult au Pontifical, à la Messe solennelle et aux messes conventuelles et capitulaires[1114], l'Encyclique sur la musique sacrée du 25 décembre 1955 mettait des limites à la concession[1115] et enfin l'Instruction de la

---

[1114] cf. ELLARD, op. cit., p 194.

[1115] *"Nous n'ignorons pas que pour des raisons graves mais bien déterminées, des exceptions ont été accordées sur ce point par le Siège apostolique. Nous ne voulons cependant pas qu'elles soient étendues à d'autres cas et à d'autres régions sans une autorisation dûment accordée par le même Saint-Siège. Bien plus, là où l'usage de ces concessions est autorisé, les Ordinaires des lieux et les autres pasteurs veilleront avec soin à ce que dès l'enfance les fidèles utilisent davantage le chant grégorien et se familiarisent avec lui et à ce qu'ils sachent en faire usage dans les cérémonies liturgiques, de façon à ce que par là également l'unité et l'universalité de l'Église resplendissent chaque jour davantage. Cependant là où une coutume séculaire ou immémoriale veut que dans la messe solennelle, après le chant en latin des saintes paroles liturgiques, on insère quelques cantiques populaires en langue vulgaire, les Ordinaires des lieux pourront y consentir"* si en raison des circonstances de personnes et de lieu, ils estiment qu'il est imprudent de supprimer cette coutume" (Codex iuris canonici, can. 5), tout en observant la loi qui veut que les paroles liturgiques elles-mêmes ne soient pas chantées en langue vulgaire, comme il a déjà été dit" (cf. ELLARD, p. 195, et EP 766 ; D.C. an. 1956 n° 1217, 22/01/1956).

S.C. des Rites du 1ᵉʳ octobre 1958 abolissait explicitement une partie de l'Indult de 1943. Ce n'est probablement pas un hasard si ce dernier texte est sorti en cette période où Bea était gravement malade (Schmidt, p. 240) et par conséquent dans l'incapacité d'intervenir. Quelques jours après l'Instruction en question, Pie XII mourait. Que la question ait été considérée comme importante et que l'Instruction ait représenté pour les progressistes un échec particulièrement cuisant, un fait en témoigne, c'est qu'il en fut question au cours du conclave qui élit Jean XXIII. Les cardinaux allemands Frings et Wendel en discutèrent avec le cardinal Ottaviani, pour en référer ensuite au père Bea. Ottavani se montrait disponible, et Bea avait déjà trouvé le stratagème pour enterrer l'Instruction : *"la règle établie dans l'Instruction représente l'idéal, mais dans ce monde l'idéal n'est jamais réalisé"* ! *(p. 240).*

L'Église à une bifurcation : la décision revient à Jean XXIII...

Nous avons vu comment en 1958 la réaction contre le progressisme - dans le domaine liturgique compris - commençait à se faire sentir. Mais les novateurs ne voulaient pas céder pour si peu : **poursuivre la réforme liturgique jusqu'à démolition du Rite romain, voilà quel était leur but.** "Tout dépendra donc du successeur de Pie XII. *"A la veille de l'élection du Pape Jean XXIII, Bea écrivait : 'pour l'heure on ne peut rien dire sur la réforme. La première question est de savoir quelle position prendra le nouveau Pape à ce sujet'. En effet, les cardinaux n'étaient pas tous d'accord pour que la réforme se fasse"* (Schmidt, p. 231). Quelques jours auparavant, au moment de la mort de Pie XII, Dom Lambert Beauduin, le chef de file du mouvement liturgique et œcuménique condamné autrefois par Pie XI avec l'encyclique *Mortalium animos*, confiait au Père Bouyer à l'abbaye de Chevetogne : *"S'ils élisaient Roncalli tout serait sauvé : il serait capable de convoquer un Concile et de consacrer l'œcuménisme... (...) J'ai confiance, nous avons notre chance ; les cardinaux, dans leur majorité, ne savent pas quoi faire. Ils sont bien capables de voter pour lui"*. Personne ne le savait encore, mis à part quelques initiés, mais ce vote décida de la **condamnation à mort de la liturgie romaine**[1116].

[1116] L. BOUYER, *Dom Lambert Beauduin, un Homme d'Église*, Castermann, 1964, pp. 180-181, cité par BONNETERRE, p. 112.

Documents

Extrait de *Sodalitium* n° 54, décembre 2002

Le 3 septembre 2000, pour nous fête de saint Pie X, Pie IX et Jean XXIII ont été "béatifiés" par Jean-Paul II. Nous rappelons aux lecteurs de *Sodalitium* que, selon notre position, Jean-Paul II n'est pas formellement Pape ; donc, que ces béatifications sont nulles et non avenues.

Mais voilà en difficulté ceux qui, par contre, reconnaissent l'autorité de Jean-Paul II, Les progressistes, eux, - opposés jusqu'au bout à la béatification de Pie IX - se voient maintenant dans l'obligation d'accepter la sainteté personnelle du Pape Mastaï Ferretti, tout en faisant une distinction (arbitraire) entre sa sainteté personnelle d'une part et de l'autre son gouvernement et son magistère qu'ils refusent. Arbitraire : parce que **quelqu'un ne peut pas être saint si son enseignement ou l'accomplissement de son devoir d'état comporte de graves imperfections, et ce particulièrement pour un Pontife.** Jean-Paul II lui-même est du nombre de ceux qui ont cherché à opérer cette distinction, déclarant dans son homélie pour la béatification de Jean XXIII et de Pie IX, à propos de ce dernier : "En béatifiant l'un de ses fils, l'Église ne célèbre pas des options historiques particulières accomplies par lui, mais elle le propose plutôt à l'imitation et à la vénération pour ses vertus..." (O.R. 4-5 sept. 2000, pp. 6-7).

Ceux qui, par contre, ne souhaitaient pas la béatification de Jean XXIII - "le Pape du Concile" - ont réagi différemment. Certains, (par exemple les prêtres de la Fraternité Saint Pie X) se faisant forts de la distinction entre béatification et canonisation, ont durement critiqué Jean XXIII, avec pour excuse qu'une béatification est un acte non infaillible. Ils oublient que du jugement unanime des théologiens nier une béatification implique un grave péché de témérité.

D'autres - comme Camilleri, Messori, etc. - ont cherché à donner de Jean XXIII un visage traditionnel, contestant les exagérations progressistes, et rappelant que Jean XXIII a été le Pape de la *Veterum Sapientia* (en faveur du latin) et même, pourquoi pas, qu'il a été un apologiste de Mussolini...

Face à ces dernières interprétations le jugement de l'abbé Gianni Baget Bozzo nous offre une contre-partie, à notre avis particulièrement intéressante : s'il pense - et là il se trompe - qu'avec Jean-Paul II l'Église sort de la crise commencée avec le Concile, il donne, par contre, de Jean XXIII un jugement pénétrant que nous sommes tentés de partager pour une bonne part.

Sodalitium

I) Jean XXIII vu par l'abbé Gianni Baget Bozzo

"Jean XXIII sera béatifié avec Pie IX. Pourquoi ? C'est, paraît-il, pour avoir convoqué Vatican II. Mais **les fruits de Vatican II**, quels sont-ils ? C'est Paul VI son successeur, qui nous l'a dit : "**L'autodémolition de l'Église**". Si l'on regarde aux fruits de son pontificat, on ne voit pas pourquoi Jean XXIII devrait être béatifié. Mais enfin, Angelo Giuseppe Roncalli était certainement un homme bon. Comme l'était Célestin V, Pierre de Morrone, qui fut béatifié par l'Église de la captivité en Avignon, captivité dont sa subordination totale aux Français fut la cause[1117]. (...) Si l'Église devait béatifier les Papes en tant que Papes, elle aurait dû béatifier la grande figure tragique de la papauté, Boniface VIII, qui fit tous ses efforts pour empêcher ces malheurs que furent et la captivité en Avignon et la conséquence de cette captivité, le schisme d'Occident. Jean XXIII est comme Célestin V : après lui le Pontificat romain est entré dans une nouvelle captivité d'Avignon[1118]. Que reste-t-il de Jean XXIII ? Le document le plus connu, l'encyclique *Pacem in terris*, dans lequel il a promu la célèbre distinction entre erreur et errant, entre communisme et communistes. Une distinction appropriée et irréelle qui fit la joie des communistes italiens : **errants sans erreur**. Quelle chance. Mais après *Pacem in terris* ? on eut le 68 occidental et le 68 de Prague, le maoïsme, on eut la guerrilla urbaine, les Brigades Rouges. Pour béatifier Angelo Giuseppe Roncalli il faut oublier Jean XXIII[1119]. On lui doit le Concile ? Oui, certainement. Mais on lui doit aussi l'abdication de la Papauté devant le Concile, l'annulation des travaux de la commission préparatoire.

Le Pape a choisi que le Concile s'autodirige ; Paul VI changea de méthode, mais enfin le Concile était devenu comme la Salle du Jeu de Paume, les États généraux de l'Église : et Paul VI eut bien du mal à

[1117] La comparaison de l'abbé Baget Bozzo est boiteuse. En effet Célestin V abdiqua, ce que ne fit pas Jean XXIII. Nous ne pensons pas que Célestin aurait été canonisé s'il n'avait pas abdiqué, justement pour les motifs exposés par l'auteur de l'article.
[1118] Là aussi, hélas, la comparaison est boiteuse. Le problème posé par Vatican II est avant tout théologique, plus que politique.
[1119] Entreprise impossible !

diriger ce Concile. Et il lui fallut[1120] abonder dans le sens de l'épiscopat franco-allemand dirigé désormais par ses propres théologiens.

Ce qu'a été Angelo Roncalli ? Difficile à dire. Certes, ses origines modernistes comptaient. Et elles déterminaient son anticurialisme acharné. On se demande si ses formes conservatrices (l'encyclique *Veterum Sapientia* sur l'emploi du latin, le Synode romain si traditionaliste), étaient feintes ou si elles étaient réellement l'expression du pape Roncalli. D'où la thèse d'un pape Roncalli naïf, d'un conservateur ignare des choses de ce monde. Mais un homme qui avait été nonce apostolique en France de 1944 à 1953 devait connaître pas mal de choses du mal français de l'Église en France. C'est pourquoi je crois à l'empreinte moderniste d'Angelo Roncalli, pas à sa naïveté (...)".

Tiré de l'article de l'abbé GIANNI BAGET Bozzo, Pio IX, il "papa-re" padre del federalismo [Pie IX, le "pape-roi" père du fédéralisme], publié dans *Il Giornale* du 3 septembre 2000, p. 21.

II) Le visage incorrompu de Jean XXIII. Un miracle ?

Les principaux quotidiens du 25 mars 2001 ont donné la nouvelle suivante : "Presque trente-huit ans après sa mort, le visage du 'bon Pape", Jean XXIII, est encore intact. La découverte a été faite en janvier dernier, à l'occasion d'une 'reconnaissance' de sa dépouille mortelle, à laquelle étaient présents tant le cardinal Secrétaire d'État, Angelo Sodano, que le substitut à la secrétairerie d'État, Monseigneur Leonardo Sandri" (*La Stampa*, 25/3/01, p. 9). La reconnaissance de la dépouille a été faite "en vue d'un transfert des restes des Grottes vaticanes à un autre endroit de la basilique" Saint-Pierre. "Une procédure analogue fut suivie pour saint Pie X et pour le bienheureux Innocent XI". Le Vatican ne parle pas de miracle : "Le fait est que le corps s'est conservé - dit le Père Ciro Benedettini, vice-directeur de la salle de presse du Vatican - mais cela n'autorise pas des commentaires et des hypothèses sur des faits surnaturels" (*Corriere della Sera*, 25/3/01, p. 15). Et pourtant, Vittorio Messori, interviewé par Federica Cavedini du *Corriere della Sera*, a déclaré qu'il s'agit d'un miracle "si par ce terme on indique tout ce qui va au-delà des lois de la nature" considérant comme significatif le fait que soit demeuré intact le "sourire" du "Bon Pape". Pour exclure un fait naturel, Messori rappelle que 'les reconnaissances ont été faites

---

[1120] Il voulut.

devant des experts, médecins, spécialistes savants, notaires'" (CdS, 25/3/01, p. 15). Puisque Messori invoque médecins et experts, nous rapportons ici l'avis de deux d'entre eux - catholiques de surcroît - : le Professeur Pier Luigi Baima Bollone, directeur de l'Institut de Médecine Légale de l'Université de Turin et directeur du Centre International de Sindonologie, et le Professeur Nazareno Gabrielli, directeur du Cabinet de Recherches des Musées du Vatican.

Sodalitium

a) Interview du professeur Baima Bollone

Turin - Professeur Pier Luigi Baima Bollone, vous qui êtes un médecin légal de grande expérience, trouvez-vous étonnant que 38 ans après la mort de Jean XXIII, son visage se soit conservé "intact" ?

"Pas le moins du monde. Je vous dis même : qu'il en soit ainsi me paraît évident, étant donnée la réputation des frères Simonacci, il me semble qu'ils s'appelaient justement comme ça". Les frères Simonacci ? "Une famille romaine qui, durant des générations, s'est transmis les techniques de salle anatomique. Je constate que sur le corps du pape Jean les Simonacci ont fait un excellent travail. En magiciens du métier. Cela peut sembler une banalité aux gens qui ne connaissent rien à ces travaux, mais l'habileté professionnelle d'un technicien de ce secteur est fondée sur le choix, cas pas cas, des doses de formol et des dilutions, sans parler des parties de l'anatomie où faire les injections".

- Et alors ?

"Le contraire m'aurait étonné. Pour ce qui est du visage demeuré intact par rapport au reste du corps, on voit qu'ils y ont mis un peu plus de soin".

- Pouvez-vous nous parler de ces techniques ?

"Je vous résume la plus usuelle. Elle consiste à prendre une grosse artère, en général la fémorale ; à faire un 'lavage du sang'en délavant les vaisseaux et à le remplacer par un matériel conservateur, en général à base de glycérine. Après un traitement de ce genre, un corps peut rester intact durant un siècle et demi. C'est un travail de ce genre qui a été fait sur le corps de Lénine : des collègues m'ont rapporté à l'époque qu'il ne fut pas exécuté dans les règles de l'art, au point que la dépouille ne se serait pas bien conservée".

- En somme, c'est toujours une question de professionnalisme Même dans ce domaine.

"Avant cette technique et celle qui emploie le formol, il y en avait d'autres : savoir les appliquer a toujours été fondamental. Mais non décisif par rapport au résultat espéré".

- Cela nous fait penser à la crypte des Capucins, à Palerme, où le corps d'une enfant apparaît intact par rapport aux centaines de cadavres décomposés dont sont bondés macabrement les couloirs.

"Là les corps étaient placés sur un treillis et exposés à un courant d'air ; le processus donnait lieu à une momification naturelle des cadavres. Il est clair que le milieu de conservation est aussi très important : il doit être très ventilé, et si l'air qui y afflue est chaud, c'est encore mieux".

- Reste à comprendre un problème : pourquoi certains corps se conservent-ils mieux que d'autres.

"Si vous allez au Musée Archéologique d'Istambul, section des arts orientaux, vous voyez la momie naturelle d'un satrape ayant vécu aux alentours du IIIe siècle avant Jésus-Christ : elle est si bien conservée qu'on en distingue tous les muscles".

- On en est arrivé à parler des satrapes. Mais les saints alors ?

"Les saints se conservent bien. A l'exhumation de leur corps, on a vu des choses incroyables, bien au-delà du formol. Prenez le cœur de sainte Claire de Montefalco, morte en 1308 : à sept siècles de distance, la structure de l'organe est quasiment inaltérée".

- Alors ? "

J'ai écrit en 1987 qu'une conservation aussi exceptionnelle posait le problème de ses causes et de la recherche des matériaux éventuellement utilisés. L'analyse des prélèvements a été faite, et tout ce qu'il a été possible de mettre en évidence se réduisait à une modeste augmentation de la quantité de souffre encore déchiffrable avec la présence de l'hydrogène sulfuré de la décomposition. A ce jour, il y a un 'quelque chose' qui demeure inexplicable".

Article d'ALBERTO GAINO : "Excellent travail au formol", *La Stampa*, 25 mars 2001

b) Interview de Nazareno Garielli

Rome - Nazareno Garielli est Directeur du Cabinet de Recherches des Musées du Vatican. Il a participé à la reconnaissance du corps du Pape Jean. Il ne cache pas naturellement l'émotion du moment. Mais en même temps il est "surpris" de la "surprise" suscitée par la reconnaissance. Il rappelle que dans le passé les Papes étaient embaumés. "Il n'y a rien de miraculeux dans les conditions que nous avons relevées dans la dépouille du Pape Jean XXIII" - explique-t-il - "Quand il est mort, certaines mesures furent prises pour l'exposition du corps à la vénération des fidèles durant les heures qui suivirent. Il ne faut pas oublier non plus que la dépouille a été conservée dans trois cercueils, dont l'un est en plomb et scellé. On a créé ainsi un vase anatomique offrant des conditions de conservation idéales".

"Je l'ai vu, mais ce n'est pas un miracle", tiré du *Corriere della Sera* du 25 mars 2001, p. 15

III) Jules Isaac

En ce jour anniversaire de la mort de Jules ISAAC, l'Association des Amis de Jules Isaac unit les pensées de ses adhérents à celles de la famille de celui dont elle défend la mémoire et rappelle que ne seraient sans doute pas manifestés les récents actes de repentance de l'Église, si l'auteur de Jésus et Israel et de L'enseignement du mépris, n'avait pas eu le courage d'aller seul, dans sa 83e année, plaider avec succès cette cause auprès de Jean XXIII et de ses cardinaux.

Entrefilet paru sur le "Figaro" du 6 septembre 2000. La nouvelle se passe de commentaire.

Déjà publiés

2000 ans de complots contre l'Église
de MAURICE PINAY

Omnia Veritas Ltd présente :

Aucun autre livre au cours de ce siècle n'a été l'objet d'autant de commentaires dans la presse mondiale.

*Une compilation de documents d'Histoire et de sources d'indiscutable **importance et authenticité***

  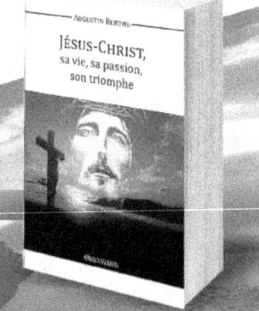

Omnia Veritas Ltd présente :

JÉSUS-CHRIST, sa vie, sa passion, son triomphe
par AUGUSTIN BERTHE

Par sa doctrine, il éclipsa tous les sages ; par ses prodiges, tous les thaumaturges ; par ses prédictions, tous les prophètes...

*Il fit du monde entier son **royaume**, et courba sous son joug les peuples et les rois*

Omnia Veritas Ltd présente :

Le Judaïsme & le Vatican
de Léon de Poncins

L'irréductible antagonisme avec lequel le **Judaïsme** s'est toujours opposé au **Christianisme** depuis deux mille ans est la clef et le principal ressort de la **subversion** moderne

Entre l'Évangile et le Talmud il y a un antagonisme irréductible

OMNIA VERITAS LTD PRÉSENTE :

Du Frankisme au Jacobinisme

La vie de Moses Dobruska, alias Franz Thomas von Schönfeld alias Junius Frey

PAR

GERSHOM SCHOLEM

La vie mouvementée de Moses Debruska, personnage énigmatique qui participa à la Révolution française raconté par un des plus grands noms de la pensée juive contemporaine

Élevé comme juif orthodoxe, il devint par la suite l'adepte d'une secte kabbaliste

 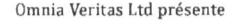

Omnia Veritas Ltd présente :

Childéric, roi des Francs

de ANNE-MARIE DE BEAUFORT

Les Francs n'estimoient que la profession des armes ; ils laissoient l'agriculture et les métiers aux esclaves

tout citoyen étoit soldat et se présentoit toujours armé...

OMNIA VERITAS LTD PRÉSENTE :

COMBAT POUR BERLIN

Berlin est quelque chose d'unique en Allemagne. Sa population ne se compose pas, comme celle d'une ville quelconque, d'une masse uniforme, repliée sur elle-même, et homogène.

La capitale représente le centre de toutes les forces politiques

LA GUERRE OCCULTE
de
Emmanuel Malynski

Omnia Veritas Ltd presente:

Satan s'est révolté au nom de la **liberté** et de **l'égalité** avec **Dieu**, pour asservir en se substituant à **l'autorité** légitime du Très-Haut...

Toute l'histoire du XIXe siècle est marquée par l'évolution du mouvement révolutionnaire

Les étapes du duel gigantesque entre deux principes

Omnia Veritas Ltd présente :

Histoire de France
de
Jacques Bainville

Revisitez **ces grandes figures historiques** qui ont bâti la France.

Ce classique de Jacques Bainville fait son grand retour !

Un ouvrage indispensable à toute bibliothèque historique.

Omnia Veritas Ltd présente :

Histoire de Saint Louis Roi de France
de
RICHARD DE BURY

Le **roi**, avait, par les conseils et la prudente conduite de la **reine**, sa mère, rétabli **l'autorité royale**...

Mais l'esprit d'indépendance du gouvernement féodal, n'était pas encore éteint

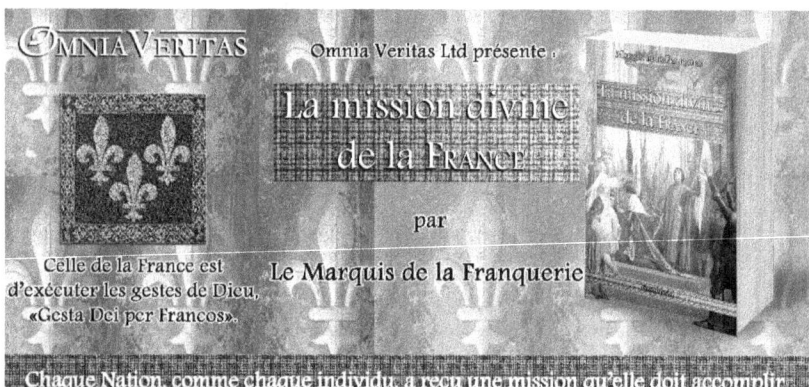
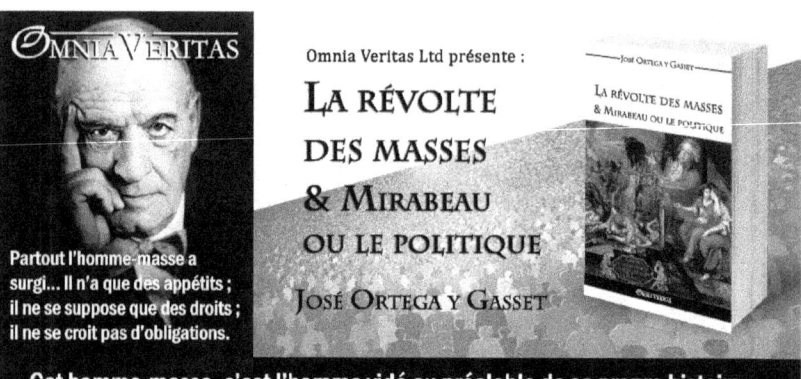

Omnia Veritas Ltd présente :

La Révolution
préparée par la Franc-Maçonnerie

par **Jean de Lannoy**

La Franc-Maçonnerie doit porter la responsabilité des crimes de la Révolution aussi bien que de ses principes

L'histoire de la Révolution remise à l'endroit

Omnia Veritas Ltd présente :

L'Âge de Caïn

par **Jean-Pierre Abel**

Premier témoignage sur les dessous de la libération de Paris

« Ce livre n'est pas un roman. Je ne fais qu'y conter des événements dont j'ai été le témoin... »

Abel qui renaît à chaque génération, pour mourir encore par la grande haine réveillée

Omnia Veritas Ltd présente :

L'Angleterre et l'Empire Britannique

de **Jacques Bainville**

La Perfide Albion racontée comme jamais par le grand historien.

Un éclairage **sur les ressorts ancestraux** de la politique anglaise.

Une compilation d'articles passionnante et édifiante !

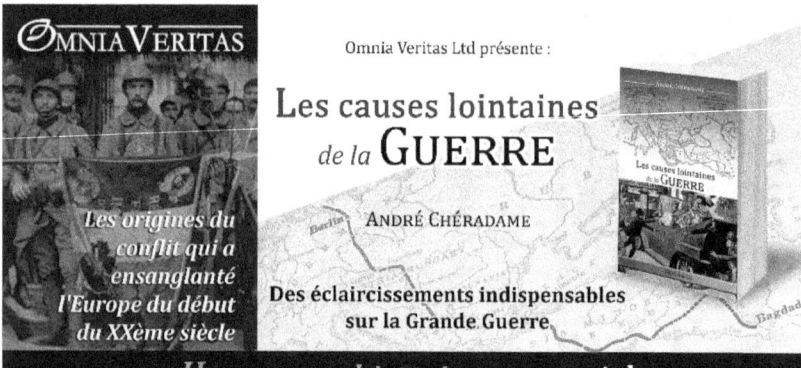

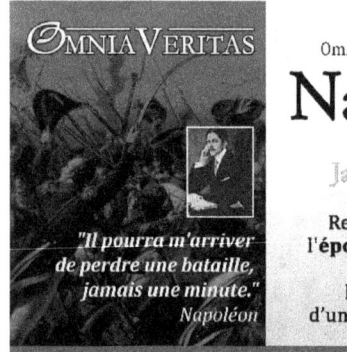

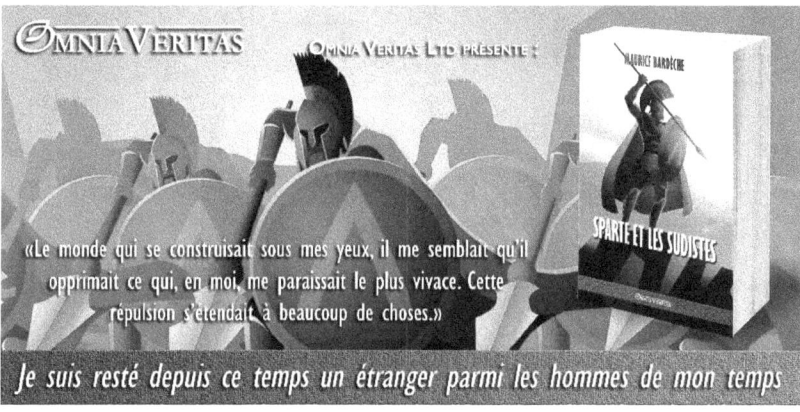

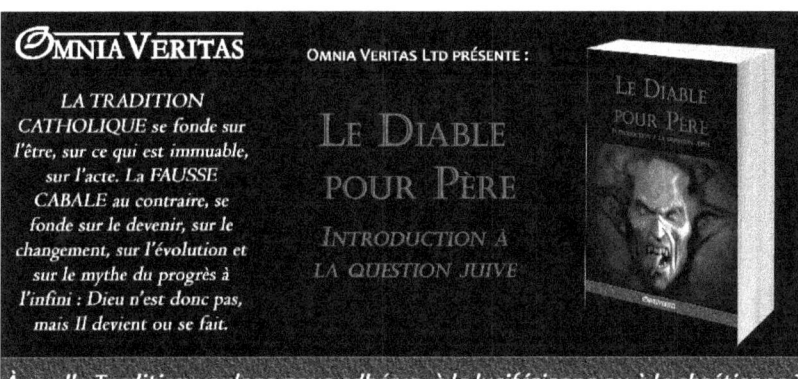

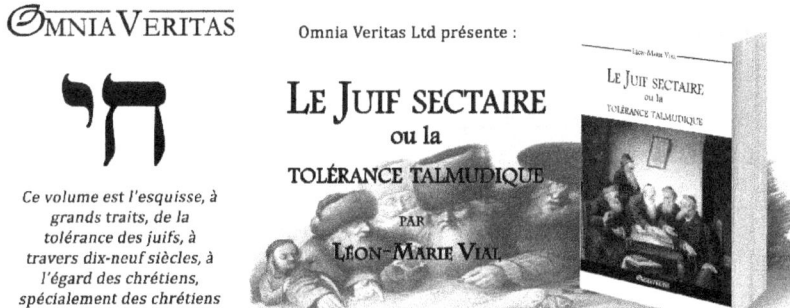

Omnia Veritas Ltd présente :

LE PASSÉ, LES TEMPS PRÉSENTS ET LA QUESTION JUIVE

Quel est le peuple, quelle est la nation qui devrait être la première du monde par ses vertus, par son passé, par ses exploits, par ses croyances ?

Que s'est-il passé pour ce qui devrait être ne soit pas ?

Si l'on veut comprendre ce qui se passe dans le Vatican, dans l'Église, et même dans le monde sur le plan religieux, il faut connaître...

L'ÉGLISE ÉCLIPSÉE

les projets de la subversion dans sa lutte contre l'Église...

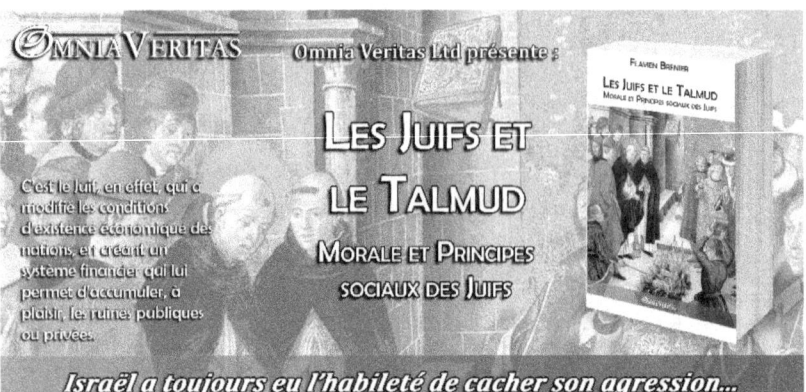

C'est le juif, en effet, qui a modifié les conditions d'existence économique des nations, et créant un système financier qui lui permet d'accumuler, à plaisir, les ruines publiques ou privées.

LES JUIFS ET LE TALMUD
MORALE ET PRINCIPES SOCIAUX DES JUIFS

Israël a toujours eu l'habileté de cacher son agression...

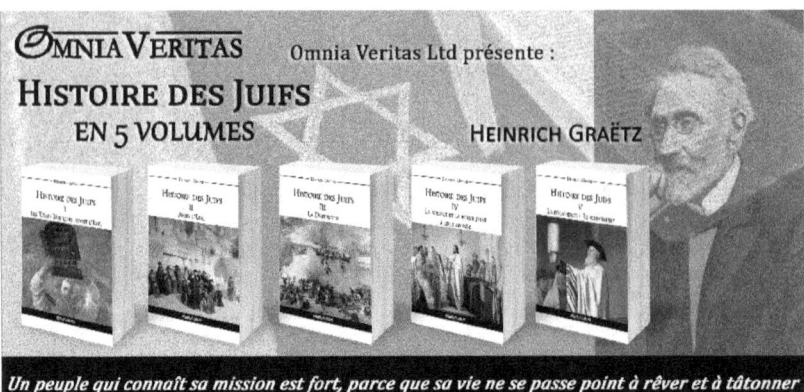

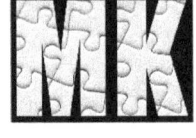

Il ne reste qu'une seule valeur digne d'être exprimée : la souffrance de l'âme et du cœur

Omnia Veritas Ltd présente :

J'ai mal de la terre

par

ROGER DOMMERGUE

... *votre diagnostic est compatissant mais implacable*

Omnia Veritas Ltd présente :

LE SILENCE DE HEIDEGGER ET LE SECRET DE LA TRAGÉDIE JUIVE

par

ROGER DOMMERGUE

POSER LA QUESTION DU SILENCE DE HEIDEGGER

Un souci de vérité synthétique motive ce long exposé

Omnia Veritas Ltd présente :

VÉRITÉ ET SYNTHÈSE
LA FIN DES IMPOSTURES

par

ROGER DOMMERGUE

Seul le peuple élu appartient à l'essence même de dieu...

... *les autres hommes sont assimilés à des animaux*

OMNIA VERITAS

Omnia Veritas Ltd présente :

LES PAMPHLETS de LOUIS-FERDINAND CÉLINE

« ... que les temps sont venus, que le Diable nous appréhende, que le Destin s'accomplit. »

Un indispensable devoir de mémoire

OMNIA VERITAS

Omnia Veritas Ltd présente :

ÉCRITS CONTROVERSÉS
de
LOUIS-FERDINAND CÉLINE

« Jamais la littérature ne fut si facile à concevoir qu'à présent, mais aussi plus difficile à supporter. »

Aucun régime politique ne résisterait à deux mois de vérité...

OMNIA VERITAS

Omnia Veritas Ltd présente :

LOUIS-FERDINAND CÉLINE
PAMPHLETS

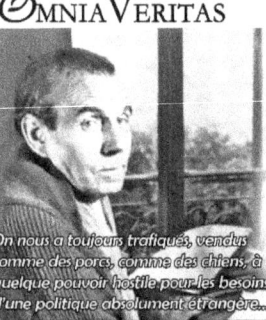 

On nous a toujours trafiqués, vendus comme des porcs, comme des chiens, à quelque pouvoir hostile pour les besoins d'une politique absolument étrangère...

Dans nos démocraties larbines, ça n'existe plus les chefs patriotes

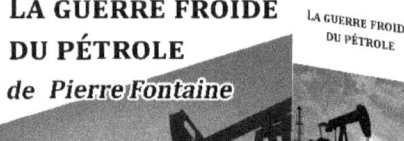

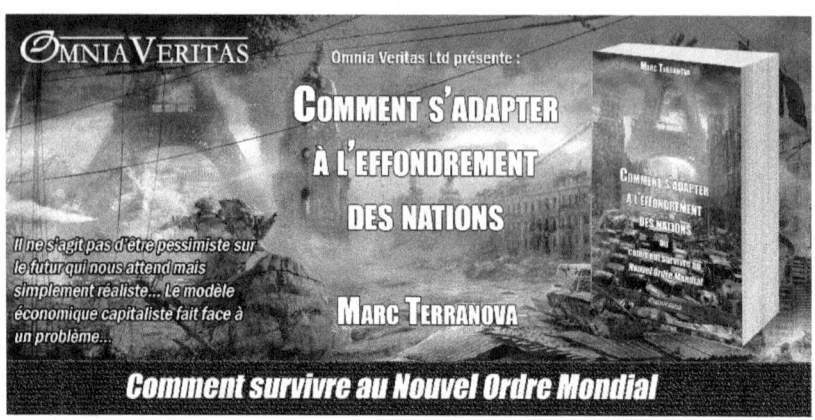

www.omnia-veritas.com

www.ingramcontent.com/pod-product-compliance
Lightning Source LLC
Chambersburg PA
CBHW071936220426
43662CB00009B/914